高等院校物流管理与物流工程专业系列教材

（第二版）

物流法规与实务

Logistics Regulations and Practice

内容简介

全书共分16章，讲述了物流法律制度、物流行为法律、物流活动国家调控法规、物流争议解决法律制度、物流保险和物流活动中应遵循的国际公约，对物流活动中涉及的合同、商品贸易、运输过程等各个环节的法律问题进行剖析。每章配以案例分析题，便于读者理解和掌握相关内容，力求满足高等院校物流管理专业学生学习和物流从业人员掌握物流相关法律知识的需要。

本书内容涉及面广，既可作为高等院校物流管理、国际航运管理、国际货运代理等相关专业的教材，也可作为物流从业人员培训用书和物流相关行业人员学习法律法规的参考教材。

图书在版编目（CIP）数据

物流法规与实务／王容主编．—2版．—杭州：浙江大学出版社，2016.8(2020.8重印)

ISBN 978-7-308-16153-4

Ⅰ.①物…　Ⅱ.①王…　Ⅲ.①物流—物资管理—法规—中国　Ⅳ.D922.29

中国版本图书馆CIP数据核字（2016)第201430号

物流法规与实务（第二版）

主　编　王　容

副主编　刘　阳　胡云平

丛书策划　黄兆宁　樊晓燕
责任编辑　曾　熙
责任校对　朱　玲
封面设计　刘依群
出版发行　浙江大学出版社
（杭州市天目山路148号　邮政编码310007）
（网址：http://www.zjupress.com）
排　　版　杭州中大图文设计有限公司
印　　刷　嘉兴华源印刷厂
开　　本　787mm×1092mm　1/16
印　　张　26.25
字　　数　606千
版 印 次　2016年8月第2版　2020年8月第3次印刷
书　　号　ISBN 978-7-308-16153-4
定　　价　55.00元

高等院校物流管理与物流工程专业系列教材

审稿专家委员会名单

（以姓氏笔画为序）

第二版前言

现代物流业要保持健康、快速的发展，必然要以良好的法制环境为依托。我国物流业在进行结构性升级换代的过程中，健全的法律制度尤为重要。只有健全的的现代物流法律制度，同时配合市场机制的正常发挥，现代物流业才能健康、合法、持续地发展。现今我国所有与物流直接相关的法律规范都散见于各个部门法之中，只是行业法律法规的集合。本教材自从2009年出版以来，由于我国物流业发展迅速，而物流行业的经营和物流活动所涉及的法律法规体系又十分庞大，对现代物流业的从业人员提出了更高、更严、更全面的要求。而相关的国际公约和国内法律法规又在不断调整和完善之中，故我们对教材进行了相关部分的修改，使教材处于动态完善。在实际工作中，希望读者能更好地掌握和运用法律知识，同时也要关注法律法规的最新变化及相关国际公约的发展趋势。

本书由宁波大学王容任主编，并负责编写第1、2、4、5、13、14、15章；刘阳任副主编，编写第3、6、7、8、9、12章；胡云平任副主编，编写第10、11、16章；最后，由王容对全书进行统稿。在编著过程中，宁波大学海运学院物流管理系的领导、学者和物流企业的诸多管理人员给予编者许多指导和支持，并提出宝贵意见，此外，戴峥、李立邦、张祎娜、应佳玮、钱烨婷、夏茜、赖佳慧、沈绮、王舒月和徐小琼为编者做了大量的资料查阅、校对及录入工作，在此谨致谢意！

我们希望能编著出一本兼顾不同物流领域、结合物流业务介绍最新法律动态的、体系完整和内容全面的物流法律教材，但限于编者的理论和实践水平，书中难免存在疏漏和不妥之处，敬请读者不吝批评和指正。

编者

2016年3月

第一版前言

随着科学技术的发展和全球经济一体化进程的加快，物流产业的规模迅速扩大，相应而生众多就业岗位，显示着现代物流业良好的发展前景。现代物流业要保持健康、快速的发展必然要以良好的法制环境作为依托。市场经济就是法制经济，任何行业或产业都离不开相对完善的法律制度。我国物流业在进行结构性升级换代的过程中，健全的法律制度尤为重要。只有健全的现代物流法律制度，同时配合市场机制的正常发挥，现代物流业才能健康、持续地发展。现今我国所有与物流直接相关的法律规范都散见于各个部门法之中，只是行业法律法规的集合，说明我国现行的物流法律法规存在着层次较低、效力不强、缺乏系统性和专门性、立法滞后空白等缺陷。由于我国物流业发展迅速，而物流行业的经营和物流活动所涉及的法律法规体系又十分庞大，相关的法律法规仍在不断调整和完善之中，对现代物流业的从业人员提出了更高、更严的要求。在实际工作中，希望读者更好地掌握和运用法律知识，同时也要关注法律法规的最新变化及我国参加的国际公约的发展趋势。

本书由宁波大学王容任主编，并负责编写第 1、2、4、5、13、14、15 章；刘阳任副主编，编写第 3、6、7、8、9、12 章；胡云平任副主编，编写第 10、11、16 章；最后，由王容对全书进行统稿。在编著过程中，宁波大学海运学院物流管理系的领导、学者给予编者许多支持，并提出不少宝贵意见，此外，周素萍、张敏、张祎亮和葛丽慧为编者做了大量的资料查阅、校对及录入工作，在此表示真诚的谢意！

我们希望能编著出一本兼顾不同物流领域、结合物流业务介绍最新法律动态的、体系完整和内容全面的法律教材，但限于编者的理论和实践水平，书中难免有疏漏和不妥之处，谨望广大读者批评指正。

编者

2009 年 3 月

目 录

第1章 物流法律概述 …… 1
1.1 物流法概述 …… 1
1.1.1 物流的概念 …… 1
1.1.2 物流法的概念 …… 2
1.1.3 物流法的特点 …… 3
1.1.4 物流法的作用 …… 4
1.2 物流法律关系 …… 5
1.2.1 物流法律关系的主体 …… 5
1.2.2 物流法律关系的客体 …… 7
1.2.3 物流法律关系的内容 …… 7
1.2.4 物流法律关系的发生、变更和终止 …… 8
1.3 物流合同的法律行为 …… 9
1.3.1 物流合同的概念与特征 …… 9
1.3.2 物流合同法律制度的基本原则 …… 10
1.3.3 物流合同的订立 …… 11
1.3.4 合同的效力 …… 12
1.3.5 违约责任 …… 13
1.4 我国物流法的现状与发展 …… 15
1.4.1 物流法的现状 …… 15
1.4.2 物流法的发展 …… 18
第2章 物流主体法律制度 …… 21
2.1 行政管理机构 …… 21
2.1.1 国家工商行政管理局登记管辖范围 …… 21
2.1.2 省、自治区、直辖市工商行政管理局设立登记管辖 …… 22
2.1.3 市、县、区工商行政管理局设立登记管辖 …… 22
2.2 物流企业 …… 22
2.2.1 内资物流企业的市场准入 …… 22
2.2.2 外商投资物流企业的市场准入 …… 23
2.3 物流企业的设立 …… 24
2.3.1 物流企业应具备的条件 …… 24

2.3.2　物流企业的登记 …… 25
2.3.3　物流企业的变更、终止与清算 …… 27
2.4　国际货物运输代理企业 …… 28
2.4.1　国际货物运输代理企业的含义 …… 28
2.4.2　国际货物运输代理企业的分类 …… 30
2.4.3　国际货物运输代理企业的演变 …… 32
2.2.4　国际货物运输代理企业的经营范围 …… 32
2.2.5　国际货物运输代理企业业务行为的法律规范 …… 33
第3章　贸易活动的相关法规 …… 35
3.1　国际贸易概述 …… 35
3.2　国际贸易术语 …… 35
3.2.1　国际贸易术语的作用 …… 36
3.2.2　贸易术语解释通则的主要内容 …… 36
3.2.3　主要常用贸易术语 …… 39
3.3　对外贸易法的主要内容 …… 43
3.3.1　基本原则和适用范围 …… 44
3.3.2　货物和技术进出境管理 …… 44
3.3.3　对外贸易的法律责任 …… 46
3.4　《联合国国际货物买卖合同公约》的主要内容 …… 47
3.4.1　公约的宗旨和适用范围 …… 47
3.4.2　合同双方的义务 …… 48
3.4.3　违约的救济方法 …… 48
3.4.4　风险的转移 …… 49
3.5　《国际商事合同通则》的主要内容 …… 50
3.6　采购与销售法规 …… 51
3.6.1　合同法 …… 51
3.6.2　招标投标法 …… 52
3.6.3　政府采购法 …… 55
第4章　海上货物运输法规 …… 59
4.1　海上货物运输概述 …… 59
4.2　船舶及其担保物权 …… 60
4.2.1　船舶的概念 …… 60
4.2.2　船舶所有权和航行权 …… 61
4.2.3　船舶登记和船舶国籍 …… 64
4.2.4　船舶担保物权 …… 66
4.3　海上货物运输合同 …… 69
4.3.1　海上货物运输合同概述 …… 69

4.3.2 承运人的主要义务及责任期间 …… 71
4.3.3 承运人的主要权利 …… 75
4.3.4 托运人(收货人)的主要义务和责任 …… 77
4.3.5 托运人的主要权利 …… 78
4.3.6 远洋货运单证 …… 78
4.3.7 合同的订立与解除 …… 83
4.4 提单及其法律问题 …… 84
4.4.1 提单的概念、作用和种类 …… 84
4.4.2 提单的内容与签发 …… 87
4.4.3 海运单及其法律问题 …… 88
4.4.4 电子提单及其法律问题 …… 89
4.5 调整和约束海上货物运输合同的国际公约 …… 90
4.5.1 海牙规则 …… 91
4.5.2 维斯比规则 …… 94
4.5.3 汉堡规则 …… 95
4.5.4 鹿特丹规则 …… 97
4.6 航次租船合同 …… 99
4.6.1 航次租船合同概述 …… 99
4.6.2 航次租船合同的格式 …… 99
4.6.3 航次租船合同的法律适用 …… 99
4.6.4 航次租船合同的主要内容 …… 100
4.6.5 航次租船合同当事人的义务和责任 …… 101
4.7 定期租船合同 …… 102
4.7.1 定期租船合同概述 …… 102
4.7.2 定期租船合同的格式 …… 102
4.7.3 定期租船合同的主要内容 …… 103
4.8 光船租赁合同 …… 106
4.8.1 光船租赁合同概述 …… 106
4.8.2 光船租赁合同的格式 …… 106
4.8.3 光船租赁合同的主要内容 …… 106
4.8.4 船舶租购合同的特殊规定 …… 107
4.9 包运租船合同及其他租船合同 …… 108
4.10 海上拖航合同 …… 108
4.10.1 海上拖航合同概述 …… 109
4.10.2 承拖方的主要权利和义务 …… 110
4.10.3 被拖方的主要权利和义务 …… 110
4.10.4 损害赔偿责任 …… 111
4.11 其他海事法规 …… 112

4.11.1 船舶碰撞 …… 112
4.11.2 海难救助 …… 116
4.11.3 共同海损 …… 121
4.11.4 船舶油污损害赔偿 …… 127
4.11.5 海事赔偿责任限制 …… 129
第5章 国内水路货物运输法规 …… 134
5.1 国内水路货物运输概述 …… 134
5.1.1 水路货物运输合同的定义 …… 134
5.1.2 运输合同的形式与内容 …… 135
5.2 运输合同当事人的权利和义务 …… 135
5.2.1 托运人的权利和义务 …… 135
5.2.2 承运人的权利和义务 …… 137
5.3 运输单证 …… 139
5.3.1 运单的性质 …… 140
5.3.2 运单的内容 …… 140
5.3.3 运单的填制 …… 140
5.3.4 运单的签发 …… 140
第6章 公路货物运输法规 …… 142
6.1 公路货物运输概述 …… 142
6.2 汽车租赁 …… 143
6.2.1 承租人的义务和责任 …… 143
6.2.2 出租人的义务和责任 …… 143
6.3 公路货物运输 …… 143
6.3.1 合同的订立 …… 144
6.3.2 合同的履行 …… 145
6.3.3 合同的变更与解除 …… 147
6.3.4 违约赔偿责任 …… 147
6.4 有关国际公约 …… 148
6.4.1 国际公路货物运输合同公约 …… 148
6.4.2 国际公路运输公约 …… 150
第7章 铁路货物运输法规 …… 153
7.1 铁路货物运输概述 …… 153
7.2 铁路货物运输合同 …… 153
7.2.1 合同的订立 …… 154
7.2.2 合同的履行 …… 154
7.2.3 合同的变更与解除 …… 156
7.2.4 违约责任 …… 156

7.2.5　诉讼时效 …… 157
7.3　国际公约 …… 157
7.3.1　运单 …… 158
7.3.2　发货人、收货人的义务 …… 158
7.3.3　承运人的责任与限额 …… 159
7.3.4　索赔与诉讼时效 …… 160
第8章　航空货物运输法规 …… 162
8.1　航空货物运输概述 …… 162
8.2　航空货物运输合同 …… 163
8.2.1　合同的订立 …… 163
8.2.2　合同的履行 …… 163
8.2.3　承运人的责任 …… 164
8.2.4　合同的变更与解除 …… 165
8.2.5　索赔与诉讼时效 …… 166
8.3　航空运输的国际公约 …… 166
8.3.1　适用范围 …… 168
8.3.2　承运人的赔偿责任 …… 169
8.3.3　运单 …… 170
8.3.4　索赔通知与诉讼时效 …… 172
第9章　多式联运法律规范 …… 174
9.1　多式联运的概念 …… 174
9.2　多式联运合同当事人的义务 …… 175
9.2.1　托运人的义务 …… 175
9.2.2　多式联运经营人的义务 …… 176
9.3　多式联运经营人的责任 …… 176
9.3.1　责任期间 …… 176
9.3.2　多式联运责任制 …… 176
9.3.3　多式联运经营人的赔偿责任 …… 178
9.4　索赔通知与诉讼时效 …… 179
9.4.1　《多式联运公约》的规定 …… 179
9.4.2　《多式联运单规则》的规定 …… 180
9.4.3　国内法律法规的规定 …… 180
9.5　多式联运单据 …… 180
9.5.1　《多式联运公约》 …… 180
9.5.2　《多式联运单规则》 …… 181
9.5.3　国内法 …… 181
第10章　货物仓储法律规范 …… 183
10.1　保管与仓储概述 …… 183

10.1.1 仓储的含义和功能 …… 183
10.1.2 仓储的作用 …… 184
10.1.3 物流企业在仓储活动中的法律地位 …… 184
10.2 仓储合同 …… 185
10.2.1 仓储合同的概念和特征 …… 185
10.2.2 仓储合同的主要内容 …… 186
10.2.3 仓储合同当事人的权利和义务 …… 187
10.2.4 仓单的法律性质 …… 190
10.3 保管合同 …… 192
10.3.1 保管合同当事人的权利和义务 …… 193
10.3.2 保管合同的诉讼时效 …… 194
10.3.3 仓储合同与保管合同的联系和区别 …… 194
10.4 保税仓库 …… 195
10.4.1 保税仓库功能与类型 …… 195
10.4.2 申请保税仓库的程序 …… 196
10.4.3 对保税仓库的监管 …… 196
10.4.4 保税仓库进出货物的监管法规 …… 198
第 11 章 物流包装法律规范 …… 201
11.1 物流包装概述 …… 201
11.1.1 包装在物流系统中的地位与作用 …… 201
11.1.2 物流企业在包装作业中的法律地位 …… 202
11.1.3 包装的特性 …… 202
11.1.4 包装中的知识产权 …… 203
11.1.5 包装法律制度 …… 204
11.2 普通货物包装的法律要求 …… 206
11.2.1 普通货物的含义 …… 206
11.2.2 普通货物包装应遵循的基本原则 …… 206
11.2.3 销售包装的基本要求 …… 207
11.2.4 运输包装的基本要求 …… 207
11.2.5 包装条款的主要内容 …… 208
11.3 危险品包装的法律要求 …… 209
11.3.1 危险品的概念及类型 …… 209
11.3.2 危险货物运输包装的要求 …… 209
11.4 国际物流中的包装特性 …… 211
第 12 章 货物装卸与搬运法律规范 …… 214
12.1 货物装卸搬运概述 …… 214
12.1.1 装卸搬运的概念 …… 214

12.1.2 装卸搬运在物流活动中的地位 …… 214
12.2 港站经营人的法律地位与责任 …… 215
12.2.1 港站经营人的含义 …… 215
12.2.2 港站经营人的法律地位 …… 215
12.2.3 港站经营人的权利和义务 …… 216
12.2.4 《联合国国际贸易运输港站经营人赔偿责任公约》的主要内容 …… 217
12.3 港口装卸搬运作业的法律法规 …… 219
12.3.1 普通货物的规定 …… 219
12.3.2 危险货物的特殊规定 …… 220
12.3.3 港、航货物交接的特别规定 …… 220
12.3.4 装拆箱的基本要求 …… 221
12.4 铁路装卸搬运作业的法律规范 …… 221
12.4.1 装卸车的规定 …… 221
12.4.2 专用线的装卸规定 …… 222
12.4.3 危险货物的装卸作业 …… 223
12.5 公路装卸搬运作业的法律规范 …… 224
12.5.1 一般货物的注意事项 …… 224
12.5.2 危险货物的装卸要求 …… 224
12.5.3 场站经营人的责任 …… 225
12.6 航空搬运装卸作业的法律规范 …… 225
第13章 流通加工与配送法律规范 …… 227
13.1 流通加工与配送概述 …… 227
13.1.1 流通加工在物流中的地位与作用 …… 228
13.1.2 配送在物流中的地位与作用 …… 228
13.2 流通加工与配送的法律关系 …… 229
13.2.1 流通加工涉及的法律关系 …… 229
13.2.2 配送涉及的法律关系 …… 229
13.3 流通加工法律规范 …… 230
13.3.1 加工承揽合同的概念和特征 …… 230
13.3.2 加工承揽合同的主要内容 …… 232
13.3.3 流通加工当事人的义务与责任 …… 234
13.4 配送法律规范 …… 236
13.4.1 配送合同的概念与性质 …… 237
13.4.2 配送合同的主要内容 …… 238
13.4.3 配送当事人的权利与义务 …… 239
第14章 物流中有关保险的法规 …… 244
14.1 保险法概述 …… 244

14.1.1 保险的含义 …… 244
14.1.2 保险的分类 …… 245
14.1.3 保险的作用 …… 248
14.1.4 保险的基本原则 …… 249
14.2 保险合同 …… 256
14.2.1 保险合同的基础知识 …… 256
14.2.2 保险合同的当事人与关系人 …… 263
14.2.3 保险合同的主要内容 …… 266
14.2.4 保险合同订立、转让与终止 …… 267
14.2.5 保险单与保险合同的关系 …… 269
14.3 海上货物运输保险 …… 270
14.3.1 海上货物运输保险概述 …… 270
14.3.2 海上货物运输保险条款 …… 276
14.3.3 海上货物运输保险的附加险条款 …… 281
14.3.4 英国海上货物运输保险条款概述 …… 285
14.4 海上船舶保险 …… 286
14.4.1 船舶保险概述 …… 286
14.4.2 我国船舶保险条款 …… 288
14.4.3 我国集装箱保险条款 …… 297
14.4.4 《英国协会船舶定期保险条款》 …… 298
14.5 海运责任保险 …… 300
14.5.1 海运责任保险概述 …… 300
14.5.2 国际货代责任保险 …… 302
14.5.3 船东保赔保险 …… 304
14.5.4 租船人责任保险 …… 306
14.6 水陆空邮包货物运输保险 …… 307
14.6.1 货物运输保险概述 …… 307
14.6.2 国内水路货物运输保险条款 …… 309
14.6.3 陆上货物运输保险 …… 311
14.6.4 航空货物运输保险 …… 313
14.6.5 邮包运输保险 …… 314
14.7 物流保险的具体规定 …… 316
14.7.1 物流保险概述 …… 316
14.7.2 物流保险现状 …… 317
14.7.3 物流责任保险条款 …… 317
14.7.4 物流责任保险与物流货物保险的关系 …… 322
14.8 保险索赔与理赔 …… 323
14.8.1 索赔与理赔的含义 …… 323

14.8.2 索赔与理赔的一般程序 …… 323
第15章 物流活动国家调控法律制度 …… 326
15.1 我国口岸管理制度 …… 326
15.1.1 口岸管理系统的组成 …… 326
15.1.2 口岸管理机构及其职责 …… 327
15.2 海关法律制度 …… 328
15.2.1 海关及海关法概述 …… 328
15.2.2 进出境运输工具及货物 …… 329
15.2.3 关税与海关事务担保 …… 330
15.2.4 执法监督与法律责任 …… 331
15.3 出入境商品检验、检疫法律制度 …… 332
15.3.1 《国境卫生检疫法》 …… 332
15.3.2 《进出口商品检验法》 …… 334
15.3.3 《进出境动植物检疫法》 …… 337
15.4 我国关税制度 …… 340
15.4.1 我国关税的纳税义务人 …… 340
15.4.2 我国关税的种类和税率 …… 340
15.4.3 我国关税的计征方法 …… 341
15.4.4 我国关税的缴纳与退补 …… 342
15.4.5 我国关税的减免 …… 342
15.5 反倾销与反补贴制度 …… 343
15.5.1 我国的反倾销制度 …… 343
15.5.2 我国的反补贴制度 …… 346
15.6 物流信息网络法律制度 …… 346
15.6.1 物流信息与互联网信息管理概述 …… 346
15.6.2 电子商务法规 …… 348
15.6.3 互联网域名管理法规 …… 351
15.6.4 互联网信息服务管理法规 …… 353
第16章 物流争议解决法律制度 …… 357
16.1 非诉讼解决方式 …… 357
16.1.1 和解谈判 …… 357
16.1.2 调解 …… 359
16.2 仲裁法律制度 …… 360
16.2.1 仲裁的概念、性质和特征 …… 360
16.2.2 仲裁法概述 …… 361
16.2.3 仲裁程序 …… 365
16.2.4 涉外仲裁 …… 368

16.3 民事诉讼法律制度 …… 369
16.3.1 民事诉讼 …… 369
16.3.2 审判程序 …… 377
16.3.3 执行程序 …… 380
16.3.4 涉外民事诉讼程序 …… 383
16.3.5 相互承认、执行外国法院判决和外国仲裁裁决 …… 386
16.3.6 海事诉讼特别程序 …… 389
参考文献 …… 403

第1章

物流法律概述

➪ 本章要点

- 物流法律制度的调整对象
- 物流法的特点和作用
- 物流法律关系的主体、客体和内容
- 物流合同的订立程序、法律行为和基本原则
- 我国物流法律的框架体系、现状和发展趋势

1.1 物流法概述

1.1.1 物流的概念

随着物流科学的发展,欧美国家普遍把"Logistics"作为国际上物流的标准用语。根据美国物流管理协会(Council of Logistics Management,CLM)对物流的定义:物流是供应链的组成部分,是以满足客户的需求为目的,对从产地到消费地之间的货物配送、回收、储存及服务、有关信息进行有效率的规划、实施和控制的过程。

我国制定的国家标准《物流术语》中将物流定义为:物品从供应地向接收地的实体流动过程,根据实际需要,将运输、储存、装卸、搬运、包装、流通加工、配送、信息处理等基本功能有机结合来实现用户要求的过程。

物流活动(Logistics Activity)是指在一定时间和空间里,对物流各种功能的实施与管理过程。主要包括以下几个方面:

①运输,是指将商品进行场所或空间移动的物流活动。运输包括供应及销售物流中

的公路、水路、航空等方式的运输，以及生产流通中的管道、传送带等方式的运输。对运输活动的管理，要求选择技术经济效果最好的运输方式和联运方式。合理确定运输路线，以实现安全、迅速、准时、价廉的要求。

②仓储，是商品流通中的储存、保管的阶段。它包括堆放、保管、保养、维护等活动。仓储的主要设施是仓库，在商品出入库基础上进行在库管理，要求准确确定库存数量，明确仓库以流通为主还是以储备为主，合理确定仓储制度和流程，对库存物品采取有区别的管理方式，力求提高仓储效率，降低损耗，加速物资和资金的周转。

③装卸、搬运，是对运输、保管、包装、流通、加工等物流活动进行衔接，以及在仓储活动中为进行检验、维护、保养所进行的装卸搬运活动。对装卸搬运的管理，主要是确定最恰当的装卸方式，合理配置及使用装卸工具，力求减少装卸次数。

④包装，是指在商品输送或保管过程中，为保证商品的价值和形态而进行的物流活动。主要是对生产过程中在制品、半成品的包装、对产品进行出厂包装以及在物流过程中换装、分装、再包装等活动。从功能上看，包装分为运输包装和销售包装。

⑤流通加工，是指物品在从生产地到使用地的过程中，根据需要施加的包装、分割、计量、分拣、组装、价格贴附、标签贴附、商品检验等简单作业的总称。这种加工活动不仅存在于社会流通过程，也存在于企业内部的流通过程中。目前为了提高商品附加价值，促进商品差别化，流通加工的作用越来越重要。

⑥配送，是指根据客户要求，对物品进行拣选、加工、包装、组配等作业，并按时送达指定地点的物流活动。它是物流进入最终阶段，以配货、送货的形式最终完成社会物流，并最终实现资源配置的活动。

⑦信息处理，是指对物流各项活动有关的计划、预测、动态信息、费用信息、生产信息、市场信息、财务信息等的管理。内容包括建立信息系统和信息渠道，正确选定信息科目和信息的收集、汇总、统计、使用方式等，以保证信息可靠性和及时性。

1.1.2　物流法的概念

法律是调整社会关系的一种行为规则。法律是指由拥有立法权的国家机关按照立法程序制定和颁布的规范性文件。物流活动涉及生产领域、流通领域、物品流通的各个方面，必然要受到相应法律规范的调整。物流法是指调整与物流活动有关的社会关系的法律规范的总称。目前，我国有关物流方面的法律规定都散见于其他的法律法规中。由于物流活动本身涉及很多社会关系，所以与物流活动相关的法律规范的范围比较广，它主要包括国内法律法规、国际法律法规和与物流有关的技术规范等几个方面。在有关物流立法的各种表现形式中，法律（狭义上的法律）具有最重要的地位，例如，我国与物流相关的国内法律主要有《中华人民共和国民法通则》、《中华人民共和国海商法》、《中华人民共和国对外贸易法》、《中华人民共和国产品质量法》、《中华人民共和国铁路法》、《中华人民共和国民用航空法》、《中华人民共和国合同法》、《中华人民共和国物权法》等。

行政法规是指由国家最高行政机关，即国务院根据宪法和有关法律，在自己职权范围内制定的规范性文件，其法律地位和法律效力仅次于宪法和法律。目前，我国有关物

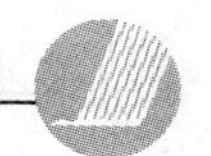

流方面的行政法规是直接为物流活动制定的法规和与物流活动有关的法规，从内容和行业管理上看，基本属于海上、陆地和航空运输管理、消费者保护、企业管理、合同管理等方面的法规。例如，《中华人民共和国国际海运条例》、《国内水路货物运输规则》等。

部门规章是指由国务院所属各部、各委员会根据法律、行政法规，在本部门的权限范围内制定的规范性文件。如由铁道部、交通运输部、工业和信息化部以及商务部所颁布的条例、办法、规定和通知等都有涉及物流的内容，如《中华人民共和国水路货物运输合同实施细则》。

地方性法规是指由地方人民代表大会及其常务委员会制定的规范性文件。其法律效力低于法律和行政法规，只在地方政府管辖范围内有效，即受地域范围的限制。

国际条约是指国家及其他国际法主体间所缔结的以国际法为基础，确定其相互关系中的权利和义务的一种国际书面协议，也是国际法主体间互相交往的一种最普遍的法律形式。涉及物流法律关系的国际条约很多，但并不是所有的国际条约都可以无条件地在任何一个国家内生效。根据国际法和国家主权原则，只有经一国政府签署、批准或加入的有关物流的国际条约，才对该国具有法律约束力，成为该国物流法的表现形式。与物流相关的国际公约主要包括《联合国国际货物销售合同公约》、《海牙规则》、《维斯比规则》、《汉堡规则》、《华沙公约》、《铁路货物运输国际公约》、《国际公路货物运输合同公约》等。

国际惯例是指在国际上因对同一性质的问题所采取的类似行为，经过长期反复实践逐渐形成的，为大多数国家所接受的，具有法律约束力的不成文的行为规则。国际惯例的成立必须具备两个要件：实质要件，即一种行为必须是相同或类似的重复行为，并为多数国家或地区所持续采用；心理要件，要求行为人在采取或进行该项行为时，在心理上认为是在履行法律义务。国际惯例多体现为任意性惯例，即只有当事人通过协商方式在有关协议中明确表示采用该规则时，才对当事人具有法律约束力。与物流相关的国际惯例有《国际贸易术语解释通则》、《跟单信用证统一惯例》等。

与物流有关的技术规范是国家和行业主管机关就物流活动中的运输、仓储、加工、装卸等活动进行的规定，主要包括国家的技术标准和行业标准。国家标准由国家质量技术监督管理部门组织制定、批准和颁布。其中有一些强制性标准属于国家的技术法规，其他标准本身虽不具有强制性，但因标准的某些条文由法律赋予强制力而具有技术法规的性质。国际标准由国际组织制定，本身没有强制力，一般均为推荐性标准。但是，国际公约常将一些国际标准作为公约的附件，从而使其对缔约国产生约束力，例如，国际标准化委员会(ISO)、国际电工委员会(IEC)等制定的针对产品和服务质量及技术要求的标准等。

1.1.3 物流法的特点

1. 表现形式的多样性

物流活动的多样性决定了物流法表现形式的多样性。法有许多表现形式，有国家最高权力机关正式颁布的宪法和普通法律，有国家最高行政机关颁布的行政法规，有省、自治区、直辖市权力机关发布的地方性法规，有国务院各主管部门制定的规章，还有相关的技术标准或技术法规等。不同的表现形式使物流法表现出不同的效力层次。其中，宪法具有最高效力；普通法律的效力次之；行政法规和部门规章起到补充和帮助法律实施的作用；当物流活动在世界范围内进行时，会受到国际条约或国际惯例的制约；技术标准和技术法规，则根据不同的情况在使用中有不同的效力。

2. 物流活动参与者的众多性

物流活动的参与者涉及不同行业、不同部门，如仓储经营者、包装服务商、各种运输方式下的承运人、装卸作业者、承揽加工业者、配送商、信息服务供应商等，物流活动的参与者众多使得物流法律关系变得复杂。而且，同一位物流服务提供者经常处于双重和多重法律关系中，因而应形成不同的领域来对主体的行为进行规范。物流法包括横向的民事法律规范和纵向的行政法律规范，以及各种技术法律规范，表现出物流法律规范本身的多样性。

3. 内容的综合性

物流活动包括物品从原材料经过生产环节形成的半成品、成品，最后经过流通环节到达消费者手中的全过程；同时，还包括物品的回收和废弃物的处理过程；涉及运输、储存、装卸、搬运、包装、流通加工、配送、信息处理等诸多环节。物流法应当对所有这些环节中产生的社会关系进行调整，因此内容非常广泛。即使在同一类法律规范中，因物流活动所涉及的领域众多，各环节中的运行方式有所不同，主体权利义务和责任的承担亦应适用不同的法律法规。

4. 物流法规的国际性

随着国际物流的发展，物流活动跨越了区域性，在物流活动中必然产生各国规范物流法律的法律适用问题，从而使物流法呈现出复杂性的特点。现代物流是经济全球化、一体化发展的产物。国际物流的出现和发展，使得物流超越了一国和区域的界限，从而走向国际化。通过在全世界范围内构建体现互联网技术的智能性、服务方式的柔性、运输方式的综合多样性，并与环境协调发展的国际性物流系统，以最低廉的成本实现货物快速、安全、高效、通达和便利地送达最终消费者手中的目标，进而促进国际经济全球化。与国际物流相适应，物流法也呈现出国际化的趋势，具体表现在一些领域内已出现了全世界通用的国际标准。

5. 物流活动体现出较高的技术性

由于物流活动是由运输、包装、仓储、装卸等技术性较强的多个物流环节组成的，整个物流活动过程都需要运用现代信息技术和电子商务，所以物流活动自始至终都体现出较高的技术含量。物流法作为调整物流活动的法律规范，必然涉及物流活动的专业术语、技术标准等，从而具有技术性的特点。

1.1.4 物流法的作用

1. 正确引导和规范物流市场的发展

国家通过立法和对现有物流法律法规的整理等活动，是正确引导和规范物流市场发展的重要手段之一。通过有步骤和有计划地进行系统的物流立法，鼓励公平竞争，制止不正当的行为，保护合法经营，来建立公平、公正的物流市场秩序，引导和规范物流市场的发展。

2. 保护物流活动当事人的合法利益是法律的基本目的

一个良好的物流法规环境是从事物流经营活动和提供物流服务的重要基础，尤其是完善的物流合同法律制度，对保护当事人的合法利益最为重要。物流活动当事人的利益一般体现在有关合同中，根据诚实信用原则履行合同是保障当事人各方利益的基础。另外，如果因履行物流合同而发生纠纷，通过公正的司法途径解决争议，受害人可由此获得法律救济。

3. 建立有效的政府监管机制

物流市场体系的形成和发展需要法律规范的调整和国家政策的引导。通过物流行政立法来规范政府职能，使政府对物流行业的管理目标、手段、方法逐步与物流市场的发展接轨，以符合市场经济规律。

4. 促进物流业的健康发展

物流的发展需要协调性、统一性和标准化，这需要通过各方面的努力和协助，政府要在政策、规划、立法及财政等方面给予支持，制定有利于物流发展的技术政策及标准，加强和完善物流相关的立法工作，促进物流市场体系的形成，为物流业创造有序竞争的环境，促进物流业的健康发展。物流标准的范围和内容应覆盖相关领域，包括物流基础设施标准、物流技术装备标准、物流管理流程标准、物流信息化标准等，使物流活动具有可操作性。

1.2 物流法律关系

法律关系是法律在规范人们的行为过程中所形成的一种特殊的社会关系，即法律上的权利义务关系。法律关系是由主体、内容、客体三个要素构成，缺少其中任何一个要素，都不能构成法律关系。物流法律关系是指物流法律规范在调整物流活动过程中所形成的具体的权利义务关系。物流法律关系同样是由主体、内容和客体这三个要素构成的。

1.2.1 物流法律关系的主体

物流法律关系的主体是指参加物流法律关系，依法享有权利和承担义务的当事人。在物流法律关系中，享有权利的一方当事人被称为权利人，承担义务的一方当事人被称为义务人。根据我国相关法律的规定，物流法律关系主体包括以下几种。

1. 自然人

自然人是指按照自然规律出生的人。自然人包括本国公民、外国人和无国籍人。自然人具有民事主体资格，可以作为物流法律关系的主体。一般而言，自然人成为物流服务的提供者将受到很大限制。但现代物流涉及的领域较为广泛，自然人在特定情况下可以通过接受物流服务，而成为物流法律关系的主体。

自然人的民事权利能力，是指自然人依法享有民事权利、承担民事义务的资格。换言之，自然人的民事权利能力就是法律赋予自然人的一种法律上的人格。只有具备这种人格，自然人才能作为主体参与民事活动，并取得民事权利、承担民事义务。根据我国《民法通则》的规定，自然人的民事权利能力开始于出生终止于死亡。

自然人的民事行为能力，是指自然人能够以自己的行为独立地取得民事权利、承担民事义务的资格。我国《民法通则》根据自然人的年龄与精神状态正常与否，将自然人的民事行为能力分为三种情形，即完全民事行为能力、限制民事行为能力、无民事行为能力。

2．法人

根据我国《民法通则》的规定，法人是指具有民事权利能力和民事行为能力，依法享有民事权利和承担民事义务的组织。根据我国法律规定，法人应具备以下四个条件：其一，法人是依法成立的一种社会组织。法人首先表现为一种自然人的组织体，这是法人与自然人最大的区别。但并非任何社会组织都能取得法人资格，只有那些依法成立获得法律认可的组织才能取得法人资格。其二，法人拥有独立的财产或经费，这是法人作为一个独立民事主体的前提和条件，也是法人独立享有民事权利和承担民事义务的基础。其三，法人具有自己的名称、组织机构和活动场所，法人的名称是其拥有独立于其所属成员的人格的标志，也是将其特定化，以区别于其他法人的标志，法人的名称权是财产性的权利，是可以转让、出卖的。法人的名称应包括其所在地、责任形式、经营范围等内容，以便于交易相对人联系和识别。法人组织机构的健全是法人开展正常活动的必要条件，具有完备的组织机构才可成为法人。法人的住所是法人的主要办事机构所在地。其四，法人独立承担民事责任，是指法人仅以自身的财产对外承担债务或其他民事责任。由于法人的财产是独立的，故其民事责任也由其独立承担。我国《民法通则》依法人的性质不同，将法人分为企业法人、机关法人、事业单位法人与社会团体法人。

企业法人是以从事生产、流通、科技等活动为内容，以获取盈利和增加积累、创造社会财富为目的的营利性社会经济组织。企业法人依所有制不同，又可分为国有企业法人、集体企业法人和私营企业法人；依是否有外资参与，又可分为中资企业法人、中外合资经营企业法人、中外合作经营企业法人和外资企业法人；依我国《公司法》的规定，企业法人又可依责任形式分为有限责任公司和股份有限公司。

机关法人是指依法行使国家权力，并因行使职权的需要而享有相应的权利能力和行为能力的国家机关。

事业单位法人是指为了社会公益事业目的，由国家机关或者其他组织利用国有资产主办的，从事文化、教育、卫生、体育、新闻等公益事业的单位。事业单位法人不以营利为目的，一般不进行生产经营活动。但随着我国政治、经济体制改革的深入，也有一些事业单位法人采用企业化的管理方式（如出版社、医院等），其营利性显而易见。

社会团体法人是指由自然人或法人自愿组成，为实现会员共同意愿，按照其章程开展活动的非营利性法人。如中国法学会、残疾人联合会、中国物流与采购联合会等。

法人是物流法律关系主体的主要部分。随着国际物流、区域物流及国内物流等活动的广泛开展,法人在物流法律关系中占有越来越重要的地位。企业法人是物流法律关系的最主要参与者,如综合性的物流企业、运输企业、货代企业、进出口企业等。但我国法律对一些物流行业的准入规定了限制条件,不是具备了法人资格就可以从事任何物流活动。如《中华人民共和国国际海运条例》对成为无船承运人的资格作了规定,即使具有法人资格,但如果不具有无船承运人资格,也不能从事无船承运人业务。

3. 其他组织

其他组织是指依法成立、有一定的组织机构和财产,但不具备法人资格,不能独立承担民事责任的组织。根据法律规定,其他组织的设立在程序上需履行法定的登记手续,经有关机关核准登记并领取营业执照后方可进行活动。不能独立承担民事责任是其他组织与法人的最根本区别。其他组织在对外进行经营业务活动时,如其财产能够清偿债务,则由其自身偿付,其财产不足以清偿债务时,则由其设立人对该债务承担连带清偿责任。其他组织必须符合相应的法律规定,取得经营资质,才能从事物流业务。在我国,其他组织包括:依法登记领取营业执照的个体工商户、个人独资企业、合伙组织;依法登记领取营业执照的合伙型联营企业;依法登记领取我国营业执照的中外合作经营企业、外资企业;经民政部门批准登记领取社会团体登记证的社会团体;依法设立并领取营业执照的法人分支机构;经核准登记领取营业执照的乡镇、街道、村办企业。

4. 国家机关

国家机关主要是指国家行政机关。在物流活动中,经常会发生由国家行政机关对物流企业的设立、变更、终止和整个物流活动进行监督管理而形成的各种法律关系。主要表现为国家行政机关与物流企事业单位及其他组织之间的监督与被监督、管理与被管理的关系。国家行政机关是物流行政法律关系的必要主体。如工商行政管理部门、交通运输部、铁道部、海关等。

1.2.2 物流法律关系的客体

物流法律关系的客体是指物流法律关系的主体享有的权利和承担的义务所共同指向的对象,它包括物、智力成果和行为。

在物流法律规范中,不同形式的物流活动产生了不同的权利义务关系。民商事物流法律关系,大多为债的法律关系,权利主体要求义务主体为一定行为或不为,包括进行物的交付、智力成果的交付,或提供一定的劳务。行政物流法律关系的客体主要表现为行政物流法律关系中主体的活动,包括主体的作为和不作为。凡是物流法中有关行政法律规范所规定的行为,都是行政物流法律关系的客体。如运输公司的运送行为,工商行政管理部门对设立物流企业的审核、批准行为等。

1.2.3 物流法律关系的内容

物流法律关系的内容是指物流法律关系主体在物流活动中享有的权利和承担的义

务。权利是指主体为实现某种利益而依法为某种行为或不为某种行为的可能性；义务是指义务人为满足权利人的利益而为一定行为或不为一定行为的必要性。

物流民商事法律关系的内容，是指物流民商事法律关系主体在物流活动中享有的权利和承担的义务。民商事权利的享有，是指权利主体能够凭借法律的强制力或合同的约束力，在法定限度内自主为或不为一定行为以及要求义务主体为或不为一定行为，以实现其实际利益。民商事义务的承担，是指义务主体必须在法定限度内为或不为一定行为，以协助或不妨碍权利主体实现其利益。

物流行政法律关系的内容，主要是指物流行政法律关系主体在物流活动中享有的权利和承担的义务。物流行政法律关系具有如下特征：行政权利不可自由处分，在行政物流法律关系中，当事人权利的行使和义务的履行，往往不仅涉及当事人自身的利益，而且涉及国家或他人的利益，因此权利人对自己的权利一般不能放弃；行政权利义务的相对性，行政物流法律关系的双方当事人，不论是行政机关，还是行政相对人，都既享有权利，又承担义务，他们的权利义务是统一的、相对的；权利义务的不可分性，在行政物流法律关系中当事人的权利义务是不可分的，权利中包含着义务，义务中包含着权利，例如，工商行政管理部门对物流企业的设立申请进行审核，这既是其权利，也是其义务。

总之，物流法律关系三要素中，要注意掌握主体、内容和客体概念，主体的范围，内容和客体的含义。

1.2.4 物流法律关系的发生、变更和终止

物流法律关系的发生，又称物流法律关系的设立，是指因某种物流法律事实的存在而在物流主体之间形成了权利和义务关系。物流法律关系的发生原因，首先取决于某种物流法律事实的存在，如自然人的出生、法人之间订立买卖合同、某种侵权行为导致损害后果出现等。物流法律事实，是指由民法所规定的，引起物流法律关系发生、变更和消灭的现象。物流法律事实分为事件和行为两大类。事件是指发生的某种客观情况，行为则是指物流法律主体实施的活动。物流法律关系的发生，还有赖于法律的规定和合同约定的存在，如法律规定的承运人赔偿限额、租赁合同中确定的当事人双方的权利和义务内容等。物流法律关系的变更，又称物流法律关系的相对消灭，是指因某种物流法律事实的出现而使物流主体之间已经发生的物流法律关系的某一要素发生改变。物流法律关系的变更原因，是法律所规定的或者合同中约定的某种物流法律事实的出现。如发生了法律规定的可以变更的物流行为，当事人协议约定改变履行合同的标的等。物流法律关系变更的结果，是使业已存在的物流法律关系的主体、客体和内容发生某种变化。如经过出租人的同意，承租人将承租的房屋加以维修，因而相应减少了承租人交付的租金。物流法律关系的终止，又称物流法律关系的绝对消灭，是指因某种物流法律事实的出现而导致业已存在的物流法律关系归于消灭。物流法律关系终止的原因，是出现了法律所规定的或者合同所约定的某种物流法律事实，如委托合同关系中委托人取消了委托或者受托人辞去了委托，专利权保护期限届满等。物流法律关系终止的法律后果，是指原本

存在的某种物流法律关系不复存在。如商标权人的某项注册商标因逾期未办理续展手续而丧失了商标权，代理人死亡后代理关系消灭等。

1.3 物流合同的法律行为

1.3.1 物流合同的概念与特征

物流服务提供者与接受者之间需要通过物流合同来确定双方的权利义务，但现在有关合同的法律制度中通常不具体涉及物流合同。

1. 物流合同的概念

合同也被称为契约，是现代法律制度中最重要的法律概念之一。根据我国《合同法》的规定，合同是平等主体的自然人、法人和其他组织之间设立、变更、终止民事财产权利和义务关系的协议。物流合同是种类繁多的合同中的一种，完全符合《合同法》中关于合同的定义。我国《合同法》并没有具体规定物流合同，所以物流合同属于合同法理论上的无名合同范畴。但是，《合同法》具体规定了物流合同中的运输合同、仓储合同及相关的承揽合同等。这样，在涉及具体的物流合同时，如果《合同法》中有相应的规定，应该遵循这些规定；如果没有相应的规定，则遵循《合同法》中关于合同的一般性规定。物流合同可以是总体统一的形式，内容具有综合性；也可以是一个合同集合体，具体包括许多种类的合同。当然，这些合同之间存在内在联系，即都是在物流活动中订立的。因此，给物流合同下一个统一的定义非常难。我们尝试性地这样定义：物流合同是物流服务提供者与接受者之间就运输、储存、装卸、搬运、包装、流通加工、配送、信息处理等一项或几项基本物流活动达成的协议。

2. 物流合同的特征

物流合同是平等的物流服务提供者与接受者之间实施的一种民事法律行为。这一特征一方面强调物流合同是平等主体之间的一种关系，另一方面强调物流合同是一种民事法律行为。物流合同的当事人是物流服务提供者和接受者，物流服务的提供者是从事运输、储存、装卸、搬运、包装、流通加工、配送、信息处理等基本功能的物流企业，而物流服务接受者可以是企业，也可以是消费者个人。物流合同无论是企业之间，还是企业与个人之间订立的，当事人的法律地位都是平等的，任何一方不得强迫对方订立协议或接受合同条件。民事法律行为是法律行为的一种，是民事主体实施的能够引起民事权利义务的产生、变更或终止的合法行为，在性质上不同于事实行为。

物流合同以设立、变更或终止债权债务关系为目的和宗旨。在物流活动中，物流服务的提供者与接受者之间属于一种特定当事人之间的债权债务关系。所谓债是指发生在特定主体之间请求为特定行为的财产法律关系。物流合同当事人订立合同的目的，是为了实现各自的经济利益，这些经济利益具体通过合同中的权利义务来体现。物流合同可以使当事人之间产生债权债务关系，也可变更原来已存在的债权债务关系，或消灭原债权债务关系，即设立、变更和终止三种方式。

物流合同是物流服务提供者与接受者之间意思表示一致的协议。从本质上说，物流合同是一种协议，它要求合同的成立必须有两个或两个以上的当事人，并且当事人之间产生协议还需要各自作出意思表示，并且意思表示应该一致。协议本来的含义即为合意。因此，物流合同与物流合同书不是一个概念，合同书是证明合同存在的一种证据；而只要符合合同的定义，当事人之间达成了一致意思表示，合同就存在。

1.3.2 物流合同法律制度的基本原则

《合同法》的原则，是指其效力贯穿于整个合同法制度和规范之中的根本准则，是指导合同立法、合同司法、合同订立和履行等带有普遍意义的基本行为准则。物流合同应遵循的基本原则与其他合同是一样的。《合同法》的基本原则有以下几项内容。

1. 意思自治原则

意思自治原则是指合同当事人在平等基础上，在合同活动中享有决定和表达自己意志的自由，不受国家权力和其他当事人的非法干预。合同一经合法成立，当事人必须按照约定善意履行。非经共同商议决定，不得修改或者废除。意思自治原则是我国《合同法》的首要原则。《合同法》第 3 条规定：“合同当事人的法律地位平等，一方不得将自己的意志强加给另一方。”第 4 条规定：“当事人依法享有自愿订立合同的权利，任何单位和个人不得非法干预。”在市场经济条件下，只有在法律上确认并充分保障合同当事人所享有的意思自治权利，才能鼓励市场主体从事广泛的交易活动，调动其参与流转、展开竞争、创造社会财富的积极性。

2. 公平原则

公平原则是指合同当事人在合同的订立和履行过程中要以公平观念来调整相互之间的权利义务关系。公平观念是指以利益是否均衡作为价值判断标准来确定当事人之间的利益关系，追求公平与合理的目标。《合同法》第 5 条规定的“当事人应当遵循公平原则确定各方的权利和义务”即是这一原则的法律根据。表现在合同交易中，公平即指等价有偿，即一方从对方取得利益，必须付出相应的利益；一方不得无偿占有对方的财物或者接受对方的服务，也不得与对方缔结显失公平的交易而取得或者享受不当利益。

3. 诚信原则

诚信原则是在市场经济活动中形成的道德规则。现代民法吸收了这一道德观念，要求人们在从事民事活动时，讲究信用，恪守诺言，诚实不欺，用善意的心理和方式去取得权利，履行义务；在不损害他人利益和社会利益的前提下追求自身的利益。

4. 合法原则

合法原则是指当事人订立、履行合同，应当遵守法律、行政法规，尊重社会公德，不得扰乱社会经济秩序，损害社会公共利益。主要是指当事人遵守法律的强制性规定，尊重社会公德。不得扰乱社会经济秩序，损害社会公共利益，是从禁止性规范的角度规定了《合同法》中的公共利益原则，即合同当事人在订立和履行合同的过程中，在考虑个人利益的同时，不能损害社会公共利益，不能扰乱社会经济秩序。

1.3.3 物流合同的订立

物流合同的订立,从法律上可分为要约和承诺两个阶段。要约是指希望和他人订立合同的意思表示。要约中应包括所欲订立物流服务合同的基本内容。承诺是受要约人同意要约的内容并缔结合同的意思表示。

1. 要约

要约又称报价、发盘、发价,是订立物流服务合同的必经阶段。要约是指希望和他人订立合同的意思表示。其中,发出要约的一方为要约人,收到要约的一方为受要约人。要约应具有如下要件,才具有效力:要约是一种意思表示,是物流服务合同双方将希望在彼此间产生物流法律关系的内在意图表达于外部的过程;要约的内容必须具体确定,即要约中应包括所欲订立物流服务合同的基本内容;要约既可以向特定的一人或数人发出,也可以向不特定的多数人发出;要约一经受要约人承诺,要约人即受该意思表示约束。实践中,物流需求方和第三方物流经营人都可以作为要约人向对方发出要约,表示希望与对方订立物流服务合同的愿望。根据我国《合同法》规定,要约到达受要约人时生效,如果采用数据电文形式订立物流服务合同的,收件人指定特定系统接收数据电文的,该数据电文进入该特定系统的时间,视为到达时间;未指定特定系统的,该数据电文进入收件人的任何系统的首次时间,视为到达时间。要约一经生效,要约人即受要约的约束,不得随意撤回、撤销或对要约加以限制和变更或扩张。否则,由此而给受要约人造成损失的,必须承担赔偿责任。要约的撤回是指要约人发出要约后在要约生效前所作出的收回要约的意思表示。要约可以撤回。撤回要约的通知应当在要约到达受要约人之前或与要约同时到受要约人,才能有效地撤回要约。如果要约已到达受要约人,该要约便不可撤回。要约的撤销是指要约人在要约生效后,将该项要约取消,使其法律效力归于消灭的意思表示。要约可以撤销。由于要约撤销在要约生效后,因此,撤销要约是受严格限制的。根据我国《合同法》规定,撤销要约的通知必须在受要约人发出承诺通知之前到达受要约人才产生撤销的效力。具有以下情况的,要约人不得撤销其要约:要约人确定了承诺期限或者以其他形式明示要约不可撤销的;受要约人有理由认为要约是不可撤销,并已经为履行合同做了准备工作的。要约的消灭是指要约人发出要约后,要约可因一定事由的发生而丧失法律效力。引起要约失效的法定事由有以下几个方面:拒绝要约的通知到达要约人;要约人依法撤回或撤销要约;承诺期限届满,受要约人未作出承诺;受要约人对要约的内容作出实质性变更。

2. 承诺

承诺是指受要约人同意要约内容缔结合同的意思表示。承诺的有效要件是:承诺必须由受要约人作出,未经授权,任何第三人作出的同意要约的意思表示都不构成有效承诺;承诺必须向要约人作出。承诺是对要约的同意,据此成立合同,必须由要约人作为一方当事人。非向要约人作出同意要约的意思表示,不为承诺,但向要约人的代理人作出承诺,视为向要约人作出。承诺的内容必须与要约的内容一致,是指意思表示在实质上一致,如果受要约人在承诺中对要约的内容作出实质性变更,便不构成承诺,而只能视为对原要约的拒绝而发出的一项新要约。对要约内容的实质性变更包括有关合同标的、数量、质量、价款或者报酬、履行期限、履行地点和方式、违约责任和解决争议的办法等的变更。承诺对要约内容作出非实质性变更的,除要约人及时表示反对或者要约表明承诺不得对要约内容作出变更的以外,该承诺有效,合同内容以承诺的内容为准。承诺必须在承诺期限内作出,如果要约规定有承诺期限,受要约人应当在规定的期限内作出,没有规定承诺期限的,如果是以对话、电话等方式发出要约的,应当立即承诺。如果是以非对话方式发出要约的,应当在通常合理的时间内承诺。所谓通常合理时间,应考虑习惯、交易的性质以及要约使用的通信方法的迅速程度等因素来界定。承诺可以撤回。但是,由于承诺一经送达要约人即发生法律效力,合同也随之成立,所以撤回承诺的通知应当先于承诺到达要约人或与承诺同时到达要约人。如果承诺通知晚于承诺到达要约人,鉴于承诺已生效,承诺人不得撤回其承诺。根据我国《合同法》规定,承诺在承诺期限内到达要约人时生效。承诺的生效,意味着合同的成立。承诺需要通知的,承诺通知到达要约人时生效,承诺不需要通知的,根据交易习惯或者要约的要求作出承诺的行为时生效。如果采用数据电文形式订立物流服务合同的,收件人指定特定系统接收数据电文的,该数据电文进入该特定系统的时间,视为承诺到达时间;未指定特定系统的,该数据电文进入收件人的任何系统的首次时间,视为承诺到达时间。

1.3.4 合同的效力

合同的效力是指法律赋予依法成立的合同约束当事人乃至第三人的强制力。其特点在于:是法律赋予,由国家强制力保障的;是当事人意志与国家意志的统一;是法律评价当事人意志的表现。

1. 合同生效和合同成立的区别

合同生效是指已经成立的合同开始发生以国家强制保障的法律约束,即合同发生法律效力。合同成立是生效的前提,合同不成立就无所谓生效问题。当事人订立合同就是要使其生效,实现合同利益和权利。一般的合同成立时即生效,但有时合同成立未必生效,如需要批准或登记的合同等。合同成立标志着当事人双方经过协商一致达成协议,合同内容所反映的当事人双方的权利义务关系已经明确。而合同生效表明合同已获得国家法律的确认和保障,当事人应全面履行合同,以实现缔约目的。合同的成立标志着合同订立阶段的结束,合同的生效则表明合同履行阶段即将开始。成立即生效合同的双方当事人受效果意思的约束,负约定义务和违约责任;成立后不能生效或被撤销或成立后未生效之前合同的双方当事人,负法定义务和缔约过失责任。

2. 无效合同

无效合同的概念,是指合同虽然已经成立,但因其在内容和形式上违反了法律、行政法规的强制性规定和社会公共利益,因此应确认为无效。其特征为违法性、具有不得履行性和国家强制干预性。根据《合同法》规定,无效合同的范围主要包括以下几种:一方以欺诈、胁迫的手段订立,损害国家利益的合同;恶意串通,损害国家、集体或第三者利益的合同;以合法形式掩盖非法目的的合同;损害社会公共利益的合同;违反法律、行政法规的强行性规定的合同等。

3. 可撤销合同

可撤销合同的概念,是指当事人在订立合同时,因意思表示不真实,法律允许撤销权人通过行使撤销权而使已经生效的合同归于无效。其类型有因重大误解订立的合同、因显失公平订立的合同、因欺诈订立的合同、因胁迫订立的合同、因乘人之危订立的合同等。

1.3.5 违约责任

1. 违约责任的概念和特征

违约责任,也称为违反合同的民事责任,是指合同当事人因违反合同义务所承担的责任。物流合同违约责任即为物流合同当事人违反合同约定的义务或法律规定的义务而承担的责任。违约责任的产生是以合同的有效存在为前提的,合同一旦生效,在当事人之间即产生法律约束力,当事人有义务全面地、严格地履行合同义务。任何一方当事人因违反有效合同约定的义务均应承担违约责任,所以违约责任是违反有效合同约定的义务的结果。当事人订立合同的目的是为了通过合同的履行,以实现一定的经济利益,合同一旦被违反,当事人一方或双方的目的就无法实现。违约方承担违约责任是对受害方的救济,使其达到合同被正常履行时的状况。

违约责任由当事人约定,因此,具有一定的任意性。如当事人可事先约定违约金的数额、损害赔偿的计算方法等,这是由合同自由原则所决定的。法律允许合同当事人自主、自愿约定各自的权利义务,同时也允许当事人通过合同预先约定违约形态及其他事项。当然,这种约定的任意性不是绝对的,必须在法律规定的范围内进行。如当事人约定的违约条款缺乏公平合理性,将被宣告无效或被撤销,而适用法定的违约责任。允许当事人约定违约责任可以避免违约发生后确定损害赔偿的困难,有利于纠纷的及时解决,也易于当事人控制风险。

通常情况下,违约责任旨在弥补或补偿因违约行为造成的损害后果。但是,在一定情况下,违约责任可能与补偿没有直接关系。定金通常与补偿不存在联系,违约金的数额可能高于或低于实际损害,但一般都按约定的违约金赔偿。

2. 物流合同中违约责任的归责原则

归责原则,指基于一定的归责事由而确定责任是否成立的法律原则。违约责任的归责原则是指合同当事人违约时,确定其承担民事责任的根据和标准。归责原则的确定,对违约责任制度的内容起着决定性的作用。我国《合同法》以严格责任作为一般的归责原则,以过错责任作为特殊的归责原则。

(1)过错责任原则

过错责任原则也称为过失责任原则,是指以过错作为归责的最终要件,同时也以过错作为确定当事人责任范围的重要依据。过错责任原则是我国民事责任的一般归责原则。根据这一原则,除法律另有规定外,行为人只有在主观上有过错的情况下,才承担民事责任，没有过错则不承担责任。

过错的含义，一是指无正当理由而不履行或者不适当履行合同义务；二是指主观的过错。主观过错形式主要有两种：故意和过失。所谓故意是指当事人预见到自己的行为会造成违反合同的后果，仍然希望和放任结果的发生；过失是和故意相对的过错形式，一般认为过失是指合同人因不细心、不在意、不关心或类似原因造成合同的不能履行和不适当履行且在当时不特定情况下并未采取必要步骤措施以避免该后果的发生。

(2)严格责任原则

所谓严格责任，又称无过错责任，是指违约发生以后，确定违约当事人的责任，应主要考虑违约的结果是否因违约方的行为造成，而不考虑违约方的故意或过失。我国《合同法》也确定了严格责任原则。《合同法》规定："当事人一方不履行合同义务或者履行合同义务不符合约定的，应当承担继续履行，采取补救措施或赔偿损失等违约的责任。"此即为严格责任原则。该条规定实质上确立了无过错责任原则为违约责任的一般归责原则。同时，该法通过了规定在一些个别情况下也可采用过错责任原则的例外情形。

对于物流合同来说，我国《合同法》对运输合同、仓储合同、承揽合同、委托合同的规定也采取严格责任原则。物流合同当事人是否承担违约责任的主要依据是合同履行行为是否与合同约定的义务一致，而不考虑在履行物流合同中是否存在过错。我国《海商法》对国际海上货物运输合同的承运人实行不完全的过错责任原则，在考虑是否应当承担违约责任时，除了存在违约行为，还要考虑是否属于可以免责的因素。法律规定的可以免责的原因主要是不可抗力等情况，诸如地震、台风等自然现象及战争、罢工等社会异常事件均可视为不可抗力。

3. 物流合同违约责任承担方式

违约责任形式，是指合同当事人违反合同义务后，按照合同约定或者法律规定承担违约责任的方式。根据《合同法》的规定，违约责任的承担方式主要有如下几种，这些形式也全部适用于物流合同。

(1)继续履行

继续履行是指违约方不履行合同时，另一方有权请求法院强制违约方按合同的约定履行义务，而不得以支付违约金或赔偿金的方式代替履行。继续履行可以与支付违约金或损害赔偿等责任形式并存。继续履行也称为实际履行、强制实际履行、依约履行等，是对违约行为人的一种强制措施。

(2)支付违约金

支付违约金是指合同当事人在合同中预先约定的，在合同债务人不履行或者不适当履行合同义务时，向对方当事人支付的一定数额的金钱。违约金的性质主要是补偿性，有时也具有惩罚性。违约金以补偿受损害一方当事人的损失为主要功能。在违约方支付违约金后，对方不得再请求损害赔偿。支付违约金的主要目的是使非违约方因违约方违约造成的损失得以弥补，而不是惩罚违约方。

(3)损害赔偿

损害赔偿是指因合同一方当事人的违约行为而给对方当事人造成财产损失时，违约方向对方当事人所做的经济补偿。在我国，损害赔偿的形式主要是金钱赔偿，即在发生损害赔偿责任时，法律强制违约当事人给受害人一定数额的金钱，以弥补受害人所遭受的损失。损害赔偿是违约责任中的一种重要的、常见的责任形式。

(4)定金

定金是指合同当事人为了确保合同的履行，依据法律规定和合同约定，由一方按合同标的额的一定比例预先给付对方一定的金钱或其他代替物。定金首先是合同担保的一种形式，同时，也作为承担违约责任的一种形式。与其他违约责任形式不同的是定金通常与实际的损害没有直接的关系，不论有无损害，都应该按照定金规则承担责任。一旦定金给付方违约，则定金接受方没收定金。所以，定金具有制裁违约行为的性质，一般用于较为严重的违约行为。

4. 物流服务提供者的行政责任

物流服务提供者的行政责任是指物流服务提供者违反国家有关物流监管的规定所应承担的法律责任。国家对物流的监管主要体现在对物流活动的主体的市场准入条件的要求，对主体实施物流活动的监督和管理，公平和公开竞争的物流市场环境，规则的确立等方面。国家相应的主管机关对物流活动的有效监管，有助于物流市场健康、有序的发展。一般而言，物流服务提供者所受到的行政处罚主要有：停止违法经营活动，即没有取得相应资格而从事经营物流服务提供者，行政主管机关要求其停止经营活动。没收违法取得，即从事违法经营的物流服务提供商如有违法所得的，行政机关依法予以没收，以示惩罚。罚款，即对违反物流法律法规的物流服务提供者所给予的一种经济上的处罚。撤销经营资格，如《海运条例》规定："国际船舶运输经营者、无船承运业务经营者、国际船舶代理经营者和国际船舶管理经营者将其依法取得的经营资格提供给他人使用的，由国务院交通主管部门或者其授权的地方人民政府交通主管部门责令限期改正，逾期不改正的，撤销其经营资格。"吊销营业执照，这是因为物流服务提供者从事违法行而由工商行政管理机关将营业执照予以吊销的一种处罚。

1.4 我国物流法的现状与发展

1.4.1 物流法的现状

1. 我国物流立法的现状

我国现行调整物流的法律法规涉及采购、运输、仓储、包装、配送、搬运、流通加工和信息等各个方面，有法律、法规、部门规章等不同层次。从内容看，主要包括以下三个方面。

(1)调整物流主体的法律规范

调整物流主体的法律规范主要有《公司法》、《中外合资经营企业法》及《中外合资经营企业法实施条例》、《中外合作经营企业法》及《中外合作经营企业法实施细则》、《中华人民共和国外资企业法》及《外商独资企业法实施细则》、《个人独资企业法》、《合伙企业法》、《海运条例》、《海运条例实施细则》、《关于开展试点设立外商投资物流企业工作有关问题的通知》等。

(2)调整物流活动环节的法律规范

广泛适用于物流活动各环节的法律主要有《民法通则》和《合同法》。适用于物流活动某一环节的法律规范有以下几类。

1)采购环节的法律规范

采购环节的法律规范主要有《政府采购法》、《招标投标法》、《对外贸易法》、《合同法》、《产品质量法》、《进出口商品检验法》等;法规有《货物进出口管理条例》、《出口货物原产地规则》、《出口许可证管理规定》、《货物进口许可证管理办法》、《出口商品配额管理办法》、《货物自动进口许可管理办法》、《货物进口指定经营管理办法》、《机电产品进口管理办法》、《机电产品进口配额管理实施细则》、《特定机电产品进口管理实施细则》、《机电产品自动进口许可管理实施细则》、《纺织品被动配额管理办法》等;国际公约有《联合国国际货物销售合同公约》等;国际惯例有《国际贸易术语解释通则》、《跟单信用证统一惯例》等。

2)运输环节的法律规范

①公路运输。主要有《公路法》、《公路管理条例》、《汽车货物运输规则》、《水运危险货物运输规则》、《国内水路货物运输规则》等。

②航空运输。主要有《航空法》、《中国民用航空货物国内运输规则》、《中国民用航空货物国际运输规则》等。

③铁路运输。主要有《铁路法》、《铁路合同管理办法》、《铁路货物运输管理规则》等。

④水路运输。主要有《海商法》、《水运危险货物运输规则》、《国内水路货物运输规则》、《国际海运危险货物规则》、《海牙规则》、《维斯比规则》、《汉堡规则》等。

⑤多式联运。主要有《国际集装箱多式联运管理规则》等。

3)搬运、装卸环节的法律规范

有关搬运、装卸环节的法律规范主要为国务院各主管部门制定的规章,如《铁路装卸作业安全技术管理规则》、《铁路装卸作业组织管理规则》、《铁路装卸作业标准》、《集装箱汽车运输规则》、《汽车危险货物运输、装卸作业规程》、《国内水路集装箱货物运输规则》、《危险化学品安全管理条例》、《港口货物作业规则》、《国际贸易运输港站经营人赔偿责任公约》等。

4)包装环节的法律规范

目前我国关于包装环节的规范主要体现为对包装标准的规定,除了国家标准外,还有国务院及有关主管部门制定的规范性文件。它们主要是:《中国包装国家标准》第十二部分、《GB 9174—1988 中一般货物运输包装通用技术条件的规定》、《GB 12463—1990 中危险货物运输包装通用技术条件的规定》、《GB 190—1990 危险货物包装标志》、《危险化学品安全管理条例》、《一般货物运输包装通用技术条件》、《危险货物运输包装通用技术条件》、《危险货物包装标志》、《包装储运图示标志》、《运输包装件基本试验》等。

5)仓储环节的法律规范

《合同法》第十三章租赁合同、第十九章保管合同及第二十章仓储合同中的相关规定。

6)流通加工环节的法律规范

《合同法》第十五章承揽合同中的相关规定。

7)报关和检验检疫相关中的物流法规

相关的法律有《海关法》、《国境卫生检疫法》、《食品卫生法》、《进出境动植物检疫法》、《进出口商品检验法》等;法规主要有《海关法行政处罚实施细则》、《进出口关税条例》、《海关稽查条例》、《保税区海关监管办法》、《海关关于转关运输货物监管办法》、《海关对暂时进口货物监管办法》、《关于大型高新技术企业适用便捷通关措施的审批规定》、《国境卫生检疫法实施细则》、《进出境动植物检疫法实施条例》、《进口许可制度民用商品入境验证管理办法》、《进出境集装箱检验检疫管理办法》、《中华人民共和国进出口商品检验法实施条例》、《出口食品卫生管理办法》等;有关的国际公约有《国际卫生条例》、《商品名称及编码协调制度的国际公约》、《关于货物暂准进口的ATA单证册海关公约》、《伊斯坦布尔公约》、《关于货物实行国际转运或过境运输的海关公约》、《国际公路车辆运输规则》、《1972年集装箱关务公约》、《关于简化和协调海关业务制度的国际公约》及其《附约》、《关于设立海关合作理事会的公约》等。

(3)调整物流争议的程序规范

有关调整物流争议的程序规范主要有《民事诉讼法》、《仲裁法》、《海事诉讼特别程序法》及最高人民法院的一些相关司法解释。此外,部分国际公约和国际惯例、国际标准也可以作为争议解决的程序规范。

2. 我国现行物流立法存在的问题

(1)缺乏权威性和统一性

我国直接具有操作性的法规多由各部委、各地方制定颁布,一般缺乏法律责任的制约作用。由于大多以"办法"、"条例"、"通知"等形式存在,在具体运用中缺乏普遍适用性,多数只适合作为物流主体进行物流活动的参照性依据,带有地方、部门分割色彩,不利于从宏观上引导物流业的发展,也缺乏对物流主体行为的必要制约。

(2)缺乏系统性和专门性

与物流相关的法律规范不统一且过于分散。目前,所有与物流有关的法律规范都散见于各种民事、行政法律法规和各部委制定的相关规章中,在行业管理和内容上分散于对企业和市场的管理中,而这些部门又存在协调不够的问题,在制定相关法规时基本上是各自为政,进而导致各法规缺乏系统性,甚至出现相互冲突的现象。在海、陆、空运输,合同和合同管理等领域,形成了多头而分散的局面,缺乏物流行业系统专门的法律规定。而且各法律规范之间协调不够,难以整合物流各环节和各法律规范之间的关系。这其中包含着立法体制问题,涉及有关国家机关立法权的分配。因为没有一个主管部门,导致了物流法规之间的冲突,而这些法律冲突在实施过程中就不可避免地产生一些不公平、不合理的问题。

(3)缺乏及时性和全面性

我国目前适用于物流活动的各类法律规范大都是从过去计划经济体制中或从计划经济向市场经济体制过渡的社会经济环境下制定并被沿用下来的,难以适应市场经济环境下物流业的发展。现行物流方面的法律规范与物流运行各环节在诸多方面上都不相适应，尤其是我国加入WTO后，随着经济国际化的发展，当前物流业存在和发展所依托的经济体制、管理体制、市场环境等都已经发生根本性的变化，物流业作为一个新兴的产业，其含义和实际内容也与以前大为不同。先前制定的法律法规都有相当部分并没有因此而作出修订。这就要求对与WTO不相适应的法律规范作彻底的调整，其中必然包括调整物流方面的法律规范。因此，随着物流业的不断发展和变化，需要出台相关的法律规范对其进行系统和专门的调整。

现代物流业经过充分的发展，其含义与业务已经远远超出了运输仓储这一狭小范围。对现代物流带来的新业务、新问题，原有的物流法律规范均没有对其进行规范。如对于物流市场的准入法律制度、物流企业的资质问题等也没有制定相关统一的法律法规，将直接导致物流业在许多领域无法可依，出现一定的混乱局面，不利于物流业的健康发展。

(4)缺乏协调性和前瞻性

随着物流产品、物流技术、物流服务方式的不断创新，新型物流行为客体不断涌现，单行法之间泾渭分明、条块分割的传统界限已被突破，交叉综合保护日益重要。而我国的现行立法在这些领域颇为薄弱，和其他环节相比较，物流的法律框架中运输部分的法律、法规和公约，体系最为完整，线条也最为清晰，而且规定比较详细。但是现代物流业经过充分的发展，其含义与业务已经远远超出了运输仓储这一狭小范围。对现代物流带来的新业务、新问题，原有的物流法律规范均没有对其进行规范。现代物流业的持续发展必然需要以良好的法律制度环境为依托和动力。市场经济是法制经济，如果没有相对完善的法律制度，任何行业或产业都不可能得到健康、持续的发展。特别是在物流业进行结构性的升级换代的过程中，政府的物流发展政策与物流法律制度环境尤为重要。只有健全物流法律制度，同时配合市场机制的正常发挥，现代物流业才能得以健康、持续地发展。

1.4.2 物流法的发展

在对现有物流法律法规的调整中，要在认真清理、修订由于时空差异造成适用范围有误、规制内容过时而影响物流产业发展的相关法律法规的基础上，建立健全适应社会主义市场经济体制和现代物流产业发展的物流法律法规体系，以保证我国物流业在不断完善的法律环境中健康发展。我国物流立法主要应从四个方面展开：一是物流主体法，指确立物流主体资格、明确物流主体权利义务和物流产业进入与退出机制的法律规范；二是物流行为法，指调整物流主体从事物流活动的行为的法律规范，是各种物流交易行为惯例法制化的产物；三是主观调控法，指调整国家与物流主体之间以及物流主体之间市场关系的法律规范；四是社会保障法，指调整国家、物流主体与劳动者、消费者之间关系的法律规范。通过完善物流法律法规体系，为物流活动确立行为准则。为此，应在以下方面作相应努力。

1. 应完善物流行业协会组织

建立全国以及地方的物流行业协会组织，将政府过多的管理职能逐步交给行业协会

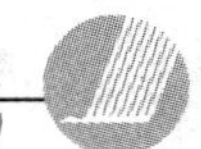

行使。加强物流业发展中的行业协调和行业自律的作用，并从法律规范上加以支持。对物流行业协会组织的功能、作用、职权及与政府相关部门的联络和沟通作出法律规定，使对物流的管理逐步与国际惯例对接，以发挥民间组织所固有的协调功能和专业知识，使政府对物流行业的管理目标、手段、方法逐步与物流市场的发展接轨，并符合市场经济规律。

2. 清理现有的有关物流法律法规

对我国现有的物流法律规范进行整理，并在此基础上，将不符合 WTO 规则要求的有关法律法规予以修改或废止；将现有法规中不合时宜，不利于建立社会主义市场经济体制和培育不公平、不公正物流市场秩序的部分予以修改或废止；对于相互重复或相互冲突的法律规范应及时进行整合，制定新的层级较高的法律规范来代替；有步骤和有计划地进行系统的物流立法，来逐步改善我国目前物流立法不健全的局面。由于我国传统立法的体系化和理论化的特点，使原有的法律规范具有一定的宽泛性，因此，对于许多新兴的现代物流业活动可以通过修改或扩张解释已有法律规范的方式来加以规范。

3. 建立适应公平竞争的物流市场法律环境

公平竞争市场环境的建立，需要打破条块分割体制和地方保护格局，推进我国物流业管理体制的改革，在全国建立一个统一的物流市场。而统一物流市场的建立需要相应的法律环境。首先，要建立统一的竞争规则，即对任何进入到物流领域中的主体适用相同和无差别、无歧视的竞争规则；其次，要加快与物流企业的资质、融资政策、产权转让规定、市场进入和退出机制、社会保障制度等有关的立法进程，为物流企业创造一个开放、公平、有序的市场环境。

4. 利用 WTO 规则，维护国家利益和物流企业的利益

尽管 WTO 遵循贸易自由化的原则，但对服务业并没有特别严格的要求，在原则上尊重 WTO 成员方的法律和政策。要充分利用 WTO 规则，通过立法，在国民待遇的原则下，合法保护物流产业。抓住机遇，推动综合性、跨行业、跨部门的物流法规和配套规章的制定，为我国物流企业的跨地区、跨行业，规模化、网络化经营创造条件。

5. 理顺物流法律法规体系

物流法律法规体系涵盖与物流相关的各种法律法规文件，并非像民法、商法、经济法那样相对独立。涉及物流的法律规范既可能包括民法中的部分原则与内容，如调整平行主体之间财产权利、契约关系的合同法、财产法、物权法等，又可能涉及商法与经济法中的法律规范，如对各种外部交易行为进行普遍规范的票据法、保险法。

6. 完善适应物流国际化发展需要的技术标准法规体系

为适应国际物流发展的要求，必须大力推广和普及国际标准体系，并在此基础上制定和完善与国际标准接轨的通用的国家标准，以实现物流活动的合理化和现代化。

案例分析

案例1 上海甲公司出售农产品，2007 年 7 月 17 日，甲公司向荷兰乙公司发出要约："报特级大米 300 吨，即期装船，不可撤销即期信用证，每吨 CIF 鹿特丹 USD400，7 月 25 日前电复有效。"乙公司 7 月 22 日电复如下："你 7 月 17 日要约，我接受，要求提供产地

证、植物检疫证明书，适合海洋运输的良好包装。"甲公司7月25日回电："你22日电收悉，由于价格变化，收到你接受电报前，我货已另行出售。"

案例问题：

上海甲公司的该业务合同是否成立？请说明理由。

案例2 甲公司与乙公司之间有长期供货协议，要求甲公司必须在收到乙公司订单后2个星期内答复，如果甲公司在2个星期内未予答复，则视为已接受订单。2005年2月1日，甲公司收到乙公司订购1000套服装的订单，同年2月25日甲公司通知乙公司无法供应1000套服装。乙公司要求甲公司承担违约责任，甲公司认为合同未成立，不是违约，为此双方发生争议。

案例问题：

你认为甲公司与乙公司之间订立的合同是否成立？为什么？

案例3 上海一家出口公司A将一批茶叶交B物流经营人安排装运，并签订物流服务总合同。随后，B物流经营人将茶叶交由另一家仓储公司C装箱，C在装箱时将茶叶和丁香配装在同一集装箱内。收货人收到茶叶后对茶叶做质检，质检报告认为：茶叶与丁香串味，已经无法饮用。该批茶叶成交价为CIF，该批茶叶由保险公司D承保。A凭保险单向D提出赔偿要求，D在赔付之后取得代位求偿权，进而向B物流经营人追偿。

案例问题：

A的经济损失应该由谁承担？请陈述理由。

第 2 章

物流主体法律制度

本章要点

- 物流主体的民商事法律关系和行政管理法律关系
- 物流企业的市场准入及法律规范
- 国际货物运输代理企业的含义、分类、演变和行为法律规范

2.1 行政管理机构

作为物流法律关系主体的国家机关主要是指国家行政机关，在物流活动中，经常会发生国家行政机关对物流企业的设立、变更、终止和经营整个物流活动进行监督管理而形成的各种法律关系。物流行政法律关系，主要表现为国家行政机关与物流企事业单位、其他组织之间的监督与被监督、管理与被管理的关系。国家行政机关是物流行政法律关系的必要主体。这里的主体就包括两个方面：行政管理机关和行政相对人。参与物流行政管理法律关系中的行政管理机关类别也非常多，包括工商行政管理部门、国家税务部门、交通部门、商品检验检疫部门、海关等等，其执法依据见本书第 15 章。根据我国的法律规定，我国物流企业的登记主管机关是国家工商管理局和地方各级工商行政管理局。物流企业设立登记的管辖包括级别管辖和地域管辖，根据我国《企业法人登记管理条例》、《企业法人登记管理条例实施细则》的规定，我国物流企业设立的登记管辖分为三级，即国家工商行政管理局，省、自治区、直辖市工商行政管理局和市、县、区工商行政管理局。行政相对人的范围就是民商事物流法律关系主体，包括自然人、法人和其他组织。

2.1.1 国家工商行政管理局登记管辖范围

由国家工商行政管理局登记管辖的范围包括：国务院批准设立的或者行业归口管理

部门审查同意，由国务院各部门以及科技性社会团体设立的全国性物流公司和大型物流企业；国务院批准设立的或者国务院授权部门审查同意设立的大型物流企业集团；国务院授权部门审查同意由国务院各部门设立的经营进出口业务的物流公司。

2.1.2 省、自治区、直辖市工商行政管理局设立登记管辖

由省、自治区、直辖市工商行政管理局设立登记管辖的范围包括：由省、自治区、直辖市人民政府批准设立的或者行业归口管理部门审查同意由政府各部门以及科技性社会团体设立的物流公司和企业；由省、自治区、直辖市人民政府设立的或者政府授权部门审查同意设立的物流企业集团；由省、自治区、直辖市人民政府授权部门审查同意由政府部门设立的经营进出口业务的物流公司；由国家工商行政管理局根据有关规定核准的物流企业或者分支机构。此外，由省、自治区、直辖市人民政府或者政府授权机关批准的及其呈报上级审批机关批准的外商投资企业，由国家工商行政管理局授权省、自治区、直辖市工商行政管理局负责登记。

2.1.3 市、县、区工商行政管理局设立登记管辖

除了上述两项所列物流企业外的其他物流企业的设立登记管辖，均由市、县、区（指县级以上的市辖区）工商行政管理局负责。

2.2 物流企业

物流企业是指专门从事与商品流通有关的各种经营活动，依法自主经营、自负盈亏，具有法人资格的营利性经营单位。具体来讲，物流企业是在原料、半成品从生产地到消费地的过程中进行用户服务、需求预测、情报信息联络、物料搬运、订单处理、采购、包装、运输、装卸、仓库管理、废物回收处理等一系列以物品为对象而进行的活动，并以获取利润、增加积累、创造社会财富为目的的营利性社会经济组织。物流企业是独立于生产领域之外，专门从事与商品流通有关的各种经济活动的企业，是在商品市场上，依法进行自主经营、自负盈亏，具有法人资格的经营单位。物流企业以物流为主体功能，同时伴随着商流、资金流、信息流。它涉及仓储业、运输业、批发业、商业、外贸进出口等行业。故根据我国《企业法人登记管理条例》、《企业法人登记管理条例实施细则》的规定，我国物流企业应设立登记，接受监督与管理，承担经济责任。

2.2.1 内资物流企业的市场准入

内资物流企业市场准入是指我国内资企业进入物流市场，并参与市场的活动。在一

般情况下，我国内资企业进入物流市场的基本准入条件是具备法人的资格，即内资企业应当在成为企业法人后才能从事物流经营活动。

1. 我国内资物流企业的市场准入条件

(1)一般物流企业的市场准入

我国对内资企业从事一般的物流行业，如批发、道路运输、货物仓储等行业的市场准入是没有特殊限制的。只要在设立相应企业时有与拟经营的物流业务范围相适应的固定生产经营场所，必要的生产经营条件，提供物流服务的相适应人员、技术等，就可以到工商登记管理机关申请设立登记。

(2)特殊物流企业的市场准入

特殊物流企业是指成立此类企业时，需要经相应主管部门审批后，才能到工商登记管理机关进行设立登记的物流企业。这类企业必须经过主管部门审批才能进入市场，从事物流经营活动。目前，我国大多数物流企业都必须经相应的行业主管部门审核批准。例如，根据《海运条例》及其实施细则规定，在中国境内投资设立国际海上运输业务的物流企业，其经营国际船舶运输业务必须经交通部审批后，才能到工商登记管理机关进行设立登记。

(3)关系国计民生的物流企业的市场准入

对于一些涉及我国经济命脉的特殊物流企业，如铁路运输、航空运输等企业，必须经国务院特许才能设立。此类物流企业由于对国家经济、军事、政治等各个方面都有重大影响，甚至涉及国家领土、领空主权的完整等，因此，其市场准入十分严格。

2. 我国内资物流企业市场准入的法律规范

目前对内资物流企业的市场准入进行调整的法律规范，除了《民法通则》、《全民所有制工业企业法》、《公司法》、《合伙企业法》、《个人独资企业法》等一般法律外，还有一些对仓储、运输、代理业等物流企业进行专门规定的法规，如《水路运输管理条例》及其实施细则、《水路运输服务业管理规定》、《国际海运条例》及其实施细则、《定期国际航空运输管理规定》、《中国民用航空快递业管理规定》、《民用航空运输销售代理业管理规定》、《道路货物运输服务业管理办法》、《道路零担货物运输管理办法》等。

2.2.2 外商投资物流企业的市场准入

1. 在我国的市场准入条件

外商投资物流企业应为境外投资者以中外合资、中外合作的形式设立的，能为用户提供物流多功能一体化服务的外商投资企业。它可以经营国际流通物流、第三方物流等业务。设立外商投资物流企业，应向拟设立企业所在地的省、自治区、直辖市、计划单列市对外经济贸易主管部门提出申请，并提交相应的文件，由拟设立企业所在地的省、自治区、直辖市、计划单列市对外经济贸易主管部门提出初审意见，并将初审意见报国务院对外经济贸易主管部门批准。

2. 我国外商投资物流企业市场准入的法律法规

目前，我国关于外商投资物流企业市场准入的法律法规主要有：《中外合资经营企业法》及其实施条例、《中外合作经营企业法》及其实施细则、《外资企业法》及其实施细则、《外商投资民用航空业规定》、《国际海运条例》及其实施细则、《外商投资道路运输业立项审批暂行规定》等，以及我国加入WTO的法律文本中涉及外商投资物流业的一些条款和内容。

2.3 物流企业的设立

物流企业设立是指物流企业的创立人为使企业具备从事物流活动的能力，取得合法的主体资格，依照法律规定的条件和程序所实施的一系列的行为。设立物流企业须具备实质要件和形式要件。实质要件是指设立物流企业时必须具备的条件，即要有与物流经营活动相应的财产和必要的生产经营条件，有物流企业运营的组织机构，有固定的生产经营场所以及与生产相适应的人员等。实质要件与物流企业的市场准入相关联。形式要件是指创立人在设立特定的物流企业时依照法律规定的程序履行申报、审批和登记手续，依法取得从事物流经营活动主体资格的过程。按照法律规定和程序设立的物流企业，即依法取得中国的法人资格，具有法人权利能力和法人行为能力，可以以法人的身份从事物流经营活动；取得了企业名称的专用权；有权利用该名称从事民事活动，同一地区的任何人和同一行业的任何单位不得使用该名称，并有权对该名称进行转让；能够独立承担民事责任，企业设立完成后，该企业就必须以自己的财产对因设立行为和其后的物流经营活动产生的债务独立承担法律责任。

物流企业的设立方式，也称为设立的原则，是指企业根据法定原则，通过具体途径达到企业设立的目的。一般来说，企业设立的方式主要有：特许设立，即企业必须经过国家特别许可才能设立的方式，它通常适用于特定企业的设立；核准设立，又称“许可设立”或“审批设立”，即设立企业时，除需要具备法律规定的设立企业的各项条件外，还需要主管行政机关审核批准后，才能申请登记注册的一种设立方式；登记设立，又称“准则设立”，即设立企业不需要经有关主管行政机关批准，只要企业在设立时符合法律规定的有关成立条件，即可到主管机关申请登记，经登记机关审查合格后予以登记注册，企业即告成立的一种设立方式；自由设立，即法律对企业设立不予强制规范，企业创立人可以自由设立企业的一种设立方式。目前，我国物流企业的设立主要是核准设立和登记设立。

2.3.1 物流企业应具备的条件

1. 设立国内物流企业应具备的条件

设立国内物流企业应具备以下条件：

①物流企业必须具有经营管理的组织机构、业务章程和具有企业法人资格的负责人，以使其能够与用户方或其代表订立物流服务合同。合同中的货物可以是国内货物，也可以是国际货物。

②从用户方或其代表手中接收货物后，即能签发自己的物流服务单证以证明合同的订立、执行和接收货物，并开始对货物负责。为确保该单证作为有价证券的流通性，物流企业必须在承担相关物流服务的过程中具有一定的资信或令人信服的担保。

③必须具有与经营能力相适应的自有资金。在涉及综合物流服务，甚至国际综合物流服务时，物流企业要完成或组织完成全程服务，并对服务全程中的货物灭失、损害和延误运输负责，因此，必须具有开展业务所需的流动资金和足够的赔偿能力。

④物流企业必须能承担物流服务合同中规定的与仓储、运输和其他服务有关的责任，并保证把货物交给物流服务单证的持有人或单证中指定的收货人。因此，它必须具备与合同要求相适应的，能承担上述责任的技术能力。

2. 设立国际物流企业应具备的条件

以提供国际运输服务的企业为例，设立该类企业应具备的条件如下：

①必须建立自己的国际运输服务线路。目前，开展国际物流服务业务的企业大多是在尽可能广泛地承办货主委托的前提下，重点办好几条运输服务线路。确定一条重点线路，一般需要在对国际贸易物流全面调查的基础上，选择运量最大、较稳定的线路，而且线路的全线及各环节都具有足够的通过能力和集装箱货物运输所需要的条件。

②国际物流企业要有一支具有国际运输知识、经验和能力的专业队伍。该队伍应能有效地完成或组织完成全程运输，要与运输中所涉及的各方（包括货方、承运人、代理人、港口码头、货运站、仓库、海关、保险等）建立良好的业务关系。

③国际物流企业在各条运输线路上要具备完整的分支机构、代表或代理人组成的网络机构。国际物流企业要在各经营线路的两端和途中各转接点处设有分支机构或派出代表和委托适当的代理人来办理接收、交付货物和完成各区段的运输、衔接、服务等事宜。

④国际物流企业在涉及多式联运的情况下，要能够制定各线路的多式联运单一费率。由于国际多式联运涉及的环节众多，不仅涉及不同的运输方式，而且涉及不同国家和地区，因此按成本来确定单一费率是一个较为复杂的问题，需要了解大量的信息和做大量的工作。

⑤国际物流企业要有必要的设备和设施。国际物流企业可以是无船承运人，即自己可以不拥有任何运输工具，但必须有起码的业务设备和设施，如信息处理与传递的设备（电话、电传、计算机等）、集装箱货运站、接收及保管货物的仓库、一定面积的堆场、拆装箱设备、机具、堆场作业机械等，同时一般还应配备一定数量的集装箱和吊机设备。

2.3.2 物流企业的登记

1. 物流企业设立登记的含义

物流企业设立登记是指物流企业的创立人提出企业登记的申请，经登记主管机关核准，确认其法律上的主体资格，并颁发有关法律文件的行为。设立登记是物流企业取得法律上主体资格的必要程序，物流企业申请企业法人登记，经登记主管机关审核，准予登记并领取《企业法人营业执照》，取得法人资格后，方可从事经营活动，其合法权益受国家法律保护。未经企业法人登记主管机关核准登记注册的,不得从事物流经营活动。

2. 物流企业设立的程序

物流企业设立程序即物流企业的设立人向登记主管机关提出登记申请,登记主管机关对申请进行审查、核准以及准予设立登记和发布设立公告的程序。

(1)申请

设立登记的申请由企业的设立人提出。依照我国《公司登记管理条例》的规定,有限责任公司的设立,应由全体股东指定的代表或者共同委托的代理人向公司登记机关提出设立申请;股份有限公司的设立,应由全体发起人指定的代表或者共同委托的代理人向公司登记机关提出设立申请。

企业设立登记必须向工商行政管理部门提交公司设立登记申请书。登记申请书应当载明法律要求说明的有关设立登记的全部事项,其中包括物流公司的名称、住所、经营场所、法定代表人、经济性质、经营范围、注册资金、从业人数、经营期限、分支机构等。设立物流企业除了要提交企业设立登记申请书外,还必须提交其他文件。

(2)核准和登记

物流企业登记申请人向公司登记主管机关提交设立登记申请,登记主管机关接受申请登记的申请后,应从受理之日起 30 日内,作出准予登记或者不予核准登记的决定。经登记主管机关核准登记注册,领取企业法人营业执照后,企业即告成立。

3. 外商投资物流企业设立登记的特别规定

外商投资物流企业必须以中外合作、中外合资的形式设立。根据《中外合作经营企业法实施细则》以及《中外合资经营企业法实施条例》的相关规定,设立中外合作、中外合资企业的程序包括:

(1)外商投资物流企业的立项

中国合营者需要向企业主管部门呈报拟与外国合营者设立合营物流企业的项目建议书和可行性研究报告。项目建议书是中国合营者向企业主管部门呈报拟与外国合营者举办物流企业的建议性文件,主要是从宏观上说明该物流项目设立的必要性和可行性。由中国合营者向企业主管部门呈报编制的项目建议书,经企业主管部门审查同意并转报审批机关批准后,立项也就获得了法律承认。

(2)外商投资物流企业的审批

设立外商投资国际流通物流、第三方物流企业,应向拟设立企业所在地的省、自治区、直辖市、计划单列市对外贸易经济主管部门提出申请,并须提交以下材料:申请书,可行性研究报告,合营各方投资者的资格证明或者有关说明文件,中外方投资者的法律证明文件及资信证明,合同、章程,董事会或联合管理机构成员及主要管理人员名单及简历,工商行政管理部门出具的企业名称预先核准通知书,企业营业场所证明,对外贸易经济主管部门要求的其他材料。省、自治区、直辖市、计划单列市对外贸易经济主管部门自收到申请材料之日起 10 个工作日内,提出初审意见,并将初审意见报国务院对外贸易经济主管部门批准:国务院对外贸易经济主管部门收到申请材料后,在 30 个工作日内作出是否批准的书面决定。符合规定的,颁发外商投资企业批准证书;不符合规定的,退回申请,书面通知申请人并说明理由。

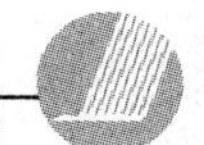

2.3.3 物流企业的变更、终止与清算

1. 物流企业的变更

物流企业的变更是指已经登记注册的物流企业在其存续期内，由于企业本身或者其他主客观情况的变化，在物流企业组织机构上或其他登记事项上的改变，如企业组织的变更、企业主要登记事项的变更等。物流企业的变更必须依据法律规定的条件和程序进行。

(1)物流企业的合并

物流企业的合并是指两个或者两个以上的物流企业为了物流经营的需要，依照法律规定或合同约定合并成一个物流企业。物流企业的合并能够在不增加投资的基础上，有效地利用现有资本存量，扩大企业规模，增强企业竞争能力，是提高企业运营效率的重要手段之一。

按合并的方式不同，企业的合并可分为新设合并和吸收合并。新设合并是指两个或两个以上的物流企业合并成为一个新的物流企业，原来的物流企业消灭，新的物流企业产生。吸收合并是指两个或两个以上的物流企业合并时，其中一个物流企业继续存在，其他物流企业因被合并而归于消灭。吸收合并还有一种特殊的形式，物流企业被分成若干部分并入到其他多个物流企业中，在这种情况下，吸收已消灭物流企业的，不是一个物流企业，而是多个物流企业。

(2)物流企业的分立

物流企业的分立是指已经设立的物流企业按照法律规定或合同约定，依照一定条件和程序，分立成两个或者两个以上的物流企业。依据分立方式的不同，物流企业的分立可分为创设式分立和存续式分立。创设式分立又称新设式分立，即解散一个已经设立的物流企业，将其全部财产分配给两个或两个以上新的物流企业，原物流企业消灭。存续式分立，又称派生式分立，即将一个已设立的物流企业的部分财产分立，另设一个新的物流企业，原物流企业继续存在。

(3)物流企业责任形式的变更

物流企业责任形式的变更是指物流企业在存续的状态下，由一种责任形式的物流企业变更为其他责任形式的物流企业。物流企业责任形式的变更与物流企业的合并、分立一样，都是为了调整企业的组织结构。物流企业责任形式的变更必须遵守法律对拟变更后企业的成立、资本、财务等的最低要求。物流企业组织的变更必须遵守有关法律的规定，例如，物流公司合并或分立，必须通知债权人，并依《公司法》的规定进行公告，股份公司合并或分立的，还必须经国务院授权的部门或省级人民政府批准。

(4)物流企业主要登记事项的变更

物流企业主要登记事项的变更是指物流企业的名称、住所和经营场所、经营范围、经营方式、法人代表、注册资金、经营期限、分支机构等的变更。

2. 物流企业的终止与清算

已设立的物流企业因企业章程或者法律规定的事由的发生，而丧失法律主体资格，并导致其权利能力和行为能力的终止。物流企业的消灭是一个动态的过程，当消灭的事由发生时，企业的主体资格并未马上消灭，此时应依法对该企业进行清算，并停止清算范围外的经营活动，了结未完成的业务，结清企业的债权债务关系。清算终止后，办理企业注销登记，企业便告消灭。

（1）物流企业终止原因

撤销，是指批准物流企业设立的行业主管机关等职能管理部门依照法律的规定，在其职权范围内对物流企业作出撤销的决定，这是由他人使物流企业归于消灭的情况；解散，是指依企业章程规定的营业期限届满或者企业法人设立的目的已达到或者证明已不能达到，企业自行终止或由企业权力机构如股东大会讨论决议，作出企业解散的决定；破产，物流企业因为经营管理不善，不能清偿到期债务，经当事人的申请，人民法院依法定程序，宣告该企业破产，而使其丧失法律主体资格；其他原因，主要是指国家经济政策调整、发生战争等原因导致企业终止。

（2）物流企业的清算

物流企业的清算是指在物流企业解散或宣告破产后，依法组成清算组，对企业资产和债权债务进行清理处分，了结企业业务和债务，向出资者或股东分配剩余财产，终结企业的全部财产关系。

清算期间，物流企业只能为消极行为，不能为积极行为。其主要活动是了结业务、收取债权、偿还债务、分配剩余财产等。物流企业进行清算后，就丧失了正常法律主体资格，不得再从事物流经营活动。但是为保证清算正常进行，维护交易安全，在清算范围内，清算组仍可以以该企业的名义从事经营活动。

清算终止后，清算组到原登记机关办理物流企业的注销登记。物流企业的注销登记是指登记主管机关依法对歇业、被撤销、宣告破产或者因其他原因终止营业的物流企业，收缴营业执照、公章等，撤销注册号，取消企业法人资格或经营权。

2.4 国际货物运输代理企业

2.4.1 国际货物运输代理企业的含义

1. 代理行为的法律概念

代理行为是指代理人根据法律规定，或被代理人（委托人）的委托，在授权范围内以被代理人的名义与第三者订立合同或进行其他经济法律行为，而其法律后果则由被代理人承担和享有的行为。凡是能直接引起被代理人与第三者之间的经济权利和经济义务关系的发生，变更或终止的代理行为，属有效的代理行为。其条件为：代理人必须事先取得被代理人的委托，对于未经授权的代理，被代理人可依法不予承认；代理人必须在委托人授权范围内进行代理活动，超越授权范围的代理行为，被代理人可以依法不予承认；代理人的代理活动必须以被代理人名义进行，并符合被代理人的利益，所产生的权利和义

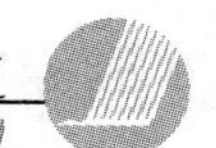

务由被代理人享有和承担；在特殊情况下或为了被代理人的利益，代理人可以转委托第三者完成代理行为，称再代理。被代理人对代理人的行为所引起的法律后果依法不予承认的，称代理行为的无效。

2. 代理关系的确立

因被代理人的授权行为而发生的代理关系，称意定代理，国际货物运输代理企业大多属于该类代理，被代理人与代理人要签发委托代理合同；以法律的有关规定为依据而发生的代理，如船长代承运人签发提单即属于该类代理，称法定代理；依国家主管机关的命令或法院的指定而发生的代理关系，称指定代理，如无正当理由，不能拒绝这种指定。代理关系的变更也就是再代理(或再委托)，具体表现为代理关系的转移，但一般只适用于意定代理。代理关系的终止是指被代理人和代理人之间的经济权利义务关系的终止，包括以下几种：因代理期限届满或代理事项完成而终止，因被代理人撤回代理授权或代理人辞去代理而终上，因代理关系主体的变化而终止，因设立法定代理的前提条件消失而终止，因指定代理的机关撤销指定而终止。

3. 委托代理合同

委托代理合同又称委托合同、代理合同，它是指当事人双方约定一方委托另一方处理事务，另一方同意为其处理事务的协议。在委托合同法律关系中，委托他人处理自己事务的人称委托人，接受委托的人称受托人。从代理的角度来看，委托他人代为处理自己事务的人称为被代理人，接受委托人的委托，代其处理事务的人称为代理人。国际货物运输委托代理合同是指国际货运代理企业接受货物收货人、发货人、承运人或其代理人委托，以委托人名义办理国际货物运输业务及其他相关业务，并收取报酬的合同。委托代理合同的主要条款有以下几种。

(1)合同当事人条款

委托代理合同的订立和履行以当事人之间的相互信任为基础，与特定的当事人身份密切相关，具有严格的人身属性，对于国际货运代理合同而言，还可以要求注明国内企业的国际货物运输代理企业批准证书、企业法人营业执照号码，外国企业的公司注册证书、商业登记证书号码等。

(2)委托事项条款

应当明确委托人委托受托人办理的具体事项、委托权限范围、委托期限等内容。对于国际货物运输委托代理合同来讲，应当注意规定委托运输的货物名称、规格、数量、重量、体积、包装、发运期限、运输方式、运输路线、起运地、目的地、转运地、发货人、收货人姓名或名称、地址、电话、传真等内容。必要时，还可以规定通知人的姓名或名称、地址、电话、传真。对于危险、鲜活、超限等特殊货物和容易发生自然损耗的货物，还应当在合同中相应的地方注明货物的性质、运输、保管条件、外形尺寸、重心、吊装位置、损耗要求等，或者列入合同附件加以规定。

(3)当事人的权利义务条款

委托人和受托人的权利义务是委托代理合同的核心内容，决定着双方当事人权利义务的履行和违约责任的承担。为了便于约束双方当事人的行为，正确行使权利，适当履行义务，也应当根据国家有关法律、法规和规章，结合委托事项的实际情况，作出明确、具体的规定。由于国际货物运输委托代理合同属于双务有偿合同,委托人的权利、义务基本上分别与受托人的义务、权利相互对应。

(4)处理委托事务费用和委托报酬条款

处理委托事务费用主要是指国际货运代理企业为了完成货主委托的进出口货物运输事务及相关事务而支出、垫付的运费、杂费、仓储费、包装费、关税、增值税、报关、报检、报验费等,有时还包括通信、差旅费用。委托报酬是委托人就受托人提供的代理服务而给付的酬劳,可以由双方根据委托事项难易、复杂程度,需要投入的人力、物力、时间等协商确定,也可以根据国家有关规定和受托人的收费标准、市场价格水平确定。上述费用、报酬均应明确支付时间、支付地点、支付方式、支付工具等内容。

(5)合同履行期限、地点、方式条款

委托代理合同的履行期限是当事人各自履行自己义务的时间界限,履行地点是双方约定履行各自义务的地方,履行方式是双方各自合同约定履行义务的方法,这些都是判断合同履行情况的因素,同样应当予以明确。

(6)违约责任条款

违约责任是合同当事人在不履行或不适当履行合同规定义务的情况下,依照有关法律、法规和合同约定应当承担的法律后果。合同规定违约责任的目的在于督促各方当事人及时、适当地履行合同义务,惩罚违约行为,补偿守约方的损失,维护合同的严肃性,保护当事人的合法权益。就国际货物运输委托代理合同而言,各方当事人可以约定承担违约责任的条件、各种违约情形对应的法律责任,也可以约定违约金、赔偿金的数量或计算方法。由于国际货运代理业务本身的特点,实践中双方当事人往往还会在国际货物运输委托代理合同中约定不可抗力条款及其他免责或责任限制条款。

(7)合同的变更、终止条款

关于合同的变更,一般应当明确提出修改、补充合同的一方向对方提出建议的时间,对方答复的时间、形式,规定经双方协商一致后修改生效。关于合同的终止,一般是规定合同终止的情形,特别是解除合同的情形,并区分单方解除合同和协商解除合同等情况。

(8)适用法律条款

国际货物运输委托代理合同具有一定的涉外因素,有时合同的一方当事人是外国公司或个人,有时合同需要在境外履行。根据我国有关法律规定,具有涉外因素的国际货物运输委托代理合同的当事人可以在合同中规定适用于合同的效力、合同的解释及解决合同争议的法律。

(9)合同争议解决条款

合同争议解决条款是关于合同争议的解决方式、解决机构、解决地点等的规定。关于合同争议的解决方式,通常有协商、调解、仲裁和诉讼四种方式;当事人协商一致的其他条款,由当事人根据实际情况协商议定。如合同的通知、转让、不可分割性条款;合同的正本、副本数量,存放处所条款;合同的附件及其效力条款等。

2.4.2 国际货物运输代理企业的分类

我国国际货物运输代理企业是指接受进出口货物收货人、发货人或承运人的委托,

以委托人名义为委托人办理国际货物运输业务及相关业务，并收取服务报酬的企业。可以对国际货运代理按以下方式进行不同的分类。

1. 以委托人的性质为划分

以委托人的性质为划分，可以将国际货运代理划分为货主的代理和承运人的代理。货主的代理，是指接受进出口货物收、发货人的委托，为了托运人的利益办理国际货物运输及相关业务，并收取相应报酬的国际货运代理。这种代理按照委托人的不同，还可以进一步划分为托运人的代理和收货人的代理两种类型。承运人的代理，是指接受从事国际运输业务的承运人委托，为了承运人的利益办理国际货物运输及相关业务，并收取相应报酬的国际货运代理。这种代理按照承运人采取的运输方式的不同，也可以进一步划分为水运承运人的代理、空运承运人的代理、陆运承运人的代理、联运承运人的代理四种类型。

2. 以运输方式为划分

以运输方式为划分，可以将国际货运代理划分为水运代理、空运代理、陆运代理和联运代理。水运代理，是指提供水上货物运输服务及相关服务的国际货运代理。这种代理，还可以具体划分为海运代理和河运代理两种类型。空运代理，是指提供航空货物运输服务及相关服务的国际货运代理。陆运代理，是指提供公路、铁路、管道运输等货物运输服务及相关服务的国际货运代理。这种代理，还可以进一步划分为道路运输代理、铁路运输代理、管道运输代理等类型。联运代理，是指提供联合货物运输服务及相关服务的国际货运代理。这种代理，又可以进一步划分为海空联运代理、海铁联运代理、空铁联运代理等类型。

3. 以代理人层次为划分

以代理人层次为划分，可以将国际货运代理划分为总代理和分代理。总代理，是指委托人授权代理人作为在某个特定地区的全权代表，委托其处理委托人在该地区的所有货物运输及相关事宜的国际货运代理。在这种代理形式下，总代理人有权根据委托人的要求或自行在特定的地区选择、指定分代理人。分代理，是指由总代理人指定的在总代理区域内的具体区域代理委托人办理货物运输事宜及其他相关事宜的国际货运代理。总代理与独家代理既有联系又有区别。总代理肯定是独家代理，但是，因独家代理并不一定拥有指定分代理的权利，所以独家代理不一定是总代理。

4. 以代理业务内容为划分

以代理业务内容为划分，可以将国际货运代理划分为国际货物运输综合代理、国际船舶代理、国际民用航空运输销售代理、报关代理、报检代理和报验代理。国际货物运输综合代理，是指接受进出口货物收货人、发货人的委托，以委托人的名义或以自己的名义，为委托人办理国际货物运输及相关业务，并收取服务报酬的代理。国际船舶代理，是指接受船舶所有人、经营人或承租人的委托，在授权范围内代表委托人办理与在港国际运输船舶及船舶运输有关的业务，提供有关服务，并收取服务报酬的代理。国际民用航空运输销售代理，是指接受民用航空运输企业委托，在约定的授权范围内，以委托人名义代为处理国际航空货物运输销售及其相关业务，并收取相应手续费的代理。报关代理，是指接受进出口货物收货人、发货人或国际运输企业的委托，代为办理进出口货物报关、纳税、结关事宜,并收取服务报酬的代理。报检代理,是指接受出口商品生产企业,进出口商品发货人、收货人及其代理人或其他对外贸易关系人的委托,代为办理进出口商品的卫生检验、动植物检疫事宜,并收取服务报酬的代理。报验代理,是指接受出口商品生产企业,进出口商品发货人、收货人及其代理人或其他对外贸易关系人的委托,代为办理进出口商品质量、数量、包装、价值、运输器具、运输工具等的检验与鉴定事宜,并收取服务报酬的代理。

2.4.3　国际货物运输代理企业的演变

由于国际贸易的不断发展,尤其是集装箱多式联运的不断拓展,货运代理不再以委托人的名义办理相关业务,而是以自己的名义为委托人办理业务,与委托人没有任何代理关系。从法律上讲,不应称为“货物运输代理人”,而应称为独立经营人。演变成“多式联运经营人”或“无船承运人”(Non-Vessel Operation Common Carrier,NVOCC),前者是指本人或者委托他人以本人名义与托运人订立多式联运合同的人(实际上就是承运人),后者是指本身不拥有船舶而从事货物运输的人。根据我国《海商法》的有关规定,“多式联运经营人”、“无船承运人”即是承运人的一种,享受承运人的法律地位。多式联运经营人是指接受托运人的货物以两种或者两种以上不同的运输方式将货物由接管地运至交付地,并收取全程运费的经营方。它是社会分工不断细化的产物,具有明显的行业特征,要求从业者具有丰富的专业知识和市场经验,并能够为客户提供良好的服务。它是一门专业性很强的行业,可以为客户提供专业咨询,为客户策划最佳的货物运输路线和选择最佳的运输方式。它可以作为联运承运人来组合和调整整个运输链,还可以通过网络和先进的通信技术对整个货运过程加以监控,从而在货物运输中发挥重要作用。集装箱运输的发展、贸易结构的变化、科学技术的进步以及电子商务的推广,为多式联运这一新兴运输方式的产生和发展提供了客观条件;货主对运输服务的高要求也对它的发展产生了巨大的推动力。在这样的背景下,多式联运迅速地发展起来。选择多式联运的方式来运送货物可以缩短运输时间,保证货运质量,节省运输费用,实现真正的运输合理化。

2.4.4　国际货物运输代理企业的经营范围

根据《中华人民共和国国际货物运输代理业管理规定》、《中华人民共和国外商投资国际货运代理业管理办法》、《中华人民共和国国际货物运输代理业管理规定实施细则》的有关规定,国际货运代理企业可以接受委托,作为代理人或者独立经营人从事下列全部或部分经营活动:揽货、订舱(含租船、包机、包舱)、托运、仓储、包装;货物的监装、监卸,集装箱拆箱、分拨、中转及相关的短途运输服务;报关、报检、报验、保险;缮制签发有关单证、交付运费、结算及交付杂费;国际展品、私人物品及过境货物运输代理;国际多式联运、集运(含集装箱拼箱);国际快递(不含私人信函);咨询及其他国际货运代理业务。由于各个国际货运代理企业的具体情况有所不同,商务主管部门批准的国际货运代理业

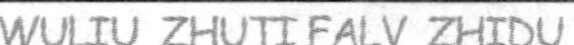
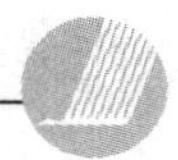

务经营范围也有所不同。同时，由于我国实行商务主管部门主管、其他相关部门依职权参与管理的国际货运代理行业管理体制，国际货运代理企业要从事上述范围内的某些业务，还需要到其他相关部门办理审批、登记、注册手续。因此，各个国际货运代理企业实际经营的国际货运代理业务范围，应当以商务主管部门及其他相关部门批准、登记、注册的经营范围为准。此外，国际货运代理企业还可以根据实际需要，扩大经营范围，兼营其他业务。国际货运代理企业兼营的其他业务，依照有关法律、法规和规章，需要有关主管部门审查、批准的，应当向相关主管部门办理审批手续，并在工商行政管理机关登记。兼营的其他业务不需相关主管部门审批的，亦应向工商行政管理机关申请登记。

2.4.5　国际货物运输代理企业业务行为的法律规范

国际货物运输代理企业按主管部门批准、登记和注册的经营范围为准，遵守不同的法律规范，如《国际货物运输代理企业管理规定》、《国际货物运输代理业管理规定实施细则》、《外商投资国际货运代理企业管理办法》、《定期国际航空运输管理规定》、《中国民用航空快递业管理规定》、《民用航空运输销售代理业管理规定》、《水路运输管理条例实施细则》、《水路运输服务业管理规定》、《国际海运条例》、《国际海运条例实施细则》、《国际集装箱多式联运管理规则》、《进出口商品检验法》、《中华人民共和国进出口商品检验法实施条例》、《道路货物运输服务业管理办法》和《道路零担货物运输管理办法》等有关规定。

案例分析

案例 1　甲、乙方于 2002 年 6 月 1 日签订了一份协议书，双方在广州合伙经营一家物流企业。协议书约定：本企业由甲、乙双方合伙经营，甲、乙双方各自投资人民币 50 万元，作为物流企业的租赁费用及购买设备款项，股权分配为甲、乙双方各占 50%；甲、乙双方均对本企业经营管理、经济盈亏负有责任；甲、乙双方合作不论期限，只要合同有续签，双方任何一方均无权终止；物流企业的财产为甲、乙双方共同拥有，任何一方不得侵占；企业管理方面委托甲方全权负责，但乙方有权对甲方的管理进行监督，共同管理好企业。该协议书签订后，双方即投资经营，但经营至 2003 年 3 月，由于乙方怠于参加合伙企业的共同管理，甲方又经营不善，造成物流企业的亏损。2003 年 3 月 27 日，甲方自行将用于经营企业的房屋退还给该房屋的业主即房屋出租人，关闭了企业。乙方则认为企业应有盈余，便找甲方要求分配合伙企业财产以及盈余，甲方以企业实际亏损为由，拒绝乙方的要求。于是乙方向法院提出民事诉讼，要求分割合伙企业财产、分配合伙企业盈余。

案例问题：

1. 原告乙方与被告甲方于 2002 年 6 月 1 日签订的协议书是否为有效合同？

2. 在合伙企业解散以后，合伙人怎样处理合伙企业解散后的事务？怎样分割合伙企业的财产以及分配或者承担合伙企业的盈余或者亏损？

3. 该如何进行合伙企业清算？

4. 你认为人民法院会如何判决？

案例 2　某物流综合服务公司下设 6 大部门，包括包装部、运输部、装卸部等。1999 年 6 月，该公司运输部在进行运输服务时与某货站取得业务联系，该货站许诺从 1999 年 7 月起，其所有运输业务都委托给该运输部承做，双方还签有简单协议。该运输部为确保无误，特别使用了其随带的部门印章，该货站也表示同意。但是，1999 年 9 月，甲公司运输部发现其承接该货站的运输只是其中很小的一部分，同时还有另两家货运公司在承做。于是，问及该货站，该货站否认，进而否认双方协议的效力，认为该运输部不是单位法人，其部门印章的使用不具有法律效力，于是起了纠纷。

案例问题：

1. 如何设立我国的物流企业？
2. 设立国内物流企业应具备的条件有哪些？
3. 运输部与货站签订的合同是否有效？
4. 运输部应该如何操作才能维护自己的权益？

案例 3　货运代理人从货主手上接受 100 袋服装，并签发 House B/L（无船承运人提单）给货主，然后又将不同货主的货物装在同一个箱子里，以托运人的名义办理海运手续。承运人签发海运提单给货运代理人。在目的港，尽管集装箱的铅封完好，但却少了 10 袋服装。收货人向货运代理人索赔其短少的货物。

案例问题：

1. 该货运代理人签发 House B/L 给货主，意味着他具备什么法律地位？
2. 收货人持 House B/L 向货运代理人索赔是否有法律依据？请说明理由。
3. 货运代理人能否持海运提单向海运承运人索赔？为什么？

第3章

贸易活动的相关法规

☞ 本章要点

- 国际贸易及各贸易术语的比较
- 《联合国国际货物买卖合同公约》及国际惯例的主要内容
- 我国关于货物贸易活动的法律规范及外贸管理制度，采购与销售法律规范

3.1 国际贸易概述

国际贸易是指世界各国之间的商品与服务的交易，是从国际范围来看的各国对外贸易，即世界各国对外贸易的总称，因而亦指世界贸易。单纯一个国家或地区同其他的国家或地区进行商品和服务交易，被称为对外贸易。海岛国家如日本、英国等，也常用“海外贸易”来表示对外贸易的概念。

3.2 国际贸易术语

在国际贸易中，买卖双方所承担的义务会影响到商品的价格。人们在长期的国际贸易实践中，逐渐把某些和价格密切相关的贸易条件与价格直接联系在一起，形成了若干报价的模式，明确买卖双方在货物交接过程中各自应承担的责任、费用和风险，说明商品价格的构成，从而逐步形成了贸易术语。

贸易术语也称价格术语、贸易条件，是国际贸易中习惯采用的、用简明的语言来概括说明买卖双方在货物交接方面的权利与义务，规定买卖双方在货物交接方面的责任、风险和费用划分的专用术语。贸易术语虽然不能代替合同的全部内容，却能以其独特的内

涵准确地反映买卖双方当事人之间的权利、义务和责任等核心事项。

贸易术语是构成商品单价的组成部分，贸易术语具有两重性：它一方面表示商品的价格构成，通过简单字母的缩写，显示成交商品的价格构成，特别是货价中所包含的从属费用；另一方面又是表示交货条件，说明买卖双方在交接货物方面彼此承担责任、费用和风险的划分。一般来说，这两方面是相互联系的，因为成交价格的高低，同买卖双方彼此承担的责任、费用和风险的大小有关。

3.2.1　国际贸易术语的作用

在国际贸易中，买卖双方分别处于不同的国家或地区。为了保证国际贸易的顺利进行，买卖双方在磋商贸易合同条款时，必须确定实际交货地点、货物风险转移的时间与地点、哪一方负责办理货物的运输和投保货物运输保险、买卖双方的费用负担等问题。由此，在国际贸易的长期实践中形成了被广泛使用的贸易术语。国际贸易术语可以用来明确：实际交货地点和交货方式、负责办理货物的运输和（或）投保货物运输保险的一方、货物风险转移的时间和地点、买卖双方的费用负担、负责办理并提交各种装运单据以及领取货物进出口所需的其他单据的一方。其作用有以下几点。

1. 有利于买卖双方洽商交易和订立合同

由于每种贸易术语都有其特定的含义，因此，买卖双方只要商定按何种贸易术语成交，即可明确彼此在交接货物方面所应承担的责任、费用和风险。这就简化了交易手续，缩短了洽商交易的时间，从而有利于买卖双方迅速达成交易和订立合同。

2. 有利于买卖双方核算价格和成本

由于贸易术语包含价格构成因素，所以，买卖双方确定成交价格时，必然要考虑采用的贸易术语中包含哪些从属费用，这就有利于买卖双方进行比价和加强成本核算。

3. 有利于解决履约当中的争议

买卖双方商订合同时，如对合同条款考虑欠周全，或者一些问题规定的不明确、不完备，致使履约当中出现产生的争议不能依据合同的规定解决的情况，这时便可以援引有关贸易术语的一般解释来处理。贸易术语的一般解释已成为国际惯例，它是大家所遵循的一种类似行为规范的准则。熟练掌握各种贸易术语，有利于妥善解决贸易争端。

4. 有利于其他有关机构开展业务活动

国际贸易活动离不开船公司、保险公司和银行等机构，随着贸易术语及有关解释贸易术语的国际惯例的相继出现，便为这些机构开展业务活动和处理业务实践中的问题提供了客观依据和有利条件。

3.2.2　贸易术语解释通则的主要内容

《国际贸易术语解释通则》缩写为 INCOTERMS，是国际商会为避免和解决国际贸易中对最普遍使用的贸易术语所发生的纠纷，而提供的一套具有国际性的对国际贸易术语解释的规则。它是国际贸易惯例中最重要的内容之一。自 1936 年国际商会创制国际贸

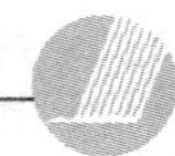

易术语以来，这项在全球范围内被普遍接受的标准经常更新，以保持与国际贸易发展步调一致。《国际贸易术语解释通则》2010年版考虑到了全球范围内免税区的扩展、商业交往中电子通信运用的增多、货物运输中安保问题关注度的提高以及运输实践中的许多变化。《国际贸易术语解释通则2010》(以下简称《INCOTERMS2010》)更新并加强了"交货规则"，规则的总数从13个降到11个，并为每一规则提供了更为简洁和清晰的解释。《INCOTERMS2010》同时也是第一个使得所有解释对买方与卖方呈现中立的贸易解释版本。国际商会商法和实践委员会成员来自世界各地和所有贸易领域，该委员会宽泛的专业技能确保了《INCOTERMS2010》与各地的商贸需要照应。《INCOTERMS2010》的主要特点有：

1）两个新的贸易术语——DAT(运输终点交货)与DAP(目的地交货)，取代了2000年国际贸易术语解释通则中的DAF、DES、DEQ和DDU规则。国际贸易术语的数量从13个减至11个，但这并不影响约定的运输方式的适用。在这两个新规则下，交货在指定目的地进行：在DAT术语下，买方处置运达并卸载的货物所在地(这与以前的DEQ规定的相同)；在DAP术语下，同样是指买方处置，但需做好卸货的准备(这与以前的DAF、DES和DDU规定的相同)。

新的规则使《INCOTERMS2000》中的DES和DEQ变得多余。DAT术语下的指定目的地可以是指港口，并且DAT可完全适用于《INCOTERMS2000》中DEQ所适用的情形。同样DAP术语下的到达的"运输工具"可以是指船舶，指定目的地可以是指港口，因此，DAP可完全适用于《INCOTERMS2000》中DES所适用的情形。新规则也是"到货交付式"的由买方承担所有费用，即买方承担全部费用(除了与进口清算有关的费用)以及货物运至指定目的地前所包含的全部风险。

2)《INCOTERMS2010》的11个术语分为显然不同的两类：

①适用于任一或多种运输方式的规则：EWX工厂交货，FCA货交承运人，CPT运费付至，CIP运费及保险费付至，DAT目的地交货，DAP所在地交货，DDP完税后交货。

②只适用于海运及内河运输的规则：FAS船边交货，FOB船上交货，CFR成本加运费，CIF成本、保险费加运费。

第①类所包含的7个《INCOTERMS2010》术语——EWX、FCA、CPT、CIP、DAT、DAP和DDP，可以适用于特定的运输方式，亦可适用于一种或同时适用于多种运输方式，甚至可适用于非海上运输的情形。

第②类术语中，交货点和把货物送达买方的地点都是港口，所以只适用于"海上或内陆水上运输"。FAS、FOB、CFR和CIF都属于这一类。最后的三个术语，删除了以越过船舷为交货标准，而代之以将货物装运上船。这更贴切地反映了现代商业的实际情况。详见表3-1。

表 3-1　贸易术语一览表

国际代码	名称	贸易术语/合同性质	交货地点	交货运输状态	风险转移	运输责任费用	保险责任费用	出口报关责任	进口报关责任	运输方式适用
EXW	Ex Works (insert Named Place of Delivery) 工厂交货(插入指定交货地点)	启运/商品所在地交货合同	买方所在地	不装在买方备妥车辆	货物置于买方控制	买方	买方	买方	买方	任何
FAS	Free Alongside Ship (insert Named Port of Shipment) 船边交货(插入指定装运港)	主运费未付/装运合同(开航前链式销售)	指定的装运港	置于码头或驳船上	指定装运港船边	买方	买方	卖方	买方	水运
FOB	Free on Board (insert Named Port of Shipment) 船上交货(插入指定装运港)	主运费未付/装运合同(开航前链式销售)	指定的装运港	装上指定船舶	指定装运港船上	买方	买方	卖方	买方	水运
FCA	Free Carrier (insert Named Place of Delivery) 货交承运人(插入指定交货地点)	主运费未付/装运合同	出口国仓库、机场、车站、CT/CFS	当地要装,异地不卸	货交承运人	买方	买方	卖方	买方	任何
CFR	Cost and Freight (insert Named Port of Destination) 成本加运费(插入指定目的港)	主运费已付/装运合同(开航前链式销售)	装运港卖方安排的船上	装在卖方安排的船上	卖方安排的船上	卖方	买方	卖方	买方	水运
CPT	Carriage Paid to (insert Named Place of Destination) 运费付至(插入指定目的地)	主运费已付/装运合同	卖方指定地点	当地要装,异地不卸	货交承运人	卖方	买方	卖方	买方	任何
CIF	Cost Insurance and Freight (insert Named Port of Destination) 成本加保险费、运费(插入指定目的港)	主运费已付/装运合同	装运港卖方安排的船上	装在卖方安排的船上	卖方安排的船上	卖方	卖方	卖方	买方	水运
CIP	Carriage and Insurance Paid to (insert Named Place of Destination) 运费保险费付至(插入指定目的地)	主运费已付/装运合同	与卖方指定承运人约定地点	当地要装,异地不卸	货交承运人	卖方	卖方	卖方	买方	任何
DAP	Delivered at Place (insert Named Place of Destination) 目的地交货(插入指定目的地)	到达/到货合同	买方指定的目的地	目的地不卸货	目的地不卸货置买方控制下	卖方	卖方	卖方	买方	任何

续表

国际代码	名称	贸易术语/合同性质	交货地点	交货运输状态	风险转移	运输责任费用	保险责任费用	出口报关责任	进口报关责任	运输方式适用
DAT	Delivered at Terminal (insert Named Terminal at Port or Place of Destination) 运输终端交货(插入指定港口或目的地的运输终端)	到达/到货合同	买方指定港口或运输终端	运输终端卸货	运输终端卸货交买方处置	卖方	卖方	卖方	买方	任何
DDP	Delivered Duty Paid (insert named place of destination) 完税后交货(插入指定目的地)	到达/到货合同	合同规定的目的地或约定地点	交货地点不卸货	约定地点运输工具上	卖方	卖方	卖方	卖方	任何
备注	包装费:坚持合同优先原则。订立合同前卖方已知有关运输情况,卖方必须自费提供卖方在订立合同前已知的有关货物运输所要求的包装。商检费:除DDP术语成交外,货物装运前检验费由买方承担;但是出口商检下,检验费由卖方承担(EXW属于除外)。									

3.2.3 主要常用贸易术语

目前使用的国际贸易术语有11个,其中经常使用且与海上运输有密切联系的术语有FAS、FOB、CIF和CFR等。下面根据2011年1月1日起开始实施的《INCOTERMS2010》,分别介绍FAS、FOB、CIF和CFR这4个国际贸易术语的含义以及买卖双方的主要义务。

1. FAS

(1)FAS的含义

FAS是Free Alongside Ship (... Named Port of Shipment)的缩写,即"船边交货(……指定交货港)",简称"船边交货",是指买卖双方在指定的装运港将货物交到船边,即完成交货,买方承担自此时起货物灭失或损坏的一切风险。

(2)卖方的基本义务

①必须提供符合货物买卖合同规定的货物;

②办理出口许可证或其他官方许可文件并承担风险和费用,并在需要办理海关手续时,办理货物出口所需的一切海关手续;

③在买卖合同约定的日期或期限内,在规定的装货港内买方指定的装货地点,按照该港习惯方式货物交至买方指定的船边,并给予买方充分的通知;

④承担货物运至规定的装货港船边之前灭失、损坏的一切风险;

⑤负担货物在运至规定的装货港船边之前的一切风险;

⑥提供通常的运输单证并负担所需费用;

⑦支付为交货所需进行的货物检查费用。

(3)买方的基本义务

①订立从指定装运港运输到目的港的合同并支付运费,并及时给予卖方有关船名、

装船地点和要求交货时间的充分通知;

②办理货物进口手续并负担费用;

③承担货物在运至装货港船边之后灭失或损坏的一切损失;

④负担货物在运至规定的装货港船边之后的一切损失;

⑤受领卖方提供的各项单证,并支付货款。

2. FOB

(1)FOB的含义

FOB是Free on Board (... Named Port of Shipment)的缩写,即"船上交货(……指定装货港)",简称"船上交货",是指卖方在指定的装货港将货物装上船后,即完成交货,买方承担从此货物灭失或损坏的一切风险。在我国,FOB价格通常称之为"离岸价格"。

(2)卖方的基本义务

①提供符合货物买卖合同规定的货物;

②办理货物出口手续并负担所需费用;

③在约定的日期或期限内,在指定的装运港,按照该港习惯的方式,将货物交至买方指定的船舶上,并及时通知买方;

④承担货物在指定的装运港上船之前灭失或损坏的一切风险;

⑤负担货物在指定的装运港上船之前的一切费用;

⑥提供通常的运输单证并负担所需费用;

⑦支付为交货所需进行的货物检查费用。

(3)买方的基本义务

①负责订立货物运输合同并支付运费,并将船期、船名、装船地点及要求交货的时间及时通知卖方;

②负责办理货物进口手续并负担费用;

③承担货物在指定的装运港装上船之后灭失或损坏的一切风险;

④负担货物在指定的装运港上船之后的一切费用;

⑤受领卖方提供的各项单证,按合同规定支付货款。

(4)装船费用的负担

在FOB条件下,卖方负责将货物装上买方指定的船舶,并负担货物在装货港装船直到装上船为止的费用和风险。实务中对什么叫"装上船"可能有不同的理解,为了进一步明确装船费用由谁支付,买卖双方在订立合同时,往往在FOB之后加各种附加条件,主要包括以下几种形式。

1)FOB班轮条款(FOB Liner Terms)

指有关货物装船费用如同以班轮装运那样由支付运费的一方即买方负担,卖方不负担货物装船的有关费用。

2)FOB吊钩下交货(FOB Under Tackles)

指卖方将货物置于买方指定船舶的吊钩可及之处,货物起吊、吊装入舱及其他各项费用概由买方负担。

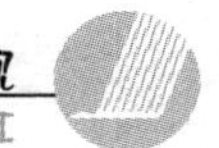

3)FOB 船上交货并积载(FOB Stowed, FOBS)

指卖方负责将货物装入船舱并承担包括堆装费在内的装船费用。

4)FOB 船上交货并平舱(FOB Trimmed, FOBT)

指卖方负责将货物装入船舱并承担包括平舱费在内的装船费用。

5)FOB 船上交货并积载和平舱(FOB Stowed and Trimmed, FOBST)

指卖方负责将货物装入舱内,并承担舱内堆装费和平舱费。

另外,对需要绑扎的大件货,可在贸易合同中订入 FOB Lashed 价格条件,即 FOB 加"绑扎条件",以明确由卖方负责货物的绑扎费。

FOB 的上述附加条件只是为了表明装船费用由谁负担,并不改变 FOB 的交货地点以及风险划分的界限。如果贸易合同中没有就货物装船费用由谁负担加以明确,则应根据货物装船港的惯例确定,一般由买卖双方分摊。

(5)FOB 与海上货物运输合同中装卸费用条款的衔接

在 FOB 条件下,买方除与卖方签订贸易合同外,还负责与承运人或船舶出租人签订海上货物运输合同。因此,买方同时受贸易合同与海上货物运输合同的约束,但两个合同相互独立。买方在签订运输合同时,应使运输合同中的装卸费用条款与贸易合同中的 FOB 附加条件相衔接。例如,如果贸易合同中采用 FOBS 或 FOBST,买方在签订航次租船合同时,应选择船方不负担装货费用的条款,即 FI、FIO、FIOST 或 FILO。买方在签订航次租船合同时,不应选择船方负担装货费用的 Liner Terms,或使用班轮运输,否则将造成贸易合同与海上货物运输合同就装货费用上的不衔接。

我国远洋船舶在国外港口装货,如果按照贸易合同的规定装货费用应由国外供货方负担,当港口有关部门向船方提出要求签认货物装船费用时,船方应尽量与供货方取得联系,协调处理好货物装船费用的支付问题。

3. CIF

(1)CIF 的含义

CIF 是 Coast Insurance and Freight (... Named Port of Destination)的缩写,即"成本加保险费和运费(……指定目的港)",简称"成本加保险费加运费",是指在装货港当货物装上船时卖方完成交货。即卖方负责签订运输合同,支付货物运至目的港所需的成本和运费,并办理货物保险,支付保险费。在我国,CIF 价格通常被称为"到岸价格"。

(2)卖方的基本义务

①提供符合货物买卖合同规定的货物;

②办理货物出口手续并负担所需费用;

③订立货物运输合同并支付运费,在约定的日期或期限内,在装运港将货物交付至船上后通知买方,并将货物按习惯航线用船舶运至指定的目的港;

④承担货物在装运港装上船之前灭失或损坏的一切风险;

⑤负担货物在装运港交付至船上为止的一切费用;

⑥办理货物运输保险并支付保险费;

⑦及时向买方提供目的港所需的运输单证;

⑧支付为交货所需进行的货物检查费用。

(3)买方的基本义务

①办理货物进口手续并负担费用;

②承担货物在装运港装上船之后灭失或损坏的一切风险;

③负担自货物在装运港卖方交付至船上起一切有关货物的费用;

④受领卖方提供的各项单证,按合同规定支付货款。

(4)费用与风险划分界线

按 CIF 条件成交,风险转移的界限以装运港货物装上船时为分界点,属于装运港交货的贸易术语,卖方只保证按时装运,并不保证货物按时抵达目的港,也不承担将货物运送到目的港的义务。在费用划分上,卖方只向承运人支付从装运港至目的港的正常运费,途中发生意外事故而产生的额外费用由买方负担。

(5)卸货费用负担

在 CIF 条件下,卸货费应由买方负担。但由于对"卸下船舶(Discharged from the Vessel)"的理解不一样,因而买卖双方对卸船有关费用应由谁支付经常发生争议。为了进一步明确卸船费用由谁支付,买卖双方在订立合同时,往往在 CIF 之后加列各种附加条件,主要包括以下几种形式。

1)CIF 班轮条件(CIF Liner Terms)

指有关卸货费用如班轮装运那样由支付运费的一方即卖方负担,买方不负担卸货费。

2)CIF 卸至岸上(CIF Landed)

指由卖方负担货物卸到码头上的各项有关费用,包括驳船费和码头费。

3)CIF 吊钩下交货(CIF ex Tackle)

指卖方负责将货物从船舱卸到船舶吊钩可及之处(码头上或驳船上)的费用。在船舶不能靠岸的情况下,驳船费及货物从驳船卸到岸上的费用,概由买方负担。

4)CIF 舱底交货(CIF ex Ship's Hold)

指货物运达目的港后,自船舱底起一切卸货费由买方承担。

以上形式只是为了说明卸货费用的负担,并不改变 CIF 的交货地点和风险划分的界限。

(6)为货物保险

按 CIF 条件成交,卖方负责订立保险合同,按约定的险别和金额投保货物运输险,支付保险费,提交保险单。但卖方是为买方的利益办理保险,属代办性质。货物在运输途中灭失或损坏的风险由买方负担。卖方只需投保最低的险别,如买方有要求,并由买方承担费用的情况下,可加保战争险、罢工险。

(7)CIF 与海上货物运输合同中卸货费用条款的衔接

同样,在 CIF 条件下,卖方除与买方签订贸易合同外,还负责与承运人或船舶出租人签订海上货物运输合同。因此,卖方同时受贸易合同与海上货物运输合同的约束,但两个合同相互独立。卖方在签订运输合同时,应使运输合同中装卸费用条款与贸易合同中的 CIF 附加条件相衔接。例如,如果贸易合同中采用 CIF ex Ship's Hold 时,卖方在签订航次租船合同时,应选择船方不负担卸货费用的条款,即 FO、FIO、FIOST 或 FOLI;贸易合同中采用 CIF ex Ship's Hold 时,不应选择船方负担卸货费用的 Liner Terms,或使用

班轮运输，否则会造成贸易合同与海上贸易运输合同就卸货费用上的不衔接。

我国远洋船舶在国外港口卸货，如果按照贸易合同的规定卸货费用应由国外购货方负担，当港口有关部门向船方提出要求签认货物卸货费用时，船方应尽量与购货方取得联系，协调处理好货物卸货费用的支付问题。

4. CFR

(1)CFR 的含义

CFR 是 Coast and Freight (... Named Port of Destination)的缩写，即"成本加运费(……指定的目的港)"，简称"成本加运费"，指在装运港货物装上船后，卖方即完成交货，卖方支付将货物运至指定的目的港所需的运费和费用。但交货后货物灭失或损坏的风险，以及由于各种事件造成的任何额外费用，由卖方转移到买方。

(2)责任、风险、费用划分

CFR 与 CIF 的不同之处仅在保险费的一项。在 CFR 的条件下，货物的投保和支付保险费由买方负担。除此之外，买卖双方责任、费用与风险划分与 CIF 完全相同，CIF 关于卸货费承担的附加条件完全适用于 CFR 条件。

按 CFR 条件成交，卖方安排运输，但由买方办理货运保险，所以卖方在货物装船后应迅速通知买方，以便买方及时办理保险。否则，因此造成买方漏保货运险引起的损失应由卖方负担。

5. FAS、FOB、CIF 和 CFR 四种国际贸易术语的比较

有关 FAS、FOB、CIF、CFR 四种国际贸易术语的比较见表 3-2。

表 3-2 FAS、FOB、CIF、CFR 比较

装货港交货术语	买卖双方风险划分	装船费用				租船订舱支付运费	办理保险支付保费	办理进出口手续	
		装船前	装船	卸船	卸船后			出口	进口
FAS	装运港船边	卖方	买方	买方	买方	买方	买方	卖方	买方
FOB	装运港装上船	卖方	按合同	买方	买方	买方	买方	卖方	买方
CIF	装运港装上船	卖方	买方	按合同	买方	卖方	卖方	卖方	买方
CFR	装运港装上船	卖方	买方	按合同	买方	卖方	买方	卖方	买方

3.3 对外贸易法的主要内容

对外贸易是指以一国的对外贸易经营者等主体为一方，同世界上其他国家和地区间进行货物、技术和服务交换的一种经济活动。一国的对外贸易法律制度是其为保护和促进国内产业，增加出口，限制进口而采取的鼓励与限制措施，或为政治、外交或其他目的，对进出口采取鼓励或限制的措施，它是一国对外贸易总政策的集中体现。

《中华人民共和国对外贸易法》(以下简称《外贸法》)于 1994 年通过，在 10 年中我国在对外贸易管理、对外贸易促进、对外贸易救济等诸多方面已不能完全适应对外贸易的

快速发展，于是在2004年对其进行修订。修订后的《外贸法》包括总则、对外贸易经营者、货物进出口与技术进出口、国际服务贸易、与对外贸易有关的知识产权保护、对外贸易秩序、对外贸易调查、对外贸易救济、对外贸易促进、法律责任和附则等11章共70条。

我国对外贸易法的调整对象为国家对货物、技术进出口与国际服务贸易活动实施管理的经济管理关系，以及对外贸易经营者在对外贸易活动中与境外经营者所产生的经济合作关系。其具体范围包括：关税制度、许可证制度、配额制度、外汇管理制度、商检制度、有关保护竞争、限制垄断及不公平贸易等制度。

3.3.1 基本原则和适用范围

根据《外贸法》(2004年修订)的规定，国家管理外贸活动有以下几个基本原则：

①实行统一的对外贸易制度，维护公平、自由的外贸秩序的原则；

②鼓励发展对外贸易，保障对外贸易经营者的合法权益的原则；

③平等互利的原则，促进和发展同其他国家和地区的贸易关系，缔结或者参加关税同盟协定、自由贸易区协定等区域经济贸易协定，参加区域经济组织；

④互惠对等原则，我国对外贸易方面根据所缔结或者参加的国际条约、协定，给予其他缔约方、参加方最惠国待遇、国民待遇等待遇，或者根据互惠、对等原则给予对方最惠国待遇、国民待遇等待遇。

《外贸法》适用于对外贸易(指货物进出口、技术进出口和国际服务贸易)以及与对外贸易有关的知识产权保护，但不适用于中华人民共和国的单独关税区。

3.3.2 货物和技术进出境管理

1. 国家限制或禁止进口的货物、技术

国家基于以下原因，可以限制或者禁止有关货物、技术的进口或出口：为维护国家安全、社会公共利益或者公共道德，需要限制或者禁止进口或者出口的；为保护人的健康或者安全，保护动物、植物的生命或者健康，保护环境，需要限制或者禁止进口或者出口的；为实施与黄金或者白银进出口有关的措施，需要限制或者禁止进口或者出口的；国内供应短缺或者为有效保护可能用竭的自然资源，需要限制或者禁止出口的；输往国家或者地区的市场容量有限，需要限制出口的；出口经营秩序出现严重混乱，需要限制出口的；为建立或者加快建立国内特定产业，需要限制进口的；对任何形式的农业、牧业、渔业产品有必要限制进口的；为保障国家国际金融地位和国际收支平衡，需要限制进口的；依照法律、行政法规的规定，其他需要限制或者禁止进口或者出口的；根据我国缔结或者参加的国际条约、协定的规定，其他需要限制或者禁止进口或者出口的。

2. 进出口货物许可制度

国家对限制进口或者出口的货物，实行配额、许可证等方式管理；对限制进口或者出口的技术，实行许可证管理。进出口货物许可证管理是指国家规定某些商品的进出口，必须从对外贸易主管机关领取进出口许可证，没有许可证的一律不准货物进口或出口的

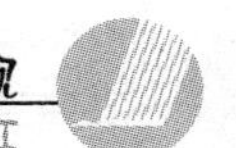

一种职能行为。配额是指国家在一定时期内对某些货物的进出口数量或金额直接加以限制的管理措施，即对某种商品规定具体的进口或出口的数量，超过规定的数量则不允许进口或出口。

国家实行统一的货物进出口许可制度，对有数量限制和其他限制的进出口货物实行进出口许可证管理，属于国家有数量限制的进口或者出口的货物，实行配额管理。我国目前采用的是配额与许可证结合使用的管理方式，即国家对部分货物在实行许可证管理的基础上实行配额管理，这部分商品在申领了配额证明后，还需凭借配额证明申请办理进出口许可证。

(1)进口许可证管理

1)发证部门

根据商务部《货物进口许可证管理办法(2004)》的规定，商务部是全国进口许可证的归口管理部门。许可证局及商务部驻各地特派员办事处和各省、自治区、直辖市、计划单列市以及商务部授权的其他省会城市商务厅(局)、外经贸委(厅、局)为进口许可证发证机构，在许可证局统一管理下，负责授权范围内的发证工作。

2)管理制度

进口许可证管理实行“一证一关”管理。一般情况下进口许可证为“一批一证”，如要实行“非一批一证”，应当同时在进口许可证备注栏内打印“非一批一证”字样。“一证一关”指进口许可证只能在一个海关报关；“一批一证”指进口许可证只能在有效期内做一次报关使用；“非一批一证”指进口许可证在有效期内可多次报关使用，但最多不超过12次，并由海关在许可证背面“海关验放签注栏”内逐批签注核减进口数量。

3)许可证的有效期

进口许可证的有效期为一年，当年有效。特殊情况需要跨年度使用时，有效期最长不得超过次年3月31日。逾期自行失效，海关不予放行。

进口许可证因故在有效期内未使用的，经营者应当在进口许可证有效期内申请延期，进口许可证只能延期一次，延期最长不超过三个月。未在进口许可证有效期内提出延期申请的，进口许可证自行失效，发证机构不再受理延证手续，该进口许可证则视为持有者自动放弃。

4)不签发或撤销已签发进口货物许可证的情况

根据《中华人民共和国进口货物许可制度暂行条例施行细则》的规定，以下五种情况不签发或者撤销已签发的进口货物许可证：对外经济贸易部(商务部)决定停止或暂停进口的货物；违反国家对外政策的进口货物；不符合有关双边贸易协定、支付协定规定的进口货物；不符合国家卫生部门、农牧渔业部门规定的药品食品、动植物、农产品、畜产品、水产品的卫生标准、检疫标准的进口货物；有损国家利益或违法经营的进口货物，如违反国家外汇管理条例，违反进口经营渠道，高价进口货物。

(2)出口许可证管理

1)发证部门

根据《货物出口许可证管理办法(2008)》的规定，发证部门同进口货物许可制度的规定。

2)管理制度

出口许可证管理实行“一证一关”制、“一批一证”制和“非一批一证”制。下列情况可实行“非一批一证”制，并应签发出口许可证时在备注栏内注明“非一批一证”:外商投资企业出口许可证管理的货物;补偿贸易项下出口许可证管理的货物;其他在《出口许可证管理货物目录》中规定实行“非一批一证”的出口许可证管理货物。

3)许可证的有效期

出口配额的有效期为当年12月31日前(含12月31日)。出口许可证的有效期最长不得超过6个月，且有效期截止时间不得超过当年12月31日。商务部可视具体情况，调整某些货物出口许可证的有效期。出口许可证应当在有效期内使用，逾期自行失效后，海关不予放行。

出口许可证因故在有效期内未使用，经营者应当在出口许可证有效期内向原发证机构申请延期。未在出口许可证有效期内提出延期申请，出口许可证逾期自行失效，发证机构不再办理延证手续。

4)免领出口许可证情况

对外经援项目出口实行出口许可证管理的货物免领出口许可证;赴国(境)外参加或者举办展览会所带属于出口许可证管理的非卖展品，免领出口许可证;经营者运出国(境)外属于出口许可证管理货物的货样或者实验用样品，每批货物价值在人民币3万元(含3万元)以下者，免领出口许可证。

3.3.3 对外贸易的法律责任

未经授权擅自进出口实行国有贸易管理的货物的，国务院对外贸易主管部门或者国务院其他有关部门可以处5万元以下罚款;情节严重的，可以自行政处罚决定生效之日起三年内，不受理违法行为人从事国有贸易管理货物进出口业务的申请，或者撤销已给予其从事其他国有贸易管理货物进出口的授权。

属于禁止进出口货物的，或者未经许可擅自进出口属于限制进出口货物的，由海关依照有关法律、行政法规的规定处理、处罚;构成犯罪的，依法追究刑事责任。在处罚生效之日起，主管部门可以在三年内不受理违法行为人提出的进出口配额或者许可证的申请，或者禁止违法行为人在一年以上三年以下的期限内从事有关货物的进出口经营活动。

如果出现以下五种行为的，依照有关法律、行政法规的规定处罚;构成犯罪的，依法追究刑事责任:伪造、变造进出口货物原产地标记，伪造、变造或者买卖进出口货物原产地证书、进出口许可证、进出口配额证明或者其他进出口证明文件;骗取出口退税;走私;逃避法律、行政法规规定的认证、检验、检疫;违反法律、行政法规规定的其他行为。主管部门可以禁止违法行为人在处罚生效之日起一年以上三年以下的期限内从事有关的对外贸易经营活动。

在以上禁止期限内，海关根据国务院对外贸易主管部门依法作出的禁止决定，对该对外贸易经营者的有关进出口货物不予办理报关验放手续，外汇管理部门或者外汇指定

银行不予办理有关结汇、售汇手续。

对外贸易管理工作部门的工作人员玩忽职守、徇私舞弊、滥用职权，利用职务上的便利，索取他人财物，或者非法收受他人财物为他人谋取利益构成犯罪的，依法追究刑事责任；尚不构成犯罪的，依法给予行政处分。

3.4 《联合国国际货物买卖合同公约》的主要内容

《联合国国际货物买卖合同公约》(以下简称"公约")是联合国国际贸易法委员会在1964年的两个海牙公约，即《国际货物买卖统一法公约》和《国际货物买卖合同成立统一法公约》的基础上制定的。1980年3月，在由62个国家代表参加的维也纳外交会议上通过，自1988年1月1日起，公约对包括我国在内的11个成员生效。

《联合国国际货物买卖合同公约》除序言外，共分4部分101条。第一部分共13条，对公约的适用范围和总则作出规定；第二部分共11条，规定合同订立程序和规则；第三部分共64条，就货物买卖的一般规则、买卖双方的权利义务、风险的转移等作出规定；第四部分是最后条款，对公约的保管、签字、加入、保留、生效、退出等作出规定。

3.4.1 公约的宗旨和适用范围

1. 合约的宗旨

公约的宗旨是建立新的国家经济秩序，在平等互利的基础上发展国际贸易，照顾到不同的社会、经济和法律制度，制定国际货物销售的统一规则，以减少法律障碍，促进国际贸易的发展。

2. 公约的适用范围

(1)公约适用的主体范围

公约适用于营业地在不同国家的当事人之间所订立的货物买卖合同，但必须具备下列两个条件之一：双方当事人营业地所在国都是缔约国，或者虽然当事人营业地所在国不是缔约国，但根据国际私法规则导致应适用某一缔约国法律。

(2)公约适用的客体范围

公约适用的客体范围是"货物买卖"，但并非所有的国际货物买卖都属于公约的调整范围，公约排除了以下7种买卖：以直接私人消费为目的的买卖；拍卖；依执法令状或法律授权的买卖；公债、股票、投资证券、流通票据和货币的买卖；船舶、气垫船和飞行器的买卖；电力的买卖；卖方绝大部分义务是提供劳务和服务的买卖。

公约的规定并没有涉及国际货物买卖合同的所有方面，以下问题公约没有涉及：合同的效力，或其任何条款的效力或惯例的效力；合同对所有权的影响；货物对人身造成伤亡或损害的产品责任问题。

3.4.2 合同双方的义务

1. 卖方的义务

卖方的义务主要包括：

①交付货物。交付货物是卖方的主要义务，根据公约的规定卖方应依合同约定的时间、地点及方式完成交货义务。

②品质担保。卖方必须保证其交付的货物与合同约定的相符。如果合同没有约定的，依公约的规定。

③权利担保。权利担保分为所有权担保和知识产权担保。所有权担保是指卖方保证对其出售的货物享有完全的所有权，必须是第三方不能提出任何权利或要求的货物。知识产权担保是指卖方交付的货物，必须是第三方不能依工业产权或其他知识产权主张任何权利和要求的货物。

④交付单据。卖方必须按照合同约定的时间、地点和方式移交与货物有关的单据。

2. 买方的义务

买方的义务主要有两项：支付货款和接收货物。

3.4.3 违约的救济方法

1. 卖方违约时买方的救济方法

卖方违约时买方的救济方法包括：

①要求实际履行。卖方违反合同时，买方可以采取要求实际履行的办法，规定一个合理时间的额外期限，让卖方履行义务。

②交付替代物。只有在货物与合同不符构成根本违反合同时，买方才可以要求交付替代物。

③修理。卖方对所交付的与合同不符的货物进行修补、调整或替换有瑕疵的部分。

④减价。如货物与合同不符，不论价款是否已付，买方都可以减低价格。

⑤宣告合同无效。当卖方根本违反合同，或者在买方规定的宽限期间内没有交货或声明不交货的，买方可以宣告合同无效。

2. 买方违约时卖方的救济方法

买方违约时卖方的救济方法包括：

①要求履行义务。如果买方不履行其在合同中约定的义务或公约规定的义务，卖方可以要求其履行义务，如支付货款、接收货物等。

②宣告合同无效。当买方根本违约，在宽限的时间内仍没履行，或买方声明将不在规定的时间内履行时，卖方可以宣告合同无效。

3. 一般规定

公约除上述适用于买方或卖方的特殊救济方法外，还规定了适用于买卖双方的一般规定：

①预期违约和分批交货合同。当一方出现预期违约的情况时，另一方当事人可以采取中止履行义务的措施。公约从分批交货的各批次之间的影响不同，对分批交货的违约救济作出了规定。若一方当事人不履行任何一批货物的义务，另一方当事人可以撤销合同对该批货物的效力，若合同项下的货物是相互依存的，受害方可以直接宣告撤销整个合同，若违约方的行为使受害方可以充分断定今后各批货物也会根本违约，则可以宣告此后各批合同全部失效。

②损害赔偿。只要一方违反合同，对方就可以要求赔偿损失，而无须证明违约方有过失，赔偿的范围为包括预期利润在内的一切直接损失。损害赔偿的请求权不因为当事人采取其他救济方法而受到影响，当事人可以同时选择损害赔偿和其他救济方式。

③支付利息。

④免责。

⑤宣告合同无效的效果。合同一经被宣告无效，即解除了买卖双方在合同中的义务，买方必须按实际收到货物的原状归还货物，买卖双方必须归还因接受履行所获得的利益。

⑥保全货物。保全货物是指在一方违约时，另一方当事人仍持有货物的处置权，该当事人有义务对他持有的或控制的货物进行保全。保全的目的是为了减少违约一方当事人因违约而给自己带来的损失。

3.4.4 风险的转移

1. 风险转移的原则

风险转移的原则包括以下几个方面。

(1)以交货时间确定风险转移

和某些国家，如英国，以所有权转移时间确定风险转移时间的原则不同，公约采用了所有权与风险相分离的方法，确定了以交货时间作为风险转移时间的原则。公约第69条规定，从买方接收货物时起，风险转移于买方承担。

(2)过失划分原则

从交货时间起，风险从卖方转移于买方。这一原则的适用有一个前提，即风险的转移是在卖方无违约责任的情况下。假如卖方发生违约行为，则上述原则不予适用。

(3)国际惯例优先

在国际货物买卖中，有些国际惯例对风险转移有自己的规定。公约第9条规定，双方当事人业已同意的任何惯例和他们之间确立的任何习惯做法，对双方当事人均有约束力。例如《2000年国际贸易术语解释通则》FOB、CIF、CFR合同的风险划分是以装运港船舷为界。卖方承担货物越过船舷前的风险，货物越过船舷后的风险则由买方承担。如果当事人在合同中选择了这种贸易术语，那么国际贸易术语规定的风险分担原则优先于公约的规定，即风险划分以船舷为界而不是以交付单据(即交货)的时候划分。

(4)划拨是风险发生转移的前提条件

根据公约的规定，货物在划拨到买卖合同项下前风险不发生转移。

2. 风险转移的时间

风险转移的时间有以下几种情况。

(1)涉及运输的交货

涉及运输的交货有两种情况：一是无指定地点交货，以货交第一承运人时转移；二是指定地点交货，在指定地交货时转移。

(2)路货买卖

原则上从订立合同时起，风险转移到买方承担。如情况需要，在货交承运人时转移。

(3)不涉及运输的交货

不涉及运输的交货有两种情况：在卖方营业地交货，在买方应收货时风险转移；在卖方营业地以外的地点交货，在交货时间到时风险转移。

3.5 《国际商事合同通则》的主要内容

《国际商事合同通则》(Principles of International Commercial Contracts，PICC)是国际统一私法协会 1994 年编撰的，2004 年和 2010 年做了大的修订。它是一部具有现代性、广泛代表性、权威性与实用性的商事合同统一法。

《国际商事合同通则》有 11 章共 211 项条文及相关注释。第一章，总则；第二章，合同的订立与代理人的权限；第三章，合同的效力；第四章，合同的解释；第五章，合同的内容、第三方权利与条件；第六章，合同的履行；第七章，不履行；第八章，抵消；第九章，权利的转让、债务的转移与合同的转让；第十章，时效期间。《国际商事合同通则》规范国际贸易的合同内容不仅包括有形贸易还包括无形贸易，它所适用的国际商事合同类型，既有国际货物销售合同，又有国际服务贸易合同和国际知识产权转让合同，即适用于国际商事合同的全部。《国际商事合同通则》旨在为国际商事合同制定一般规则，在当事人约定其合同并受其管辖时，应适用该通则；在当事人约定其合同适用法律的一般原则、商人习惯法或类似措辞时，可适用通则；在当事人未选择任何法律管辖其合同时，可适用通则；《国际商事合同通则》可用于解释或补充国际统一法文件及国内法，也可作为国内和国际立法的范本。《国际商事合同通则》从统一法分类宽泛的角度看，它既可以被称为示范法、统一规则，也可被称为国际惯例。从实用的角度看，一国在制定或修订合同法时可以把它作为示范法，参考、借鉴其条文；合同当事人可以选择它作为合同的准据法（适用法），作为解释合同、补充合同、处理合同纠纷的法律依据。此外，当合同的适用法律不足以解决合同纠纷所涉及的问题时，法院或仲裁庭可以把它的相关条文视为法律的一般原则或商人习惯法，作为解决问题的依据，起到对当事人的意思自治以及适用法律的补充作用。2010 年的修订新增了四个重要主题，即违法（Illegality）、附条件（Conditions）、多数人之债（Plurality of obligors and of obligees）以及散见于整个文本的恢复原状（Restitution in case of failed contracts）条文。

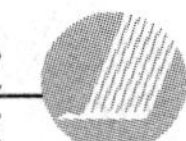

3.6 采购与销售法规

3.6.1 合同法

合同是平等民事主体的自然人、法人和其他组织之间设立、变更、终止民事权利义务关系的协议。它的特征是：

①合同主体的平等性。合同是平等民事主体之间进行的民事法律行为，所以合同主体的法律地位平等。

②合同主体的意思表示具有一致性。要约和承诺都必须表示当事人的真实意思，合同的成立是当事人意思表示一致的结果。

③合同的内容具有确定性。合同作为当事人之间设立、变更、终止民事权利义务关系的协议，必须明确约定当事人双方的权利和义务。

④合同的履行具有强制性。合同依法成立后，就对当事人产生法律约束力。

买卖合同是出卖人转移标的物的所有权于买受人，买受人支付价款的合同。它的特征是：买卖合同是双务有偿合同；买卖合同是转移财产所有权的合同，买方支付价金取得的是卖方交付的财产所有权，实现了标的物权利义务的完整转移；买卖合同是诺成合同，即双方当事人就合同内容达成一致，合同即成立；买卖合同是非要式合同，除法律、行政法规规定要用书面形式的以外，当事人可以选择口头合同的形式。

1. 买卖合同双方当事人的义务

(1)出卖人的义务

1)交付标的物并转移标的物所有权

出卖人将标的物交付买受人，是卖方的主要合同义务。出卖人应当按照符合合同约定的期限、地点、方式、数量、质量等要求将标的物交付于买方；同时出卖人应将标的物的所有权转移给买受人。

2)瑕疵担保义务

它是指出卖人就买卖标的权利或者物的品质瑕疵应当承担的法律责任。它分为物的品质瑕疵担保义务和权利瑕疵担保义务两种。品质瑕疵担保义务是指出卖人所交付的标的物不符合合同约定或法律规定的品质而应负的义务。权利瑕疵担保义务是指出卖人应就交付的标的物负有的保证第三人不得向买受人主张任何权利的义务。

(2)买受人的义务

1)支付价款

买受人应当按约定的数额、时间、地点支付价款。分期付款的买受人未支付到期货款的金额达到全部价款的1/5的，出卖人可以要求买受人支付全部价款或者解除合同。

2)接受标的物

买受人收到标的物时应当在约定的检验期间内检验，没有约定检验期间的应及时检验，发现数量或者质量不符合约定的情形时，应当通知出卖人，符合约定的，应当接受。

2. 标的物所有权转移与风险负担

（1）标的物所有权的转移

《合同法》规定，标的物的所有权自标的物交付时起转移，但法律另有规定或者当事人另有约定的除外。

（2）风险负担

风险负担即标的物的意外风险责任问题。世界上有三种通行的做法：一是合同成立转移风险，即以合同成立的时间为标的物风险转移的时间；二是物主承担风险，以所有权的转移时间作为标的物风险转移的时间；三是交付转移风险，以标的物的交付作为标的物风险转移的时间。我国《合同法》规定了买卖合同标的物的所有权自交付时起转移，风险责任也自交付时起转移。《合同法》规定："标的物毁损、灭失的风险，在标的物交付之前由出卖人承担，交付之后由买受人承担，但法律另有规定或者当事人另有约定的除外。"

3. 特种买卖合同

（1）样品买卖合同

这是指买卖的标的物依一定样品模型而定的买卖合同。样品买卖的当事人应当封存样品，并可对样品质量予以说明。出卖人交付的标的物的质量应当与样品及其说明的质量相同。样品买卖的买受人不知道样品有隐蔽瑕疵的，即使交付的标的物与样品相同，出卖人交付的标的物的质量仍然应当符合同种物的通常标准。

（2）试用买卖合同

这是指当事人双方约定以特定物作为试用品的买卖合同。试用买卖的当事人可以约定标的物的试用期，对试用期间没有约定或者约定不明确的，可以协议补充，协议不成的，依合同有关条款或交易习惯确定，仍不能确定的，由出卖人确定。试用买卖的买受人在试用期内可以购买标的物，也可以拒绝购买。试用期间届满，买受人对是否购买标的物未作表示的，视为购买。

（3）分期付款买卖合同

这是指买受人将其应付的总价款，在一定期限内分次向出卖人支付的买卖合同。除合同中有保留所有权的特别约定外，标的物的所有权自标的物交付时起转移于买受人，其风险责任也随之转移。

（4）拍卖合同

这是以公开竞价的方式将财产所有权转让给出价最高者的买卖合同。

3.6.2 招标投标法

1. 招标与投标的概念

招标是指不经过一般交易磋商程序，只由一方按照规定条件，公开征求应征人递盘竞争，最后由招标人选定交易对象签订合同的一种交易方式。通常是由招标人发出招标通告或者招标书，提出准备购买的商品的品种、规格、数量和有关的交易条件，或提出招标工程项目及其要求和条件，邀请一些卖方或者承包商，在指定的时间和地点投标，以便

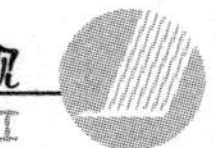

选定对其最有利的投标人达成交易。

投标是指投标人应招标通告的邀请，根据招标人规定的要求和条件，在规定的期限和地点以填投标单的形式，向招标人发盘，争取中标以达成交易。投标是针对招标而来的后续行动，有招标才有投标，因此，招标与投标是一种贸易方式的两个方面。

招标一般是买方组织卖方竞买的一种形式。由于它是通过许多投标人参加竞争而进行买卖的交易方式，所以对招标人来说，就能选择最有利的条件达成交易或兴建工程。招标的组织者主要是国家的某些部门或机构，也有一些大型的工商企业。

2.《招标投标法》的主要内容

为了规范招标投标活动，保护国家利益、社会公共利益和招标投标活动当事人的合法权益，提高经济效益，保证项目质量，《中华人民共和国招标投标法》(以下简称《招标投标法》)共分六章，对招标、投标、开标、评标和中标等具体环节予以规定，并确立了相应的法律责任。

除此之外涉及招标投标的法律法规，有《中华人民共和国政府采购法》、《建筑工程方案设计招标投标管理办法》、《水利工程建设项目招标投标管理规定》、《机电产品国际招标投标实施办法》等。

(1)招标

1)招标通告

招标分为公开招标和邀请招标。公开招标，是指招标人以招标公告的方式邀请不特定的法人或者其他组织投标。邀请招标，是指招标人以投标邀请书的方式邀请特定的法人或者其他组织投标。招标人采用公开招标方式的，应当发布招标公告；依法必须进行招标的项目的招标公告，应当通过国家指定的报刊、信息网络或者其他媒介发布。招标人采用邀请招标方式的，应当向3个以上具备承担招标项目能力、资信良好的特定的法人或者其他组织发出投标邀请书。在招标公告或者邀请书上应当载明招标人的名称和地址、招标项目的性质、数量、实施地点和时间以及获取招标文件的办法等事项。

2)招标文件

招标人应当根据招标项目的特点和需要编制招标文件。招标文件应当包括招标项目的技术要求、对投标人资格审查的标准、投标报价要求和评标标准等所有实质性要求和条件以及拟签订合同的主要条款。招标文件不得要求或者标明特定的生产供应者以及含有倾向或者排斥潜在投标人的其他内容。

招标人应当确定投标人编制投标文件所需要的合理时间；但是，依法必须进行招标的项目，自招标文件开始发出之日起至投标人提交投标文件截止之日止，最短不得少于20日。

3)投标人资格预审

招标人可以根据招标项目本身的要求，在招标公告或者投标邀请书中，要求潜在投标人提供有关资质证明文件和业绩情况，并对潜在投标人进行资格审查；国家对投标人的资格条件有规定的，依照其规定。招标人不得以不合理的条件限制或者排斥潜在投标人，不得对潜在投标人实行歧视待遇。

(2)投标

投标人应当按照招标文件的要求编制投标文件,投标文件应当对招标文件提出的实质性要求和条件作出响应。在提交投标文件的截止时间前,投标人应将投标文件送达投标地点,如果晚于该时间,招标人应拒收。投标人在截止时间前可以补充、修改或者撤回已提交的投标文件,并书面通知招标人,补充、修改的内容为投标文件的组成部分。招标人收到投标文件后,应当签收保存,不得开启。投标人少于 3 个的,招标人应当重新招标。

投标人不得相互串通投标报价,不得排挤其他投标人的公平竞争,损害招标人或者其他投标人的合法权益。投标人不得与招标人串通投标,也不得以低于成本的报价竞价,也不得以他人名义投标或者以其他方式弄虚作假,骗取中标。

(3)开标、评标和中标

开标时,由投标人或者其推选的代表检查投标文件的密封情况,也可以由招标人委托的公证机构检查并公证;经确认无误后,由工作人员当众拆封,宣读投标人名称、投标价格和投标文件的其他主要内容。开标过程应当记录,并存档备查。

评标由招标人依法组建的评标委员会负责。依法必须进行招标的项目,其评标委员会由招标人的代表和有关技术、经济等方面的专家组成,成员人数为 5 人以上的单数,其中技术、经济等方面的专家不得少于成员总数的 2/3。与投标人有利害关系的人不得进入相关项目的评标委员会;已经进入的应当更换。任何单位和个人不得非法干预、影响评标的过程和结果。

评标委员会可以要求投标人对投标文件中含义不明确的内容作必要的澄清或者说明,按照招标文件确定的评标标准和方法,对投标文件进行评审和比较;设有标底的,应当参考标底。评标委员会完成评标后,应当向招标人提出书面评标报告,并推荐合格的中标候选人。招标人根据评标委员会提出的书面评标报告和推荐的中标候选人确定中标人。招标人也可以授权评标委员会直接确定中标人。

中标人确定后,招标人应当向中标人发出中标通知书,并同时将中标结果通知所有未中标的投标人。中标通知书对招标人和中标人具有法律效力,中标通知书发出后,招标人改变中标结果的,或者中标人放弃中标项目的,应当依法承担法律责任。招标人和中标人应当自中标通知书发出之日起 30 日内,按照招标文件和中标人的投标文件订立书面合同。招标人和中标人不得再行订立背离合同实质性内容的其他协议。

中标人应当按照合同约定履行义务,完成中标项目。中标人不得向他人转让中标项目,也不得将中标项目肢解后分别向他人转让。但中标人按照合同约定或者经招标人同意,可以将中标项目中部分非主体、非关键性工作分包给他人完成。接受分包的人应当具备相应的资格条件,并不得再次分包。中标人应当就分包项目向招标人负责,接受分包的人就分包项目承担连带责任。

(4)法律责任

1)招标人

凡有必须进行招标的项目而不招标的,以不合理的条件限制或者排斥潜在投标人的,对潜在投标人实行歧视待遇的,强制要求投标人组成联合体共同投标的,限制投标人

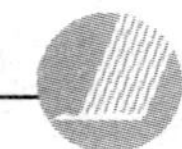

之间竞争的，透露会影响招投标结果信息、泄露标底等情况的，将给予招标人警告，并处相应罚款；如构成犯罪的，应依法追究刑事责任。

2)投标人

凡有相互串通投标或者与招标人串通投标的，以向招标人或者评标委员会成员行贿的手段谋取中标的，以他人名义投标或者以其他方式弄虚作假骗取中标等情况的，中标无效，并处相应的罚款。给招标人或他人造成损失的，依法承担赔偿责任；构成犯罪的，依法追究刑事责任。

3.6.3 政府采购法

1. 政府采购法概述

政府采购法有广义与狭义之分，狭义的政府采购法是指《中华人民共和国政府采购法》(以下简称《政府采购法》)；广义的政府采购法是指调整在政府采购过程中形成的社会关系的法律规范的总称。它既包括《政府采购法》，又包括民法、商法、行政法规中调整政府采购行为的法律规范。我国《民法通则》、《合同法》等就对政府采购行为作了规定。《政府采购法》的颁布和实施，统一和完善了我国政府采购法律制度。该法系统地规定了政府采购应遵循的原则、采购当事人资格、采购方式和程序、采购合同、监督检查、法律责任等。

2. 政府采购法的特点

政府采购是指各级国家机关、事业单位和团体组织，使用财政性资金采购依法制定的集中采购目录以内的或者采购限额标准以上的货物、工程和服务的行为。

政府采购相对于非政府采购具有以下特点。

(1)采购资金是财政性资金

政府采购所需要的资金不是某一机关单位自有资金，而是国家的财政性资金，包括预算内资金和预算外资金。

(2)采购人具有特定性

在政府采购中，采购人是特定的，并不是任何民事主体都可以成为政府采购的采购人。集中采购的采购人必须经过批准才能设立。

(3)采购程序的法定性

在政府采购中，采购人和供应商都必须严格按照《政府采购法》规定的程序、步骤进行活动，否则会导致采购行为的无效甚至承担相应法律责任。

3.《政府采购法》与《招标投标法》、《合同法》的关系

(1)与《招标投标法》的关系

由于政府采购必须采取招标投标程序，故《招标投标法》也适用于政府采购。在《政府采购法》中，只是对于政府采购在招标投标过程中的特殊性问题作了规定，并没有作出规定的事项，所以应适用《招标投标法》中的一般性规定。另外，《招标投标法》不仅适用于政府采购，同时还适用于其他各种类型的采购。

(2)与《合同法》的关系

在政府采购过程中，采购人和供应商是通过订立合同的方式进行采购的。因此，《政府采购法》与《合同法》就具有一定的联系。根据《政府采购法》的规定，政府采购合同适用《合同法》的规定。具体来说表现为以下两点：政府采购应遵循《合同法》的基本原则，如契约自由原则、诚实信用原则、公平原则等；政府采购合同的订立、履行、变更、终止也应适用《合同法》的一般性规定。

然而，政府采购合同毕竟是一种特殊的合同，它除了要适用《合同法》的基本原则和规定外，还应适用《政府采购法》的特别规定和相关行政法规的某些原则和规定等。

4. 政府采购的当事人

政府采购的当事人是指在政府采购活动中享有权利和承担义务的各类主体，除采购人、供应商外，还包括采购代理机构。

(1)采购人

采购人是政府采购活动中的需方，在政府采购中占主导地位。采购人除了国家机关外，还包括直接或间接受政府控制的企事业组织。对此，我国《政府采购法》和世界贸易组织的《政府采购协议》均作了相同的规定。国家机关包括国家立法机关、行政机关、司法机关以及军事机关。各类机关分为中央机关和地方机关以及各职能部门。政府部门或机关仅指国家行政管理机关。直接或间接受政府控制的企事业组织，一般的企事业组织不能成为政府采购的采购人，但是对于直接或间接受政府控制的企业、事业组织的采购，如公用事业单位的采购、国有企业的采购等，其所需采购资金大都直接或间接来自国库，属于公共支出，因此，其采购也应纳入政府采购。

(2)供应商

供应商是指政府采购中的货物、工程或服务的提供者。任何依法设立的法人或其他组织以及自然人都可以成为政府采购中的供应商，不过作为供应商应符合以下法定条件：具有独立承担民事责任的能力；具有良好的商业信誉和健全的财务会计制度；具有履行合同所必需的设备和专业技术能力；有依法交纳税收和社会保障资金的良好记录；参加政府采购活动前 3 年内，在经营活动中没有重大违法记录；法律、行政法规规定的其他条件。

采购人可以根据采购项目的特殊要求，规定供应商的特定条件，但不得以不合理的条件对供应商实行差别待遇或歧视待遇。两个以上的自然人或其他组织可以组成联合体，以一个供应商的身份共同参加政府采购。联合体各方应签订联合协议，并向采购人提交，并共同与采购人签订采购合同，就采购合同约定的事项对采购人承担连带责任。

(3)采购代理机构

采购代理机构是国家设立或认可的独立法人，主要从事政府采购代理业务。在政府采购中，采购代理机构接受采购人的委托，以采购人的名义，在其委托的范围内办理政府采购事务。

根据我国《政府采购法》的规定，采购代理机构为政府采购中的集中采购机构。设区的市、自治市、自治州以上的人民政府根据本级政府采购项目组织集中采购的需要设立集中采购机构。集中采购机构是非营利性事业法人。采购人有权自行选择经国务院或

省级人民政府有关部门认定资格的采购代理机构，任何单位和个人不得以任何方式为采购人指定采购代理机构。

5．政府采购合同

政府采购合同是指在政府采购活动中，采购人与供应商就各方的权利义务而依法订立的协议。作为合同，政府采购合同同样适用《合同法》，遵守《合同法》的法律原则和一般性规定。政府采购合同具有一定的独特性，这些特性主要表现为：政府采购合同的主体一方必须为国家机关或其他行政机关；政府采购合同为要式合同，必须以书面的方式签订；合同的必备条款应由国务院政府采购监督管理部门会同国务院有关部门规定；政府采购合同中的采购方享有行政优益权，即行政机关在合同履行过程中享有监督权，并在情势变更时有变更、中止或终止合同的权利（该权利不排除在存在过错情况下对供应商承担的赔偿责任），对供应商的违约行为有制裁权等；政府采购项目的采购合同自签订之日起7个工作日内，采购人应当将合同副本报同级政府采购监督管理部门和有关部门备案。

政府采购合同的履行同样也应适用《合同法》的一般性规定。除此之外，《政府采购法》对此还作了以下特别规定：经采购人同意，中标、成交供应商可以依法采取分包方式履行合同。政府采购合同分包履行的，中标、成交供应商就采购项目和分包项目向采购人负责，分包供应商就分包项目承担责任；政府采购合同履行中，采购人需追加与合同标的相同的货物、工程或者服务的，在不改变合同其他条款的前提下，可以与供应商协商签订补充合同，但所有补充合同的采购金额不得超过原合同采购金额的10%；政府采购合同的双方当事人不得擅自变更、中止或者终止合同，但政府采购合同继续履行将损害国家利益和社会公共利益的，双方当事人应当变更、中止或者终止合同，有过错的一方应当承担赔偿责任，双方都有过错的，各自承担相应的责任。

6．政府采购疑问与争议的解决

在政府采购中，供应商与采购人之间就政府采购的某些事项发生疑问或争议，通常可以按照法定程序采用以下方式加以解决。

（1）询问

询问是指在政府采购过程中，在供应商对采购活动事项有疑问时可以向采购人进行咨询的制度。

（2）质疑

质疑是指在政府采购过程中，供应商认为采购文件、采购过程和中标、成交结果使自己的权益受到损害的，可以在一定期限内要求采购人予以答复的一种制度。

（3）投诉

投诉是指质疑供应商对采购人、采购代理机构的答复不满意或者采购人、采购代理机构未在规定的时间内作出答复的，可以在一定期限内向同级政府采购监督管理部门投诉的一种制度；投诉人对政府采购监督管理部门的投诉处理决定不服或者政府采购监督管理部门逾期未作处理的，可以依法申请行政复议或者向人民法院提起行政诉讼。

7．法律责任

政府采购中的法律责任分为民事法律责任、行政法律责任和刑事法律责任等。承担民事法律责任的方式主要包括支付违约金、赔偿损失等;承担行政法律责任的方式主要有警告、罚款、没收违法所得等;承担刑事责任的方式主要有拘役、管制、有期徒刑、无期徒刑、死刑、罚金、没收财产等。

按照承担法律责任的原因又可将政府采购法律责任分为违反政府采购程序的法律责任、损害公平竞争行为的法律责任、政府采购合同违约的法律责任和妨碍监督管理行为的法律责任。

案例分析

2000 年 5 月,美国某贸易公司(以下简称进口方)与我国江西某进出口公司(以下简称出口方)签订合同购买一批日用瓷具,价格条件为 CIF LOS-ANGELES,支付条件为不可撤销的跟单信用证,出口方需要提供已装船提单等有效单证。出口方随后与宁波某运输公司(以下简称承运人)签订运输合同。8 月初出口方将货物备妥,装上承运人派来的货车。途中由于驾驶员的过失发生了车祸,耽误了时间,错过了信用证规定的装船日期。得到发生车祸的通知后,我出口方即刻与进口方洽商要求将信用证的有效期和装船期延展半个月,并本着诚信原则告知进口方两箱瓷具可能受损。美国进口方回电称同意延期,但要求货价应降 5%。我出口方回电据理力争,同意受震荡的两箱瓷具降价 1%,但认为其余货物并未损坏,不能降价。但进口方坚持要求全部降价。最终我出口方还是作出让步,受震荡的两箱降价 2.5%,其余降价 1.5%,为此受到货价、利息等有关损失共计达 15 万美元。

案例问题:

1. CIF 术语下,买卖双方的权利义务有哪些?
2. 陆路运输发生的货损,我方是否要承担责任,为什么?
3. 如果将 CIF 术语改成 CIP 术语,结果是否会发生变化?

第4章

海上货物运输法规

本章要点

- 海上货物运输中的船舶及其担保物权、船舶登记和船舶国籍
- 国际海上货物运输合同种类及其特征，当事人的权利、义务
- 提单的法律特征
- 海上货物运输的国际公约及我国《海商法》的主要内容
- 各种租船合同和拖船合同
- 有关船舶碰撞、海难救助、共同海损的概念及法律意义
- 油污损害赔偿制度和海事赔偿责任限制

4.1 海上货物运输概述

海上货物运输在对外贸易中占据重要地位。我国目前进出口货物的90%是通过海上运输来完成的，海上运输具有货运量大、运费低廉等优点，我国《海商法》第四章对海上货物运输作了明确规定，但《海商法》中关于海上货物运输合同的规定只适用于国际海上运输，而不适用于国内沿海货物运输，因为国际海上货物运输实行的是承运人不完全过失责任制，而国内沿海运输实行的则是承运人完全过失责任制。鉴于大规模的海上运输是通过海上运输合同来实现的，我们对海上货物运输法律制度的研究，实际上是对海上货物运输合同特别是对提单的法律研究。

4.2 船舶及其担保物权

4.2.1 船舶的概念

1. 船舶的内涵

《海商法》意义上的船舶不同于日常生活中所讲的船舶。在日常生活中，凡是能够在水上载重航行而具有船舶形态的工具，不论其大小和结构如何，都称之为船舶。而《海商法》意义上的船舶，则仅是其中的一部分，它具有法律上的特定含义。我国《海商法》规定："本法所称船舶，是指海船和其他海上移动式装置，但是用于军事、政府公务的船舶和20总吨以下的小型船艇除外。前款所称船舶包括船舶属具。"根据这一规定，构成我国《海商法》中的船舶，必须具备如下条件。

(1)必须是位于海上的，即海船

通常情况下，船舶的航行区域可分为远洋、近海、沿海和内河四类，而海船是指能在前三类区域内航行的船舶。仅限于内河航行的船舶不属于海船。在船舶的构造、性能、对航行的要求及船员的配备等方面，海船的要求均比内河船要高。船舶只有经过国家有关部门检验，符合规定的条件，进行海船登记，发给相应证书之后，才可以成为从事海上航行的海船。

(2)必须是用于水上航行的，即是海上移动式装置

船舶必须有航行能力。船舶必须具有一定的构造，具备浮性，能够在海上航行的，由一定的材料和设备建造而成。

(3)必须用于商业目的

用于军事的、政府公务的船舶不属于《海商法》中的船舶。"用于军事的船舶"，是指军队现役在编的以运送军需物品为目的的，不收取运费和其他任何报酬的船舶。如果军队所属的船舶从事以获取报酬为目的的商业性活动，则不属于用于军事的船舶。"用于政府公务的船舶"，指政府部门专门为特定公务所使用的船舶，如检疫船、缉私船等。

(4)必须在20总吨以上

因为20总吨以下的船舶属于小船，不能载重远航，事实上不具有从事海上运输或其他海商行为的能力。

总之，只有具备上述条件，才属于我国《海商法》规定的船舶。

2. 船舶的法律性质

根据我国的立法和司法实践，船舶的法律性质主要有以下几点。

(1)船舶是具有人格性的物

船舶本身属于物的一种，一般作为海商法律关系的客体，但在法律上亦被赋予人格性的特征。首先，船舶有名称。为了区别不同的船舶，每一船舶都有自己的名称。船舶的名称由船舶所有人自定，但不得与他船船名相同。船名确定并登记后，不得任意改动。

其次，船舶有国籍。按国籍法的规定，每个人均可取得一国国籍，而按照船舶法有关的规定，船舶也必须取得国籍。无国籍或不悬挂任何国籍的船舶，一律不得在海上航行。第三，船舶有住所。一般情况下，船舶登记的港口就是其船籍港。船籍港由船舶所有人自行选定。若涉及诉讼，可以因船籍港来决定海事诉讼管辖权问题。

(2)船舶是被当作不动产看待的动产

在民法上，动产是指那些能够移动其位置，并且不会因此而改变其形状和损害其经济价值的财产；不动产是指那些不能移动其位置，或者移动其位置会改变其形状和损害其经济价值的财产。船舶的功能就是在海上移动，并且不会因为移动而改变其形状和损害其经济价值，这就决定了它是动产；但是，由于其价值大，并且主要不是用作交易的对象，而是运输工具，所以许多国家往往把它当作不动产来看待和处理，我国海商法也是如此。

(3)船舶是由相对独立的物构成的合成物

船舶由船体、船机、甲板、船舱等部位构成，同时还要配备锚、罗盘、索具、消防救生设备等船舶属具。这些部分虽然各自具有相对独立的使用功能，但是，出于航行的必要，它们都不能分离，缺少任何一部分，船舶都不能安全航行。只有少数保险将船舶合成物分离计保。

4.2.2 船舶所有权和航行权

1. 船舶所有权的概念

船舶所有权是指船舶所有人依法对其船舶享有占有、使用、收益和处分的权利。与《民法通则》有关财产所有权的规定一致，即依法取得财产所有权和依法享受各项权利并承担相应的义务。船舶所有权排除他人的干涉，是一种完全的物权。它不但受民法规范的统一调整，同时还是海商法调整范围的重要组成部分。船舶所有权作为一种民事法律关系，其权利主体是船舶所有人，义务主体是船舶所有人以外的不特定的人，客体是船舶，其内容是船舶所有人对其船舶享有的权利和非船舶所有人负有的不得侵犯的义务。

(1)船舶所有权的权利主体

就船舶所有权的权利主体即船舶所有人而言，主要有以下四种。

1)国家

目前我国的许多船舶都属国家所有。但是，国家并不直接对其拥有的船舶进行管理，而是由国有企业法人直接经营，如属于各大远洋公司经营的船舶均属这种情况。

2)集体所有制企业法人

集体企业法人可以用自己的资金建造或购买船舶，以自己的名义进行登记，从而成为该船舶的所有人。

3)中外合资企业法人

根据我国的有关法律，中外合资(合作)的船舶公司经我国有关主管部门的批准，可以在我国的船舶登记机关进行船舶所有权登记，取得船舶所有权证书，悬挂中国国旗航行。

4)个人、合伙、联营等

公民可以依法取得船舶所有权，成为船舶所有人。

权利主体负有特殊的法定义务。这主要表现为船舶所有人必须按照法律规定，使船舶处于适航的状态,配备适任的船员,不能随意地放弃所有权等,以保证海上生命财产的安全。

(2)船舶所有权的客体

船舶是船舶所有权的唯一客体,即船舶所有权主体的权利、义务所指向的"事物"都是船舶,具有单一性。船舶由船体、船上设备和船舶属具三个部分构成。客体经常处在非所有人的直接控制之下。船舶需要由具有航海素质的人员来管理和驾驶。因此,它常常处在船舶所有人雇用或委派的船长和船员的直接控制之下,而不是所有人本人的直接控制之下。

(3)船舶所有权的内容

船舶所有人对其船舶的四项权能,即占有、使用、收益和处分,构成了船舶所有权的主要内容。收益权是船舶所有人意志和利益的集中表现。船舶所有人占有船舶并不是其根本目的;使用船舶也常常是非船舶所有人;处分船舶,如卖船,也并非船舶所有人谋利的手段。船舶所有人唯一注重的是如何通过船舶的经营赚取运费或租金,所以收益权是船舶所有权的核心内容。

2. 船舶所有权的取得、转让与消灭

所有权关系是一种民事法律关系,所有权因一定的法律关系事实而取得、转让或消灭。但由于船舶所有权是以船舶这种特殊的物为标的,因而在所有权的取得、转让及消灭方面也存在着一定的特殊性。

(1)船舶所有权的取得

我国《民法通则》规定:"所有权的取得,不得违反法律规定。"据此可以认为,船舶所有权的取得必须在行为方式上合法,否则,得不到法律的确认和保护。

根据民法物权取得方式的一般分类方法,船舶所有权的取得方式可分为原始取得和继受(或传来)取得。原始取得又主要表现为建造、(新船)购买、没收、征用、征购、收归国有和捕获等;而继受取得则表现为(旧船)购买、继承、赠予和保险委付等。

(2)船舶所有权的转让

船舶所有权的转让,主要涉及船舶所有人的所有权从何时起具有法律效力的问题。我国《民法通则》规定:"按照合同或者其他合法方式取得财产的,财产所有权从财产交付时起转移,法律另有规定或当事人另有约定的除外。"我国《海商法》规定:"船舶所有权的取得、转让和消灭,应当向船舶登记机关登记;未经登记的,不得对抗第三人。"据此可以认为,船舶所有权的取得、转让和消灭,只有在完成船舶登记后才具有对抗第三人的效力。因此,在船舶买卖中,当事人应特别注意买卖合同生效或船舶交付至办理船舶登记手续完毕期间的船舶责任与风险的问题。

(3)船舶所有权的消灭

船舶所有权的消灭是指因某种法律事实,使船舶所有人的所有权丧失或与所有权人脱离的一种法律现象。引起船舶所有权消灭的原因很多,主要有以下几种:

①因船舶灭失或船舶失踪而消灭。船舶灭失包括船舶被拆解和船舶沉没。

②因转让而消灭。这主要指通过船舶买卖合同,将船舶所有权转让给他人而使所有权消灭。

③因保险委付而消失。根据船舶保险合同,当船舶发生推定全损时,船舶所有人若要

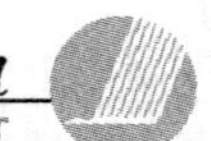

取得保险赔款,须将船舶委付给船舶保险人,放弃其所有权,除非保险人拒绝接受委付。

④因船舶被没收、捕获、征用或征购而消灭。这些都属国家的“公法”行为。如依我国《刑法》的相关规定没收(如船舶所有人用船舶作为犯罪工具);捕获则主要指在战时被敌国强制剥夺所有权;征用、征购是指船旗国本国政府因战争或某种特殊原因,强制剥夺所有人的所有权。但前者是无偿的,而后者一般是有偿的。

⑤因法院拍卖而消灭。这主要发生在当船舶被当作海事债权的担保物时,被法院扣押并拍卖,使船舶所有权丧失的情况。

此外,还有其他一些情况可导致船舶所有权的消灭,如权利主体消失等。

3. 船舶航行权

船舶航行权,顾名思义,是指船舶在海洋上航行的权利。船舶在一国进行登记取得国籍证书后,就可悬挂该国国旗在海上航行。

(1)公海上的航行权

按照《联合国海洋法公约》的规定,公海是指“不包括在国家的专属经济区、领海或内水或群岛水域内的全部海域”。公海不属于任何国家管辖。根据公海自由的原则,各国有共同平等地使用公海的权利。不论是沿海国还是内陆国,悬挂其国旗的船舶均有权在公海上自由航行,该船舶只服从国际法及船旗国的法律,其他国家不得加以干涉。这就是所谓的“自由航行权”。

但是公海自由并不是毫无限制。为了保证公海的良好秩序,各国均有权对下列行为进行干涉。

1)违反国际法的行为

对有合理根据怀疑有海盗行为、贩卖奴隶、贩运毒品、未经许可的广播以及船舶无国籍、拒不展示国旗等违反国际法行为的商船,各国军舰或经政府授权并带有明显标志的国有船舶或飞机,均享有靠近和登上该商船进行检查的权利,军舰也有靠近与检查悬挂本国国旗船舶的权利,此项权利称为登临权,也称临检权。

2)违反沿海国法律的行为

沿海国的军舰或经政府授权并带有明显外部标志的船舶或飞机,对于违反沿海国法律的外国商船,享有追逐并加以逮捕的权利,此项权利称为紧追权。行使紧追权须符合下列条件:紧追一般应在沿海国的内水、群岛水域、领海、毗连区以内开始;紧追只有在外国船舶视听所及的距离内发出视觉或听觉的停驶信号后才能开始;紧追只有未曾中断,才能在领海和毗连区以外或在公海上继续进行;被紧追的船舶进入其本国领海或第三国领海内时,紧追应立即终止。滥用紧追权造成损失或损害的,紧追的船舶负有赔偿责任。

各国船舶在享有公海自由航行权的同时,也有义务维护海上航行安全和海上正常的法律秩序。

(2)船舶在他国领海的航行权

领海是指沿海国主权管辖下的与其海岸或内水相邻接的一定范围的海域。沿海国对自己的领海享有完全主权。但在不损害沿海国和平、安全及良好秩序的前提下,外国商船享有无害通过沿海国领海的权利,即国际法上的“无害通过权”。沿海国对行使无害通过权的任何国家的商船均不得加以禁止。对于外国籍非商船,特别是军舰是否可自由通过领海，各国的态度有所不同。我国《海上交通安全法》规定："任何外国军用船舶，未经中华人民共和国政府批准，不得进入中华人民共和国领海。"

（3）船舶在他国内水的航行权

内水是一国的湖泊、河流、内海、海港以及海湾、海峡内的水域。内水完全处在一国的管辖之下，非经该国许可，他国船舶不得进入。对于需要进入内水的外国船舶，各国都有一系列的规定。

（4）船舶在他国毗连区和专属经济区等的航行权

对于经过毗连区和专属经济区等处在沿海国一定管辖之下的海域，船舶的航行权一般按照比经过领海的"无害通过权"更自由一些，而比公海上的"自由航行权"又多一些限制性的原则来处理。

4. 我国的港口制度

港口是指海岸具备天然条件和人工设备，便于船舶停靠、旅客上下和货物装卸的地方。我国的港口制度主要有以下几方面的内容。

（1）进出港口

所有外国船舶进入我国港口，都需经我国主管机关批准。一般说来，外籍船舶的船长或船舶所有人应在船舶预定到达目的港一周前，通过外轮代理公司填具规定的报表，向当地海事机关申请办理进港手续。

船舶抵港后，应立即呈报有关报告、报表、证书及文书等，并接受检查。

（2）联合检查

我国对进出我国港口的中外籍国际航行船舶及其人员、行李及货物实行联合检查。联检由海事机关负责召集，有海关、边防、卫生、检疫等部门参加，联检制度对于维护港口秩序，查禁走私，保证航行安全和国家安全具有重要作用。

（3）强制引航

我国实行强制引航制度，凡进出中华人民共和国港口和在港内航行、移泊的外国籍船舶，一律实行强制引航。

4.2.3 船舶登记和船舶国籍

船舶登记是指有关权利人向船舶登记机关提出申请并提交相应文件，经登记机关审查，对符合规定的予以注册并签发相应证书的法律行为。在我国，船舶登记的主管机关为中华人民共和国海事局，负责船舶登记的机关为授权的各地海事局。船舶国籍表明船舶与其登记国在法律上的隶属关系。船舶所有人按照一个国家的船舶登记条例进行登记，取得该国国籍证书并悬挂该国国旗，即表明这艘船舶拥有了这一国家的国籍。船舶登记及船舶国籍具有重要意义：首先，从国际法角度看，任何船舶必须经过登记，取得国籍并悬挂登记国的国旗，才能在海上航行。假冒他国国籍并非法悬挂他国国旗、不悬挂任何国旗、悬挂两国以上国旗航行的船舶，将会受到罚款、没收船舶甚至被追究刑事责任等处罚。其次，从国内法看，经过登记悬挂本国国旗的船舶，能在领海及内海享有完全的航行权，可以享受登记国及其缔约国提供的各种优惠；对船舶的构造、设备及性能等进行

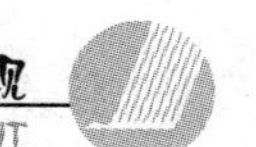

限制与检查，便于国家对船舶的监督管理；经过登记，船舶所有权、抵押权、租赁权的取得、设定、转移和消灭才能有效并得以对抗第三者，因而才能保护当事人的合法权益。

1. 船舶登记的种类

依据不同的标准，可以对船舶登记进行不同的分类。我们根据登记的船舶权利，将船舶登记分为所有权登记、抵押权登记及光船租赁权登记。

(1)船舶所有权登记

船舶所有权登记，是指船舶所有人为取得、转移、注销或恢复船舶所有权而进行的登记。各国对船舶所有权登记规定的条件有所不同，《中华人民共和国船舶登记条例》(以下简称《船舶登记条例》)规定，申请船舶所有权登记须提交如下材料：申请人的身份证明；船舶的技术资料；船舶所有权的证明文件；原船舶登记机关出具的注销原船舶所有权登记的证明文件；未进行船舶抵押或船舶抵押权人同意转让船舶所有权的文件。船舶所有权登记完毕，由船舶登记机关发给船舶所有权证书。船舶所有权登记完毕后，如果发生船舶所有权转移的情况，须进行变更登记。如果发生船舶灭失、拆解或失踪一定时间后，须进行船舶所有权注销登记。经注销登记的船舶如果又安全归来，可以恢复所有权登记。

(2)船舶抵押权登记

船舶抵押权登记是指抵押权人与抵押人为设置船舶抵押权而进行的登记，适用于20总吨以上船舶。抵押权人和抵押人应持下列文件申办抵押权登记：双方签字的书面申请书；船舶所有权登记证书或者船舶建造合同；船舶抵押合同。共有人应当提供2/3以上份额或约定份额共有人同意证明抵押权登记，登记包括下列主要事项：抵押权人和抵押人的姓名或者名称、地址；被抵押船舶的名称、国籍，船舶所有权登记证书的颁发机关和号码；所担保的债权数额、利息率、受债期限。抵押登记允许公众查询。

(3)光船租赁登记

光船租赁登记，是指为改变光船租赁船舶的国籍以及确认承租人对所租赁船舶的使用经营权等事项而进行的登记。有下列情形之一的，出租人、承租人应当办理光船租赁登记：中国籍船舶以光船条件出租给本国企业的；中国企业以光船条件租用外国籍船舶的；中国籍船舶以光船条件出租给境外的。办理登记需要以下证明：所有权登记证书；国籍证书；光船租赁合同正本、副本；从境外租进的船舶还需要由法定的船舶检验机构签发的有效船舶技术证书和原船籍港船舶登记机关出具的中止或注销国籍证明书。租赁期间，未经出租人书面同意，承租人不得申请光船转租登记。

2. 船舶国籍

船舶所有人按照国家的船舶登记程序进行登记，获得国籍证书后即可悬挂该国国旗航行。目前，世界各国对船舶取得国籍的规定有所不同，大体可分为"限制登记"和"开放登记"两种情况："限制登记"是对船舶国籍有一定限制条件的船舶登记制度。目前，世界主要航运国家对船舶取得本国国籍均规定了一些限制性的条件，包括船舶所有人的国籍或本国资本所占的比例以及使用船员的国籍等。我国属于严格限制登记国。根据我国有关法律的规定，只有中国人(包括自然人与法人)所有的船舶才能进行登记并取得中国国籍。悬挂中国国旗航行的船舶的船员，须由中国公民担任，如有特殊情况需要外国公民担任时,须经我国交通主管部门批准。申请我国国籍登记的船舶除提交所有权登记及其他登记文件外,还须提交有效的船舶安全及技术证书。“开放登记”一般是指登记国对船舶国籍登记方面的要求非常宽松的一种登记制度。“开放登记国”对船舶登记几乎没有任何限制,它允许外国船舶前来登记,并在登记手续及税收等方面提供种种优惠,对船舶的管理也不严格。

4.2.4 船舶担保物权

船舶担保物权主要包括船舶优先权、船舶抵押权、船舶留置权,从法律适用方面而言:《海商法》对船舶担保物权有规定的,应首先适用《海商法》,《海商法》无规定的,应适用我国《民法通则》及《担保法》。“优先请求权”和“优先受偿权”,我国《海商法》定名为船舶优先权。

1. 船舶优先权

(1)船舶优先权的概念

船舶优先权是海商法特有的一种制度,在有关的国际公约中被称为“Maritime Lien”。我国《海商法》将其定名为“船舶优先权”,并将其定义为:“船舶优先权是某些法定的特殊海事债权人所享受(有)的一种以船舶为主要标的的,具有很高受偿位次的担保物权,是海商法赋予某些海事债权人的一种特权,是海商法所特有的法律制度。”船舶在营运中可能产生诸多的债,而基于社会、经济及人道的理由,对于其中一些特殊的债权应给予特殊的保护,如船员工资、救助报酬等。因而,《海商法》规定以船舶优先权来担保这些特殊的海事债权,使债权人根据法律规定,在法定期限内,可通过司法程序扣押和拍卖与债权产生有关的当事船舶,并对拍卖价款享有优先于船舶抵押权及其他债权而受偿的权利。同时,这一特权不因当事船舶所有权的“私下”转让而消灭。

(2)船舶优先权的特点

1)法定性

首先,只有在法律规定范围内的债权才能受船舶优先权的担保;其次,只有法律规定的特定债权的债权人才可享有船舶优先权。

2)秘密性及依附性

优先权是从属性的权利,随其担保的主债权的产生而自动产生,不需要登记,也不需占有当事船舶,故此权利一经产生,就秘密地依附于船舶之上,不会像船舶所有权随合同的转让而消灭,即受船舶优先权担保的债权人仍可对该船舶主张权利。

3)优先性

优先性是最基本的特点,是指受船舶优先权担保的债权人与其他债权人相比具有优先受偿的权利。只有在船舶价值得以实现或拍卖船舶所得价款时,才体现出其优先性,并不是以清偿全部债权人的债权请求时才体现出来的。

4)按司法程序行使

只要债务人不清偿债务,债权人就可通过司法程序申请法院扣押直至拍卖所扣押的当事船舶,并从拍卖价款中优先受偿。英美法系中,受船舶优先权担保的债权人可通过

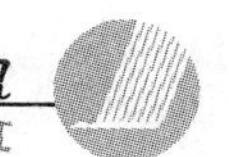

“对物诉讼”来行使其优先权。而大陆法系则是通过诉讼保全程序行使优先权。我国《海商法》规定:“船舶优先权应当通过法院扣押产生优先权的船舶来行使。”具体程序按《海事诉讼特别程序法》和《拍卖法》。

(3)船舶优先权的标的

船舶优先权的标的是指船舶优先权的主体所享有的权利及所承担的义务所指向的对象,即优先权的权利主体根据法律规定可以扣押并拍卖的财产。一些国家仅规定船舶作为标的,也有的规定了船舶属具、运费及“附属利益”。我国《海商法》规定,船舶优先权的标的仅限于当事船舶,当然也包括船舶属具。

(4)船舶优先权担保的债权项目

我国《海商法》规定,船舶优先权担保的债权项目有:船长、船员和在船上工作的其他在编人员根据劳动法律、行政法规或者劳动合同所产生的工资、其他劳动报酬、船员遣返费用和社会保险费用的给付请求;在船舶营运中发生的人身伤亡的赔偿请求;船舶吨税、引航费、港务费和其他港口规费的缴付请求;海难救助的救助款项的给付请求;船舶在营运中因侵权行为产生的财产赔偿请求。但载运2000吨以上散装货油的船舶,持有有效的证书,证明已经进行油污损害民事保险或者具有相应的财务保证的,对其造成油污损害的赔偿请求,不适用上述的规定。

(5)船舶优先权的受偿顺序

我国《海商法》采用的是列明式,规定的原则是:保护船员利益原则;因侵权产生的债权优先于合同产生的债权;人身伤亡的债权优先于财产损害的债权;为其他债权的受偿创造条件的债权优先于其他债权,即“时间倒序原则”。

(6)船舶优先权的取得、转让与消灭

1)取得

只要法律规定的海事债权一经产生,该债权人就同时取得了担保该债权的船舶优先权,无须与任何人协议,也无须登记,无须占有。

2)转让

有的国家规定在一定条件下可以转让;有的国家则规定优先权与其担保的债权同时转让。我国《海商法》规定:“海事请求权转移的,其船舶优先权也随之转移。”

3)消灭

消灭是指随一定原因的出现而丧失。其原因主要有:因船舶灭失而消灭;因时效届满而消灭,我国海事请求权按种类不同而时效不同,其中优先权时效一年,而其他的债权因2年的时效尚未期满仍未消灭,则债权人仍可要债务人履行其债务;因法院拍卖而消灭;因担保的债权消灭而消灭。

2. 船舶抵押权

依据我国《海商法》的规定,船舶抵押权,是指抵押权人对于抵押人提供的作为债务担保的船舶,在抵押人不履行债务时,可以依法拍卖,并从卖得的价款中优先受偿的权利。设定船舶抵押权应注意以下事项:抵押人和抵押权人应当签订书面合同。该合同应记明双方当事人的名称、被抵押船舶的名称、所担保债权的数额、受偿期限及条件,双方的权利义务等;只有船舶所有人或其授权人才能设定船舶抵押权。此外,除船舶共有人另有约定外，共有船舶设定抵押权时，应当取得持有 2/3 以上份额的船舶共有人的同意；船舶抵押权的标的主要是营运中的船舶，但为了鼓励造船业和航运业，建造中的船舶也可以设置抵押权；船舶抵押权的标的还应是已保险的船舶；设定船舶抵押权，抵押人和抵押权人应共同向船舶登记机关办理抵押权登记，未经登记的，不得对抗第三人。船舶抵押权的效力是：船舶所有人对船舶的处置须征得抵押权人的同意；抵押权不受船舶共有分割的影响；以抵押权担保的债权发生转让，抵押权随之转移；抵押权人按抵押权登记的先后顺序而非抵押合同签订的先后顺序依次受偿；船舶抵押权的效力因一定的法律事实而终止：抵押船舶灭失、担保的债权消灭、随着债权的消灭而消灭、抵押船舶被法院拍卖而消灭等。

3. 船舶留置权

留置权是指债权人在债务人不履行债务时，对其所占有的债务人的财产加以留置（即继续占有而不返还），并依照法律的规定，从变卖被留置的财产的价款中优先受偿的权利，以保证其债权得以实现。我国《海商法》对船舶留置权作出的规定是：造船人、修船人在合同的另一方未履行合同时，可以留置所占有的船舶，以保证造船费用和修船费用得以偿还的权利。当被留置的船舶灭失，在第三人有过错或船舶有保险时，可以指向第三人的损害赔偿金或保险赔偿款。

4. 船舶留置权与船舶优先权及船舶抵押权的比较

船舶留置权与船舶优先权及船舶抵押权均属船舶物权，它们具有一定的相同之处：均以船舶为标的；均设置于作为债务人的船舶所有人的船舶之上；均从属于一定的海事债权；均具有优先于一般债权的优先受偿权。它们也具有明显的区别，这些区别主要表现在如下几个方面。

（1）权利的产生不同

船舶留置权和船舶优先权是根据法律的规定产生的，属于法定担保物权；而船舶抵押权是根据当事人签订的船舶抵押合同产生的，属于协议担保物权。

（2）担保的债权不同

船舶留置权担保的是造船人、修船人因建造、修理船舶所产生的债权；船舶优先权担保的是法定的特殊海事债权，如船员工资、人身伤亡、港口规费、救助报酬及侵权行为造成的财产损失等债权；船舶抵押权担保的是借贷之债。

（3）效力的产生不同

船舶留置权的效力产生于占有船舶；船舶抵押权的效力产生于登记；而船舶优先权效力的产生既不需要占有，也不需要登记。

（4）受偿的顺序不同

按照我国《海商法》的规定，船舶优先权先于船舶留置权受偿，船舶抵押权后于船舶留置权受偿。

（5）行使的方式不同

船舶优先权和船舶抵押权的行使需要通过法院扣押、拍卖船舶来实现，而船舶留置权的行使不需要通过法院扣押船舶，只需要债权人留置所占有的船舶即可，若债权人自行折价拍卖船舶以偿还债务时，则须通过法院拍卖船舶得以实现。

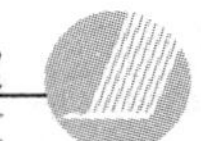

4.3 海上货物运输合同

4.3.1 海上货物运输合同概述

1. 海上货物运输合同的概念

海上货物运输合同,是指承运人收取运费,负责将托运人托运的货物经海路由一港运至另一港的合同。承运人,包括航次租船合同的出租人,是海上货物运输合同的一方当事人,常被称为船方,通常是船舶所有人,但也有可能是船舶经营人或船舶承租人。船舶承租人与他人订立海上货物运输合同而成为承运人时,俗称二船东(Disponent Owner)。我国《海商法》将承运人定义为"本人或者委托他人以本人名义与托运人订立海上货物运输合同的人"。托运人是海上货物运输合同的另一方当事人。我国《海商法》将托运人定义为"本人或者委托他人以本人名义或者委托他人为本人与承运人订立海上货物运输合同的人",以及"本人或者委托他人以本人名义或者委托他人为本人将货物交给与海上货物运输合同有关的承运人的人"。根据传统的海商法,托运人仅限于上述第一种托运人。上述第二种托运人一般指 FOB 价格条件下的货物卖方。

按照我国水运市场的实践,长期以来习惯于将国内的内河和沿海的货物运输合同称为水路货物运输合同,成为与海上货物运输合同相互独立的一种合同,适用专门的水路货物运输法律规范予以调整(详见国内水路货物运输法规章节)。在国际物流中,货物运输是不可缺少的组成部分,成为实现国际经济交往目的的必要环节。其中,海上货物运输是最为重要的一种国际运输方式。海上货物运输与国际经济活动具有密切的联系,有关调整海上货物运输的法律和惯例也因此成为调整其他国际货物运输方式的法律基础而被借鉴。

2. 海上货物运输合同的特点

根据我国《合同法》的规定,海上货物运输合同被列入运输合同的范畴,成为专门适用于国际海上货物运输活动的独立合同种类,因此,它不仅具有一般运输合同共有的双务、有偿等法律性质,还存在着如下法律特点。

(1)海上货物运输合同的风险性大于其他运输合同

海上货物运输合同的目的在于,通过海路将所承运的货物送达目的地。为此,承运人不仅要付出其劳务和费用,而且应当自行承担海上风险来履行运输义务。由于海上风险大于陆上风险,现有的科学技术又决定着从事海上运输的船舶抵御海上风险的能力是有限的,所以,海上货物运输合同的风险性大于陆上货物运输合同。

(2)海上货物运输合同具有国际性

海上货物运输是实现国际贸易活动的必要手段,因此,与国际贸易合同相适应,海上货物运输合同的当事人一般是不同国家或地区的自然人、法人或其他经济组织,合同的签订地和履行地常会处于不同的国家或地区。从事海上货物运输的船舶经由国际航线航行于不同国家或地区的港口之间,因此,海上货物运输合同具有明显的国际性,不同于国内水路货物运输合同。

(3)海上货物运输合同的法律效力经常涉及和约束第三人

由于国际贸易是发生在不同国家或地区的自然人、法人或其他经济组织之间的商品交换关系,从而,相应的海上货物运输合同的当事人不仅要包括承运人和托运人,还必然要涉及第三人,即发货人或收货人。第三人虽然不参加海上运输合同的签订,但可直接取得合同规定的某些利益,并受到合同的一定约束。海上货物运输合同为诺成合同。托运人和承运人就货物及海上运输条款达成一致时,只要不违反法律的强制性规定,海上运输合同即告成立。

(4)海上货物运输合同一般是要式合同,而且普遍采用格式合同

根据我国《海商法》的规定,海上货物运输合同可以是口头形式,也可以采用书面形式,而航次租船合同则应当是书面形式。在海上货物运输的实践中,当事人一般都采用书面形式订立海上货物运输合同。

3. 海上货物运输合同的种类

根据我国《海商法》的规定和海上货物运输的实践,海上货物运输合同主要包括班轮货物运输合同、航次租船合同、海上货物运输总合同和多式联运合同等种类。

(1)班轮货物运输合同

班轮货物运输合同是指承运人将属于不同托运人的小批量、多品种的货物装载于同一船舶,按其预先公布的船期表上的船期时间和航线,依规定的挂港顺序来运送货物的运输合同。班轮货物运输合同的特点是:其船期和航线是预先公布的,可由货主根据需要选择合适的班轮予以托运;其所承运的一般是零散的货物,故又称件杂货运输合同或者零担运输合同;班轮运输合同一般都采用提单作为法律表现形式,故又称提单运输和国际件杂货运输,当今集装箱货物运输大多采用班轮运输(Liner Shipping,又称定期船运输)。

(2)航次租船合同(Voyage Charterparty,Voy. C/P)

航次租船合同是指船舶出租人向承租人提供船舶或者船舶的部分舱位,装运约定的货物,从一港运至另一港,并由承租人支付约定运费的海上货物运输合同。航次租船合同不同于班轮货物运输合同,其特点是适用于不定期船的货物运输,而且按照航程确定货物运输合同的有效期,具体表现在船舶出租人和承租人约定的特定航次,由船舶出租人将约定的货物在该航次中运至目的港,故又称航程租船合同或程租合同。具体又分单航次租船合同(Single Trip C/P)、往返航次租船合同(Return Trip C/P)、连续单航次租船合同(Consecutive Single Trip C/P),以及连续往返航次出租合同(Consecutive Return Trip C/P)等多种形式。

(3)海上货物运输总合同

海上货物运输总合同又称海上货物联运合同,是指承运人负责将货物自一港经两段或两段以上的海路运至另一港,而由托运人(收货人)支付运费的合同。在这种合同下,货物由不属于同一船舶的两艘或多艘船舶从起运港运至目的港。除作为合同当事一方的承运人外,参加货物运输的还有与承运人具有另外合同关系的其他海上承运人,称为区段承运人、实际承运人或执行承运人。国际海上货物联运合同通常以海上联运提单(Ocean Through B/L)为表现形式。海上货物运输总合同是相对于具体的海上货物运输

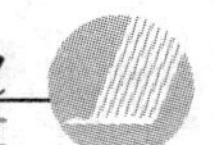

合同而言的，其特点是：主要适用于大批量货物的分批量运输；海上货物运输总合同可使承运人和托运人双方之间形成较为固定的货运关系，在一定时间内承运人可以获取稳定的承运货源，而托运人又能满足其对舱位的需求。

(4)多式联运合同

多式联运合同是指多式联运经营人以两种以上的不同运输方式(其中一种是海上运输方式)，负责将货物从接收地运至目的地交付收货人，并收取全程运费的货物运输合同。多式联运合同是伴随着集装箱运输的发展而兴起的新型货物运输合同。其基本特点是多式联运经营人以一个运输合同、一次托运过程、一次收费并承担全程责任，采用两种以上的运输方式完成同一批货物的运送。

4. 海上货物运输合同的当事人

在现代海上货物运输活动中，海上货物运输合同的当事人包括承运人、实际承运人、托运人和收货人。

(1)承运人

承运人是指在海上货物运输中，由本人或者以其本人名义与托运人订立海上货物运输合同的人。

(2)实际承运人

实际承运人是指接受承运人的委托，从事相应货物的全部运输或者部分运输的人，包括接受转委托从事此项运输的其他人。

实际承运人不同于承运人。他未与托运人签订海上货物运输合同，而是接受承运人的委托，实际履行海上货物运输合同中的全部或者部分运输活动，从而，对其所经办的运输活动承担责任，亦享有相应的权利。

(3)托运人

托运人是指本人或者委托他人以其本人名义或者委托他人代表本人与承运人订立海上货物运输合同或者将货物实际提交给承运人的人。

(4)收货人

收货人是指有权提取货物的人。由于海上货物运输合同是服务于国际贸易合同的，因此，海上货物运输合同中的收货人在大多数情况下是托运人以外的独立的民事主体(即国际贸易合同中的买方)，一般表现为在提货凭证的收货人一栏中所记载的人。

4.3.2 承运人的主要义务及责任期间

我国《海商法》中有关国际海上货物运输合同当事人的主要权利和义务的规定，遵循了以《海牙—维斯比规则》为基础，适当吸收《汉堡规则》中比较合理和成熟内容的原则。具体而言，在关于承运人谨慎处理使船舶适航、妥善和谨慎地管理货物、不进行不合理绕航等义务，以及承运人免责和责任限制方面，采纳《海牙—维斯比规则》的有关规定；在关于承运人责任期间、货物迟延交付、活动物与舱面货的运输、托运人的责任、提单、货物灭失或损坏的通知、非合同之诉讼、承运人的受雇人或代理人的法律地位、实际承运人等方面，吸收或参照了《汉堡规则》的关规定。

1. 谨慎处理使船舶适航

我国《海商法》规定:"承运人在船舶开航前和开航当时,应当谨慎处理,使船舶处于适航状态,妥善配备船员、装备船舶和配备供应品,并使货舱、冷藏舱、冷气舱和其他载货处所适于并能安全收受、载运和保管货物。"

(1)船舶适航的含义

船舶适航(Seaworthy)有狭义和广义之分。狭义的船舶适航是指船舶的船体、船机在设计、结构、性能和状态等方面能够抵御航次中通常出现的或能合理预见的风险。如果合同规定的航次中能合理预见的风险超过通常的风险,则船舶必须具有抵御预见风险的能力。广义的船舶适航除了狭义的船舶适航外,船舶还应满足其他两项要求:第一,妥善配备船员、装备船舶和配备供应品,也就是船舶的航海能力,是指船舶为完成预定航次所必须具备的技术能力和条件。这种能力是要求通过妥善地配备船员、装备船舶和配备供应品来获得的。妥善地配备船员应从两方面考虑,首先数量上应保证配备的船员人数能满足正常航行值班或作业的需要;其次质量上,要求配备的每个船员具有健康的身体,没有不适合船上工作的身体缺陷,如色盲、耳聋等,普通船员应具有相应的专业技能,高级船员应持有相应的适任证书,普通船员和高级船员都能胜任各自的工作。衡量承运人是否妥善地配备了船员的一个重要依据是"STCW 公约"。这是一个国际上普遍接受的有关船员适任能力最低标准的国际公约。妥善地装备船舶,是指船舶在各个方面必须得到完善的装备,使其能妥善、安全地运送货物。要求该船上的雷达、测向仪、罗经、测深仪、VHF 等助航设备,锚、缆等系泊设备,以及海图、航路指南、灯塔表、航行通告等航海资料,都配备齐全并具有可靠性,符合规范以及符合 SOLAS 公约的要求。妥善地配备供应品,包括船舶必须带有充足的燃料、物料、淡水和粮食,供在下一停靠港添加之前使用。在配备燃料时,除应正确计算航程与燃油日消耗量外,还需要考虑船速、燃油质量、航行中可能遇到的异常天气等情况,确定一个安全储备系数。第二,使货舱、冷藏舱、冷气舱和其他载货处所适于并能安全收受、载运和保管货物,即通常所说的船舶适货(Cargoworthy),主要是指货舱及其设备完善,满足所运货物的要求,通常包括货舱清洁、干燥、无味,污水沟和通风筒畅通,舱盖水密,吊杆或吊车、起货机和吊货索具等货物装卸设备齐全,取得相应的合格证书,并处于有效状态。

(2)船舶适航的标准

承运人应当谨慎处理(Due Diligence)使船舶适航。它要求承运人作为一名具有通常要求的技能,并谨慎行事的船舶所有人,采取各种为特定情况所合理要求的措施。船舶适航能力,不论是狭义上还是广义上,都是以海上一般风险作为衡量的标准。海上一般风险是一个极富有弹性的标准,必须根据船舶航行的季节、航线和运送货物的特性等具体情况来确定。例如冬季和夏季、高纬度与低纬度所遇到的海上一般风险就有所不同。在气候特别恶劣的条件下,适航能力的标准也相应提高。对海上一般风险的解释为:谨慎的承运人在开航前,考虑到所有可能发生的情况,应能预见到可能的海上风险,采取各种为航次特定情况所合理要求的措施。如果船舶存在通过采取这种措施仍不能发现的潜在缺陷(Latent Defect),不视为承运人违反谨慎处理使船舶适航的义务。

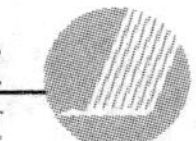

(3)船舶适航的时间

我国《海商法》规定承运人谨慎处理使船舶适航的时间为"船舶开航前和开航当时"(Before and at the Beginning of the Voyage),即航次开始之前和开始当时。所谓航次,是指合同航次或提单航次,即从装货港至卸货港的整个航程。因此,承运人谨慎处理使船舶适航的义务仅限于装货港。只要在船舶从装货港开航之前和开航当时,承运人已谨慎处理使船舶适航,即使船舶在航行期间或中途港停靠期间丧失适航性,不能视为承运人违反谨慎处理使船舶适航的义务。关于航次开始之前和开始当时,一般认为,船舶在开始装货时必须适航,货舱必须适货,船舶能够抵御装货期间通常出现的或能合理预见的风险,包括必要时,船舶能驶离泊位到锚地抗台风。在船舶开航之时,通常理解为船舶起锚或者解缆离泊之时,应满足船舶适航的各项要求。在此期间,凡在维持已有适航状态上的过失,以及为使船舶在开航之时全面适航所作的各项工作中的过失,均视为承运人违反谨慎处理使船舶适航的义务。因此,从船舶开始装货至船舶开航之时,承运人谨慎处理使船舶适航是一项连续的义务。在此期间,承运人不能援引船长、船员等管理船舶过失的免责。

(4)船舶适航的举证

具有经船舶检验机构或人员签发的船舶适航证书(Certificate of Seaworthiness)或其他能表明船舶适航状态的技术证书,通常是船舶适航的初步证据,但不是绝对证据。当货方欲以承运人违反谨慎处理使船舶不适航,并因此造成货物灭失或损害而索赔时,货方通常应证明船舶不适航,并因此造成货物灭失或损害。对于适航义务的举证,承运人欲行免责,需要先证明造成货物损失的原因,然后再针对该项原因证明已经在开航前和开航时做到了谨慎处理,从而达到举证的目的。

2. *妥善和谨慎地管理货物*

我国《海商法》规定:"承运人应当妥善地、谨慎地装载、搬移、积载、运输、保管、照料和卸载所运货物。"确定承运人管理货物义务的关键是"妥善"与"谨慎"两个词。所谓"妥善"(Properly),通常指技术上的要求。它要求承运人、船员或其他受雇人员在管理货物的各个环节中,应发挥通常要求的或为所运货物特殊要求的知识与技能。所谓"谨慎"(Carefully),通常指责任心上的要求。要求承运人、船长、船员以及其他受雇人员、代理人在整个货物运送期间,以合理谨慎的态度,充分发挥自己的知识和技能,做好货物运送中的每一项工作。装载(Loading):在装货港,承运人应按照运输合同的要求收受托运人交运的货物,及时地将货物组织装船。对交运时已发现的外表状况不良的货物,应根据不同情况分别采取拒装、更换包装、更换货物或批注装船等方法处理。在货物装载过程中,应做好货物监装工作,经常检查装卸公司的装舱质量以及理货公司的理货情况。对特种货物的装舱应给予特别的注意和重视,加强现场指导和监督,在装载过程中要注意防止船舶超载。搬移和积载(Handle and Stowage):承运人应根据装运的货物的特性进行正确的搬移和积载。货舱要求清洁、干燥、无味、适货。当运输对运送条件要求较高的货物时,事先应进行验舱,并取得验舱证明。货物的积载位置应适当,应防止由于积载不当而造成的货损。在货物装船过程中,承运人有责任对装载方法、堆垛、隔票等进行指导、管理。货物在舱内应堆码整齐、稳固,隔票应清楚。对于大件货应绑扎牢固,防止移动。雨、雪天装货时,应采取措施,防止货物湿损。运输(Carriage):承运人在装货结束后,应按预定航线尽快地、直接地和安全地把船舶开往目的地,完成运输任务。没有正当理由,不应绕道航行,脱离预定的、习惯上的或地理上的航线。在运输途中,对可能遭遇到的海事、大风浪或恶劣天气造成的损害,应给予正确、及时、妥善的处理,并应尽力防止损害的进一步扩大,对未受损害的货物应设法安全运至目的港或安全港,包括必要时安排转船运送。保管与照料(Custody and Care For):承运人在运输途中应对货物尽到谨慎保管和照料之责。在运输途中应按外界天气条件,正确进行货舱通风,使货舱不致产生大量污水。按时测量污水沟、井,并及时排除污水,使污水不致外溢浸湿、污染货物。遇恶劣天气,舱口盖、通风筒必须严密封闭,防止海水渗漏舱内。对特种货物,如冷藏货、活牲畜、危险品则按承、托双方的协议妥善管理。在贵重货物运送过程中,需组织船员认真看管货物,防止货物被窃。在运送对管理要求较高的货物时,应制定专门的、相应的管理方案。卸载(Discharge):在正常情况下,承运人应将货物运至约定的目的港,按照货物装船时的同样外表状况,交付给合法的提单持有人。承运人需认真监督卸货工作,对卸货中发现和发生的问题应给予及时、正确、妥善的处理。在确知收货人不能提取货物,或收货人拒绝提货的情况下,承运人应将货物及时地卸存,并向收货人发出货物已卸存的通知。承运人的适航责任中的保证货物适货义务与承运人的谨慎管货义务的目的是一致的,都是为了把货物安全地从装货港装运至目的港。其不同之处在于,承运人使货舱适货的时间是在航次开航之前和开航当时,而妥善和谨慎地管理货物是承运人的义务,贯穿整个合同航次。适货对象是指货舱,而管货对象是指货物。适货义务是管货义务的前提,承运人只有提供了适合于特定货物的安全收受、运送和保管的货舱之后,才能有效履行管货的义务。

3. 船舶不得进行不合理绕航

船舶不得驶离承运人事先约定的或者习惯的或者地理上的航线。为此,我国《海商法》规定:"承运人应当按照约定的或者习惯的或者地理上的航线将货物运往卸货港。"如果承运人与托运人事先对航线有约定,船舶应走约定的航线;没有约定时,船舶应走装卸两港之间的习惯航线。如果既无此种约定,又无习惯航线,船舶应走地理上的航线,即在保证船舶及货物运输安全前提下,装卸两港之间最近的航线。但是,为了在海上为救助或者企图救助人命或者财产,或者有其他合理需要,船舶可以驶离航线。对此,我国《海商法》规定:"船舶在海上救助或者企图救助人命或者财产而发生的绕航或者其他合理绕航,不属于违反前款规定的行为。"其他合理绕航,是指船舶为了船货双方共同利益,或者存在其他合理需要。通常下列情况属于合理绕航:躲避海上风险、为救助或企图救助海上人命或者财产、到中途港紧急补给(即使因不适航引起也不例外)、原定的卸货港发生了罢工、港口异常拥挤、躲避台风或战争危险、送病危船员上岸治疗、当局限制等。不合理绕航包括将偷渡者遣回原地、为承运人单方利益而绕航、装卸货物或上下旅客等。

4. 船舶合理速遣

货物装船后,船舶应及时开航。船舶在运输货物过程中,应尽快完成航次,将货物运至卸货港交给收货人,而不应有任何不合理的延误。根据我国《海商法》的规定,如果承运人未能在其与托运人明确约定的时间内,在约定的卸货港交付货物,构成迟延交付,并

且,对由于承运人过失,致使货物因迟延交付而灭失或者损坏,或者,托运人或收货人因延迟交付而遭受其他经济损失,如市场损失,承运人应负赔偿责任,除非迟延交付系承运人可以免责的原因导致。

5. 损害赔偿的义务

承运人因其本人、受雇人员或代理人违反法律或合同的规定,造成货物的灭失或损坏,或使托运人(收货人)遭受其他经济损失,除非承运人依据法律或合同的规定可以免责,否则,应承担损害赔偿责任。我国《海商法》规定,除按规定承运人不负赔偿责任的情形外,由于承运人的过失,致使货物因迟延交付而灭失或者损坏的,承运人应当负赔偿责任。由于承运人的过失,致使货物因迟延交付而遭受经济损失的,即使货物没有灭失或者损坏,承运人仍然应当负赔偿责任。

6. 承运人责任期间

承运人的责任期间(Period of Responsibility),是指承运人对货物应负责的期间。如果承运人在此期间因不能免责的原因,使货物发生灭失或者损害,承运人应负赔偿责任。根据我国《海商法》,承运人对集装箱装运的货物,不论是承运人装箱,还是托运人自行装箱,其责任期间为从装货港接受货物时起至卸货港交付货物时止,货物处于其掌管之下的全部期间;承运人对非集装箱装运的货物的责任期间,是指从货物装上船时起至下船时止,货物处于其掌管之下的全部期间。但是,承运人可以同托运人就此种货物在装船前和卸船后,其所承担的责任,达成任何协议,即对于此种货物在承运人从装货港接受至装船期间,以及从卸货港卸船至交付期间,承运人对货物的灭失或者损害是否应当负责,根据承运人与托运人达成的协议确定。

4.3.3 承运人的主要权利

1. 运费、亏舱费、滞期费及其他费用的请求权

运费是承运人完成货物运输所享有的报酬,其形式有预付运费和到付运费两种。如系预付运费(Freight Prepaid,Advance Freight),除承运人和托运人另有约定外,托运人应在货物装船后,承运人、船长或承运人的代理人签发提单之前付清。如系到付运费(Freight to Collect,Freight Payable at Destination),即通常收货人在卸货港提取货物之前应支付的运费,只有货物安全运抵目的港,承运人才有权收取。到付运费必须在提单或其他运输单证上注明,承运人才能向收货人收取。

亏舱费(Dead Freight),又称空舱费,指托运人因其提供的货物少于约定的数量,使船舶舱位发生剩余,而对承运人因此受到的运费损失的赔偿。

滞期费(Demurrage),通常是指航次租船情况下,承租人因未能在合同规定的装卸时间内完成货物装卸,而向出租人支付的费用。

其他费用是指应由货方支付的共同海损分摊费用、承运人为货物垫付的必要费用,以及其他应当向承运人支付的费用。

2. 货物留置权(Lien)

当托运人或收货人不支付运费、亏舱费、滞期费、共同海损分摊费用和其他应付的费用,又没有提供适当担保时,承运人有权对按照合同的约定或法律的规定,对处于其合法

占有之下并属于应付上述费用的托运人或收货人的货物，在合理的限度进行留置，以担保其请求权的实现。

3. 承运人的免责

根据我国《海商法》的规定，在承运人责任期间内，货物发生的灭失或者损失是由于下列原因之一造成的，承运人不负赔偿责任：

①船长、船员、引航员或者承运人的其他受雇人在驾驶船舶或者管理船舶中的过失，即通常所说的驾驶船舶和管理船舶过失免责，或者航海过失免责。"驾驶船舶"(Navigation of the Ship)中的过失，是指船长、船员和引航员等，在船舶航行或停泊操纵上的过失。"管理船舶"(Management of the Ship)中的过失，是指船长、船员等在维持船舶的性能和有效状态上的过失。这里的"管理船舶"，既非船舶的经营管理，又非船舶的行政管理。

②火灾，但是由于承运人本人的过失所造成的除外。当火灾系船长、船员、承运人的其他受雇人或代理人过失造成时，承运人对火灾所致的货物损失可以免责。但如果火灾系承运人本人过失所致，承运人便不能免责。

③天灾，海上或者其他可航水域的危险或者意外事故。天灾是指承运人通过采取合理预期的各种措施后，仍不能抵御或防止的自然现象，诸如海啸、地震、雷击和冰冻等。

④战争或者武装冲突。

⑤政府或者主管部门的行为、检疫限制或者司法扣押。

⑥罢工、停工或者劳动受到限制。

⑦在海上救助或者企图救助人命或者财产。

⑧托运人、货物所有人或者他们的代理人的行为。

⑨货物的自然特性或者固有缺陷。

⑩货物包装不良或者标志欠缺、不清。

⑪经谨慎处理仍未发现的船舶潜在缺陷。此项免责是对前述承运人谨慎处理使船舶适航义务的补充。承运人欲援引此项免责，并不一定必须证明他事实上已谨慎处理。相反，如果承运人事实上没有谨慎处理，但如果能证明，某种缺陷即使他谨慎处理也不能发现，则仍可援引此项免责。

⑫非由于承运人或者承运人的受雇人、代理人的过失造成的其他原因。

上述承运人免责事项表明，对承运人实行的是不完全的过错责任原则，或称为过错责任原则加列明的过失免责。承运人对货物在其责任期间发生的灭失或损害是否负责，应依其本人、代理人或受雇人员有无过错而定，有过错应负责，没有过错可免责，但如货物的灭失或损害系船长、船员或其他受雇人的驾驶船舶或管理船舶的过失所致，或者由于他们的过失造成的火灾所致，承运人可以免责。

4. 承运人赔偿责任限制

承运人赔偿责任限制，又称承运人单位责任限制(Package Limitation of Liability)，是指对承运人不能免责的原因造成的货物灭失、损坏或迟延交付，将其赔偿责任在数额上限制在一定的范围。因此，承运人赔偿责任限制，实质上是承运人赔偿责任的部分免责。

(1)承运人对货物灭失或损坏的赔偿责任限制

根据我国《海商法》的规定，承运人对货物灭失或损坏的赔偿限额，按照货物件数或

者其他货运单位数计算，每件或每个其他货运单位为666.67个计算单位，或者按照货物毛重计算，每公斤为2个计算单位，以两者中赔偿限额较高的为准。

(2)承运人对货物迟延交付的赔偿责任限制

根据我国《海商法》的规定，如果迟延交付的货物未遭受灭失或损失，而只是造成其他经济损失，如因市场跌价引起的可得利润损失，承运人的赔偿限额为所迟延交付的货物的运费数额；如果货物的灭失或损坏和迟延交付同时发生，则承运人的赔偿责任限额，适用前述承运人对货物灭失或损坏的赔偿限额，但在这种情况下，货物灭失或者损坏的金额中，应包括迟延交付造成的其他经济损失金额。

(3)承运人赔偿责任限制权利的丧失

根据我国《海商法》第59条第1款的规定，如经证明，货物的灭失、损坏或者迟延交付是由于承运人的故意或者明知可能造成损失而轻率地作为或者不作为所造成，承运人便不得援用赔偿责任限制的规定。

4.3.4 托运人(收货人)的主要义务和责任

1. 提供约定货物、妥善包装和申报货物

托运人应当按照与承运人的约定，将货物运至船边、码头仓库或约定地点，以供装船。根据我国《海商法》的规定，托运人对托运的货物，应当妥善包装，并向承运人保证货物装船时所提供的货物的品名、标志、包数或者件数、重量或者体积的正确性。由于包装不良或者上述资料不正确，对承运人造成损失时，托运人应当负赔偿责任。但是，承运人享有的这一受偿权利，不影响其根据货物运输合同对托运人以外的人所承担的责任，在承运人向托运人以外的第三人承担赔偿责任后，可以向托运人追偿。

2. 及时办理货物运输手续

托运人应当及时向港口、海关、检疫、检验和其他主管机关办理货物运输所需要的各项手续，并将已办理各项手续的单证送交承运人。因办理各项手续的有关单证送交不及时、不完备或者不正确，使承运人的利益受到损害时，托运人应当负赔偿责任。

3. 妥善托运危险货物

托运人对其托运的危险货物，应当依照有关海上危险货物运输的规定，妥善包装，标明危险品标志和标签，并将其正式名称和性质以及应当采取的预防危害措施书面通知承运人。如果托运人擅自装运危险品，未作此种通知或者通知有误，承运人可以在任何时间、任何地点，根据情况需要，将货物卸下、销毁或者使之不能为害，而不负赔偿责任。托运人对承运人因此受到的损失，应负赔偿责任。如果承运人知道危险货物的性质，并已同意装运，则在该危险货物对船舶、人员或者其他货物构成实际危险时，仍可根据情况需要，将其卸下、销毁或者使之不能为害，而不负赔偿责任，但不影响共同海损的分摊，即如果承运人采取此种措施构成共同海损行为，承运人仍应分摊此种措施造成的损失。

4. 支付运费及其他费用

托运人应当按照约定向承运人支付运费以及亏舱费、滞期费、共同海损分摊费用、承运人为货物垫付的必要费用和其他应由其支付的费用。我国《海商法》规定，托运人与承运人可以约定运费由收货人支付，但是，此项约定应当在运输单证中载明。

5. 及时收受货物

货物运抵目的港后，收货人应及时在船边或承运人指定的码头仓库或其他地点提取货物。如果收货人在卸货港不提取货物，或者迟延提取货物，船长可以将货物卸在仓库或者其他适当场所，由此产生的风险和费用由收货人承担。当货物发生灭失或损坏时，如果这种灭失或损失是明显的，收货人应在承运人向其交付货物的当时，将此种灭失或损坏的情况书面通知承运人。如果货物灭失或损坏不明显，收货人应在货物交付的次日起连续 7 日内，集装箱货物交付的次日起连续 15 日内，向承运人提交此种书面通知。如收货人不提交此种书面通知，此种交付视为承运人已经按照提单或其他运输单证的记载交付，以及货物状况良好的初步证据。但是，如果货物交付时，收货人已经会同承运人对货物进行联合检查或检验，则无须就所查明的灭失或损坏的情况提交书面通知。收货人在目的港提取货物前，或者承运人在目的港交货前，均可申请检验机构对货物状况进行检验。申请方应支付检验费用，但有权向责任方追偿。收货人和承运人应对检验相互提供合理的便利条件。收货人向承运人索赔因货物迟延交付造成的经济损失，必须在承运人交付货物的次日起连续 60 日内向承运人提交书面通知。否则，承运人不负赔偿责任。货物灭失、损坏或迟延交付的通知，收货人可向船长、承运人的其他受雇人或代理人提交，也可向交付货物的实际承运人提交。

6. 托运人及其受雇人、代理人的赔偿责任

托运人对承运人、实际承运人所遭受的损失或者船舶所遭受的损坏，不负赔偿责任；但是，此种损失或者损坏是由于托运人或者托运人的受雇人、代理人的过失造成的除外。托运人的受雇人、代理人对承运人、实际承运人所遭受的损失或者船舶所遭受的损坏，不负赔偿责任，这一规定对托运人的受雇人、代理人的赔偿责任实行完全的过错责任原则，并且，托运人需对其受雇人、代理人在其受雇或受委托范围内的行为负责。托运人及其受雇人承担赔偿责任时，不享有责任限制。

4.3.5 托运人的主要权利

①要求承运人按照海上货物运输合同的约定，将货物安全运至卸货港并交给收货人的权利；

②要求承运人签发提单或者其他运输单证的权利；

③要求承运人终止运输、返还货物、变更卸货港或者收货人的权利；

④要求承运人或实际承运人对货物运输过程中发生损害或延迟交付赔偿的权利。

4.3.6 远洋货运单证

在国际海上货物运输过程中，从托运人办理货物托运开始，到承运人接收货物、装船、卸货直至货物交付，在整个运输过程中需要编制各种单证。这些单证一方面起着货方与船方之间办理货物交接的证明作用，另一方面也是货方、船方、港方等有关单位之间

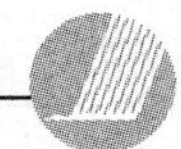

从事业务工作及划分责任的依据。

1. 装船单证

装船单证是指在装货港编制和使用的单证，主要包括托运单、装货单、收货单、提单、装货清单、载货清单、载货运费清单、危险货物清单、货物配载图、实物配载图等。

(1)托运单

①托运单(Booking Note，B/N)是由托运人或其代理人(以下统称托运人)根据货物买卖合同和信用证有关内容填写，向承运人或其在装货港的代理人(以下统称承运人)申请办理货物托运的单证。承运人根据托运单的要求，结合船舶的舱位、航线、挂靠港和船期等因素考虑，接受托运并指定船名后，留下托运单，并将装货单交给托运人填写。

②托运单的主要内容包括：托运人名称；船名；目的港；货物的名称；标志与号数、件数、重量与尺码；运费与支付方式；收货人与通知方的名称；托运人与承运人的特约事项，如货物可否转船、可否分批、装船期限等；托运人及承运人或其代理人的签字。

(2)装货单

①装货单(Shipping Order，S/O)由托运人根据托运单填写，经承运人签认后凭以命令船长将其记载的货物装船运输的单证。

②托运人凭承运人签发的装货单，连同与货物有关的其他单证，向海关办理出口货物报关手续。如经海关查验，准予出口，则在装货单上加盖海关放行图章，表示该票货物允许装船出口。此时的装货单习惯上称为“关单”。船长或大副依据“关单”接受货物装船承运。

③装货单通常由一式三联组成。第一联留底，用作缮制其他单证；第二联是装货单正本；第三联是收货单，是船方接受货物装船后由大副签发给托运人的收据，即通常所说的“大副收据”。除这三联外，根据业务需要，还可增加若干副本，如外代留底联、运费计算联、理货公司留底联、货代留底联等。在我国增加了计算联和运费收取联。

④装货单的内容包括：托运人名称、承运船舶、卸货港；有关货物的名称、标志、件数和重量；装船时间、装船位置及理货人员的签名等。

(3)收货单

①收货单(Mate's Receipt，M/R)是指货物装船后，由承运船舶的大副签署给托运人，作为船方已收到该票货物并已装上船舶的凭证。因此习惯上收货单又称为“大副收据”。

②收货单是装货单的第三联，除了增加大副签署一栏外，其所记载内容和格式和装货单相同。

③收货单的主要作用：

·划分船、货双方责任的重要依据。承运人对货物承担的责任通常是从装船开始的，对于装船前发生的货损，承运人不承担责任。所以，货物装船时，承运船舶的大副必须仔细核对货物的实际情况与装货单的记载是否相符。如发现包装不当或不固，或有损坏现象，或有明显的迹象表明可能损坏，大副有权在收货单上加以批注，从而可以在一定程度上使船方减轻或免除赔偿责任。这种在收货单上记载有关货物外表状况不良或缺陷的做法称为“大副批注”。一旦收货单上有了此类批注，此时的收货单便称作不清洁收货单,反之称为清洁收货单。

·据以换取已装船提单的单证。货物装船后,经大副签字的收货单由理货公司转交,退还给托运人。托运人持收货单到承运人处付清预付运费,换取已装船提单。如果收货单上有大副批注,除非经承运人同意,凭托运人提交的保函换取清洁提单外,承运人应如实地将大副批注转批到提单上。

(4)装货清单

①装货清单(Loading List,L/L)是指承运人根据装货单留底,将全船待装货物按目的港和货物性质归类,依航次靠港顺序排列编制的装运货物汇总清单。

②装货清单主要内容包括装货单编号、货名、件数、包装形式、毛重、估计尺码及对装运特种货物的要求或注意事项的说明等。

③如有增加或取消货载情况发生,则承运人或其代理人须及时填制加载清单,或取消载货清单,并及时通知船上。

④装货清单的作用:

·装货清单是承运船舶的大副编制配载计划的重要依据。因此,这一单据的内容是否正确,对能否正确、合理地编制配载计划具有十分重要的影响。

·装货清单又是提供现场理货人员进行理货,港方安排驳运、进出库场及承运人据以掌握托运人备货情况等的业务单据。

(5)提单

提单(Bill of Lading,B/L)是承运人签发给托运人,用以证明海上货物运输合同和货物已经由承运人接受或装船,并保证据以交付货物的单证。提单是班轮运输中一份非常重要的单证,有关提单及提单业务的相关知识,详见4.4“提单及其法律问题”。

(6)载货清单

①载货清单(Mainfest,M/F)是由船公司或其在装货港的代理人根据收货单或提单按卸货港分票编制的全船实际载运货物的汇总清单。

②载货清单又称“舱单”,其主要内容包括:提单号、货物标志、货名、件数及包装、重量、尺码、装货港、船名、船长姓名、开航日期等。

③根据船舶办理出口和进口报关的不同,载货清单可分为“出口载货清单”、“进口载货清单”和“过境货物载货清单”。若船舶在港口未进行装货,办理船舶出口报关手续时,也应向海关提交一份经船长签字并注明“无货出口”字样的出口载货清单;反之,船舶未载货进口,应向海关提交一份经船长签字并注明“无货进口”字样的进口载货清单。

④载货清单的主要作用:

·船舶办理出(进)口报关手续的必要单证。船舶办理出口报关手续时,必须递交一份经船长签字确认的载货清单,海关据以办理出口报关手续。船舶装货完毕离港前,船长应向船舶代理索取若干份载货清单随船携带,以备中途挂靠港或卸货港办理进口报关手续时使用。

·船舶载运货物的证明。载货清单是船舶的随船单证之一,如果船舶货舱内所载运货物没有在载货清单上列明,海关可按走私论处,有权依据海关法进行处理。

·业务联系的单证。载货清单的留底,常用作承运人在装货港的代理人拍发开航货

载电报的依据，也是向船长及船公司或卸货港的代理人发出更正通知的依据。当承运人在卸货港的代理人尚未收到本航次的货运资料时，也可将随船携带的载货清单复制，用作安排泊位、货物进出库场和卸货的依据。

(7)载货运费清单

①载货运费清单(Freight Manifest，F/M)又称运费清单或运费舱单，是由船公司或其在装货港的代理人按卸货港及提单序列号逐票列明的所载运货物应收运费的明细表。

②载货运费清单是船舶代理人向船公司结算代收费明细情况的单证，也是船公司业务营运中的主要资料之一。其内容除了载货清单上的记载事项外，增加了计费吨、运费率、预付或到付运费额等。因为载货运费清单包括了载货清单的内容，所以也可代替载货清单作为船舶进出口报关及安排卸货应急之用。目前，有些国家为了简化制单工作，将载货清单和载货运费清单合并，这样，作为载货清单时，不填写与运费计收有关的栏目；作为载货运费清单时，则填写该栏。

(8)危险货物清单

①危险货物清单(Dangerous Cargo List)是船公司其在装货港的代理人编制的全船载运危险货物的汇总清单。

②危险货物清单的主要内容除了载货清单所记载的事项之外，特别增加了货物的性能和装船位置两项。

③为了确保危险货物的装卸和运输安全，很多国家包括我国的港口都规定，凡载运危险货物的船舶都必须单独编制危险货物清单。为了便于识别，该单证常用红色并附加特别标志制成。而且通常各港口的海事管理机构都规定，装运危险货物的船舶必须向当地的海事管理机构申请监装或监卸。装船完毕后由负责监装的海事管理机构签发一份“危险货物安全装载证书”，该证书是船舶载运危险货物时的必备单证之一。

④危险货物清单不仅是船舶、货物进出口报关和船舶配载的必需单证，而且是装卸货港口的有关当局对危险货物予以监督的必要凭证，也是船员了解船上所载危险货物的情况，保证货物的装卸和运输安全的单证。

(9)货物配载图和实载图

①货物配载图(Cargo Plan)是承运船舶的大副在装货前，根据装货清单以及船舶的结构，货物的重量、体积、性质和到港顺序，以图示的形式绘制的表示货物在船舱内的计划装载位置的单证，也称货物配载计划。货物实载图(Stowage Plan)是货物装船完毕后，由理货组长根据货物实际装载情况重新绘制的货物实际积载图。

②货物配载图的作用是明确货物的计划装舱位置，同时也是指导理货人员理货、船员监装和装卸公司装载货物的依据。货物配载图必须经大副和船长签字确认后，才可以据此安排货物的积载。

③货物在实际装船过程中，货载计划可能发生变化，实际货载情况与托运人提供的情况不完全一样，如有些货物不能及时装船，或者船舶临时加载，或者在装船过程中，货物的实际装载位置与预配时不同等，因而货物实载图和货物配载图不一定完全一样。货物实载图是船方进行货物运输、保管、卸船等工作时必要的查阅资料，也是卸货港安排卸货作业和理货人员进行理货的重要依据。

2. 卸船单证

在卸货港，承运人的代理人收到装货清单、货物积载图、分舱单等必要装船单证后，向海关办理船舶进口报关手续，并做好卸货准备，同时向收货人发出到货通知。在卸货和交付货物过程中，为明确交接责任，通常要签发一些能够证明船方与装卸公司或收货人之间交接货物实际情况的单证。在不同国家和港口所使用的卸船单证名称可能不同，但其内容及作用相同，主要包括过驳清单、卸货报告、货物残损单、货物溢短单以及提货单等。

(1)过驳清单

①过驳清单(Boat Note，B/N)是卸货港采用驳船作业时，作为证明货物交接和表明所交货物实际情况的单证。

②过驳清单根据卸货时的理货单证编制，主要内容包括驳船名、货物标志、号码、件数、品名、舱口号、卸货港、卸货日期、过驳清单编号及所卸货物的残损情况和程度。

③过驳清单须由理货组长和船上的大副共同签字确认。日本及欧洲的一些港口多使用过驳清单，不使用过驳清单的港口则通常使用卸货报告。

(2)卸货报告

①卸货报告(Outturn Report)是按照运输港编制的出口载货清单和在卸货港卸下的全部货物重新按票汇总的详细进口载货清单，其内容比装货港的出口载货清单增加了：卸货方式、实交数量、溢短数量、残损情况和备注。

②卸货报告是船方和理货人员共同签署的，用以证明货物已卸船交付及表明货物实际情况的单证。对货物外表状况、溢短等可在卸货报告备注栏内批注，并经理货组长、装卸公司或收货人和船上的大副共同签认。

(3)货物残损单和货物溢短单

①在我国，卸货时使用货物残损单和货物溢短单作为货物交接证明的单证。

②货物残损单(Broken & Damaged Cargo List)是指货物卸完后，由理货人员根据卸货过程中发现的货物破损、水湿、汗渍、油渍、污渍等情况汇总编制的表明货物残损状况的单证。货物残损单可作为事后处理货物残损以及划分承运人与货方责任的原始资料和依据之一。

③货物溢短单(Overland & Shortland Cargo List)是卸货完毕后发现所卸货物与提单(或载货清单)所载数量不一致时，由理货人员汇总编制的表明货物溢短或短卸情况的单证。货物溢短单是船公司日后处理货物短少索赔的原始依据，也是向船舶本航次中所挂靠港口发送货物查询单的依据。

(4)提货单

①提货单(Delivery Order，D/O)是船公司或其卸货港代理人，根据收货人或提单持有人提交的提单，签发给收货人或提单持有人的凭以在仓库或船边提取货物的凭证。提货单不具备流通性，其上一般都标有“禁止流通”的字样。

②收货人或其代理人在提取货物前必须向承运人支付在提货前应付的费用，如到付运费、卸港所产生的货物分拨费和操作费等，否则承运人在合理的范围内可对货物行使留置权。实际业务中，通常采用的办法是收货人或其代理人先向船公司在卸货港的代理

人交出正本提单，并支付相关费用，再由船公司的代理人签发提货单，然后由收货人或货运代理人持提货单前往现场提取货物。

③承运人或其在卸货港的代理人在签发提单时应注意以下几点情况：

· 只有凭合法提单持有人的正本提单才能签发提货单，凭收货人提交的副本提单和有效担保函(一般由银行出具)签发提货单时，应当慎重。

· 在签发提货单时，应认真核对提单和其他装船单证的内容是否相符，然后将船名、货物名称、件数、重量、包装、标志、提单号、收货人名称等详细填入提货单中。

· 在签发提货单时，应将提单上的非清洁批注转批至提货单上。

· 对注明到付运费的提单，应在收货人付清运费及有关费用后，才能签发提货单。

4.3.7 合同的订立与解除

1. 海上货物运输合同的订立

海上货物运输合同实质上是存在于船货双方之间的一种海事法律关系。此类海事法律关系产生于船货双方当事人订立海上货物运输合同的法律行为。对于海上货物运输合同的订立程序，我国《海商法》未予以直接规定，而根据我国《合同法》的规定，海上货物运输合同作为运输合同的具体类型，当然要遵守《合同法》规定的合同订立程序。即双方当事人在平等、自愿、诚实守信的原则基础上，经过要约和承诺两个步骤。班轮货物运输合同的订立方式与班轮运输的特点相适应。航次租船合同的订立则往往是由出租人和承租人直接洽谈，或者委托船舶经纪人与对方磋商租船事宜。海上货物运输合同的订立形式，各国根据其具体国情均有规定，一般都要求采用书面形式。我国《海商法》则明确规定：承运人或者托运人可以要求书面确认海上货物运输合同的成立。但是，航次租船合同应当书面订立。电报、电传和传真具有书面效力。依照我国《合同法》规定，海上货物运输合同依法成立的，自成立时生效。

2. 海上货物运输合同的解除

依法生效的海上货物运输合同会基于各种原因而终止其权利义务关系。对此，我国《合同法》明文规定了导致合同终止的七类原因，合同的解除则是其中的一种重要原因。它同样适用于海上货物运输合同。根据我国《合同法》的规定，包括海上货物运输合同在内的各种合同的解除，是指在合同履行期限届满之前，依据法律或者当事人的意志提前终止合同的效力。基于海上货物运输的特点，引起海上货物运输合同解除的原因则主要是《海商法》的各项规定，在适用中应当注意各自的法律条件及其产生的法律后果。

(1)开航前的合同解除

1)开航前的任意解除

船舶在装货港开航前，托运人可以要求解除合同。但是除合同另有约定外，托运人应当向承运人支付约定运费的一半；货物已经装船的，则应当承担装货、卸货和其他与此有关的费用。可见，该海上货物运输合同的解除原因，只能是因托运人的要求而适用，并且除合同另有约定外，要求解除合同的托运人应当承担相应的运费和费用。

2)开航前因不可抗力而解除

《海商法》规定,船舶在装货港开航前,因不可抗力或者其他不能归责于承运人和托运人的原因致使合同不能履行的,双方均可以解除合同,并互相不负赔偿责任。除合同另有约定外,运费已经支付的,承运人应当将运费退还给托运人;货物已经装船的,托运人应当承担装卸费用;已经签发提单的,托运人应当将提单退还承运人。

(2)开航后的合同解除

我国《海商法》规定:"因不可抗力或者其他不能归责于承运人和托运人的原因致使船舶不能在合同约定的目的港卸货的,除合同另有约定外,船长有权将货物在目的港邻近的安全港或者地点卸载,视为已经履行合同。船长决定将货物卸载的,应当及时通知托运人或者收货人,并考虑托运人或收货人的利益。"如果船舶开航后,托运人要求解除合同,托运人需支付运费及其他费用,并负担共同海损、海上救助费用,以及应由其负责的损害,或提供足够的担保,方可解除合同。

(3)其他法定原因的合同解除

除了《海商法》的上述规定以外,海上货物运输合同还可因我国《合同法》规定的其他原因而解除。其中,在海上货物运输实践中,最有意义的是一方当事人迟延履行债务或者有其他违约行为致使不能实现合同。

(4)当事人协商一致解除

海上货物运输合同的效力仅发生于当事人之间,因而当事人不仅有订立合同的自由,也有变更或解除合同的自由,只要当事人对变更或解除合同达成一致,合同的变更或解除即可成立。但合同的变更或解除不应损害国家利益或社会公共利益,否则变更或解除协议无效。当事人既可在海上货运合同中事先约定解除条款,也可在货运合同生效后另订协议予以解除,但当事人应对各方的责任约定明确,以免发生纠纷。

(5)当事一方违约而解除

在航次租船合同中,出租人未能使船舶在合同规定的解约日之前到达指定港口作装货准备的,承租人有权按合同规定解除合同;如船舶延误系出租人不能免责的原因所致,承租人还可就因此遭受的损失向出租人索赔;合同通常规定,承租人应在合同规定的时间内作出是否解除合同的选择,否则视为承租人放弃解除合同的权利。

4.4 提单及其法律问题

4.4.1 提单的概念、作用和种类

1. 提单的概念和作用

关于提单的概念,《海牙规则》和《维斯比规则》均未予以明确规定,而《汉堡规则》则将提单在长期实践中形成的并被世界各国普遍接受的三个作用概括为提单的概念。我国《海商法》亦吸收了《汉堡规则》的规定,将提单定义为:是指用以证明海上货物运输合

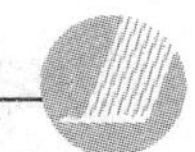

同和货物已经由承运人接收或者装船，以及承运人保证据以交付货物的单证。提单具有以下主要作用。

(1)提单是承运人与托运人之间达成的海上货物运输合同的证明

提单只是海上货物运输合同的证明，而不是合同本身。在提单签发之前，托运人向承运人提出托运要求，一经承运人承诺，双方即达成了海上货物运输的意思表示的一致，海上货物运输合同即告成立。签发提单只是承运人履行合同的一个环节，它是承运人与托运人之间达成的海上货物运输合同的条款和实体内容的证明。

(2)提单是承运人接管货物或将货物装船的证明

承运人、船长或承运人的代理人向托运人签发提单，表明承运人已经接管运输提单上所记载的货物，并占有该货物，提单具有货物收据的作用。当提单在托运人手中时，它是承运人已按其上所记载情况，收到货物的初步证据(Prima Facie Evidence)。若提单转移或转让至善意的第三人的收货人或提单的受让人，除提单上订有有效的“不知条款”(Unknown Clause)，或者承运人或代其签发提单的人知道提单记载的货物情况与实际接收或装船的不符，并在提单上批注不符之处的情况外，承运人不得提出相反的证据，证明其实际收到的货物与提单上记载的内容不符。提单成为承运人按其上记载的内容收到货物的绝对证据(Conclusive Evidence)。

(3)提单是承运人保证据以交付货物的凭证

承运人在卸货港应当将货物交付给凭提单请求提货的人。我国《海商法》进一步规定：提单中载明的向记名人交付货物，或者按照指示人的指示交付货物，或者向提单持有人交付货物的条款，构成承运人据以交付货物的保证。

(4)提单是货物所有权的证明

提单具有证券和票据的某些特征，故称广义的票据。提单的合法持有人可以通过转让提单而转让提单项下的货物所有权，可以在目的港要求承运人交付该货物，取得相应的权益，表明具有物权的效力。拥有提单，在法律上如同拥有记载的货物。提单的这一作用使它可用于结汇、流通和抵押等。提单持有人虽然不直接占有货物，但可通过背书或交付提单的方式处分货物。提单的转移或转让可产生货物所有权转移的法律效力。我国《海商法》及其他法律中尚未明确以上的作用。

2. 提单的种类

(1)按提单上收货人的抬头区分

1)记名提单(Straight B/L)

记名提单是指提单正面收货人一栏内载明特定的人(或公司)的提单。承运人在目的港应向该特定的人(或公司)交付货物。一般不能用以流通转让。

2)指示提单(Order B/L)

提单上收货人一栏内载明“由某人指示”(Order of ×××)或“指示”(Order)字样的提单。前者称为记名指示，承运人应按记名的指示人的指示交付货物。通常，载明由托运人指示(Order of Shipper)或银行指示(Order of Bank)。后者称为不记名指示，视为由托运人指示。

3)不记名提单(Bearer B/L)

不记名提单又称空白提单(Blank B/L,Open B/L),是指提单正面收货人栏内,不载明具体的收货人,通常只注明“持有人”(Bearer)或“交予持有人”(To Bearer)字样的提单。这种提单无须背书,通过交付即可转让。这种提单具有很强的流通性,但容易因遗失或被盗而给买卖双方带来风险,因而实践中极少采用。

(2)按货物是否已装船区分

1)已装船提单(Shipped B/L,On Board B/L)

已装船提单是指在货物装船后签发的提单。国际货物买卖合同和信用证一般都规定,卖方须提供已装船提单。

2)收货待运提单(Received for Shipment B/L)

收货待运提单是指承运人、船长或承运人的代理人在接受托运人的货物后,但在装船之前时,因托运人要求而签发的提单,表明货物已由承运人占有。在集装箱运输中,尤其是承运人在内陆站(Inland Depot)接受货物时,这种提单的应用较为普遍。货物装船后,托运人凭这种提单向承运人换取已装船提单。

(3)按提单上有无批注区分

1)清洁提单(Clean B/L)

清洁提单是指没有任何明确指出货物外表状态不良批注的提单,表明承运人在接受货物时,货物的外表状态良好(In Apparent Good Order and Condition)。

2)不清洁提单(Unclean B/L,Foul B/L)

不清洁提单是指有货物外表状态不良批注的提单。

(4)按运输方式区分

1)直达提单(Direct B/L)

直达提单是指规定货物从装货港装船后,中途不经换船,直接运至目的港卸船交于收货人的提单。

2)海上联运提单(Ocean Through B/L)

海上联运提单是指规定货物从装货港装船后,在中途卸船,交给其他承运人用船舶接运至目的港的提单。

3)多式联运提单(Combined Transport B/L,Multimodel Transport B/L,Intermodel Transport B/L)

多式联运提单是指承运人(多式联运经营人)将货物以包括海上运输在内的两种或多种运输方式,从一地运至另一地而签发的提单。

(5)特殊提单

1)倒签提单(Anti-dated B/L)

倒签提单是指在货物装船后签发的,以早于货物实际装船日期为签发日期的提单。信用证一般规定货物装船期限。当货物实际装船日期晚于信用证规定的装船期限时,托运人就可能要求签发此种提单,使其能顺利结汇。签发此种提单,承运人需承担较大的风险。

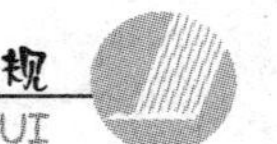

2)预借提单(Advanced B/L)

预借提单是指在货物尚未全部装船,或货物虽已由承运人接管,但尚未开始装船情况下签发的已装船提单。签发此种提单,有可能构成承运人与托运人合谋对善意的第三者收货人进行欺诈。承运人因此承担很大的风险。

3)舱面货提单(On Deck B/L)

舱面货提单又称甲板货提单,是指对装于露天舱面的货物签发的,并注明“舱面上”(On Deck)或“装于舱面上”(Stowed on Deck)字样的提单。

4)包裹提单(Parcel B/L)

包裹提单是指对承运的礼品、样品、行李等货物签发的提单。

5)交换提单(Switch B/L)

交换提单是指在装货港签发的,承运人在中途港收回,并另换发以该中途港为装货港的提单的提单。

6)最低运费提单(Minimum Freight B/L)

最低运费提单是指对按照费率本中规定的最低运费额收取运费的货物签发的提单。

7)合并提单(Omnibus B/L)

合并提单是指对装货港、卸货港和收货人相同的两票或多票合并签发的提单。

8)并装提单(Combined B/L)

并装提单是指对品质、装货港和卸港相同,并且装在同一液体货舱内的属于两个或多个收货人的两票或多票液体货物中的每一票货物签发的提单。

9)分提单(Separate B/L)

分提单是指根据托运人的要求,对同一票货物分签的两套或多套提单。

10)过期提单(Stale B/L)

过期提单是指签发的日期晚于信用证规定的结汇期限的提单。

11)简式提单(Short Form B/L,Simple B/L)

简式提单是指背面没有表明承运人与托运人权利义务条款,而规定依据其他提单或文件予以确定的提单。

4.4.2 提单的内容与签发

1. 提单正面记载的内容

海上运输中使用的提单通常是由各船舶公司自行制定的。虽没有统一标准,但在内容和形式上大同小异。一般来讲,提单的正面需要记载的基本事项包括:货物的品名、标志、包数或者件数、重量或者体积,以及运输危险货物时对危险性质的说明;承运人的名称和主营业所;船舶名称;托运人的名称;收货人的名称;装货港和在装货港接收货物的日期;卸货港;多式联运提单应增列接收货物地点和交付货物地点;提单的签发日期、签发地点和签发份数;运费的支付;承运人或者其代表的签字。提单中缺少上述规定的一项或几项的,依法不影响提单的性质。但是,提单缺少的内容必须是不改变其用以证明海上货物运输合同和货物已经由承运人接收或者装船,以及承运人保证据以交付货物的作用。

2. 提单背面的条款

在不违反所适用的国际公约或国内法的前提下,提单背面的条款就承运人和托运人所签订的货物运输合同内容的证明,是确定各方当事人的权利和义务的依据。一般包括的主要条款有:管辖权条款;法律适用条款;承运人责任条款;承运人的责任期间条款;运费及其他费用条款;装货、卸货和交货条款;赔偿责任限额条款;舱面货、活动物条款;转船条款;共同海损条款;新杰森条款;互有过失碰撞条款;地区条款。

新杰森条款规定:当船舶因船长、船员或引航员的过失发生事故而采取救助措施时,即使救助船和被救助同属一个船舶公司的,被救助船仍须支付救助报酬,该救助报酬作为共同海损费用,由受益各方分摊,有的提单将新杰森条款与共同海损条款合并为一个条款;互有过失碰撞条款的内容是本船因他船疏忽以及该船雇用人员在驾驶或管理船舶中的疏忽或不履行职责而与他船碰撞,则本船货主应就他船亦即非载货船舶或其所有人所受一切损害或所负一切责任,给予本船承运人赔偿;地区条款是运往美国或从美国运出货物的规定。

3. 提单的签发

提单只有经过签发人的签字才产生效力,并随之对承运人具有法律约束力。对此,我国《海商法》明文规定:"货物由承运人接收或者装船后,应托运人的要求,承运人应当签发提单。"可见,签发提单是承运人的一项义务。除了承运人是当然的提单签发人外,提单还可以由承运人授权的人签发,提单由载货船舶的船长签发的,视为代表承运人签发。可见,提单签发人包括承运人、承运人的代理人和船长。提单的签发地点通常是货物的装船港,有时则是船舶公司的所在地。提单的签发日期是承运人接管货物或者货物装船时间的证明,它影响到国际货物买卖合同的履行和托运人的信用证结汇。因此,提单签发人应当在承运人接管或装船后,并且付清预付运费时,应托运人的要求签发提单,并在提单的装船日期一栏分别填写货物装船日期,不得无故拖延提单的签发时间。提单的签发份数按照托运人的要求而定,并且有正本提单和副本提单之分。正本提单可以流通转让,一般是一套若干份。副本提单的份数则视需要而定,其上都注有"副本"、"不能流通"等字样,且无背面条款。副本提单不具有正本提单的法律效力,不能用以提货,它只是作为补充文件,通常用于船舶公司统计营运情况、供卸货港代理人安排泊位以及船长掌握所运货物情况等。

4.4.3 海运单及其法律问题

1. 海运单的概念及其产生

海运单(Sea Way Bill,SWB),又称运单(Way Bill),是证明国际海上货物运输合同和货物由承运人接管或装船,以及承运人保证将货物交给指定的收货人的一种不可流通的(Non-negotiable)单证。

由于货到港可能比提单到港要快,收货人没有收到提单又不能提货,只能出担保函请求提货,但需支付担保金额的利息或承担保险费。另外,若承运人凭担保函放货后,又出现正当的提单持有人请求提货,因而所负错误交货的责任,又难以保证向担保人追偿,

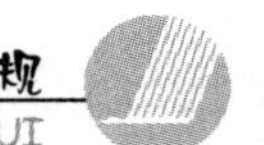

所以海运单出现了。海运单不具有货物所有权凭证的职能，收货人提货时无须凭海运单，而只需证明其是收货人的身份。

2. 海运单的形式与内容

同传统的提单一样，海运单也是一种书面单证，且内容大致与提单相似。海运单的正面内容包括：通常注有"不可流通"的字样；托运人和收货人的名称和通知方的地址；船名、装卸港口；货物标志、品类、数量等托运人提供的事项；运费及其他费用；海运单签发的时间、地点和签发人。海运单的背面内容包括：货方定义；承运人责任期间、义务与免责；装货、卸货与交货；运费及其他费用；留置权、共同海损、新杰森条款、双方互有责任碰撞条款、首要条款、法律适用和仲裁等条款；参照条款，规定承运人标准运输条件或普通提单的规定。

3. 海运单的流转与货物交接

海运单的流转与提单一样，所不同的是货到港后，承运人发出通知，收货人凭到货通知和身份证明即可提货。

4. 海运单的若干法律问题

有人认为《海牙规则》的提单是货物所有权的凭证，而海运单不是所有权的凭证，故《海牙规则》不适用海运单。也有人认为海运单是签发的不可流通的货物收据，应该适用《海牙规则》。《国际海事委员会海运单统一规则》规定："海运单所包含的运输合同，应受强制适用于由提单或类似的所有权凭证所包含的运输合同的国际公约或国内法的约束。"我国《海商法》规定，承运人签发提单以外的单证是订立海上货物运输合同和承运人接收该单证中所列货物的初步证据。该类单证不得转让。由于收货人不持有提单和海运单，故收货人无法持依据向承运人主张权利，对此《国际海事委员会海运单统一规则》采用代理原则，由托运人代理收货人的权利。货物支配权在海运单情况下，托运人是唯一有权向承运人就货物的交付等运输合同事宜发指令的人。

4.4.4 电子提单及其法律问题

电子提单（Electronic Bill of Lading）是通过电子数据交换（Electronic Data Interchange，EDI）来实现的，故必须将承运人、承运人的代理人、托运人、收货人和银行各自的电子计算机联成网络。将货物运输合同的数字、文字、条款等，按特定的规则转化为电信（Electronic Message），并将这些电信组合成传递单位（Unit of Dispatch），借助于电子通讯设备，从一台计算机传送至另一台计算机。其具体流转过程是：托运人通过向承运人发送订舱电信（Booking Message）进行订舱。承运人如同意订舱，向托运人发送接受订舱及有关运输合同条件的电信，由托运人加以确认。托运人按承运人接受订舱电信中的要求，将货物交给承运人或其代理人。承运人收到货物后向托运人发送收货电信（Receipt Message），其内容包括：托运人的名称；货物的说明；对货物外表状态等所作的保留（批注）；收货的时间和地点；船名、航次等船舶的情况；此后与托运人进行通信的密码，承收货并加密。托运人一经确认，对货物具有支配权。承运人在货物装船后，发送电信通知托运人，并按托运人提供的电子通信地址抄送银行。托运人根据信用证到银行结汇后，发电信通知承运人，货物的支配权即转移至银行，承运人便销毁与托运人通信的密码，并向银行确认和提供给银行一个新的通信密码。收货人向银行支付货款后，取得对货物的支配权。银行向承运人发送电信，通知货物支配权已转移至收货人，承运人即销毁与银行通信的密码。承运人向收货人发送电信，确认其控制着货物，并将货物说明、船舶的情况等通知收货人，由收货人加以确认。承运人向目的港代理人发送电信，将货物的证明、船舶的情况以及收货人的名称通知该代理人，由其在船舶到达目的港之前或之后，向收货人发送到货通知电信。收货人根据到货通知电信，凭其身份证明，到承运人在该港的代理人处获取提货单提货。目前，电子数据交换所依据的规则主要是：《联合国管理、商业和运输电子数据交换规则》（UN/EDIFACT）和《1987 年远距传送贸易数据交换行为统一规则》（UNCID）。上述两规则已被《国际海事委员会电子提单规则》所采纳。电子提单的若干法律问题主要是以国际海事委会员通过的《国际海事委员会电子提单规则》为依据。传统提单背面印有提单条款，电子提单要具备则耗时费钱，一般只是在传送电信中，提及特定的合同条款及条件，故当事人必须了解其内容。电子提单的法律运用应强制适用于传统提单的国际公约或国内法的制约。电子提单在运输过程中转移货物支配权（Right of Control）的功能，继承了传统提单的流通功能。各国法律一般都要求运输合同具有书面形式，并经双方当事人签署。为满足该要求，要求各有关方应将已在计算机储存器中储存，并可在电子计算机屏幕上用人类语言显示，或已由计算机打印出来的电子数据，视为书面形式。由于数据在传送过程中经接受者确认，应视为已满足了经双方当事人签署的要求。

4.5 调整和约束海上货物运输合同的国际公约

20 世纪之前，尚无调整海上货物运输的国际公约。一些国家通过制定国内法调整海上货物运输活动，1893 年美国的哈特法就是其代表性立法。进入 20 世纪后，制定统一的国际海上货物运输公约被提上议事日程。1921 年，国际法协会在荷兰海牙召开会议，草拟了名为“海牙规则”的文件。以后几经修改，于 1924 年 8 月在比利时布鲁塞尔召开的外交会议上审议通过，正式命名为《统一提单的若干法律规定的国际公约》，简称《海牙规则》，并于 1931 年 6 月生效。该公约作为海上货物运输领域中一个重要的国际公约，在世界上得到广泛的承认和接受，现有近 80 个缔约国。英国 1924 年将该公约转化为国内立法，成为其 1924 年《海上货物运输法》的附件。我国虽然未加入该公约，但其有关承运人的责任和免责等内容，多为我国《海商法》（第四章）所吸收。《海牙规则》对于统一国际海上货物运输的法律具有重要作用，但是随着国际政治、经济形势的发展变化，尤其是作为航海、造船技术进步的产物自 20 世纪 50 年代中期出现的集装箱船运输促使海上运输方式发生了根本变革以来，《海牙规则》的有些内容已显陈旧，不能适应现代海运业的需要。代表货主方利益的广大发展中国家对于由西方航运大国为主制定的《海牙规则》明显偏袒船方利益的倾向表现出强烈不满。修改《海牙规则》已势在必行。国际海事委员

会从20世纪60年代开始着手修改《海牙规则》,1963年在维斯比草拟了修改《海牙规则》的议定书草案,于1968年2月在比利时布鲁塞尔召开的海洋法外交会议上被通过,全称为《修改统一提单若干法律规定的国际公约的议定书》。为了借用中世纪著名的维斯比海法的名声,故简称为《维斯比规则》或者《海牙—维斯比规则》,该规则已于1977年6月30日生效。我国在制定《海商法》时亦将该规则作为参考依据。由于《维斯比规则》只是对《海牙规则》进行了非实质性修改,修改和补充了若干明显不适应海运业发展需要的条款,而没有触动《海牙规则》的核心内容即承运人的责任制度,因此广大发展中国家以及一些代表货主利益的发达国家认为《维斯比规则》仍然着眼于维护船方利益,符合英国、北欧等航运国的要求,故要求全面修改《海牙规则》。在此情况下,联合国贸易和发展会议成立专门机构,负责起草新的国际海上货物运输公约的工作,并于1978年3月31日在德国汉堡召开的有78个国家代表参加的联合国海上货物运输会议上通过了《1978年联合国海上货物运输公约》,简称《汉堡规则》。该规则已于1992年11月1日生效。现有23个参加国,均为航运业不发达的发展中国家。2008年12月11日,在纽约举行的联合国大会上,《联合国全程或部分海上国际货物运输合同公约》正式通过,并且大会决定在2009年9月23日于荷兰鹿特丹举行签字仪式,开放供成员国签署,因而该公约又被命名为《鹿特丹规则》。该公约被称为"教科书"式的国际公约。《鹿特丹规则》的目标是取代现有的海上货物运输领域的三大国际公约,即《海牙规则》、《海牙一维斯比规则》和《汉堡规则》,以统一国际海上货物运输法律制度。根据公约规定,《鹿特丹规则》于第20份核准书、批准书、接受书或加入书提交之日起满1年后生效。目前共有24个国家签署该公约,其中只有西班牙一国完成批准加入该公约的法律手续,中国、日本、德国、英国、意大利、加拿大、澳大利亚等航运贸易大国尚未签字。目前,我国对是否加入《鹿特丹规则》形成了两种专家意见。一部分专家对是否需要加入《鹿特丹规则》持谨慎态度,规则本身对船、货双方的利弊还需要进一步分析。因《鹿特丹规则》中,承运人责任加重,对其管理成本的增加到底会有多大,是否能被我国航运企业所接受,需要论证。另一部分专家则对加入《鹿特丹规则》持积极态度,认为《鹿特丹规则》体现了"平衡利益、寻求统一、顺应时代、促进发展"的宗旨,即将开启国际货物运输的新时代,我国应尽早加入该规则。

4.5.1 海牙规则

《海牙规则》全文共有16条,其中第1条至第10条是实质性条款,第11条至第16条是程序性条款。主要包括以下内容。

1. 公约适用范围

《海牙规则》第10条规定:本公约各项规定,适用于在任何缔约国所签发的一切提单。第5条又规定:本规则中的各项规定不适用于租船合同,但如果提单是在船舶出租情况下签发的,便应符合本规则中的各项规定。即根据租船合同或者在船舶出租情况下签发的提单,当提单用于调整承运人与非承运人的第三者发货人或者收货人的关系时,《海牙规则》仍然使用。

2. 承运人的义务

(1)谨慎处理使船舶适航

《海牙规则》第3条规定，承运人必须在开航前和开航当时，谨慎处理，使船舶适航；妥善地配备船员、装备船舶和配备供应品；使货舱、冷藏舱、冷气舱和该船其他载货处所适于并能安全地收受、载运和保管货物。

(2)妥善和谨慎地管理货物

《海牙规则》第3条规定，除第4条另有规定外，承运人应当妥善地、谨慎地装载、搬移、积载、运输、保管、照料和卸载所运货物。

3. 托运人的义务和责任

(1)保证其提供的货物情况的正确性

《海牙规则》第3条规定，托运人应保证其在货物装船前，向承运人书面提供的货物标志、件数、数量和重量的正确性，并在对由于这种资料不正确所引起或造成的一切灭失、损害和费用，给予承运人赔偿。

(2)不得擅自装运危险品

《海牙规则》第4条规定，如托运人未经承运人同意而托运属于易燃、易爆或其他危险性货物，应对因此直接或间接地引起的一切损害和费用负责。

(3)损害赔偿责任

《海牙规则》对托运人实行完全的过错责任制，其第4条规定：托运人对他本人或其代理人或受雇人因过错给承运人或船舶造成的损害，承担赔偿责任。

4. 承运人责任期间

《海牙规则》并未直接规定承运人的责任期间，但明确提出，货物运输是包括自货物装上船舶开始至卸离船舶为止的一段时间。这一责任期间概括为：当使用船上吊杆装卸时，承运人的责任期间为自货物在装货港挂上船上吊杆或吊车的吊钩时起，至货物在卸货港脱离吊钩时止；当使用岸上吊货设备时，承运人的责任期间为自货物在装货港越过船舷时起，至卸货港越过船舷时为止。《海牙规则》第7条规定，本规则中的任何规定，都不妨碍承运人与托运人，就承运人或船舶对进行海上货物运输的船舶所载货物，在装船前和卸船后遭受灭失或损害所应承担的义务与责任，或有关货物的保管、照料和搬移，订立任何协议、规定、条件、保留或免责条款。即《海牙规则》允许承运人与托运人对货物在装船前和卸货后的责任问题，自由达成协议。实践中，对货物装上船至卸离船的时间，应理解为自货物妥善而谨慎地装上船之时起，至妥善而谨慎地卸离船之时止，而不能把"钩到钩"视为一条绝对的界限。

5. 承运人的免责

《海牙规则》第4条规定，对由于下列原因引起或造成的货物灭失或者损坏，承运人和船舶概不负责：

①船长、船员、引航员或承运人的受雇人在驾驶船舶或管理船舶中的行为、疏忽或不履行职责；

②火灾，但由于承运人实际过失或私谋所造成的除外；

③海上或其他可航水域的风险、危险或意外事故；

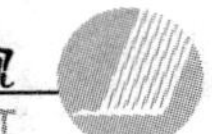

④天灾；

⑤战争行为；

⑥公敌行为；

⑦君主、统治者或人民的扣押、拘禁或依法扣押；

⑧检疫限制；

⑨货物托运人或货主、其代理人或代表的行为或不行为；

⑩无论由于何种原因引起的局部或全面的罢工、关闭、停工或劳动力受限制；

⑪暴乱和民变；

⑫救助或企图救助海上人命或财产；

⑬由于货物的固有缺点、性质或缺陷所造成的容积或重量的损失，或任何其他灭失或者损坏；

⑭包装不当；

⑮标志不当或不清；

⑯谨慎处理仍不能发现的潜在缺陷；

⑰不是由于承运人的实际过失或私谋，或是承运人的代理人或受雇人的过失或疏忽所引起的任何其他原因。

6. 承运人赔偿责任限制

《海牙规则》第 4 条规定，不论是承运人或船舶，对货物或与货物有关的灭失或者损害，在任何情况下，当每件或每单位超过 100 英镑或与其等值的其他货币时，概不负责；但托运人在货物装运前已将其性质和价值加以申报并在提单上注明的，不在此限。

7. 运输合同无效条款

《海牙规则》第 3 条规定，运输合同中的任何条款、约定或协议，凡是解除承运人或船舶对由于疏忽、过失或未履行本条规定的责任和义务，因而引起货物或关于货物的灭失或损害的责任的，或者以本规则规定以外的方法减轻这种责任的，则一律无效。上述规则表明，承运人根据《海牙规则》承担的责任和义务是最低限度的责任与义务，享有的免责和权利是最大限度的免责和权利。

8. 诉讼时效和索赔通知

(1)灭失或损坏通知

《海牙规则》第 3 条规定，如果收货人在卸货港发现货物灭失或者损坏，应在收取货物之前或当时，将货物灭失或者损坏的一般情况，用书面形式通知承运人或其代理人；如果损坏不明显，则应在 3 天之内提交此种通知，否则，视为承运人已按提单记载的情况交付货物的初步证据。如在交付货物时，双方已就货物情况进行联合检查或检疫，则收货人无须提交此种通知。

(2)诉讼时效

《海牙规则》第 3 条规定，货方对承运人或船舶提起货物灭失或者损坏索赔的诉讼时效期间为 1 年，自货物交付之日或应交付之日起算。上述 1 年的诉讼时效，不适用于承运人对托运人或收货人提起的损害赔偿的诉讼，这种诉讼时效，通常按法院地法予以确定。

4.5.2 维斯比规则

《维斯比规则》共17条，其中第1条至第6条是实质性条款，第7条至第17条是程序性条款。

《维斯比规则》对《海牙规则》的修改主要表现在以下几个方面。

1. 扩大了规则的适用范围

《海牙规则》仅适用于在缔约国签发的提单。《维斯比规则》将适用范围扩大至有关国际海上货物运输中，货物从缔约国起运的提单，以及规定受《海牙规则》或赋予该规则以法律效力的国内法约束的提单。

2. 明确了提单的证据效力

《海牙规则》规定了提单是承运人收到其上所载货物的初步证据。《维斯比规则》进一步规定，当提单转让至善意的第三人时，与此相反的证据将不能接受。即当提单从托运人转让至善意的第三者收货人或提单受让人时，提单便成为承运人收到其上所载货物的最终（绝对）证据。如果收货人或提单受让人在提货时发现货物与提单上的记载不符，承运人须对此负责，承运人不得借口在签发清洁提单前货物就已存在缺陷或包装不当来对抗提单持有人。

3. 提高了承运人对货物损害赔偿的限额

《维斯比规则》提高了承运人对货物灭失或者损坏的赔偿限额，并采用双轨制，规定承运人对货物灭失或者损坏的赔偿限额为每件或每计算单位10000金法郎，或按灭失或受损货物毛重计算，为每公斤30金法郎（一个法郎是含有纯度为千分之九百的黄金65.5毫克的单位），两者以较高者为准。由于黄金本身的价格随市场供求关系的影响经常波动，使承运人按金法郎承担的赔偿数额不能保持稳定，因此，1979年12月31日在布鲁塞尔召开的外交会议上，通过了修订《维斯比规则》的议定书。该议定书将承运人责任限制的计算单位，从金法郎改为特别提款权（Special Drawing Right，SDR），按15金法郎等于1 SDR计算，则承运人责任限制为每件或每单位666.67 SDR，或按货物毛重每公斤2 SDR计算，两者之中以较高者为准。

4. 规定了丧失赔偿责任限制权利的条件

《维斯比规则》规定，如经证实损失是由于承运人故意造成，或者明知很可能会造成这一损害而毫不在意的行为或不行为所引起，则承运人无权享受责任限制的权利。

5. 强调了承运人及其受雇人员的责任限制

《维斯比规则》第3条规定，本公约规定的抗辩和责任限制，应适用于就运输合同涉及的有关货物的灭失或损坏对承运人提出的任何诉讼，不论该诉讼是以合同为根据还是以侵权行为为根据。如果诉讼是对承运人的受雇人员或代理人（该受雇人员或代理人不是独立订约人）提起的，该受雇人员或代理人也有权援引承运人的各项抗辩和责任限制。

6. 增加了“集装箱条款”

《维斯比规则》增加了“集装箱条款”，以适应国际集装箱运输发展的需要。该规则第2条第3款规定，如果货物是用集装箱、托盘或类似的装运器具集装时，则提单中所载明

的装在这种装运器具中的包数或件数，应视为本款中所述的包或件数；如果不在提单上注明件数，则以整个集装箱或托盘为一件计算。即如果提单上具体载明在集装箱内的货物包数或件数，计算责任限制的单位就按提单上所列的件数为准；否则，则将一个集装箱或一个托盘视为一件货物。

7. 延长了诉讼时效

《维斯比规则》除保留1年时效外，还进一步承认在诉讼事由发生之后，经当事方同意可以延长诉讼时效。

4.5.3 汉堡规则

《汉堡规则》共34条，其中第1条至第26条是实质性条款，第27条至第34条是程序性条款。

1. 公约适用范围

《汉堡规则》适用于两个不同国家之间的所有海上货物运输合同。同《海牙规则》一样，《汉堡规则》不适用于租船合同，但如提单根据租船合同签发，并调整出租人与承租人以外的提单持有人之间的关系，则适用该规则的规定。

2. 承运人的责任基础

《汉堡规则》确定了推定过失与举证责任相结合的完全过失责任制。《汉堡规则》第5条规定，如果引起货物灭失、损坏或延迟交付的事故，发生在承运人掌管货物的期间，承运人应对所运货物的灭失、损坏或延迟交付负赔偿责任，除非承运人能证明，其中本人及其受雇人和代理人已为避免事故的发生及其后果采取了一切能合理要求的措施。《汉堡规则》完全删除了《海牙规则》规定的17项免责事项，特别是删除了船长、船员、引航员或承运人的雇用人员在驾驶和管理船舶及火灾中的过失免责，对承运人实行完全的过错责任原则。《汉堡规则》还规定，除非规则另有明确规定外，承运人的责任以推定过失原则为基础，即当货物灭失、损坏或迟延交付所造成的损失发生在承运人的责任期间，首先推定为承运人有过失而承担责任。承运人欲享受免责，就必须提出证据，证明其本人、受雇人员或代理人已为避免事故的发生及其后果采取了一切所能合理要求的措施，从而解决了货物灭失、损坏或者迟延交付的举证责任问题。

《汉堡规则》对火灾的举证责任做了妥协，即对由于承运人本人、其受雇人员或代理人在火灾发生及灭火措施中有过失的举证责任，由索赔人承担。由于货物在承运人的掌管期间，特别是船舶在航行期间发生的火灾，货方事后很难举证证明在火灾发生的原因或灭火措施上，承运人、其受雇人或代理人有过失，因此，承运人对因此造成的货物灭失、损坏或延迟交付，仍可能因索赔人不能举证而免责。

3. 承运人的责任期间

《汉堡规则》第4条规定，承运人对货物的责任期间包括在装货港、在运输途中以及在卸货港，货物在承运人掌管的全部期间。即承运人的责任期间从承运人接管货物时起到交付货物时止。与《海牙规则》的“钩至钩”或“舷至舷”相比，其责任期间扩展到“港到港”。解决了货物从交货到装船和从卸船到收货人提货这两段没有人负责的空间，明显地延长了承运人的责任期间。

4. 承运人和实际承运人的赔偿责任

《汉堡规则》中增加了实际承运人的概念。当承运人将全部或部分货物委托给实际承运人办理时，承运人仍需按公约规定对全部运输负责。如果实际承运人及其雇用人或代理人的疏忽或过失造成的货物损害，承运人和实际承运人均需负责的话，则在其应负责的范围内，承担连带责任。这种连带责任，托运人既可向实际承运人索赔，也可向承运人索赔，并且不因此妨碍承运人和实际承运人之间的追偿权利。

5. 承运人赔偿责任限额

《汉堡规则》赔偿责任限额较之《维斯比规则》的规定提高了25%，即承运人对货物灭失或损坏造成损失所负的赔偿责任，以每件或每货运单位835 SDR或毛重每千克2.5 SDR为限，两者之中以较高的为准。《汉堡规则》保留了《维斯比规则》关于集装箱、托盘或类似运输工具拼装货物时，确定货物件数或装运单位的规定，并进一步规定，如果此种装运工具本身遭受灭失或损坏，且该装运工具非承运人所有或由其提供，则应视为一个独立的装运单位。《汉堡规则》关于承运人丧失责任限制权利的规定，与《维斯比规则》的规定相同。

6. 迟延交付货物的责任

迟延交付货物的责任在《海牙规则》和《维斯比规则》中都没有规定，《汉堡规则》第5条首次对此做出明确规定：如果货物未能在明确约定的时间内，或虽无此项约定，但未能在考虑到实际情况对一个勤勉的承运人所能合理要求的时间内，在海上运输合同所规定的卸货港交货，即为迟延交付。《汉堡规则》第6条还规定，承运人对迟延交付的赔偿责任，以相当于迟延交付货物应支付运费的2.5倍的数额为限，但不得超过海上货物运输合同规定的应付运费总额。如果延迟交付的货物又有灭失或损坏，则承运人的赔偿责任，以货物全部灭失时应承担的责任为限。

7. 货物灭失、损坏或延迟交付的通知与诉讼时效

《汉堡规则》规定，收货人在卸货港接受货物时，发现货物有明显的灭失或损坏，则应在下一个工作日前，将表明灭失或损坏的一般性质的通知提交承运人；如货物灭失或损坏不明显，收货人应在接受货物之后15个连续日内，向承运人提交此种通知。否则，视为承运人已按提单或其他单证所载情况交付货物的初步证据。如在承运人将货物交付收货人之前，已对货物灭失或者损坏情况作联合检查或检验，则无须提交此种通知。如果承运人迟延交付货物，则收货人必须在接受货物之日起60个连续日内，将书面通知提交承运人。否则，承运人对因迟延交付造成的损失不予赔偿。《汉堡规则》第20条规定，有关货物运输的任何诉讼，不论提起诉讼的是托运人、收货人、承运人或实际承运人，其时效期间均为2年，自承运人交付货物或部分货物之日或者自应交付货物的最后一日起算。

8. 活动物与舱面货

《汉堡规则》将活动物与舱面货纳入公约的适用范围。对于活动物而言，如果灭失、损坏或延迟交付是由于其自身的特殊风险造成的，则承运人及其受雇人、代理人不承担赔偿责任，但承运人须证明，他已按照托运人对该种活动物运输所作的特别指示行事，并

且，灭失、损坏会延迟交付可归因于这种风险。关于舱面货，《汉堡规则》规定，承运人只有按照与托运人达成的协议，或依据特定的贸易习惯或法规，才有权将货物装于舱面，如承运人擅自将货物装于舱面时，对因此产生的货物灭失、损坏或迟延交付负赔偿责任，并且承运人不得援引责任限制。此外，承运人按照约定将货物装于舱面时，应在提单或其他作为海上运输合同证明上注明，否则，承运人不得援引此种约定对抗善意取得提单的包括收货人在内的第三人。

9.保函的法律地位

《汉堡规则》第17条对保函的法律效力作出了明确的规定，托运人为了换取清洁提单，可以向承运人出具承担赔偿责任的保函，该保函在承、托人之间有效，对包括受让人、收货人在内的第三方一概无效。但是，如果承运人有意欺诈，对托运人也属无效，而且承运人也不再享受责任限制的权利。

4.5.4 鹿特丹规则

该公约共有96条，其中实质性条文有88条。与《海牙规则》、《维斯比规则》和《汉堡规则》相比，《鹿特丹规则》最大的变化有以下几方面。

1.扩大公约适用范围

《鹿特丹规则》适用范围的扩大涉及三个方面，即运输方式扩大为海上运输和其他运输方式；涵盖的地域范围扩大为海上区段和非海上区段；责任主体扩大为承运人、海运履约方，从而将海运、港口、内陆各种运输方式的经营人都涵盖在内。由此，该规则已经相当于一个特定范围内的国际货物多式联运公约。

2.确立了电子运输记录的效力

《鹿特丹规则》第7条至第9条分别对“电子运输记录的使用和效力”“可转让电子运输记录的使用程序”“可转让运输单证或可转让电子运输记录的替换”等作出规定。据此，该规则确立了可以使用电子运输记录的原则及其所具有的法律效力和地位。

3.扩展承运人的责任期间

《鹿特丹规则》第12条所规定的承运人责任期间，包括从为运输而接收货物时开始，至货物交付时为止的整个运输期间。该规则并没有对接收和交付货物的地点加以限定，因此该规则所规定的承运人责任期间，已经不再局限于海上和港内。《鹿特丹规则》对承运人责任期间的扩大，将有利于航运业务尤其是国际货物多式联运业务的开展，但同时在一定程度上增加了承运人的责任。

4.适航义务贯穿全航程

《鹿特丹规则》第14条将承运人对船舶适航的义务扩展到“开航前、开航当时和海上航程中”，即要求船舶全程必须适航，从而加重了海运承运人的责任。

5.承运人责任基础与免责发生了变化

《鹿特丹规则》第17条“赔偿责任基础”废除了承运人“航海过失”免责和“火灾过失”免责，采用承运人完全过错责任，与《汉堡规则》采用的承运人责任原则相同。

6.货物索赔举证责任发生了变化

《鹿特丹规则》第17条对船货双方的举证责任分担作了分层次的详细规定，在举证的顺序和内容上构建了“三个推定”：

①推定承运人有过失，承运人需举证自己无过失；

②承运人举证免责事项所致，推定其无过失；

③船舶不适航，推定承运人有过失，承运人举证无因果关系或者已谨慎处理。

《鹿特丹规则》规定的举证责任分配，以承运人推定过失为基础，明确了船货双方各自的举证内容与顺序，举证责任分配体系层次分明，具有较好的可操作性，比《汉堡规则》对承运人有利。但《鹿特丹规则》加重了承运人的举证责任，排除了承运人利用举证责任规定不明确可能具有的抗辩利益。

7. 对货物迟延交付做了规定

《鹿特丹规则》第 21 条规定，未在约定时间内在运输合同规定的目的地交付货物，为迟延交付。对迟延造成经济损失的赔偿责任限额，是相当于迟交货物应付运费 2.5 倍的数额。

8. 规定托运人的义务

《鹿特丹规则》第 27 条至第 34 条，专门规定了托运人对承运人的义务。其主要内容包括交付运输，托运人与承运人在提供信息和指示方面的合作，托运人提供信息、指示和文件的义务，托运人对承运人赔偿责任的基础，拟定合同事项所需的信息，危险货物特别规则，单证托运人享有托运人的权利并承担其义务，托运人为其他人负赔偿责任等。

9. 提高了承运人赔偿责任限制

《鹿特丹规则》第 56 条规定承运人对货物的灭失或损坏的赔偿限额为每件或者每一货运单位 875 SDR，比《维斯比规则》的 666.67 SDR 提高 31%，比《汉堡规则》的 835 SDR 提高 5%；或货物毛重每千克赔偿 3 SDR，比《维斯比规则》规定的 2 SDR 提高了 50%，比《汉堡规则》2.5SDR 提高了 20%。《鹿特丹规则》对承运人赔偿责任限制适用于违反该公约规定的承运人义务所应负赔偿责任的所有情况（迟延交付除外），使承运人可以适用责任限制的范围有所扩大。但由于公约规定的赔偿限额的提高，使承运人对于货物的灭失或者损坏能够援引责任限制的机会将减少，在大多数情况下需全部赔偿，因此加重了承运人责任。

10. 承运人凭单交货义务松动

《鹿特丹规则》改变了现行法律中有关“提单，是承运人保证据以交付货物的单证”的规定，运输单证持有人可凭可转让的运输单证或电子运输记录或不可转让的运输单证提取货物。根据该公约第 45 条至第 47 条的规定，对货物交付按可流通（转让）的运输单证或电子运输记录，规则要求承运人必须凭单放货，但考虑到实践中压船压港问题，允许在满足严格条件的情况下无单放货；对于不可流通（转让）的运输单证，规则规定可以不凭单放货。所以，《鹿特丹规则》不再将凭单交货货物作为一项承运人必须履行的绝对义务，而是根据不同种类的运输单证或电子运输记录分别作了灵活处理。

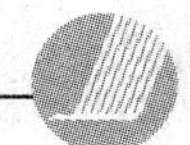

4.6 航次租船合同

4.6.1 航次租船合同概述

航次租船合同，是指船舶出租人向承租人提供约定船舶或者船舶的部分舱位，装运约定的货物，从一港运至另一港，并由承租人支付约定运费的合同。其中，提供船舶或者舱位的一方是出租人，而支付运费的一方是承租人。

航次租船合同作为海上货物运输合同的一种，不同于其他海上货物运输合同，其特点是：出租人在约定的航程期间，将船舶或部分舱位的使用权转移给承租人；航次租船合同适用于不定期的货物运输，而且大多是运送大宗货物，如粮食、矿砂、石油等；出租人负责船舶的营运管理并承担相关的费用；出租人应对运送的货物负责。航次租船合同的出租人不仅负责船舶的营运管理，而且要依据航次租船合同的规定负责货物的安全运输；航次租船合同通常使用标准合同格式，根据我国《海商法》的规定，航次租船合同应当采用书面形式订立，电报、电传和传真具有书面合同效力；航次租船合同在法律适用上强调“合同自由”原则。

4.6.2 航次租船合同的格式

航次租船合同的格式包括以下几种：

①《统一杂货租船合同》(Uniform General Charter)“金康”(GENCON)。此格式比较明显地维护出租人的利益，它可适用于各种航线和各种货物的航次租船，是目前世界上采用最广的格式。

②《巴尔的摩C式》(Baltimore Berth Grain Charter Party Steamer, Form C)。此格式广泛适用于北美地区整船谷物运输，其特点包括：关于装船数量，条款作了类似×××容量±10%的规定；关于装卸条件，规定最高装卸期限为5天；关于签发提单，规定“在提单上签名后，本合同即终了并作废”。

③《澳大利亚谷物租船合同》(Australian Grain Charter Party)“AUSTRAL”。

④《油船航次租船合同》(Tanker Voyage Charter Party)“ASBATANKVOY”。

⑤《威尔士煤炭租船合同》(Chamber of Shipping Walsh Coal Charter Party)。

4.6.3 航次租船合同的法律适用

一般以合同自由原则商定此种合同的内容。我国《海商法》专门列出“航次租船合同的特别规定”，根据第94条的规定，只有第47条关于承运人谨慎处理使船舶适航的规定和第49条关于承运人按照约定的或者习惯的或者地理上的航线将货物运付卸货港的规定(不得绕航)可强制适用于航次租船合同的出租人。其他有关合同当事人之间的权利、义务的规定,仅在合同没有约定或没有不同约定时,才适用于出租人和承租人,因而属于任意性条款。但仍是第4章内容,因而仅适用国际运输,而不适用国内运输。

4.6.4 航次租船合同的主要内容

我国《海商法》规定:航次租船合同的内容,主要包括出租人和承租人的名称、船名、船籍、载货重量、容积、货名、装货港和目的港、受载期限、装卸期限、运费、滞期费、速遣费以及其他有关事项。一般应包括以下主要条款。

1. 出租人和承租人条款

航次租船合同的出租人一般是船舶所有人,也可以是定期租船合同的承租人或者光船租赁合同的承租人。

2. 船舶说明条款

该条款的内容是出租人如实陈述船舶的有关情况,目的是使相应的船舶特定化。它是承租人决定是否租用船舶和衡量是否履约的重要依据。船舶说明通常包括以下主要内容:船舶名称、船舶国籍、载重量和容积。

3. 预备航次条款

预备航次是指船舶从装货港的前一港口为装货而驶往装货港的一段航程。预备航次条款涉及两项重要规定,即受载期限和解约日期。

(1)受载期限条款

出租船舶到达约定的装货港,并做了装货准备的日期叫受载期限。由于船舶在营运中会因各种因素影响船期,故受载期限通常是规定一段时间。

(2)解约日条款

解约日是承租人有权解除航次租船合同的日期。通常,解约日条款将受载期限的最后一天规定为解约日,有的规定为受载期限届满后的某一天。只要船舶未能在解约日之前到达装货港并做好装货准备,承租人有权解除合同。

4. 货物条款

该条款主要涉及装船货物的种类、数量和提取货物的时间。货物数量,双方当事人应当明确规定所运送货物的名称、种类、类别、包装和数量;载货数量,航次租船合同一般规定承租人应提供满舱货物,但也允许一定的溢短装幅度;承租人提供货物的时间,一般要求船舶按合同规定到达装货港时,承租人应备妥货物。如果船舶到达装货港而承租人不能提供货物装船,承租人除其可免责的原因以外应承担违约责任。

5. 装卸港和装卸泊位、装卸费用和装卸时间条款

该条款主要规定了装卸港口和具体泊位及装卸费用和装卸时间等。

6. 滞期费和速遣费条款

这一条款是航次租船合同与班轮运输合同相区别的标志性条款。其中,滞期费是指承租人因非出租人负责的原因未能在合同规定的装卸时间内完成货物装卸作业的,应就自装卸时间届满时起到实际货物装卸完毕时止的滞期时间,对出租人因船舶滞期而产生

的船期损失，而支付的货币金额。而速遣费则是指承租人在合同规定的装卸时间届满之前完成货物装卸作业而使船舶减少了在港停留时间的，由出租人向承租人支付的货币金额。通常速遣费是滞期费的一半。

7. 运费条款

航次租船合同的运费条款规定的运费计价方式，可以按载货吨位计算，也可以是整船包干运费。

8. 绕航条款

该条款又称“自由绕航条款”。一般规定船长有权为任何目的、以任何顺序挂靠任何港口，有权在任何情况下拖带或救助他船，也可为拯救生命或财产而绕航。

9. 出租人责任条款

航次租船合同的出租人责任条款往往规定，出租人对于货物的灭失、损坏和延迟交货承担责任。

10. 承租人责任终止条款

该条款通常是应承租人的要求而订立的，因其内容包括承租人责任的终止和出租人对货物享有留置权两部分，故又称“留置权和责任终止条款”。具体规定承租人在货物装船并支付了预付运费、专舱费和装货港的船舶滞期费后，其履行合同的责任即行终止。

11. 法律适用和仲裁条款

该条款应当将解决合同纠纷的途径和确定适用的准据法一并加以规定。

4.6.5 航次租船合同当事人的义务和责任

1. 出租人的义务和责任

出租人的义务和责任包括：

①使船舶适航和不得绕航的义务。根据我国《海商法》的规定，这项适用于班轮运输的承运人义务也应适用于航次租船合同的出租人。

②提供约定船舶的义务。出租人按照合同的约定提供船舶是实现航次租船合同订约目的的前提。出租人违反此义务的，应承担法律责任。

③按期提供船舶的义务。出租人应按合同约定的期限提供船舶。这是保证航次租船合同切实履行的必然要求。

④在约定的卸货港卸货的义务。根据我国《海商法》的规定，出租人应当在合同约定的卸货港卸货。合同订有承租人选择卸货港条款的，在承租人未按照合同约定及时通知确定的卸货港时，船长可以从约定的卸货港中自行选定一港卸货。承租人未按照合同约定及时通知确定的卸货港，致使出租人遭受损失的，应当负赔偿责任。出租人未按照合同约定，擅自选定港口卸货致使承租人造成损失的，应当负赔偿责任。

2. 承租人的义务和责任

承租人的义务和责任包括：

①支付滞期费的义务和请求给付速遣费的权利。

②提供约定货物的义务。出于保证海上运输安全的考虑，承租人有义务提供约定的

货物装船运输。经出租人同意的，承租人也可以更换货物。

③转租的权利。承租人出于特定的运输需要而与出租人签订航次租船合同租用船舶，但此后的情况变化却导致承租人不再需要已租用的船舶时，承租人可以在及时通知出租人的情况下，将租用的船舶转租。

4.7 定期租船合同

4.7.1 定期租船合同概述

定期租船合同，又称期租合同。我国《海商法》规定，定期租船合同，是指船舶出租人向承租人提供约定的由出租人配备船员的船舶，由承租人在约定的期间内按照约定的用途使用，并支付租金的合同。

从定期租船合同的概念可以看出，定期租船合同有如下特点：

①出租人负责提供配备船员的船舶，负责船舶航行和内部管理事务，并负担有关费用。这一点是定期租船合同与光船租赁合同的主要区别点。

②承租人在约定的租期内取得约定船舶舱位的使用权，并由其安排船舶的营运，负责燃油费、港口使用费、货物装卸费等营运费用。而在约定的最后航次的日期将所租船舶归还给出租人。

③船舶租金按船舶租用时间的长短来计算，承租人按约定租期支付租金。准时、全额地支付每一期租金是租船合同下承租人的首要义务，承租人违反该义务，出租人有权撤船并要求赔偿损失。

④承租人按约定用途使用船舶。承租人应当按照合同约定的承运货物的范围及航行区域限制来使用船舶。否则，出租人有权撤船并对造成的损害要求赔偿。

4.7.2 定期租船合同的格式

目前，通常使用的标准定期租船合同格式有以下几种：

①《统一定期租船合同》(Uniform Time Charter)，代号为“波尔的姆”(BALTIME)，由波罗的海国际航运公会 BIMCO(Baltic and International Maritime Council)于 1909 年制定。该格式在很多条款上对出租人比较有利。

②《定期租船合同》(Time Charter)，代号为“土产格式”(Produce Form)，由美国纽约土产交易所 NYPE(New York Produce Exchange)于 1913 年制定。因此，航运界也称此格式为“NYPE”、“纽约格式”或“政府格式”。该格式经过 1921 年、1931 年、1946 年、1981 年和 1993 年五次修订，条款对双方比较公正，是目前最为常用的一种格式。

③英国伦敦牌石油公司制定的适用于液体货物的《定期租船合同》(TIME Charter Party)，代号为“SHELLTIME4”，现使用的是 1984 年版本。

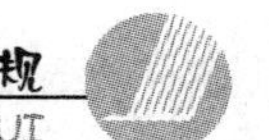

④由中国租船公司制定的《定期租船合同》(TIME Charter Party),代号为“中租1980”(SINOTIME1980)。该格式对承租人比较有利。

4.7.3 定期租船合同的主要内容

我国《海商法》规定,定期租船合同的内容主要包括出租人和承租人的名称、船名、船籍、船级、吨位、容积、船速、燃料消耗、航区、用途、租船时间、交船和还船时间和地点以及条件、租金及支付等其他有关事项。在实践中,定期租船合同通常包括以下内容:出租人和承租人名称;船舶说明条款;交船条款;租期条款;合同解除条款;货物条款;航行区域限制条款;出租人提供事项条款;承租人提供事项条款;租金支付条款;还船条款;停租条款;出租人的责任与免责条款;转租条款;共同海损条款;新杰森条款;双方有责碰撞条款;仲裁条款;佣金条款;冰冻条款等。另外,双方当事人还可以根据具体情况加入附加条款。

1. 出租人和承租人

出租人和承租人是租船合同的双方当事人,对于他们来说,在签订租船合同时弄清楚对方的真实身份是非常重要的。出租人是提供约定船舶的人,但他并不一定就是船舶的真正船东,也可能是从船东手里将船舶期租过来,然后再以出租人身份将船舶转租出去的二船东,他本身可以并不拥有船舶。在签订期租合同时,应确定对方的身份,尽量与真正的船东或声誉较好的二船东签约。

2. 船舶说明

船舶说明是指出租人对船舶的情况所作的陈述。它是承租人决定是否租用这条船舶的依据。船舶说明主要包括以下内容:

①船名。除合同另有约定外,出租人提供的船舶应是合同中列明的船舶。

②船籍。船舶的国籍直接影响到船舶的营运区域,如出租人提供的船舶国籍与合同不符,就有可能影响承租人对船舶的营运。

③船级。出租人在交船时应当保证船舶的船级和船舶入级的船级社与合同规定的相符,否则,承租人有权解除合同并请求损害赔偿。

④船舶吨位与容积。船舶的吨位与容积的陈述不属于保证条款,除非陈述内容与实际相关太大。

⑤船速与燃料消耗量。在期租情况下,由于航行时间损失及燃油的消耗是由承租人自己承担,因此,船速和燃油消耗量对承租人来说是非常重要的说明。船速是指船舶相对海底或岸上固定物的速度,而不是相对水的速度。船舶说明是租船合同的一个重要条款,出租人必须保证其内容的准确性。如果说明与船舶的实际状况不符,即误述,出租人将视误述后果的严重程度承担相应的责任。

3. 租期

租期是承租人租用船舶的期限,起算时间为交船之时,租期届满,承租人将船舶还给出租人。由于海上运输的特殊性,还船的时间很难与合同规定的还船的时间完全一致,所以,除非合同中用非常明确的字眼来限定租期,否则,合同中租期应解释为可以作适当的延展，承租人在此期间还船将不被视为违反合同。

4．转租

合同中通常规定，承租人有权在租期或租期内的一段时间内将船舶转租出去，但是承租人仍负有履行原租船合同的义务。我国《海商法》规定，承租人可以将租用的船舶转租，但是应当将转租的情况及时通知出租人。租用的船舶转租后，原租船合同约定的权利和义务不受影响。

5．交船

①交船时间。我国《海商法》规定，出租人应当按照合同约定的时间交付船舶。出租人违反规定的，承租人有权解除合同。出租人将船舶延误情况和船舶预期抵达交船港的日期通知承租人的，承租人应当自接到通知时起 48 小时内，将解除合同或者继续租用船舶的决定通知出租人。

②交船地点。双方当事人通常在合同中约定，交船地点为承租人指定的某一具体的港口，或港口内的某一具体泊位，也有规定船舶到达引航站或引航员登船地点视为交船。

③交船时船舶的状态。我国《海商法》规定，出租人交付船舶时，应当做到谨慎处理，使船舶适航。交付的船舶应当适于约定的用途。出租人违反该规定，承租人有权解除合同，并有权要求赔偿因此遭受的损失。

6．货物

通常双方当事人在合同中约定，承租人租用船舶只能从事合法贸易，运输合法货物。所谓合法货物，就是指货物符合装货港、中途挂靠港、卸货港所在地法律、船旗国法律或合同适用的其他法律的货物。承租人指示船舶装运的货物应符合法律的规定和双方当事人的约定，若承租人指示船舶装运的货物不符合要求，则船长有权拒绝装运。我国《海商法》规定，承租人应当保证船舶用于运输约定的合法货物。承租人在运输活动物或者危险品时，应事先征得出租人的同意。承租人违反规定致使出租人遭受损失的，应当负赔偿责任。

7．航行区域与安全港口

我国《海商法》规定，承租人应当保证船舶在约定航区内的安全港口或者地点之间从事约定的海上运输。承租人违反这一义务时，出租人有权解除合同，并要求赔偿损失。

8．出租人和承租人应提供的物品和支付的费用

出租人和承租人通常在合同中订明双方对在履行合同过程中产生的各项费用的承担。一般来说，与船舶本身及船舶管理有关的费用由出租人承担，如船舶的保险费、修理费、检验费、船长和船员的工资、伙食以及船舶的备用品等；与船舶营运有关的费用由承租人承担，如船舶航行所需的燃料、淡水、装载货物所需的垫舱物料、防移板、货物的装卸费用、港口使用费、代理费等。出租人和承租人在交、还船港应当按当时当地的价格购买船上的存油。

9．支付租金与撤船

①租金的支付。支付租金是承租人在租船合同中承担的一项最重要的义务。承租人必须按照合同规定的数额、货币种类、支付方式，不得扣减地向出租人支付租金。租金通常要求以现金的形式支付。通常是以预付的方式支付半个月或 30 天的租金。

②撤船。合同中通常规定，在承租人没有准时、全额支付租金的情况下，出租人有权撤船。出租人行使撤船权后，我国《海商法》规定，出租人仍可以向承租人索赔。

10. 使用与赔偿条款

合同中通常会规定，船长虽然是由出租人任命，但他应按照承租人的命令与指示行事，就像他是由承租人雇佣或作为承租人的代理人一样。我国《海商法》规定，承租人有权就船舶的营运向船长发出指示，但是不得违反定期租船合同的约定。

11. 留置权条款

定期租船合同中通常规定，承租人未向出租人支付租金或者合同约定的其他款项，出租人对船舶所载承租人的货物和财产以及转租收入有留置权。出租人在行使留置权时，留置的货物只能是属于承租人的，而不能留置船上不属于承租人的第三方的货物。留置船上承租人的财产通常指船上的燃油，以及承租人提供的垫舱物料。

12. 停租

停租是指船舶在租期内，非由于承租人的原因，不能被承租人按合同规定有效地进行使用，承租人对这段时间可以不支付租金。通常合同中规定停租的情况有以下几种：

①由于船员的数量不足、不履行职务或船员罢工造成的时间损失，以及船用物料不足造成的时间损失。

②由于火灾，船舶损坏，船舶被扣押，或者船、货遭遇海损事故所造成的时间损失。船舶损坏包括船体、船机或设备的损坏。

③由于船舶入干船坞进行检查或油漆船底而损失的时间。除非是由于承租人应负责的原因引起的。

13. 还船

①还船的时间。承租人应在租期届满时将船舶还给出租人。但由于承租人对最后航次结束的准确时间不易把握，还船时通常出现两种情况，即提前还船和延期还船。提前还船是指承租人在租期届满之前将船舶交还出租人。在这种情况下，出租人应接受还船，但可以对因此造成的损失向承租人索赔。出租人接受还船后，应采取必要的措施来减少损失，例如尽快将船舶出租。延期还船是指承租人在租期届满之后将船舶交还出租人。视其性质，分为合法最后航次与非法最后航次。我国《海商法》规定，经合理计算，完成最后航次的日期约为合同规定的还船日期，但可能超过合同约定的还船日期的，承租人有权超期用船以完成航次。超期期间，承租人应当按合同约定的租金率支付租金；同期市场的租金率高于合同约定的租金率的，承租人应当按照市场租金率支付租金。

②还船的地点。还船地点通常为双方约定的几个港口或一个范围，最后由承租人选择。承租人为了最后航次有较大的选择性，通常会要求约定一个较大的范围。

③还船时船舶的状况。通常合同中规定，还船时船舶应处于与交船时相同的良好状态，自然的损耗除外。

14. 出租人的责任

合同中通常规定，出租人应提供适航的船舶，包括交船时船舶的最初适航和租期内维持船舶的适航状态两方面。如果船舶在租期内丧失适航性，出租人应负责恢复其适航性。

4.8 光船租赁合同

4.8.1 光船租赁合同概述

我国《海商法》将光船租赁合同定义为:"船舶出租人向承租人提供不配备船员的船舶,在约定的期间内由承租人占有、使用和营运,并向出租人支付租金的合同。"光船租赁合同与定期租船合同相比较,具有如下特征:

①其出租人只向承租人提供适航船舶并备有船舶文书,而不承担其他义务。与此相对应,承租人在租期内配备合格的船长和其他船员。

②承租人于租期内承担船舶在营运中所发生的风险和责任,亦负担一切费用开支。为此,承租人须有义务为船舶投保相应的保险,否则,出租人有权撤船。

③出租人在租期内将出租船舶的占有权和使用权转移给承租人,而所有权仍归属于出租人。

4.8.2 光船租赁合同的格式

国际上使用比较广泛的光船租赁合同格式是波罗的海国际航运工会制定的《标准光船租赁合同》,代号"贝尔康"。它具有两种格式,分别叫作"贝尔康 A"和"贝尔康 B",前者用于一般的光船租赁,后者用于通过抵押融资的新建船舶的租赁。

4.8.3 光船租赁合同的主要内容

我国《海商法》规定,光船租赁合同的内容主要包括出租人和承租人的名称、船名、船籍、船级、吨位、容积、航区、用途、租船期间、交船和还船的时间和地点以及条件、船舶检验、船舶的保养维修、租金及其支付、船舶保险、合同解除的时间和条件,以及其他有关事项。在实践中,定期租船合同通常包括以下内容。

1. 船舶说明

合同中通常规定写明船名、船旗与船舶登记国、船舶呼号、船型、登记吨、载重吨、建造日期与地点、船级、船舶特检日期、船舶证书有效期限等。

2. 交船

我国《海商法》规定,出租人应当在合同约定的港口或者地点,按照合同约定的时间,向承租人交付船舶以及船舶证书。合同中通常规定,出租人应当在合同约定的港口,按照承租人约定的泊位交付船舶。出租人在交船之前和交船时应合理谨慎使船舶适航,并使船体、机器和设备各方面适于约定的服务。船舶在交付时应具备通常的文件及证书。在交船时,双方当事人应对船舶的各种设备、备用品、器具及物料列出清单。对于船上的

燃料、润滑油、淡水、食品等消耗性物品，承租人应按当地价格购买。

3. 检验与检查

在交船和还船时，出租人和承租人应各自指定一名验船师对船舶的状况进行检验。通常规定，出租人应承担交船检验的费用，包括时间损失；承租人应承担还船检验的费用，如有时间损失，按日支付租金。合同中通常规定，出租人有权随时检查或检验船舶，或授权验船师代为检验，从而来确定船舶的状况，并确定船舶在租期内有否得到适当的维修和保养。承租人应当允许出租人随时检查船舶的航海日志，随时按出租人的要求提供全部与船舶发生海损事故或损害有关的资料。

4. 船舶的维修与保养

我国《海商法》规定，在光船租赁期间，承租人负责船舶的保养、维修。

5. 租金

我国《海商法》规定，承租人应当按照合同约定支付租金。承租人未按照合同约定的时间支付租金连续超过七日的，出租人有权解除合同，并有权要求赔偿因此遭受的损失。

6. 船舶抵押

我国《海商法》规定，未经承租人事先书面同意，出租人不得在光船租赁期间对船舶设置抵押权。

7. 保险

我国《海商法》规定，在光船租赁期间，承租人应当按照合同约定的船舶价值，以出租人同意的保险方式为船舶进行保险，并负担保险费用。合同中通常规定，在保险期间内，承租人应当按照出租人书面同意的方式安排投保船舶海上风险、战争险及责任险。如果承租人没有按约定方式对船舶进行保险，出租人应通知承租人在一定的时间内进行更正，若承租人仍不更正，则出租人有权撤船，这并不影响其对赔偿的请求权。

8. 还船

承租人应当在租期届满时，在合同规定的港口将船舶还给出租人。还船时，船舶应当处于交船时相同的状态、结构和船级，自然损耗除外。在还船时双方应各自指定验船师，对船舶进行检验，造成的费用及时间损失一般由承租人承担，出租人还应当按照承租人还船时当地的市场价格，购买承租人还船时船上剩余的燃料、润滑油、淡水和食品等物品。

4.8.4 船舶租购合同的特殊规定

船舶租购合同是光船租赁合同的一种特殊形式，是指船舶出租人向承租人提供不配备船员的船舶，在约定的期间内由承租人占有、使用和营运，并在约定期间届满时将船舶的所有权转移给承租人，而由承租人支付租购费用的合同。由于光船租购合同的特殊性，决定了光船租购合同有不同于光船租赁合同的特殊规定。

1. 船舶所有权及风险的转移

我国《海商法》规定，订有租购条款的光船租赁合同，承租人按照约定向出租人付清租购费时，船舶的所有权即归于承租人。在租期届满之前，船舶及属于船舶的一切财产的所有权及其风险由出租人承担，但是，一经船舶交接，船舶及属于船舶的财产的所有权及其风险便转移至承租人。

2. 船舶无债务担保

出租人应当保证船舶在买卖交接时，除由于承租人行为产生的债务和已告知承租人的船舶抵押权外，船舶没有依附由船舶优先权或其他担保物权保证清偿的债务。

3. 船舶文书

在承租人支付最后一期租金时，出租人应向承租人提供一份经过公证的船舶买卖文件。在船舶买卖交接时，出租人应向承租人提供船舶已注销登记的证明书，以及出租人持有的船级证书和各种其他船舶的文件与图表。

4.9 包运租船合同及其他租船合同

包运租船是20世纪70年代发展起来的一种租船方式，是指船舶所有人（出租人）提供给承租人一定的运力（船舶载重吨），在约定的港口之间，以事先约定的时间及约定的航次周期和每航次较均等的货运量完成合同规定的总运量的租船方式。承租人支付的运费根据双方商定的运费率和完成的总运量计算。这是航次租船派生出来的一种新型船方式。其特点是：

①不确定船舶的船名、国籍，仅规定船舶的等级、船龄和船舶的技术规范，出租人只需提供能完成合同规定的每航次货运量的运力即可，出租人在调度和安排船舶方面十分灵活、方便。

②租期的长短取决于货物的总量及船舶航次周期所需的时间。

③船舶所承运的货物主要是运量特别大的干散货或液体散装货物。

④船舶航次中所产生的时间延误的损失风险由船舶所有人承担，而船舶在港内装、卸货期间所产生的延误，通常是由承租人承担船舶在港的时间损失。

⑤运费按船舶实际装运货物的数量及商业的费率计收，通常以航次结算。

其他租船合同，如航次期租船（TCT），是指一种介于航次租船和定期租船之间的租船方式，又称日租租船。

4.10 海上拖航合同

海上拖航合同是随着机动船舶的广泛适用而产生的，尤其是近几十年来，大型载货驳船越来越多地投入到海上运输生产中，海上拖航作业也日益频繁，专业性拖航公司也纷纷出现。我国从20世纪70年代后期开始也建立了诸如中国拖轮公司等专业性或兼营性拖轮公司。学习海上拖航法律制度，应当注意理解海上拖航的性质，海上拖航合同

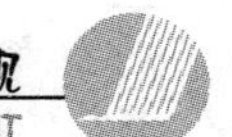

的订立和解除，当事人在此类合同中的权利和义务等问题。

4.10.1 海上拖航合同概述

1. 海上拖航的概念

海上拖航，又称海上拖带或船舶拖带，是指拖船利用其动力和设备将其他船舶或其他物品经海路由一地拖至另一地的海上服务形式。海上拖航是《海商法》所调整的一种海上作业，是以承拖方提供拖航服务，被拖方支付报酬为基础的。在我国，调整拖航法律关系的依据主要是《海商法》中关于海上拖航合同的规定以及拖轮公司制定的标准拖航合同。海上拖航就其使用范围而言，可以分为港区拖带、沿海拖航和远洋拖航三种。港区拖带是指拖轮为协助他船进出港口、靠离泊位、移泊等作业而提供的服务，沿海拖航是指起拖地和目的地均在一国境内的拖航作业，远洋拖航是指起拖地和目的地在不同国家的拖航作业。我国《海商法》规定，海上拖航合同是指承拖方用拖轮将被拖物经海路从一地拖至另一地，而由被拖方支付拖航费的合同，其当事人为承拖方和被拖方。海上拖航合同中的承拖方是指用自己的或租用他人的船舶提供拖航服务并收取拖航费的人。海上拖航合同中的被拖方是指海上拖航中被拖物的所有人或其他利害关系人。他们接受承拖方提供的拖航服务并支付拖航费用，被拖物通常为驳船或其他无动力船、钻井平台、浮码头、浮船坞等海上漂浮装置，以及失去动力的船舶。

2. 海上拖航合同的性质

一般认为，海上拖航合同是一种独立的合同，它既不同于海上运输合同，又不同于海上救助合同。海上拖航合同与海上货物运输合同相比，它们的区别在于：海上货物运输合同的标的是货物运输，货物装于作为运输工具的船舶上，但在海上拖航合同情况下，被拖物并不是装于拖轮上，而是用索具与拖轮相连接；在海上货物运输情况下承运人要负责货物的装船、搬移、积载、运输、照料、保管与卸船，但在海上拖航合同情况下，承拖方只负责提供拖力，而不负责被拖物及其上财产的装卸、保管与照料等事项。当拖轮和被拖的驳船属于不同的所有人，或由不同的人经营时，拖轮所有人（或经营人）与驳船所有人（或经营人）之间属于拖航合同关系，而驳船的所有人（或经营人）与驳船所载货物的所有人（第三人）之间，属于运输合同关系。在海难救助过程中，救助人常常采用拖航的方式。

3. 海上拖航合同的内容

根据我国《海商法》规定，海上拖航合同的内容，主要包括承拖方和被拖方的名称和住所、拖轮和被拖物的名称和主要尺寸、拖轮马力、起拖地和目的地、起拖日期、拖航费及其支付方式，以及其他有关事项。除上述规定的事项外，通常合同中还包括以下条款：拖轮的适航与适拖、被拖物的适拖、安全港口保证、留置权、绕航、救助、滞期费、共同海损、责任与免除、合同的解除、索赔及程序、法律适用等。

4.10.2　承拖方的主要权利和义务

1. 承拖方的主要权利

(1)拖航费用的请求权

海上拖航合同是有偿合同，承拖方完成约定拖航服务，有权按合同规定收取拖航费作为报酬。拖航费的构成项目、数额及其支付方式由合同具体规定。

(2)留置权

承拖方完成拖航任务后，如果被拖方不按合同约定向承拖方支付拖航费、滞期费、承拖方为被拖方垫付的其他款项以及其他被拖方应付的费用时，承拖方可以对处于其占有之下的被拖物实行留置。

(3)免责权

当承拖方对被拖方造成的损失符合法定的或约定的免责事由时，承拖方享有免除赔偿责任的权利。我国《海商法》规定：如果是由于拖轮船长、船员、引航员或者承拖方其他受雇人或代理人在驾驶拖轮或管理拖轮中过失，或拖轮在海上救助或企图救助人命或财产时的过失造成了被拖物的损害，承拖方不负赔偿责任。

2. 承拖方的主要义务

(1)提供适航、适拖的拖轮

我国《海商法》规定，承拖方在起拖前和起拖当时，应当谨慎处理，使拖轮处于适航、适拖状态，妥善配备船员，配置拖航索具、供应品以及该航次必备的其他装置、设备。

(2)负责指挥拖航作业

在海上拖航作业中，通常由承拖方进行指挥。承拖方负责拖轮与被拖物之间的接拖与解拖，以及拖带航行的安全。

(3)承拖方应尽快完成拖航作业

不应当产生不合理的延误，不进行不合理绕航。

(4)交付被拖物

承拖方应当按合同规定在约定的港口将被拖物交付给被拖方。承拖方或拖轮船长或承拖方在目的港的代理人应将被拖物预计抵达目的港的时间提前通知被拖方或其在目的港的代理人。

(5)支付拖轮营运费用

承拖方应负责支付拖轮船员工资、伙食、拖轮保险费、燃料、代理费、税费、领航费、港口使费、运河通行税以及其他与拖轮有关的费用。

4.10.3　被拖方的主要权利和义务

1. 被拖方的主要权利

(1)预付拖航费的返还请求权

在起拖前，由于不可抗力或不能归责双方的原因致使合同解除，除合同另有规定外，

被拖方有权要求承拖方返还预付的拖航费。

(2)被拖航权

被拖方有权要求承拖方按合同约定的拖航条件提供拖航服务，完成拖航作业，在目的地接受被拖物。

2. 被拖方的主要义务

(1)提交被拖物并保证其处于适拖状态

被拖方应在合同约定的时间、地点，使被拖物做好拖航准备。

(2)配合拖轮作业，服从拖轮船长的指挥

在拖航作业过程中，被拖物上的人员应接受拖轮船长的指挥，并给予拖船必要的配合，随时将被拖物的情况告知拖轮船长。

(3)保证港口的安全

被拖方应当保证起拖港、合同约定的中途港和目的港的安全，包括在地理条件上的安全和政治条件上的安全两方面。

(4)接受被拖物

合同中通常规定，被拖方或其代表应在被拖物到达目的港被拖方指定的地方一定时间内接收被拖物，如果被拖方或其代表在规定时间内没有接收被拖物，被拖方应按合同规定的费率向承拖方支付滞期费直至拖轮解拖为止。

(5)支付拖航费及其他费用

被拖方应按合同规定的费率或金额，以及支付的时间、地点和方式支付拖航费。如果由于被拖方的原因，造成起拖地起拖延误、目的地解拖延误和航行中的时间延误，被拖方应按约定支付滞期费或其他额外赔偿费用。被拖物的一切港口费用、引航费、代理费、税款、运河通行费、保险费以及其他与被拖物有关的其他费用，包括必要的辅助拖轮服务费等，均应由被拖方支付。

4.10.4 损害赔偿责任

在海上拖航过程中，往往会因为各种原因，包括不可抗力或天灾等自然原因，或当事人一方或双方的疏忽或过失等人为原因，造成承拖方、被拖方或第三方的财产、人身损害，这就产生了承拖方与被拖方之间，以及承拖方和被拖方与第三方之间的损害赔偿的责任划分问题。我国《海商法》规定，起拖后由于不可抗力或其他不能归责于双方的原因致使合同不能继续履行的，双方均可以解除合同，并互相不负赔偿责任。

1. 承拖方与被拖方之间的责任划分

当拖航合同中没有上述关于责任划分的条款时，应当按照各国法律的规定来确定，通常有指挥原则和过失原则两种划分方法。

指挥原则，负责指挥拖航作业的一方为负担损害赔偿责任者。指挥拖航作业的可以是承拖方，也可以是被拖方。但负责指挥的一方如能证明其本人或其受雇人员对损害的发生没有过错，则可以不负责任，但负责指挥的一方应当负举证责任。

过失原则，指对于被拖方或承拖方在海上拖航过程中遭受的损害以过失为基础来确定损害赔偿责任的归属，我国《海商法》规定，在海上拖航过程中，承拖方或者被拖方遭受的损失，由一方的过失造成的，有过失的一方应当负赔偿责任；由双方过失造成的，各方按照过失程度的比例负赔偿责任。

2. 承拖方、被拖方与第三方之间的损害赔偿责任

如果在海上拖航过程中造成对第三人的损害，例如，拖轮或被拖物碰撞他船，造成对他船的损害，承拖方和被拖方的赔偿责任按侵权行为的责任原则确定。《海商法》规定，在海上拖航过程中，由于承拖方或被拖方的过失，造成第三人人身伤亡或者财产损失的，承拖方和被拖方对第三人负连带责任。

4.11 其他海事法规

4.11.1 船舶碰撞

1. 船舶碰撞的概念

在船舶碰撞法律制度的发展过程中，基于国际海运市场的发展和法律调整机制以及有关船舶碰撞的法律观念的变化，当今的船舶碰撞法律制度上存在广义的和狭义的船舶碰撞。广义的船舶碰撞，是指船舶之间在海上或与海相通的可航水域因一方过失而发生接触，造成一方或多方损害的事故。碰撞包括船舶间、船舶与非船舶间接触造成的，也可以是间接引起的碰撞；船舶碰撞以过失为要件；船舶碰撞必须以损害事实为要件。狭义的船舶碰撞，就是《海商法》上的船舶碰撞，它通常是指海船与海船之间、海船与内河船舶之间发生碰撞导致有关船舶及船上财产、人员的损害。多数国家法律和国际公约将军用船舶和政府公务船舶排除在船舶碰撞法之外。我国《海商法》给船舶碰撞下的定义是："船舶在海上或者与海相通的可航水域发生接触造成损害的事故。"所指船舶是该法所定义的船舶，但用于军事、政府公务的船舶和20总吨以下的小型船艇除外。《海商法》还规定："船舶因操纵不当或者不遵守航行规章，虽然实际上没有同其他船舶发生碰撞，但是使其他船舶以及船上的人员或者其他财产遭受损失的，适用本章的规定。"据此可知，我国《海商法》规定的船舶碰撞的构成要件如下：

①碰撞必须发生在船舶之间。碰撞的船舶双方必须是除用于军事的或政府公务的船舶和20总吨以下的小型船艇以外的海船和其他移动式装置。

②碰撞必须发生在海上或与海相通的可航水域。"与海相通的可航水域"是指可供20总吨以上海船自由航行的通海水域。

③碰撞须有损害结果。船舶碰撞没有造成船舶及船上人员、货物或者其他财产损失的，不构成船舶碰撞。

④间接碰撞必须因过失所致，直接碰撞不以过失为要件，而间接碰撞虽也被视为船舶碰撞，但它必须因操纵不当或违反航行规章所致，而且损害后果与过失之间存在因果关系。

2. 船舶碰撞的种类

船舶碰撞从不同角度划分,可得到不同的分类结果。从过错角度对碰撞进行分类,具有实际意义。从碰撞的过错划分,船舶碰撞可分为以下两大类。

(1)有过错的碰撞

有过错的碰撞,包括过失碰撞和故意碰撞。故意碰撞极为罕见。过失碰撞则是船舶碰撞的主要原因。过失碰撞又可分为以下两种情况。

1)单方过失引起的船舶碰撞

它是指船舶碰撞事故因一方的过失所致。单方过失碰撞多为在航船舶在港内航行时碰撞锚泊船舶。单方过失引起的船舶碰撞由过失方单独负责。

2)双方或多方过失引起的船舶碰撞

它是指船舶碰撞事故由双方或多方的过失所致。一般的原则是按各自的过失比例分担损害。如果双方过失比例相当或比例难以确定,则平均承担赔偿责任。碰撞造成第三人财产损失的,各船的赔偿责任均不超过其应当承担的比例。对造成的第三人的人身伤亡,负连带赔偿责任。

(2)无过错的船舶碰撞

根据我国《海商法》的规定,无过错的船舶碰撞,包括由于不可抗力、其他不能归责于任何一方的原因或无法查明的原因造成的船舶碰撞。

1)不可抗力造成的船舶碰撞

它是指无法预见、无法避免和无法克服的自然外力和社会因素,如台风、海啸、战争、暴乱等,导致船舶碰撞他船。

2)其他不能归责于任何一方的原因造成的碰撞

又称意外原因造成的碰撞,即除不可抗力以外的其他不能归责于任何一方的原因造成的船舶碰撞。即自危险局面形成之前直至碰撞发生或将发生为止的整个期间,船舶已恪尽职责,运用了良好的驾船技术,未违反航行规则,但仍不能预见或避免潜在事件造成的碰撞。例如,船舶发生主机断裂,失去动力无法控制而碰撞他船。

3)无法查明的原因造成的碰撞

船舶碰撞的真实原因,当事船舶双方不能举证证明,主管机关的调查和专家的鉴定也不能确定。

在无过失碰撞中,各船对碰撞损失互不负赔偿责任,由各受害方自行承担。

3. 过失碰撞

过失碰撞中的过失,多为船舶所有人、船长和船员的过失,主要表现为:驾驶过失,即船员违反航行规章或避碰规则;管理过失,即船舶所有人、船长或船员未能恪尽职责使船舶处于适航状态,而导致船舶碰撞事故。在船舶碰撞法律中,判断过失一般适用客观标准,即有关人员是否尽到通常的技术和谨慎。驾驶船舶过失的尺度是合格船员的良好船技或避碰规则;船员的管船过失的尺度是合格船员是否已经合理谨慎行事和发挥应有技能;船东管船过失较广,包括是否提供适航船舶并保持其良好状态,其尺度是国际公约或国内法。

除了上述一般原则或标准之外,尚有一些判断过失的具体原则或标准。

（1）实际过失原则

实际过失原则即在驾驶船舶或管理船舶方面犯有某种或某些具体的过失。

（2）事实推定过失原则

事实推定过失原则即船舶发生碰撞，如果受损一方能够证明其遭受损害的事实，以及其他符合一定要求的基本事实，就可从中推断出另一方负有过失的假定事实而应承担责任，除非另一方能够证明损害不可避免，或者自身没有过失，或者有过失但无损害。事实推定仍为各国所普遍采用，我国《海商法》虽然没有明确规定，但在司法实践中也是承认这一原则，"1910 年碰撞公约"并没有废除事实推定过失。

（3）法律推定过失原则

法律推定过失原则即船舶违反法定航行规则时，法律便推定其具有过失，除非船舶能够证明在当时情况下背离航行规则是必要的，或者在当时条件下违反规则不可能导致船舶碰撞损害。"1910 年碰撞公约"和我国《海商法》对本原则都不予以确认，因为本原则存在明显的不合理的地方：违背了侵权行为损害赔偿的过失与损害必须有因果关系的原则，给违反规则的一方带来过重的、不合理的举证责任。

（4）最后机会原则

最后机会原则即如果碰撞各方都有过失，则都应对碰撞负责，但是，如果后来有过失的船舶知道或应当知道前者有过失，并有充分的时间避免碰撞而未能避免，则后船应当单独负责。该原则存在较大的不合理性，主要表现在：给犯有严重疏忽的过失方提供了免责的理论根据；削弱了国际避碰规则的作用，导致避碰行为的混乱；用"最后机会"代替"因果关系"，不符合民事赔偿责任的构成要件。因此，我国的法律和司法实践中不承认这一原则。

（5）紧急情况下的过失原则

在英美国家的判例中，长期以来认为在紧急情况下采取的错误步骤不是过失，除非这种紧迫局面是由于该船的过失所造成的，否则它将不承担碰撞责任。理由是：法律只要求一个航海人员在正常情况下，表现出正常的心理状态和发挥通常的技术水平。在紧急情况下，一个人可能做也可能不做某种行为，为此要求航海人员尽到通常的技术和谨慎就行了。但随着时代的进步，这一原则发生变化，法官虽不要求航海人员在紧急情况下履行特殊的技术和谨慎，但要求其履行适应紧急情况下的通常的技术和谨慎，避碰规则规定：为避免紧迫危险而要求背离规则的责任；要求直航船也应采取最有助于避碰的行动；要求船东、船长或船员承担因"特殊情况"可能要求的任何戒备上的疏忽而产生的各种后果的责任。

（6）双方过失等效原则

双方过失等效原则即碰撞双方均有过失，并持续到碰撞时刻，难以区分主次，则各自承担一半碰撞责任。对此原则，我国《海商法》予以确认。

4. 船舶碰撞损害赔偿原则

船舶碰撞作为海上侵权行为，对损害赔偿的要件与民法中民事责任损害赔偿的要件基本一致：即过失、碰撞事实、损害的事实、过失与损害的因果关系。只有这四个要件同时满足，才发生损害赔偿问题。其损害赔偿原则有以下几条。

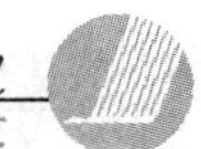

(1)恢复原状原则

赔偿应尽量达到恢复原状,不能恢复原状的折价赔偿。恢复原状,就是损害赔偿应使受害方尽量接近受害事故发生前的状况。但是,对于碰撞造成的人身伤亡,不适用该原则。

(2)直接损失赔偿原则

这是碰撞损害赔偿普遍遵循的又一原则,但各国执行起来差异很大,但明确了能得到赔偿的损害必须是碰撞的直接后果,应把握:碰撞直接造成的损失,间接碰撞或浪损准用;碰撞事故后相继发生的有关费用和损失;预期可得利益的损失,如因船舶碰撞导致航次租船合同解除而损失的本可赚得的运费等营运收入、渔船丧失捕捞季节而损失的生产收益等。

(3)受害方尽力减少损失原则

受损方不得扩大损害,尤其不得故意扩大损害;受损方必须采取合理措施减少损失;受损方为减少损失而合理支付的费用和导致的新的损害都可以得到赔偿;受损方采取合理措施,成功地减少了加害方的过失所造成的损害,则加害方有权从中获益;受害方因经济实力不足,而不能减少损失,对这一部分不能减少的损失,受害方不能获得赔偿,理由是经济实力的不足不是加害方的过失造成的。

5. 双方互有责任碰撞条款

在各种提单和租船合同中,都包含一条"双方互有责任碰撞条款"(Both to Blame Collision Clause, BTB Clause),而且其内容相差无几,成了一种格式化条款。如中远(集团)总公司的提单背面条款就列有"双方互有责任碰撞条款"。其内容是:如果船舶由于他船疏忽以及本船船长、船员、引航员或承运人的受雇人在驾驶或管理船舶中的行为、疏忽或不履行职责而与他船碰撞,则本船的货物所有人应就他船亦即非载货船舶或其所有人所受一切损失或所负一切赔偿责任,给予本船承运人赔偿。但此种赔偿应以上述损失或赔偿责任所体现的已由或应由他船亦即非载货船舶或其所有人付给上述货物所有人其货物的灭失或损坏或其提出的任何赔偿要求的数额为限,并由他船即非载货船舶作为其向载货船舶或承运人提出的索赔的一部分,将其冲抵、补偿或收回。如果非属碰撞船舶或物体的,或在碰撞船舶或物体之外的任何船舶或物体的所有人、经营人或主管人,在碰撞、触碰、搁浅或其他事故中犯有过失时,上述规定亦应适用。

这一条款主要是针对美国船舶碰撞法的特殊规定而制定的。美国没有参加"1910年碰撞公约",对互有过失碰撞,在法律上仍保留着平分过失的规定;此外,互有过失的碰撞双方不仅对第三方的人身伤亡负连带责任,而且对财产损害也负连带责任,从而使承运人与本船所载货物的所有人之间关于航行过失免责条款的规定失去效力。为了解决这一问题,凡去美国的载货船舶的承运人都在其提单或租船合同中订入了"双方互有责任碰撞条款"。订入该条款的目的,在于使载货船舶的承运人有权向本船货主追回其本应免责但却间接地赔付了50%的货物损害。

需要指出的是,该条款在我国是不必要的,也是无效的,因为我国是"1910年碰撞公约"的参加国,《海商法》也明确规定,有过失碰撞双方对财产损害不负连带责任,也不承认"平分过失责任原则"。

4.11.2 海难救助

1. 海难救助的概念

海难救助，又称海上救助，是指当船舶、货物及其他海上财产和海上人命遭遇海上危险时，由外来力量进行的救助，从而可获取报酬的事件。广义的救助应该既包括对人的救助，也包括对物的救助。狭义的救助则仅指对物的救助，即对船舶或其他海上财产等的救助，也是《海商法》中规定的海难救助，只有对物的救助才产生救助报酬请求权。但是，由于对人的救助是国际法规定的义务，在不严重危及船舶和船上人员安全的情况下，任何船舶都有救助人命的义务，救助人命不产生救助报酬请求权，只是在救助船舶和其他财产的同时救助了人命，人命救助人才有权分享救助报酬中的合理份额。确立海难救助制度的目的是鼓励人们对遇险的船舶及其财产进行救助。海难救助最初始于纯救助，以后发展成合同救助。在各种合同格式中，最为典型、应用最广的是英国劳合社的劳式标准救助合同格式，我国海事仲裁委员会也制订了类似的救助合同格式。

2. 海难救助的性质

对于海难救助的性质，各国学者观点不一，归纳起来有无因管理说、准契约说、不当得利说和特殊事件说等，其中，无因管理说为大多数学者所支持。但是，《海商法》中的海难救助制度与民法中的无因管理制度并不完全相同。民法中的无因管理制度不存在报酬请求权，而《海商法》中的海难救助有报酬请求权。

3. 海难救助的形式

(1)纯救助

这是海难救助的最初形式。所谓纯救助(Pure Salvage)，是指船舶遇难后，救助方未经被救助方请求，而自行对遇难船舶进行救助的行为。如果救助获得成功，救助方有权获得救助报酬。纯救助的特点在于：救助方与被救助方在救助之前不需要签订任何救助协议；实行"无效果，无报酬"(No Cure，No Pay)原则。救助行为成功或部分成功，则有权请求全部或部分报酬。纯救助的形式现已很少存在，因为不签订合同，常常为救助报酬等发生争议。

(2)合同救助

合同救助(Contract Salvage)，是指根据以"无效果，无报酬"为原则的救助协议进行的救助。这是当今海难救助广泛采用的形式。"无效果，无报酬"是海上救助法律制度传统的最著名的原则。"1910 年救助公约"正式确认了该原则，现为各国法律所接受。当然，对于救助双方的口头约定，该原则亦同样适用。

(3)雇佣救助

雇佣救助(Employed Salvage Service)，又称实际费用救助，是指无论救助有无效果，被救助方都要按照救助方所使用的人力和设备情况，按时计付报酬的一种救助形式。雇佣救助的特点在于，救助指挥权在遇险船一方，并且不论救助是否成功，被救助方都需向救助方支付救助费。这种救助形式一般适用于拖带救助，如遇险船距港口不远，只需一般的拖带作业，或对救助成功比较有把握时采用。因雇佣救助的救助方所承担的风险较

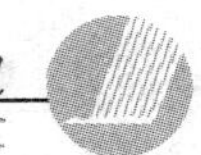

小,所以救助费相对较低。

这里需要说明的是,雇佣救助的性质更多地体现了海上雇佣劳务性质,因此,现代海商法已把它划归海上服务项目,而不属于海难救助的范畴。

4. 海难救助的构成要件

(1)被救物必须是法律所认可的救助标的

这一要件包含了两层含义:第一,救助标的是物,不包括人命。就是说,人命救助,原则上无权请求救助报酬,除非救财产的同时又救了人命。第二,救助标的是法律所承认的。如果被救助物不在法律所承认的救助标的范围内,则无救助报酬请求权。这里的"法律"既包括国际救助公约,也包括国内有关法律。我国《海商法》所认可的被救物是船舶和其他财产、海船、船上财产、客货到付运费。

(2)被救物必须遭遇海上危险

海上危险的存在是救助行为得以产生的前提,船舶或其他财产只有面临可造成损失的真实存在的危险,才有救助的必要。首先,这里的危险(Danger)必须是真实存在或不可避免的,但并不一定是急迫发生的(Imminent)。主观臆测的危险不能构成海难救助中的危险。其次,不考虑危险的起因,也不要求危险是船货共同面对的。不论危险是自然灾害、意外事故,还是潜在缺陷造成的,即使是被救助方的故意或过失造成的,也不影响海难救助的性质。再有,危险必须发生在海上或与海相通的可航水域。

(3)救助必须是自愿的行为

该要件符合救助自愿原则。自愿救助(Voluntary Salvage)是指救助方或被救助方在发生救助法律关系时,其作为或不作为完全出于自愿。对于救助方来讲,对遇险的船舶和其他财产是否给予救助完全出于其自愿,救助成功了,有权获得报酬;不救也不承担任何责任。与此相对的是非自愿救助(Involuntary Salvage),即法律规定的或合同约束的义务救助,救助即使获得成功也无权获得报酬,不救助将承担法律或合同规定的责任。救助自愿原则也适用于被救助方,即被救助方不仅有请求救助的权利,而且还有禁止救助的权利。法律要求被救助方在行使此项权利时,必须有明确而合理的意思表示禁止救助。有了这种表示,救助方即使救助成功了,也无权请求救助报酬,因为此救助缺少自愿要件。非自愿救助一般包括下列情况:法律约束的救助,包含两方面的内容,一是对人命救助,对于海上发现的遭遇生命危险的每一个人,即使是敌人,只要其对船舶、船员和旅客不致造成严重威胁,每一船长都必须施救。二是对船舶碰撞后两船互救。这一点就是碰撞后船长的施救义务。合同约束的救助,这里的合同约束的救助与合同救助并不是同一个概念。前者是指在海难发生之前,救助方与被救助方之间已经存在某种合同,救助方根据该合同有救助的义务并据此实施的救助;后者是指在海难发生之后,救助方进行救助前,双方出于自愿签订救助合同而对被救助方进行的救助。合同约束的救助通常包括如下几种情况:如遇难船船员救本船。这是船员雇佣合同赋予船员的对本船及船上财产进行救助的义务,因而不发生报酬请求权。再如遇难船上的旅客救本船,引航员、拖轮救助本船。

(4)救助必须有效果

有效果是指遇险船舶或其他财产全部或部分得救。如果有救助事实,但无救助效果,不得请求救助报酬,海难救助也就不能成立。这就是国际公约和各国海商法都普遍接受的海难救助的一项重要原则——"无效果,无报酬"原则。为了防止和减少海洋环境污染的发生,鼓励救助人救助可能或已经造成海洋环境污染的船舶或船上货物,1989 年国际救助公约增加了"特别补偿条款",规定若救助人救助财产无效果,无权获得救助报酬,但如果救助人对海洋环境污染损害危险的船舶或船上货物进行了救助,仍可获得一定的特别补偿。根据我国《海商法》的规定,在其他法律另有规定或者合同另有约定的情况下,救助未取得效果的,仍可获得救助款项。

5. 救助报酬

(1)享有救助报酬请求权的当事人

只要一起救助符合上述四个要件,便发生救助报酬请求权问题。该请求权的当事人(债权人)只能是实施海难救助的人。当救助方为数个时,救助方之间的报酬分配比例,由当事人协商确定,协议不成,由当事人提交法院或仲裁机构决定。姊妹船之间的救助,救助方仍享有报酬请求权。关于同一救助船舶的船舶所有人、船长和船上其他工作人员之间报酬分配问题,我国《海商法》并没有明确规定。

(2)确定救助报酬的原则

根据现行国际公约和各国海商法的规定,确定救助报酬时通常遵循以下两个原则。

1)救助报酬金额不得超过获救财产的价值

这是救助人在救助过程中不存在过失时应适用的原则。我国《海商法》规定,救助报酬不得超过船舶和其他财产的获救价值。该价值指的是船舶和其他财产获救后的估计价值或者实际出卖的收入,扣除有关税款和海关、检疫、检验费用以及进行卸载、保管、估价、出卖而产生的费用后的价值。船员的获救私人物品和旅客的获救自带行李的价值,不包括在获救财产的价值中。根据劳埃德保险社(Lloyd's)自 1971 年到现在的统计,平均救助报酬仅相当于获救船价的 5.4%。

2)救助方有过失,报酬予以减免,以致赔偿

我国《海商法》规定:由于救助方的过失致使救助作业成为必须或者更加困难,或者救助方有欺诈或者其他不诚实行为的,应当取消或者减少向救助方支付的救助款项。

(3)救助报酬金额的确定

救助报酬通常以一定数额的金钱支付。该数额应由救助方和被救助方协议确定,协议不成的,提请法院或仲裁机构解决。双方在确定报酬数额时,应综合考虑下列各项因素:

①船舶和其他财产的获救价值。这是指船舶和其他财产获救后的估计价值或者实际出卖的收入,扣除有关税款和海关、检疫、检验费用以及进行卸载、保管、估价、出卖而产生的费用后的价值,该项价值不包括船员的私人物品和旅客的自带行李的价值。

②救助方在防止或者减少环境污染损害方面的技能与努力。这是指救助人在救助船舶或其他财产有成效的同时,亦在防止或减轻环境损害方面发挥了技能,不论成效如何,其得到的报酬数额可相应提高。

③救助方的救助成效。一般而言,救助成效越大,救助方获得的报酬就可能越高。

④危险的性质与程度。遇难船舶及其他财产所处的危险性质越严重,程度越高,救

助方所得的报酬就越高。

⑤救助方在救助船舶、其他财产和人命方面的技能和努力。在海难救助中，单纯救人命而无获救的财产，救助方不得向获救人员请求酬金。

⑥救助方所用的时间、支出的费用和遭受的损失。救助人在救助中占用的时间长，支出的费用和遭受的损失大，说明救助的难度大，报酬应相应提高。

⑦救助方式或者救助设备所冒的责任风险和其他风险。这是指救助方在施救过程中有可能对第三人承担的责任风险和其他风险。

⑧救助方提供服务的及时性。提供的服务越及时，救助的成效一般就越大，救助报酬也应提高。

⑨用于救助作业的船舶和其他设备的可用性和使用情况。

⑩救助设备的备用情况、交通和设备的价值。

有时，报酬金额在实施救助作业前已由双方当事人约定，因为这一数额是在紧急情况下约定的，难免出现不公平或对客观形势估计不足的情况。为了保护救助双方的利益，各国海商法和国际公约规定，如果合同是在受到威胁或者受到危险情况下订立，其条款显失公平的，或者合同约定的救助报酬与实际提供的救助服务相比明显过高或过低的，当事人可以申请法院或仲裁机构宣告救助合同无效或者变更救助合同。

(4)特别补偿

特别补偿是对"无效果，无报酬"原则的例外规定，是海难救助制度的一项新发展。救助方在符合条件的基础上，可获得特别补偿：

①救助方对构成环境污染损害危险的船舶或者船上货物进行了救助，而不论救助是否取得效果。

②救助方没有获得救助报酬或获得的救助报酬少于救助费用。

③特别补偿的数额按以下三种情况确定：如果救助人进行的救助作业未能防止或者减少环境污染损害，特别补偿的数额为相当于救助人所花费的救助费用；如果救助人进行的救助作业取得了防止或者减少环境污染损害的效果，特别补偿的数额可另行增加，增加的数额可以达到救助费用的30%；如果受理争议的法院或仲裁机构认为适当，可以裁决进一步增加补偿的数额。但在任何情况下，增加部分不得超过救助费用的100%；在任何情况下，上述规定的全部特别补偿，只有在超过救助方依照《海商法》规定能够获得的救助报酬时，方可支付，支付金额为特别补偿超过救助报酬的差额部分。

(5)救助款项请求权的丧失

救助方的救助款项请求权也有丧失的情况。我国《海商法》规定：由于救助方的过失致使救助作业成为必需或者更加困难的，或者救助方有欺诈或者其他不诚实行为的，应当取消或者减少向救助方支付的救助款项。不仅如此，由于救助方的过错造成被救财产的损害，或者被救助人遭受其他损失时，救助方除全部或部分丧失救助款项的请求权外，还可能承担损害赔偿的责任。但根据有关法律的规定，救助人在赔偿时享有责任限制的权利。

(6)被救船船长在救助作业中的地位和应注意的问题

在发生海难时，要求船长沉着冷静，对遇险情况作出快速反应，保障海上安全。在请求救助时，被救船船长应当明确自己所处的地位及应注意的事项。

①船长有权代表船、货双方签订救助合同,并应及时签订救助合同。当然,船长的这一权限不能剥夺船东签订救助合同的权利,在时间允许的情况下,船长签订救助合同前应征得船舶所有人的同意。

②船长的施救义务。这是船长应变职能的具体体现。船长在采取施救措施时,应防止损失的扩大。

③特别注意与确定救助报酬金额有关的因素。最好的办法就是对各种情况详细记录,这些记录是日后双方协议或通过诉讼或仲裁手段解决救助报酬的重要的证据材料,在此方面,船长应遵循:确保将有关救助协议的任何会谈内容准确地记录在案;确保精确地记录救助服务开始的时间、任何有关救助协议的通信联络时间,以及救助船抵达的时间;专门委任一位记录员或书记员,要求其以书面文字、照相或任何其他可用的方式全面而准确地记录各种情况,尤其是法律规定的确定救助报酬要考虑的因素;确保航海日志、轮机日志和电台日志的记载准确、及时,特别是航海日志要有船位的定时记录。

6. 救助合同当事人的主要义务

(1)救助方的主要义务

救助方的主要义务包括:

①以应有的谨慎进行救助,并以应有的谨慎防止或者减少环境污染损害。这是法定的义务。

②在合理需要的情况下,寻求或接受其他救助方参与救助。这也是法定的义务。

③在救助作业中尽力救助人命。人命救助既是救助人道义上应尽的义务,也是其法定义务。在不严重危及本船和船上人员安全的情况下,任何船的船长都有义务尽力救助海上人命。

④妥善保管和依法处置获救财产。救助方应妥善保管获救财产,并将它们送至合同注明的或者双方商定的安全地点。如果未注明或商定地点的,则送至任何安全地点。

(2)被救助方的主要义务

被救助方的主要义务包括:

①与救助方通力合作,并以应有的谨慎防止或减轻环境污染损害。在救助作业中,通常由救助方行使指挥权,被救助方应服从救助方的指挥。但被救助方不应因此消极应付,而是应当积极、全面地与救助方密切合作,主动向救助方提供有关情况、建议、人力和物力等方面的帮助,并采取一切行之有效的措施,防止或减轻环境污染损害。

②当获救船舶或其他财产已被送至安全地点时,及时接受救助方合理的移交要求。救助方将获救财产送至安全地点并合理地通知被救助方后,被救助方应尽快接管,若因不合理的延误造成获救财产的损失或损失扩大,被救助方应承担责任。

③依法(或依合同)支付救助款项。

④对救助款项提供满意的担保。被救助方在救助作业完成后,应当根据救助方的要求,对救助款项提供满意的担保。

⑤先行支付适当金额。先行支付由法院或仲裁机构决定。如果受理救助款项请求的法院或仲裁机构根据具体情况,在合理的条件下,确定被救助方向救助方先行支付一定的金额,被救助方应切实履行这一义务。

7. 救助合同的标准格式

(1)劳合社救助合同标准格式(Lloyd's Open Form,LOF)

1891 年,英国律师威廉姆·瓦尔敦首次设计了"劳合社救助合同标准格式"。该合同格式曾先后经过 1910 年、1972 年、1980 年、1990 年及 1995 年多次修改,是目前使用最广泛的救助合同格式。1997 年下半年救助人、保险人和保赔协会三家又正式开始会谈修改 LOF 95,将制定符合 21 世纪需要的 LOF 98。

该合同格式(LOF 95)的主要内容如下:

①签约双方是遇险船的船长代表该船舶所有人,船上货物、运费、燃料、物料和任何其他财产所有人;救助船船长代表救助人,或由救助人直接签约。

②救助人应尽最大努力将获救财产送到协议的或指定的或任一安全地点,并且应防止或减轻对环境的损害。

③除特别补偿的法律规定外,救助服务以"无效果,无报酬"为原则。

④由本合同或根据本合同进行的服务而产生的任何争议应提交仲裁解决;除另有明确规定外,仲裁应由英国法调整,包括英国的海上救助法。

⑤被救船舶所有人有合理的禁止救助权。

⑥担保规定。

⑦仲裁规定和实施,包括仲裁员的指定,仲裁员的合理酬金和开支的负担,仲裁员的权利等内容。

(2)中国海事仲裁委员会救助合同格式(The Standard Salvage Contract of China Maritime Arbitration Commission)

此格式最初由中国国际经济贸易促进委员会海事仲裁委员会制定,适用于在我国海域进行的海难救助。在"1989 年国际救助公约"问世,尤其是我国《海商法》生效后,中国海事仲裁委员会于 1994 年修改了原来的合同格式,增加了"特别补偿条款"。除要求对所产生的争议到中国仲裁并适用了中国海事仲裁委员会仲裁规则外,其他条款内容未作大的变动。

4.11.3 共同海损

1. 共同海损的概念

共同海损,是指在同一海上航程中,船舶、货物和其他财产遭遇共同危险时,为了共同的安全而有意、合理地采取措施所直接造成的特殊牺牲和支付的特殊费用,由各受益方按比例分摊的法律制度。共同海损作为一个有悠久历史的概念,其含义一直比较稳定。与共同海损相对的是单独海损。所谓单独海损,是指自然灾害、意外事故或其他特殊情况直接造成的船舶或货物的损失。

共同海损是根据海运活动的需要归纳而成的,只有符合以下条件,共同海损才成立。

(1)船、货和其他财产必须遭遇共同的真实危险

这一要件包含三层含义:即船舶、货物和其他财产面临共同的海上危险,此危险的存在是真实的,并且海损是在同一航程中发生的。

(2)牺牲或费用必须是特殊的

共同海损是作为一种特殊的海损形式存在的,只有船东正常营运费用之外的那部分损失方可计算在内。

(3)必须是有意而合理采取的措施

有意是指不同于自然灾害或意外事故造成的单独海损,共同海损是行为人有意采取措施造成的,船长明知该措施会导致船舶或货物损失或产生额外费用,但为了保证共同安全仍有意采取措施所带来的损失。合理是指为了船货的共同安全这一更大的利益才有意造成的,并应当尽可能限制在合理的较小的范围之内。

(4)措施必须有效

有效是指船长所采取的措施使船、货及其他财产脱离了危险或避免了船、货及其他财产的全损。这一条件是共同海损分摊的前提。而有效并不一定是指财产全部获救,只要有部分财产获救,也就符合这一条件。

2. 共同海损的范围

共同海损的范围即共同海损的表现形式,亦即确定哪些具体海损形式可归属于共同海损。

(1)共同海损牺牲

共同海损牺牲是指共同海损措施所直接导致的船、货或其他财产实际损失,概括起来,主要有以下几项。

1)船舶的牺牲

船舶的牺牲是指为了船、货等的共同安全而采取措施所造成的船舶的损失。如船舶即将沉没,为了避免船货全损,有意将船舶驶往浅滩或将船舶凿沉在浅水地带,由此造成的船底破损。

2)货物的牺牲

货物的牺牲主要有抛货、湿损和落失等。抛弃货物是共同海损制度中最古老的一种牺牲方式,目的在于通过抛货,减轻船载,避免海难,维护船货的共同安全,在现代海运中这种形式已经不多见了。货物湿损是指有意搁浅导致海水从被撞破的船底涌入货舱造成货损,或灭火时造成未被火烧的货物湿损等,均属于共同海损。货物的落失或其他损害,如船舶遭遇海难需进避难港作临时修理或为使搁浅的船舶起浮等而将货物卸载、搬移和重装时,一部分货物落入水中或受到其他损害等,属于共同海损。

3)运费损失

只有在到付运费情况下,才可能出现货物在海运途中由于共同海损行为导致损失,即不能到达目的港,而使得船方预期可得的运费随货物的灭失而遭受的损失,在这种情况下的运费损失属于共同海损的范围。

(2)共同海损费用

共同海损费用是指由于采取共同海损措施而支付的特殊费用,主要包括以下几项。

1)救助报酬

为了船货和其他财产的共同安全而发生的海难救助报酬是最为典型的共同海损费用之一,它与海难救助制度紧密相关。

2)避难港费用

避难港费用是指载货船舶发生海损事故后,为了船货及其他财产的共同安全或安全续航而驶入港口所发生的额外费用。避难港费用的构成较为复杂,主要有:进出港口及在港口停留的费用;船员工资、给养和船舶燃料、物料费用;在避难港进行货物操作以及储存货物的费用等。我国《海商法》也作了类似的规定。

3)代替费用

为了节省或取代原应列入共同海损费用而另外支出的费用作为共同海损的代替费用,这种费用并不符合共同海损的构成条件,但它符合共同海损制度创立的本意,为各方所普遍接受。

4)其他费用

除了以上几种主要共同海损费用形式之外,还存在垫款手续费、共同海损利息、共同海损理算费用等,一般也被列入共同海损,由受益方分摊。

3. 共同海损与过失的关系

在船舶和货物面临共同危险的情况下,船长为了船、货的共同安全而采取的共同海损行为所导致的共同海损的特殊牺牲和特殊费用,应当由各受益方按各自财产的比例进行分摊。在实践中,许多共同海损是由于承运人的过失所引起的,承运人的过失可分为两种,即承运人可免责的过失和承运人不可免责的过失。对于承运人这两种不同的过失所导致的共同海损,其法律后果是不同的。对此,我国《海商法》规定,引起共同海损特殊牺牲、特殊费用的事故,可能是由航程中一方的过失造成的,不影响该方要求分摊共同海损的权利;但是非过失方或者过失方可以就此项过失提出赔偿请求或者进行抗辩。该规定与“1994年约克—安特卫普规则”的有关规定完全一致。

(1)承运人可以免责的过失所致的共同海损

所谓承运人可以免责的过失,是指承运人虽有过失,但根据海上货物运输合同和有关法律规定,对于此种过失,承运人可以免除赔偿责任。例如,不论是海牙规则、维斯比规则,还是我国《海商法》均规定承运人对于因船长、船员驾驶船舶或管理船舶的过失以及非承运人本人的过失引起火灾所致的货损不负赔偿责任。对于因上述承运人可以免责的过失所引起的共同海损损失,应当由各受益方按各自获救财产价值的比例分摊共同海损。

(2)承运人不可免责的过失所致的共同海损

所谓不可免责的过失,是指在海上货物运输合同和有关法律规定的免责范围之外的过失,例如,未提供适航船舶、运输中发生不合理延误以及不合理绕航等情况。如果引起共同海损特殊牺牲、特殊费用的事故,确实是由于航程中一方不可免责的过失造成的,那么该过失方不仅需对全部共同海损损失负责,也无权要求其他受益方分摊共同海损损失,而且该过失方还须对其他方由此事故所引起的一切其他损失负赔偿责任。

在引起共同海损特殊牺牲、特殊费用的事故是否是由航程中一方的过失以及何种过失所引起的问题尚未明确的情况下,可以先推定航程中各方均无过失而进行共同海损理算,然后在决定共同海损分摊之时或之前,再确定共同海损事故是否是由于航程中一方的不可免责的过失引起的。如果是,其他非过失方就无须参与分摊共同海损;如果不是,其他非过失方应当根据合同或有关法律规定参与分摊共同海损。在此期间,非过失方或者过失方还可以通过诉讼或其他方式就此项过失提出赔偿要求或者进行抗辩。例如,货方可以就船方的过失给货物造成的全部损失要求船方予以赔偿,而船方亦可就其根本没有过失或者该过失是可以免责的过失进行抗辩。

4. 共同海损的理算

共同海损的理算是指海损理算人按照理算规则,对共同海损的损失和费用、各受益方的分摊价值及分摊数额进行审理和计算的工作。共同海损理算是一项专业性很强的工作,理算人均由专业机构或人员组成。

(1)理算的依据

共同海损理算的依据即共同海损理算据以进行的有关规则。我国《海商法》规定,共同海损理算,适用合同约定的理算规则;合同未约定的,适用理算地法律。在实务中,当事人一般是通过约定选择某国家或地区相关组织制定的,或者由相关国际组织制定的共同海损理算规则来进行共同海损理算。目前,在国际上适用最普遍的共同海损规则为《约克—安特卫普规则》。中国国际贸易促进委员会也制定了《中国国际贸易促进委员会共同海损理算暂行规则》,简称为《北京理算规则》。这些由民间组织制定的共同海损理算规则,从严格意义上讲并不具有法律的性质。它们的适用是以当事人的约定选择为前提的。

(2)《约克—安特卫普规则》

理算规则一般以共同海损的成立要件、共同海损损失和费用的范围以及共同海损分摊的标准等作出规定。目前在国际上适用最广泛的是《约克—安特卫普规则》。1877 年正式定名为《约克—安特卫普规则》,又分别于 1890、1924、1950、1974、1990、1994 和 2004 年进行过多次修改。由于规则不是法律,其适用取决于当事人的约定,所以不存在失效的问题。也就是说,几个版本的规则都可以因当事人的选择而适用。目前,在实务中以 1994 年规则适用较多。1994 年规则增设了“首要规则”,强调共同海损牺牲和费用的合理性。修改后的 1994 年规则由 1 条解释规则、1 条首要规则、7 条字母规则和 22 条数字规则组成。包括:首要规则和数字规则优先于字母规则的适用;增加规定船舶在拖带或顶推其他船舶时,只要双方船舶都是从事商业活动而不是救助作业,则处于同一航程之中;如果双方脱离行为本身是为了解除双方的共同危险,亦认为是处于同一航程中,其所采取的措施造成的牺牲或支付的费用,只要是为了这些船舶及其货物的共同安全,则应列入共同海损;明确规定了环境损害或因同一航程中的财产漏出或排放污染物所引起的损失或费用,不得列入共同海损;明确规定所有提出共同海损索赔的关系方应在共同航程终止后 12 个月内将要求分摊的损失或费用书面通知海损理算师;增加了不分离协议的内容;增加规定了货物发生转运时船舶和货物分摊价值的计算方法以及共同海损利息的计息时间。

《1994 年北京理算规则》规定的内容与《1994 年约克—安特卫普规则》基本相同,只不过较后者简要。

(3)共同海损理算的步骤

1)共同海损的宣告与担保

发生共同海损事故后,船长或船东应在船舶发生共同海损之后到达的第一个港口后

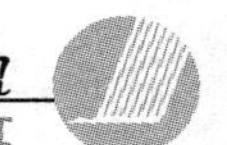

的一段合理时间内宣布共同海损。《北京理算规则》规定:如果船舶在海上发生事故,各有关方应在船舶到达第一港口后的48小时内宣布,如船舶在港内发生事故,应在事故发生后的48小时内宣布。只有在宣告共同海损后,才开始共同海损的理算。根据《海商法》的规定,提出共同海损分摊请求的一方应当负举证责任,证明其损失应当列入共同海损。

为了确保共同海损分摊的顺利进行,经利益关系人请求,有关受益方应当提供共同海损担保,即作出承担分摊的保证。我国《海商法》规定:以提供保证金方式进行共同海损担保的,保证金应当交由海损理算师以保管人名义存入银行。保证金的提供、使用或者退还,不影响各方最终的分摊责任。

2)共同海损的理算

船方在宣告共同海损后,应向海损理算人提出委托申请,再由理算人具体进行理算工作。共同海损理算的目的是要最终确定共同海损事件中各方当事人所应分摊的数额。

(4)共同海损损失金额

共同海损损失金额是指因共同海损措施所造成的财产损失和支付的共同海损费用的总和。确定共同海损损失金额是共同海损理算的首要步骤。共同海损损失金额主要分为三种,即船舶损失金额、货物损失金额以及运费损失金额。

1)船舶损失金额

我国《海商法》规定:船舶共同海损牺牲的金额,按照实际支付的修理费,减除合理的以新换旧的扣减额计算。船舶尚未修理的,按照牺牲造成的合理贬值计算,但是不得超过估计的修理费。船舶发生实际全损或者修理费用超过修复后的船舶价值的,共同海损牺牲金额按照该船舶在完好状态下的估计价值,减除不属于共同海损损坏的估计的修理费和该船舶受损后的价值余额计算。可见,船舶损失金额根据情况的不同而有不同的计算方法。这些情况主要有三种,即船舶在海损事故后进行修理,船舶在海损事故后未进行修理,船舶因海损事故而发生全损。

2)货物损失金额

按照我国《海商法》规定,货物共同海损损失金额的确定,可以分为两种情况:货物灭失的,按照货物在装船时的价值加保险费与运费,减除由于货物牺牲无须支付的运费来计算共同海损金额;货物损坏,但在就损坏程度达成协议前售出的,按照货物在装船时的价值加保险费与运费,与出售该货物所得净值的差额来计算共同海损损失金额。

3)运费损失金额

我国《海商法》规定:"运费共同海损牺牲的金额,按照货物遭受牺牲造成的运费的损失金额,减除为取得这笔运费本应支付,但是由于牺牲无须支付的营运费用计算。"

(5)共同海损分摊价值

共同海损的损失金额,应当由发生共同海损航程中的各受益方按照各自分摊价值的比例分摊。所谓共同海损分摊价值,是指由于共同海损措施而受益的财产价值与因遭受共同海损而可获得补偿的财产金额的总和。共同海损分摊价值可基本分为船舶分摊价值、货物分摊价值和运费分摊价值等。它们的计算方法分述如下。

1)船舶分摊价值

我国《海商法》规定:"船舶共同海损分摊价值,按照船舶在航程终止时的完好价值,减除不属于共同海损的损失金额计算,或者按照船舶在航程终止时的实际价值,加上共同海损牺牲的金额计算。”

2)货物分摊价值

我国《海商法》规定:“货物共同海损分摊价值,按照货物在装船时的价值加保险费加运费,减除不属于共同海损的损失金额和承运人承担风险的运费计算。”

3)运费分摊价值

这里讲的运费是指由承运人承担风险,并于货物运达目的港时才有权收到的运费。我国《海商法》规定:“运费分摊价值,按照承运人承担风险并于航程终止时有权收到的运费,减除为取得该项运费而在共同海损事故发生后,为完成本航程所支付的营运费用,加上共同海损牺牲的金额计算。”

(6)共同海损分摊金额的确定

共同海损分摊金额是指由于共同海损措施而受益的各方根据其受益财产价值所应分摊的共同海损数额。各受益人的共同海损分摊金额的计算,可以用下述公式来表示:

受益人的共同海损分摊金额=受益人的共同海损分摊价值×共同海损分摊率

而共同海损分摊率的计算公式为:

共同海损分摊率=(共同海损损失总额/共同海损分摊价值总额)×100%

5. 共同海损担保

共同海损担保是为确保共同海损分摊,经有关方的请求,由各受益方作出的保证行为。共同海损往往是在卸货港宣布的,如果船方不采取一定的保证性措施,待货物放行以后,一旦货方拒绝分摊共同海损,则船方的利益就得不到保证。因此,虽然从理论上说,提供担保的既可以是船方,也可以是货方,但实践中一般都是由船方要求货方提供担保。共同海损担保通常有提供保证金、提供担保函、签署海损协议书和签署船货不可分离协议等形式。如果不能取得这些担保,利益关系人还可根据我国《海商法》有关规定行使其他权利,如对船舶行使扣押权、对货物行使留置权等。

(1)由货方提供海损保证金

海损保证金即由收货人在提货以前,向船舶所有人提供分摊共同海损的现金担保。根据“1994年约克—安特卫普规则”,保证金应以船舶所有人和保证金交付人所分别指定的代表的联合名义,存入经双方指定的银行,开立特别账户。此项存款连同可能产生的利息,作为有关方向应收回共同海损费用的垫付方的担保。保证金的使用,由理算人决定。保证金的提供、使用或退还,不影响各方的最终分摊责任。若保证金超过最后确定的分摊金额时,应将其余额退还给保证金交付人。

(2)由货物保险人提供共同海损担保函

共同海损担保函是收货人向船舶所有人提供的、经货物保险人签署的、保证分摊共同海损的书面文件。发生共同海损以后,收货人为了及时提取货物,可以请求货物保险人向船舶所有人提供此种担保函。根据担保函,货物保险人向船舶所有人保证支付经过恰当理算的有关共同海损损失和费用的分摊额。共同海损担保函分为限额担保函和无限额担保函两种形式。

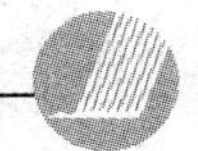

(3)签署海损协议书

海损协议书是由船货双方签署的、保证分摊共同海损的书面文件。在共同海损法律关系中,支付货物共同海损分摊金额的义务主体是收货人,而非保险人。根据某些国家的法律规定,货物保险人只负担保险责任,只有在货方不履行协议的情况下,船舶所有人才能要求保险人承担责任。否则,仅凭保险人的担保函,不能直接控告保险人。所以,收货人除了要向船方出具经货物保险人签署的担保函外,还必须提供由其签署的海损协议书。在我国,由人保公司出具的海损担保函,即意味着保险人对赔付共同海损分摊金额承担直接责任,故收货人无须另行签署海损协议书。

(4)签署不可分离协议

所谓不可分离协议,是指在发生共同海损以后,在货物需要转船运输的情况下,由船货双方共同签署的,关于共同海损分摊情况不因货物的转运而发生变化的书面协议。有些情况下,船舶在运输途中发生共同海损事故,无法将货物继续运往目的港,而需要将货物交由他船转运。在此情况下,货方有可能声称,船货已发生分离,已不存在共同危险问题,从而拒绝分摊船舶在修理期间所发生的共同海损费用。因此,在货物转运之前,签署不可分离协议,可以保障船方的合法权益。

(5)行使货物留置权

当货方拒绝参加共同海损分摊,并拒绝提供担保时,船方可以留置属于该货主的货物,并有权拍卖或以其他方式出卖货物,以所得货款来抵偿其应当得到的共同海损分摊金额。对此,我国《海商法》有明确规定。一般说来,共同海损分摊金额要经过较长时间的理算,暂时难以确定,船方可通过估算的方式来确定所要留置货物的数额。

4.11.4 船舶油污损害赔偿

海上油污损害在《海商法》领域是一种特殊的海上侵权行为。随着海上运输事业和海上石油开采业的发展,海上油污损害事件频繁发生,损害后果日益严重,对于海洋环境构成重大威胁。这引起了世界各国和国际社会的重视,从20世纪60年代以来在国内法、国际公约、民间协定中开始出现了有关防止船舶污染及其损害责任的规定,形成了海上油污损害赔偿这一新的法律制度。我国政府亦颁布了一系列防止海洋污染的法律规范,构成了较为完整的法律体系。我国于1969年加入《国际油污损害民事责任公约》。

1. 海上油污的概念

海上油污,是指船舶或者其他海上装置在正常营运或者发生事故时,溢出或排放油类货物、燃料油或者其他油类物质,对海洋环境产生的污染。

2. 油污损害赔偿归责原则

为了增加油污受害人获得补偿的机会,促使油轮所有人积极预防海上油污,保护海洋环境,有关国际公约规定,海上油污民事责任的归责实行无过错责任原则。我国《民法通则》也确定了这一原则,规定:“违反国家保护环境防止污染的规定,污染环境造成他人损害的,应当依法承担民事责任。”

3. 船舶油污损害事实的认定

我国《民法通则》规定,侵权人应赔偿受害人因侵权行为而遭受的全部财产损失。海上油污损害赔偿责任的范围包括以下方面。

(1)受害人的直接财产损失

①油污造成受害人财产的直接减少或人身伤害。例如,油污所致海水养殖的死亡、接触油类的人所受的人身伤害等。

②采取预防措施的费用,是指油污事件发生后,任何人包括船舶所有人、船长或船员等采取的旨在防止或减轻污染损害的任何合理措施,例如,为防止油污扩散而设置浮栅栏等。

(2)受害人的间接财产损失

①油污直接造成的可得利益损失。例如,自然环境和生态平衡遭到破坏,渔业和旅游业等收益减少的损失,不仅难以证明,而且难以计算,一般认为属于推测的损失,不引起损害赔偿责任。

②采取预防措施而导致的进一步灭失或损害。例如,为清除海面油污,喷洒具有毒性的清洁剂,而导致海洋生物死亡以及喷洒人员中毒。

4. 油污损害赔偿责任限制

在无过失责任原则下,当船舶造成巨大的污染损害时,船舶所有人承担的赔偿数额较大,一次事故就可能导致船舶所有人破产。这对航运事业及其他海上事业的发展极为不利。为此,各国法律、国际公约规定了船舶污染赔偿责任限制制度,即船舶所有人可以申请将其赔偿责任减免到一定限度,并使之成为国际上处理油污事件的一般法律制度。

5. 油污损害责任人的确定

(1)船方或海上装置所有人

由于海上风险特殊,造成污染的人并不一定是赔偿责任的主体。为此,国际公约和国内法多采取以下两种方法确定索赔对象:一是明确规定船舶所有人是唯一索赔对象,如 1969 年签订的《责任公约》的 1984 年议定书,这种方法可以简化手续。二是开列除外名单,这种方法可以促使与污染有关的责任者采取措施,减轻或消除污染,但它比较烦琐,也不可能穷尽所有的除外对象。

(2)货油方

考虑到向受害人提供充分赔偿,势必会增加船舶所有人的额外经济负担,而且引起污染损害的正是船上所载货油,要求货油方承担部分油污损害也公平合理,因此,1971 年《基金公约》首次引进了船方与货油方分担油污损害赔偿的新概念。即进口或接受海运石油超过一定数量的人必须交付摊款,设立特别基金,参加油污损害分摊。

(3)保险人

油污责任法在贯彻无过错责任的同时,还确立了强制保险制度。油污受害人可以直接对保险人提起索赔。

6. 海上油污事件的管辖

(1)海上油污损害赔偿诉讼的管辖

对于海上油污损害赔偿诉讼的管辖,一般采用地域管辖原则。也就是说,油污损害事故的发生地或者防止与减轻油污损害措施的所在地,是确定管辖的根据。

(2)海上油污行政、刑事案件的管辖权

船旗国、港口国、沿海国对此类案件具有行政或司法管辖权。但是,因为多重管辖导

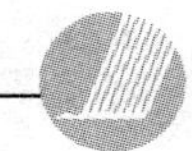

致的司法管辖权冲突，所以必须根据国际公约和国内法解决。

4.11.5 海事赔偿责任限制

1. 海事赔偿责任限制概述

海事赔偿责任限制，是海商法中特有的一项法律制度。因为它对海上运输的顺利发展起着一定的积极作用，所以海事赔偿责任限制的制度一直发展至今，并得以不断地完善和巩固。各国海商法或相应的国际公约，都对此作出规定。海事赔偿责任限制(Limitation of Liability for Maritime Claims)，是指发生重大海损事故时，作为责任人的船舶所有人、经营人和承租人等，可根据法律的规定，将自己的赔偿责任限制在一定范围内的法律制度。海事赔偿责任限制，最初仅仅是为保护船舶所有人的利益而产生，过去一直被称作"船舶所有人责任限制"或"船东责任限制"，但随着真正的船舶所有人与船舶实际经营人的分离及其他一些原因，渐渐地船舶经营人、承租人、救助人等也被纳入了受保护的范围，因而过去的"船舶所有人责任限制"也就演变成今天的"海事赔偿责任限制"。总之，海事赔偿责任限制作为一项法律制度，是海商法中特有的；作为一种特权，它是海商法赋予船舶所有人、经营人、承租人等的一种法定特权。

2. 海事赔偿责任限制的发展过程

海事赔偿责任限制的发展史，可以追溯到很早以前，并在不同的国家和地区，有着不同的演进历程。

(1)委付制度

委付制度是海事赔偿责任限制的最早表现形式，即船舶所有人对人的损害负无限责任，但把海上财产委付给债权人之后，即可免除其所有责任。

(2)执行制度

执行制度即因船舶发生的债务，债权人只可要求对债务人的海上财产强制执行，不得对船舶所有人拥有的其他财产主张权利。

(3)船价制度

船价制度即把船舶所有人的赔偿责任限制在船舶的价值及运费之内。

(4)金额制度

金额制度即根据船舶吨位来确定赔偿限额，具体做法是以发生债务的船舶吨位乘以每一吨的赔偿额来计算赔偿限额。

(5)并用制度

并用制度即并用"船价制度"和"金额制度"，以高者为准的做法。

国际上有关责任限制的国际公约先后共出现了三个，分别是《1924年关于统一海运船舶所有人责任限制若干法律规定的国际公约》(以下简称《1924年公约》)、《1957年关于海运船舶所有人责任限制的国际公约》(以下简称《1957年公约》)和《1976年海事赔偿责任限制公约》(以下简称《1976年公约》)。《1924年公约》采用的是并用制度，至今未生效。《1957年公约》和《1976年公约》采用的是金额制度。

3. 海事赔偿责任限制的意义

海事赔偿责任限制作为一种与民法损害赔偿制度不同的特殊损害赔偿制度，该法律制度的必要性有以下几条。

(1)有利于保障海上运输业的稳步发展

尽管今天的航海事业不再是过去意义上的冒险行业，但海上特殊风险仍然是陆地风险所无法比拟的。这一制度的存在，使投入航运的资本得到一定程度的保护。

(2)符合“公平原则”的要求

在船舶营运过程中，由于船长、船员的疏忽或过失造成他人财产损害，如果让船长、船员负赔偿责任，对受害人来说是不公平的，完全由其船舶所有人承担，也未必公平。所以由船舶所有人负有限的赔偿责任不失为一个合理的解决办法。

(3)有利于鼓励海上救助

根据海事赔偿责任限制的有关法律规定，救助方在救助作业中给被救助方造成损害的，也可以限制其赔偿责任。这无疑会起到鼓励海上救助的作用，免除或减轻救助人的负担和压力。

(4)适应了海上保险业务的发展

海上保险中船舶责任保险的出现与发展，在很大程度上取决于“船舶所有人责任限制”制度的巩固与完善。取消“责任限制”制度，船舶责任保险也很难保留。从另一方面讲，船舶所有人的赔偿责任若能通过保险，转移给责任保险人承担，这给受害人得以赔偿提供了可靠的保障。

4. 海事赔偿责任限制与承运人单位责任限制的区别

从本质上讲，“海事赔偿责任限制”与“承运人单位责任限制”都起着限制船方赔偿责任的作用，但两者存在明显不同，主要表现在以下几个方面。

(1)所依据的国际公约不同

与前者有关的国际公约主要有：《1957 年公约》或《1976 年公约》；与后者有关的国际公约有：《海牙规则》、《维斯比规则》、《汉堡规则》、《联合国国际货物多式联运公约》及《雅典公约》。

(2)责任主体不同

前者的责任主体是船舶所有人、承租人、管理人或经营人、船长、船员及其他受雇人员，救助人是《1976 年公约》增加的责任主体；而后者的责任主体是承运人或其受雇人员。

(3)权利主体不同

前者的权利主体是受害船的所有人、货方、旅客及其他受害人，故又称“综合责任限制”；而后者的权利主体是货方。

(4)限制方式不同

前者有金额制、船价制等形式，与实际损失的财产或人身伤亡的数量无关；后者与货损的数量或旅客伤亡的数量有关。

(5)实现权利的程序不同

就前者而言，其责任主体要限制其责任，必须向法院提出独立的申请，经法院批准并向法院提交责任限制基金后，才能实现其限制责任的权利。而对后者而言，承运人享受单位责任限制不必向法院提交申请并设立基金，只要责任一经确定，就可根据运输合同或法律限制责任。

除上述几方面外，还有诉讼时效、权利的丧失条件及其他方面的不同。

两者虽属海商法不同的法律制度，但两者具有一定的联系。如某船发生事故，除造成他船人身伤亡及财产损失外，也造成根据提单承运的船上所载货物的损害。根据提单可确定出承运人对提单持有人的单位赔偿限额。同时根据海事赔偿责任限制的有关规定，还可以给作为承运人的责任主体确定一个对提单持有人的总的赔偿限额。两者不一致时，多数国家规定，若前者小于后者，则以前者为准；若前者大于后者，则以后者为准。此时前者是一次限制，后者称为二次限制。

5. 有关海事赔偿责任限制的法律

(1)有关的国际立法

海事赔偿常常发生在不同国籍的当事人之间，所以有必要统一有关海事赔偿责任限制的法律。第一个有关的国际公约是《1924 年公约》。由于该公约采用的是"并用制度"，加上还存在其他一些方面的不足，始终未被大多数海运国家接受，所以至今未生效。鉴于此，国际海事委员会于 1955 年在西班牙马德里起草了一个新的公约草案，并于 1957 年 10 月在布鲁塞尔召开的第 10 届海洋法外交大会上获得通过，即《1957 年公约》。公约采用金额制度，至今已有近 50 个参加国。它的出现与生效，使船舶所有人责任限制制度在国际上得到了初步的统一。但由于 1972 年发生的轰动国际航运界的"东城丸案件"(The Tojo Maru)，以及在一些国家出现了通过起诉船长或船员、船舶经营人或承租人，以规避"船舶所有人责任限制"的案件，再加上船舶大型化及通货膨胀等因素的影响，国际航运界开始意识到，现行的《1957 年公约》已不能适应国际航运发展的需要。在这种背景下，制定了《1976 年公约》，并于 1986 年 12 月 1 日开始生效，截至 1998 年 1 月 1 日，已有 30 个缔约国。

(2)我国《海商法》的相关规定

我国《海商法》第十一章关于"海事赔偿责任限制"的规定是参考《1976 年公约》制定的，但我国目前尚未加入《1976 年公约》。有关责任主体、责任限制丧失条件、非限制性债权等方面的规定，与《1976 年公约》的规定相同或相似，但仍存在如下方面的不同。

1)限制性债权

我国《海商法》规定只有四类，即删除了《1976 年公约》规定的"有关船上货物的清除、销毁或使之无害的索赔"及"有关沉船、残骸或被弃船(包括船上的任何物品)的起浮、清除、销毁或使之无害的索赔"两项。

2)一般责任限额

我国《海商法》也采用"超额递减金额制"，但规定"总吨不满 300 吨的船舶，从事中华人民共和国港口之间的运输的船舶，以及从事沿海作业的船舶，其赔偿限额由国务院交通主管部门制定，报国务院批准后施行"。交通部还颁布了《关于不满 300 总吨船舶及沿海运输、沿海作业船舶海事赔偿限额的规定》，该规定适用于超过 20 总吨、不满 300 总吨的船舶以及 300 总吨以上从事中华人民共和国港口之间货物运输或者沿海作业的船舶。

3)责任基金的设立

《海商法》规定责任人设立责任限制基金后，向责任人提出请求的任何人，不得对责任人的任何财产行使任何权利。

案例分析

案例 1 我国某公司进口 2 万吨豆粕,CIF 价格条款,出口商派船并对货物投保“一切险”,买卖合同规定质量以发货地商检报告为准。货装船后,船方签发清洁提单。货到卸港,经收货人校验,部分货物已发霉,由黄色变成黑色(经检验证明非因浸水原因),其余部分与装船前质量相符。

案例问题:

1. 收货人应如何操作获得索赔?
2. 船方管货是否有过失?要承担责任吗?
3. 发货人是否应承担责任?

案例 2 2000 年 4 月,中国 A 公司与多米尼加共和国 B 公司签订了一份售货合同,约定由 A 公司向 B 公司出口一批电话机。4 月 13 日,通过以色列 C 轮船公司在香港的代理人,A 公司与 C 轮船公司签订了海上货物运输合同。根据该合同约定,由 C 轮船公司将 A 公司这批出口货物用集装箱从香港运往多米尼加共和国圣多明哥。C 轮船公司向 A 公司签发了全套正本提单一式三份。该提单是记名提单,记名的收货人是该批电话机的买方多米尼加共和国 B 公司。货物运抵目的港后,在 A 公司仍持有全套正本提单的情况下,货物被提走,使 A 公司失去了对这批货物的控制权,最终导致 A 公司无法收回贷款。A 公司于是在 2001 年 1 月 2 日以 C 轮船公司无正本提单放货侵权为由向海事法院提起诉讼,请求法院判令被告赔偿货款及利息损失。由于货物交付地是多米尼加,本案应适用交货地国的法律,而位于加勒比海海地岛东部的多米尼加共和国对进口货物交付问题有其特殊的法律规定,其要求境内港口进口货物由港务局直接交付,海运承运人 C 无权也不负责货物的交付,多米尼加共和国港务局及海关有权在收货人未交正本提单的情况下交付货物。

案例问题:

1. A 公司要求 C 公司赔偿损失的请求有否法律依据?法院能否判决 A 公司胜诉?
2. 什么叫无单放货?记名提单可以无单放货吗?
3. 什么叫记名提单?A 公司如何操作才能具有对这批货物的控制权?

案例 3 2000 年 11 月,A 公司与菲律宾的 B 公司签订合同,约定由 A 公司为 B 公司供应红富士苹果 6000 箱,结算方式为信用证结算。A 公司随即与 C 货运公司达成协议,由 C 货运公司承运 A 公司的该批货物。2000 年 12 月 6 日,C 货运公司将 A 公司的货物装船并向 A 公司签发了一式三份正本提单。该提单载明:托运人为 A 公司,收货人为 B 公司,承运人为 C 货运公司,装货港为中国青岛,卸货港为菲律宾马尼拉北港,运费到付。提单的正面有一项声明:参照本提单背面的法律条款,合同或包含在本提单的合同内容以中国法律为依据。任何由本合同引发的争议和索赔终审权在中国法院而非其他法院。

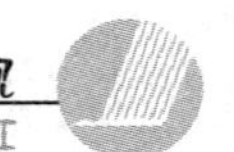

C货运公司将货物运至马尼拉北港后，在未收回其签发的正本提单情况下，于2000年12月17日，允许B公司凭保函提走了该提单项下的货物。2001年1月17日，因单证不符，中国银行烟台分行将C货运公司签发的提单退给了A公司。A公司由于未收到货款，也无法办理出口退税。为此，A公司于2001年6月28日诉之海事法院，以C货运公司在未收回正本提单的情况下，凭借收货人的保函将货物放走，造成A公司至今未收回货款为由，要求C货运公司承担给造成的经济损失。

案例问题：

1. 在本案中，A公司能否胜诉？为什么？
2. 本案中的提单是什么性质的提单？该提单能否无单放货？为什么？
3. 本案应适用的法律是中国法律还是菲律宾法律？为什么？

案例4 上海某公司从美国进口一个装载电子产品的40英尺集装箱，FOB价。美方代收货人向船公司订舱时，在托单上注明“装载舱内”，船公司接收托运时并非“装载舱内”，而是甲板上运输，提单条款CY－CY，并记载“SLAC”即由发货人装箱并计数，集装箱运抵上海时，卸船时箱子外表状况良好，铅封正常，收货人前来提箱时，箱子外表状况良好，铅封正常，但拆箱时却发现箱内电子产品相当部分已受潮，经商检认定，锈损系海水所致，收货人对此锈损提出索赔要求。

案例问题：

1. 由于是提单上记载“SLAC”，收货人能否向发货人提出索赔？
2. 收货人能否向保险人提出赔偿？
3. 收货人能否向集装箱所有人提出索赔？
4. 收货人能否向船公司（承运人）提出赔偿？
5. 收货人向以上4人中的哪一人索赔把握最大、举证较容易？

案例5 广州某厂从英国进口一批货物，英商应我方的要求，将货物交给指定运送人经荷兰船运至广州。在卸货时，发生短缺。据船公司回答，所有短缺货物已卸在香港，将安排运回广州，约过了20天，发现所短货物未全部运来，而且又无法查清货物究竟在何处，致使该厂的生产计划拖延，生产受到损失。

案例问题：

1. 船公司应负何责任？
2. 该厂是否可就由于生产计划拖延而造成的估计损失要求赔偿？
3. 在多次转船运输中，买方为避免此损失发生应该投保何种险别较好？

第 5 章

国内水路货物运输法规

本章要点

- 国内水路货物运输合同及其特征，当事人的权利、义务
- 运单的性质、内容、签发和法律意义

5.1 国内水路货物运输概述

《合同法》有关当事人权利和义务的规定一般都较为概括和原则，由于《合同法》中的"运输合同分则"无法很好地体现水上货物运输活动的特点，为此交通运输主管部门（交通运输部）专门颁布了《国内水路货物运输规则》（以下简称《货规》）。《货规》是规范我国沿海、江河、湖泊以及其他通航水域中从事营业性水路货物运输合同的基本规则，它在性质上与《海商法》相同，都调整横向法律关系，主要是合同关系的基本法律，但不属于《海商法》调整的范围。与《水运管理条例》相比，两者的性质则完全不同，《货规》是私法，而《水运管理条例》是公法。因此，《货规》既包括一些强制性条款，也给自由订约留下了不小的空间。此外，《货规》对水路运输合同之外的其他有关问题也作了规定。

5.1.1 水路货物运输合同的定义

水路货物运输合同，是指承运人收取运输费用，并负责将托运人托运的货物经水路由一港（站、点）运至另一港（站、点）的合同。运输合同是承托双方对运输中的各主要事项，特别是权利、义务等进行的约定。合同的标的是承运人的运输行为，即货物在空间上的位移。运输的起止地点包括港口和水岸边的具体地点。运输费用不仅指运费，还可能包括加固绑扎费、必要的中途垫款、共同海损分摊等，但不包括规费。承运人可以是船舶所有人、经营人或者与托运人订立运输合同的人。承运人不一定具备运输工具，当承运

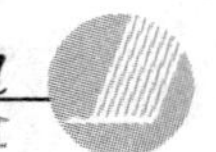

人以租赁的形式完成运输任务时，就会出现签约承运人和实际承运人的分离。按照《货规》的规定，签约承运人是指与托运人订立运输合同的人，而实际承运人是指接受承运人委托或者接受转委托从事水路货物运输的人。实际承运人不是合同当事人，但它对运输货物亦承担一定责任，这种责任并非基于合同产生，而是由法律直接规定的。

5.1.2 运输合同的形式与内容

运输合同可以采用书面、口头和其他形式。书面形式是指合同书、信件和数据电文等可以有形地表现所载内容的形式。运输合同的内容根据运输形式而有所不同。《货规》重点规定了班轮运输和航次租船运输两种形式。班轮运输，是指在特定的航线上按照预先规定的船期和挂港从事有规律的水上货物运输的运输形式。航次租船运输，是指船舶出租人向承租人提供船舶的全部或者部分舱位，装运约定的货物，从一港（站、点）运至另一港（站、点）的运输形式。《货规》对班轮运输、租船运输下的合同的基本条款作了规定，但这些条款仅为建议性而非强制性，缺少其中的若干内容并不影响合同的效力。

班轮运输下的运输合同内容一般包括承运人、托运人和收货人的名称，货物名称、件数、重量、体积，运输费用及其结算方式，船名、航次，起运港（站、点）、中转港（站、点）和到达港（站、点），货物交接的地点和时间，装船日期，运到期限，包装方式，识别标志，违约责任，解决争议的方法等。

航次租船下的运输合同内容一般包括出租人和承租人的名称，货物名称、件数、重量、体积，运输费用及其结算方式，船名，载货重量、载货容积及其他船舶资料，起运港和到达港，货物交接地点和时间，受载期限，装、卸货期限及其计算办法，滞期费率和速遣费率，包装方式，识别标志，违约责任，解决争议的方法等。

5.2 运输合同当事人的权利和义务

5.2.1 托运人的权利和义务

1. 交付货物和验收

托运人应当及时办理港口、检验、检疫、公安和其他货物运输所需的各项手续，并将已办理各项手续的单证送交承运人。因托运人办理各项手续和有关单证不及时、不完备或者不正确，造成承运人损失的，托运人应当承担赔偿责任。危险品、特种货物及有关主管机关根据行政管理之需，要求对其进行查验或核准后方可投入运输的货物，都要求托运人预先办理好有关手续，取得准许运输的证明，并将办好的各种单证与文件送交承运人。如因托运人送交的单证、文件的真实性问题造成承运人损失的，承运人可向托运人追偿。托运人提交托运的货物应与合同约定相符，包括名称、件数、重量、体积、包装方式、识别标志等。如有不符，即托运人构成违约，造成承运人损失的，应予赔偿。但是一且与合同约定不符的货物被承运人接受，则视为双方对运输合同予以变更。货物的交接检验，散装货物，托运人在货物交接检验时确定重量有困难的，可以要求承运人提供船舶水尺计量数作为申报的重量，承运人应予协助。以件运输的货物，承运人验收货物时，发现货物的实际重量或者体积与托运人申报的重量或者体积不符时，托运人应当按照实际重量或者体积支付运输费用并向承运人支付衡量等费用。水路运输货物通常以货物的重量或体积计费，因此确定货物的重量、体积是正确计收费用的前提。如果发现托运人的申报与持有人验收的实际重量或体积不符，特别是当托运人为少交运费而故意少报货物重量或体积时，托运人的这种重大过失或故意有时会酿成严重后果。托运人理应知道自己所托运的货物的基本情况，因此应对上述过失或故意承担责任，即除按照实际重量或体积补交运费及其他费用外，还应承担衡量等验收、检验费用。

2. 妥善包装，标志清楚的义务

需要具备运输包装的货物，托运人应当保证货物的包装符合国家规定的包装标准；没有包装标准的，货物的包装应当保证运输安全和货物质量。需要随附备用包装的货物，托运人应当提供足够数量的备用包装，交承运人随货免费运输。但如果货物托运时未加包装，而是准备运抵目的地后实施包装的，承运人无免费运送包装的义务。托运危险货物，托运人应当按照有关危险货物运输的规定，妥善包装，制作危险品标志和标签，并将其正式名称和危险性质以及必要时应当采取的预防措施书面通知承运人。我国《水路危险货物运输规则》在危险货物的分类、编号、包装标志、积载、隔离、储存等方面都作了较为详细的规定，是国内水路危险货物运输的主要依据。托运人应当在货物的外包装或者表面正确制作识别标志。识别标志的内容包括发货符号、货物名称、起运港、中转港、到达港、收货人、货物总件数。托运人应当根据货物的性质和安全储运要求，按照国家规定，在货物外包装或者表面制作储运指示标志。识别标志相当于外贸运输中的主标志，储运指示标志相当于外贸运输中的副标志。储运指示标志主要包括必要的警示标志、起吊重心等，是安全、准确地运输及交付货物的保证。因此，识别标志和储运指示标志都应字迹清楚、牢固。

3. 关于特殊货物

除另有约定外，运输过程中需要饲养、照料的活动物、有生植物，以及尖端保密物品、稀有珍贵物品和文物、有价证券、货币等，托运人应当向承运人申报并随船押运。托运人押运其他货物须经承运人同意。托运人应当在运单内注明押运人员的姓名和证件。但是押运人员的存在并不减轻承运人对货物所负的责任。出现货损等情况判别责任时，应根据实际情况，只有因押运人员的过失造成的货物损坏、灭失，承运人才可免责。托运笨重、长大货物和舱面货物所需要的超出承运人应承担的基本义务之外的额外作业，所需的特殊加固、捆扎、烧焊、衬垫、苫盖物料和人工由托运人负责，卸船时由收货人拆除和收回相关物料；需要改变船上装置的，货物卸船后应当由收货人负责恢复原状。托运人托运易腐货物和活动物、有生植物时，应当与承运人约定运到期限和运输要求；使用冷藏船（舱）装运易腐货物的，应当在订立运输合同时确定冷藏温度。由于这些货物对运输的及时性和运输期间的照料方面都有较高的要求，如果不能按期运到可能会导致腐坏、变质、枯萎甚至死亡，从而丧失应有的价值，因此应在合同中明确约定特殊货物的有关要求，以

保证其完好。

4. 支付运费及其他费用

除另有约定外，托运人应当预付运费。托运人在托运货物时，可以办理保价运输。货物发生损坏、灭失，承运人应当按照货物的声明价值进行赔偿；但承运人能证明货物的实际价值低于声明价值的，按照货物的实际价值赔偿。其他因货物的特殊性等发生的费用，如洗舱费用等，《货规》规定，洗舱费用由托运人或者收货人承担的有：托运人提出变更合同约定的液体货物品种后所需的洗舱；装运特殊液体货物（如航空汽油、煤油、变压器油、植物油等）需要的特殊洗舱；装运特殊污秽油类（如煤焦油等），卸后所需的洗舱。在承运人已履行了《货规》规定的适货义务的前提下，因货物的性质或者携带虫害等情况，需要对船舱或者货物进行检疫、洗刷、熏蒸、消毒的，应当由托运人或者收货人负责，并承担船舶滞期费等有关费用。

5. 关于变更运输

承运人将货物交付收货人之前，托运人可以要求承运人变更到达港或者将货物交给其他收货人，但应当赔偿承运人因此受到的损失，包括变更合同所增加的运费、保管费等，以及承运人完成原运输合同后可以获得的利益。当托运人行使运输变更的权利将损害他人的合法权益时，承运人应予以拒绝，所以托运人的此项权利不是绝对的。根据《合同法》的规定，托运人拥有可要求承运人中止运输、返还货物，使运输合同提前终止的重要权利。

6. 违约责任和免责事项

托运人不履行合同义务或者履行合同义务不符合约定的，应当承担继续履行、采取补救措施或者赔偿损失等违约责任。托运人因不可抗力不能履行合同的，根据不可抗力的影响，部分或者全部免除责任。迟延履行后发生不可抗力的，不能免除责任。

5.2.2　承运人的权利和义务

1. 保证船舶适航

承运人应当使船舶处于适航状态，妥善配备船员、装备船舶和配备供应品，并使干货舱、冷藏舱、冷气舱和其他载货处所适于并能安全收受、载运和保管货物。所谓适航，就是指船舶可以抵御航行的风险并具有适合水路货物运输的能力或状态，一般包括三个方面，即船舶适航、装备船舶、船舶适货。适航的含义是相对的而且是具体的，需要根据各航次的具体情况来作具体分析。货物不同，船舶适货的具体要求也常常有所不同，但要求承运人履行严格适配义务这一点是不变的。

2. 接收和照管货物

承运人应当按照运输合同的约定接收货物。若无正当理由承运人拒不接收托运人送交的货物的，则属于违约。《合同法》规定，从事公共运输的承运人不能拒绝托运人通常、合理的运输要求，但当货物包装不符合相应的运输安全标准时，承运人可以拒绝运输。承运人应当妥善地装载、搬移、积载、运输、保管、照料和卸载所运货物，这是承运人管货义务的具体体现。

3. 不得绕航

承运人按照要求应按三种可能的航线完成货物运输，其选择的顺序依次为：按照双方约定的航线、未作约定时按照习惯航线、不具备约定及习惯航线时按照地理上的航线，将货物运往到达港。所谓习惯航线，一般是指起运港和到达港之间的水域内，其他同类型船舶在该季节通常行走的路线；地理航线一般是指在保证航行安全的前提下最近的路线。如果船舶驶离上述三种可能航线即构成绕航。在规定承运人不得绕航的同时，《货规》允许合理绕航，即为救助或企图救助人命或财产而发生的绕航。此外，承运人为了避开水上风险而驶离正常航线也应属于合理绕航。

4. 不得延迟交付

承运人应当在约定期间或者在没有这种约定时在合理期间内将货物安全运送到约定地点。货物未能在约定或者合理期间内在约定地点交付的，为延迟交付。对由此造成的损失，承运人应当承担赔偿责任。承运人未能在上述约定期间届满的次日起 60 天内交付货物的，有权对货物灭失提出赔偿请求的人可以认为货物已经灭失。延迟交付属于一种违约行为，造成的损失可能是多方面的，如物质损失、市价损失、利息损失、停工停产损失、收货人涉及的另一合同的违约损失等。承运人在延迟交付的赔偿方面，一般限于合理范围，不能预见到的损失不予赔偿。因不可抗力致使船舶不能在合同约定的到达港卸货的，除另有约定外，承运人可以将货物在到达港邻近的安全港口或者地点卸载，这被视为已经履行合同。但是承运人这样做应当考虑托运人或者收货人的利益，并及时通知托运人或者收货人。

5. 对危险品的特殊处理

托运人违反对危险品运输应负的包装、通知等义务或通知有误的情况下，承运人可以拒绝运输，也可以在任何时间、任何地点根据需要将危险货物卸下、销毁或者使之不能为害，而不承担赔偿责任。托运人对承运人因运输此类货物所受到的损失，应当承担赔偿任。承运人知道危险货物的性质并已同意装运的，仍然可以在该货物对于船舶、人员或者其他货物构成实际危险时，将货物卸下、销毁或者使之不能为害，而不承担赔偿责任。但是，如此规定并不影响共同海损的分摊。承运人在对危险品进行紧急处理时，应尽可能地考虑货方利益，减少货方损失。

6. 交付货物、港口作业和留置权

有关交付的规定如下：首先，承运人在货物运抵到达港后，应在 24 小时内向收货人发出到货通知。承运人对通知义务的履行不局限于传统的信函、电传、电报等方式，也可以采用资料电文的形式。其次，承运人发出到货通知后，应当每 10 天催提一次。满 30 天收货人不提取或者找不到收货人，承运人应当通知托运人，托运人在承运人发出通知后 30 天内负责处理该批货物。托运人未在规定期限内处理货物的，承运人可以将该批货物作无法交付货物处理。针对承运人经常面临的货物无法交付的情况，国家曾颁布了《关于港口、车站无法交付货物的处理办法》。《货规》设计的催提程序是最终将货物作无主货处理的必要步骤。此外，承运人可以根据《合同法》的规定，在收货人不明或收货人无正当理由拒绝受领货物的情况下提存货物。承运人将货物提存，在法律上就是履行了其运输合同中的交货义务。

港口作业的规定：为了减少承运人因船舶滞留港口而发生的费用损失，保证船舶尽快完成卸货，进入下一航次的运输，在运输合同约定应当由收货人委托港口作业的情况下，货物运抵到达港后，如果收货人没有及时委托作业，承运人可以委托港口经营人进行作业，由此产生的费用和风险由收货人承担。这样的变通处理是在运输合同未能正常履行的情况下，为解决无人与港口经营人签订作业合同，必然发生延误船期的情况而作的。

留置权的规定：留置权是承运人享有的一项非常重要的权利，是保护其合法权益的一个重要手段。《货规》规定，应当向承运人支付运费、保管费、滞期费、共同海损的分摊和承运人为货物垫付的必要费用以及其他运输费用而没有付清，又没有提供适当担保的，承运人可以留置相应的运输货物，但另有约定的除外。

7. 关于索赔

收货人有权就运单上所载货物损坏、灭失或者延迟交付所造成的损害向承运人索赔，这是一种基于侵权而产生的权利。因为收货人不是运输合同的当事人，不能据合同主张权利，但同时承运人负有向收货人交付货物的义务。运单作为承运人接收货物后签发的收据，表明承运人已按运单上的记载接收了货物，并应将货物完好地交给指定的收货人。当运输中出现实际承运人时，有权提出索赔的人既可以向承运人也可以向实际承运人提出索赔请求，或者向两者同时提出。无论如何，承运人或实际承运人都有责任向索赔人进行全额赔偿，然后再向实际应承担责任的另一方当事人追偿。

8. 承运人的责任与免责

承运人对运输合同履行过程中货物的损坏、灭失或者延迟交付承担损害赔偿责任，但证明货物的损坏、灭失或者延迟交付是由于下列原因造成的可以免除责任：不可抗力，货物的自然属性和潜在缺陷，货物的自然减量和合理损耗，包装不符合要求，包装完好但货物与运单记载内容不符，识别标志、储运指示标志不符合《货规》的规定，托运人申报的货物重量不准确，托运人押运过程中的过错，普通货物中夹带危险、流质、易腐货物，托运人、收货人的其他过错。享受免责权利的前提是承运人负有举证的义务。

9. 关于运费

货物在运输过程中因不可抗力灭失，未收取运费的，承运人不得要求支付运费，已收取运费的，托运人可以要求返还。货物在运输过程中因不可抗力部分灭失的，承运人按照实际交付的货物比例收取运费。

5.3 运输单证

水路运输当事人除了有运输合同之外，还有运单。对于两者的关系，按照《货规》的规定，“运单是运输合同的证明，是承运人已经接收货物的收据”。此规定中并没有区分运输的具体形式，在水路运输合同中，运单已不再是运输合同的形式。在效力上运单既不是承运人据以交付货物的凭证，也不是收货人提货的凭证，收货人接受货物时只需证明其身份，无须持有运单。运单只是承运人接收货物后签发的一种凭证，如果是由载货船船长签发的，视为代表承运人签发。

5.3.1 运单的性质

运单是运输合同的证明，是承运人已经接收货物的收据。运单的记载如与运输合同的约定不一致，可以视为对合同进行了更改。运单不是物权凭证，既不可以转让，也不是收货人提货的凭证。运单经承运人单方签字而有效，但如果托运人对运单内容有异议，可以拒绝接受。

5.3.2 运单的内容

运单一般应包括以下内容，即承运人、托运人和收货人名称，货物名称、件数、重量、体积（长、宽、高），运输费用及其结算方式，船名、航次，起运港、中转港和到达港，货物交接的地点和时间，装船日期，运到期限，包装方式，识别标志等，但这些内容不具有强制性。

5.3.3 运单的填制

运单的填制应符合以下规范：一份运单填写一个托运人、收货人、起运港、到达港；货物名称填写具体品名，名称过繁的，可以填写概括名称；规定按重量和体积择大计费的货物，应当填写货物的重量和体积（长、宽、高）填写的各项内容应当准确、完整、清晰。

5.3.4 运单的签发

承运人接收货物应当签发运单。运单签发后，承运人、承运人的代理人、托运人、到达港港口经营人、收货人各留存一份，另外一份由收货人收到货物后作为收据签还给承运人。承运人可以视情况增加或者减少运单份数。

案例分析

1997 年 6 月，某食品公司在河南南阳购进 200 头黄牛。先用汽车运至汉水，与某水上运输公司签订一份运输黄牛合同。合同规定由承运人在 7 天之内将 200 头黄牛运抵镇江港，托运人自备饲料，并派人押运负责照料黄牛。合同生效后，托运人按时将黄牛运抵装船码头。承运人称船舶主机正在维修，要迟一两天开船。托运人担心黄牛在途时间过长，掉膘太多，追问承运人能否保证在 7 天内运抵目的港，承运人称没问题。运牛的船舶在出发港耽搁了两天半才开船。船到汉口港后，船长说要上岸买 1 桶润滑油，在汉口耽搁 1 天。正要起航又说信号灯坏了，要重新靠岸买配件，但船要排队才能泊岸，船长决定放救生艇下去，一个来回又费了半天时间。船到九江，以加油为名又停了长达 14 小时，这时已过了 6 天半。在下午 3 点必须抵达目的港，时间显然来不及了。押运人告知船长只给黄牛准备了7天的饲料，现所剩饲料已不多，要求船在安庆港停几个小时，去买饲料，船长以再停船就要延误时间为由拒绝了押运人的请求。船因主机状况不良，从九江到镇江足足驶了2天半时间，200头黄牛断了2天饲料，饿死3头，每头牛平均掉膘15公斤，使食品公司损失1.6万元。食品公司以船舶未按约定的时间到港，导致黄牛饿死和不应有的掉膘为由，要求运输公司赔偿损失1.6万元。运输公司以船期耽误是因为碰到意外事件造成的，不能负责托运人的损失。况且船只在九江停了几个小时，押运人明知饲料不够，但并没有添置，因此损失应由承运人负责，食品公司不服，向运输公司所在地人民法院提起诉讼，请法院责令运输公司赔偿损失1.6万元。

案例问题：

1. 国内水路货物运输合同承运人的义务有哪些？
2. 国内水路货物运输合同托运人托运特殊货物有哪些义务？
3. 运输公司是否应该赔偿食品公司的经济损失？为什么？
4. 你认为法院会如何判决？

第 6 章

公路货物运输法规

本章要点

- 《国际公路货物运输合同公约》和《国际公路运输公约》的主要内容
- 我国国内公路运输合同的订立、履行、变更与解除、违约责任

6.1 公路货物运输概述

公路运输是整个社会活动中重要的组成部分，在区域可达性方面比其他运输方式有着明显优势，只要有道路的地方，它几乎能到达每个起点和终点，实现门到门的服务。此外公路运输的另一个优势就是速度，对于 500 公里之内的货物运输，公路可以比其他运输方式都快。

公路货运按运输形式可分为普通货物运输、零担货物运输、大型物件货物运输、集装箱运输、冷藏货物运输、危险货物运输和搬家运输等七种类型。零担货物运输是指托运人一次托运货物计费重量 3 吨及以下的，其性质、体积、形状不足以需要一辆汽车运输；大型物件货物运输是指在道路上运用汽车运载大型物件的运输，其中大型物件是指符合下列条件之一的货物：长度在 14 米以上或宽度在 3.5 米以上或高度在 3 米以上的货物，或者重量在 20 吨以上的单体货物或不可解体的成组（捆）货物；集装箱运输是指使用汽车承运载货集装箱或空载集装箱的运输；冷藏货物运输是指使用保温、冷藏专用运输车辆运送对温度有特别要求的货物的运输；危险货物运输是指承运《危险货物品名表》列明的易燃、易爆、有毒、有腐蚀性、放射性等危险货物和虽未列入《危险货物品名表》但具有危险货物性质的新产品的运输；搬家运输是指为个人或单位搬迁提供运输和搬运装卸服务，并按规定收取费用的运输活动。

此外，按照保险方式，公路货物运输还有货物运输保险和货物保价运输两种形式。货物运输保险是指货主就所发运的货物按一定金额向保险公司投保一定的险别，并缴纳

保险费，由保险公司出具保险单，在承保后，若保险货物在运输过程中发生承保责任范围内的损失，保险应按照其出具保险单的规定给予货主经济上的补偿。货物保价运输是托运人在办理承托运手续时，声明货物价格并向承运人支付一定的保价费用，在发生货物赔偿时，承运人按托运人声明价格及货物损坏程度予以赔偿的货物运输。托运人选择货物保价运输时，申报的货物价值不得超过货物本身的实际价值。

6.2 汽车租赁

汽车租赁是以取得汽车产品使用权为目的，由出租方提供租赁期内包括汽车功能、税费、保险、维修及配件等服务的租赁形式。汽车租赁主要受《合同法》、《汽车租赁行业行规行约》、《汽车租赁试点工作暂行管理办法》等法律规范调整。

6.2.1 承租人的义务和责任

承租方原则上只承担车辆的燃料费、通行费、停车费及违章罚款等。如因承租方人为原因造成车辆损坏的维修费，承租方应承担全部或部分。承租方应预付租金，无正当理由未支付或者迟延支付租金的，出租人可以要求承租人在合理期限内支付。承租人逾期不支付的，出租人可以解除合同。租赁期限内租赁车辆如超出行驶里程，承租方应支付超程费；如超出租期，承租方应支付超时费。承租方应支付一定的租赁保证金。保证金是承租方支付的其他费用，如违约金、超程费、超时费等。保证金原则上不得用于支付租金，在合同结束后，出租人将保证金扣除实际发生费用后退还承租方。

6.2.2 出租人的义务和责任

汽车租赁经营者应建立完善的车辆检查、保养、维修、故障救援、保险理赔等服务保障体系，以保证承租方的合法权益。在维修期间，汽车租赁经营者有责任向承租方提供性能良好、车型相当的替换车辆。经营者应承担租赁车辆的养路费、车船使用税、年检费、保险费及车辆正常的保养、维修费用，负责年检、保险、理赔等事务性工作，如合同另有约定的，按约定执行。

6.3 公路货物运输

调整公路货物运输关系的法律、法规有很多，但一些20世纪90年代的法律法规，由于不适应目前公路运输，基本已经废止了。目前有效的法律法规有：《中华人民共和国公路法》、《中华人民共和国道路运输条例》、《国际道路运输管理规定》、《公路运价管理暂行规定》、《汽车运价规则》、《国际集装箱汽车运输收费规则》、《超限运输车辆行驶公路管理规定》、《道路货物运输及站场管理规定》(2005)、《道路危险货物运输管理规定》(2005)、《汽车货物运输规则》(1999)、《道路大型物件运输管理办法》等。

6.3.1 合同的订立

公路货物运输合同是汽车承运人与托运人之间签订的明确相互权利义务关系的协议。根据该协议，承运人应当按照托运人的要求将货物如期安全地运到约定地点并交给指定的收货人，托运人则按照协议的约定支付运费。承运人的基本权利就是收取运费，托运人的基本权利就是要求承运人将货物按时、安全地运输到指定地点交给收货人。托运人与承运人本着平等、自愿、公平、诚实、信用的原则就公路货物运输合同的内容进行协商，采用书面形式、口头形式或其他形式达成一致，签订公路货物运输合同。书面形式合同种类分为定期运输合同、一次性运输合同、道路货物运单(以下简称运单)。其中定期运输合同适用于承运人、托运人、货运代办人之间商定的时期内和批量货物运输。一次性运输合同适用于每次货物运输。承运人、托运人和货运代办人签订定期运输合同、一次性运输合同时，运单视为货物运输合同成立的凭证。在每车次或短途每日多次货物运输中，运单视为合同。汽车货物运输合同自双方当事人签字或盖章时成立；当事人采用信件、数据电文等形式订立合同的，可以要求签订确认书，签订确认书时合同成立。合同主要有以下内容。

1. 货物的基本情况

货物的基本情况包括货物的名称、性质、体积、数量及包装标准。合同中要对运输的货物作出明确的规定，这是公路货物运输合同的重要条款。一般来说，这些内容都是由托运人填写、经承运人确认后成立的。货物名称要按规范的要求填写，不能用通俗名称。货物的性质也要如实声明，避免因对货物性质的不同理解而导致在运输途中发生损失。包装标准应当注明采用何种包装、包装适用的标准名称等内容。

2. 运输条件

运输条件包括货物起运和到达地点、运输距离、托运人和收货人名称及详细地址。这是保证货物能够安全、完整、及时运到约定地点并交付给收货人的重要前提。在实践中有的托运人不注意填写收货人准确的名称、地址和联系电话，导致货物运到后难以交付；有的则笔迹潦草，难以辨认，导致运错到站；有的甚至因为地区重名，运错货物。因此，对这个条款，双方当事人一定要核对清楚。

3. 运输质量

运输质量要求包括安全、及时将货物运到目的地并交付给指定的收货人。在运输途中货物不能损坏、不能丢失，要保证运输中的安全。运输危险品货物，由于货物的特殊性及高危性，使得运输的安全显得尤为重要，在这方面需要有特殊规定。

4. 货物的装卸责任

对货物装卸有特殊要求的，应在本条款中明确。装卸方法应当详细具体，便于操作。

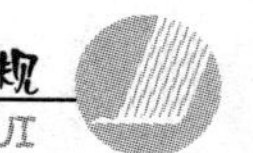

为保证安全装卸，应当对货物的装卸条件和装卸说明书之类的文件由谁提供作出规定。

5. 货物的交接手续

货物交接手续直接关系到承运人和托运人的责任。因此，托运人在托运货物时，一定要与承运人清点清楚，必要时，可以对货物的具体情况进行说明。承运人在到站交付货物时，也要向收货人清点。通常承运人对托运的货物要提供担保，或者支付一定的押金。

6. 运输的责任期限

运输的责任期限是指承运人自接受货物起至将货物交付收货人（包括按照国家有关规定移交给有关部门）止，货物处于承运人掌管之下的全部时间，其不影响承运人与托运人就货物在装车前和卸车后对承担的责任达成的协议。运输期限由承托双方共同约定后应在运单上注明。

7. 运费的结算与支付

一般来说，运杂费标准由国家有关部门规定，但随着市场的变化，公路货物运输费用当事人协商的成分要多一些，不少合同当事人在签订合同时对运费直接进行协商。结算方式主要是银行结算，对于小额运费也可以用现金支付。

8. 变更、解除合同的规定

当事人可以约定变更和解除合同的条件，如果没有约定的，则依照法律的规定办理变更和解除合同的手续。

9. 违约责任

违约责任有法定责任和约定责任两种。法定责任是指即使当事人没有约定，一旦法定的情况出现，当事人也要承担法律责任。约定责任则由双方当事人在签订合同时明确，当约定的情况出现时，责任人要承担法律责任。对免责条款要在合同中明确，如果免责条款违反《合同法》有关规定的，则该类条款是无效条款。

10. 双方商定的其他条款

其他条款包括当事人认为必须在合同中明确的内容，也应当在合同中详细列明。

6.3.2 合同的履行

1. 货物托运

托运人在托运货物时不得夹带危险货物、贵重货物、鲜活货物和其他易腐货物、易污染货物、货币、有价证券以及政府禁止或限制运输的货物等。托运人应准确、完整地填写运单，托运货物的名称、性质、件数、重量、体积、包装方式等，应与运单记载的内容相符。一张运单托运的货物，必须是同一托运人、收货人；托运的货物品种不能在一张运单内逐一填写的，应填写“货物清单”；危险货物与普通货物以及性质相互抵触的货物不能用一张运单；托运人要求自行装卸的货物，经承运人确认后，在运单内注明。

按照国家有关部门规定需办理准运或审批、检验等手续的货物，托运人托运时应将准运证或审批文件提交承运人，并随货同行。托运人委托承运人向收货人代递有关文件时，应在运单中注明文件名称和份数。

托运货物的包装，应当按照承托双方约定的方式包装。对包装方式没有约定或者约定不明确的，可以协议补充；不能达成补充协议的，按照通用的方式包装，没有通用方式的，应在足以保证运输、搬运装卸作业安全和货物完好的原则下进行包装。对于依法应当执行特殊包装标准的，按照规定执行。托运人应根据货物性质和运输要求，按照国家规定，使用正确的运输标志和包装储运图示标志。使用旧包装运输货物时，托运人应将包装上与本批货物无关的运输标志、包装储运图示标志清除干净，并重新标明制作标志。

托运特种货物时，托运人应按以下要求，在运单中注明运输条件和特约事项：托运需冷藏保温的货物，托运人应提出货物的冷藏温度和在一定时间内的保持温度要求；托运鲜活货物，应提供最长运输期限及途中管理、照料事宜的说明书，货物允许的最长运输期限应大于汽车运输能够达到的期限；托运危险货物，按交通部《道路危险货物运输管理规定》办理；托运大型特型笨重物件，应提供货物性质、重量、外廓尺寸及对运输要求的说明书，承运前承托双方应先查看货物和运输现场条件，需排障时由托运人负责或委托承运人办理，运输方案商定后办理运输手续。运输途中需要饲养、照料的有生动、植物，尖端精密产品，稀有珍贵物品，文物，军械弹药，有价证券，重要票证和货币等，托运人必须派人押运。

2. 货物受理与交接

承运人受理凭证运输或需有关审批、检验证明文件的货物后，应当在有关文件上注明已托运货物的数量、运输日期，加盖承运章，并随货同行，以备查验。

承运人受理整批或零担货物时，应根据运单记载货物名称、数量、包装方式等，核对无误后，方可办理交接手续。包装货物采取件交件收；集装箱重箱及其他施封的货物凭封志交接；散装货物原则上要磅交磅收或采用承托双方协商的交接方式交接，交接后双方应在有关单证上签字。货物交接时，承托双方对货物的重量和内容有质疑的，均可提出查验与复磅，查验和复磅的费用由责任方负担。承运人发现与运单填写不符或可能危及运输安全的，不得办理交接手续。

承运人应当根据受理货物的情况，合理安排运输车辆。货物装载重量以车辆额定吨位为限，轻泡货物以折算重量装载，不得超过车辆额定吨位和有关长、宽、高的装载规定。如果车辆前一次车载为有毒、易污染的货物，承运人应对车辆进行清洗和消毒。因货物自身的性质，应托运人要求，需对车辆进行特殊清洗和消毒的，由托运人负责。

承运人应与托运人约定运输路线。起运前运输路线若发生变化的必须通知托运人，并按最后确定的路线运输。承运人未按约定的路线运输增加的运输费用，托运人或收货人可以拒绝支付增加部分的运输费用。

3. 货物的交付

承运人应在约定的时间内将货物运达。零担货物按批准的班期时限运达，快件货物按规定的期限运达。整批货物运抵前，承运人应当及时通知收货人做好接货准备；零担货物运达目的地后，应在24小时内向收货人发出到货通知或按托运人的指示及时地将货物交给收货人。

货物运达承、托双方约定的地点后，收货人应凭有效单证及时提（收）货物，逾期提（收）货物的，应当向承运人支付保管费等费用，无正当理由拒绝受领货物的，应赔偿承运

人因此造成的损失，同时承运人可以提存货物。货物交付时，承运人与收货人应当做好交接工作，如发现货损货差，由承运人与收货人共同编制货运事故记录，交接双方在货运事故记录上，签字确认。

6.3.3 合同的变更与解除

凡发生下列情况之一，允许变更和解除运输合同：

①由于不可抗力使运输合同无法履行；

②由于合同当事人一方的原因，在合同约定的期限内确实无法履行运输合同；

③合同当事人违约，使合同的履行成为不可能或不必要；

④经合同当事人双方协商同意解除或变更，但承运人提出解除运输合同的，应退还已收的运费。

在承运人未将货物交付收货人之前，托运人可以要求承运人中止运输、返还货物、变更到达地或者将货物交付给其他收货人，但应当赔偿承运人因此受到的损失。货物运输过程中，因不可抗力造成道路阻塞导致运输阻滞，承运人应及时与托运人联系，协商处理，发生货物装卸、接运和保管费用按以下规定处理：接运时，货物装卸、接运费用由托运人负担，承运人收取已完成运输里程的运费，退回未完成运输里程的运费；回运时，收取已完成运输里程的运费，回程运费免收；托运人要求绕道行驶或改变到达地点时，收取实际运输里程的运费；货物在受阻处存放，保管费用由托运人负担。

6.3.4 违约赔偿责任

1. 承运人的责任

(1)违约责任

货物在承运责任期间内，发生毁损或灭失的，承运人应负赔偿责任。若承运人未按约定的期限将货物运达的，应负违约责任；承运人未遵守承托双方商定的运输条件或特约事项，由此造成托运人损失的，应负赔偿责任。因承运人责任将货物错送或错交的，应将货物无偿运到指定的地点，交给指定的收货人。

(2)免责事项

货物在承运责任期间内，发生毁损或灭失的，承运人应负赔偿责任。但有下列情况之一者，承运人举证后可不负赔偿责任：不可抗力；货物本身的自然性质变化或者合理损耗；包装内在缺陷，造成货物受损；包装体外表面完好而内装货物毁损或灭失；托运人违反国家有关法令，致使货物被有关部门查扣、弃置或作其他处理；押运人员责任造成的货物毁损或灭失；托运人或收货人过错造成的货物毁损或灭失。

(3)赔偿金额

货物毁损或灭失的赔偿额，当事人有约定的，按照其约定，没有约定或约定不明确的，可以补充协议，不能达成补充协议的，按照交付或应当交付时货物到达地的市场价格计算。由于承运人责任造成货物灭失或损失，以实物赔偿的，运费和杂费照收；按价赔偿的,退还已收的运费和杂费;被损货物尚能使用的,运费照收。

如果办理保价运输的,货物全部灭失,按货物保价声明价格赔偿;货物部分毁损或灭失,按实际损失赔偿;货物实际损失高于声明价格的,按声明价格赔偿;货物能修复的,按修理费加维修取送费赔偿。对于保险运输,按投保人与保险公司商定的协议办理。

未在约定的或规定的运输期限内运达交付的货物,为迟延交付。对承运人非故意行为造成货物迟延交付的赔偿金额,不得超过所迟延交付的货物全程运费的数额。

2. 托运人的责任

托运人由于以下过错,造成承运人、站场经营人、搬运装卸经营人的车辆、机具、设备等损坏、污染或人身伤亡以及因此而引起的第三方的损失,由托运人负责赔偿:

①在托运的货物中有故意夹带危险货物和其他易腐蚀、易污染货物以及禁、限运货物等行为;

②错报、匿报货物的重量、规格、性质;

③货物包装不符合标准,包装、容器不良,而从外部无法发现;

④错用包装、储运图示标志。

此外,托运人未按合同规定的时间和要求,备好货物和提供装卸条件,以及货物运达后无人收货或拒绝收货,而造成承运人车辆放空、延滞及其他损失的,托运人应负赔偿责任。

6.4 有关国际公约

6.4.1 国际公路货物运输合同公约

为了统一公路运输所使用的单证和承运人的责任起见,联合国所属欧洲经济委员会负责草拟了《国际公路货物运输合同公约》,简称CMR,并于1956年5月19日由欧洲17个国家在日内瓦参加的会议上一致通过签订。该公约共有12章51条,就适用范围,承运人责任、合同的签订与履行、索赔和诉讼以及连续承运人履行合同等等都作了较为详细的规定。

1. 适用范围

不管缔约方住地和国籍,凡营运车辆的公路货物运输合同中规定的接管和交付货物的地点位于两个不同国家,其中至少有一个是缔约国者,本公约均适用之。本公约也适用于属本公约范围内而由国家或政府机构组织所从事的运输。但是以下三种情况不适用:按照任何国际邮运公约条款而履行的运输、丧葬运送和家具搬迁。

2. 运单

运单应是运输合同成立、合同条件和承运人收到货物的初步证据。如运单中未包含承运人的特殊保留条件,除非有相反证明,则应认为当承运人接管货物时,货物和包装外表状况良好,件数、标志和号码与在运单中的说明相符。运输合同应以签发运单来确认,

无运单、运单不正规或丢失不影响运输合同的成立或有效性。运单应签发有发货人和承运人签字的三份正本，第一份应交付发货人，第二份应交付跟随货物，第三份应由承运人留存。当待装货物在不同车内或装有不同种类货物或数票货物，发货人或承运人有权要求对使用的每辆车、每种货或每票货分别签发运单。

运单的主要内容有：运单签发日期和地点；发货人名称和地址；承运人名称和地址；货物接管的地点及日期和指定的交付地点；收货人名称和地址；一般常用的货物品名和包装方法，如属危险货物，说明通常认可的性质；件数和其特殊标志和号码；货物毛重或以其他方式表示的数量；与运输有关的费用（运输费用、附加费用、关税和从签订合同到交货期间发生的其他费用）；办理海关和其他手续所必需的通知；不管有任何相反条款，该运输必须遵照本公约各项规定的说明。

3. 承运人、托运人的责任

(1)承运人的责任

承运人应对自货物接管之时起到交付时止发生的全部或部分灭失和损坏以及货物交付中的任何延迟负责。但如果货物灭失、损坏或延迟是由于索赔人的错误行为或过失，或是由于索赔人的指示而不是由于承运人的错误行为或过失，或者是由于货物的固有缺陷或承运人不能避免的情况和承运人不能防止的结果所造成，承运人应免除责任。

对由于为履行运输而使用车辆的不良状况或由于承运人已租用其车辆的人或他的代理人或他的受雇人的错误行为或过失，承运人不应免除责任。

当货物的灭失或损坏是在下述一种或一种以上情况中产生的特殊风险所引起的，承运人应予免责：当已在运单中明确议定和规定使用无盖敞车；如货物根据其性质，在无包装或未予妥善包装时易于损耗或损坏的情况下，无包装或包装不良；由发货人、收货人或代表发货人或收货人所从事的货物搬运、装载、积载和卸载所造成的损害；特别是由于具有容易断裂、生锈、腐烂、干燥、渗漏、正常损耗或虫蛀等特易造成全部灭失或部分灭失或损坏的某些货物；包装上标志或号码不足或不当；承运活动物。

当承运人负责赔偿货物的全部和部分灭失时，赔偿应参照接运地点和时间货物的价值进行计算，但赔偿限额毛重每公斤不超过25金法郎。如果货物全部灭失，运输费用、关税和有关货物运输发生的其他费用应全部偿还；如货物部分灭失，则按遭受灭失部分的比例偿还，但不付另外的损坏费用。在延迟情况下，如索赔人证明损坏是由此引起的，承运人应支付该损坏不超过运输费用的赔偿。

(2)发货人的责任

发货人应对由于运单中不确切或不当致使承运人所遭受的所有费用、灭失和损坏负责。承运人无责任调查这些单证和情况是否准确或适当。除非是由于承运人的错误行为或过失，对由于这些单证和情况的短缺或不正规所引起的损坏，发货人应向承运人负责。当发货人把有危险性质的货物交付承运人，他应将危险的确切性质通知承运人，如有必要时还应指出应采取的预防措施，如果因发货人没有告知造成的货损货差，则由发货人自行承担。

对造成货物灭失、损坏或延迟的某些因其他货物的损坏以及由此所引的任何费用，发货人应对承运人负责。

4. 索赔和诉讼

(1)索赔通知

如果收货人接管货物时未与承运人共同检验货物，当货物有明显灭失或损坏时，收货人在收货时未向承运人提出，当货物的灭失或损坏不明显时，收货人在收货后的七日内(星期日和节假日除外)未书面提出，则运单上所载明的货物状况作为收货人接收货物的初步证据。

当货物的状况已经被收货人和承运人及时检验，只有在灭失或损坏不明显而且收货人在检验之日起七日内(星期日和例假日除外)已向承运人及时提出书面保留的情况下，才允许提出与本检验结果相反的证据。

除非自货物置于收货人处置时起 21 天内已向承运人提出书面保留，否则交货延迟不予赔偿。

(2)诉讼时效

时效期限根据实际情况，交货日或检验日或将货物置于收货人处理之日，不应包括在时效期限内。诉讼时效期限是一年，但如是故意的不当行为，或根据受理案件的法院或法庭地的法律认为过失与故意的不当行为相等同时，时效期限为三年。时效期限开始起算的时间是(时效期限开始之日不应计算在期限内)：如货物系部分灭失、损坏或交货延迟，自交货之日起算；如系全部灭失，以议定的交货期限届满后第三十天，或如无议定的交货期限，则从承运人接管货物之日起第六十天开始起算；在所有其他情况下，在运输合同订立后满期三个月时起算。

5. 连续承运人履行运输合同的规定

如受单一合同所制约的运输是由连续公路承运人履行，则其每一承运人为全部营运负责。若其接受货物和运单，第二承运人和每个连续承运人即成为在运单条款中运输合同的当事人一方。

除基于同一运输合同索赔的诉讼中提出的反索赔或抵消以外，有关灭失、损失或延迟的责任的法律诉讼只可向第一承运人、最后承运人或在发生灭失、损坏或延迟的这一段运输中履行那段运输的承运人提起，一个诉讼可以同时向这些承运人中的几个提起。

支付赔偿的承运人应有权从参加运输的其他承运人处享受取得该赔偿及其利息和由于索赔发生的所有费用，并遵守以下规定：对灭失或损坏负责的承运人应单独负责赔偿，不管此赔偿是否由他或另一承运人支付；当灭失或损坏是由两个或两个以上承运人的行为所造成时，每个承运人应按其所负责部分按比例进行分摊；如不能确定属于哪段承运人的责任，则应在所有承运人之间按比例分担赔偿。如某一承运人无力偿还，应按支付给其他承运人的运费按比例在其他承运人中分摊他应支付和支未付的赔偿部分。

6.4.2 国际公路运输公约

国际公路运输公约(Transports Internationaux Routiers，TIR)，即国际公路运输，它是一种海关过境制度，通过对国际公路运输工具颁发 TIR 证，实现对过境货物及运输工具的控管。它为运输经营人和海关提供了一种用于过境国际货运简单易行、成本效率高

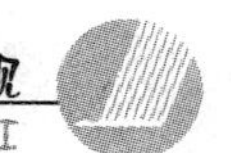

和安全的制度。TIR过境制度的第一项协定是1949年在少数欧洲国家之间签署的，在此基础上发展形成了《1949年国际公路运输公约》。其后，为了吸取这个制度在运作中的实际经验，贯彻发生变化的海关和运输协定，联合国欧洲经委会1975年修订形成了《1975年国际公路运输公约》。该公约为适应混合及多式联运的要求，将TIR制度由公路运输拓展到了铁路、内陆河流运输以及海运，仅要求整个运输作业中至少有一部分为公路运输即可。经过多年的实践，TIR公约已证明是最成功的国际运输公约之一。它覆盖了整个欧洲，并延伸至北非及近东和中东。而且，部分亚洲国家也相继加入，在与我国接壤或邻近国家中，哈萨克斯坦、塔吉克斯坦、乌兹别克斯坦、吉尔吉斯斯坦、土库曼斯坦、蒙古、阿富汗、韩国、日本等国都已加入该公约，并借助TIR系统，开展国际道路运输。

1. TIR制度的目标

TIR海关过境制度的设计目标是尽最大可能便利国际贸易中海关加封货物的流动，同时提供必要的海关控管和担保。过去，当货物在国际公路货运过程中穿越一国或者多国领土时，每个国家的海关部门均须实施本国的控管程序，进行开封、查验、通关、施封等作业，各国的这类控管程序会有差异。由于在每个沿途国都要实施这样的作业，浪费时间、人力、财力，并有可能在边境产生滞留，发生误期和干扰。为了减少运输经营人遇到的这些问题，同时又向海关部门提供一种国际控管制度，由此设计了TIR制度。

2. TIR制度的意义

TIR制度对海关有明显的好处，因为它减少了通常国家过境程序的要求。同时，该制度避免了在沿途进行从人力和设施两方面来看都极为昂贵的货物查验的要求，只需要检查车辆或者集装箱的封志和外部状况。TIR制度还免除在国家层面进行担保和建立单证记录系统的需要。此外，由于TIR业务只需要一项单一的边境文件即TIR证，因此，向海关呈报资料不准确性的可能也能降低。

TIR公约对于商业和运输业的好处十分明显，运输业可以较为方便地得到必要的担保。货物在跨越国界时，海关的干预可降低到最低程度。TIR制度减少了对国际货物流动的传统障碍，减少过境时的延误，大大节省运费，有利于国际贸易的发展。

3. 适用范围

公约适用于在无须中途换装的情况下用公路车辆、车辆组合或者集装箱运输货物，跨越一缔约方启运地海关与同一或者另一缔约方目的地海关之间一个或者多个边界，前提是TIR运输起点与终点之间行程有一部分是公路。如果行程的部分在外国境内，则使用TIR证的运输业务的起点与终点可以在同一个国家。由于未预见的商业方面的原因或者事出偶然，尽管发货人在行程开始时曾拟经由一段公路加以运输，也可能出现行程中没有公路运输的部分，在这种例外的情况下，缔约方仍应接受TIR证。

4. 基本原则

为了确保货物在运输途中尽可能少受干扰，TIR制度共有五项基本规定：

①货物应由具有海关控管设置的车辆或者集装箱装运；

②在整个运送途中的税费风险应得到国际有效担保；

③货物应附带起运国启用的国际公认的海关文件（TIR证），并以此作为在启运国、沿途国和目的地国的海关控管凭据；

④海关控管措施得到国际承认；

⑤控制使用，即在使用 TIR 程序方面，由国家协会颁发 TIR 证；自然人和法人使用 TIR 证，均应由国家的主管部门授权。

案例分析

案例 1　一家河南医药公司委托某运输公司运输一批货物，货价共计 1 万元，该运输公司出具运单，该运输单记载：收货人常红普，数量 1，运费合计 5 元，包装、运费单价、保价、备注栏等均为空白。该运输单正面注明："若您对运单黄联（交发货人）背面条款无异议并同意严格履行，请在发货人处签字。"医药公司签字，运输公司加盖公章。运单背面《运输协议》第七条约定："托运入托运货物时，应按所托运货物的实际价值交纳保价费，交纳保价费的货物发生毁损、灭失的，承运人承担损害赔偿责任，若未交纳保价费用，货物发生毁损、灭失的，承运人按运费的 5 倍向托运人承担赔偿责任。"但数日后，医药公司得知收货人未收到所运输的货物，经查由于运输公司的问题发生窜货，货物已无法追回。

案例问题：

1. 医药公司应如何处理？
2. 运输公司应该赔付多少金额？
3. 从这个案例里，医药公司应该吸取什么教训？

案例 2　某物流公司 A 接受江西 B 公司的委托，将板纸自江西运至湖北武汉 D 公司。但 A 公司又委托了一家运输公司 C 负责实际运输，货物装车后物流公司 A 交代 C 公司，途中天气不好要苫盖严密，C 公司答应出厂后买新的防雨设施，但心存侥幸未购防雨物资，致使货到 D 公司后，60％以上湿损，D 公司无法使用，令其车拉回退厂。但该车在返回时遭遇暴雨再次将纸淋湿。在货物退回 A 公司后，C 公司要求 A 公司支付回程的运费。

案例问题：

1. B 公司应该如何处理此事？
2. A 公司是否要对 B 公司承担责任，是否要支付 C 公司的运费？
3. C 公司应该承担什么责任？
4. 从这个案例里，当事方都应该吸取什么教训？

第 7 章

铁路货物运输法规

本章要点

- 《国际铁路货物联运协定》和《铁路货物运输国际公约》的主要内容
- 铁路运输合同的订立、履行、变更与解除、违约责任及诉讼
- 国内铁路运输的法律规范

7.1 铁路货物运输概述

铁路运输是指利用铁路运输工具运送货物的运输活动。铁路运输具有安全程度高、运输速度快、运输距离长、运输能力大、运输成本低等优点,有污染小、潜能大、不受天气条件影响的优势,尤其是中距离运输方面,是公路、水运、航空、管道运输所无法比拟的。我国目前铁路有国家铁路、地方铁路、合资铁路、涉外铁路,以及众多的厂矿企业事业单位拥有的铁路专用线和专用铁路,它们构成我国整个铁路运输网。

铁路货物运输目前有三种运输方式,即整车货物运输、零担货物运输和集装箱货物运输。一批货物的重量、体积或形状需要一辆以上货车运输条件的,应按整车运输;不够整车运输的,按零担运输;符合集装箱运输条件的贵重或易碎货物,按集装箱托运。

7.2 铁路货物运输合同

我国调整铁路货物运输的法律法规很多,但是多数都是 20 世纪八九十年代制定颁布的,基本没有什么很大的变动,其原因主要是铁路本身属于比较封闭的运输,除陆桥运输外,基本上与国外的联系不大,此外,我国对运营铁路运输的主体有很高的要求,主要

线路上基本排除国外企业的加入,与国际接轨程度不高。现行有效的调整铁路货物运输的法律规章有:《合同法》、《铁路法》、《铁路货物运输合同实施细则》、《铁路货物运输规程》、《铁路运输安全保护条例》(2004)、《铁路交通事故应急救援和调查处理条例》、《铁路货物运价规则》等。

7.2.1 合同的订立

铁路运输合同是明确铁路运输企业与托运人之间权利义务关系的协议。大宗物资的运输,有条件的可按年度、半年度或季度签订货物运输合同,也可以签订更长期限的运输合同。其他整车货物运输,应按月签订运输合同。按月度签订的运输合同,可以用月度要车计划表代替。零担货物和集装箱货物运输,以货物运单作为运输合同。

按年度、半年度、季度或月度签订的货物运输合同,经双方在合同上签认后,合同即告成立。托运人在交运货物时,还应向承运人按批提出货物运单,作为运输合同的组成部分。零担货物和集装箱货物的运输合同,以承运人在托运人提出的货物运单上加盖车站日期戳后,合同即告成立。

按年度、半年度、季度或月度签订的货物运输合同,应载明下列基本内容:托运人和收货人名称、发站和到站、货物名称、货物重量、车种和车数、违约责任、双方约定的其他事项等。

货物运单应载明下列内容:托运人、收货人名称及其详细地址,发站、到站及到站的主管铁路局,货物名称,货物包装、标志,件数和重量(包括货物包装重量),承运日期,运到期限,运输费用,货车类型和车号,施封货车和集装箱的施封号码,双方商定的其他事项等。

7.2.2 合同的履行

铁路货物运输合同要遵循实际履行的原则,双方当事人要按照合同约定或者国务院铁路主管部门的规定,认真履行各自的义务。

1. 托运人的义务

托运人的义务包括:

①按照货物运输合同约定的时间和要求向承运人交付托运的货物。托运人要如实申报货物的品名、重量和性质。因为不同货物的运输,其安全条件不同,如果托运人匿报品名,把危险品按照普通货物运输,就可能造成铁路运输事故;匿报重量,就可能造成铁路行车事故。

②需要包装的货物,应当按照国家或行业包装标准(专业包装标准)进行包装,没有统一规定包装标准的,要根据货物性质,在保证货物运输安全的原则下进行包装,并按国家规定标明包装储运指示标志,笨重货物还应在每件货物包装上标明货物重量。易燃、易爆、有毒、有腐蚀性、有放射性等危险物品,应当按照国家有关危险物品运输的规定,对危险物品妥善包装,作出危险标志和标签,并将有关危险物品的名称、性质和防范措施的

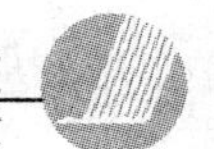

书面材料提交承运人。

③按规定需要凭证运输的货物，应出示有关证件；货物运输需要办理审批、检验等手续的，托运人应当将办理完有关手续的文件提交承运人。根据有关规定，需凭证明文件运输的货物，托运时，托运人应将证明文件与货物运单同时提出。需办理海关、检疫、公安等证明文件运输的货物，托运方也应将有关机关签发的证明文件与货物运单一并提出。托运方未按规定提出证明文件的，承运方有权拒运。另外，托运方所提出的证明文件必须是真实、合法、有效的，托运人要对自己提出的证明文件的真实性负责。

④托运人组织装车的货物，装车前应对车厢完整和清洁状态进行检查，并按规定的装载技术要求进行装载，在规定的装车时间内将货物装载完毕或在规定的停留时间内，将货车送至交接地点。对整车货物，托运人提供装载货物所需的货车装备物品和货物加固材料。

⑤在运输中需要特殊照料的货物，须派人押运。活动物、需要浇水运输的鲜活植物、生火加温运输的货物、挂运的机车和轨道起重机以及特殊规定应派押运人的货物，托运人必须派人押运。

⑥向承运人交付规定的运输费用。运输费用可以约定在托运时交付，也可以约定在到站时由收货人交付，但零担货物的运费原则上在发运时由托运人支付。运输费用的种类和收费标准都应按照国家规定计算和收取。

⑦为避免收货人误收或迟延收货，托运人在办理完托运货物的手续后，应将领取货物的凭证及时交给收货方，并通知其及时向到站领取货物。领取货物凭证是收货方领取货物的证明文件。

⑧货物按保价运输办理时，须提出货物声明价格清单，支付货物保价费；国家规定必须保险的货物，托运人应在托运时投保货物运输险。

2. 承运人的义务

承运人的义务包括：

①按照货物运输合同约定的时间、数量、车种，拨调状态良好、清扫干净的货车；承运人如无适当货车拨配，在征得托运人同意、保证货物安全、货车完整和装卸作业方便的条件下可以代用。装车前，装车单位应对车厢的完整和清洁状况进行检查。

②负责将承运的货物按照合同规定的期限和到站，完整、无损地交给收货人。

③对托运人或收货人组织装车或卸车的货物，承运人负责将货车调到装、卸地点或商定的交接地点。由承运人组织卸车的货物，到站后应不迟于卸车完了的次日内，用电话或书信，向收货人发出催领通知并在货票内记明通知的方法和时间。

④发现多收运输费用，及时退还托运人或收货人。

3. 收货人的义务

收货人的义务包括：

①缴清托运人在发站未交或少交以及运送期间发生的运输费用和由于托运人责任发生的垫款。

②及时领取货物，并在规定的免费暂存期限内，将货物搬出车站。收货人对货物的数量、毁损等有异议的，应在约定的期限或者合理的期限内提出。如果收货人拒绝领取

货物，铁路承运人应当及时通知托运人到站处理，这时货物交付的权利义务由托运人承担。

③收货人组织卸车的货物，应当在规定的卸车时间内将货物卸完或在规定的停留时间内将货车送至交接地点。卸车完毕后，收货人应将货车清扫干净并关好门窗、端侧板（特种车为盖、阀），规定需要洗刷消毒的应进行洗刷消毒。对装过活动物、鲜鱼、污秽品等货物的车辆，以及受易腐货物污染的冷藏车和《危险货物运输规则》中规定必须洗刷消毒的货车，由铁路负责洗刷并按规定或依照卫生（兽医）人员的要求进行消毒，费用由收货人负担。如收货人有洗刷、消毒设备时，也可由收货人自行洗刷、消毒。

7.2.3 合同的变更与解除

货物运输合同必须经双方同意，并在规定的变更范围内办理变更。托运人或收货人由于特殊原因，经承运人同意，对承运后的货物可以按批在货物所在的途中站或到站办理变更到站、变更收货人，但属于下列情况的，不得办理变更：违反国家法律、行政法规、物资流向或运输限制；变更后的货物运输期限，大于货物容许运送期限；变更一批货物中的一部分；第二次变更到站。

货物运输合同在货物发送前，经双方同意，可以解除。在货物发送后也可以提出，承运人提出解除合同必须有充足的理由。例如由于不可抗力等原因使得货物运输无法进行，就可以要求解除合同，由托运人通过其他运输方式完成运输过程。

7.2.4 违约责任

在铁路货物运输中，托运人、收货人、承运人都可能存在不适当履行合同而给对方造成损害，从而承担赔偿责任的问题。对于承运人来讲，要按照严格责任确定运输损害赔偿；对于托运人和收货人来讲，一般要按照过错责任赔偿损失。如由于收货人原因导致运输工具、设备或第三人的货物损坏的，由收货人按实际损失赔偿。

1. 承运人的责任

承运人的责任包括：

①由于下列原因之一，未按货物运输合同履行的，按车向托运人偿付违约金 50 元：未按旬间日历装车计划及商定的车种、车型配够车辆的，但当月补足或改变车种、车型经托运人同意装运者除外；对托运人自装的货车，未按约定的时间送到装车地点，致使不能在当月装完的；拨调车辆的完整和清扫状态，不适合所运货物的要求的；由于承运人的责任停止装车或使托运人无法按计划将货物搬入车站装车地点的。

②从承运货物时起，至货物交付收货人或依照有关规定处理完毕时止，货物发生灭失、短少、变质、污染、损坏的，按下列规定赔偿：已投保货物运输险的货物，由承运人和保险公司按规定赔偿；办理保价运输的，按照实际损失赔偿，但最高不超过保价额；未按保价运输承运的，不按件数只按重量承运的货物，每吨最高赔偿 100 元，按件数和重量承运的货物，每吨最高赔偿 2000 元，个人托运的搬家货物、行李每 10 公斤最高赔偿 30 元，实

际损失低于上述赔偿限额的，按货物实际损失的价格赔偿；如果损失是由于铁路运输企业的故意或者重大过失造成的，不适用赔偿限额的规定，按照实际损失赔偿。

③由于下列原因之一造成的货物灭失、损坏的，承运人不负赔偿责任：不可抗力；货物本身性质引起的碎裂、生锈、减量、变质或自燃等；货物的合理损耗；托运人或收货人的过错。

④货物逾期交付，如果是因铁路逾期运到造成的，由承运人支付逾期违约金，逾期违约金为所收运费的5%～20%；如果是因收货人逾期领取造成的，由收货人支付保管费，但在代保管期间因保管不当造成损失的，由承运人赔偿；既因逾期运到又因收货人逾期领取造成的，由双方各自承担相应的责任。

2. 托运人的责任

①由于下列原因之一，未按货物运输合同履行的，按车向承运人偿付违约金50元：未按规定期限提出旬间日历装车计划，致使承运人未拨货车(当月补足者除外)，或未按旬间日历装车计划的安排，提出日要车计划的；收货人组织卸车的，由于收货人的责任卸车迟延，线路被占用，影响向装车地点配送空车或对指定使用本单位自卸的空车装货，而未完成装车计划的；承运前取消运输的；临时计划外运输致使承运人违约造成其他运输合同落空的。

②由于下列原因之一导致运输工具、设备或第三者的货物损坏的，按实际损失赔偿：匿报或错报货物品名或货物重量的；货物包装有缺陷，无法从外部发现，或未按国家规定在货物包装上标明包装储运指示标志的；托运人组织装车，加固材料不符合规定条件或违反装载规定，在交接时无法发现的；由于押运人过错的。

7.2.5 诉讼时效

承运人同托运人或收货人相互间要求赔偿或退补费用的时效期限为180天。托运人或收货人向承运人要求赔偿或退还运输费用的时效期限，由下列日期起算：货物灭失、短少、变质、污染、损坏的，为车站交给货运记录的次日；货物全部灭失未编有货运记录的，为运到期限满期的第16日，但鲜活货物为运到期限满期的次日；要求支付货物运到期限违约金的，为交付货物的次日；多收运输费用的，为核收该项费用的次日。承运人向托运人或收货人要求赔偿或补收运输费用的时效期限，由发生该项损失或少收运输费用的次日起算。但要求承运人支付违约金的有效期间为60日，自交付货物的次日起算。

7.3 国际公约

目前，国际铁路货物运输公约主要有两个，一个是由奥地利、法国、德国、比利时等西欧国家于1961年签订的《铁路货物运输国际公约》(以下简称《国际货约》)，另一个是由苏联、波兰、捷克斯洛伐克、匈牙利、罗马尼亚等8国于1951年在华沙签订的《国际铁路货物联运协定》(以下简称《国际货协》)。由于我国是《国际货协》的缔约国，而没有加入《国际货约》，所以本章主要讲述《国际货协》的规定。

《国际货协》共分 8 章，第 1 章为总则，对适用的范围、铁路办理运送的义务、运送的物品作出规定；第 2～4 章主要规定运送合同的缔结、履行、变更；第 5 章是关于铁路的责任；第 6 章是关于赔偿请求，诉讼，赔偿请求时效；第 7 章是关于各铁路间的清算；第 8 章是一般规定。

7.3.1 运单

铁路的运输单证称为运单，《国际货协》规定，运单就是国际铁路货物联运的运送合同。按照该约定的规定，发货人在托运货物的同时，应对每批货物按规定的格式填写运单和运单副本，并由发货人签字后交始发站。从始发站应承运货物(连同运单一起)时起，即认为运输合同业已订立。在发货人提交全部货物和付清一切费用后，发站在运单及其副本上加盖发站日期戳记，以证明货物业已承运。运单一经加盖戳记就成为运输合同生效的凭证。运单随同货物从始发站至终点站全程附送，最后交给收货人。运单既是铁路承运货物的凭证，又是铁路在终点站向收货人核收运送费用和交货的依据。从其性质上看，运单不是物权凭证，不能转让。运单副本在铁路加盖戳记证明运输合同订立后，应退还发货人。运单副本虽然不具有与运单正本相等的效力，但按照我国同参加《国际货协》各国所签订的贸易发货共同条件的规定，运单副本是卖方通过有关银行向买方结汇的主要单据之一。

7.3.2 发货人、收货人的义务

1. 正确完整的申报

发货人应对其在运单中所申报和声明的事项的正确性负责，否则一切后果由发货人负责。铁路有权检查发货人在运单中所申报事项的正确性，但这只限于在海关和其他规章有规定的情况下，以及为保证途中行车安全和货物完整时，铁路才在途中检查货物的内容。发货人还必须将货物在运送途中为履行海关和其他规定所需的添附文件附在运单上，否则发站可以拒绝承运货物。铁路对添附文件是否正确和齐全无检查义务，但由于添附文件不正确、不齐全而产生的后果，应由发货人对铁路负责。

2. 支付运费

根据《国际货协》的规定，运费的支付方式为：发送国铁路的运送费用，按照发送国的国内运价计算，在始发站由发货人支付；到达国铁路的费用，按到达国铁路的国内运价计算，在终点站由收货人支付；如果始发站和到达路的终点站属于两个相邻的国家，无须经由第三国过境运输，而且这两个国家的铁路有直通运价规程时，则按运输合同订立当天有效的直通运价规程计算；如果货物需经第三国过境运输，过境铁路的运输费用，应按运输合同订立当天有效的《国际货协》统一运价规程(即《统一货价》)的规定计算，可由始发站向发货人核收，也可以由到达站向收货人核收。但如果按《统一货价》的规定，各过境

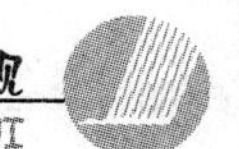

铁路的运送费用必须由发货人支付时，则这项费用不准转由收货人支付。

3. 受领货物

收货人付清运费后受领货物。货物运抵到达站，在收货人付清运单所载的一切应付的运送费用后，铁路必须将货物连同运单一起交给收货人。

收货人只有在货物因毁损或腐烂而使质量发生变化，以致部分或全部货物不能按原用途使用时，才可以拒绝受领货物。即使运单中所载的货物部分短少时，也应按运单向铁路支付全部款项。但此时，收货人按赔偿请求手续，对未交付的那部分货物，有权领回其按运单所支付的款项。

7.3.3 承运人的责任与限额

1. 基本责任

按照运单承运货物的铁路应对货物负连带责任，即承运货物的铁路，应负责完成货物的全部运输。如果是在缔约国一方境内接受货物，铁路的责任直到在到站交货时为止；如果是向非《国际货协》参加国转运，则按照《国际货约》，到办完手续时为止。其中每一个继续运送的铁路，自接收附有运单的货物时起，即作为参加这项运输合同的当事人，并承担由此而产生的义务。铁路应从承运货物时起，至在到达站交付货物时为止，对于货物运输逾期以及因货物全部或部分灭失或毁损所产生的损失负责。同时铁路还应对由于铁路过失而使发货人在运单上记载并添附的文件的遗失后果负责，并对由于铁路过失未能执行有关要求变更运输合同的申请的后果负责。

2. 免责事项

如果承运的货物由于以下原因而遭受损失时，铁路可以免责：铁路不能预防和不能消除的情况；货物特殊自然属性，以致引起自燃、损坏、生锈、内部腐烂或类似的后果；发货人或收货人的过失或由于其要求，而不能归咎于铁路者；发货人或收货人的装车或卸车的原因所造成；发送路规章许可，使用敞车类货车运送的货物的损失；发货人或收货人指派的货物押运人未采取保证货物完整的必要措施；容器或包装的缺点，在承运时无法从其外部发现；发货人用不正确、不确切或不完全的名称托运违禁品；发货人未按本协定规定办理特定条件货物承运时；标准范围内的货物自然减量，以及由于运送中水分减少，或货物的其他自然性质，以致使货物减量超过上述标准。

以下情况未履行货物运到期限时，应免除铁路的责任：发生雪（沙）害、水灾、崩陷和其他自然灾害，期限在15天以内的；发生其他致使行车中断或限制的情况，按照有关国家政府的指示。

此外，件数完全和容器或包扎完整而重量短少时，以及加封的汽车、拖拉机和其他自轮运行的机器向收货人交付时，如发货人的铅封完整而上述加封的机器中能拆下零件和备用零件短少时，则铁路概不负责。

3. 赔偿限额

铁路对货物赔偿损失的金额，在任何情况下，都不得超过货物全部灭失时的数额。对于货物全部或部分灭失，铁路的赔偿金额应按外国出口方在账单上所开列的价格计算;如发货人对货物的价格另有声明时,铁路应按声明的价格予以赔偿。对于未声明价格的家庭用品,如发生全部或部分灭失时,铁路应按每公斤 2.7 卢布给予赔偿(由于《国际货协》计费和结算用的货币已改用瑞士法郎,因此赔偿限额已经修改)。灭失货物或灭失部分货物的运送费用、海关税和因运送发生的其他费用,如未算入货物价格内时,均应予以偿还。

如果货物遭受损坏,铁路应赔付相当于货物价格减损失金额的款额,不赔偿其他损失。声明价格的货物毁损时,铁路应按照相当于货物由于毁损而减低价格的百分数,支付声明价格的部分赔款。

《国际货协》还规定了货物逾期运到的赔偿额,如果货物逾期运到,铁路应以所收运费为基础,按逾期的长短向收货人支付运费收入的 6%～30%作为逾期罚款。同时还规定,如果货物在某一铁路逾期,而在其他铁路都早于规定的期限运到,则确定逾期的同时,应将上述期限相互抵消。

7.3.4 索赔与诉讼时效

发货人和收货人有权根据运送合同按每批货物分别提出赔偿请求,赔偿请求应附有相应根据并注明数额,以书面方式由发货人向发送铁路,收货人向到达铁路提出。

有关当事人向铁路提出索赔时,应按下列规定办理:货物全部灭失时,可由发货人提出,同时须提交运单副本,也可以由收货人提出,同时须提交运单副本或运单;货物部分灭失、毁损或腐烂时,由发货人或收货人提出,同时须提交运单和铁路在到达站交给收货人的商务记录;货物逾期运到时,由收货人提出,同时须提交运单;多收运送费用时,由发货人按其已交付的款额提出,同时须提交运单副本或发送铁路国内规章规定的其他文件,或由收货人按其所交付的运费提出,同时须提交运单。

铁路自有关当事人向其提出索赔时,须在 180 天内审查请求,并予以答复。凡有权向铁路提出索赔的人,只有在提出索赔后,才可以向铁路提起诉讼。凡有权根据运送合同向铁路提出的赔偿请求和诉讼,以及铁路对发货人或收货人关于支付运送费用、罚款和赔偿损失的要求和诉讼,可在 9 个月期间内提出;但货物运到逾期的赔偿请求和诉讼,应在 2 个月期间内提出。

案例分析

案例 1 1995 年 4 月 19 日,A 公司委托某 B 储运公司,将 TD 甘油在广州东站办理了托运手续,自装自锁装入某号棚车(限制吨位是 60 吨)。货物运单记载:甘油 240 件,重量 60 吨,货物价值 6 万元(后查实际价格为 60 万元),保价 6 万元,到站上海何家湾站,收货人 A 公司。承运人缮制的货票记载,运到期限为 9 天。

该号货车于 4 月 20 日从广州东站开出,次日到达株洲北站,由于醴陵限制口的车辆通过能力有限,因此该车被保留。在列车编组作业中被两次开往白马垅站保留,直至 5 月 18 日解除保留开回株洲北站编入直通货物列车开出,同日到达鹰潭站。列检员在例行检查中发现棚车的走行部位一侧位旁承游间及枕簧被压死,不能继续运行,遂将该车

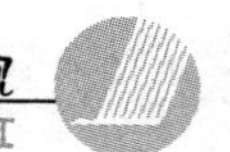

送鹰潭南站倒装扣修，后经查实由于超重造成棚车故障。鹰潭南站于6月8日以两辆敞车加篷布苫盖倒装了该号车上的货物。倒装时货运记录记载：车底板上有油迹，经清点有空桶17件，另有7件桶中部有0.8×0.4厘米的破口（新痕），内货剩余约半桶。倒装后，两辆敞车于6月9日挂运，6月14日抵达何家湾站。

收货人A公司自行卸车。卸车时货运记录记载：空桶44件，半桶36件。货物外包装上贴有英文标签，标有“SORBITOL NEOSOEB”（即山梨糖醇、异构山梨醇），“NET 275KG”（即净重275公斤），“Gross 296KG”（即毛重296公斤）字样，桶上没有中文标识。公司将10个满桶货物抽样过秤，最重的达273公斤，最轻的有270公斤。货物后经上海市产品质量监督检验所现场外观检查，结果是：TD甘油共计240桶，其中空桶61只，满桶179只。在179桶中，有167桶为胖桶。随机抽查胖桶4只，内均有气体逸出，且内装物均有发酵味。抽样检验结论：该产品本次抽查检验不合格。A公司以铁路运输企业野蛮装卸致使货物包装严重破损，逾期运到47天致使货物变质，承运人对货损有重大过失为由提起诉讼，请求判令到站何家湾站赔偿货损和其他损失共计840889元。

案例问题：

1. 托运人在托运货物时存在什么问题，B公司在此案件中是否要承担责任？
2. 株洲北站是否存在过失，是否要对逾期运送造成的货损承担责任？
3. 鹰潭南站的做法是否合适？

案例2 某A公司委托某B公司代办铁路运输，由漳州站往二宫站发火车皮的货物，收货人为A公司，保价货物金额10万元。车站收取运杂费和保价费后，运出货物。40天后，A公司在货物应到而未收到领货凭证的情况下，派人持公司证明前往承运公司查询，如货到便办理提货手续，以防冒领。经查询证实货物已到二宫站，于是经储运公司确认A公司领货人身份后，同意办理提货手续，但是在办理提货手续中，由于车皮还没有推入储运公司专用线，无法卸车，储运公司便通知A公司明日来办理。A公司提货人走后，储运公司收到二宫站电话，称昨日漳州站发来电报，主要内容为“原收获单位A公司有误，请给更改C收货”。储运公司做了记录，当日晚上，C先生持领货凭证将该车皮的货物在储运公司专用线上全部提走。次日A公司再来办理提货时，被告知货物已被他人提走。

案例问题：

1. 承运人的责任是什么？
2. A公司应该如何解决该事件？
3. 车站是否有权变更收货人？谁有权变更收货人？
4. 车站交付货物时应该注意什么？
5. 车站是否要负赔偿责任？若要赔，赔多少？

第 8 章

航空货物运输法规

本章要点

- 《华沙公约》、《海牙议定书》以及 1999 年《蒙特利尔公约》的主要内容
- 我国民用国内与国际货物运输合同的订立、履行、变更与解除、承运人的主要责任
- 我国航空货物运输的法律规范

8.1 航空货物运输概述

航空运输（Air Transport）是指以航空器作为运输工具，运送人员、行李或者货物而收取报酬的或以航空器履行的免费的运输方式的统称。它是一种现代化的运输方式，与海洋运输、铁路运输相比，具有运输速度快、货运质量高且不受地面条件的限制等优点。因此，它最适宜运送急需物资、鲜活商品、精密仪器和贵重物品。

按运输的范围，可分为国内航空运输与国际航空运输。国内航空运输，是指根据当事人订立的航空运输合同，运输的出发地点、约定的经停地点和目的地点均在国内的运输。国际航空运输，是指根据当事人订立的航空运输合同，无论运输有无间断或者有无转运，运输的出发地点、目的地点或者约定的经停地点之一不在国内的运输。

按运输的目的，可分为公共航空与通用航空。公共航空，是指以营利为目的，使用民用航空器运送旅客、行李、邮件或者货物的航空运输。通用航空，是指使用民用航空器从事公共航空运输以外的民用航空活动，包括从事工业、农业、林业、渔业和建筑业的作业飞行以及医疗卫生、抢险救灾、气象探测、海洋监测、科学实验、教育训练、文化体育等方面的飞行活动。

按照运输的对象不同，可以分为航空行李运输、航空货物运输、航空邮件运输。航空运输中的行李是指旅客在旅行中为了穿着、使用、舒适或者便利而携带的必要或者适量的物品和其他个人财物，包括旅客的托运行李和非托运行李。托运行李是指已经填开行

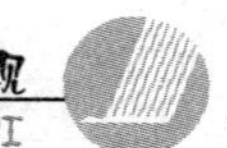

李票并由旅客交承运人负责照管的行李,非托运行李是指除旅客托运行李以外的由旅客自行照管的行李,航空行李运输就是指以上这两种行李的运输形式;航空货物运输中所指的货物排除了邮件或者凭"客票及行李票"运输的行李,但是凭航空货运单运输的行李包括在货物中;而航空邮件运输指的是航空公司负有载运邮件的责任,运输信件、印刷品、邮包、汇款通知、报刊等,这种运输受《邮政法》及相关行政法规、部门规章等调整,不受《民用航空法》相关条文规范。

8.2 航空货物运输合同

调整航空运输的法律法规有:《民用航空法》、《国内航空运输承运人赔偿责任限额规定》、《飞行基本规则》、《中国民用航空货物国际运输规则》、《中国民用航空货物国内运输规则》(1996 修正)、《定期国际航空运输管理规定》、《外国航空运输企业航线经营许可规定》等。

8.2.1 合同的订立

航空货运单是航空货物运输合同订立和运输条件以及承运人接受货物的初步证据。托运人未能出示航空货运单、航空货运单不符合规定或者航空货运单遗失,不影响运输合同的存在与效力。托运人应填写运单,对航空货运单上所填关于货物的说明和声明的正确性负责。航空货运单上关于货物的重量、尺寸、包装和包装件数的说明具有初步证据的效力,除经过承运人和托运人当面查对并在航空货运单上注明经过查对或者书写关于货物的外表情况的说明外,航空货运单上关于货物的数量、体积和情况的说明不能构成不利于承运人的证据。

航空货运单应当包括以下内容:出发地点和目的地点;出发地点和目的地点均在中华人民共和国境内,而在境外有一个或者数个约定的经停地点的,至少注明一个经停地点;货物运输的最终目的地点、出发地点或者约定的经停地点之一不在中华人民共和国境内,依照所适用的国际航空运输公约的规定,应当在货运单上声明此项运输适用该公约的,货运单上应当载有该项声明。

8.2.2 合同的履行

1. 货物托运

托运人托运货物应当遵守出发地、经停地和目的地国家的法律和规定。托运人填写或者由他人代为填写的航空货运单正本一式三份,连同货物交给承运人。其应当对货运单上所填关于货物的说明和声明的正确性负责。因货运单上所填的说明和声明不符合规定、不正确或者不完全,给承运人或者承运人对之负责的其他人造成损失的,托运人应当承担赔偿责任。

托运人应当提供必需的资料和文件，以便在货物交付收货人前完成有关手续。因没有此种资料、文件，或者此种资料、文件不充足或者不符合规定造成的损失，除由于承运人或者其受雇人、代理人的过错造成的外，托运人应当对承运人承担责任。

此外，托运人应当以适当的方式对货物进行包装，确保货物在正常掌管情况下的安全运输，在每一包装件上清晰和耐久地标明托运人、收货人的名称及详细地址。货物包装内不准夹带禁止运输或者限制运输的物品、危险品、贵重物品、保密文件和资料等。

2. 货物收运

承运人不得收运法律和规定禁止运输的货物。承运人应对收运的货物进行安全检查或者采取其他保证安全的措施，并要妥善保管，防止货物损坏或者遗失。对于限制运输的货物应当查验有关国家出具准许运输的证明。需办理查验、检查等手续的货物，在手续未办妥之前，承运人不得收运。对于运费到付的货物，应当符合货物目的地点国家的法律和规定，以及有关航空联运承运人的规定。

承运人应合理安排货物运输，根据货物的性质，作出优先运输安排。在约定的时间或者合理的时间内，将货物安全地运抵目的地。在运输过程中发现货物包装破损无法续运时，承运人应当做好运输记录，通知托运人或收货人，征求处理意见。

3. 货物交付

货物运达目的地后，承运人在未收到其他指示的情况下，应当及时向收货人或者货运单上载明的、经承运人同意的其他人发出货物到达通知。此通知以通常方式发出，对未收到或者未按时收到此通知的，承运人不承担责任。

收货人收到或者要求提取货物、货运单的，托运人对货物的处置权即告终止。收货人拒绝接收货运单或者货物，或者承运人无法同收货人取得联系的，托运人继续行使对货物的处置权。

收货人于货物到达目的地点，并在缴付应付款项和履行航空货运单上所列运输条件后，有权要求承运人移交航空货运单并交付货物。如果收货人拒绝或者未在规定的时间内提取货物的，承运人应当通知托运人并要求予以指示。承运人按照托运人的指示处理货物，没有要求托运人出示其所收执的航空货运单，给该航空货运单的合法持有人造成损失的，承运人应当承担责任，但是不妨碍承运人向托运人追偿。

8.2.3 承运人的责任

1. 责任期间

承运人的责任期间即航空运输期间，是指在机场内、民用航空器上或者机场外降落的任何地点，货物处于承运人掌管之下的全部期间。航空运输期间，不包括机场外的任何陆路运输、海上运输、内河运输过程。但是，此种陆路运输、海上运输、内河运输是为了履行航空运输合同而装载、交付或者转运的，在没有相反证据的情况下，所发生的损失视为在航空运输期间发生的损失。

2. 责任限额

航空运输中，对于承运人的责任采用完全过失责任制的形式。发生在航空运输期间

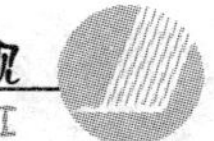

的事件，造成货物灭失或者损坏的，承运人应当承担赔偿责任。但是，承运人证明本人或者其受雇人、代理人为了避免损失的发生，已经采取一切必要措施或者不可能采取此种措施的，不承担责任。

我国法律就货物灭失、损坏对航空运输承运人的赔偿责任限额，分国内、国际两方面。国际航空运输承运人的赔偿责任限额为每公斤17SDR，国内航空运输承运人的赔偿责任限额为每公斤人民币100元。托运人在托运货物时，特别声明在目的地点交付时的利益，并在必要时支付附加费的，除承运人证明托运人声明的金额高于托运行李或者货物在目的地点交付时的实际利益外，承运人应当在声明金额范围内承担责任。

托运货物的一部分或者托运行货物中的任何物件灭失、损坏或者延误的，用以确定承运人赔偿责任限额的重量，仅为该一包件或者数包件的总重量。但是，因托运货物的一部分或者托运货物中的任何物件的毁灭、遗失、损坏或者延误，影响同一份航空货运单所列其他包件的价值的，确定承运人的赔偿责任限额时，此种包件的总重量也应当考虑在内。

关于延误的定义和赔偿限额，国内并没有明确作出规定，《民航法》规定：旅客行李或者货物在航空运输中因延误造成的损失，承运人应当承担责任。实际上由于航空运输的不确定性较大，存在潜在风险，对延误的界定困难，到目前为止国际公约也没有对其作出明确的规定。

3. 免责事项

承运人证明货物的灭失或者损坏完全是由于下列原因之一造成的，不承担责任：货物本身的自然属性、质量或者缺陷；承运人或者其受雇人、代理人以外的人包装货物，货物包装不良的；战争或者武装冲突；政府有关部门实施的与货物入境、出境或者过境有关的行为；托运人或收货人的过错。

4. 责任限额的丧失

经证明，航空运输中的损失是由于承运人或者其受雇人、代理人的故意或者明知可能造成损失而轻率地作为或者不作为造成的，承运人或其代理人、受雇人无法享受赔偿责任限制。证明承运人的受雇人、代理人有此种作为或者不作为的，还应当证明该受雇人、代理人是在受雇、代理范围内行事。

此外，根据《民航法》规定：在国内航空运输中，承运人同意未经填具航空货运单而载运货物的，承运人无权援用赔偿责任限制的规定。在国际航空运输中，承运人同意未经填具航空货运单而载运货物的，或者航空货运单上未要求规定声明的，承运人无权援用赔偿责任限制的规定。

8.2.4 合同的变更与解除

1. 国内运输合同的变更与解除

在国内运输合同中，托运人对已办妥运输手续的货物要求变更时，应当提供原托运人出具的书面要求、个人有效证件和货运单托运人联。要求变更运输的货物，应是一张货运单填写的全部货物。承运人应当及时处理托运人的变更要求，根据变更要求，更改或重开货运单，重新核收运费。如果不能按照要求办理时，应当迅速通知托运人。在运送货物前取消托运，承运人可以收取退运手续费。

由于承运人执行特殊任务或天气等不可抗力的原因，货物运输受到影响，需要变更运输时，承运人应当及时通知托运人或收货人，商定处理办法，运费根据具体情况全部或者部分退还。

2. 国际运输合同的变更与解除

在国际运输合同中，托运人在履行航空货物运输合同规定的义务的条件下，有权在出发地机场或者目的地机场将货物提回，或者在途中经停时中止运输，或者在目的地点或者途中要求将货物交给非航空货运单上指定的收货人，或者要求将货物运回出发地机场；但是，托运人不得因行使此种权利而使承运人或者其他托运人遭受损失，并应当偿付由此产生的费用。

承运人应当合理安排运输货物。承运人可以不经通知改变货运单上注明的航班、路线、机型或者承运人。也可以在不经通知，但应适当考虑托运人利益的情况下，使用其他交通工具运输货物。

承运人收运货物后，应当采取措施及时将货物运至目的地，由于无法控制或者无法预测的原因，承运人可以不经通知，取消、终止、改变、推迟、延误或者提前航班飞行，或者继续航班飞行而不载运货物或者载运部分货物，承运人对由此而造成的后果不承担责任。

承运人可以在货物之间，货物和邮件或者旅客之间作出优先运输的安排。承运人也可以在任何时间、地点从一批货物中卸下部分货物后继续航班飞行。因优先运输导致货物未运输或者推迟、延误运输或者部分货物被卸下，承运人对由此而造成的后果不承担责任。承运人作出优先运输安排的，应当考虑托运人的实际利益，并对未及时运输的货物作出合理的运输安排。

8.2.5 索赔与诉讼时效

收货人收受托运行李或者货物而未提出异议，为托运货物已经完好交付并与运输凭证相符的初步证据。托运货物发生损失的，收货人应当自收到货物之日起 14 日内，向承运人提出异议。货物发生延误的，应当自托运货物交付收货人处置之日起 21 日内提出。提出异议的方式可以写在运输凭证上或者另外书面提出。除承运人有欺诈行为外，收货人没有在上述规定的期间内提出异议的，不能向承运人提出索赔诉讼。

航空运输的诉讼时效期间为两年，自民用航空器到达目的地点、应当到达目的地点或者运输终止之日起计算。

8.3 航空运输的国际公约

自 1918 年 11 月 11 日第一次世界大战结束以后，各国政府为保护本国的安全和利

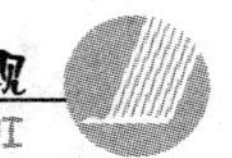

益，关于建立空中交通秩序、保障航行和旅客安全的呼声日益高涨。自1919年起，在世界各国政府的共同努力下，先后通过了一系列国际性航空公约。主要分为以下三大类。

1. 关于建立航空法律制度的方面

(1)《巴黎公约》

1919年10月23日，在法国巴黎会议上通过了《国际民用航空公约》，即《巴黎公约》。这是国际民航史上的第一部大法，对国际民航的发展产生了重要的影响。它第一次确立了领空主权原则，规定了无害通过领空的权利和限制以及国际航线的规则和条件，并对航空器的分类、国籍登记、适航性、出入境、机组人员执照以及禁运物品等作了具体的规定。

(2)《芝加哥公约》

1944年12月在美国芝加哥通过了修订的《国际民用航空公约》，即《芝加哥公约》。它对国家领空主权和保证国际航行安全等作了进一步明确的规定，规定航空法的原则和制度，提出了五大航权的概念，并规定设立国际民用航空组织，作为协调各国民用航空活动的国际组织。我国于1946年2月批准，1947年4月生效。

(3)《日内瓦公约》

1948年6月在瑞士日内瓦通过的《关于国际承认航空器权力的公约》，即《日内瓦公约》，规定了航空器的拥有权、转让权、租赁权、抵押权、典当权等。我国于2000年4月批准，当年7月生效。

2. 关于国际民用航空运输业务方面

①1929年10月通过了《统一国际航空运输某些规则的公约》，简称《华沙公约》，它对航空运输凭证、承运人的责任和管辖权等作了规定，我国于1958年7月批准，当年10月生效。

②1955年9月在海牙通过了《修订1929年10月12日订于华沙的统一国际航空运输某些规则的公约的议定书》，简称《海牙议定书》，我国于1975年8月批准，当年11月生效。

③1961年9月在瓜达拉哈拉签订的《统一非立约承运人所作国际航空运输的某些规则以补充华沙公约的公约》，简称《瓜达拉哈拉公约》。

④1971年3月在危地马拉城签订的《修订经海牙议定书修订的统一国际航空运输某些规则的公约的议定书》，简称《危地马拉城协议书》。

⑤1975年9月在蒙特利尔修订了第1、2、3、4号《关于修改统一国际航空运输某些规则的公约的附加议定书》，简称第1号、第2号、第3号和第4号蒙特利尔附加议定书。

⑥1999年5月在蒙特利尔签订的《统一国际航空运输某些规则的公约》，简称1999年《蒙特利尔公约》，我国于2005年6月加入，当年7月生效。

上述华沙公约及相关修订议定书、补充性公约所确立的统一国际航空运输有关规则和承运人责任制度的规则体系总称华沙体系，它是国际航空运输领域的主要国际法文件，在国际上有相当广泛的认可。

3. 关于维护民航安全方面

(1)《东京公约》

1963年9月在日本东京签订的《关于在航空器内犯罪和犯有某些其他行为的公约》，

为制止航空器内的犯罪行为制定了国际性的制裁依据。我国于 1978 年 11 月批准，次年 2 月生效。

(2)《海牙公约》

1970 年 12 月在海牙通过的《关于制止非法劫持航空器的公约》，对共同打击非法劫机犯罪活动达成协议。我国于 1980 年 9 月批准，当年 10 月生效。

(3)《蒙特利尔公约》

1971 年 9 月在加拿大蒙特利尔通过的《关于制止危害民用航空安全的非法行为的公约》，对共同制止和打击危害航空运输和旅客安全的非法行为制定了更为详细的规定。我国于 1980 年 9 月批准，当年 10 月生效。

(4)《蒙特利尔公约补充议定书》

1988 年 2 月在蒙特利尔通过《制止在为国际民用航空服务的机场发生的非法暴力行为的议定书》，简称《蒙特利尔公约补充议定书》。它对制止危及在为国际民用航空服务的机场内的人员安全，或者危害这些机场的经营安全的非法暴力作出了补充规定。我国于 1999 年 3 月批准，当年 4 月生效。

尽管上述公约有很多，但就货物运输而言，主要的国际公约基本上就是华沙体系，本章也主要就该体系的变化进行讲述。

8.3.1　适用范围

1.《华沙公约》

《华沙公约》适用范围为所有以航空器运送旅客、行李或货物而收取报酬的国际运输，以及航空运输企业以航空器办理的免费运输。不适用于按照国际邮政公约的规定而办理的运输，不适用于航空运输机构为了开设正式航线进行试航的国际航空运输，也不适用于超出正常航空运输业务以外的特殊情况下进行的运输。

其中关于国际运输定义为："根据有关各方所订的合同，不论在运输中有无间断或转运、其出发地和目的地是处在两个缔约国的领土内，或处在一个缔约国的领土内，而在另一国的主权、宗主权、委任统治权或权力管辖下的领土内有一个议定的经停地点的运输，即使该国不是本公约的缔约国。在同一缔约国的主权、宗主权、委任统治权或权力管辖下的领土间的运输，如果没有这种议定的经停地点，就本公约而言不得作为国际运输。"根据上述的规定，所谓国际航空运输是指出发地和目的地属于不同的两个缔约国，或者出发地和目的地均在某一个缔约国内，但是运输途中经过事先约定的另一个国家经停点。

2.《海牙议定书》

《海牙议定书》对国际运输的定义进行了部分修改，其修改如下："按合同当事人的约定，无论运输中有无间断或有无转运，其出发地点与目的地点系在两个缔约国的领土内，或在一个缔约国领土内而在另一个缔约国或甚至非缔约国的领土内有一约定的经停地点的任何运输。在一个缔约国领土内两地间的运输而在另一个国家的领土内没有约定的经停地点，不是本公约意义上的国际运输。"从以上修改来看，国际运输的定义基本上

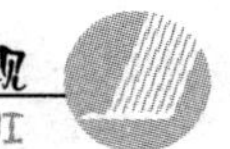

和《华沙公约》一致，其核心内容并没有发生很大的变化，就是在出发地和目的地都在同一缔约国内这种情况下，对途经他国领土的经停点作了一点点的变化。

同时，《海牙议定书》规定公约不适用于邮件和邮包的运输。此外，议定书中关于运输凭证的规定，不适用于超出正常航空运输业务的特殊情况下进行的运输，与《华沙公约》相比适用范围略有扩大，华沙公约完全排除适用此种类型的运输。

3. 1999 年《蒙特利尔公约》

1999 年《蒙特利尔公约》就适用范围基本与海牙议定书一致。但在邮件运输上有特殊规定，即在邮件运输中，适用于承运人和邮政当局之间关系的规则，对有关的邮政当局承担责任，除此之外的其他规定不适用邮件运输。

8.3.2 承运人的赔偿责任

1.《华沙公约》

(1)责任期间

货物因灭失、损坏、延误而产生的损失，如果造成这种损失的事故是发生在航空运输期间，承运人应负责任。航空运输的期间包括货物在承运人保管下的期间，不论是在航空站内、在航空器上或在航空站外降落的任何地点，不包括在航空站以外的任何陆运、海运或河运，但是如果这种运输是为了履行空运合同，是为了装货、交货或转运，任何损失应该被认为是在航空运输期间发生事故的结果，除非有相反证据。

(2)赔偿限额

承运人对货物的责任以每公斤 250 金法郎为限，除非托运人在交运时，曾特别声明货物运到后的价值，并缴付必要的附加费。在这种情况下，承运人所负责任不超过声明的金额，除非承运人证明托运人声明的金额高于行李或货物运到后的实际价值。

(3)免责事项

承运人如果证明自己和他的代理人为了避免损失的发生，已经采取一切必要的措施，或不可能采取这种措施时，就不负责任。在运输货物时，如果承运人证明损失的发生是由于驾驶上、航空器的操作上或领航上的过失，而在其他一切方面承运人和他的代理人已经采取一切必要的措施以避免损失时，就不负责任。

如果承运人证明损失的发生是由于受害人的过失所引起或助成，法院可以按照《华沙公约》的法律规定，免除或减轻承运人的责任。

(4)限额的丧失

如果损失的发生是由于承运人有意的不良行为，或由于承运人的过失，而根据受理法院的法律，这种过失被认为等于有意的不良行为，承运人就无权引用免除或限制承运人责任的规定。同样，如果上述情况造成的损失是承运人的代理人之一在执行他的职务范围内所造成的，承运人也无权引用这种规定。

2.《海牙议定书》

《海牙议定书》中对保价货物的价值进行了进一步明确，由原来“货物运到后的价值”修改为“目的地交付时的利益”。目的地交付时的利益，不仅包括货物运达时的现有利益，而且还包括可能存在的期望利益。

该协定书进一步明确了关于计算货物赔偿单位重量的范围，对赔偿的重量补充了以下规定："如登记的货物的一部分或货物中的任何物件发生灭失、损坏或延误，用以决定承运人责任限额的重量，仅为该一包件或该数包件的总重量。但如因登记的货物的一部分或货物中的物件发生遗失、损坏或延误以致影响同一份航空货运单所列另一包件或另数包件的价值时，则在确定责任限额时，另一包件或另数包件的总重量也应考虑在内。"

此外，在赔偿责任丧失方面，变化为"如经证明造成损失系出于承运人、受雇人或代理人故意造成损失或明知可能造成损失而漠不关心的行为或不行为，则不适用第二十二条规定的责任限额；如系受雇人或代理人有上述行为或不行为，还必须证明他是在执行其受雇职务范围内行事"。该点上议定书主要在两个方面进行了修订，一方面增加了能够享受赔偿责任限额的人员范围，承运人的受雇人员可以享受责任限额，另一方面增加了责任限额丧失的一种情况，即明知可能造成损失而轻率的作为或者不作为所造成的损失。

3.1999年《蒙特利尔公约》

（1）责任期间

关于责任期间基本与《华沙公约》相同。由于航空运输潜在风险大，会存在承运人由于不可抗力等原因把原来应采用航空运输的，改为其他运输方式，对于这类特殊情况《华沙公约》没有作出规定。1999年《蒙特利尔公约》考虑到这种情况，补充了"承运人未经托运人同意，以其他运输方式代替当事人各方在合同中约定采用航空运输方式的全部或者部分运输的，此项以其他方式履行的运输视为在航空运输期间"的规定。

（2）赔偿限额

在货物运输中造成灭失、损坏或者延误的，承运人的责任以每公斤17特别提款权为限。保价货物的赔偿以及赔偿的重量确立基本与《海牙议定书》一致，但对责任限额规定每隔五年进行一次复审，当通货膨胀超过10%时可以对责任限额进行修订。当通货膨胀超过30%时，则自动进行复审程序。此外，赔偿责任的丧失同《海牙议定书》。

（3）免责事项

经承运人证明，损失是由索赔人或者索赔人从其取得权利的人的过失或者其他不当作为、不作为造成或者促成的，应当根据造成或者促成此种损失的过失或者其他不当作为、不作为的程度，相应全部或者部分免除承运人对索赔人的责任。

承运人证明货物的灭失或者损坏是由于下列一个或者几个原因造成的，在此范围内承运人不承担责任：货物的固有缺陷、质量或者瑕疵；承运人或者其受雇人、代理人以外的人包装货物的，货物包装不良；战争行为或者武装冲突；公共当局实施的与货物入境、出境或者过境有关的行为。

8.3.3 运单

1.《华沙公约》

航空货运单是订立合同、接受货物和承运条件的证明。航空货运单中记载的关于货

物重量、尺寸和包装以及件数的说明只是初步证据。对于在航空货运单上所填关于货物的各项说明和声明的正确性，托运人应负责任。对于因为这些说明和声明不合规定、不正确或不完备而使承运人或任何其他人遭受的一切损失，托运人应负责任。

航空货运单上应该包括以下各项：货运单的填写地点和日期；起运地和目的地；约定的经停地点，但承运人保留在必要时变更经停地点的权利，承运人行使这种权利时，不应使运输由于这种变更而丧失其国际性质；托运人的名称和地址；第一承运人的名称和地址；必要时应写明收货人的名称和地址；货物的性质；包装件数、包装方式、特殊标志或号数；货物的重量、数量、体积或尺寸；货物和包装的外表情况；如果运费已经议定，应写明运费金额、付费日期和地点以及付费人；如果是货到付款，应写明货物的价格，必要时还应写明应付的费用；如要保价，声明价值；航空货运单的份数；如果经过约定，应写明运输期限，并概要说明经过的路线；声明运输应受本公约所规定责任制度的约束。

如果承运人接受货物而没有填写航空货运单，或航空货运单没有包括以上各项，承运人就无权引用本公约关于免除或限制承运人责任的规定。

2.《海牙议定书》

《海牙议定书》对航空货运单的内容进行了简化，规定航空货运单上应载有：起运和目的地地点的注明；如起运和目的地地点均在同一缔约国领土内，而在另一个国家有一个或数个约定的经停地点时，注明至少一个此种经停地点；对托运人声明，如运输的最终目的地地点或经停地点不在起运地所在国家内时，《华沙公约》可以适用于该项运输，且该公约规定并在一般情况下限制承运人对货物遗失或损坏所负的责任。

如承运人同意货物未经填具航空货运单而装机，或如航空货运单上无以上对托运人声明，则承运人无权引用责任限额。

3.1999年《蒙特利尔公约》

首先，公约对货运单的新规定，即任何保存将要履行的运输的记录的其他方法都可以用来代替出具航空货运单。采用此种其他方法的，承运人应当应托运人的要求，向托运人出具货物收据，以便识别货物并能获得此种其他方法所保存记录中的内容。根据上述的规定，我们可以理解公约对于电子运单予以认可。

其次，对凭证内容的简化，规定航空货运单或者货物收据应当包括：对出发地点和目的地点的标示；出发地点和目的地点是在一个当事国的领土内，而在另一国的领土内有一个或者几个约定的经停地点的，至少对其中一个此种经停地点的标示；对货物重量的标示。

再次，公约增加了对航空货运单的说明。托运人应当填写航空货运单正本一式三份。第一份应当注明“交承运人”，由托运人签字；第二份应当注明“交收货人”，由托运人和承运人签字；第三份由承运人签字，承运人在接受货物后应当将其交给托运人。承运人和托运人的签字可以印就或者用戳记；承运人根据托运人的请求填写航空货运单的，在没有相反证明的情况下，应当视为代托运人填写。

最后，对凭证说明的责任上，补充了“因承运人或者以其名义在货物收据或者用其他方法所保存的记录上载入的各项说明和陈述不符合规定、不正确或者不完全，给托运人或者托运人对之负责的任何其他人造成的一切损失，承运人应当对托运人承担赔偿责任”的规定。

8.3.4 索赔通知与诉讼时效

1.《华沙公约》

如果收件人在收受行李或货物时没有异议，就被认为行李或货物已经完好地交付，并和运输凭证相符。如果有损坏情况，收件人应该在发现损坏后，立即向承运人提出异议，如果是行李，最迟应该在行李收到后 3 天内提出，如果是货物，最迟应该在货物收到后 7 天内提出。如果有延迟，最迟应该在行李或货物交由收件人支配之日起 14 天内提出异议。任何异议应该在规定期限内写在运输凭证上或另以书面提出。除非承运人方面有欺诈行为，如果在规定期限内没有提出异议，就不能向承运人起诉。

诉讼应该在航空器到达目的地之日起，或应该到达之日起，或从运输停止之日起两年内提出，否则就丧失追诉权。诉讼期限的计算方法根据受理法院的法律决定。

2.《海牙议定书》与 1999 年《蒙特利尔公约》

《海牙议定书》对于提出异议的时间进行修订，关于损坏事件，收件人应于发现损坏后，立即向承运人提出异议，如系行李，最迟应在收到行李后 7 天内提出，如系货物，最迟应在收到货物后 14 天内提出。关于延误事件，最迟应在行李或货物交付收件人自由处置之日起 21 天内提出异议。1999 年《蒙特利尔公约》关于这部分的内容与《海牙议定书》一致。

案例分析

案例 1 出口商 A 公司与进口商 B 公司订立了买卖合同，B 公司向 C 银行申请开立了以受益人为 A 公司的跟单信用证，信用证对随附的空运单的要求是收货人为开证行、"通知申请人"。A 公司找 D 航空公司负责航空运输，D 公司出具空运单一式三份，分别是托运人联、收货人联、承运人联。空运单内容是 D 航空公司填写的，托运人联收货人处的填写是"凭 C 银行指示（TO THE ORDER OF C BANK）"，托运人联内容是 D 公司根据 A 公司的结汇要求所填写。而其他两联收货人处的填写是 B 公司。A 公司出具的商业发票、装箱单记载的收货人是 B 公司。A 公司向 C 银行要求主张支付信用证项下款项议付，但遭拒绝。几日后，B 公司向 A 公司出具确认书，确认其已收到上述货物。

案例问题：

1.空运单的性质是什么，是否具有物权凭证的特征，托运单的填写是否正确？

2.D航空公司放货是否正确，为什么？

3.C银行是否能够拒绝付款？

4.A公司应该如何处理该案件？

案例 2 2001 年 4 月，某进出口 A 公司委托 B 货运公司空运出口货物，运费结算为到付。B 公司向 A 公司出具空运分单，东航开给 B 公司空运总单。之后，该货物由东航公司承运到美国纽约后，收货人予以拒收。同年 6 月 20 日，B 公司经 A 公司同意通过海

运，将货物运回了上海，经报关放置在自己仓库。2001年7月12日，B公司开具空运费及海运费美金计12538.40元和杂费人民币4490元的发票各一张。但历经半年催讨，A公司仍迟迟未提货付费。

案例问题：

1. 什么是承运人的责任期间？指出该案例中承运人的责任期间，并说明理由。
2. B公司应该如何处理该事件？
3. A公司应向B公司支付哪些费用？

第9章

多式联运法律规范

☞ 本章要点

- 多式联运的概念及当事人的权利、义务
- 《联合国国际货物多式联运公约》、《多式联运单证统一规则》的主要内容
- 我国多式联运的法律规范及适用的法律
- 多式联运经营人的责任制度

9.1 多式联运的概念

国际货物多式联运是在集装箱运输基础上发展起来的，以实现货物整体运输的最优化效益为目的的一种国际货物运输组织形式。由于集装箱运输的飞速发展，使多式联运成为国际货物运输业的主要方式之一。它打破了过去海、陆、空等单一运输方式互不连贯的传统做法，而将海、铁、公、空等单一运输方式有机结合起来联为一体，构成一种跨国(地区)的连贯运输方式，被喻为运输业的一次革命。

关于多式联运的在国际上有较大影响力的法律法规主要有：1980年《联合国国际货物多式联运公约》(以下简称《多式联运公约》，目前已经生效)和1991年《国际商会多式联运单证规则》(以下简称《多式联运单证》)。其中，《多式联运公约》中的国际货物多式联运，是指按照多式联运合同，以至少两种不同的运输方式，由多式联运经营人将货物从一国境内接管货物的地点运至另一国境内指定交付货物的地点。为履行单一方式运输合同而进行的该合同所规定的货物接送业务，不应视为国际多式联运。《多式联运单证》中对多式联运合同，定义为以至少通过两种不同的运输方式运送货物合同。由多式联运经营人(Multimodal Transport Operator，MTO)签订该合同并以承运人身份完成此项运输合同责任。

中国专门包含多式联运规定的法律主要有两部：《海商法》和《合同法》。但关于多式

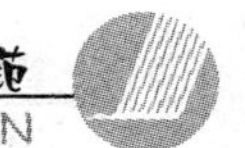

联运合同的定义，只在《海商法》中有具体规定。在《海商法》第四章第八节(即多式联运合同的特别规定)中，规定了多式联运合同是多式联运经营人以两种以上的不同运输方式，其中一种是海上运输方式，负责将货物从接收地运至目的地交付收货人，并收取全程运费的合同。这就意味着《海商法》关于多式联运的规定，只适用于含海运的多式联运。但根据国际上对多式联运的通常理解，只要是全程使用两种以上不同的运输方式即可，那么对于不含海运的多式联运国内是否有相应规定？根据《合同法》规定，海上客运合同、国际海上货运合同、航空运输合同和铁路运输合同分别适用《海商法》、《民用航空法》和《铁路法》的规定。《合同法》还适用于一切运输合同，不论是国内运输或是国际运输。根据这些规定以及在适用性上特别法优先于普通法的原理，包括海运在内的多式联运合同应优先适用《海商法》这一特别法，鉴于其他运输法中并无有关多式联运的规定，则不包括海运的多式联运合同应由合同法来统一规范。

国外对多式联运与联运相关的概念描述有很多。美国常用 Intramodal Transport 与 Intermodal Transport 来表示：Intramodal Transport 表示使用同种运输方式完成全程运输，运输方式不变，运输工具发生转换的联运方式；使用 Intermodal Transport 来说明使用两种或以上的运输方式完成全程运输的运输方式。欧洲地区常用的 Multimodal Transport 与 Combined Transport 来表示：Multimodal Transport 基本与 Intermodal Transport 相同，而 Combined Transport 是指使用两种或以上的运输方式完成全程运输，全程主要是采用铁路、内河水运或者海洋运输方式，但在最初和(或)最后一段是采用公路运输的方式，无论这段路程是否非常短。

国内往往用多式联运和联合运输(联运)的概念。联运是指两个或者两个以上的承运人对同批货物进行联合运输，不同的承运人在整个运输途中的不同区段先后实施运输行为，由前一区段承运人完成运输任务后，将货物交由下一区段承运人继续运输，在整个运输过程中使用同种运输方式，如海海联运、水水联运等。但在航运实务中往往联运与多式联运不分，统称联运，如海海联运、海铁联运，所以这个概念会让很多人感到困扰。就单纯理论上而言，多式联运与联运的最大区别在于各承运人使用不同的运输方式。

9.2 多式联运合同当事人的义务

9.2.1 托运人的义务

多式联运中，托运人的义务与在普通的货物运输中没有什么本质的区别。其义务主要包括以下几个方面：及时将货物交付给第一承运人；准确申报货物情况，如货物的品名、性质、数量、体积、重量等，因申报不实或遗漏造成承运人损失的，应承担赔偿责任；办理货物运输手续；妥善包装货物；支付运费。

9.2.2 多式联运经营人的义务

多式联运经营人收到托运人交付的货物时，应当签发多式联运单据。按照托运人的要求，多式联运单据可以是可转让单据，也可以是不可转让单据。多式联运经营人负责履行或者组织履行多式联运合同，对全程运输享有承运人的权利，承担承运人的义务。各区段承运人就多式联运合同的各区段运输约定相互之间的责任，但多式联运合同中承运人之间的内部责任划分约定，不得对抗托运人，不影响多式联运经营人对全程运输承担义务。

9.3 多式联运经营人的责任

9.3.1 责任期间

关于多式联运经营人的责任期间国内外的法律法规基本相同。我国《海商法》、《多式联运单证》、《多式联运公约》中经营人的责任期间均明确地规定为自接收货物时起至交付货物时止。在《多式联运公约》中对经营人掌管的责任期间(即接收与交付货物的情况)作了更加明确的说明："(1)自多式联运经营人从下列一方接管货物之时起：①发货人或其代理人；或者②根据接管货物地点适用的法律或规章，货物必须交付运输的当局或其他第三方。(2)直到他以下列方式交付货物时为止：①将货物交给收货人；或者②如果收货人不向多式联运经营人提取货物，则按照多式联运合同或按照交货地点适用的法律或特定行业惯例，将货物置于收货人支配之下；或者③根据交货地点适用的法律或规章，将货物交给必须向其交付的当局或其他第三方。"根据《多式联运公约》规定，对于某些地区，货物必须由发货人交港口当局接管的，视为经营人接管。在实践中，经常会发生这种情况，如收货人并不急需该批货物，为了节省仓储费用，又如市场价格下降，在运费到付的情况下，都有可能造成收货人延迟提货，所以多式联运公约的这种规定不仅是必要的，而且是合理的。

9.3.2 多式联运责任制

在现行的集装箱运输中，负责集装箱运输的承运人和负责其运输的经营人所采用的责任形式主要有以下四种。

1. 责任分担制

责任分担制(又称分段责任制)是多式联运经营人对货主并不承担全程运输责任，仅对自己完成的区段货物运输负责，各区段的责任原则按该区段适用的法律予以确定。这种责任制使货主在运输过程中面临隐藏损害时，由于找不到责任方，而无法保障自己的

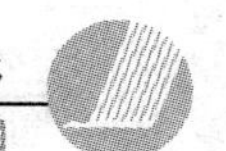

权利。目前根据多式联运的规定，多式联运经营人应对全程负责，所以这种责任制度基本已经被摒弃。

2．统一责任制

统一责任制（又称同一责任制）就是多式联运经营人对货主负有不分区段的统一原则责任。也就是说经营人在整个运输中都使用统一责任向货主负责，即经营人对全程运输中货物的灭失、损坏或延期交付负全部责任，无论事故责任是明显的，还是隐蔽的，是发生在海运段，还是发生在内陆运输段，均按一个统一原则由多式联运经营人统一按约定的限额进行赔偿。

统一责任制的优势在于货方和经营人事先可以预见到未来的货物损失赔偿的程度。在网状责任制下，货主有时难以查明在适用某一区段的法律时，自己能否得到赔偿以及能得到什么样的赔偿，统一责任制弥补了这一缺陷，有利于货方。这种责任制不足之处在于经营人与实际承运人适用的法律不一样，所承担的义务和享受的权利不同，有可能造成经营人赔偿损失后得不到实际承运人背对背的补偿，对多式联运经营人来说责任负担则较重；同时，由于约定经营人的承担责任可能比货方实际损失低，货方可能不如适用货损发生实际运输段的法律得到的赔偿多。

3．网状责任制

网状责任制是介于统一责任制和责任分担制之间的一种责任制，故又称混合责任制。就是将多式联运经营人对货主承担的责任局限在各个运输区段规定的责任范围内。由多式联运经营人对全程运输负责，而对货物的灭失、损坏或延期交付的责任原则与赔偿方法，则根据各运输方式所适用的法律规定进行处理，同时赔偿限额也是按各区段的国际法或国内法的规定进行赔偿，当无法确定货运事故发生区段时则按海运法规或双方约定原则加以赔偿。

该责任制在责任范围方面与统一责任制相同，而在赔偿限额方面则与区段运输形式下的责任分担制相同。网状责任制一方面保护货主的利益，一方面减小经营人的责任负担，双方的利益保护比较平衡，是目前应用最广泛的一种责任制。

4．经修订的统一责任制

这种责任制是以统一责任制为基础，以责任限额为例外的一种责任制度。在责任基础方面与统一责任制相同，在赔偿限额方面则与网状责任制相同。即多式联运经营人对全程运输负责，各区段的实际承运人仅对自己完成区段的运输负责。无论货损发生在哪一区段，多式联运经营人和实际承运人都按公约规定的统一责任限额承担责任。但如果货物的灭失、损坏发生于多式联运的某一特定区域，而对这一区段适用的一项国际公约或强制性国家法律规定的赔偿责任限额高于多式联运公约规定的赔偿责任限额时，多式联运经营人对这种灭失、损坏的赔偿应按照适用的国际公约或强制性国际法律予以确定。

根据上述介绍的四种责任形式，《多式联运公约》、《多式联运单证》采用经修订的统一责任制，根据这一责任形式，多式联运经营人对货损的处理，不管是否能够确定造成货损的实际运输区段，都将适用于本公约的规定，如果货物的灭失、损坏发生在某特定区域，则在强制性的国内法、多式联运公约、其他的国际公约中关于赔偿限额的规定以高者为准。由于这种特殊规定，产生了双层赔偿责任关系问题，一是多式联运经营人与货主之间的赔偿责任关系，多式联运经营人不能放弃或降低赔偿责任限制，也不能将自己承担的责任转嫁货方；二是多式联运经营人与各区段承运人之间的赔偿责任关系，《多式联运公约》、《多式联运单证》未作规定，这导致多式联运经营人和各区段承运人之间责任承担可能不一致，很容易产生纠纷。如海运采用"不完全过失责任制"，航空运输采用"完全过失责任制"，铁路、公路采用"严格责任制"，会出现区段承运人因海洋运输驾驶船舶过失免责，无须对多式联运经营人承担责任，而多式联运经营人却无法向货主免责，需要承担相应的责任。

国内的《海商法》、《合同法》采用网状责任制。对于确定货物灭失、货损区段的，按照区段的法律法规，如不能确定的，按照统一原则来赔偿。具体在 9.3.3 赔偿责任里作详细介绍。

9.3.3 多式联运经营人的赔偿责任

1. 责任基础

《多式联运单规则》是采用不完全过失责任制的形式，规定多式联运经营人应当对由其掌管期间的货物灭失、损坏和延迟交付负赔偿责任，除非多式联运经营人证明，其本人、受雇人、代理人对造成此种灭失、损坏或延迟交付没有过失或疏忽。但多式联运经营人对在海上或内河运输中由于下列原因造成的货物灭失、损坏以及延迟交付不负赔偿责任：承运人的船长、船员、引航员或受雇人在驾驶和管理船舶中的行为、疏忽或过失；火灾，除非由于承运人的实际过失或私谋所造成。但是，只要货物的灭失或损坏是由于船舶不适航所造成的，多式联运经营人就要证明，他已经谨慎处理使船舶在航次开始时适航。

《多式联运公约》则是采用完全过失责任制的形式。多式联运经营人对于由其掌管期间货物的灭失、损坏和延迟交付所引起的损失，应负赔偿责任，除非多式联运经营人证明其本人、受雇人或代理人为避免事故的发生及其后果已采取一切所能合理要求的措施。

国内《合同法》关于多式联运经营人的赔偿责任规定，与《海商法》相比较为严格。对于可以确定责任区段的，按照该区段的法律法规来执行，我国的铁路、公路、国内水运采用的是严格责任制，海运采用的是不完全过失责任，航空采用完全过失责任制；不能确定责任区段的，按照严格责任制，即承运人对运输过程中货物的毁损、灭失承担损害赔偿责任，但承运人证明货物的毁损、灭失是因不可抗力、货物本身的自然性质或者合理损耗以及托运人、收货人的过错造成的，不承担损害赔偿责任。《海商法》对于可以确定责任区段的与《合同法》相同，但不能确定责任区段的，适用海上运输，采用不完全过失责任制。

2. 责任限制

《多式联运公约》规定的责任限制分两个层次：涉及海上及内河运输的，多式联运经营人的赔偿责任按灭失或损坏货物的每包或其他货运单位计不得超过 920SDR，或按毛重每公斤计不得超过 2.75SDR，以其高者为准；不包括海上或内河运输的，则赔偿责任按

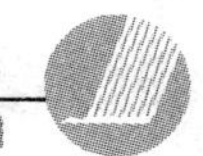

灭失或损坏货物毛重每公斤不得超过8.33SDR。延迟交货造成损失所负的赔偿责任限额，相当于对延迟交付的货物应付运费的两倍半，但不得超过多式联运合同规定的应付运费的总额。

《多式联运单规则》的责任限制同样分两部分，但是赔偿限额上有所降低。涉及海上或内河运输的，为每件或每单位666.67SDR或者毛重每公斤2SDR，以其高者为准；不涉及海上或内河运输的，不超过毛重每公斤8.33SDR。延迟交货造成损失所负的赔偿责任限额以应付运费为限。

根据我国的法律规定，经营人的责任形式采用网状责任制，分确定责任区段和无法确定责任区段，《海商法》中规定货物的灭失或者损坏发生于多式联运的某一运输区段的，多式联运经营人的赔偿责任和责任限额，适用调整该区段运输方式的有关法律规定。货物的灭失或者损坏发生的运输区段不能确定的，多式联运经营人应当依照海上货物运输的赔偿责任和责任限额，每件或每单位666.67SDR或者毛重每公斤2SDR，以其高者为准。同样在《合同法》中规定货物的毁损、灭失发生于多式联运的某一运输区段的，多式联运经营人的赔偿责任和责任限额，适用调整该区段运输方式的有关法律规定。货物毁损、灭失发生的运输区段不能确定的，依照运输合同规定承担损害赔偿责任。《合同法》与《海商法》规定的不同处在于，《海商法》主要调整的是含海运的多式联运，当运输区段责任无法确定时，适用海上货物运输的赔偿规定，而《合同法》主要调整非海运的多式联运，当责任区段无法确定时，如双方没有约定，按实际损失赔偿。例如托运人与多式联运经营人签订了一项从北京至纽约的多式联运合同。全程运输分为三个区段，首先是从北京至天津的公路运输，其次是天津到旧金山的国际海运，最后是从旧金山到纽约的铁路运输，如果货物的毁损、灭失能够确定发生在中国的公路运输区段，则多式联运经营人的赔偿责任和责任限额就按中国的公路运输方面的法律或者行政法规进行办理；如果发生在国际海运区段则按《中华人民共和国海商法》的有关规定进行赔偿；如果发生在美国铁路运输区段，就应按照美国铁路法的规定进行办理；如果无法确定区段的，按海上区段的法规进行赔偿。

3. 赔偿限额的丧失

公约和国内法规的规定基本相同，即如经证明，货物的灭失、损坏或延迟交付是由于多式联运经营人有意造成或明知可能造成而毫不在意的行为或不行为所引起，则多式联运经营人无权享受赔偿责任限制。

9.4 索赔通知与诉讼时效

9.4.1 《多式联运公约》的规定

《多式联运公约》的规定基本与《汉堡规则》一致。如果货物发生灭失或者损害的，收货人应不迟于收货的次一工作日，或者在灭失或损坏不明显时，在货物交付收货人之日后连续六日内，提出书面通知。不作出书面通知的，初步认定交付的货物处于良好的状态。如果货物的状况在交付收货人时已经过联合调查或检验，则无须送交书面通知。延迟交付的，除非在货物交付日后或者视为交货后连续 60 日内，向多式联运经营人送交书面通知，否则经营人无须对延迟交货所造成的损失给予赔偿。

如果多式联运经营人希望主张因为发货人或其代理人的过错遭受损失的，则应在损害发生后连续 90 日内，或在货物交付后连续 90 日内，以其较迟者为准，向发货人提交书面通知，否则视为经营人没有遭受这种损失的初步证据。

《多式联运公约》的规定诉讼时效为两年。如果在货物交付之日后六个月内，或于货物未交付时，在应当交付之日后六个月内，没有提出书面索赔通知，说明索赔的性质和主要事项，则诉讼在此期限届满后即失去时效。责任人向第三方追偿的时效是从赔偿之日或者接到其本人的诉讼传票之日起额外 90 日以内。

9.4.2 《多式联运单规则》的规定

除非收货人在货物交付给他时，将说明灭失或损坏的一般性质的货物灭失或损坏书面通知送交多式联运经营人，否则，此种货物的交付即为多式联运经营人已将多式联运单证所载明的货物交付给收货人的初步证据。如果货物的灭失或损坏不明显，通知应该在货物交付后的六日内送交。诉讼必须在货物交付、应当交付、能被认定已经灭失起 9 个月内提出。

9.4.3 国内法律法规的规定

国内法律法规对此没有作明确的规定，《海商法》在“多式联运合同的特别规定”一节中就诉讼时效并没有具体说明，可以理解在此节中没有特殊说明的，多式联运适用《海商法》其他规定，《海商法》对就海上货物运输向承运人要求赔偿的请求权作出了规定，时效期间为 1 年，自承运人交付或者应当交付之日起算。责任人向第三方的追偿请求，时效期间为 90 日，自解决原赔偿请求之日或者接到起诉状副本之日起算。不含非海上运输的多式联运，笔者认为除法律另有规定的，适用民法通则两年的诉讼时效期。

9.5 多式联运单据

9.5.1 《多式联运公约》

国际货物多式联运单据（Multimodal Transport Document，MTD）是指证明多式联运合同以及证明多式联运经营人接管货物并负责按照合同条款交付货物的单证。

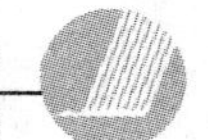

1. 签发

多式联运经营人接管货物时，应签发一项多式联运单据，该单据应依发货人的选择，或为可转让单据或为不可转让单据。单据应由多式联运经营人或经他授权的人签字。如签发不可转让的多式联运单据的，在接管货物后，多式联运经营人应交给发货人一份可以阅读的单据，载有用此种方式记录的所有事项，该单据也应视为多式联运单据。

2. 种类

多式联运单据分以下两种，一种是可以转让的，另一种是不可以转让的。

可转让的多式联运单据在签发时：应列明按指示或向持票人交付；如列明按指示交付，须经背书后转让；如列明向持票人交付，无须背书即可转让；如签发一套一份以上的正本，应注明正本份数；如签发任何副本，每份副本均应注明"不可转让"字样。只有交出可转让多式联运单据，并在必要时经正式背书，才能向多式联运经营人或其代表提取货物。如签发一套一份以上的可转让多式联运单据正本，而多式联运经营人或其代表已正当地按照其中一份正本交货，该多式联运经营人便已履行其交货责任。

不可转让的多式联运单据在签发时，应指明记名的收货人。多式联运经营人将货物交给所指明的记名收货人或经收货人通常以书面正式指定的其他人后，该多式联运经营人即已履行其交货责任。

3. 内容

单据必须载明货物各方面的详细情况，包括货物数量、外观状况、发货人名称、交货地点等，但如不记载也不会对其法律特征产生影响。

4. 证据效力

多式联运单据应是该单据所载明的货物由多式联运经营人接管的初步证据；如果多式联运单据以可转让方式签发，而且已转让给正当地信赖该单据所载明的货物状况的、包括收货人在内的第三方，则多式联运经营人提出的反证不予接受。

9.5.2　《多式联运单规则》

多式联运单据是用来证明多式联运合同的单证，该单证可以在适用法律的允许下，以电子数据交换信息取代，而且以可转让方式签发，或者可以用来表明记名收货人，以不可转让方式签发。《多式联运单规则》还特别规定了多式联运单可以用电子信息交换代替，这是一项很先进的规定。

9.5.3　国内法

《海商法》、《合同法》对多式联运单据的性质和功能没有明确规定。对于多式联运单是不是提单的一种，与海运提单有什么区别，是否适用提单的法律规范，我国一直存在争议，主要的观点认为多式联运单不是我国法律认可的提单，不能适用关于提单的一切法律规定，它不是特殊化或者经过修正了的提单，而是一种新的运输单据。

案例分析

案例 1 国内 A 公司与美国 B 公司签订某一进口合同，交货地为 FOB 美国西海岸，目的地为吴江。A 公司向保险公司投保一切险，保险责任期间为"仓至仓条款"。由 C 运输公司负责运输，签发了从美国西雅图港经上海到吴江的提单，发货人为 B 公司，收货人为"TO ORDER"，通知方为 A 公司。货物到达上海后，C 公司与 D 货运公司约定，在支付内陆运输等费用后，将提单下的货物交由 D 公司运至目的地吴江。而 D 公司并未亲自运输，而是转交给 E 公司实际运输。货物到达目的地后，A 公司发现两个集装箱破损，货物严重损坏。后经调查，货物在上海港卸船时的理货单记载"集装箱和货物完好"，设备交接单出场与进场联显示"集装箱出堆场完好，送达目的地破损"。

案例问题：

1. 该运输是否属于国际多式联运？理由是什么？
2. C、D、E 公司存在什么运输关系，他们是否要承担赔偿责任？
3. A 公司应该如何处理？

案例 2 国外某 A 公司与国内温州 B 公司签订买卖合同，B 公司自行装箱后，交由 C 公司运输，签发清洁提单。提单内容为：收货地厦门，装货港香港，卸货港布达佩斯，托运人为 B 公司，收货人为 A 公司。货物到达香港后，转由 D 公司承运。D 公司签发提单给 C 公司，并加箱封，在此份提单上载明装货港香港，目的港科波尔，最后目的地布达佩斯；托运人为 C 公司，收货人为提单持有人，通知人为 A 公司，并注明该箱从厦门运至布达佩斯，中途经香港。货物到达卸货港后，由 E 铁路公司负责将货物运至目的地，E 公司签发的运单载明箱号、铅封号以及集装箱货物与 D 公司签发给 C 公司的提单内容相同。货物到达布达佩斯后，A 公司向 E 公司提交了 C 公司签发的提单，50 天后 A 公司提货时打开箱子发现是空的，后证明集装箱封铅及门锁在抵布达佩斯时已被替换。

案例问题：

1. B 公司是否要对货物的真实性负责？
2. 在 A 公司递交提单后提货前的这段时间内，是否还属于 D 公司的责任期间？
3. 如何确定货损区段？
4. 如果适用我国《海商法》的规定，A 公司可以找谁赔偿？赔多少？

第10章

货物仓储法律规范

本章要点

- 仓储的含义和功能
- 物流企业在仓储中的法律地位
- 仓储合同的特征和主要内容,当事人的权利和义务,仓单的法律性质
- 仓储合同与保管合同的联系和区别
- 保税仓库的功能和类型,申请保税仓库的程序,保税货物的监管及法律规范

10.1 保管与仓储概述

10.1.1 仓储的含义和功能

仓储(Storage)即货物的储存。储存(Storing)是保护、管理、储藏物品的一种活动。为了保持社会再生产的顺利进行,满足一定时间内社会再生产和消费的需要,必须存储一定量的物资或商品。传统的仓储主要功能是防止货物丢失和损伤,而现代仓储的功能从重视保管逐渐演变为担负着顺利发货和配送,加快仓储商品周转,提高物流时间效用的任务。在现代物流过程中,仓储承担了改变"物"的时间状态的重任。它已经和运输一起形成了物流过程的两大支柱。广义的仓储是各种能够提供货物储存服务的设施和场地,通常包括:仓储经营者提供的专业性仓储;自有仓库的临时保管仓储;运输环节的临时仓储,如港口运输中始发港和到达港的仓储;配送服务中的仓储等。

现代仓储与传统仓储的比较:传统仓储一般具有长期储存原材料和产品的功能。生产商储存原材料是为了避免因原材料供应不足影响正常的生产,而储存产品是为了持续地满足销售市场的需要。因此,货物的储存时间一般都比较长。而现代物流的发展要求在理论上实现零库存,因为货物在仓库中停留时间的大大缩短成为节省成本、提高

经济效益的重要手段。现代物流对仓储经营者提出了更高的要求。本章所述的仓储主要是合同仓储,又称为第三方仓储,是指企业将仓储作为物流活动的一部分转包给外部公司,由外部公司为企业提供综合物流服务的仓储方式。合同仓储公司能够提供专业化的高效、经济和准确的分销服务和配送服务。

10.1.2 仓储的作用

仓储与运输一起被并称为物流过程中的两大支柱,是物流的中心环节之一。其作用有以下几点。

1. 提供了物流的时间效用

货物不仅要送达消费者需要的地点,而且要在消费者所需的时间内送达,这就是时间效用。在物流过程中,如果说运输的主要功能是实现物品空间位置上的转移,以提供物流的空间效用;那么仓储则主要是克服物品生产与消费在时间上的差异,以提供物流的时间效用。

2. 调节生产与消费的平衡

该作用源于仓储为物流提供的时间效用。生产与消费在时间上往往会产生矛盾,而仓储活动可以将企业全年生产的产品先行储存起来,等到销售季节到来之时再出货销售,协调了生产与消费的矛盾。仓储设施最首要的功能是提供货物堆放的场所,同时提供货物保管服务。货物被保管在仓库或其他设施里,不及时投入流通、运输的理由主要是解决货物在产销、运输等方面的时间差。仓储可实现产销、运力和运量的平衡。

3. 降低运输成本,提高运输效率

企业可以利用仓库的中转功能,尽量在长距离干线运输中采取大规模、整车运输,从而降低运输成本,提高运输效率。如企业可以从多个供应商处分别小批量购买原材料并运至仓库,将其拼箱,再整车运输至工厂,或者将各工厂的产品大批量运到仓库,再根据客户的要求,小批量发运给客户。

4. 进行产品整合,满足客户个性化需求

仓储经营者可以利用仓库,根据客户要求,将不同的产品在仓库中进行调整、组合、打包后,运往各地客户。通过第三方物流企业的加入,不同企业的零部件产品也可以通过在仓库中的整合,组装成满足客户个性化需求的新产品。根据客户要求的时间、数量、地点及其他内容,仓储经营者将货物从仓库中提出,并运送给客户或其他与客户达成买卖交易的购买方、消费者。当仓储经营者同时提供配送服务时,业务的复杂性将大大提高,与传统的提供单一的货物保管服务有着本质的区别。

10.1.3 物流企业在仓储活动中的法律地位

1. 为客户提供仓储服务

此时物流企业就是专门从事营业性服务的公共仓库,与客户签订的是仓储合同,双方是仓储合同法律关系,物流企业是保管人,客户是存货人,双方的权利和义务按照仓储

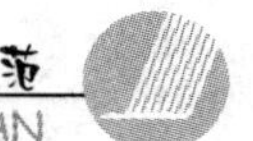

合同的有关法律法规确定。

2. 为客户提供包括仓储在内的综合物流服务

物流企业作为综合性物流服务商存在，具有至少两项以上的物流服务功能，与客户签订的是物流服务合同，而不是单纯的仓储合同。物流企业是物流服务提供者，客户是物流服务需求者，双方的权利和义务按照物流服务合同双方当事人的关系来确定。

3. 作为仓储保管法律关系的存货人

当物流企业没有仓储设备或者虽然有仓储设备但库存空间不足时，在与客户签订含有仓储服务物流服务合同后，通常又会与其他仓库经营者签订仓储合同，以解决库存空间不足的问题，此时，物流企业作为存货人，而仓库经营者成为保管人，双方当事人的权利和义务按照仓储合同法律法规确定。

10.2 仓储合同

10.2.1 仓储合同的概念和特征

1. 仓储合同的概念

仓储合同，又称仓储保管合同，是指保管人储存存货人交付的仓储物，存货人支付仓储费的合同。存货人就是仓储服务的需求者，保管人就是仓储服务的提供者，仓储物就是存货人交由保管人进行储存的物品，仓储费是保管人向存货人提供仓储服务取得的对价。就实质而言，仓储合同属于保管合同，但由于仓库营业的性质，使仓储合同成为一种特殊的保管合同，它属于商事合同的范畴，在合同主体、保管对象、成立条件等方面均不同于一般保管合同。

2. 仓储合同的特征

(1)仓储合同的保管方必须是仓储营业人

这是对保管人的资格进行的限定。在仓储合同中，保管人必须是经工商行政管理机关核准，依法专门从事仓储保管业务的法人、其他组织或个人。而且，仓库保管人必须具有仓储设备，这是对保管人的一项基本要求，也是仓储合同不同于一般保管合同的特征之一。

(2)仓储合同是双务有偿合同

仓储合同的双方当事人互负给付义务，保管方提供仓储服务，存货方给付报酬和其他必要费用，一方的义务即是对方的权利。仓储合同是双务有偿合同，是由提供仓储服务的一方为专业的仓库营业人的性质所决定的。一方面，仓储合同所进行的保管，不同于日常生活中的保管，储存量一般很大，而保管人付出的劳动量也很大；另一方面，保管人是以赢利为目的的法人、其他组织或个人。在保管人依照合同约定履行完合同义务，把仓储物完整归还仓单持有人时，存货人或仓单持有人应当给付规定的保管费用，即仓储费。仓储费不仅指保管人为储存货物而支出的费用，而且包括合同约定的与入库及出库时有关的一切必要的保管费用。

(3)仓储合同是诺成合同

《合同法》明确规定,仓储合同自成立时起生效。即双方根据存货方的委托储存计划及保管方的仓储能力,依法就合同的主要条款协商一致,由双方的法定代表人或授权的经办人签字,单位盖公章或合同专用章后,合同即成立。也就是说,仓储合同并不以存货人实际交付存储的货物为成立和生效条件。当然,如果在合同订立的同时存货人就把货物交付保管人保管,此时保管人应当给付仓单。合同在双方当事人达成合意时已成立和生效,以后的存货人交付货物,保管人给付仓单的行为是履行合同的行为,与合同的成立和生效无关。

(4)仓储合同中货物的交付与归还以仓单作为凭证

仓单是提取仓储物的凭证。它是保管人验收仓储物后向存货人签发的、表明已收到一定数量的仓储物的法律文书。仓单记载的事项,直接体现当事人的权利义务,是仓储合同存在以及合同内容的证明。仓单经存货人或仓单持有人背书并经保管人签字或者盖章的,可以转让。仓单持有人享有与存货人相同的权利。

(5)仓储合同所保管的物品是特定物或特定化的种类物

仓储合同所保管的物品,一般情况下是作为生产资料的动产,不包括不动产和一般零星生活用品。我国《合同法》规定,储存期限届满,仓单持有人应当凭仓单提取仓储物。由此可以看出,仓储合同的标的物都是特定的,即使原属于种类物的标的物,通过仓单也被特定化了。因此,当储存期限届满后,仓单持有人有权领取原物,仓储经营人不得擅自调换、动用。另外,仓储合同的性质决定,仓储物应是能够放置或储存在仓库等仓储设备内的。只有仓储物能够完整地入库、出库,才能保证仓储人利用仓储设备不断地运入、运出货物,从而不断地开展其他业务;而不动产不能完整地入库、出库,从而不能成为仓储合同的标的物。

(6)仓储合同一般是格式合同

经营公共仓库的保管人为了与多数相对人订立仓储合同,通常事先拟定并印刷了大部分条款,如存货单、入库单、仓单等。在实际订立仓储合同时,再由双方把通过协商议定的内容填进去从而形成仓储合同,而不另行签订独立的仓储合同。

10.2.2 仓储合同的主要内容

仓储合同的内容是明确保管人和存货人双方权利、义务关系的根据,通常仓储合同应包含以下主要条款:

①保管人、存货人的名称或者姓名和住所。

②仓储物的品名、品种、规格、数量、质量、包装、件数和标记。在仓储合同中,应明确规定仓储物的计量单位、数量和仓储物质量,以保证顺利履行合同;同时,双方还要对货物的包装、件数以及包装上的货物标记作出约定,对货物进行包装。仓储合同与货物的性质、仓库中原有货物的性质、仓库的保管条件等有着密切关系。

③仓储物验收的项目、标准、方法、期限和相关资料。对仓储物的验收,主要是指保

管人按照约定对入库仓储物进行的验收,以确定仓储物入库时的状态。仓储物验收的具体项目、标准、方法和期限等应由当事人根据具体情况在仓储合同中事先作出约定。保管人为顺利验收需要存货人提供货物的相关资料的,仓储合同还应就资料的种类、份数等作出约定。

④仓储物的储存期间、保管要求和保管条件。储存期间,即仓储物在仓库的存放期间,期间届满,存货人或者仓单持有人应当及时提取货物。保管要求和保管条件是针对仓储物的特性,为保持其完好所要求的具体条件、因素和标准。为便于双方权利义务和责任的划分,应对储存期间、保管要求和保管条件作出明确具体的约定。

⑤仓储物进出库手续、时间、地点和运输方式。仓储物的入库,即意味着保管人保管义务的开始;而仓储物的出库,则意味着保管人保管义务的终止。所以,仓储物进出库的时间、地点对划清双方责任非常关键。而且,仓储物的进出库有多种不同的方式,会影响到双方的权利、义务关系,也会影响到双方的责任划分。因此,双方当事人也应对仓储物进出库的方式、手续等作出明确约定,以便于分清责任。

⑥仓储物的损耗标准和损耗处理。仓储物在储存、运输、搬运过程中,由于自然的原因(如干燥、风化、挥发、黏结等)和货物本身的性质以及度量衡的误差等原因,不可避免地要发生一定数量的减少、破损或者计量误差。对此,当事人应当约定一个损耗的标准,并约定损耗发生时的处理方法。当事人对损耗标准没有约定的,应当参照国家有关主管部门规定的相应标准。

⑦计费项目、标准和结算方式。

⑧违约责任条款。即对当事人违反合同约定义务时应如何承担违约责任、承担违约责任的方式等进行的约定。违约责任的承担方式包括继续履行、支付违约金、赔偿损失等。

除此之外,双方当事人还可就变更和解除合同的条件、期限,以及争议的解决方式等作出约定。

10.2.3 仓储合同当事人的权利和义务

由于仓储合同是双务有偿合同,双方当事人的权利和义务是相对的,存货人的义务相对于保管人就是权利,存货人的权利相对于保管人就是义务。因此我们主要从义务的角度来讨论仓储合同当事人的权利和义务。

1. 保管人的义务

(1)给付仓单的义务

保管人给付仓单,既是其接收客户所交付仓储货物的必要手段,也是其履行仓储合同义务的一项重要内容。《合同法》规定:“存货人交付仓储物的,保管人应当给付仓单。”保管人在向客户给付仓单时,应当在仓单上签字或者盖章,保证仓单的真实性。

(2)对客户入库货物的验收义务和通知义务

根据《合同法》的规定,保管人应当按照约定对入库货物进行验收。保管人对货物进行验收时,应当按照仓储合同约定的验收项目、验收标准、验收方法和验收期限进行。验收项目一般包括:货物的品名、规格、数量、外包装状况以及无须开箱拆捆,通过直观就可以识别和辨认的质量状况。外包装或货物上无标记的,以客户提供的验收资料为准。保管人一般无开拆包装进行检验的义务,但如果客户有此要求,保管人也可根据与客户签订的协议进行检查。对于散装货物,则应当按照国家有关规定或者合同所确定的标准进行验收。验收方式有实物验收(逐件验收)和抽样验收两种。在实物验收中,保管人应当对客户交付的货物进行逐件验收;在抽样验收中,保管人应当依照合同约定的比例提取样品进行验收。验收方法有仪器检验和感官检验两种,实践中更多的是采用后者。如果根据客户要求要开箱拆包验收,一般应有两人以上在场。对验收合格的货物,在外包装上印贴验收合格标志;对不合格的货物,应作详细记录,并及时通知客户。验收期限即自货物和验收资料全部送达保管人之日起,到验收报告送出之日止的一段时间。验收期限应依合同约定,保管人应当在约定的时间内及时进行验收。通知义务,保管人验收时发现入库货物与约定不符合的,应当及时通知客户,即保管人应在验收结束后的合理期限内通知。保管人未尽通知义务的,客户可以推定验收结果在各方面都不合格。

(3)同意客户或者仓单持有人及时检查货物或者提取样品的义务

根据《合同法》"保管人根据存货人或者仓单持有人的要求,应当同意其检查仓储物或者提取样品"的规定,保管人具有同意客户或者仓单持有人及时检查货物或者提取样品的义务,以便于客户或者仓单持有人及时了解、知悉货物的有关情况及储存、保管情况,发现问题后能及时采取措施。

(4)对货物异状的通知义务

根据《合同法》的规定,保管人对入库货物发现有变质或者其他损坏的,应当及时通知客户或者仓单持有人,便于客户或者仓单持有人及时处理或者采取相应的措施,以避免损失的进一步扩大。

(5)催告义务

为了保证客户或仓单持有人对变质或损坏的货物的利益不致继续受损,保护其他货物的安全和正常的保管,我国《合同法》规定,保管人对入库货物发现有变质或者其他损坏,危及其他货物的安全和正常保管的,应当催告客户或者仓单持有人作出必要的处置。如果保管人怠于催告,则应对其他货物的损失(如腐蚀、污染等损害)负责,对自己遭受的损失则自负责任。

(6)妥善储存、保管货物的义务

保证被储存物的质量,是完成储存功能的根本要求。保管人应当按照合同约定的保管条件和保管要求,妥善储存和保管货物,尽到善良管理人的注意义务。如果在储存期间,保管人因保管不善造成货物毁损、灭失的,应根据《合同法》的规定承担损害赔偿责任。但因货物的性质、包装不符合约定或者超过有效储存期造成货物变质、损坏的除外。

(7)返还货物的义务

仓储合同中,保管人对货物不具有所有权和处分权,储存期间届满,当客户或者仓单持有人凭仓单提货时,保管人应当返还货物。当事人对储存期间没有约定或者约定不明确的,根据《合同法》的规定,客户或者仓单持有人可以随时提取货物,保管人也可以随时要求客户或者仓单持有人提取货物,但应当给予必要的准备时间。保管人返还货物的地

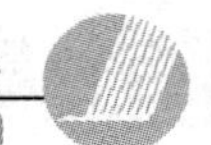

点，由当事人约定，或由客户或仓单持有人到仓库自行提取，或由保管人将货物送至指定地点。

2. 存货人的义务

(1)按照合同约定交付货物的义务

存货人有义务将货物交付给保管人。存货人交付保管人的货物在品种、数量、质量、包装等方面必须符合仓储合同的约定。

(2)说明危险物品或易变质物品的性质并提供相关资料的义务

《合同法》规定："储存易燃、易爆、有毒、有腐蚀性、有放射性等危险物品或者易变质物品，存货人应当说明该物品的性质，提供有关资料。""存货人违反前款规定的，保管人可以拒收仓储物，也可以采取相应措施以避免损失的发生，因此产生的费用由存货人承担。"

(3)配合保管人对货物进行验收并提供验收资料的义务

在保管人对入库货物进行验收时，存货人应当对保管人的验收行为给予配合。如果保管人对入库货物的验收，需要存货人提供验收资料的，存货人提供的资料应当完备和及时，提供的资料不全面或迟延造成验收差错及其他损失的，存货人应承担责任。

(4)对变质或者有其他损坏的货物进行处置的义务

为了确保其他货物的安全和正常的保管活动，根据《合同法》的规定，当入库货物发生变质或者其他损坏，危及其他货物的安全和正常保管，保管人催告时，存货人或仓单持有人有作出必要处置的义务。对于存货人或仓单持有人的这种处置义务，应当注意：以能够保证其他货物的安全和正常保管为限；如果保管人对存货人或者仓单持有人的处置要求过高，存货人或者仓单持有人可以拒绝；如果存货人或者仓单持有人对货物的处置已主动地逾越必要的范围，由此而给保管人造成不便或带来损害的，保管人有权要求赔偿；如果存货人或者仓单持有人怠于处置，则应对这些损失承担赔偿责任。

(5)容忍保管人对变质或者有其他损坏的货物采取紧急处置措施的义务

保管人的职责是储存、保管货物，一般对货物并无处分的权利。然而在货物发生变质或其他损坏，危及其他货物的安全和正常保管，情况紧急时，根据《合同法》的规定，保管人可以作出必要的处置，但事后应当将该情况及时通知存货人或者仓单持有人。在这种情况下，存货人和仓单持有人事后不得对保管人的紧急处置提出异议。

(6)按时提取货物的义务

双方当事人对储存期间有明确约定的，储存期间届满，存货人或者仓单持有人应当凭仓单提取货物。存货人或者仓单持有人逾期提取货物的，应当加收仓储费。在储存期间尚未届满之前，存货人或者仓单持有人也有权随时提取货物，但提前提取的，不得请求减收仓储费。根据《合同法》的规定，储存期间届满，存货人或者仓单持有人不提取货物的，保管人可以催告其在合理期限内提取；逾期不提取的，保管人可以将货物提交给提存机关，提存货物。

(7)支付仓储费和其他费用的义务

①仓储费，即保管人因其所提供的仓储服务而应取得的报酬，根据《合同法》的规定，应由存货人支付。存货人支付仓储费的时间、金额和方式依据仓储合同的约定。仓储费

与一般保管费有所不同，当事人通常约定由存货人在交付货物时提前支付，而非等到提取货物时才支付。

②其他费用，即为了保护存货人的利益或者避免其损失而发生的费用，例如存货人所储存的货物发生变质或者其他损坏，危及其他货物的安全和正常保管的，在紧急情况下，保管人可以作出必要的处置。因此而发生的费用，就应当由存货人承担。

10.2.4　仓单的法律性质

1. 仓单的概念

仓单是由保管人在收到仓储物时向存货人签发的、表明已收到一定数量的仓储物的法律文书。仓单记载的事项，直接体现当事人的权利义务，是仓储合同存在以及合同内容的证明。仓单是由保管人向存货人签发的，是保管人履行仓储合同的行为；而有权接受其履行的权利人，只能是仓储合同的另一方当事人即存货人，所以保管人只能对存货人签发仓单，但存货人不一定是仓储物的所有人。仓单是表明保管人已收到仓储物。

2. 仓单的法律性质

(1)仓单是有价证券

有价证券是指该证券足以表明其具财产权，且其权利的发生、行使或转移须全部或一部分以占有交付证券为要件。有价证券通常是持有人享有一定的所有权或债权的凭证。仓单是提取仓储物的凭证，提取仓储物的权利依法可以转让。

(2)仓单是要式证券

要式证券是指具备法定格式才有效的证券。《合同法》规定，保管人应当在仓单上签字或者盖章，仓单上应该有法定的必须记载的事项，否则，仓单不能产生法律效力。而一般保管合同的成立，有当事人之间的合意即可，不以特别方式为必要。保管合同的形式由当事人自由选择，可以选择口头形式，也可以是书面或公证形式。

(3)仓单具有交付指示证券的性质

交付指示证券即存货人对保管人予以指示，向仓单所有人支付仓储物的全部或一部分的指示证券。基于仓单的这一性质，仓单可以通过背书方式进行转让。

(4)仓单是一种物权凭证

仓单代表存储物品，仓单的占有意味着对存储物品本身的占有，仓单的转移意味着仓储物品的转移。当然，仓单也具有债权效力，是债权凭证。所谓债权凭证，是指仓单持有人享有向保管人请求交付仓储物的权利，这种请求权是一种债权。

(5)仓单是文义证券，以仓单上文字记载的内容为准

如果仓单上文字记载的内容与实际情况不符，保管人也有义务按仓单上所记载的内容履行义务，即仓单上记载有某批货物，而实际仓库中并没有，保管人对仓单持有人也有交付该批货物的义务。

(6)仓单是要因证券

要因证券即仓单上记载的权利以仓储合同为基础，如果没有仓储合同，也就无所谓仓单的存在。

(7)仓单是换取证券

换取证券即保管人按仓单持有人的要求交付了仓储物以后,可要求仓单持有人缴还仓单,因此,又称为缴还证券。如果仓单持有人拒绝缴还仓单,保管人可拒绝交付仓储物。

3. 仓单的内容

仓单是提取仓储物的凭证,是一种要式证券和文义证券,因此,仓单上记载的事项具有重要意义。我国《合同法》规定,保管人应当在仓单上签字或者盖章。仓单内容应包括下列事项。

(1)存货人的名称或者姓名和住所

仓单是记名证券,因此,仓单上必须记载存货人的名称或者姓名以及住所。这是仓单必须记载的内容,否则仓单不产生法律效力。

(2)仓储物的品种、数量、质量、包装、件数和标记

仓储物的品种、数量、质量、包装、件数和标记直接涉及仓单当事人的权利和义务,对这些内容进行清楚记载是避免纠纷的有效方法。需要注意的是,这些内容必须是经过保管人验收确定后再填写在仓单上的,而在保管人和存货人订立仓储合同时,对仓储物的上述情况的约定,不能作为填写仓单的依据。

(3)仓储物的损耗标准

仓储物的损耗标准主要是关于仓储物在保管期间因为自然因素和货物本身的因素导致损耗的计算方法。一般来说,在仓储合同中约定有仓储物的损耗标准的,仓单上所记载的损耗标准通常与该约定相同。当然,当事人也可以在仓单上对仓储合同中约定的标准进行变更。当仓储合同约定的标准与仓单上所记载的标准不一致时,一般以仓单的记载为准。

(4)储存场所

仓单上记载储存场所是为了存货人或仓单持有人及时、准确地提取货物。当存货人购买保险时,货物所在的仓库或场所是保险人是否同意承保的一个考虑因素。

(5)储存期间

储存期间具有多方面的意义:首先,仓单的相关记载可以明确保管人履行保管义务的开始时间和终止时间;其次,在储存期间届满时,即为存货人提取仓储物的时间;再次,储存期间是计算仓储费的一个因素。

(6)仓储费

仓储合同是有偿合同,仓储费是保管人为存货人提供保管服务而获得的报酬。仓储费的约定具体包括数额、支付方式、支付时间、支付地点等。

(7)仓储物的保险

仓储物已经办理保险的,其保险金额、期间以及保险人的名称应记载清楚。仓储物的保险比较复杂,主要涉及谁负责购买保险的问题。仓储经营人可以对仓库中的所有货物向保险人投保,也可就特定的货物投保。货物所有人也可以就仓储物自己投保。有时保管人和存货人会同时购买保险,但是,两种保险的保险责任范围是不同的。

(8)填发人、填发地和填发日期

保管人应当在仓单上签字或者盖章。填发人可以是保管人本人,也可以是其授权的

人，填发地和填发日期也会涉及当事人的权利和义务。

随着合同自由原则被广泛认同，对仓单记载事项的要求也逐渐放宽。其中的一些事项要求是必须记载的，这被称为绝对必要记载事项；其他事项由当事人决定是否记载，那些事项被称为相对必要记载事项。

4. 仓单的效力

(1)提取仓储物的效力

仓储合同是以仓储物的储存为目的，存货人将仓储物交付给仓储保管人，仓储物的所有权并没有发生转移，仍然属于存货人。仓储保管人于存货人交付仓储物时，应向存货人交付仓单。仓单持有人有权根据仓单要求仓储保管人交付仓储物。因此，仓单代表着仓储物，是提取仓储物的凭证。对于仓单持有人而言，持有仓单就可以主张权利，提取仓储物；对于仓储保管人来说，认仓单而不认人，在交付仓储物同时收回仓单。也就是说仓储保管人和仓单持有人之间的法律关系，应以仓单为准。

(2)转移仓储物所有权的效力

仓单作为一种有价证券，可以自由流通，由于仓单是提取仓储物的凭证，代表着仓储物，所以，仓单的交付就意味着物品所有权的转移，与仓储物的交付发生同一效力。也就是说，仓单的转移就意味着仓单所代表的仓储物所有权的转移。理所当然，仓储物所有权随仓单的转移而转移，仓储物的风险也会随之转移。

(3)出质的效力

根据我国《担保法》的相关规定，仓单还具有出质的效力，即仓单持有人可在仓单上设立质权，由于是以仓单为标的所设的质押，所以它在性质上属于权利质押。仓单质押合同由出质人与质权人以书面形式订立并自仓单移交于质权人占有时生效。仓单设质时，出质人必须在仓单上背书，注明“出质”或“设质”等字样，以此来证明该仓单是用于设质的，还是用于转移仓储物的所有权。

10.3 保管合同

保管合同，又称寄托合同，是指保管人有偿或者无偿地为寄存人保管物品，并按约定期限或者应寄存人的请求返还保管物的合同。为他人保管物品的人是保管人，将物品交付保管的人是寄存人，其所保管的物品是保管物。保管合同具有特征是：保管合同是属于实践合同。保管合同自寄存人将物品交付给保管人时成立。保管合同以物品的保管为目的。保管合同的客体是保管人为保管物提供保管劳务，故属于提供劳务的合同。保管合同中交付保管人保管的物品只是临时转移占有权。尽管保管物处于保管人的临时占有或控制下，保管人只能保持物品原状，不得使用和收益保管物品，更不能处分保管的物品。保管合同一般是有偿合同，也可以是无偿的合同，由双方当事人约定。

10.3.1 保管合同当事人的权利和义务

1. 保管人的主要义务

(1)妥善保管的义务

保管人对保管物应当按照约定的场所和方法予以保管,除紧急情况或者为了维护寄存人的利益外,不得擅自改变保管场所或者方法;如无约定,则应依标的物的性质、合同的目的及诚实信用原则确定保管的场所和方法。

(2)亲自保管的义务

除另有约定或者保管人因患病等特殊事由不能亲自履行保管行为外,保管人必须亲自为保管行为,不得将该义务转委托他人。保管人擅自将保管物交给第三人保管对保管物造成损失的,应负赔偿责任。

(3)注意保管的义务

保管人对保管标的物应尽相当的注意义务。对于无偿保管合同,保管人应尽与保管自己所有物同样的注意;对于有偿保管合同,保管人则应尽善良管理人的注意。

(4)不使用保管物的义务

保管人负有不使用保管物的义务,除当事人另有约定外,保管人不得使用或者许可第三人使用保管物。

(5)通知寄存人的义务

如果第三人对保管物主张权利,提起诉讼或进行扣押时,保管人应从速将其事实通知寄存人。此外,如果保管物受到意外毁损灭失或保管物的危险程度增大时,保管人也应该将有关情况迅速通知寄存人。

(6)返还保管物的义务

保管期间届满或者寄存人提前领取保管物的,保管人应当将保管物归还寄存人。但在保管期间尚未届满前,保管人无特别事由,不得要求寄存人提前领取保管物。返还的地点一般为保管地,保管人无送达义务,但合同另有约定者不在此限。

(7)承担风险责任的义务

保管物在保管期间因保管不善造成毁损、灭失的风险,由保管人承担责任。但无偿保管合同中,保管人只对故意或重大过失负责,承担赔偿责任。如果损害不是因保管人的过错而是由第三人的过错引起的,则应由有过错的第三人承担责任;如果损害是因不可抗力引起的,则应由寄存人自己承担。

2. 寄存人的主要义务

(1)支付保管费的义务

如果保管合同为有偿的,寄存人应当按照约定向保管人支付保管费。如果有关部门对保管费的标准有规定的,当事人则应遵循;如果无此类标准,当事人可对保管费的数额、支付时间、支付方式通过协商达成协议。寄存人不履行支付保管费的义务的,保管人可对保管物行使留置权。如保管合同是无偿的,寄存人则无此义务。当事人对保管费没有约定或约定不明确,又未达成补充协议的,推定保管合同为无偿保管合同。

（2）负担必要费用的义务

无论保管合同为无偿的或有偿的，除合同另有约定外，寄存人都有负担必要费用的义务。必要费用以维持保管物原状为准，如重新包装、防腐防虫等事项的费用。寄存人拒绝偿付必要费用，保管人也可就保管物行使留置权。

（3）申报保管物品有关情况的义务

寄存人交付的保管物有瑕疵或者按照保管物的性质需要采取特殊保管措施的，寄存人应当将有关情况告知保管人。寄存人因过错未告知保管物瑕疵或者特殊保管要求，致使保管物受损害的，保管人不承担责任；保管人因此受到损害的，除保管人知道或应当知道并未采取补救措施以外，寄存人应当承担责任。

（4）按期提取保管物品的义务

有期限的保管合同，寄存人应在期限届满时取回保管物。

（5）负担风险的义务

如保管物的毁损、灭失是由于不可抗力引起的，此项风险则应由寄存人自己承担。

10.3.2 保管合同的诉讼时效

诉讼时效是指权利人在法定期间内不行使权利即丧失请求人民法院予以保护的权利。在保管合同中寄存财物被丢失或毁损的诉讼时效为1年。由此可推知，保管人的报酬请求权、费用偿还请求权及损害赔偿请求权的诉讼时效也为1年，均自从知道或者应当知道权利被侵害时起计算。

10.3.3 仓储合同与保管合同的联系和区别

1. 仓储合同与保管合同的联系

（1）当事人在合同权利义务上具有相似性

仓储合同与保管合同都是对他人的货物提供一定的保管服务，在保管期限届满时返还该物的合同。因此，不管是仓储还是保管合同，当事人在合同权利义务上具有相似性。

（2）仓储合同是一种特殊的保管合同

虽然我国《合同法》对保管合同和仓储合同各自设有专门的分则，但保管与仓储这两种活动具有许多相似性。《合同法》明确规定，凡仓储合同这一章未作规定的，应适用保管合同的有关规定。

2. 仓储合同与保管合同的区别

（1）仓储合同是有偿合同

仓储合同的有偿性主要体现在存货人应当支付仓储费。保管合同既可以是有偿合同也可以是无偿合同。保管合同主要是有偿的，如车站提供的行李保管服务。在公民之间订立的保管合同，大部分是无偿合同。如果当事人没有约定保管费，事后又没有达成关于保管费的补充协议，《合同法》规定应推定为是无偿的。

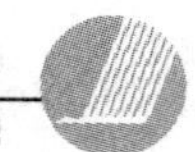

(2)仓储合同是诺成合同

保管合同通常是实践合同。《合同法》规定,保管合同自保管物交付时成立,但当事人另有约定的除外。因此,如果当事人有约定,保管合同可以自意思表示一致时成立;反之,则以交付保管物为合同成立的条件。

(3)根据仓储合同可签发仓单

仓储合同有效成立后,在存货人交付仓储物时,保管人应当给付仓单,并在仓单上签名或盖章。而保管合同中不存在仓单,保管人可出具收货凭证(或保管凭证)。仓单与通常的保管凭证的区别在于,仓单具有物权凭证的性质,仓单可以抵押、转让等,而保管凭证不具有这些功能。

(4)法律对经营资格规定条件

现有法律对仓储经营人要求特殊的经营资格条件,而对保管人未作限制。从事仓储经营须具备一定的条件并进行工商登记取得营业执照。仓储经营者从事仓储经营活动应具备以下条件:仓库位置、设施、装卸、搬运、计量等机具应经行业技术规定;仓库安全设施须经公安、消防、环保等部门批准许可;有完整的货物进库、入库、存放等管理制度;有专职保管员。因此,仓储经营人具有特殊性,而非商业性的保管人可以是任何人。

(5)责任的确定

仓储合同根据无过错责任原则确定责任,而保管合同根据过错责任原则确定责任。《合同法》规定,保管期间,因保管人保管不善造成保管物毁损、灭失的,保管人应当承担损害赔偿责任,但如果保管是无偿的,保管人能证明自己没有重大过失的,无须承担损害赔偿责任。

(6)仓储合同的仓储物是动产

仓储合同的仓储物应该是动产,而对保管合同的保管物在法律上没有仅限于动产。在理论上,不动产也可成立保管合同。保管合同中的寄存人可以寄存货币、有价证券或者其他贵重物品,仓储合同一般是针对商业性货物提供的保管服务。

10.4 保税仓库

保税仓库是经海关核准的专门存放保税货物的专用仓库。保税货物是指经过海关批准未办理纳税手续进境,在境内储存、加工、装配后复运出境的货物。除对所存货物免交关税外,保税仓库还可能提供其他的优惠政策(如免领进口许可证或其他进口批件)和便利的仓储、运输条件,以吸引外商的货物储存和从事包装等业务。

10.4.1 保税仓库功能与类型

1. 保税仓库的功能

保税仓库的功能比较单一,主要是货物的保税储存,一般不进行加工制造和其他贸易服务。除另有规定外，货物存入保税仓库，在法律上意味着在全部储存期间暂缓执行该货物投入国内市场时应遵循的法律规定，即这些货物仍被看作处于境外。如果货物从保税仓库提出而不复运出境，则将被当作直接进口的货物对待。保税仓库内的货物在海关规定的存储期内未复运出境的，也需办理正式的进口手续。

2. 保税仓库的类型

(1)专用保税仓库

专用保税仓库是指国际贸易企业经海关批准后自己建立的自营性质的保税仓库，用以储存本企业经营的保税货物。由于储存地就是收货人的所在地，这类保税仓库可以享受较宽松的监管方式，海关手续也可按简化的方式和就地结关程序办理。

(2)公共保税仓库

公共保税仓库是指具有法人资格，由专营仓储业务的经济实体所建立的保税仓库。其本身不经营进出口贸易，而为社会提供保税货物的仓储服务。

(3)海关监管仓库

海关监管仓库是一种主要存放已经进境而无人提取的货物，或者无证到货、单证不齐、手续不全以及违反海关有关规定等，而海关不予放行，需要暂存在海关监管下等候处理的仓库。

10.4.2 申请保税仓库的程序

保税仓库经营者向海关申请设立保税仓库应履行以下手续：

①办理工商行政管理部门颁发的营业执照。

②填写《保税仓库申请书》，包括仓库名称、地址、负责人、管理人员、储存面积及存放何种保税货物等项目，并向海关提出申请。

③须向海关提交下列材料：工商营业执照副本；税务登记证明副本；主管部门批准经营有关业务的文件；企业可行性研究报告、章程或协议；保税仓库管理制度；海关需要的其他有关资料，如租赁仓库的协议、仓库位置平面图、自理或代理报关注册登记证书副本等。

④主管海关审核申请资料并派员实地勘查。

⑤海关颁发《保税仓库登记证书》和保税仓库标牌。

10.4.3 对保税仓库的监管

1. 海关对保税仓库的日常监管

①保税仓库对所存的货物，应有专人负责，并于每月的前5天内将上月转存货物的收、付、存等情况列表报送当地海关核查。

②保税仓库中不得对所存货物进行加工。如需加工，必须在海关监管下进行。

③海关认为必要时，可以会同保税仓库经理人双方共同加锁。海关可以随时派员进入仓库检查货物的储存情况和有关账册，必要时可派员驻库监管，保税仓库经理人应当为海关提供办公场所和必要的方便条件。

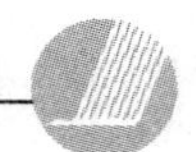

④保税仓库经理人应按章缴纳监管手续费。

⑤保税仓库进口供自己使用的货架、办公用品、管理用具、运输车辆，搬动、起重和包装设备以及改装用的机器等，应按规定缴纳相应的关税、产品增值税或工商统一税。

2. 保税货物的入库、储存与出库监管

(1)保税货物的入库监管

①保税货物在保税仓库所在地海关入境时，货主或其代理人应当填写进口货物报关单一式三份，加盖“保税仓库货物”印章并注明此货物系存入某保税仓库，向海关申报，经海关查验放行后，一份由海关留存，其余两份随货交保税仓库。

②保税仓库经理人应于货物入库后即在上述报关单上签收，一份留存、一份交回海关存查。

③货主在保税仓库所在地以外的其他口岸进口货物，应按海关对转关运输货物的规定办理转关运输手续。货物运抵后再按上述的规定办理入库手续。

(2)保税货物的储存监管

1)储存期限

保税仓库所存货物储存期限为1年。如因特殊情况可向海关申请延期，但延期最长不得超过1年。保税货物储存期满仍未转为进口也不复运出境的，由海关将货物变卖，所得价款在扣除运输、装卸、储存等费用和税款后，尚有余款的，自货物变卖之日起1年内，经收货人申请，予以发还；逾期无人申请的，上缴国库。

2)货物的使用

保税仓库所储存的货物，属于海关监管的保税货物，未经海关核准并按规定办理有关手续的，任何人不得出售、提取、交付、调换、抵押、转让或移作他用。

3)货物的灭失、短少

保税仓库所存货物在储存期间发生短少，除由于不可抗力的原因外，其短少部分应当由保税仓库经理人承担缴纳税款的责任，并由海关按有关规定进行处理。由此产生的货物灭失、损坏的民事责任按一般仓储处理。

4)货物的加工

在保税仓库中不得对所储存的货物进行加工。如需对货物进行改变包装、加刷唛头等整理工作，应向海关申请核准后并在海关监管下进行。

5)货物的查验

海关可随时派员进入保税仓库检查货物储存情况，查阅有关仓库账册，必要时可派员驻库监管。保税仓库经营单位应给予协作配合并提供便利。

6)货物的存放

保税仓库必须专库专用，保税货物不得与非保税货物混合堆放。加工贸易备料保税仓库的入库货物仅限于该加工贸易经营单位本身所需的加工生产料件，不得存放本企业从事一般贸易进口的货物，或与加工生产无关的以及其他企业的货物。

(3)保税货物的出库监管

①货物的提取。公共保税仓库的保税货物，只能供应本关区内的加工生产企业。对经批准设立的专门存储不宜与其他物品混放的保税仓库原料，以及一个企业集团内专设

供应本集团内若干不同关区的加工企业，必须跨关区提取所需保税料件的，加工贸易企业应事先向海关办理加工贸易合同登记备案，领取《加工贸易登记手册》，并在该登记手册载明的原材料进口期限内，分别向加工贸易企业主管海关、保税仓库主管海关办理分批从保税仓库提取货物的手续。

②保税货物经海关核准转为进入国内市场销售时，由货主或其代理人向海关递交进口货物许可证件、进口货物报关单和海关需要的其他单证并缴纳关税和产品增值税或工商统一税后，由海关签印放行，将原进口货物报关单注销。对用于中、外国际航行船舶的保税油料和零备件，以及用于在保修期限内免费维修有关外国产品的保税零备件，免征关税和产品增值税或工商统一税。

③对来料加工、进料加工备料保税仓库提取的货物，货主应事先持批准文件、合同等有关单证向海关办理备案登记手续，并填写来料加工、进料加工专用报关单和《保税仓库领料核准单》一式三份，一份由批准海关备存，一份由领料人留存，一份由海关签盖放行章后交货主。仓库经理人凭海关签印的领料核准单交付有关货物并凭以向海关办理核销手续。对提取用于来料加工、进料加工的进口货物，海关按来料加工、进料加工的规定进行管理并按实际加工出口情况确定免税或补税。

④保税货物复运出口时，货主或其代理人应当填写出口货物报关单一式三份并交验进口时由海关签印的报关单，向当地海关办理复运出口手续。经海关核查与实货相符合后签印，一份留存，一份发还，一份随货带交出境地海关，凭以放行货物出境。

10.4.4 保税仓库进出货物的监管法规

自我国海关总署首次颁布实施了《中华人民共和国海关对保税仓库及所存货物的管理办法》（简称《保税仓库管理办法》）以来，全国陆续建立了一批保税仓库。我国加入了《关于简化和协调海关业务制度的国际公约》（简称《京都公约》）的《关于保税仓库的附约》后，结合《海关法》，重新修订并公布了《保税仓库管理办法》，扩大了保税仓库的业务范围，规定了凡属加工贸易复出口的进口货物、国际转运货物以及经海关批准可以缓税的货物，均可存入保税仓库。

案例分析

案例 1 2005 年 9 月，某服装公司与被告某货仓公司签订了一份仓储合同，合同约定：货仓公司为服装公司储存 20 万件羽绒服，并在储存期间保证羽绒服完好无损，不发生虫蛀、霉变；服装公司交纳 2 万元仓储费；储存期至同年 12 月 20 日。合同标明了储存的羽绒服的质量、包装及标记等，并约定了双方具体责任的划分和违约条款。合同签订后，服装公司依约将羽绒服运送至货仓公司处，并交纳了仓储费。货仓公司在收到羽绒服并验收后向服装公司签发了仓单。同年 12 月初，原告某商场向服装公司订购了 20 万件羽绒服。服装公司为了简便手续，让该商场早日提货并节省交易费用，于是将仓单背书转让给该商场，实际上是把提取羽绒服的权利转让给了该商场，并在事后通知了货仓公司。该商场持仓单向货仓公司提货时，货仓公司以该商场不是合法的仓单持有人为由

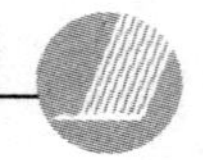

拒绝交付羽绒服。该商场则认为,该仓单已由原存货人合法背书转让,且服装公司已通知了货仓公司,货仓公司应履行返还义务。由于货仓公司拒不给货,耽误了时节,羽绒服作为季节性商品已过旺季销售,该商场遭受了损失。遂向人民法院起诉,要求货仓公司赔偿损失。

案例问题:

1. 某服装公司与某货仓公司的仓储合同是否有效成立?仓储合同成立的一般条件是什么?
2. 什么是仓单?仓单具有哪些性质?
3. 我国《合同法》对仓单的转让是如何规定的?
4. 某服装公司转让仓单的行为是否有效?为什么?
5. 某服装公司对某商场的损失是否应承担赔偿责任?为什么?
6. 货仓公司对某商场的损失是否应承担赔偿责任?为什么?

案例2 一储运公司与一食品加工厂签订了食品原料仓储合同,约定由储运公司储存食品加工厂的生产原料。在合同履行期间食品加工厂发现从仓库提取的原材料有变质现象,致使食品厂生产原料供应不上,影响了生产。经查,仓库的通风设备发生故障,因不能按时通风导致食品原料变质。

案例问题:

1. 什么是仓储合同?其性质有哪些?
2. 储运公司提供的仓储属于哪种类型的仓储?
3. 造成的损失由谁承担?为什么?

案例3 某汽车装配厂从国外进口一批汽车零件,准备在国内组装、销售。2004年3月5日,与某仓储公司签订了一份仓储合同。合同约定,仓储公司提供仓库保管汽车配件,期限共为10个月,从2004年4月15日起到2005年2月15日止,保管仓储费为5万元。双方对储存物品的数量,种类,验收方式,入库、出库的时间和具体方式、手续等作了约定。还约定任何一方有违约行为,要承担违约责任,违约金为总金额的20%。合同签订后,仓储公司开始为履行合同做准备,清理了合同约定的仓库,并且拒绝了其他人的仓储要求。2004年3月27日,仓储公司通知装配厂已经清理好仓库,可以开始送货入库。但装配厂表示已找到更便宜的仓库,如果仓储公司能降低仓储费的话,就送货仓储。仓储公司不同意,装配厂明确表示不需要对方的仓库。4月2日,仓储公司再次要求装配厂履行合同,装配厂再次拒绝。4月5日,仓储公司向法院起诉,要求汽车装配厂承担违约责任,支付违约金,并且支付仓储费。而汽车装配厂认为合同未履行,因而不存在违约的问题。

案例问题:

1. 该仓储合同是否生效?

2. 仓储公司的要求是否合理?

3. 仓储公司能否在4月5日起诉,你认为法院能否受理,可能会有怎样的判决?

4. 本案中汽车装配厂能否解除合同?合同解除有哪些类型?合同解除的后果可能有哪些?

第 11 章

物流包装法律规范

本章要点

- 包装在物流中的地位和作用，物流企业在包装作业中的法律地位
- 包装的特性、知识产权和法律制度，包装条款的主要内容
- 普通货物的包装法律要求，危险货物的概念与包装法律要求
- 包装的标记和标志
- 国际物流中的包装特性

11.1 物流包装概述

包装是为了在流通过程中保护产品、方便储运、促进销售，而采用容器、材料及辅助物的总体名称，按一定的技术方法加以处理的操作活动。商品包装根据其目的可以分为商业包装和工业包装。前者主要是为了方便零售和美化商品，因此又称为销售包装；后者主要是为保护商品在流通过程不受外力的作用或环境影响而损坏，同时便于运输与储存时的交接计数、堆码、搬运以及合理积载，因此又称为运输包装。从物流的角度看，还存在对货物进行重新包装或分成小包装等的加工作业。它又包括静态的包装物和动态的包装过程两个方面。静态的包装物是指用来进行包装的容器或其他材料；动态的包装过程是指为保护产品、方便储运、促进销售，按一定的技术方法而采用容器、材料及辅助物进行包装，并在包装物上附加有关标志的过程。

11.1.1 包装在物流系统中的地位和作用

1. 包装在物流中的地位

在社会再生产过程中，包装处于生产过程的末尾和物流过程的开头，它既是生产的

终点,又是物流的始点。作为物流的始点,包装完成后,产品便具备了物流的能力。在整个物流过程中,包装可以发挥保护产品进行物流的作用,最后实现销售。因而,包装对物流有着决定性的作用。

2. 包装在物流系统中的作用

包装在物流系统中的作用主要是为了保护商品在物流过程中不受外力的作用或受环境影响而损坏,同时便于储运时的交接、堆码、搬运以及合理积载等。包装始终承担着保护产品的主要作用。在销售环节中,包装是体现商品销售策略的一个重要工具,优秀的商品销售包装是商品商标的特色,容器的造型,装潢的形象、色彩、文字等结合在一起产生的视觉传达的效果,能使该商品在不同的购物场合、同类或异类的竞争中脱颖而出。物流系统由运输、仓储、搬运装卸、配送、流通加工、包装和物流信息处理等七个环节构成。七大环节不是简单的组合,而是有必然的内在联系的,相互影响,相互制约,有时还相互矛盾。在包装方面主要体现为简化包装,可以降低包装费用,但是,由于包装强度降低,产品的防护效果降低,仓库里的货物就不能堆放过高,这就降低了保管效率,而且在装卸和运输过程中更容易出现破损,以致搬运效率下降,破损率增多,所以要通过包装,将相关环节组合成一个有机整体,并注重包装与其他环节的联系。合理的包装尺寸和规格能提高运输容积率,可以确保在各个环节实现物流成本的有效降低。

11.1.2 物流企业在包装作业中的法律地位

包装是物流的一个重要环节,在物流运转的仓储、运输、搬运装卸或者流通加工环节中均有可能涉及。因此,当企业承担包装在内的几种物流作业时,其法律地位首先应当根据物流服务合同确定,再根据企业是否与他人签订分包合同进一步加以确定。具有包装能力的企业,是指以自身的技术和能力完成物流过程中包装环节的企业。该企业根据其与物流需求方签订的物流服务合同,成为物流服务合同中提供包装的当事方,其权利义务由物流服务合同决定,同时在包装的过程中应该遵守国家相关法规和相应的标准。如果企业没有包装的能力或由于某种原因不能亲自进行包装时,该企业可以与其他主体,如专门的包装企业签订劳务合同,企业是接受包装物流服务的当事方。如果物流企业同时分别是两个相互关联的包装物流服务合同的当事方,对包装需求方的物流服务合同而言,物流企业是受托人,须按照物流合同完成委托事项;对包装提供方的物流服务合同而言,物流企业是委托人,有权要求提供者按照约定的时间和相应的标准完成包装事项。则物流企业的权利和义务同时受到两个合同的调整和约束。

11.1.3 包装的特性

包装法规是指一切与包装有关的法律法规的总称。与包装相关的法律法规散见于各类有关的法规中,比如《合同法》、《专利法》等,除此之外,印刷、出版方面的法律也有部分包装法规的内容。

1. 强制性

强制性是指在包装过程中必须按照相应法律规范的要求进行,不得随意变更。在包

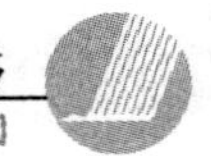

装法律规范中，大量的包装标准规范都属于强制性法律规范，如《食品卫生法》、《一般货物运输包装通用技术条件》、《危险货物运输包装通用技术条件》、《危险货物包装标志》等。对于这些标准规范，人人都必须遵守。包装法规的强制性还体现在《合同法》这种任意性很强的法律规范中，对于一些特殊物品的包装不得由当事人任意约定，而是要强制适用一定标准，以达到保证安全的最低要求。

2. 标准性

由于物品在物流过程中要经受各种环境的影响或危害，因此包装必须符合一定的盛载性能和保护性能。中国包装业协会为此制定了包装标准体系，主要包括以下四大类：包装相关标准，主要包括集装箱、托盘、运输、储存条件的有关标准；综合基础包装标准，包括标准化工作准则、包装标志、包装术语、包装尺寸、运输包装件基本实验方法、包装管理等方面的标准；包装专业基础标准，包括包装材料、包装容器和包装机械标准；产品包装标准，涉及建材、机械、轻工、电子、仪表仪器、电工、食品、农畜水产、化工、医疗器械、中药材、西药、邮政和军工等 14 大类，每一大类产品中又有许多种类的具体标准。

3. 技术性

包装法规中包含大量以自然科学为基础而建立的技术性规范。包装具有保护物品不受损害的功能，特别是高、精、尖产品和医药产品，采取何种技术和方法进行包装对商品本身有着重要的影响，因此国家颁布的有关包装法规都含有很强的技术性。

4. 分散性

我国目前还没有专门的包装法规，而是以分散的形态分布于各类相关的法律规范中，不仅如此，这些法规还广泛地分布于有关主管单位的通知和意见中。

11.1.4 包装中的知识产权

包装中所涉及的知识产权是指民事主体对其创造性的智力劳动成果依法享有的专有权利。知识产权可以分为工业产权和著作权两大部分，其中，工业产权包括专利权和商标权。包装中所涉及的知识产权主要为商标权和专利权。

1. 商标权

商标权又称商标专用权，是指商标所有人在法律规定的有效期限内，对其经商标主管机关核准的商标享有的、独占的、排他的使用和处分的权利。商标通常印刷在包装特别是销售包装上，成为包装的一部分。它作为知识产权，也受到法律的保护，在进行包装设计时要特别注意不要造成对商标权的侵害。根据《商标法》，属于侵害商标权的行为有：未经商标注册人许可，在同一种商品或者类似商品上使用与其注册商标相同或者近似的商标；销售侵犯注册商标专用权的商品；伪造、擅自制造他人注册商标标志或者销售伪造、擅自制造的注册商标标志；未经商标注册人同意，更换其注册商标并将该更换商标的商品又投入市场；给他人的注册商标专用权造成其他伤害的。

2. 专利权

专利权是指专利主管机关依照专利法授予专利的所有人或持有人或者他们的继受人在一定期限内依法享有的对该专利制造、使用或者销售的专有权。根据我国《专利法》

的规定,专利包括发明、实用新型和外观设计。发明是指对产品、方法或者其改进所提出的新的技术方案,新的包装材料的发明可以申请发明专利;实用新型是指对产品的形状、构造或者结合其所提出的适于实用的、新的技术方案,新的包装形状可以申请实用新型专利;外观设计是指对产品的形状、图案、色彩或其结合所作出的富有美感并适用于工业上应用的新设计,新的包装图案设计可以申请外观设计专利。

专利权是一种无形资产,我们已经进入到了知识经济的时代,专利作为一种资产的价值越来越明显,专利侵权的事情也越来越多。此外,按出版、印刷方面相关法律法规的规定,有些文字、图案等在包装物上的使用也要受到严格限制。

11.1.5 包装法律制度

在物流包装过程中,只有选用合适的包装材料,科学的包装容器结构,应用合理的包装技术,执行相关的法规、技术标准,才能保证物流包装的正常进行。完善物流包装法律法规可以借鉴国外经济发达国家促进包装业发展的成功经验。

1.《中华人民共和国环境保护法》

具体条款主要有:"产生环境污染和其他公害的单位,必须把环境保护工作纳入计划,建立环境保护责任制度;采取有效措施,防治在生产建设或者其他活动中产生的废气、废水、废渣、粉尘、恶臭气体、放射性物质以及噪声、振动、电磁波辐射等对环境的污染和危害;食品在生产、加工、包装、运输、储存、销售过程中应防止污染。"

2.《中华人民共和国固体废物污染环境防治法》

修订后的该法与工厂企业和百姓的日常生活都息息相关。该法对固体废物污染环境防治的监督管理、固体废物污染环境的防治作出了详细规定,并对危险废物污染环境防治作了特别规定。该法规定:"产品和包装物的设计、制造,应当遵守国家有关清洁生产的规定。国务院标准化行政主管部门应当根据国家经济和技术条件、固体废物污染环境防治状况以及产品的技术要求,组织制定有关标准,防止过度包装造成环境污染。生产、销售、进口依法被列入强制回收目录的产品和包装物的企业,必须按照国家有关规定对该产品和包装物进行回收。国家鼓励科研、生产单位研究、生产易回收利用、易处置或者在环境中可降解的薄膜覆盖物和商品包装物。对危险废物的容器和包装物以及收集、贮存、运输、处置危险废物的设施、场所,必须设置危险废物识别标志。收集、贮存、运输、处置危险废物的场所、设施、设备和容器、包装物及其他物品转做他用时,必须经过消除污染的处理,方可使用。"

3.《中华人民共和国清洁生产促进法》

该法对商品包装有详尽的规定。产品和包装物的设计,应当考虑其在生命周期中对人类健康和环境的影响,优先选择无毒、无害、易于降解或者便于回收利用的方案。企业应当对产品进行合理包装,减少包装材料的过度使用和包装性废物的产生。生产、销售被列入强制回收目录的产品和包装物的企业,必须在产品报废和包装物使用后对该产品和包装物进行回收。强制回收的产品和包装物的目录和具体回收办法,由国务院经济贸易行政主管部门制定。国家对列入强制回收目录的产品和包装物,实行有利于回收利用

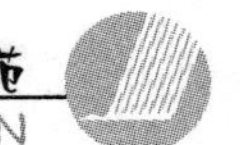

的经济措施；县级以上地方人民政府经济贸易行政主管部门应当定期检查强制回收产品和包装物的实施情况，并及时向社会公布检查结果。另外，对利用废物生产产品的和从废物中回收原料的，税务机关按照国家有关规定，减征或者免征增值税。

4.《中华人民共和国食品安全法》

该法对食品容器、包装材料和食品用工具、设备的卫生，包装运输工具的卫生条件，包装标志等作了详细而明确的规定：直接入口的食品应当有小包装或使用无毒、清洁的包装材料。食品容器、包装材料和食品用工具、设备必须符合卫生标准和卫生管理办法规定，且必须采用符合卫生要求的原料生产。定型包装食品和食品添加剂，必须有产品说明书或者商品标志，根据不同产品分别按规定标出品名、产地、厂名、生产日期、批号或者代号、规格、配方或者主要成分、保质期限、食用或者使用方法等。进口的食品、食品容器、包装材料和食品用工具及设备，须符合国家卫生标准和卫生管理办法的规定。食品生产经营企业应当有与产品品种、数量相适应的食品原料处理、加工、包装、贮存等厂房或者场所；餐具、饮具和盛放直接入口食品的容器，使用前必须洗净、消毒；贮存、运输和装卸食品的容器包装、工具、设备和条件必须安全、无害，保持清洁，防止食品污染。食品包装标识必须清楚，容易辨识，在国内市场销售的食品，必须有中文标识。

5.《中华人民共和国药品管理法》

药品管理法对药品包装材料和容器的选用、印刷及说明等作了明确规定：规定有效期的药品必须在包装上注明药品的品名、规格、生产企业等；直接接触药品的包装材料和容器，必须符合药用要求，符合保障人体健康、安全的标准；药品生产企业不得使用未经批准的直接接触药品的包装材料和容器；发运中药材必须有包装。在每件包装上，必须注明品名、产地、日期、调出单位，并附有质量合格的标志；麻醉药品、精神药品、医疗用毒性药品、放射性药品、外用药品和非处方药的标签，必须印有规定的标志。

6.《中华人民共和国进出口商品检验法》

该法中涉及商品包装的具体条款有："为出口危险货物生产包装容器的企业，必须申请商检机构进行包装容器的性能鉴定；生产出口危险货物的企业，必须申请商检机构进行包装容器的使用鉴定；对装运出口易腐烂变质食品的船舱和集装箱，承运人或装箱单位必须在装货前申请检验。"

7. 其他有关法规

如《专利法》规定了授予专利权的专利要具备新颖性、先进性和实用性。专利权的发明专利、实用新型专利和外观设计专利在包装产品中大量存在。因此，在包装设计时要注意不可违反专利法，以避免纠纷。《商标法》规定商标注册人享有专用权，受法律保护。假冒他人注册商标者，除赔偿损失和罚款外，对直接责任人由司法机关追究刑事责任。《产品质量法》还规定，剧毒、危险、易碎、储运中不能倒置以及有其他特殊要求的产品，其包装必须符合相应要求，并依照国家有关规定作出警示标志或者中文警示说明，标明储运注意事项。《反不正当竞争法》对包装的规范主要体现在禁止经营者利用外包装进行不正当竞争。《危险化学品包装物、容器定点生产管理办法》危险化学品包装物、容器必须由取得定点证书的专业生产企业定点生产。取得定点证书的企业应当按照国家有关法规和国家、行业标准设计、生产危险化学品包装物、容器。危险化学品包装物、容器经国家质检部门认可的专业检测检验机构检测合格后方可出厂。取得定点证书的企业，应当在其生产的包装物、容器上标注危险化学品包装物、容器定点生产标志。《包装资源回收利用暂行管理办法》随同国标《包装废弃物的处理与利用通则》一并在全国范围内贯彻实施，是为了促进我国国民经济可持续发展和"绿色包装工程"的实施，从而达到消除包装废弃物，特别是"白色污染"而制定的。标准化管理条例对包装标准有一系列的要求，在设计包装容器、制造包装件等方面应遵守条例规定；外贸包装还应符合《海商法》、《保险法》、《涉外税法》、《铁路法》和《进出口货物管制法》等涉外经济法规的有关规定。

11.2 普通货物包装的法律要求

11.2.1 普通货物的含义

普通货物的概念，是指除危险货物、鲜活易腐的货物以外的一切货物。普通货物的危险性大大地小于危险货物，因而对其包装的要求相对较低。物流企业在对普通货物进行包装时，有国家强制性的包装标准时，应当按照该标准执行；在没有强制性规定时，应从适于仓储、运输和搬运，适合商品的适销性的角度考虑，一般只要达到可保护货物的程度即可。

11.2.2 普通货物包装应遵循的基本原则

普通货物包装应遵循安全原则、环保原则及经济原则，因其涉及产品责任问题。

1. 安全原则

安全原则是指物品的包装应该保证物品本身以及相关人员的安全，具体包括两个方面。一是商品的安全。包装的第一大功能就是保护物品不受外界伤害，保证物品在物流的过程中保持原有的形态，不致损坏和散失。生产的商品最终要通过物流环节送达消费者手中，在这个过程中，商品经常会遇到一系列的威胁，而包装则成为对抗危险、保护商品的一道屏障。二是相关人员的人身安全。如果包装的性能不符合要求或者使用不当，很可能引发事故。包装起到保护与这些商品发生接触人员的人身安全，如搬运工人、售货人员等的安全。

2. 环保原则

环境保护原则对物品或货物的包装提出新的要求，世界上许多国家用来包装食品和药品的材料，绝大多数为塑料制品。塑料制品使包装更便捷，但其废弃物污染环境。它们被使用后遭人们抛弃成为垃圾，在一般的介质环境和温度条件下，很难腐烂。塑料中的聚合物单体和一些添加剂还会溶出，并且少量地转移到食品和药物中，从而引起人类中毒。世界每年消耗的塑料制品很多，因此，绿色包装的问题已经是一个迫切需要解决的问题，已经有许多国家和地区开始行动，颁布法律，在包装中全面贯彻环保意识。我国

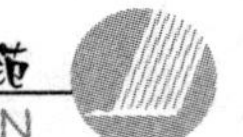

的包装立法也应该顺应国际包装的发展趋势，将绿色包装作为包装法的基本原则之一。

3. 经济原则

经济原则是指包装应该以最小的投入得到最大的收益。包装成本是物流成本的一个重要组成部分，昂贵的包装费用将会降低企业的收益率。奢华的包装不仅会造成社会资源的极大浪费，还会产生不良的社会影响。但是，包装过于低廉或者粗糙，也会降低商品的吸引力，形成商品销售的障碍。经济原则即是在两者之间达到平衡，使包装既不会造成资源浪费，又不会影响商品的销售。

11.2.3 销售包装的基本要求

销售包装通常情况下是由商品的生产者提供。但是如果在物流合同中规定，由物流企业为商品提供销售包装的，则物流企业在进行销售包装时需要按照销售包装的基本要求进行操作。在销售包装上，一般附有装潢图画和文字说明，适于顾客的购买以及商店陈设的要求。选择合适的装潢和说明将会促进商品的销售。销售包装的基本要求主要涉及以下几个方面。

1. 图案设计

图案是包装设计的三大要素之一，它包括商标图案、产品形象、使用场面、产地景色、象征性标志等内容。在图像的设计中，使用各国人们喜爱的形象固然重要，但更重要的是避免使用商品销售地所禁忌的图案。

2. 文字说明

在销售包装上应该附一定的文字说明，表明商品的品牌、名称、产地、数量、成分、用途、使用说明等。在制作文字说明时一定要注意各国的管理规定。在翻译中应尽量顾及销售国的习惯语言，避免引起文字误解。

3. 条形码

商品包装上的条形码是指按一定编码规则排列的条空符号，它以表示有一定意义的字母、数字及符号组成，通过光电扫描阅读设备，可以作为计算机输入数据的特殊代码语言。目前，世界上许多国家的商品都使用条形码，各国的超级市场都使用条形码进行结算。我国已正式加入国际物品编码协会，我国的国别编码代号是690，691，692和693。

11.2.4 运输包装的基本要求

运输包装是指以强化运输、保护产品为主要目的的包装。货物的运输包装必须符合国家强制性标准《一般货物运输包装通用技术条件》，它对适用于铁路、公路、水运、航空承运的一般货物运输包装的总要求作了规定。运输包装如不符合该标准规定的各项技术要求的，运输过程中一旦造成货损或对其他关系方的人身、财产造成损害，均由包装责任人承担赔偿之责。对包装不符合要求的货物，运输部门可以拒收。运输包装的基本要求为：由于货物运输包装是以运输储存为主要目的的包装，因此必须具有保障货物安全、便于装卸储运、加速交接点验等功能，同时应能确保在正常的流通过程中，能够抗御环境条件的影响而不发生破损、损坏等现象,保证安全、完整、迅速地将货物运至目的地。此外,货物运输包装还应符合科学、牢固、经济、美观的要求。

1. 普通货物运输包装材料及强度的规定

按照《一般货物运输包装通用技术标准》的规定,一般货物运输包装的包装材料、辅助材料和容器应当符合有关国家标准的规定,没有标准的材料和容器必须经过包装实验,在验证能够满足流通环境条件的要求后,才能投入使用。因而,物流企业在包装的环节中,应该注意掌握:根据货物的特性及物流过程的具体特点,包装应该具有防震、防盗、防锈、防霉、防尘的功效;包装的封口必须严密牢固,对于体积小、容易丢失的物品应该选用胶带封合、钉合或黏合;根据货物的品质、体积、重量、运输方式的不同而选择不同的捆扎材料和捆扎方法,确保货物在物流过程中稳定、不泄漏、不流失。捆扎带应搭接牢固、松紧适度、平整不扭,并且捆扎带不得少于两条。

2. 运输包装件尺寸的规定

对运输包装件的尺寸,我国在国家标准化机构的组织下,通过各有关方面合作制作了《运输包装尺寸界限》的国家推荐标准,标准规定了公路、铁路、水路和航空等运输方式的运输包装件外廓尺寸界限,该标准虽然不具有强制性,但是对于运输包装件的设计和装载运输等具有指导作用。

3. 运输包装件测试

运输包装件测试即用以评定包装件在流通过程中性能的试验。运输包装件是指产品经过运输包装后形成的总体。根据《运输包装件试验》的相关规定,各种新设计包装均应按照标准的要求进行性能测试,目的在于检测包装在流通过程中所能承受危害的程度。单项测试只进行一系列测验中的某一项测验,可以以不同强度、多状态对样品重复进行多次试验。多项试验是用一系列试验中的若干或全部试验进行顺序试验。综合试验是使用两种以上的危害因素同时作用于包装件上,检验其在两种以上危害因素的综合作用下的防护能力。

11.2.5 包装条款的主要内容

1. 包装条款的内容

在物流服务合同中,可能会订有包装条款。包装条款一般包括三个方面的内容:包装的提供方,包装条款应该载明包装由哪一方来提供,这样的规定不仅有助于明确物流企业在包装中所处的法律地位,而且有助于在由于包装的问题引起货物损坏或灭失时划分责任;包装材料和方式,是包装的两个重要方面,一方面它分别反映了静态的包装物和动态的包装过程,载明采用什么包装材料,另一方面要载明怎样进行包装,在订立这一条款时应准确详细,以免产生不必要的纠纷;运输标志,是包装条款中的主要内容,通常表现在商品的运输包装,即以强化运输、保护产品为主要目的的包装上,在贸易合同中,按照国际惯例,一般由卖方设计确定,也可由买方决定,运输标志会影响货物的搬运装卸,所以要求在合同条款中明确载明。

2. 订立包装条款时应注意的问题

订立包装条款时应注意的问题有以下几方面:

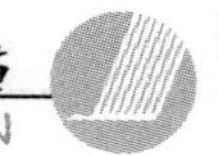

①合同中的有些包装术语如“习惯包装”、“标准出口包装”等，因可以有不同理解，从而容易引起争议，除非合同双方事先取得一致认识，否则应避免使用。除规定包装必须符合运输要求外，还应规定防震措施等条款。

②包装费用一般都包括在货价内，合同条款不必列入。但是，如果一方要求特殊包装，则可增加包装费用，如何计费及何时收费也应在条款中列明。运输标志如由一方当事人决定，也应规定标志到达时间，经卖方同意的标志内容及逾期不到时该方当事人应负的责任等。

③包装条款不能太笼统。在一些合同中，包装条款仅写明“适合海运包装”，这是一个较为笼统的概念。在国际上还没有统一的标准来界定包装是否符合“适合海运包装”的要求。因此，国外一些客户在这方面大做文章，偷工减料，以减少包装成本。

11.3 危险品包装的法律要求

11.3.1 危险品的概念及类型

危险物品是指具有爆炸、易燃、毒害、腐蚀、放射性等性质，在运输、装卸和存储保管过程中容易造成人身伤亡和财产损毁而需要特别防护的货物。

危险物品一般有九大类：爆炸品；压缩气体和液化气体；易燃液体；易燃固体、自燃物品和遇湿易燃物品；氧化剂和有机过氧化物；毒害品和感染性物品；放射性物品；腐蚀品；杂类，是指在运输过程中呈现的危险性质不包括在上述数类危险货物中的物品，如带有磁性的某些物品。

11.3.2 危险货物运输包装的要求

由于危险类货物自身的危险性质，我国对危险货物的包装采用了不同于普通货物的特殊要求，并且这些规定和包装标准均是强制性的，因而，物流企业在进行危险货物的包装时，应当严格按照我国的法律规定和标准进行，以避免危险货物在储存、运输、搬运装卸中出现重大事故。根据《危险货物运输包装通用技术条件》、《水路危险货物运输规则》及其他相关法规的规定，我国对危险货物包装的基本要求如下：应该能够保护货物的质量不受损坏；保证货物数量上的完整；防止物流中发生燃烧、爆炸、腐蚀、毒害、放射性辐射等事故造成损害，保证物流过程的安全；危险货物包装的基本要求、等级分类、性能试验、检验方法都应该符合国家强制性标准。

在运输过程中，危险货物随着运输工具的运动而长时间处于运动状态中，加之运输过程中危险货物可能会处于多种环境条件下，其发生物理、化学等变化的可能性增加，危险性也随之上升，因此，对于危险货物的运输包装必须特别注意。

1. 危险货物运输包装的概念

根据《危险货物运输包装通用技术条件》规定，危险货物的运输包装是指运输中对危险货物的包装。除爆炸品、压缩气体、液化气体、感染性物品和放射性物品的包装外，危险货物的包装按其防护性能分为：

Ⅰ类包装——适用于盛装高度危险性的货物的包装；

Ⅱ类包装——适用于盛装中度危险性的货物的包装；

Ⅲ类包装——适用于盛装低度危险性的货物的包装。

2. 危险货物运输包装所适用的标准及基本内容

危险货物运输包装所适用的国家标准是《危险货物运输包装通用技术条件》，该标准是国家颁布的，规定了危险货物运输包装的分级，运输包装的基本要求、性能测试和测试的方法，同时也规定了危险货物运输包装容器的类型和标记代号的强制适用的技术标准。该标准强制适用于盛装危险货物的运输包装，是运输生产和检验部门对危险货物运输包装质量进行性能试验和检验的依据。但该标准不适用于以下几种情况的包装：盛装放射性物质的运输包装；盛装压缩气体和液体气体的压力容器的包装；净重超过 400 公斤的包装，容积超过 450 升的包装。

3. 对危险货物运输包装的强度、材质等的要求

根据《危险货物运输包装通用技术条件》的规定，危险货物运输包装的强度及采用的材质应满足以下基本要求：

①危险货物运输包装应结构合理，具有一定强度，防护性能好。

②包装的材质、形式、规格、方法和单件质量（重量），应与所装危险货物的性质和用途相适应，并便于装卸、运输和储存。

③包装应该质量良好，其结构和封闭形式应能承受正常运输条件下的各种作业风险，不会因温度、湿度、压力的变化而发生任何泄漏，包装表面应该清洁，不允许黏附有害的危险物质。

④包装与内包装直接接触部分必要时应该有内涂层或进行防护处理。

⑤包装材质不能与内包装物发生化学反应而形成危险产物或导致削弱包装强度。内容器应该固定。如果属于易碎品，应采用与内装物性质相适应的衬垫材料或吸附材料衬垫妥实；盛装液体的容器，应能经受在正常运输条件下产生的内部压力。灌装时必须留有足够的膨胀余地，除另有规定外，应该保证温度在 55℃时，内装物不会完全充满容器。

⑥包装封口应该根据内包装物性质采用严密封口、液密封口或气密封口。

⑦盛装需浸湿或夹有稳定剂的物质时，其容器缝补形式应能有效地保证内装液体、水溶剂或稳定剂的百分比在储运期间保持在规定范围内。

⑧有降压装置的包装，排气孔设计和安装应能防止内装物泄漏和外界杂质的混入。排出的气体量不得造成危害和污染环境。复合包装内容器和外包装应紧密贴合，外包装不得有擦伤内容器的凸出物。

⑨无论是新型包装、重复使用的包装还是修理过的包装，均应符合《危险货物运输包装通用技术条件》关于危险货物运输包装性能测试的要求。

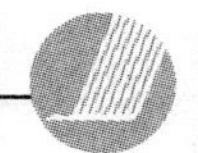

⑩盛装爆炸品包装的附加要求：盛装液体爆炸品容器的封闭形式，应具有防止渗漏的双重保护；除内包装能充分防止爆炸品与金属物接触外，铁钉和其他没有防护涂料的金属部件不得穿透外包装；双重卷边接合的钢桶、金属桶或以金属作衬里的包装箱，应能防止爆炸物进入缝隙，钢桶或铝桶的封闭装置必须有合适的垫圈；包装内的爆炸物质和物品，包括内容器，必须衬垫妥实，在运输中不得发生危险性移动；盛装有对外部电磁辐射敏感的电引发装置的爆炸物品，包装应具备防止所装物品受外部电磁辐射源影响的功能。

4. 危险货物运输的包装容器

包装容器是储运货物的载体。包装的盛装、保护、识别等功能通过运输包装容器来实现。《危险货物包装通用技术条件》中所规定的包装容器包括钢(铁)桶、铝桶、钢罐、胶合板桶、木琵琶桶、硬质纤维板桶、硬纸板桶、塑料桶、天然木箱、胶合板箱、再生木板箱、硬纸板箱、瓦楞纸箱、钙塑板箱、钢箱、纺织品编织袋、塑料编织袋、塑料袋、纸袋、瓶、坛、筐、篓等。

5. 危险货物运输包装的防护材料

防护材料包括用于支撑、加固、衬垫、缓冲和吸附等材料。危险货物包装所采用的防护材料及防护方式，应与内装物性能相容，符合运输包装件总体性能的需要，能经受运输途中的冲击与振动，保护内装物与外包装，当内容器破坏、内装物流出时也能保证外包装安全无损。

6. 危险货物运输包装标记和标志

危险货物在物流的过程中，货物包装的外表应该按照规定的方式标以正确耐久的标记和标志。包装标记是指包装中的内装物的正确运输名称文字，包装标志则表明包装内所装的物质性质的识别图案。标记和标志的主要作用是便于从事运输作业的人员在任何时候、任何情况下都能对包装内所装的物质进行迅速识别，以便正确地识别危险货物以及危险货物所具有的危害特征，在发生危险的情况下采取相应的安全措施，避免损害的发生或降低损害的程度。储运的各种危险货物性质的区分及其标志，应按有关国家运输主管部门规定的危险货物安全运输管理的具体办法执行。出口货物的标志应按我国执行的有关国际公约办理。

11.4 国际物流中的包装特性

国际物流是相对于国内物流而言的，它是国内物流的延伸和发展，同样包括运输、包装、流通加工等若干子系统。相对于国内物流的包装来说，国际物流中的包装具有以下特点。

1. 国际物流对包装强度的要求较高

国际物流的过程与国内物流相比时间长、工序多，因此在国际物流中，一种运输方式往往难以完成物流的全过程，经常采取多种运输方式联运，与此同时就增加了搬运装卸的次数及存储的时间。要增加包装的强度，才能达到保护商品的作用。

2. 国际物流对包装的标准化要求较高

这也是由国际物流过程的复杂性所引起的。为了提高国际物流的效率，减少不必要的活动，国际物流过程中对包装的标准化程度越来越高，以便于商品顺利地流通。

3. 国际物流包装的法律适用较复杂

国际物流涉及两个或两个以上不同的国家，法律制度存在着差异，同时又存在着若干调整包装的国际公约，所以国际物流中与包装有关的法律适用更加复杂。

4.《国际海运危险货物规则》中对于危险货物包装有基本要求

①包装的材质、种类应与所装危险货物的性质相适应；

②包装的封口应该符合所装危险货物的性质；

③内外包装之间应该有合适的衬垫；

④包装应该能经受一定范围内温度和湿度的变化；

⑤包装的重量、规格和形式应便于装卸、运输和储存。

案例分析

案例 1　2002 年世界杯期间，日本一进口商为了促销运动饮料，向中国出口商订购 T 恤衫，要求以红色为底色，并印制“韩日世界杯”字样，此外不需印制任何标识，以在世界杯期间作为促销手段随饮料销售赠送给现场球迷，合同规定 2002 年 5 月 20 日为最后装运期，我方组织生产后于 5 月 15 日将货物按质按量装运出港，并备齐所有单据向银行议付货款。然而货到时由于日本队止步于 16 强，日方估计到可能的积压损失，以单证不符为由拒绝赎单，在多次协商无效的情况下，我方只能将货物运回以在国内销售以减少损失，但是在货物途经海关时，海关认为由于“韩日世界杯”字样及英文标识的知识产权为国际足联所持有，而我方外贸公司不能出具真实有效的商业使用权证明文件，因此海关以侵犯知识产权为由扣留并销毁了这一批 T 恤衫。

案例问题：

1. 请分析海关的处理是否正确。
2. 中国出口商的做法是否欠妥？
3. 包装中所涉及的知识产权有哪些？

案例 2　原告强英公司是专业经营电石和其他化学危险品的公司，被告李某系个体货运车主，其车上户在被告三友公司名下，李某及三友公司均无承运危险物品的资质，且三友公司并没有开展货运业务。2004 年 5 月 5 日，强英公司负责人打电话与李某联系，约定由李某拉运电石一车，运价按每吨 500 元计算。5 月 9 日，强英公司经工商银行向李某异地汇款 8000 元作为预付运费，同日李某装载了包装为编织袋的散包装电石 24.27 吨拉往南通（另有一车也受雇于原告运载电石同行）。路上遭逢阴雨天气，李某对承运的电石采取了苫布遮盖等措施。5 月 12 日凌晨，李某发现有气体从车厢冒出，即上车检查。检查过程中，电石突然爆炸并起火自燃，将李某掀下车，致其脚骨骨折。李某打电话报

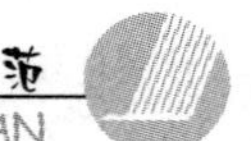

警，消防队到达后，因交通堵塞，灭火用的砂石等无法运达，以致无法扑灭火情。原告起诉要求被告赔偿全部电石损失及返还已付运费。

案例问题：

1. 原、被告双方在缔约时有没有过错？为什么？
2. 李某在缔约及履约过程中有没有过错？为什么？
3. 法规对危险货物运输包装有什么要求？

案例3 A公司出口一单大豆，合同规定以旧、修补麻袋包装。信用证对于包装条件却规定："Packed in gunny bags."（麻袋包装）A公司按合同规定，货物以旧、修补麻袋包装，提单按信用证规定"麻袋包装"缮制。承运人在签发提单时发现货物包装是旧袋且有修补，要求在提单上加注。A公司以为合同既然规定允许货物以旧、修补麻袋包装，买方不会有异议，所以改制单据为货物以旧、修补麻袋包装。单据交议付行议付时，议付行也疏忽未发现问题，单据到开证行却被拒付，其理由是：信用证规定为"Packed in gunny bags."（麻袋包装）而发票与提单却表示为"Packed in used and repaired gunny bags."（旧、修补麻袋包装），故单证不符。A公司几经交涉无果，结果以削价处理才结案。

案例问题：

1. 普通货物包装应遵循的基本原则有哪些？
2. 国际物流中的包装特性有哪些？
3. 贸易合同规定包装条件与信用证的规定不同应如何操作？

第 12 章

货物装卸与搬运法律规范

本章要点

- 货物装卸与搬运在物流中的地位
- 港站经营人的法律地位与责任,《联合国国际贸易运输港站经营人赔偿责任公约》的主要内容
- 港口、铁路、公路和航空在装卸与搬运中的法律规范

12.1 货物装卸搬运概述

12.1.1 装卸搬运的概念

装卸搬运就是指在某一物流节点范围内进行的,以改变物料的存放状态和空间位置为主要内容和目的的活动。其中装卸(Loading and Unloading)是指物品在指定地点进行的以垂直移动为主的物流作业,搬运(Handling/Carrying)是指在同一场所内将物品进行的水平移动为主的物流作业。有时候或在特定场合,单称"装卸"或单称"搬运"也包含了"装卸搬运"的完整含义。

在习惯使用中,物流领域(如铁路运输)常将装卸搬运这一整体活动称作"货物装卸",在生产领域中常将这一整体活动称作"物料搬运",实际上活动内容都是一样的,只是称呼在领域上的不同而已。在实际操作中,装卸与搬运是密不可分的,两者是伴随在一起发生的,因此在物流中并不过分强调两者的差别,而是作为一种活动来对待。

12.1.2 装卸搬运在物流活动中的地位

装卸活动的基本动作包括装车(船)、卸车(船)、堆垛、入库、出库以及联结上述各项

动作的短程输送，是随运输和保管等活动而产生的必要活动。装卸搬运连接物流各个环节的活动，已经成为生产或流通过程的重要组成部分。

在企业的整个物流供应链中，装卸活动是不断出现和反复进行的，它是发生频率最高的一项作业，当商品运输或商品储存等作业发生的时候，商品装卸这项作业就会发生。因此装卸的快慢往往成为决定物流速度的关键。

装卸活动中所消耗的人力、使用的设备较多，装卸费用在物流成本中所占的比重也较高。以我国为例，铁路运输的始发和到达的装卸作业费大致占运费的20%左右，船运占40%左右。此外进行装卸操作时往往需要接触货物，搬运工人野蛮作业或者机械设备的使用不当，都有可能造成包装破损、货物散失等问题，搬运质量好坏严重影响着物流成本的高低。由此可见，装卸活动是影响物流效率、决定物流技术经济效果的重要环节。

12.2 港站经营人的法律地位与责任

12.2.1 港站经营人的含义

根据《联合国国际贸易运输港站经营人赔偿责任公约》，港站经营人指的是在其业务过程中，在其控制下的某一区域内或在其有权出入或使用的某一区域内，负责接管国际运输的货物，以便对这些货物从事或安排货物与运输有关的服务的人。但是，凡属根据适用于货物的法律规则身为承运人的人，不视为经营人。其中，“与运输有关的服务”包括堆存、仓储、装货、卸货、积载、平舱、隔垫和绑扎等服务。

根据上述内容，可以归纳出，港站经营人是接受货主或者承运人的委托，在港区内经营货物装卸、驳运、仓储等货运活动的人。对于港站经营人而言，只要非自己提供的运输或者包装器具(如集装箱、托盘等)都是作业对象。

12.2.2 港站经营人的法律地位

港站经营人的发展演变以及其法律地位的确定与国际贸易运输的发展是密切相关的。20世纪50年代之前，由于国际贸易、运输建立在件杂货基础上，港站经营人的业务活动只局限于件杂货的装卸上，而且多使用船上设备，往往港站经营人被理解为船方的雇用人员。20世纪50年代以后，集装箱运输给港站经营人带来了变化，业务范围从传统的件杂货作业向集装箱货物运输发展，使用装卸设备从船方逐步转向为港站自有设备，经营的码头也从件杂货码头向集装箱码头发展。港站经营人的地位也从船方雇佣人的角色逐渐发生变化。到20世纪末，物流业的发展使港站经营人业务从单纯的装卸作业扩展到更大的范围，如搬移、积载、保管、照料等经营范围。

目前对港站经营人的法律地位并未明确，法院和学术界都存在争议，国内外的法律法规中，对其也有不同的理解，支持港站经营人为承运人的受雇人、独立合同人、实际承运人的观点都有。目前起草的联合国运输法草案中,把港站经营人纳入一个新的范畴,把港站经营人归入海运履约方,其权利义务与实际承运人是完全一样的。

根据上述内容,港站经营人的法律地位为:

①非运输合同的当事人;

②尽管港站经营人会参与货物运输的某环节,但不与托运人、收货人或者第三人签订运输合同;

③有权与委托人签订服务作业合同,委托人可以是船舶经营人、货主、货运代理人、船舶代理人等;

④可以同时受多个服务合同制约。

12.2.3 港站经营人的权利和义务

1. 港站经营人享受的权利

(1)处置货物

货物接收人没有在规定的期限内接收货物,港站经营人可以依照有关规定将货物转栈储存,有关费用、风险由作业委托人承担。货物接收人逾期不提取货物的,港站经营人应当每10天催提一次,满30天货物接收人不提取或者找不到货物接收人的,港站经营人应当通知作业委托人,作业委托人应在港站经营人发出通知30天内负责处理该批货物。作业委托人未在规定期限内处理货物的,港站经营人可以将该批货物作无法交付货物处理。

(2)留置货物

货主应当向港站经营人支付的作业费、速遣费和港站经营人为货物垫付的必要费用没有付清,又没有提供适当担保的,港站经营人可以留置其相应的运输货物。

2. 港站经营人承担的义务

(1)提供良好、合适的装卸设备

经营人应使装卸机械及工具、集装箱场站设施处于良好的技术状况,确保集装箱装卸、运输和堆存的安全。

(2)保管、照料货物

经营人应当妥善地保管和照料作业货物。经过货物的表面状况检查后,发现有变质、滋生病虫害或者其他损坏的,应当及时通知作业委托人或者货物接收人。

(3)安全、妥善地完成作业

经营人应当在约定期间或者在没有这种约定时在合理期间内完成货物作业。如未能在约定期间或者合理期间内完成货物作业造成作业委托人损失的,经营人应当承担赔偿责任。经营人对作业合同履行过程中货物的损坏、灭失或者迟延交付承担损害赔偿责任,法律法规规定的免责事项除外。

(4)交付货物

港站经营人应当按照作业合同的约定交付货物,货物交付时,应当根据单证核对证明货物接收人的单位或者身份以及经办人身份的有关证件。

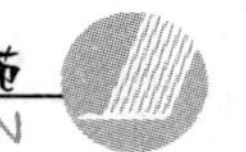

12.2.4 《联合国国际贸易运输港站经营人赔偿责任公约》的主要内容

在国际运输中的货物会出现一段处于既非由承运人接管，又非由货主接管，而是由国际贸易运输港站经营人接管的情况，而适用这类货物法律制度的又存在不确定性；《联合国国际贸易运输港站经营人赔偿责任公约》意欲解决这类货物在由运输港站经营人接管而又不受适用于各种运输方式的公约的运输法律管辖时所发生的灭失、损坏或交货迟延而产生的赔偿问题，制定赔偿责任的统一规则。

该公约分4个部分25条：第一部分对港站经营人以及相关定义、公约的适用范围作出规定；第二部分对经营人的责任期间、权利和义务等内容作出了规定；第三部分对索赔通知与诉讼时效作出了规定；第四部分是最后条款，对公约的效力、加入、保留、生效等作出了规定。

1. 适用范围

公约在有下列情形之一时，适用于对国际运输的货物所从事的、与运输有关的服务：从事与运输有关的服务的经营人的营业地位于一缔约国内，或者与运输有关的服务在一缔约国内进行，或者按照国际私法规则，与运输有关的服务受到一缔约国法律的制约。

如果经营人有一个以上的营业地，则以与整个有关运输的服务关系最密切的营业地为其营业地。如果经营人没有营业地，则以其惯常居所为准。

2. 赔偿责任

(1)责任期限

经营人从其接管货物之时起，至其向有权提货的人交付货物或将货物交由该人处理之时止，应对货物负责。

(2)赔偿依据

在责任期限内发生货物灭失、损坏或迟延的，经营人应负赔偿责任。除非他证明自己已采取一切所能合理要求的措施来防止有关事情的发生及其后果。其受雇人或代理人同样适用。

如果经营人、其受雇人或代理人或经营人为了履行与运输有关的服务而利用为其服务的其他人，未采取上述所指的措施，而又由另一原因造成灭失、损坏或迟延的，则经营人仅对因未采取措施而引起的那种灭失、损坏或迟延所造成的损失负赔偿责任。但经营人须证明不能归因于未采取措施而造成的损失的数额。

如果经营人在明确约定的交货日期后连续30天的一段时间内，或在无这种约定的情况下，在收到有权提货人的交货要求后连续30天的一段时间内，未能向有权提货人交付货物或将货物交由其处理，则有权就货物灭失提出索赔的人即可将该货物视为灭失。

交货迟延，发生在经营人未能在明确约定的时间内，或在无这种约定的情况下，未能在收到有权提货人的交货要求后一段合理时间内，将货物交付给该人或交由该人处理的场合，即可视为交货迟延。

(3)责任限额

①由于货物灭失或损坏而引起的损失，所负赔偿责任以灭失或损坏货物的毛重每公斤不超过 8.33 计算单位的数额为限；但是，若货物系海运或内陆水运后立即交给经营人，或者货物系由经营人交付或待交付给此类运输人的，则所负赔偿责任，以灭失或损坏货物的毛重每公斤不超过 2.75 计算单位为限。海运和内陆水运包括港口内的提货和交货。如部分货物的灭失或损坏影响到另一部分货物的价值，则在确定赔偿责任限额时，应计及遭受灭失或损坏的货物和其价值受到影响的货物加在一起的总重量。

②对交货迟延应负的赔偿责任，以相当于经营人就所迟交货物提供的服务所收费用两倍半数额为限，但这一数额不得超过对包含该货物在内的整批货物所收费用的总和。

③在任何情况下，经营人所承担的赔偿总额不应超过货物全部灭失的赔偿限额，但是经营人可同意提高该限额的标准和总额。

(4)责任限额的丧失

如经证明，货物的灭失或损坏或迟延交付系因经营人本人或受雇人或代理人或经营人为进行与运输有关的服务而用其服务的其他人有意造成这种灭失、损坏或迟延的行为或不为所造成，或明知可能造成这一灭失、损坏或迟延而轻率地采取的行为或不为所造成，则经营人、受雇人、代理人或其他人无权享受赔偿限额的权利。

3. 货物的留置权

①经营人有权扣留货物，以便索取在他对货物责任期间及其后期间由他对货物进行的与运输有关的服务而应收取的费用和索赔。但公约的任何规定并不影响根据适用的法律关于扩大经营人对货物的担保权的任何合同安排的效力。

②如果对索偿数额已提供足够担保，或如已向双方同意的第三方或向经营人营业地所在国某一官方机构存入一笔相等数额的款项，则经营人无权扣留货物。

③为了取得满足其索偿所需的金额，经营人有权在货物所在国法律允许范围内出售他已行使本条所定扣押权所扣的全部或部分货物。这一出售权不适用于为承运人或托运人以外的一方所有，并有明确标志显示其所有人的集装箱、托盘或类似的运输或包装物件，除非经营人为修理或改进集装箱、托盘或类似的运输或包装物件所支付的费用所提出的索赔。

④在对货物行使任何出售权之前，经营人应作出合理努力将出售的意向通知货主、将货物交给经营人的人和有权向经营人提货的人。经营人应当适当地报告出售货物所获收益减去经营人应得金额和合理的出售费用后的结余情况。出售权的所有其他方面应按照货物所在国法律行使。

4. 索赔通知与诉讼时效

(1)索赔通知

①除非在不迟于经营人向有权提货人交货之日起后的第三个工作日，即将货物的灭失或损坏通知经营人，并具体说明这种灭失或损坏的一般性质，则这一交货就是经营人按其出具的单据中所述情况交货的初步证据，如未出具这种单据，则是按完好状况交货的初步证据。

②在灭失或损坏并不明显的情况下，如未在货物到达最终接受人之日以后连续 15

天内向经营人发出通知，但并不迟于向有权提货人交货之日后连续60天内发出通知，第1款的规定相应的适用。

③如果经营人向有权提货人交货时参与了对货物的检验或检查，则无须就检验或检查期间确定的灭失或损坏向经营人发出通知。

④在货物实际发生灭失或损坏或有发生灭失或损坏之虞的情况下，经营人、承运人和有权提货人必须相互给予对货物进行检查和清点的一切合理便利。

⑤除非在向有权提货人交货之日后连续21天内向经营人发出通知，否则对迟延交货造成的损失不予补偿。

(2)诉讼时效

诉讼时效为2年，时效期限自经营人将全部或部分货物交给有权提货人或将货物交由他支配之日开始，或在货物全部灭失的情况下，自有权提出索赔要求的人收到经营人发出的关于货物灭失的通知之日开始，或自货物视为灭失之日开始，两者以先者为准。时效期限开始之日不计入该期限内。在上述时效期限届满后，承运人或他人仍可对经营人提出追索诉讼，但该诉讼必须在对承运人或他人提起的诉讼中承运人或他人已被判定承担责任，或已解决据以提出诉讼的索赔后90天内提起，且须在对某一承运人或另一人提出的任何索赔可能导致对经营人提起追索诉讼时，在提出索赔后的一段合理时间内，已就提出索赔之事，向经营人发出了通知。

12.3　港口装卸搬运作业的法律法规

国内的法律法规对港口装卸搬运作业的法律法规在《港口法》、《港口货物作业规则》、《港口危险货物安全管理规定》中均有体现。在《港口法》中提出了港口经营的概念，即包括码头和其他港口设施的经营，港口旅客运输服务经营，在港区内从事货物的装卸、驳运、仓储的经营和港口拖轮经营等。《港口货物作业规则》中，提出了港口货物作业合同(以下简称作业合同)的概念，即港站经营人在港口对水路运输货物进行装卸、驳运、储存、装拆集装箱等作业时，作业委托人支付作业费用的合同。

12.3.1　普通货物的规定

港站经营人应当按照作业合同的约定，根据作业货物的性质和状态，配备适合的机械、设备、工具、库场，并使之处于良好的状态。港站经营人接收货物后应当签发用以确认接收货物的收据，单元滚装货物作业以及货物在运输方式之间立即转移的除外。除另有约定外，散装货物按重量交接，其他货物按件数交接。散装货物按重量交接的，货物在港口经技术监督部门检验合格的计量器具计量的，重量以该计量确认的数字为准，未经技术监督部门检验合格的计量器具计量的，除对于计量手段另有约定外，有关单证中载明的货物重量对港站经营人不构成其交接货物重量的证据。应作业委托人或者货物接收人的要求,港站经营人可以编制普通记录。货运记录和普通记录的编制,应当准确、客观。货运记录应当在接收或者交付货物的当时由交接双方编制。交接集装箱空箱时,应当检查箱体并核对箱号;交接整箱货物时,应当检查箱体、封装状况并核对箱号;交接特种集装箱时,应当检查集装箱机械、电器装置、设备的运转情况。集装箱交接状况,应当在交接单证上如实加以记载。交接时发现集装箱封装号与有关单证记载不符或者封装破坏的,交接双方应当编制货运记录。单元滚装运输作业,港站经营人应当提供适合滚装运输单元候船待运的停泊场所、上下船舶和进出港的专用通道,保证作业场所的有关标识齐全、清晰、照明良好,配备符合规范的运输单元司乘人员旅客的候船场所。旅客与运输单元上下船和进出港的通道应当分开。

12.3.2 危险货物的特殊规定

作业委托人应当向从事危险货物港口作业的企业提供正确的危险货物名称、国家或联合国编号、适用包装、危害、应急措施等资料,并保证资料正确、完整。作业委托人不得在委托作业的普通货物中夹带危险货物,不得将危险货物匿报或者谎报为普通货物。对于危险货物,作业委托人未通知港站经营人或者通知有误的,港站经营人可以在任何时间、任何地点根据情况需要停止作业、销毁货物或者使之不能为害,而不承担赔偿责任。作业委托人对港站经营人因作业此类货物所受到的损失,应当承担赔偿责任。港站经营人知道危险货物的性质并且已同意作业的,仍然可以在该项货物对港口设施、人员或者其他货物构成实际危险时,停止作业、销毁货物或者使之不能为害,而不承担赔偿责任。从事危险货物港口作业的企业,在危险货物港口装卸、过驳、储存、包装、集装箱装拆箱等作业开始24小时前,应当将作业委托人,以及危险货物品名、数量、理化性质、作业地点和时间、安全防范措施等事项向所在地港口行政管理部门报告。港口行政管理部门应当在接到报告后24小时内作出是否同意作业的决定,通知报告人,并及时将有关信息通报海事管理机构。未经港口行政管理部门同意,不得进行危险货物港口作业。从事危险货物港口作业的企业,应当按照安全管理制度和操作规程组织危险货物港口作业。作业的人员应持证上岗,按照企业安全管理制度和操作规程进行危险货物的操作。从事危险货物港口作业的企业,应当对危险货物包装进行检查,发现包装不符合国家有关规定的,不得予以作业,并应当及时通知作业委托人处理。爆炸品、压缩气体和液化气体、易燃液体、易燃固体、自燃物品和遇湿易燃物品的港口作业,企业应当划定作业区域,明确责任人并实行封闭式管理。作业区域应当设置明显标志,禁止无关人员进入和无关船舶停靠。作业期间严禁烟火,杜绝一切火源。

12.3.3 港、航货物交接的特别规定

港站经营人与船方在水路运输货物港口装卸作业过程中的交接,要注意以下几点:船方应当向港站经营人提供配、积载图(表),港站经营人应当按照配、积载图(表)进行作业。船方可以在现场对配、积载提出具体要求。国际运输以件交接货物、集装箱货物和

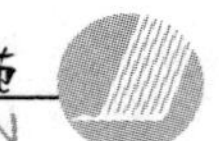

集装箱的，船方应当通过理货机构与港站经营人交接；船方应当向港站经营人预报和确报船舶到港日期，提供船舶规范以及货物装、卸载的有关资料，使船舶处于适合装、卸载作业的状态，办妥有关手续；港站经营人与船方在船边进行交接的，交接国内水路运输货物应当编制货物交接清单。

12.3.4 装拆箱的基本要求

装箱人装箱前，应按规定认真检查箱体，不得使用不适合装运货物的集装箱。因对箱体检查不严，导致货物损失的由装箱人负责。装箱人在装箱时要做到：货物堆码必须整齐、牢固，防止货物移动及开门时倒塌；注意货物的理化性，性质互抵、互感的货物不得混装于同一箱内；要合理积载，大件不压小件，木箱不压纸箱，重货不压轻货，箭头朝上，力求箱底板及四壁受力均衡；集装箱受载不得超过其额定的重量。装、拆箱时不得损坏集装箱及其内货物，由于装、拆箱不当，造成损坏的则由装、拆箱人分别负责赔偿。在集装箱拆空后，由拆箱人负责清扫干净，并关好箱门。

12.4 铁路装卸搬运作业的法律规范

铁路货物运输的搬运装卸具有一定的特殊性，涉及铁路搬运装卸的法律法规有：《铁路法》中与货物作业有关的铁路装卸作业标准，《铁路货物运输管理规则》、《铁路装卸作业安全技术管理规则》、《集装箱在铁路上装卸和拴固规定》、《铁路车站集装箱货运作业标准》等。

12.4.1 装卸车的规定

1. 合理使用货车

装运货物要合理使用货车，车种要适合货种，除规定必须使用棚车装运的货物外，对怕湿或易于被盗、丢失的货物，也应使用棚车装运。毒品专用车不得用于装运普通货物。冷藏车严禁用于装运可能污染和损坏车辆的非易腐货物。

2. 装车

铁路组织装车时，车站应做到：

装车前，认真检查货车的车体（包括透光检查）、车门、车窗、盖阀是否完整良好，有无扣修通知、色票、货车洗刷回送标签或通行限制，车内是否干净，是否被毒物污染。装载粮食、医药品、食盐、鲜活货物、饮食品、烟草制品以及有押运人押运的货物等时，还应检查车内有无恶臭异味。要认真核对待装货物品名、件数，检查标志、标签和货物状态。对集装箱还应检查箱内装载情况，检查箱体、箱号和封印。

装车时，必须核对运单、货票、实际货物，保证运单、货票、货物“三统一”。要认真监装,做到不错装、不漏装,巧装满载,防止偏载、偏重、超载、集重、亏吨、倒塌、坠落和超限。对易磨损货件应采取防磨措施,怕湿和易燃货物应采取防湿或防火措施。装车过程中,要严格按照《铁路装卸作业安全技术管理规则》有关规定办理,对货物装载数量和质量要进行检查。

对以敞、平车装载的需要加固的货物,有定型方案的,严格按方案装车;无定型方案的,车站应制定装载加固方案,按方案装车。装载散堆装货物,顶面应予平整。对自轮运转的货物、无包装的机械货物,车站应要求托运人将货物的活动部位予以固定,以防止脱落或侵入限界。

装车后,认真检查车门、车窗、盖、阀关闭及拧固和装载加固情况。需要填制货车装载清单的,应按规定填制。需要施封的货车,按规定施封,并用直径 3.2 毫米(10 号)铁线将车门拧紧。需要插放货车表示牌的货车,应按规定插放。对装载货物的敞车,要检查车门插销、底开门搭扣和篷布苫盖、捆绑情况。篷布不得遮盖车号和货车表示牌。篷布绳索捆绑,不得妨碍车辆手闸和提钩杆。两篷布间的搭头应不小于 500 毫米。绳索、加固铁线的余尾长度应不超过 300 毫米。装载超限、超长、集重货物,应按装载加固定型方案或批准的装载加固方案检查装载加固情况。对超限货物,还应对照铁路局、分局的批示文电,核对装车后尺寸。

3. 卸车

铁路组织卸车时,车站应做到:

卸车前,认真检查车辆、篷布苫盖、货物装载状态有无异状,施封是否完好。

卸车时,必须核对运单、货票、实际货物,保证运单、货票、货物"三统一"。要认真监卸,根据货物运单清点件数,核对标记,检查货物状态。对集装箱货物应检查箱体,核对箱号和封印。严格按照《铁路装卸作业安全技术管理规则》及有关规定作业,合理使用货位,按规定堆码货物。发现货物有异状的,要及时按章处理。

卸车后,应将车辆清扫干净,关好车门、车窗、阀、盖,检查卸后货物安全距离,清理线路,将篷布按规定折叠整齐,送到指定地点存放。对托运人自备的货车装备物品和加固材料,应妥善保管。卸下的货物登记"卸货簿"、"集装箱到发登记簿"或具有相同内容的卸货卡片、集装箱号卡片。在货票丁联左下角记明卸车日期。

12.4.2 专用线的装卸规定

1. 送车作业

车站应按企业使用车要求拨配状态良好的货车。车站在向专用线送车前,按协议规定时间,向专用线发出送车预、确报。内容包括:空、重车数,车种,货物品名,收货人,去向,编组顺序,送车时间。专用线接到预报后,应立即确定装、卸车地点,并做好接车准备。专用线运输员接到确报后,应及时打开门栏,提前到线路旁准备接车。货车送进后向调车人员指定停车位置,调车人员按其指定股道、货位停车。

货车送到后,企业应对货车上部设备进行检查,检查门、窗、底板、端侧板是否完好,门鼻、门搭是否齐全,车内是否干净,有无异味及回送洗刷、消毒标志等,确定货车是否适

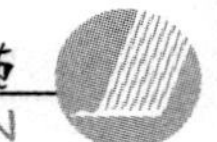

合所装货物。如不适用应采取改善措施，必要时，可向车站提出调换。

2. 装车作业

装车时，应充分利用货车的载重力和容积，但不得超过货车容许载重量。企业运输员要负责监装，向装车人员说明注意事项，随时检查装载加固是否符合规定。

装车后，企业运输员负责检查车门、窗、盖、阀是否关闭妥当，需要施封的货车按规定施封，需苫盖篷布的货物，按规定苫盖好篷布。填写装车登记簿，通知车站装车完了时间。

3. 卸车

卸车时，企业运输员要向卸车人员说明注意事项，提示卸车重点，检查安全防护设施，并负责监卸。

卸车后，企业应负责将车辆清扫干净，需要洗刷、消毒、除污的应按规定及时处理，如有困难可向车站提出协助处理，费用由委托方承担。关好车门、窗、盖、阀。拆除车辆上的支柱、挡板、三角木、铁线等，恢复车辆原来状态。检查货物堆码状态及与线路的安全距离。卸下的篷布应检查是否完整良好，需晾晒的要晾晒，并按规定将铁路货车篷布送回车站指定地点。企业运输员要正确填写卸车登记簿，通知车站卸车完了时间。

4. 交接

铁路专用线货运员会同企业运输员，在运输协议规定的地点，使用货车调送单按铁路规定办理交接。施封的货车凭封印交接；不施封的货车、棚车、冷藏车凭车门、窗关闭状态交接；敞车、平车、砂石车不苫盖篷布的，凭货物装载状态或规定标记交接；苫盖篷布的，凭篷布现状交接。

铁路货车篷布、企业自备篷布及需要回送的货车装备物品和加固装置，应在货车(物)交接的同时一并办理交接。上列物品，企业按有关规定或协议妥善保管或回送。上述物品丢失、短少、破损时，应于交接时向车站提出，由车站专用线货运员核实后，按规定编制记录。

专用线内装车的货物，车站发现有下列状况之一时，应加以改善，达到标准后接收：凭封印交接的货车，发现封印脱落、损坏、不符、印文不清或未按施封技术要求进行施封的；凭现状交接的货物，发现货物装载加固状态或所作的标记有异状或有灭失、损坏痕迹的；规定应苫盖篷布的货物而未苫盖、苫盖不严、使用破损篷布或篷布绳索捆绑不牢固的；车门、车窗未关严(需要通风运输的货物除外)，车门插销未插牢固的；使用敞车、平车或砂石车装载的货物，违反《铁路货物装载加固规则》的要求的；违反铁路规定的货车使用限制或特定区段装载限制的。

12.4.3 危险货物的装卸作业

铁路危险货物作业须遵守以下技术要求：

作业人员应经过专业知识的培训，在作业前有关人员应该详细了解该危险货物的品名、性质、作业注意事项和防护方法。

作业前对作业车辆或者仓库先进行通风，或对作业车辆或库区进行必要的测试。作业时必须轻拿轻放,平稳搬运,不能摔、碰、翻滚、撞击和剧烈震动,以保持包装的完整。堆码应牢固、不倒置。爆炸品、氧化剂、自燃品等易燃物品在作业中应防止火花产生;毒害品作业时应使用工具,必要时着防护服装,携带必要的保护用品,货物不直接接触身体,轻搬轻放,防止破包。

12.5 公路装卸搬运作业的法律规范

汽车运输的货物在场站进行搬运和装卸时应按《汽车货物运输规则》(1999)、《汽车危险货物运输装卸作业规程》进行。根据《汽车货物运输规则》的规定,搬运装卸是指货物运输起讫两端利用人力或机械将货物装上、卸下车辆,并搬运到一定位置的作业。人力搬运距离不超过 200 米,机械搬运不超过 400 米(站、场作业区内货物搬运除外)。

货物搬运装卸由承运人或托运人承担,可在货物运输合同中约定。承运人或托运人承担货物搬运装卸后,委托站场经营人、搬运装卸经营者进行货物搬运装卸作业的,应签订货物搬运装卸合同。

12.5.1 一般货物的注意事项

搬运装卸人员应对车厢进行清扫,发现车辆、容器、设备不适合装货要求时,应立即通知承运人或托运人。搬运装卸作业应当轻装轻卸,堆码整齐,清点数量,防止混杂、撒漏、破损。严禁有毒、易污染物品与食品混装,危险货物与普通货物混装。对性质不相抵触的货物,可以拼装、分卸。搬运装卸过程中,发现货物包装破损的,搬运装卸人员应及时通知托运人或承运人,并做好记录。在搬运装卸作业完成后,货物需绑扎苫盖篷布的,搬运装卸人员必须将篷布苫盖严密并绑扎牢固;由承、托运人或委托站场经营人、搬运装卸人员编制有关清单,做好交接记录;并按有关规定施加封志和外贴有关标志。搬运装卸作业中,因搬运装卸人员过错造成货物毁损或灭失,站场经营人或搬运装卸经营者应负赔偿责任。

12.5.2 危险货物的装卸要求

车辆进入危险货物装卸作业区时,应按该区有关安全规定驶入装卸货区。在停靠货垛时,应听从作业区指定人员的指挥,车辆与货垛之间要留有安全距离。待装、待卸车辆与装卸货物的车辆应保持足够的安全距离并不准堵塞安全通道。驾驶员不准离开车辆,同时禁止在装卸作业区内维修车辆。

装卸过程中,车辆的发动机必须熄灭并切断总电源。在有坡度的场地装卸货物时,必须采取防止车辆溜坡的有效措施。驾驶员负责监装监卸,办理货物交接签证手续时要点收点交。装车完毕,驾驶员必须对货物的堆码、遮盖、捆扎等安全措施及对影响车辆启

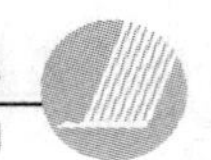

动的不安全因素进行检查、监护,在保证安全情况下才能移动车辆,起步要慢,停车要稳。

危险货物运达卸货地点后,因故不能及时卸货的,在待卸期间,行车人员应会同押运人员负责看管货物。

工矿企业厂内进行危险货物运输时,应按GB4387《工厂企业厂内铁路、道路运输安全规程》执行。对于包装、散装固体、罐(槽)车装卸作业要求具体参照《汽车危险货物运输、装卸作业规程》的规定。

12.5.3 场站经营人的责任

搬运装卸作业中,因搬运装卸人员过错造成货物灭失、损坏的,场站经营人或者搬运装卸经营人应负赔偿责任。由托运人委托场站经营人在装卸货物中造成货物损坏的,场站经营人负责赔偿,由承运人委托场站经营人在装卸货物中造成货物损坏的,由承运人先行赔付,再向场站经营人追偿。

在以下情况下,场站经营人举证后,可在责任期间对货损、灭失不负赔偿责任:不可抗力,货物自身性质或自然损耗,包装的内在缺陷造成货损,押运人的责任造成货物毁损、灭失,托运人或者收货人的过错造成货物毁损、灭失等。

12.6 航空搬运装卸作业的法律规范

根据《中国民用航空货物国内运输规则》的规定,航空货物运输中的搬运装卸作业应当注意以下问题:

①精心组织装卸作业,轻拿轻放,严格按照货物包装上的储运图示标志作业,防止货物损坏。

②按装机单、卸机单准确装卸货物,保证飞行安全。

③货物装卸应当有专职人员对作业现场实施监督检查,在运输过程中发现货物包装破损无法续运时,承运人应当做好运输记录,通知托运人或收货人,征求处理意见。托运人托运的特种货物、超限货物,承运人装卸有困难时,可要求托运人或收货人提供必要的装卸设备和人力。

④承运人应当根据进出港货物的运输量及货物特性,分别建立普通货物、贵重物品、鲜活物品、危险物品等货物仓库。货物仓库应当建立健全保管制度,严格交接手续;库内货物应当合理码放、定期消仓;做好防火、防伤、防鼠、防水、防冻等工作,保证进出库货物的准确、完整。

案例分析

国内某A公司与B农机进出口公司签订买卖合同,向B公司购买一设备,合同中约定交货地点在A公司。B公司就此设备与法国C制造公司签订了买卖合同,关于设备的具体技术指标要求以及验收条件均由C公司与A公司商定。货物经某航运公司运往国内，航运公司出具的记名提单载明：托运人为东方海外，收货人为B公司。提单、仓单及货架上均有“设备超高1.3米”的警示。货物运至国内D码头，在码头卸货拖移至堆场过程中，经过岸吊底时，位于设备上方的支撑脚与岸吊横梁发生碰撞，致使反应罐损坏。后经A公司、B公司、D码头公司三方进行现场察看，确定设备全损。货物仍放在码头，未提货。

案例问题：

1. 货损是否发生在航运公司的责任期间？承运人是否能免责？
2. A公司是否有权向D码头公司提出索赔，为什么？
3. D公司在码头作业时是否存在过失？如果有，应该承担什么样的责任？
4. D公司在这里是什么身份？B公司是否能以运输合同向其要求赔偿？

第 13 章

流通加工与配送法律规范

本章要点

- 流通加工与配送在物流中的地位与作用，当事人的权利和义务
- 流通加工与配送所涉及的适用法律
- 加工承揽合同、配送合同和配送销售合同的主要内容及所涉及的适用法律

13.1 流通加工与配送概述

流通加工是指产品在从生产地到使用地的过程中，根据需要进行包装或分割、计量、分拣、刷标志、挂标签、组装等简单作业。它与生产加工最大的不同是注重物品在生产后、流通或使用前的整理。尽管物流中的加工整理只是在生产原料使用前的简单加工和为了配合运输或使用需要而进行的必要整理，但就性质而言，它同样是一种加工承揽性的工作。我国《合同法》分则中对于加工承揽合同所作的有关规定，应适用于流通中的加工整理工作。主要涉及简单加工、修理、检验、其他过程前的准备等，它们由物流经营者按照客户的要求完成，收取相应报酬。加工整理与物流中的配送和包装有着较为密切的关系，客户是根据最终目的来对加工整理工作的选题提出要求，选择适当的加工形式。而配送前的加工，主要是根据用户的要求进行初步加工，以便集中下料，或者是对货物进行分拣、配料或在出售前加标签。

配送是物流中一种特殊的、综合的活动形式，是物流在某一范围内全部活动的体现。根据《国家标准物流术语》对配送的解释，配送是指在经济合理的区域范围内，根据用户的要求，对物品进行拣选、加工、包装、分割、组配等作业，并按时送达指定地点的物流活动。拣选，是指按订单或出库单的要求，从储存场所选出物品，并放置在指定地点的作业。组配，是指配送前，根据物品的流量、流向及运输工具的载重量和容积，组织安排物品装载的作业。由于大吨位、高效率运输力量的出现，使干线运输无论在铁路、海运或公

路方面都达到了较高水平,长距离、大批量的运输实现了低成本化。但在干线运输之后,往往都要辅以支线运输和末端装卸搬运,这种支线运输及末端装卸搬运成了物流过程的一个薄弱环节,出现了运力利用不合理、成本过高等问题。而配送可以将支线运输及末端装卸搬运统一起来,使支线运输过程得以优化和完善。

13.1.1 流通加工在物流中的地位与作用

流通加工是物流过程中的一个特殊的环节,与其他环节不同,流通加工具有生产的性质。流通加工可能改变商品的形态,对物流的影响巨大。流通加工并不是每个物流过程都必须进行的,所以也不是每个物流合同中都含有关于流通加工的规定。当双方当事人在物流合同中约定由物流企业承担流通加工义务时,根据物流企业履行流通加工义务所采用的方式不同,物流企业具有不同的法律地位。物流企业如果有加工的能力,并以自身的技术和设备亲自从事加工的,则物流企业即是物流服务合同中的物流提供者,其权利和义务根据物流服务合同和相关法规的规定予以确定。虽然物流过程中的流通加工与生产加工相比比较简单,但在一些情况下仍然需要一些特殊的技能或者工具。从效率和技术的角度着想,物流企业可能将流通加工转交给有能力的专业加工人进行。此时,物流企业通过与加工人签订加工承揽合同的方式履行其在物流服务合同中的义务。在这种情况下,物流企业一方面针对物流服务合同的需求方而言,为物流服务提供方;另一方面,针对加工承揽人而言,为定作人。在流通加工中同时受到物流服务合同和加工承揽合同的约束,并根据相关的法规享有权利,承担义务。

流通加工在物流中的作用:流通加工能有效地完善流通,在实现时间、场所两个重要效用方面,确实不能与运输和储存相比;流通加工起着补充、完善、提高、增强物流水平,促进流通现代化的作用;流通加工是物流中的重要利润来源,是一种投入低、产出大的加工方式,往往以简单的加工就可以解决大问题;流通加工可以提高原材料的利用率,它可以将原材料进行初级加工,为物流其他环节创造条件,可以提高加工效率及设备利用率,充分发挥各种输送手段的最高效率。

13.1.2 配送在物流中的地位与作用

配送是指在经济合理区域内,根据用户要求,对物品进行拣选、包装、组配等作业,并按时送达指定地点的物流活动。配送是物流系统的一项十分重要的功能。随着消费的多样化和个性化趋势的发展,物流需求也朝着多品种、小批量的方向发展。在市场的主导权由处于上游的制造商或供应商向处于市场下游的零售商或消费者不断转移的态势下,物流服务的需求也更加接近市场,贴近消费者。配送作为直接面向最终用户提供的服务,在高度满足物流需求方面发挥着极其重要的作用。

①有利于物流运动实现合理化,配送不仅能够把流通推向专业化、社会化,更为重要的是,它能以其特有的运动形态和优势调整流通结构,使物流运动达到规模经济,并有效降低运输成本。

②完善了运输和整个物流系统，配送将支线运输、区域内运输和小搬运活动统一起来，发挥了各种运输方式的优势，具有灵活性、适应性和服务性的特点，使运输过程得以优化和完善。

③提高末端物流的效益，采用配送方式，通过增大经济批量来达到经济运货，同时通过将各种商品的用户集中在一起统一进行发货，代替分别向不同用户小批量发货来达到经济运货，从而使末端物流经济效益得到提高。

④通过集中库存使企业实现低库存或零库存，在采用准时化配送方式后，生产企业可以依靠配送中心的准时化配送进行准时化生产而不需要保持库存或较小地保持库存，实行集中库存，可降低单位库存成本，从而提高社会经济效益。

⑤提高供应保证程度，生产企业自己保持库存来维持生产，由于受库存成本的制约，要想提高供应的保证程度很难，保证供应和降低库存成本存在二律背反问题。通过配送可以调节企业间的供需关系，降低企业因断货、缺货而影响生产的风险。

⑤为电子商务的发展提供了基础和支持，电子商务的发展需要具备两个条件：一是货款的支付；二是商品的配送。所以要发展电子商务，就不能缺少商品的配送，配送服务是电子商务发展的基础。

13.2 流通加工与配送的法律关系

13.2.1 流通加工涉及的法律关系

相对于物流中其他环节的法律关系而言，流通加工环节所涉及的法律关系比较简单，其主要涉及的法律关系就是加工承揽合同关系。物流加工服务提供方与需求方一般都采用订立加工承揽合同而成立加工承揽合同关系。需要指出的是，物流企业或从事物流服务的其他主体并不一定是加工承揽合同中的承揽人。在物流服务主体有加工能力时，它以自身的设施、技能为他人提供加工服务，这时物流服务的主体的确是承揽人的身份。但是在某些情况下，物流服务主体并不具备加工承揽的能力，此时，物流服务主体将以定作人的身份与承揽人订立加工承揽合同。

13.2.2 配送涉及的法律关系

配送是一个复杂的过程，常常涉及物流过程中的采购、仓储、运输、包装及加工等环节。因此，在配送环节中涉及的法律关系也比较复杂。供应配送是配送主体与用户合一的一种配送方式，不涉及各配送参与人的外部法律关系，至于其他类型的配送，一般都要以合同的方式来实现。因此，配送主要涉及以下法律关系。

1. 买卖合同关系

这主要是针对销售配送而言的。在这种配送形式下，用户实质上是商品购买者（买方），销售企业则是商品的出卖人（卖方），销售企业所提供的配送服务仅仅是作为商品出售的附带服务。在这种类型的配送中，销售企业一般仅与用户订立买卖合同，配送服务则常常作为买卖合同中销售企业的一项重要义务而加以确定。因此，销售企业在出售商品的同时提供配送服务，是其履行合同义务的表现。此外，在销售与供应一体化配送的情况下，如果用户与配送主体分别订立销售合同与配送服务合同，配送主体与用户之间也将形成买卖合同关系。但此时的买卖合同中将不涉及配送，关于配送方面的相关权利和义务，当事人须另行订立配送服务合同加以确定。

2. 配送服务合同关系

配送服务合同，是指一种单纯的提供配送服务的合同。在配送中，配送主体与用户总是以合同的方式来确定双方的权利和义务，从而形成合同关系。在这些合同中除个别仅涉及买卖合同关系的外，我们将其统称为配送服务合同，因此建立的关系，我们称之为配送服务合同关系。在配送服务合同中，配送主体可以仅承担配送义务，也可以具体地承担采购合同关系。一般而言，物流服务主体是以配送提供者的身份出现在配送合同关系中的。但在一定情况下，物流服务主体可能因自身不拥有配送能力而需要其他物流服务主体为其提供配送服务，所以物流服务主体也可能是配送合同中的用户。但在我国《合同法》分则及其他法律中尚无明文规定配送服务合同属于无名合同，因此配送合同所涉及的法律关系可参照《合同法》分则部分最相类似的规定。由于在配送服务合同中常涉及仓储、运输、加工等具体问题，因此对于配送服务合同我们认为其虽然不能具体形成仓储合同关系、运输合同关系及加工合同关系等法律关系，但其具体问题可以参照这些相应的法律关系加以明确。

13.3 流通加工法律规范

物流加工法律法规是流通加工相关的法律规范的总称。关于流通加工的立法主要表现在加工承揽合同上。就我国现有的法律而言，《民法通则》、《合同法》及关于加工承揽合同的具体规定，可适用于流通加工。

13.3.1 加工承揽合同的概念和特征

1. 加工承揽合同的概念

根据我国《合同法》的规定，加工承揽合同是指承揽人按照定作人的要求完成工作，交付工作成果，定作人给付报酬的合同。在加工承揽合同中，按照他方的要求完成一定工作的人是加工承揽人，接受工作成果并给付约定报酬的人是定作人。定作人要求完成的工作成果，即为定作物。承揽人和定作人是承揽合同的关系的主体。

2. 加工承揽合同的法律特征

（1）以承揽人完成约定的工作为目的

这是加工承揽合同最典型的特征，也是其区别于劳务合同的本质特征。虽然在加工

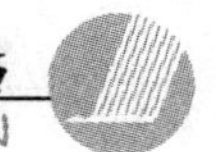

承揽合同中，承揽人为了完成工作成果，需要付出劳动，但劳动本身不是加工承揽合同的目的，而是加工承揽合同的手段；而承揽人完成约定的承揽工作后产生工作成果，工作成果的产生是承揽工作完成的标志。虽然这种工作成果是通过承揽人付出一定的劳动取得的，但若离开了工作成果而仅有劳务存在，则该承揽工作对定作人而言也是没有意义的；对承揽人而言也将因没有报酬而失去订立合同的意义，因此承揽人虽然付出劳动但没有成果便无权请求定作人给付报酬。

(2)标的具有特定性

加工承揽合同的标的是承揽人完成一定的工作，承揽人在承揽活动中对于承揽标的的种类、规格、形状、质量等均需按照定作人的特定要求进行。因而，承揽人完成的工作成果不是普通的工作成果，而是具有特定性的成果。加工承揽合同的意义就在于以特定性的工作成果满足定作人的特定需要。

(3)承揽人在完成工作过程中承担风险责任

加工承揽方在加工承揽合同中用自己的设备、技术和能力完成工作并承担相应的风险。定作人将某项特定的工作交给承揽人完成，是基于定作人对承揽人所具备的完成该项工作的设备、技术和能力的信任，因此承揽人必须以自己的设备、技术和能力来为定作人完成工作。未经过定作人许可，承揽人不得将承揽工作交由第三方完成。同时，承揽人在加工承揽合同的履行过程中要对自己占有和管理的物品承担意外毁损、灭失的风险。在完成工作过程中，因不可抗力等不可归责于双方当事人的原因致使工作成果无法实现或工作物遭受意外灭失或损坏，从而导致工作物的原材料损失和承揽人劳动价值损失由承揽人承担。但如果原材料是由定作人提供的，则原材料的损失由定作人自行承担。

(4)加工承揽合同是双务合同、有偿合同

在加工承揽合同中，当事人双方互有债权、互负债务，因而是双务合同；双方互为对价，因而是有偿合同；加工承揽合同的成立不以实际交付标的物为要件，因而是诺成合同。

2. 加工承揽合同的种类

加工承揽合同是社会经济生活中极为常见的合同，适用的范围十分广泛。我国《合同法》规定加工承揽包括加工、定作、修理、复制、测试、检验等工作。事实上，加工承揽合同的种类非常繁多，由此可以将加工承揽合同按照工作内容的区别主要分为以下几类：

①加工合同，是指承揽人按照定作方的具体要求，使用自己的设备、技术和劳动对定作人提供的原材料或者半成品进行加工，将工作成果交给定作人，定作人支付价款的合同。

②定作合同，是由承揽方根据定作方需要，利用自己的设备、技术、材料和劳动力，为定作方制作成品，由定作人支付报酬的合同。

定作合同与加工合同的主要区别在于两者原材料的来源不同，前者所需要的原材料全部由承揽人提供，而后者所需的原材料则全部或大部分由定作人提供。鉴于这个原因，与加工合同中承揽人只收取加工费用不同，在定作合同中，原材料全部由承揽方提供，定作方则支付相应的价款，定作合同的价款包括加工费和原材料费用。

③修理合同,是指承揽人为定作人修理、整治出现损坏、缺失或外观损坏等状况的物品,使其恢复原状,由定作人支付报酬的承揽合同。在修理合同中,定作方可以提供原材料,也可以不提供原材料。在不提供原材料的情况下,定作人所支付的价款主要是原材料的价值。修理合同在物流过程中也很常见。由于物流过程中产品和包装的破损不可避免,所以修理合同履行的好坏将影响物流的效果。

④其他加工承揽合同,这主要有承揽人为定作人的房屋进行修缮,为定作人誊写、打印、复印手稿材料,翻译外文资料,进行物品性能测试、检验或工作成果的鉴定等。

3. 加工承揽合同的订立和形式

当事人在订立加工承揽合同时,首先应当核实对方当事人的主体资格,不应盲目与他人签订加工承揽合同。这一点对于加工承揽合同中的定作人来说尤为重要,承揽人若具备签约主体资格或具备承揽该工作资质或完成该工作的能力,则加工承揽合同将得到很好的履行,承揽项目的质量也将保证,以免给定作人造成损失。定作人在订立合同时一定要了解对方当事人是否具备完成承揽工作所必需的设备条件、技术能力、工艺水平等情况,以确保承揽人是否具有履约能力。承揽方也同样,只有定作人具备足够的履约能力,承揽人付出劳动完成的工作才能得到保障。所以,加工承揽合同的订立过程,是双方当事人就其相互间的权利义务协商一致的过程。加工承揽合同的订立过程,与其他合同相同,根据《合同法》的规定,加工承揽合同的订立包括要约和承诺两个阶段。一般情况下,在加工承揽合同中,要约是由定作人发出的,承揽人是被要约人。当然,承揽方同样可以主动向定作人发出要约。无论是哪一方发出的要约,取得双方当事人承诺后,加工承揽合同均即告成立并生效。加工承揽合同不是要式合同,《合同法》没有对加工承揽合同的形式作出特别的要求,因而,双方当事人可以以书面的方式,也可以选择口头的或其他形式订立承揽合同。但在实践中,承揽合同一般都采用书面形式或公证订立,以便在发生纠纷时分清责任。

13.3.2 加工承揽合同的主要内容

1. 当事人条款

当事人是民事法律关系的主体,反映在合同内容中即为当事人条款。在合同内容中,当事人条款是首要内容,不可或缺。加工承揽合同的当事人就是定作人和承揽人,也可以是自然人、法人或者其他组织。对于定作人,法律一般没有限定其资格。但对于承揽人,就应当具备完成承揽工作所必需的设备、技术和能力。

2. 承揽合同的标的条款

承揽合同的标的是定作人和加工承揽人权利和义务指向的对象,即定作物,是承揽合同必须具备的条款。承揽标的是将承揽合同特定化的重要因素,在合同中应该将加工定作的物品名称、项目、质量等要素规定明确、具体,不能含糊混淆不清,否则将导致合同履行的困难。承揽合同的标的应该具有合法性,标的不合法将导致合同无效。

3. 承揽标的数量条款

承揽标的数量条款是以数字和计量单位来衡量定作物的尺寸。根据标的物的不同,

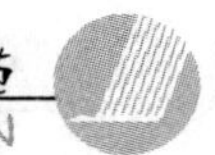

有不同的计算数量的方法。数量包括两个方面:数字和计量单位。在合同中,数量条款中的数字应当清楚明确,数量的多少直接关系到双方当事人的权利义务,也与价款或酬金有密切的关系。在计量单位的使用上,应该采用国家法定的计量单位。

4. 承揽标的质量条款

质量是定作物适合一定用途、满足一定需要的特征,不仅包括特定物本身的物理化学和工艺性能等特性,还包括形状、外观、手感及色彩等,主要是对承揽标的物品质的要求。承揽合同中标的的质量通常由定作人提出要求。因此,加工承揽合同中的质量条款不仅包括标的物的技术标准、标号、代号等,还包括对标的物的形状、外观、手感及色彩等具体要求,必要时还应附有图纸。

5. 报酬条款

报酬是指定作人对承揽人所完成的工作应支付的酬金。承揽人订立合同、完成承揽工作的直接目的就是为了取得报酬,因此报酬条款也是加工承揽合同的重要内容之一。报酬条款应当在合同中明确约定,包括报酬的金额、货币种类、支付期限和支付方式等。在原材料由承揽方提供的情况下,报酬条款还应明确原材料的价款、支付方式、支付期限等。

6. 材料提供条款

承揽合同中的原材料既可以由承揽人提供,也可以由定作人提供。原材料的提供不仅会影响价金的确定,而且原材料的质量将会直接影响定作物的质量,从而影响合同是否得到完全履行。流通加工是在流通的过程中对货物进行加工,加工的对象是货物,所以在由物流企业进行流通加工的情况下,原材料通常是由物流需求方提供。

7. 承揽履行条款

履行条款包括履行期限、地点、履行方式三部分。履行期限是合同当事人履行合同义务的时间范围,包括提供原材料、技术资料、图纸及支付定金、预付款等义务的期限;履行地点是指履行合同义务和接受对方履行的成果的地点,履行地点直接关系到履行合同的时间和费用;履行方式是指当事人采用什么样的方法履行合同规定的义务。在加工承揽合同中,履行方式指的是定作物的交付方式。

8. 验收标准和方法条款

验收标准和验收方法是指定作人对承揽方所完成的工作成果进行验收所采用的标准和方法。验收标准用于确定承揽方预交的工作成果是否达到定作方所规定的质量要求和技术标准。验收方法则是进行验收的具体做法。由于检验标准和验收方法关系到工作成果的实用性、安全性以及风险责任的转移等,因此在加工承揽合同中,这一条款应该规定得具体、明确。

9. 样品条款

凭样品确定定作物的质量是加工承揽合同中一种常见的现象。在这种情况下,定作人完成的工作成果的质量应该达到样品的水平。样品可以由定作方提供,也可以由承揽方提供。提供的样品应封存,由双方当场确认并签字,以作为成果完成后的检验依据。

10. 保密条款

由于加工承揽合同的特殊性,定作方有时会向承揽人提供一定的技术资料和图纸,可能涉及定作人不愿被他人所知的商业秘密或技术秘密。所以在合同中规定保密条款是十分必要的。保密条款应该对保密的范围、程度、期限、违反的责任进行细致约定。

11. 违约责任

违约责任是绝大多数合同的主要内容之一，加工承揽合同自然也应当在合同内容中约定违约责任的承担，明确责任承担的情况，责任承担的方式、计算方法或数额等，以便在发生纠纷时以此作为解决纠纷的根据。解决争议的方法是指纠纷发生后以何种方式解决当事人之间的纠纷。合同当事人可以在合同中约定纠纷的解决方式。

13.3.3 流通加工当事人的义务与责任

依合同履行的一般规则，加工承揽合同的双方当事人都应当全面履行各自的义务，承揽人应当全面按照合同中定作人提出的特定要求进行承揽工作，并最终交付符合要求的工作成果。在履行合同的过程中，很重要的一点就是承揽人要亲自履行合同义务。当然，在双方约定可由第三方做一定工作等条件下，承揽人可以将一定的工作交由第三人辅助完成，但该工作仅限于辅助工作，且其质量等问题的责任仍然由承揽人承担。对于定作人而言，则应按时、按约支付报酬。此外，协助承揽人的承揽工作也是定作人履行合同的一个重要方面。定作人应当按合同约定及时、准确地提供承揽工作所需的原材料、图纸及技术资料等。定作人在行使其监督检验权时也不得妨碍承揽人正常工作。定作人的权利与承揽人的义务是相对应的，承揽人的义务，从另一方面来说就是定作人的权利，同理，定作人的义务，从另一方面来说就是承揽人的权利。具体的义务与责任如下所述。

1. 承揽人的主要义务

(1)按加工承揽合同约定完成承揽工作的义务

这是承揽人最基本的义务，承揽人应恪守信用，严格按加工承揽合同约定的有关流通加工的标的、规格、形状、质量等完成工作，以满足委托方的要求，且非经定作人的同意不得擅自变更。在工作过程中，若发现定作人提供的图纸或技术要求不合理，应及时通知定作人变更，而不得擅自修改。承揽人应当妥善保管完成的工作成果及定作人提供的材料，因保管不善造成毁损、灭失的，承揽人应当承担损害赔偿责任。应该在合同规定的时间开始工作，并在合同规定的期限内完成工作；应当按照物流委托人的要求按质按量地完成工作。

(2)亲自完成主要工作的义务

由于承揽合同往往是基于定作人对承揽人在技术、工艺、经验、实力等方面的信任而产生，因此我国《合同法》明确规定，除非当事人另有约定，承揽人应当以自己的设备、技术和劳力完成主要工作。承揽人将其承揽的主要工作交由第三人完成的，应当就该第三人完成的工作成果向定作人负责；未经定作人同意的，定作人也可以解除合同。承揽工作分为主要工作和辅助工作。对于辅助工作，承揽人可以未经定作人的同意将其交由第三人完成。承揽人将其承揽的辅助工作交由第三人完成的，应当就该第三人完成的工作成果向定作人负责。若定作人不愿意承揽人将辅助工作交由第三人完成的，则必须在合同中明确加以约定。

(3)对定作人提供的材料进行检验、保管和诚实使用的义务

承揽人的保管义务是针对材料由物流委托方提供的情形而言的。在原材料由物流委托方提供时,承揽人应当及时对原材料进行检验,并在发现不符合约定的情形下及时通知物流委托方。

(4)提供原材料并接受检查、监督及诚信义务

根据合同约定,流通加工的原材料由承揽人提供的,承揽人应当按照约定选用材料。承揽人在工作期间,应当接受定作人必要的监督检验,但定作人不得因监督检验妨碍承揽人的正常工作。

(5)对流通加工中涉及的商业秘密负有保密义务

承揽人应当按照物流需求方的要求,保守秘密,未经物流需求方的同意,不得保留复制品和技术资料,否则定作人有权要求赔偿损失并销毁有关资料或文件。承揽人的保密义务是一种随附义务,基于诚信原则而产生。

(6)瑕疵担保义务

承揽人应保证加工物在品质、效用等方面符合物流服务合同的约定,否则就要承担瑕疵担保责任。根据《合同法》的规定,承揽人对定作物有瑕疵担保义务,承揽人所完成的工作成果应当符合质量要求。如果承揽人所提供的定作物不符合合同约定的质量标准和要求,或使定作物的价值减少,或不符合通常效用,承揽人应负瑕疵担保责任。

(7)共同承揽人义务

为了增强承揽能力,常出现两个以上承揽人共同与定作人签订承揽合同的情况。加工承揽合同中,当承揽人为两人以上时,通常称为共同承揽人。我国《合同法》规定:“共同承揽人对定作人承担连带责任,但当事人另有约定的除外。”

2. 承揽人的主要责任

(1)违约责任

物流企业承揽人根据物流服务合同的要求进行流通加工时,物流服务合同中规定了物流企业承揽人应履行的义务,当其违反了合同中的约定时,就应当承担违约责任。其承担的违约责任应该根据物流服务合同的具体内容确定。

(2)产品责任

若加工物本身的缺陷给物流需求方或第三人的人身、财产造成损失的,物流企业承揽人应当承担产品责任。依据《民法通则》和《产品质量法》的有关规定,这种产品责任是一种侵权责任。

3. 定作人的主要义务

(1)及时接受工作成果的义务

定作人应按约定的方式、时间、地点及时验收工作成果。定作人在验收时发现工作成果有缺陷的,可以拒绝受领;但定作人如果迟延接受或无故拒绝加工物的,应承担违约责任。定作人无正当理由拒绝接受的,承揽人可以向提存机关将定作物提存,视为完成工作成果。

(2)按合同约定和法律规定支付报酬和材料费的义务

合同对报酬有约定的,定作人应当按照约定的期限和方式支付报酬。对报酬的支付

期限没有约定或者约定不明确的,双方可以协议补充,定作人按此补充协议支付报酬,不能达成补充协议的,按照合同有关条款或者交易习惯确定;仍不能确定的,定作人应当在承揽加工人交付工作成果时支付。工作成果部分支付的,定作人应当按照合同的约定支付。对支付方式未作约定或约定不明时,定作人应当在接受工作成果时,以货币为支付方式。定作人逾期支付报酬和原材料费用的,承揽人有权要求其支付迟延交付款项在迟延期间的利息损失。

(3)按合同的约定提供原材料、设计图纸、技术资料等的义务

在定作人有特殊要求或者承揽工作有一定复杂程度的情形下,合同往往约定由定作人提供相关原材料、设计图纸、技术资料等。此时,定作人应该按照合同约定的质量、数量、规格、种类提供原材料。这里的材料,不仅包括生产材料,还包括加工承揽合同中涉及的技术资料,如技术标准、技术要求等。定作人若未按约定提供的,承揽人有权解除合同,并要求赔偿损失。

(4)协助承揽人完成加工的义务

因承揽工作的性质,承揽人在工作期间需要定作人协助的,定作人应尽协助的义务。多数流通加工工作中需要定作人的协助,只是根据具体合同的要求所需要的协作程度不同。这里的协作不仅包括技术上的,如及时提供技术资料、有关图纸,而且还包括物质上的,如提供场地、水、电等。定作人不履行协助义务致使承揽工作不能完成的,承揽人可以催告定作人在合理期限内履行义务,并可以顺延履行期限;定作人逾期不履行的,承揽人可以解除合同,并有权要求定作人赔偿损失。

4. 定作人的主要责任

(1)提供的原材料不符合合同的要求

物流企业没有能在合同的约定时间内提供原材料及技术资料,或者提供的原材料、技术资料不符合合同的规定的,应该承担违约责任,并且承担由此给加工承揽方带来的损失。

(2)不领取或逾期领取定作物

加工承揽方按照合同的约定完成定作物后,物流企业应该在合同约定的时间内领取加工物,如果无故推迟领取,应该承担违约责任,并且承担由此给加工承揽方造成的额外费用和其他损失。

(3)中途变更加工要求

在加工承揽合同的履行过程中,物流企业单方面地改变合同的内容,变更标的的内容,增加定作物的数量、质量、规格、设计等的,同样是一种违约行为,对此应该承担违约责任,并对由此给加工承揽方所带来的其他损失负赔偿责任。

13.4 配送法律规范

配送活动作为现代物流的一个重要组成部分,同样也是众多物流企业的业务范围之

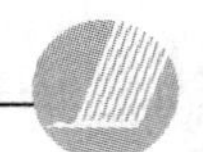

一。然而，不同的物流企业，其参与配送活动的方式也不尽相同，这决定了其法律地位也会不同。以不同的法律关系为根据，实践中各物流企业参与配送活动的方式大致可适用《合同法》总则的要求，并参照法律最相类似的规定确定。例如，流通加工环节参照关于加工承揽合同的约定，储存环节参照关于仓储合同和保管合同的规定，关于转移货物所有权部分的权利义务可参照关于买卖合同的规定。

13.4.1 配送合同的概念与性质

1. 配送合同的概念

配送合同是配送人根据用户需要为用户配送商品，用户支付配送费的合同。用户是配送活动的需求者，配送人是配送活动的提供者。作为配送活动需求者的用户，既可能是销售合同中的卖方，也可能是买方，甚至可能是与卖方或买方签订了综合物流服务合同的物流企业。这类综合物流企业与卖方或买方签订综合物流服务合同后，由于自身不拥有配送中心，需要将配送业务外包给其他具有配送中心的物流企业，因而成为配送的需求者，即用户。作为配送活动提供者的配送人，既可能是销售合同中的卖方，也可能是独立于买卖双方的第三方物流企业。自身不拥有配送中心的综合物流企业，虽然相对与之签订配送合同为其提供配送服务的其他拥有配送中心的物流企业而言，是配送服务的需求者；但相对与之签订综合物流服务合同的买方或卖方而言，则为配送服务的提供者。

配送费是配送人向用户配送商品而取得的价款。根据配送的具体方式不同，配送费可能包括商品价款和配送服务费两个部分。如果配送人为用户提供的是综合性物流服务，配送服务费也可能包含在用户支付的物流服务费中。

2. 配送合同的性质

(1)配送合同不是单纯的仓储合同或运输合同

从事配送业务的企业都有一定规模的可使用仓库。配送人接受用户的指示将货物从工厂或中转站运到自己的仓库，为用户提供仓储保管服务，并将货物送至用户指定的地点。虽然在配送中含有仓储和运输，但配送是一揽子活动，运输和仓储保管仅是这一系列活动中的一个环节，它们不足以涵盖配送的全过程，况且，在销售配送合同中还存在着商物合一，商品的所有权发生了变动的情形。

(2)配送合同不是买卖合同

买卖合同是出卖人转移标的物的所有权于买受人，买受人支付价款的合同。而销售配送合同中，配送人除将标的物所有权转移给用户外，还为用户提供专业的配送服务，所收取的配送费中，也不仅仅是商品的价款，还包括了因提供配送服务而收取的配送服务费。如果说销售企业为促销商品而提供的配送服务，因为只是一种商品买卖加送货上门，而可以归为买卖合同的话；那么销售—供应一体配送形式中销售企业除在自己销售商品外还与长期用户签订的配送合同，以及物流企业所提供的商物合一的销售配送合同，则因为其中显著的服务特征而不能归于买卖合同。

(3)配送合同不是加工承揽合同

加工承揽合同是承揽人按照定作人的要求完成工作，交付工作成果，定作人给付报酬的合同。承揽包括加工、定做、修理、复制、测试、检验等工作。配送人虽然也会向用户提供某些加工服务，但这些加工服务是非典型的，配送合同也不是单纯的加工承揽合同。

(4)配送合同不是委托合同

配送合同是以为用户处理物品配送事务为目的的合同，用户可以只委托配送人运送物品，也可以委托配送人处理货物的分拣、加工、包装、运送等多项事务，因此配送合同具有委托合同的某些特征。但这并不表示配送合同应属于委托合同。

(5)配送合同是无名合同

根据法律是否规定一定名称和相应的规范，可将合同分为有名合同和无名合同。有名合同，又称典型合同，是法律规定了一定名称和调整规范的合同，如上述运输合同、仓储合同、买卖合同、委托合同等，在我国《合同法》中均有明确规定。无名合同则是指法律未确定特定名称和特定规范的合同。从上面的分析不难看出，在我国目前的法律规定中，配送合同不属于一种有名合同，而是将买卖、仓储、运输、承揽和委托等合同的某些特点进行有机结合的一种无名合同。无名合同又称非典型合同，是相对于有名合同而言，是指合同法或其他法律尚未明文规定、未赋予一定名称的合同。对于配送合同，合同法并未予以规范，而其他法律也尚无明文规定，因此配送合同是一种无名合同。

3. 配送合同的法律适用

配送合同的性质直接影响了该类合同的法律适用。配送合同只能适用《合同法》总则的规定，并可就相关问题参照《合同法》分则或其他法律最相类似的规定。具体地说，在不违反法律规定的情况下，配送合同双方当事人的权利义务主要依据双方的约定。其中，配送人向用户提供配送服务部分，根据服务的具体内容可分别适用运输合同、加工承揽合同、仓储合同、保管合同以及委托合同的规定。就销售配送合同来说，关于商品所有权转移的部分则可以参照买卖合同的规定。

13.4.2 配送合同的主要内容

配送合同中的约定是明确配送人和用户双方权利义务关系的最主要根据。双方当事人除就合同的一般条款进行约定外，还应特别根据配送合同的特征就配送合同中的特别事务进行明确约定，以避免不必要的纠纷。

1. 配送服务合同的主要内容

配送服务合同是商流分离的合同，是单纯提供配送服务的合同。

①配送人与用户的名称或者姓名和住所。该项是配送合同应具备的一般条款，以确定双方当事人的身份与联系方式。

②服务目标条款。配送服务应实现用户特定的经营、管理和财务目标。

③服务区域条款。即约定配送人向用户提供运送服务的地理范围的条款。配送人据此安排其运力。

④配送服务项目条款。该条款主要是就配送人的服务项目进行明确具体的约定，包括用户需要配送人提供配送的商品品种、规格、数量等；还包括用户需要配送人提供的具体配送作业。

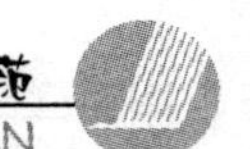

⑤服务资格管理条款。即约定配送人为实现配送服务目标应具备的设施、设备，以及相关设施、设备的管理、操作标准等条款。

⑥交货条款。既包括用户将货物交付给配送人的环节，也包括配送人将货物配送交付给用户或其指定的其他人这一环节。双方应就交货的方式、时间、地点等进行约定。

⑦检验条款。货物检验发生在两个环节：一是用户将货物交付给配送人时的验收；二是配送人向用户或用户指定人交付货物时的验收。检验条款应规定验收时间、检验标准，以及验收时发现货物残损的处理方法。

⑧配送费及支付条款。主要规定配送人服务报酬的计算依据、计算标准，及配送费支付的时间和支付方式。

⑨合同期限条款。

⑩合同变更与终止条款。约定当事人在合同存续期间变更、终止合同的条件，以及变更或终止后的处理。

⑪违约责任条款。该条款主要是为了保证合同的履行而作出的约定。当事人可对双方违约的情形及违约的后果作出约定，以便在出现违约时，可以迅速、公平地解决纠纷。

⑫争议解决条款。当事人可以选择出现争议时的解决方式。一般当事人约定先协商解决，协商不成的，可约定选用调解、仲裁或诉讼的方式解决。

⑬其他特别约定。

2. 销售配送合同的主要内容

销售配送合同是商流合一的合同，其中关于配送服务部分的条款与配送服务合同基本相同；而关于转移标的物所有权部分的条款与买卖合同相似。一般，销售配送合同主要包括的条款有：当事人名称、地址；商品名称、品质条款；加工条款，双方关于配送人对商品进行拣选、组配、包装等的约定；送货条款，约定配送人送货的数量和批次、送货时间和地点等内容；检验条款；价格与报酬条款，约定配送人向用户出售商品的价格和配送服务报酬的计算，双方当事人可以将配送费计入商品价格统一计算，也可以分别约定；结算条款；合同变更与终止条款；违约责任条款；争议解决条款；其他特别约定。

13.4.3 配送当事人的权利与义务

配送合同是多种合同特点的有机结合，因此其主体的权利和义务也相应地含有多种合同的特点，是各合同主体权利和义务的有机结合。其相关的权利和义务是相对的。

1. 物流企业在配送服务合同中的义务

(1)安全并及时供应的义务

配送的一个重要意义就是提高用户的供应保证能力，用最小的成本降低供应不及时的风险，减少由此造成的生产损失或对下家承担的违约责任。因此，安全性和准时性是物流企业的首要义务。故物流企业应做到：有良好的货物分拣、管理系统，以便在用户指令下达后，在最短时间内备齐相关物品；有合理的运送系统，包括车辆、运输人员、装车作业、运送路线等各方面。但需要注意的是，在多用户配送中，物流企业应对每一用户负责，即物流企业不得以其向其他用户配送为由，来免除其对某一用户的违约责任。

(2)按约定理货的义务

配货是配送业务的一个特殊环节，物流企业必须严格按照用户的要求对货物进行加工，使货物最终以用户希望的形态被送至指定地点。在消费品领域，个性化的商品具有更高的商业价值，能更好地实现销售者的销售目标，物流企业的理货活动对商品的增值功能在此得到体现。因此，经过物流企业组配的物品，应符合用户所要求的色彩、大小、形状、包装组合等外部要求，否则，因此给用户造成的损失，应由物流企业承担责任。

(3)妥善保管的义务

在配送业务中，储存并不是配送服务的目标，但具有相应存储、保管能力是物流企业必不可少的条件。物流企业从接收货物时起，至交付货物时止的全过程，应当以一个合理谨慎的所有人给予的注意，妥善地保护、管理货物，以保证货物的数量和质量。除合同另有约定外，物流企业应对其占有货物期间所发生的货损、货差承担责任。

(4)告知义务

物流企业在履行配送合同的过程中，应将履行的情况、可能影响用户利益的事件等，及时、如实地告知用户，以便采取合理的措施防止或减少损失的发生，否则物流企业应承担相应的责任。物流企业在合理时间内未通知用户的，视为物流企业接收的货物完好，与合同约定一致。物流企业在理货、运送时，无论任何原因，无法按用户要求及时完成义务时，应立即通知用户，并按用户合理指示妥善处理。否则，物流企业不仅要承担其违反配送义务的违约责任，还要对由于未及时通知而造成用户所造成的其他损失承担赔偿责任。

2. 物流企业在配送服务合同中的权利

(1)要求用户支付配送费的权利

配送服务合同是有偿合同，物流企业通过提供配送服务获得收入，有权要求用户支付配送费。

(2)要求用户按约定提供配送货物的权利

由于配送服务合同是商物分离的合同，要求物流企业配送的货物(如汽车等)都是由用户提供的，因此，配送人有权要求用户按约定提供配送货物，否则配送人不能完成配送任务的，无须承担责任。

(3)要求用户及时接收货物的权利

配送人将货物送到用户指定地点时，有权要求用户指定相应人员及时接收货物，并与配送人办理货物交接。用户迟延接收货物造成配送人损失的，应赔偿其损失。

(4)要求用户协助的权利

物流企业如果要按约定履行其义务，在很大程度上依赖于用户的协助。用户应向物流企业提供有关配送业务的单据文件，包括：品名、型号、数量等有关货物的资料，如果涉及危险品，用户还应将有关危险品的正式名称和性质，以及应当采取的预防措施书面通知物流企业，用户违反此项义务造成物流企业损失的，应承担赔偿责任；送货时间、送货地址、联系电话、联系人等与货物交接有关的资料。用户还应指派专人负责与物流企业联系，并协调配送过程中的有关事宜，以便双方更好地合作。

3. 物流企业在销售配送合同中的义务

(1)及时提供符合合同约定货物的义务

物流企业不仅要按用户要求组配货物,使其物理形态满足用户需要,更应当保证商品内在质量符合约定。与一般销售合同不同的是,销售配送合同对交付货物的时间性要求较高,因此,物流企业除了在配送环节应安排好相关事务外,在组织货源环节上也应充分考虑其时间性。物流企业违反此项义务,应向用户承担替换货物、退货、减价、赔偿损失等买卖合同中的责任。

(2)转移货物所有权的义务

这是销售配送合同区别于配送服务合同之处。物流企业除了向用户提供配送服务,还要将货物的所有权由己方转移给用户,实现货物所有权的转移。为实现所有权的转移,物流企业应向用户提交有关单证,如发票、检验证书等。

(3)告知义务

物流企业在履行销售配送合同过程中,应将履行情况、可能影响用户利益的事件等,及时、如实地告知用户,以便采取合理的措施防止或减少损失的发生,否则,物流企业应承担相应的责任。

4. 物流企业在销售配送合同中的权利

①要求用户支付配送费的权利。这是物流企业在销售配送合同中最基本的权利。物流企业在销售配送合同法律关系中有权向用户收取的配送费,包括货物的价款和配送服务费两部分。

②要求用户及时受领货物的权利。

③要求用户协助的权利。

案例分析

案例1 个体运输户李某将一台重型大货车送到先锋汽车修配厂维修。由于是简单修理,修配厂说两天就能提车,双方没有订立书面合同。可是先锋汽车修配厂在修车中不慎引起火灾,该车被烧毁。经双方协商,先锋汽车修配厂同意赔偿李某经济损失12万元。可是协议达成后,先锋汽车修配厂拖了两个多月也未履行赔偿义务。李某多次讨要未果,遂将修配厂告上法庭,要求赔偿车损12万元及停运损失3万元。对本案处理有两种意见:

第一种意见认为,本案双方没有订立修车合同,合同关系不成立。本案是侵权损害赔偿。先锋汽车修配厂修车中烧毁李某汽车,侵害了李某的财产权益,应承担赔偿责任。但侵权损害赔偿不应计算间接损失,故停运损失3万元不应赔偿。

第二种意见认为,本案属于加工承揽合同纠纷与侵权纠纷的竞合。李某把车送到修配厂修理,修配厂同意修理并接收了车辆,双方合同关系成立。修配厂在修车中没有注意安全,把李某车辆烧毁既属违约,又是侵权,李某有权选择法律的适用,可以要求修配厂赔偿车损和停运损失。

案例问题:

1. 李某与汽车修配厂的合同关系是否成立?
2. 什么是加工承揽合同?本案是否为加工承揽合同纠纷?
3. 对于上述两种意见,哪一种意见更合理?
4. 对于既存在违约,又存在侵权的情况下,受害人怎么办?
5. 李某可获得多少损害赔偿?

案例 2 某超市接到一批蔬菜加工订单,订单要求在 3 日内向某大型酒店供应西红柿和黄瓜各 1 吨。该超市把西红柿和黄瓜采购进来后,立即进行加工。加工后,进行包装时,超市工作人员为了节省包装物,在包装黄瓜的盒子里放入几个西红柿。包装完毕,立即用车将两种蔬菜发往酒店。几天后,酒店方面发来索赔函,要求超市对腐烂的黄瓜进行赔偿。(注:西红柿和黄瓜放在一起会导致黄瓜腐烂。)

案例问题:

1. 配送合同的性质有哪些?
2. 超市在销售配送工作中应该承担什么义务?
3. 该案例中超市对腐烂的黄瓜是否要进行赔偿?

案例 3 2005 年 10 月 15 日,A 公司与 B 公司签订了一份加工承揽合同。该合同约定:由 B 公司为 A 公司制作铝合金门窗 1 万件,原材料由 A 公司提供,加工承揽报酬总额为 150 万元;违约金为报酬总额的 10%。A 公司应在 2005 年 11 月 5 日前向 B 公司交付 60%的原材料,B 公司应在 2006 年 3 月 1 日前完成 6000 件门窗的加工制作并交货;A 公司应在 2006 年 3 月 5 日前交付其余 40%的原材料,B 公司应在 2006 年 5 月 20 日前完成其余门窗的加工制作并交货。A 公司应在收到 B 公司交付的门窗后 3 日内付清相应款项。为确保 A 公司履行付款义务,B 公司要求其提供担保,适值 D 公司委托 A 公司购买办公用房,D 公司为此向 A 公司提供了盖有 D 公司公章及法定代表人签字的空白委托书和 D 公司的合同专用章。A 公司遂利用上述空白委托书和合同专用章,将 D 公司列为该项加工承揽合同的连带保证人,与 B 公司签订了保证合同。2005 年 11 月 1 日,A 公司向 B 公司交付 60%的原材料,B 公司按约定加工制作门窗。2006 年 2 月 28 日,B 公司将制作完成的 6000 件门窗交付 A 公司,A 公司按报酬总额的 60%予以结算。2006 年 3 月 1 日,B 公司重组,加工型材的生产部门分立为 C 公司。3 月 5 日,A 公司既未按加工承揽合同的约定向 B 公司交付 40%的原材料,也未向 C 公司交付。3 月 15 日前,C 公司要求 A 公司继续履行其与 B 公司签订的加工承揽合同,A 公司表示无法继续履行并要求解除合同。C 公司遂在数日后向人民法院提起诉讼,要求 A 公司支付违约金并继续履行加工承揽合同,同时要求 D 公司承担连带责任。经查明:A 公司与 B 公司签订的承揽合同仅有 B 公司及其法定代表人的签章,而无 A 公司的签章。

案例问题：

1. A公司与B公司签订的加工承揽合同是否成立？为什么？

2. C公司可否向A公司主张加工承揽合同的权利？为什么？

3. C公司要求判令A公司支付违约金并继续履行承揽合同的主张能否获得支持？请说明理由。

4. D公司应否承担保证责任？请说明理由。

第 14 章

物流中有关保险的法规

本章要点

● 保险的概念、作用和基本原则

● 保险合同的法律特征、主要内容、与保单的关系、当事人与关系人的法律地位与权利义务

● 海上保险的法律特征、险种和保险条款、海运责任保险的特征、船东保赔协会的概念

● 水陆空邮保险特征

● 物流保险的具体规定和最新发展

● 保险索赔与理赔的特征与一般程序

14.1 保险法概述

现代物流供应链不同于传统货运、货代业务，它不仅提供仓储和运输服务，同时还提供集运、存货管理、分拨服务、属地交货、分类和包装等其他服务。现代物流商作为整个物流业务链的组织与指挥者，必然要对全过程负责。物流过程中每个环节都可能存在特有的风险，特别是仓储、运输、装卸以及包装等注重实际操作的环节，其运营风险十分大，存在着代理货物的丢失、损坏、雇员欺诈、经营监管疏忽以及其他不确定的风险。为了化解风险、稳健经营，现代物流行业的经营发展迫切需要保险业提供大力支持。对于承担风险方而言，需要与保险公司或其他商业保险机构订立保险合同，以使风险化解到保费中来，运用保险降低物流成本，提高商品生产流通的经济效益。

14.1.1 保险的含义

保险源于风险的存在。保险最早发源于海上贸易。一般意义上，保险即通过商业行

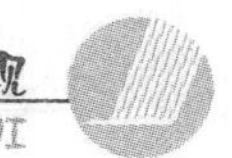

为建立起来的一种风险分散机制。它既是一种经济制度，也是一种法律制度。保险是以集中起来的保险费来建立保险基金，对被保险人因自然灾害或意外事故造成的经济损失给予补偿，或对人身伤亡、丧失工作能力的人给予物质保障的一种经济制度。从法律角度看，保险是一种合同行为，被保险人向保险人交纳保费，保险人在被保险人发生约定损失时给予补偿。保险法是以保险关系为调整对象的法律规范的总称。我国《保险法》对保险的定义为："投保人根据合同的约定，向保险人支付保险费，保险人对于合同约定的可能发生的事故因其发生所造成的财产损失承担赔偿保险金责任，或者当被保险人死亡、伤残、疾病或者达到合同约定的年龄、期限时承担给付保险金责任的商业保险行为。"

保险活动同时是一种民事法律关系，投保人或被保险人购买保险，就是与保险人订立保险合同。保险是基于保险当事人双方协商一致，签订保险合同，明确双方的权利义务关系而产生的一种民事法律行为。保险是一方当事人即保险人同意赔偿另一方当事人即投保人或被保险人损失的契约性约定。保险包括几层含义：一是商业保险行为；二是合同行为；三是权利义务行为；四是经济补偿或保险给付以合同约定的保险事故发生为条件。我国保险法调整的对象是商业保险，不包括社会保险。这里的保险概念仅指商业保险(Commercial Insurance)，是一个狭义的概念。广义上的保险概念应包括商业保险和社会保险。我国《保险法》将保险关系分为财产保险和人身保险。通常，财产保险具有典型的损失补偿性质，而人身保险具有储蓄或投资性质。

14.1.2 保险的分类

按照不同的划分标准，常见的保险包括以下几类。

1. 按照保险经营目的划分

按照保险经营目的划分可将保险分为商业保险和社会保险。

(1)商业保险

商业保险是指保险公司所经营的各类保险业务，商业保险以赢利为目标，独立进行经济核算。我国《保险法》中所定义的保险即为商业保险。商业保险具有营利性、自愿性、灵活性等特点。

(2)社会保险

社会保险是指国家为实现某种社会政策或保障公民利益，不以赢利为目的开办的保险。通常由国家通过立法对公民强制征缴保险费，形成保险基金，对因年老、疾病、生育、伤残死亡和导致丧失劳动能力或失业的社会成员提供基本生活保障，如企业职工养老保险、工伤保险等。社会保险运行中若出现赤字，国家财政将给予支持。社会保险具有公益性、强制性、统一性等特点。

2. 按照保险标的划分

按照保险标的划分可分为财产保险、人身保险、责任保险、信用保险与保证保险。

(1)财产保险

财产保险是指以财产及其有关财产利益为保险标的，主要包括财产损失保险、责任保险、信用保险等。财产损失保险可分为企业财产保险、家庭财产保险、运输工具保险、运输货物保险等。

(2)人身保险

人身保险是指以人的寿命和身体为保险标的，主要包括人寿保险、健康保险、意外伤害保险等。

(3)责任保险

责任保险是以被保险人依法应负的民事损害赔偿责任或经过特别约定的合同责任为保险标的的保险。通常分为雇主责任保险、公众责任保险、产品责任保险和职业责任保险。

(4)信用保险

信用保险是由保险人承保权利人因债务人破产、解散、政府行为等引起的非正常商业信用风险的保险。信用保险主要包括出口信用保险、国外投资信用保险和国内商业信用保险。

(5)保证保险

保证保险是为保证合同债务的履行而订立的合同，具有担保合同的性质。投保人违反约定给权利人造成的损失，由保险人按照保证保险合同予以赔偿。

3. 按照保险人承担责任次序划分

按照保险人承担责任次序可划分为原保险和再保险。

(1)原保险

原保险即第一次保险，是投保人与保险人之间签约形成的保险关系。

(2)再保险

再保险也称为分保险或第二次保险，是保险人为减轻风险将自己承保业务中的一部分危险责任分摊给其他保险人承担。再保险是保险的保险，可以分散保险公司的经营风险。

4. 按照保险实施的形式划分

按照保险实施的形式可划分为自愿保险与强制保险。

(1)自愿保险

商业保险即自愿保险。自愿保险不受任何第三者干预。

(2)强制保险

强制保险又称法定保险，是国家颁布法令强制某些特定群体或行业参加的保险，如机动车交通事故责任强制保险、社会保险等。

当前世界各国绝大部分保险业务都采用自愿保险方式办理，我国也不例外。

5. 按照保险的开展目的划分

按照保险的开展目的可划分为政策性保险与商业保险。

(1)政策性保险

政策性保险是指为了实现国家政策，如国际贸易政策等，以国家财政为支撑，开展不以赢利为目的的保险。这类保险发生损失的程度较高，往往收取较低保费，若经营者发生亏损，国家财政将给予补偿。常见的政策性保险有出口信用保险、投资保险等。

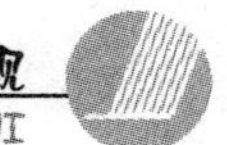

(2)商业保险

商业保险以赢利为目的,由商业保险人开展,自主经营、独立核算、自负盈亏。

6. 按照保险价值分类

保险按是否确定保险标的的价值来分类,可以分为定值保险和不定值保险。

(1)定值保险(Valued Insurance)

定值保险是指保险双方当事人对保险标的的价值作出约定,并把此约定价值订立在保险合同内的一种保险。船舶保险大都采用定值保险,货物保险习惯上把保险金额视为货物的保险价值。约定的价值是确定保险金额的依据,也是保险人赔偿的依据。定值保险合同在出险时,一般不再对保险标的物进行估价,而是直接按照保险合同订立时确定的保险价值以及保险标的的实际损失与保险金额之比来确定应当赔偿的金额。

(2)不定值保险(Unvalued Insurance)

不定值保险是指保险双方当事人对保险标的的价值事先并未约定,只是把保险金额订立在保险合同内的一种保险。发生损失后,如何确定保险标的的价值,根据各国有关法律的规定来处理。一般来说,保险人按保险标的发生时的实际价值来确定自己的赔偿责任。如果确定的保险价值高于保险金额,保险人按照保险金额与保险价值的比例负赔偿责任。不定值保险在实践中极少使用。

定值保险与不定值保险最大的区别是保险当事人在保险合同中是否明确约定了保险标的的保险价值。定值保险通常仅适用于财产保险合同,由于具有诱发道德风险的可能性,其适用范围受到一定的局限性。通常定值保险比较多地适用海洋货物运输保险、船舶保险、艺术品、古董等及其他价值不易确定的物品的保险。

7. 按照保险期限分类

保险按保险人承保的保险期限来分类,可以分为航程保险、定期保险和混合保险。

(1)航程保险(Voyage Insurance)

航程保险是指保险双方当事人约定以一个航次或者以某点至某点为保险责任起讫的一种保险。保险人的承保责任自航程开始时起,至航程结束时终止。海上运输货物保险通常采用航程保险。

(2)定期保险(Time Insurance)

定期保险是指保险双方当事人约定以具体的期限为保险责任起讫的一种保险。定期保险的具体保险期限由双方协商确定,可以是半年或一年。保险单上都要注明保险期限从某年某月某日零时起至某年某月某日 24 时止。定期保险一般适用于船舶保险,期限通常为一年。

(3)混合保险(Mixed Insurance)

混合保险是指既以一个航程又以具体的期限为保险期限的一种保险。混合保险主要以航程为主,但为了避免航程过分拖延,又用一定的时间加以限制,两者以先发生者为准。

8. 按照承保方式分类

海上保险按保险标的承保方式分类,可以分为逐笔保险、预约保险和总括保险。

(1)逐笔保险(Specific Insurance)

逐笔保险是指由被保险人单次、逐笔向保险人投保货物或船舶的一种保险。适用于船舶保险和批量零星、收货人分散的进出口货物运输保险。

(2)预约保险(Open Cover Insurance)

预约保险是指保险双方约定总的保险范围并签订预约保险合同的一种长期保险。适用范围为货物批量多、期限长而需在一定时期内分批发运或接受的货物。预约保险的特点是:不规定保险总金额;规定每船限额;发运一批,申报一批;定期结算保险费。我国海上进口货物大都采用预约保险,因为预约保险不规定保险总金额,且保险费事后定期结算,被保险人无须就每一笔货物事先商议,可以节省时间,避免漏保,从而受到欢迎。保险人在预约保险下,对被保险人的偶尔疏忽漏保和晚保也承担预先约定的保险责任。但对于被保险人已经知道发生保险事故后才投保,且超出预约保险合同协议范围的,保险人对此不负赔偿责任。作为被保险人应尽早、如实地申报预约合同项下的全部发运货物的名称、航程、数量和价值。

(3)总括保险(Blanket Insurance)

总括保险也是一种预约的定期保险,是保险人对投保人在约定的期限内所运送的一定量的货物实行总承保的保险。适用范围为在一定期限内分批发运,航程短,价值小且每批发运的货物大致相同。总括保险的特点是:规定保险总金额;不规定每船限额;发运一批,不必申报;事先一次付清保险费。对于具有一定规模船队的船公司来说,也可以适用总括保险。

14.1.3 保险的作用

保险的基本功能是分散风险和进行经济补偿,另外,保险还具有资金融通和社会管理功能。保险的作用(Function of Insurance)则是保险功能在实际运作过程中发挥和表现出来的效应的具体体现,保险的作用具体体现在以下几个方面。

1. 损失赔偿的作用

损失赔偿是保险的最主要作用,一旦保险事故发生,给被保险人造成人身伤害或财产灭失、损坏,保险人将按合同的规定给予经济上的赔偿。

2. 分散危险的作用

人类社会和赖以生存的自然界客观存在各种风险及危险,保险本身并不能消灭危险,但是通过保险可以把风险转移给保险人,由保险人承担可能发生的各种风险。

3. 积累资金的作用

保险可以积累大量的资金。

4. 促进对外经济贸易发展的作用

保险是对外经济贸易不可缺少的重要环节。在国际贸易中,货物在长距离运输途中常因各种风险的发生而遭受损失,如恶劣气候可能造成货物毁灭。为了避免损失,买卖合同当事人都要去办理货物运输保险,由保险人承担运输途中的风险,从而保障了国际贸易的顺利开展。

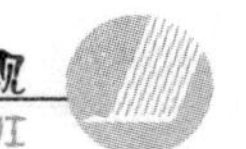

5. 保障社会稳定、人们生活安定的作用

保险可以解除人们的后顾之忧，帮助人们解决因灾害事故而遇到的经济困难，从而有利于生活的安定，保障社会稳定。

14.1.4 保险的基本原则

根据我国《保险法》的规定，从事保险活动应当遵守的基本原则主要有：遵守法律、行政法规的原则，尊重社会公德原则、自愿原则和诚实信用原则。保险合同除了要适用这些基本原则外，由于其本身的特点，还应适用于一些特殊的原则。

1. 最大诚信原则(Principle of Utmost Good Faith)

我国《保险法》重要特点之一就是突出了诚信原则的核心地位。诚信原则是所有合同的基本原则。对保险合同而言有更重要的意义，甚至被称为保险合同的“帝王法则”。由于保险经营的行业特殊性、保险合同的行业特殊性、保险合同的附合性均要求保险人和被保险人具有最大诚信，这也是《保险法》规定最大诚信原则的出发点。根据我国《保险法》规定，保险活动当事人行使权利、履行义务应当遵循诚实信用原则。我国有关法律中没有最大诚信原则的明文规定，但学术界普遍认为保险基于其本身的特点，是要求最大诚信原则的。其基本精神就是保险合同双方当事人在订立和履行保险合同的整个过程中必须诚实守信，本着最大的诚意恪守信用，如实告知所有重要情况，不得欺骗和隐瞒，并保证履行合同规定的义务。任何一方不遵守这个原则，另一方可解除合同。最大诚信原则最早产生于海上保险，英国《1906年海上保险法》中规定了该原则。该原则是指在保险活动中当事人必须保持最大限度的诚意，互不欺骗，恪守信用。最大诚信原则不仅适用于被保险人，同样也适用于保险人，从被保险人的角度来看，最大诚信原则主要包括以下内容：

(1)被保险人的告知义务(Disclosure)

1)告知的概念

告知指的是被保险人在投保时将其所知道或者应当知道有关保险标的的重要情况告诉保险人。合同订立前，被保险人应当将其知道的或者在通常业务中应当知道的有关影响保险人据以确定保险费率或者确定是否同意承担的重要情况，如实告知保险人。所谓重要情况，是指有关影响保险人据以确定保险费率或者确定是否同意承保的事项。

2)告知的类别

被保险人告知的类别分为无限告知义务和询问告知义务。无限告知义务是指无论保险人询问与否，被保险人都负有告知义务。我国《海商法》要求被保险人负无限告知义务。询问告知义务是指保险人询问，被保险人才负有告知义务。保险人未询问的事宜，被保险人无此义务。告知义务的范围依保险人提出询问的范围为限。我国《保险法》采用询问告知义务。

3)不告知后果

如果由于被保险人的故意，未将有关影响保险人据以确定保险费率或者确定是否同意承保的重要情况如实告知保险人，保险人有权解除合同，并不退还保险费。合同解除前发生保险事故造成损失的，保险人不负赔偿责任。不是由于被保险人的故意，未将有关影响保险人据以确定保险费率或者确定是否同意承保的重要情况如实告知保险人的，保险人有权解除合同或者要求增加保险费。保险人解除合同的，对于合同解除前发生保险事故造成的损失，保险人应当负赔偿责任；但是，未告知或者错误告知的重要情况对保险事故的发生有影响的除外。

4)告知义务的免除

保险人知道或者在通常业务中应当知道的情况，保险人没有询问的，被保险人无须告知。因此，被保险人的告知义务在下列情况下可以免除：保险人知道的情况；在通常业务中，推定保险人应当知道的情况；保险人已经申明不需要告知的情况；减轻风险的任何情况；属于多余的明示或默示的任何条款。保险人不能以被保险人未如实告知上述所说的事项为理由提出抗辩。

(2)被保险人遵守保证(Warranty)义务

1)保证的概念

保证是指被保险人对保险人作出的承诺，即担保对某一事项做或不做，或者担保某一事项的真实性。保险合同是建立在诚信基础之上的，保险人无法直接控制被保险的船舶或货物的具体活动过程，所以要求被保险人对合同规定的某些义务作出履行的承诺，或者要求被保险人对所述的某些事项保证其真实性。

2)保证的特点

保证是被保险人对保险人的一项许诺，无论保证的事项对于承保风险是否重要，被保险人都必须严格遵守保证。被保险人违反合同约定的保证条款时，应当立即书面通知保险人。保险人收到通知后，可以解除合同，也可以要求修改承保条件、增加保险费。保证可以是明示，也可以是默示。

3)保证与告知的不同

被保险人告知义务的履行是在保险合同订立前，是法律规定的合同订立前的义务，可以称为合同前义务；被保险人的保证义务的履行是在整个合同期间。告知仅须实质上的正确，保证必须严格遵守。

4)保证的种类

保证分为明示保证和默示保证。明示保证是指保险单明文规定被保险人必须遵守的保证事项。默示保证是指保险单未作明文规定，但依法律或习惯被保险人必须遵守的事项。如船舶适航的默示保证，船舶不得不合理绕航的默示保证，航海合法的默示保证。

(3)保险人的说明义务

对于保险人而言，最大诚信原则主要表现在保险人的说明义务。根据我国《保险法》的规定，订立保险合同，保险人应当向投保人说明保险合同条款内容。保险合同中规定了有关保险人责任免除条款的，保险人在订立保险合同中应当向投保人明确说明，未明确说明的，该条款不产生效力。这是为保护投保人的利益而设立的专门规定。明确说明应当理解为保险人在与投保人签订保险合同时，对于保险合同中所约定的有关保险人责任免除条款，应当在保险单上或者其他保险凭证上对有关免责条款作出能够足以引起投保人注意的提示，并且应当对有关免责条款的内容以书面或口头形式向投保人作出解

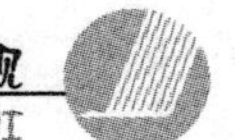

释。保险人对是否履行了明确说明义务承担举证责任。保险合同中的免责条款本身,不能证明保险人履行了说明义务。

2. 赔偿原则(Principle of Indemnity)

赔偿原则是保险的基本原则,保险的基本目的就是转移风险给保险人,由保险人承担被保险人的经济损失,而保险人承担被保险人的经济损失的主要形式就是给予被保险人损失赔偿。

(1)赔偿原则的概念

赔偿原则是指当被保险人遭受保险事故而受到损失时,保险人在合同规定的范围内给予被保险人充分的经济赔偿时应遵循的基本准则。纵观世界各国的有关保险合同定义的法律规定,都可以看出保险合同是一个赔偿性质的合同,由保险人赔偿被保险人的损失。

(2)赔偿原则的目的

赔偿原则的目的可以从两个方面来理解:首先,赔偿原则体现保险合同的宗旨。保险的基本目的就是转移风险给保险人,由保险人承担被保险人的经济损失。赔偿原则完全体现了这一宗旨。保险人赔偿被保险人的损失,使其恢复到未受损失前的经济状况。但要注意的是,保险人只负责金钱赔偿责任,不负恢复原状或归还原物的责任。其次,是为防止被保险人利用其与保险人签订的海上保险合同从中获得非法的或额外的利益。保险人对被保险人的赔偿是建立在被保险人的实际损失发生的基础上,没有损失或超过损失的金额,保险人不予赔偿,被保险人不能从中获得非法利益。

(3)赔偿原则的具体体现

根据我国有关保险的法律规定,赔偿原则体现以下三方面的内容。

1)及时赔偿

保险人对于属于保险人承保责任范围内的损失,必须及时赔偿,不能拖而不决。发生保险事故造成损失后,保险人应当及时向被保险人支付保险赔偿。保险人收到被保险人或者受益人的赔偿或者给付保险金的请求后,应当及时作出核定,并将核定结果通知被保险人或者受益人;对属于保险责任的,在与被保险人或者受益人达成有关赔偿或者给付保险金额的协议后10日内,履行赔偿或者给付保险金义务。保险合同对保险金额及赔偿或者给付期限有约定的,保险人应当按照保险合同的约定,履行赔偿或者给付保险金义务。保险人未及时履行这一义务的,除支付保险金外,还应当赔偿被保险人因此受到的损失。

2)全面赔偿

所谓全面赔偿,是指被保险人在合同规定的承保范围内遭受的损失,有权获得全面和充分的赔偿。保险人不但应对被保险人保险标的的实际损失给予赔偿,而且还应对被保险人为此支付的一些费用给予赔偿。被保险人为防止或者减少根据合同可以得到赔偿的损失而支出的必要的合理费用,为确定保险事故的性质、程度而支出的检验、估价的合理费用,以及为执行保险人的特别通知而支出的费用,应当由保险人在保险标的损失赔偿之外另行支付。保险人对前款规定的费用的支付,以相当于保险金额的数额为限。

3)实际损失赔偿

保险人对于被保险人的损失不得超过被保险人的实际损失，被保险人不能由于保险人的赔偿而获得额外的利益。具体体现在：在不定值保险下，按保险标的的实际价值进行赔偿，而不是按照保险金额赔偿；在超额保险下，超过保险价值的部分无效，保险人对超过部分不予赔付；在保险标的部分损失下，保险人只赔付部分损失；在不足额保险下，保险人按比例赔付；在重复保险下，被保险人获得的赔偿金额总数不得超过保险标的的受损价值；另外，保险人在赔偿被保险人损失后，如果损失是由于第三人过错造成的，保险人获得代位求偿权，被保险人不能同时从保险人和第三人处获得双重赔偿。

3. 保险利益原则(Principle of Insurable Interest)

保险利益原则是一般财产保险的一项重要的基本原则。被保险人有无保险利益对于订立和履行保险合同至关重要，保险利益决定保险合同的效力问题，也是保险人履行保险责任的前提。被保险人对保险标的不具有保险利益的，保险合同无效，因此也就不能从保险人处得到赔偿。

(1)保险利益的概念

保险利益是保险业的一个重要原则，从立法规定本身来看，国际上对保险利益的概念基本有两种立法方式：一种是定义式，即在立法中对保险利益概念进行定义，凡符合这一定义的，便认为是具有保险利益。在财产保险之中，保险利益的概念多采用定义式。另一种是列举式，在立法时，对具有和符合保险利益的情况一一列举，只要属于所列的情形，便被认为是具有保险利益。依照我国《保险法》的规定，保险利益是指投保人对保险标的具有的法律上承认的利益。我国《保险法》关于保险利益的规定比较笼统。采用的标准为利益关系，应当是可以确定的经济利益，这种利益关系必须为法律所承认。

(2)保险利益的意义

首先是为了避免赌博行为的发生，规定保险利益起到遏制赌博行为的作用。赌博是有悖于社会利益和社会公共秩序的不良行为，广为各国法律所禁止。英国海上保险法明文规定，以赌博为目的而订立的海上保险契约，应为无效。在我国，赌博行为是违法行为，我国严禁赌博行为。由于保险合同是一种射幸合同或者说是一种机会性合同，保险赔偿是以发生承保范围内的保险事故为前提条件，而保险事故是否发生则是不确定的，保险标的是否受损也是不确定的。从本质上讲，保险含有赌博性质。为了避免保险中赌博现象的发生，保障保险业的健康发展，各国保险法律都规定了保险利益原则，即投保人或被保险人对保险标的要具有保险利益。无保险利益，保险合同无效，从而避免发生无利益方的赌博行为。

其次是为防止道德危险，确定保险利益原则可以有效地防止和消除道德危险。所谓道德危险，是指投保人或被保险人投保的目的不是为了获得保险保障，而是为了图谋保险赔款或者保险金，从而在订立保险合同后，不是积极防止保险事故的发生，而是希望、促使其发生，损害保险标的或在保险事故发生时人为扩大损失程度的行为，甚至故意制造保险事故。在这个目的的促使下，如不规定投保人对保险标的要具有保险利益，则很容易产生道德危险。因此，保险利益原则的确立，消除了道德危险产生的根源，可以有效地防止道德危险的发生。

最后是为了控制保险金额,防止投保人或被保险人从中获利。保险利益原则是体现保险赔偿原则的一个重要原则。被保险人在发生保险事故后,向保险人请求损害赔偿的范围,应以保险标的的保险利益为限,即不能超过以保险标的的保险价值所体现的保险利益。保险价值是指保险标的的实际价值,保险金额不能超过保险价值,超过保险价值的,超过部分无效。

为此,我国《保险法》明文规定,投保人对保险标的应当具有保险利益。投保人对保险标的不具有保险利益的,保险合同无效。

(3)保险利益构成要件

1)必须是合法利益

保险合同是一种民事法律行为,因此,被保险人与保险标的之间的利害关系,必须为法律认可并受法律保护的利益。如果被保险人以违法的利益投保,则保险合同无效。

2)必须是确定的、可以实现的利益

被保险人对于保险标的上的利益必须是一种确定的、并可以实现的利益。已经确定的利益是指已经存在的利益,如船舶所有人对船舶的所有权和使用权等。可以实现的利益是指将来可以得到的利益,如对货物的预期利润。

3)必须具有经济上的利益

保险利益必须具有经济上的利益是指可以用货币计算的经济利益,即能够用金钱来衡量的利益。保险不能赔偿被保险人遭受的非经济上的损失。投保人对因下列事由产生的经济利益具有保险利益:物权、合同、依法应当承担的民事赔偿责任等。

4)必须与被保险人有利害关系的利益

与被保险人有利害关系是指被保险人对保险标的有利益关系,保险标的受损,则被保险人经济上受到损失。按照英国海上保险法的规定,如果对某项财产的安全或按期抵达享有的利益,或者对某项财产发生灭失、受到损害、延误受损负有责任,即认为具有利益关系。

(4)保险利益的种类

现有利益是指投保人或被保险人对保险标的现在存在的,并可以继续存在的利益;期待利益是指现有利益产生未来可获得的利益,这种期待利益不是凭空产生的利益,而应是以合同或法律为依据而产生的;责任利益是指因合同责任或侵权责任,对他人负有民事赔偿责任关系而产生的责任利益。

(5)保险利益具有的时间

被保险人对保险标的必须具有保险利益,引起的问题是,被保险人应当何时具有保险利益,是在订立保险合同时开始具有保险利益呢,还是在发生损害时具有保险利益?英国海上保险法规定,保险标的发生损失时,被保险人必须对其具有保险利益。我国《海商法》在海上保险章节中并没有对保险利益作出规定,我国目前的保险立法也尚未作出具体的规定。对于一般财产保险来说,投保人在订立保险合同时要有保险利益。对于特定的国际海上运输货物保险而言,投保时可以无保险利益,但发生保险事故,货物发生损失时,被保险人必须对其具有保险利益。财产保险合同订立时,被保险人对保险标的具有保险利益,但保险事故发生时不具有保险利益的,保险人不承担保险责任;财产保险合同订立时被保险人对保险标的不具有保险利益,但发生保险事故时具有保险利益的,保险人应当依法承担保险责任。在特殊情况下,订立合同时,保险标的已发生损失或灭失,虽然被保险人已无保险利益和风险,但他并不知情,只要属于承保范围,保险人应当给予赔偿。

(6)具有保险利益的当事人

不同投保人对同一保险标的具有保险利益的,可以在各自保险利益范围内投保。

4. 近因原则(Principle of Proximate Cause)

在保险中,保险人承担赔偿责任的前提条件是:导致损失发生的原因是在保险人的承保范围之内,如果不是保险人承保范围的原因导致的损失,保险人是不予赔偿的。因此,确定损失原因对于保险人是否承担保险责任是至关重要的。保险人以近因作为确定自己是否应对被保险人所受到的损失承担赔偿责任的依据。英国海上保险法规定,保险人对以承保危险为近因的损失承担赔偿责任,对承保危险非为近因所造成的损失不承担赔偿责任。

(1)近因的含义

在保险中,造成保险标的损失的原因可能只有一个,也可能有几个。一般说来,导致损失的原因往往不止一个,其中有的属于保险人的承保范围,有的则不属于保险人的承保范围,为确定保险人的责任,因此产生近因原则。保险法中的近因是指导致损失的主要的、起支配性和决定性作用的原因。也就是说损失与原因之间要有因果关系,这种因果关系必须是直接原因导致的。我们不能把近因理解为在时间上离损失最近的原因或者导致损失的最后原因。

(2)单一原因构成的近因

对于单一原因造成的保险标的损失,理论上的理解和实践中的处理都比较简单。如果这一原因属于保险人承保的风险,保险人应当承担赔偿责任。如果不属于保险人承保的风险,保险人则不应当承担赔偿责任。

(3)从多因中确定近因

对于多种原因造成的保险标的损失,理论上的理解和实践中的处理都比较复杂。因为致损的原因比较复杂,有同时发生的,也有先后发生的,但都是相对独立的;有连续发生的且互为因果关系,也有间断发生的且对损失形成都是不可缺少的条件的;有外因造成的,也有内因造成的等等。这都需要通过确定损失的近因,来决定保险人是否应当承担责任。一般说来,多种原因中持续起决定作用或处支配地位的原因属承保范围的,保险人应承担责任;在因果关系中,有新的、相对独立原因介入并导致损失发生,同时如果这一原因属承保范围的,保险人要承担责任。

5. 代位求偿权原则(Right of Subrogation)

保险合同是一个赔偿性质的合同,保险的宗旨是由保险人赔偿被保险人在承保范围内遭受的损失,为防止被保险人从中获得额外利益,法律规定了保险人的保险代位求偿权。

(1)保险代位求偿权的概念

保险代位求偿权又称保险代位权,是指在保险中,由于第三人的责任而导致保险标

的受损，保险人按照保险合同的约定履行赔偿责任后，依法取得代替被保险人向第三人请求赔偿的权利。保险代位求偿权仅适用于财产保险。我国《保险法》规定，因第三者对保险标的的损害而造成保险事故的，保险人自向被保险人赔偿保险金之日起，可在赔偿金额范围内代位行使被保险人对第三者请求赔偿的权利。我国《海商法》规定，保险标的发生保险责任范围内的损失是由第三人造成的，被保险人向第三人要求赔偿的权利，自保险人支付赔偿之日起，相应转移给保险人。我国《海事诉讼法》规定，保险人向被保险人支付保险赔偿后，在保险赔偿范围内可以行使被保险人对第三人请求赔偿的权利。

(2)代位求偿权的构成要件

代位求偿权的构成要具备两个基本条件：

其一，第三人对保险标的损害负有责任。保险代位求偿权产生的前提条件是被保险人的损失是由第三人的过错造成的，依照法律的规定第三人应对被保险人的损失负有赔偿责任。如果第三人对被保险人的损失不负有赔偿责任，则保险代位求偿权不成立。对此应理解为：首先，保险事故的发生是因第三人行为导致的；其次，是在保险人的承保范围之内；再者，第三人依法对造成被保险人的损失负有赔偿责任，也就是说被保险人享有对第三人索赔请求权。

其二，保险人赔付被保险人的损失。保险人在赔偿被保险人的损失之后才能取得代位求偿权，如果保险人未赔付被保险人的损失，也就是说保险人在没有支付保险赔偿之前，是没有代位求偿权的。只有保险人赔付被保险人之后，保险人才获得代位求偿权。保险人必须要有支付保险赔偿的凭证，如赔偿金收据、银行支付单据或者其他支付凭证。仅有被保险人出具的权利转让书但不能出具实际支付证明的，不能作为保险人取得代位请求赔偿权利的事实依据。

(3)代位求偿权的作用

法律之所以规定保险人的代位求偿权，是有其必要性的。

1)防止被保险人获得双重赔偿

为确保损失赔偿原则的贯彻，防止被保险人从保险人和第三者责任方同时获得双重赔偿而额外获利，因此，在被保险人从保险人那儿取得保险赔偿后，应当将向第三人请求赔偿的权利转移给保险人，由保险人代位求偿。

2)防止第三人逃脱责任

依照法律的规定，如果第三人应对被保险人的损失负有一定或全部责任，他应当给予赔偿，不能因为被保险人享有保险赔偿而免除赔偿责任。

3)维护保险人的利益

通过代位求偿，可以使保险人向第三人追回保险人支付的赔偿费用，从而维护了保险人的合法利益。

(4)代位求偿权的法律特征

1)代位求偿权是一项法定权利

代位求偿权是基于法律规定而产生的请求权。被保险人接受赔偿后，不得拒绝向保险人出让向第三方追偿的权利，第三方也不得以无合同关系或侵权关系而抗辩保险人。

2)代位求偿权是保险合同赔偿原则的体现

代位求偿权避免被保险人因保险事故的发生而获取双重赔偿。保险人赔偿后,向第三方追偿的权利相应转移给保险人。如在保险人支付赔偿前,被保险人已从责任方得到损失的全部或部分赔款的,保险人有权免除或降低赔款。被保险人未经保险人同意放弃向第三方要求赔偿的权利,或者由于过失致使保险人不能行使追偿权的,保险人可以相应扣减保险赔偿。

3)代位求偿权是派生权利

代位求偿权是因保险人支付保险赔偿而产生的一种派生的权利。

4)代位求偿权是受限制的请求权

具体体现为:保险人在未支付赔款前,无代位求偿权;保险人只能在其支付保险赔款的范围内行使;承受被保险人的债权瑕疵;不能向被保险人行使代位求偿权,如姐妹船之间发生碰撞、救助等;第三人需有责任;人身保险中,保险人不得行使代位求偿权。

(5)代位权行使方式

保险人行使代位求偿权的方式,目前理论和实践上有三种观点和做法:

一是以被保险人的名义行使。在英国法律下,保险人必须以被保险人的名义提起追偿之诉。

二是以保险人的名义行使。

三是保险人既可以以自己的名义也可以以被保险人的名义行使。在我国,按《海事诉讼程序法》的规定,因第三人造成保险事故,保险人向被保险人支付保险赔偿后,在保险赔偿范围内可以代位行使被保险人对第三人请求赔偿的权利。保险人行使代位请求赔偿权利时,被保险人未向造成保险事故的第三人提起诉讼的,保险人应当以自己的名义向该第三人提起诉讼。

以他人名义提起诉讼的,法院应不予受理或者驳回起诉。保险人行使代位请求赔偿权利时,被保险人已经向造成保险事故的第三人提起诉讼的,保险人可以向受理该案的法院提出变更当事人的请求,代位行使被保险人对第三人请求赔偿的权利。被保险人取得的保险赔偿不能弥补第三人造成的全部损失的,保险人和被保险人可以作为共同原告向第三人请求赔偿。

14.2 保险合同

14.2.1 保险合同的基础知识

1. 保险合同的概念

保险实现分散风险的功能是通过保险合同实现的。保险合同是合同当事人为设立、变更、终止保险法律关系达成的协议,也是投保人与保险人约定保险权利义务关系的协议。它适用于合同法的一般规定。作为一种特殊的民事合同,保险合同兼具一般民事合同的法律性质和自身特点，它除遵循除平等自愿、公平诚信、公共利益等一般合同的原则外，还含有一般民商事合同所不具备的法律特征。总的来说，保险合同的法律特征包括：双务有偿、诺成、射幸、最大诚信和格式合同。根据我国《保险法》的规定："保险合同是投保人与保险人约定保险权利义务关系的契约。"根据我国《海商法》的规定："海上保险合同，是指保险人按照约定，对被保险人遭受保险事故造成保险标的的损失和产生的责任负责赔偿，而由被保险人支付保险费的合同。"英国《1906年海上保险法》第一条对海上保险合同所下的定义为："海上保险合同是保险人按照合同规定的承保范围对被保险人遭遇海上损失时，即当其遭遇海上风险而发生损失时，承担赔偿的合同。"

2. 保险事故

保险事故是指保险人与被保险人约定的任何事故。我国法律将风险当作保险事故来使用。海上保险事故实际上是指保险人承保的风险，包括与海上航行有关的发生于内河或者陆上的事故，如自然灾害、船舶碰撞、战争与罢工等风险。根据我国《海商法》的规定，保险事故的具体范围可以由双方当事人约定，不但包括海上可能发生的事故，还包括内河或陆上可能发生的事故，这里主要指的是海上货物运输保险。

3. 保险标的(Subject Matter Insured)

保险标的是保险合同中双方当事人约定的保险保障对象。我国《保险法》规定，保险标的是指作为保险对象的财产及其有关利益或者人的寿命和身体。作为财产保险的保险标的是财产及其有关利益或责任。海上保险标的指的是海上保险所承保的财产及有关利益和责任。根据我国《海商法》的规定，海上保险标的是：船舶、货物、船舶营运收入、货物预期利润、船员工资和其他报酬、对第三人的责任、由于发生保险事故可能受到损失的其他财产和产生的责任。

4. 保险标的的损失

保险标的的损失是指保险标的由于约定的保险事故的发生而造成的损害或灭失以及为此支出的各项费用。保险标的的损失从不同的角度进行分类可分为以下几种。

(1)按损失发生的客体是否是保险标的本身，可以分为直接损失和间接损失

保险人通常仅负责赔偿保险标的的直接损失。

(2)按损失的形态，可以分为物质损失和费用损失

只要是承保范围内，保险人都负责赔偿。费用损失主要有以下几种。

1)施救费用

施救费用是指保险事故发生后，被保险人为防止或减少保险标的的损失，采取各种必要的措施所支付的必要的、合理的费用。

2)救助费用

救助费用是指保险事故发生，由第三方对保险标的进行救助后，被保险人支付给第三方的救助报酬。救助费用如是为了船和货的共同安全所支付的，则属于共同海损损失。海上保险的救助费用的实际含义与海难救助中的救助报酬的含义基本上是一致的。

施救费用与救助费用是不同的两个概念，它们的区别在于：一是实施的主体不同，施救是被保险人实施所发生的，救助是第三方实施所发生的；二是给付原则不同，施救无论有无效果，所发生的费用保险人都应支付，救助一般是无效果无报酬，即没有效果被保险

人就无须支付给第三方,自然保险公司也就无须赔偿;三是赔偿的责任不同,施救费用是一个单独保额,保险人在保险标的损失赔偿之外另行支付,最高不超过保险金额,救助往往与共损连在一起,保险人对救助费用的赔偿金额是将其合并到保险标的的本身损失中一并计算。

3)特别费用

特别费用是指船舶遭遇海难后,在中途港或避难港由于卸货、存仓以及运送货物所发生的特别费用。

4)额外费用

额外费用是指为确定保险事故的性质、程度而支出的检验、估价的合理费用,以及为执行保险人的特别通知而支出的费用。保险人对于额外费用的支付与施救费用一样,在保险标的的损失赔偿之外另行支付,并以保险金额为限。

(3)按遭受损失的程度,可以分为全损(全损包括实际全损、推定全损和部分全损)和部分损失

1)实际全损(Actual Total Loss)

实际全损是指保险标的在发生保险事故后灭失,或者受到严重损坏乃至完全失去原有的形体、效用,或者不能再归被保险人所拥有。其构成有:保险标的灭失;保险标的失去原有的形体和效用;被保险人丧失对保险标的的拥有;船舶失踪。实际全损的法律后果是:保险标的发生实际全损后,如果是属于保险承保范围,保险人按保险金额全额给予赔偿。保险人对于保险标的的实际全损的赔付不能扣除免赔额,保险标的如有残值归保险人所有。保险标的发生全损后,被保险人无须向保险人提出保险委付通知书。

2)推定全损(Constructive Total Loss)

推定全损是一个较为抽象的概念,也是海上保险特有的概念。推定全损是指保险标的发生保险事故后,认为实际全损已不可避免,或者为避免发生实际全损所需支付的费用超过保险价值的情形。推定全损是一种介于实际全损和部分损失之间的中间阶段,但赋予被保险人向保险人索赔全部保险金额的权利。

3)部分全损

部分全损是指在海上运输货物中可以分割的一部分保险标的发生全损的情形。部分全损主要针对货物而言,如同一张保险单承保两种以上不同货物,其中一种货物发生全部损失。对于部分全损,只要符合规定,即便是承保全损险,保险人也给予赔偿。

4)部分损失(Partial Loss)

部分损失是指保险标的遭受一部分的损失。凡保险标的没有达到全损程度的损失,均属部分损失。

(4)按损失的性质,可以分为共同海损和单独海损

海上保险中部分损失按其性质可分为单独海损和共同海损。单独海损是指海上自然灾害、意外事故等直接引起保险标的的损失和费用的支出,如船舱起火、货物被烧毁、船舶触礁受损等。单独海损有时也可能会造成保险标的的全损,如船舶遭遇台风而沉没,这是单独海损造成的船舶全损。共同海损是指在同一海上航程中,船舶、货物和其他财产遭遇共同危险,为了共同安全,有意地、合理地采取措施所直接造成的特殊牺牲、支

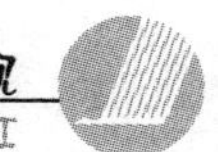

付的特殊费用。共同海损损失包括共同海损牺牲和费用。例如载货船舶起火，为船货的共同安全而采取灭火措施所造成的货被水湿的损失就属于共同海损牺牲。再如载货船舶在海上遇难，请求救助而支付的救助报酬也属于共同海损费用的支出。

5. 保险价值(Insured Value)

(1)保险价值的概念

保险价值是指保险合同双方当事人约定的保险标的的价值，也可以说是保险标的的实际价值。它是确定保险金额的依据，保险金额不能超过保险标的的价值，但可以低于保险标的的价值。保险价值同时又是保险人确定保险赔偿的基础，发生保险事故后，保险人赔偿的最高限额为保险价值，对于超出保险价值的部分，保险人不予赔偿。

(2)保险价值的确定

保险价值应是保险标的所应有的实际价值，从理论上讲保险价值应等于保险标的的实际价值。由于受各种因素的影响，被保险人很难准确测定保险标的的实际价值，尤其是船舶的实际价值受国际航运市场影响而变化不定。船舶价值，有建造价、合同价、账面价、市场价等，很难精确。因此，保险标的的保险价值一般是由保险人与被保险人双方议定。我国《海商法》也规定，保险标的的保险价值由保险人与被保险人约定。

(3)保险价值未确定的计算

如果保险双方当事人对保险标的的价值未作约定时，根据我国《海商法》的规定，保险标的的保险价值按照下列规定计算。

1)船舶的保险价值

船舶保险价值，是保险责任开始时船舶的价值，包括船壳、机器、设备的价值，以及船上燃料、物料、索具、给养、淡水的价值和保险费的总和。

2)货物的保险价值

货物的保险价值，是保险责任开始时货物在起运地的发票价格或者非贸易商品在起运地的实际价值以及运费和保险费的总和。

3)运费的保险价值

运费的保险价值，是保险责任开始时承运人应收运费总额和保险费的总和。

4)其他保险标的的保险价值

其他保险标的的保险价值，是保险责任开始时保险标的的实际价值和保险费的总和。

(4)保险价值与保险标的价值的关系

从理论上讲，保险价值应等于保险标的的实际价值，但实际上很难准确，所以，双方当事人约定一个价值以作为保险标的的实际价值，因此，保险价值可能等于或大于或小于保险标的的实际价值。如果约定的保险价值大于保险标的的实际价值，保险人不能仅赔保险标的的实际价值。从司法解释来看，保险人以约定的保险价值高于保险标的的实际价值为由不承担保险责任的，应不予支持。

(5)保险价值仅适用财产保险合同

保险价值的规定只适用在财产保险中，不适用于人身保险，因为人身保险合同的保险标的是人的身体或寿命，没有确定的价值，不存在确定保险价值的问题。

6. 保险金额(Insured Amount)

(1)保险金额的概念

依我国《保险法》的规定,保险金额是指保险人承担赔偿或给付保险金责任的最高限额。保险金额在海上保险合同中具有重要意义,它既是计算保险费的依据,也是双方当事人享受权利承担义务的重要依据。

(2)保险金额的确定

保险金额根据保险价值来确定,不能超过保险标的的保险价值。在海上保险实践中,同保险价值的确定一样,一般由双方当事人在合同中约定实际投保的保险金额。

(3)保险金额与保险价值的关系

保险金额根据保险价值来确定,可以等于或低于保险价值。如果被保险人按保险价值等值投保,也就是说保险金额等于保险价值,称为足额保险或全额保险;如果被保险人按保险价值中的部分投保,也就是说保险金额低于保险价值,称为不足额保险。对于不足额保险,在保险标的发生部分损失时,保险人按照保险金额与保险价值的比例负赔偿责任。如果被保险人投保的保险金额超过保险价值,也就是说保险金额高于保险价值,称为超额保险,保险人对于超过部分不予赔偿。我国《海商法》规定,保险金额不得超过保险价值;超过保险价值的,超过部分无效。

7. 保险责任和除外责任

(1)保险责任(Coverage)

保险责任是指保险人按照海上保险合同的约定,所应承担的保险标的损害赔偿的责任范围,这是保险人的主要义务。保险人的赔偿责任范围取决于保险合同的约定,不同的保险合同,不同的保险险别都有不同保险责任的具体规定。一般来说,保险人的承保责任分为两种方式:一种方式是一切险减除外责任,只要不是除外责任造成的损害,保险人都负责赔偿,如英国协会货物保险条款(A)险;另一种方式是列明风险责任,保险人仅对列明的风险造成的损害负责赔偿,非列明的风险造成的损失是不予赔偿的。对于一切险的概念,在我国船舶保险和货物保险条款中所体现的几乎与列明风险责任类似,并不是承保所有的风险,保险人也仅对列明的风险造成的保险标的的损失负责任,而不是一切险减除外责任。

(2)除外责任(Exclusions)

除外责任是指保险人按照海上保险合同的约定,对标的物损害不负赔偿责任的范围。保险人的除外责任取决于法律的规定和合同的具体约定。根据我国《保险法》的规定,保险合同中规定有关保险人责任免除条款的,保险人在订立保险合同中应当向投保人明确说明,未明确说明的,该条款不产生效力。这是为保护投保人的利益而设立的专门规定。明确说明应当理解为:保险人在与投保人签订保险合同时,对于保险合同中所约定的有关保险人责任免除条款,应当在保险单上或者其他保险凭证上对有关免责条款作出能够足以引起投保人注意的提示,并且应当对有关免责条款的内容以书面或口头形式向投保人作出解释。保险人对是否履行了明确说明义务承担举证责任。保险合同中免责条款本身,不能证明保险人履行了说明义务。保险机构对保险合同中的除外责任或者责任免除、退保及其他费用的扣除、现金价值、犹豫期等事项应当采取明确的方式特别提示。

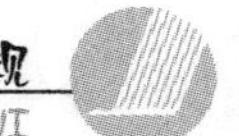

8. 保险期间和保险费

(1)保险期间(Duration of Insurance Coverage)

保险期间是指保险人所承担的保险责任从开始到终止的时间。在此期间发生的承保风险造成的保险标的损害,保险人承担赔偿责任。如果不是在保险期间,即便是承保风险造成的保险标的损害,保险人也不承担赔偿责任。不同的保险合同对保险期间的规定是不同的。

(2)保险费(Premium)

保险费是指被保险人按约定向保险人交纳的金额,作为换取保险保障的对价。保险费是根据保险费率计算出来的,保险费是保险金额与保险费率的乘积。保险费由纯保费和附加保费构成,纯保费是保险人用于赔付给被保险人或受益人的保险金,它是保险费的最低界限;附加保费是由保险人所支配的费用,由营业费用、营业税和营业利润构成。

保险费的交付时间由保险合同约定,如果合同没有约定,按照我国《海商法》的规定,被保险人应当在合同订立后立即支付保险费。

9. 保险委付(Abandonment)

(1)保险委付的概念

保险委付是指发生保险事故造成保险标的的推定全损,被保险人放弃保险标的,将一切权利和义务转移给保险人,而要求保险人按全部损失给予赔偿的法律行为。它是被保险人要求保险人按全损赔偿的前提条件。我国《海商法》规定,保险标的发生推定全损,被保险人要求保险人按照全部损失赔偿的,应当向保险人委付保险标的。

(2)保险委付成立要件

1)保险标的发生推定全损

在海上保险中,只有当保险标的发生推定全损时,才产生保险委付行为,实际全损和部分损失都不存在委付的问题。

2)发出委付通知

被保险人必须向保险人发出保险委付通知,这种通知可以是书面的,也可以是口头的。海运实务中一般是书面的,而且应在合理时间内发出。

3)委付不能附带任何条件

被保险人在向保险人提出保险委付时,不能附加任何条件来限制或要求保险人。如船舶失踪被保险人申请保险委付时,不能要求当船舶有着落时归被保险人所有。

4)委付须经接受方为有效

委付虽然说是被保险人的单方行为,但要以保险人接受为前提条件。保险人可接受,也可不接受。保险人一经接受就不得撤回。

5)全部委付

委付必须是全部委付。

(3)保险委付的效力

1)保险人接受委付的法律效力

保险标的的一切权利和义务转移给保险人,保险人按全损赔偿被保险人。保险人一旦接受委付,不得撤回。

2)保险人不接受委付的结果

只要构成法律规定的推定全损,保险人按全损赔偿,但不承担标的物引起的一切责任。我国《海商法》规定,发生保险事故后,保险人有权放弃对保险标的的权利,全额支付合同约定的保险赔偿,以解除对保险标的的义务。

(4)保险委付与代位求偿权的区别

①保险委付是被保险人的一项权利,自然由被保险人行使;代位求偿权是保险人的权利,只能由保险人行使。

②保险委付只能适用于保险标的发生推定全损的情况下;代位求偿权能适用于保险标的发生的各类损失,不论是部分损失还是全部损失。

③保险委付转让给保险人的是保险标的的一切权利和义务;代位求偿权转让给保险人的是向第三方索赔的权利,没有义务。

④保险委付以保险人接受为成立条件,保险人可以接受委付,也可以不接受委付;代位求偿权的成立以保险人支付保险赔款为条件,保险人若不支付被保险人的损失赔偿,则不享有代位求偿权。

⑤保险委付以保险人从委付中的保险标的获得的利益为限制;代位求偿权以保险人从代位求偿中获得的保险赔款为限。

10. 保险合同的解释

(1)法律规定

我国《保险法》规定,对于保险合同的条款,保险人与投保人、被保险人或者受益人有争议时,人民法院或者仲裁机关应当作出有利于被保险人或者受益人的解释。我国《合同法》也作出类似的规定,对格式条款的理解发生争议的,应当按照通常理解予以解释。对格式条款有两种以上解释的,应当作出不利于提供格式条款一方的解释。格式条款与非格式条款不一致的,应当采用非格式条款。

(2)通常解释

在审理保险纠纷案件中,保险人与投保人、被保险人或者受益人对保险合同的条款有争议时,人民法院应当按照通常理解予以解释,即按保险合同的有关词句、有关条款、合同的目的、交易习惯以及诚实信用原则,确定该条款的真实意思,并可以按照下列规则予以认定:书面约定与口头约定不一致的,以书面约定为准;投保单与保险单或者其他保险凭证不一致的,以保险单或者其他保险凭证载明的内容为准;特约条款与格式条款不一致的,以特约条款为准;保险合同的条款内容因记载方式或者时间不一致的,按照“批单”优于“正文”、“后批注”优于“前批注”、“加贴批注”优于“正文批注”、“手写”优于“打印”的规则解释。

(3)有利于被保险人的解释

按照通常理解予以解释,仍然有两种以上理解的,应当根据《保险法》的规定解释,即通常情况下应当作有利于被保险人的解释。

保险合同是一个典型的格式合同,保险条款事先印好了,保险人在拟定条款时难免较多地考虑自身的利益,而被保险人由于专门知识的欠缺或时间上的限制等原因,往往不会对保险条款作深入细致的研究。因此,当发生争议需要对保险条款作进一步的解释

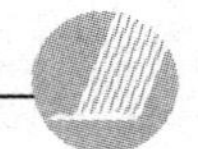

时，应当从公平合理的原则出发，作出有利于被保险人而不是保险人的解释。这也是世界各国保险立法普遍奉行的原则。

11. 海上保险合同的法律特征

(1)海上保险合同是一种赔偿性质的合同

我们从海上保险合同的定义可以看出，海上保险合同是一种赔偿性合同(Contract of Indemnity)。保险人负责赔偿被保险人由于承保事故所遭受的损失，使被保险人恢复到未受损前的经济地位，保险的目的就是赔偿被保险人的经济损失。要注意的是保险人的赔偿责任仅指金钱上的赔偿责任，保险人不负恢复原状或归还原物的责任。

(2)海上保险合同是一种射幸合同

射幸合同(Contract Upon Speculation)是指一种碰运气的机会性合同，在订立合同时，一方当事人的给付义务并未确定，另一方当事人支付的代价所买到的只是一个机会，可能是一本万利，也可能是毫无所得。海上保险合同是一种典型的射幸合同，在合同订立时，海上保险合同中的被保险人支付保险费的义务是确定的，保险人支付赔偿金的义务则是不确定的，完全取决于保险事故是否发生。如果发生保险事故，被保险人可以从保险人处得到远远超过其所支付的保险费的赔偿金额。如果未发生保险标的的损失，则保险人无须支付赔偿金，被保险人丧失所交的保险费，不能要求保险人退还。

(3)海上保险合同是一种附意(格式)合同

附意合同(Contract of Adhesion)是指一方当事人实际上只限于服从、接受或拒绝对方当事人提出的条件而成立的合同，即一方当事人提出合同的主要内容，而另一方只能作出取与舍的决定，要么接受，要么拒绝不签合同，一般无商量余地，格式合同一般都是附意合同。海上保险合同中的保险条款，一般是保险人单方拟定和事先印备的，形成标准的格式合同，被保险人通常都是被动地接受。即使有时需要对个别保险条款作某些修改，通常这些修改也是由保险人提出的。

(4)海上保险合同是一种双务有偿合同

合同从一方履行义务是否应从对方获得相应报酬可划分为有偿还是无偿；根据合同的双方是否都承担义务可划分为双务和单务，大部分合同都是双务有偿合同。

海上保险合同是保险人与被保险人订立的约定相互间保险权利和义务的协议，双方当事人都承担义务，被保险人有支付保险费的义务，保险人有赔付的义务。双方有偿的体现是保险费与保险赔款的对价交换，尽管从某种意义上讲是一种非等价的交换。

14.2.2 保险合同的当事人与关系人

1. 保险人

保险人(Insurer or Underwriter)又称承保人，是指与投保人订立保险合同，并承担赔偿或者给付保险金责任的保险公司。保险人是保险合同的一方当事人，依法享有收取保险费的权利和承担赔偿或给付保险金的义务。在保险合同中具体写明保险人名称的全称，以明确其作为合同一方当事人的身份，为将来一旦发生损失，作为赔偿方承担保险责任的依据。保险实务中，保险人的名称一般都是事先印就在保险合同上的。保险人的组织形式一般为企业法人，绝大多数国家是不许个人经营保险业务的。我国《保险法》规定保险公司应当采取股份有限公司或国有独资公司的形式。保险人的行为准则，根据我国《保险法》的规定，保险公司及其工作人员在保险业务活动中不得有下列行为：欺骗投保人、被保险人或受益人；对投保人隐瞒与保险合同有关的重要情况；阻碍投保人履行本法规定的如实告知义务，或者诱导其不履行本法规定的如实告知义务；承诺向投保人、被保险人或受益人给予保险合同之外的保险费回扣或其他利益；故意编造未曾发生的保险事故进行虚假理赔，骗取保险金。

2. 投保人

投保人(Applicant)又称要保人，是指与保险人订立保险合同，并按照保险合同负有支付保险费义务的人。投保人是保险合同的另一方当事人，可以是法人，也可以是自然人。投保人依法享有获得损失赔偿或给付保险金的权利和支付保险费的义务。投保人须具备的条件有：首先，投保人必须具有相应权利能力和行为能力，否则所订立的保险合同无法律效力。其次，投保人应当对保险标的具有保险利益，没有保险利益不能向保险人投保。

3. 被保险人

被保险人(Insured or Assured)是指其财产或者人身受保险合同保障，享有保险金请求权的人，投保人可以为被保险人。根据我国《海商法》的规定，被保险人就是投保人。投保人既可能是被保险人，也可能不是被保险人。投保人为自己利益而订立保险合同时是投保人，保险合同订立后其为被保险人。投保人为他人利益而订立保险合同时是投保人，但不是被保险人。

4. 受益人

受益人(Beneficiary)是指人身保险合同中由被保险人或者投保人指定的享有保险金请求权的人，投保人、被保险人可以为受益人。受益人的资格一般不受任何限制，任何自然人、法人或其他组织都可以成为受益人。受益人通常在人身保险合同中出现，他只享有权利，而不承担任何义务。

5. 保险代理人

保险代理人(Insurance Agent)是根据保险人的委托，向保险人收取代理手续费，并在保险人的授权范围内代为办理保险业务的单位或个人。保险代理人包括专业保险代理机构、兼业保险代理机构和个人保险代理人三种类型。保险代理人是保险人的代理人，因此，保险代理人在代理权限内的责任及后果都由保险人承担，保险代理人不承担责任。保险代理人为保险人代为办理保险业务，如有超越代理权限行为，投保人有理由相信其有代理权，并已订立保险合同的，保险人应当承担保险责任；但保险人可以依法追究越权的保险代理人的责任。保险机构对其保险代理人在展业过程中出现的虚假陈述、误导等损害被保险人利益的行为，依法承担责任。

投保人有理由相信其有代理权是指以下情形：行为人持有保险公司工作证、空白保险合同、盖有保险公司印鉴的收据等；行为人原为保险公司代理人并与投保人签订保险合同的，后行为人丧失代理权而保险人未及时通知投保人，行为人又以保险公司代理人身份与投保人进行了续期保险费收取等业务活动的；保险公司的委托授权文件对代理人

的授权不明的;其他使相对人有理由相信行为人有代理权的情况。对于上述证件、文件如果是伪造、变造的则除外。

6. 保险经纪人

保险经纪人(Insurance Broker)是基于投保人的利益,为投保人与保险人订立保险合同提供中介服务,并依法收取佣金的单位,佣金通常由保险人支付。保险经纪包括直接保险经纪和再保险经纪。直接保险经纪是指保险经纪公司与投保人签订委托合同,基于投保人或被保险人的利益,为投保人与保险人订立保险合同提供中介服务,并按约定收取中介费用的经纪行为。再保险经纪是指保险经纪公司与原保险人签订委托合同,基于原保险人的利益,为原保险人与再保险人安排再保险业务提供中介服务,并按约定收取中介费用的经纪行为。其地位是,保险经纪人是客户利益的代表,代表了投保人和被保险人的利益,保险经纪人是为投保人和被保险人订立保险合同提供中介服务的单位,并不以自己或者投保人的名义与保险人订立保险合同。保险经纪人因过错给投保人和被保险人造成损失的,承担赔偿责任。业务范围通常包括为被保险人提供咨询服务、办理投保手续、代办检验索赔等。

7. 保险公估人

保险公估机构(Surveyor of Notary)是指依照《保险法》等有关法律、行政法规,经中国保险监督管理委员会批准设立的,接受保险当事人委托,专门从事保险标的的评估、勘验、鉴定、估损、理算等业务的单位。未经中国保监会批准,任何单位和个人不得在中华人民共和国境内以保险公估机构名义从事保险标的的评估、勘验、鉴定、估损、理算等业务。保险公估机构因自身过错给保险当事人造成损害的,应当依法承担相应的法律责任。保险公估与司法公证不同,保险公估不具有法律上的效力,只能作为当事人双方确定损失程度和赔偿金额的依据。

8. 海上保险中被保险人的义务

(1)支付保险费的义务

在海上保险业务中,交付保险费是被保险人最主要、最基本的义务。被保险人必须按照约定的时间、地点、方法交付保险费。我国《海商法》规定,除合同另有约定外,被保险人应当在合同订立后立即支付保险费,被保险人支付保险费前,保险人可以拒绝签发保险单证。对于货物保险合同转让时尚未支付保险费的,被保险人和合同受让人负连带支付责任。

(2)通知的义务

被保险人的通知义务包括以下两个方面。

1)危险增加时的通知义务

危险增加时的通知义务主要是指风险发生变更,如航程变更、中途绕航使保险人原来承担的风险责任增加,作为被保险人负有通知保险人的义务。我国《保险法》规定,在合同有效期间内,保险标的危险程度增加的,被保险人按照合同约定应当及时通知保险人,保险人有权要求增加保险费或者解除合同。被保险人未履行通知义务的,因保险标的危险程度增加而发生的保险事故,保险人不承担赔偿责任。

2)出险时的通知义务

按照我国《海商法》的规定,一旦保险事故发生,被保险人应当立即通知保险人,未通知而影响保险人利益时,保险人有权对有关损失拒绝赔偿。被保险人的通知义务对于保险人来说是非常重要的,因为它关系到保险人的切身利益。保险人在获悉保险标的发生事故后,便可以及时采取必要措施,以防止损失的扩大及确定损失的范围和事故的性质,同时向有关责任方进行追偿的权利也得到了保护。

(3)施救义务

我国《海商法》和《保险法》都规定保险事故发生后,被保险人应采取必要的措施防止或减少保险标的的损失。被保险人如果不履行这一义务,保险人对扩大的损失有权拒绝赔偿。被保险人如果履行这一义务,对因此而支出的费用,保险人在保险标的损失赔偿之外另行支付,但最多不超过保险金额。被保险人的施救义务就是要求被保险人在合同期间要像没有投保时一样,谨慎地采取措施保护已经投保的财产,不能因为已经保险而采取消极的措施,放任保险标的受损。

(4)告知义务

被保险人的告知义务是一项重要的法定义务,被保险人必须履行如实告知义务。我国《海商法》规定,合同订立前,被保险人应当将其知道的或者在通常业务中应当知道的有关影响保险人据以确定保险费率或者确定是否同意承保的重要情况,如实告知保险人。

(5)遵守保证的义务

保证是被保险人对保险人的一项许诺,无论保证的事项对于承保风险是否重要,被保险人都必须严格遵守保证。我国《海商法》规定,被保险人违反合同约定的保证条款时,应当立即书面通知保险人。保险人收到通知后,可以解除合同,也可以要求修改承保条件、增加保费。

(6)协助追偿的义务

我国《海商法》规定,被保险人应当向保险人提供必要的文件和其所需要知道的情况,并尽力协助保险人向第三人追偿。货物和船舶保险单也都作出同样的规定,这是为了保护保险人代位求偿权的有效行使。

(7)防灾防损的义务

我国《保险法》明确规定了被保险人负有遵守有关规章、防灾防损、维护保险标的的安全的义务。维护保险标的的安全,可以减少或者避免保险事故的发生,减少保险人和被保险人的损失。防止灾害事故的发生,也符合保险人和被保险人的共同利益。如果投保人或被保险人未按照约定履行其对保险标的的安全应尽的责任的,保险人有权要求增加保险费或者解除合同。

14.2.3 保险合同的主要内容

1. 基本条款

基本条款是印刷于标准保险单背面的保险合同基本文本内容,即保险合同的法定记

载事项。它主要明示保险人和被保险人的基本权利义务,以及保险行为成立的条件。保险合同基本条款的主要内容,一般包括当事人和关系人的名称、住所,保险标的,保险金额,保险费及其支付方式,保险价值,保险责任和责任免除,保险期间和保险责任开始时间,保险金赔偿或给付方法,违约责任和争议处理和订约时间。

2. 附加条款

附加条款是对基本条款的补充条款,是对基本责任范围内不予承保而经过约定在承保基本责任范围基础上予以扩展的条款。

3. 法定条款

法定条款是法律规定合同必须列出的条款。

4. 保证条款

保证条款是保险人要求被保险人必须履行某项规定所制定的条款。

5. 协会条款

协会条款专指由伦敦保险人协会根据实际需要而拟定发布的有关船舶和货运保险条款的总称。

6. 海上保险合同主要内容

根据我国《海商法》的规定,海上保险合同的主要内容有保险人名称、被保险人名称、保险标的、保险价值、保险金额、保险责任和除外责任、保险期间、保险费。

14.2.4 保险合同订立、转让与终止

1. 保险合同的订立

保险合同的订立是通过投保人与保险人双方当事人的意思表示一致而产生的。保险合同属于格式合同,订立过程比较简单,一般包括两个环节。首先,投保。投保即合同订立过程的要约阶段,具体表现为投保人填写保险人事先印制的投保单,并将填写完毕的投保单送交保险人。其次,承保。保险人承保即合同订立的承诺阶段。保险人对投保单审核后签字盖章,并交还投保人,保险合同即宣告成立。保险合同的成立,以投保人和保险人之间的要约与承诺的完成为标志。

2. 保险合同的生效

保险合同的"成立"与"生效"是两个不同的概念。保险合同的双方当事人经过要约与承诺,意见达成一致,保险合同即告成立。但是,保险合同成立并不意味着保险合同当然生效,除非法律另有规定或合同另有约定,保险合同的生效为保险权利义务的开始。保险合同生效除应具备《合同法》规定的一般有效要件外,还应具备《保险法》规定的特殊有效要件。我国《保险法》规定的特殊无效情形有如下几种:订立合同时危险已不存在;投保人对保险标的无保险利益;恶意的重复保险。保险合同被确认无效的,保险人不承担保险责任。保险合同生效的时间,一般由当事人在合同中约定。若当事人没有约定的,保险合同成立的时间,即为合同生效的时间。

3. 保险合同的变更

保险合同的变更是指保险合同成立后,由于某些原因发生一些变化而产生变更合同

的要求。保险合同的变更包括主体和内容的变更。合同主体的变更一般是指合同的转让。合同内容的变更主要是指保险标的的变更、保险风险的变更和保险责任的变更。被保险人和保险人任何一方如果要求变更合同的内容,必须经过对方的同意。我国《保险法》规定,在保险合同有效期内,投保人和保险人经协商同意,可以变更保险合同的有关内容。变更保险合同的,应当由保险人在原保险单或者其他保险凭证上批注或者附贴批单,或者由投保人和保险人订立变更的书面协议。在海上保险实务中,保险人出具保险批单,这是保险公司应投保人的要求而对保险单等进行增删内容而出具的一种凭证。保险批单具有变更、补充原保险单的作用,是保险单不可分割的一部分。

(1)货物保险合同的转让

海上运输货物保险合同可以由被保险人背书或其他方式转让,合同的权利和义务也随之转移。合同转让时尚未支付保险费的,被保险人和合同受让人负连带支付责任。法律主要明确了海上运输货物保险合同转让的主体、方式、权利义务归属,以及拖欠保费等问题。海上运输货物保险合同转让的主体为被保险人,由于国际贸易和海上运输货物的特殊性,法律并未规定保险合同必须经过保险人的同意方可转让。转让的方式是被保险人背书或其他方式,保险合同主要随提单的转让而转让,不论在货物灭失前或灭失后,均可转让。保险合同的权利义务的归属也随之转让,原合同关系即消灭,前提是被保险人已支付了保险费。

(2)船舶保险合同的转让

船舶保险合同的转让不同于海上运输货物保险合同的转让。因船舶转让而转让船舶保险合同的,应当取得保险人的同意。未经保险人同意而转让,船舶保险合同从船舶转让时解除;船舶转让发生在航次之中,船舶保险合同至航次终了时解除。保险费应自解除之日起至保险期间届满之日止退还被保险人。

4. 保险合同的解除

保险合同的解除,是指在合同未履行或未全部履行的情况下,终止合同的效力。从时间上看,保险合同的解除包括保险责任开始前的解除和保险责任开始后的解除。从权利上看,有约定解除和违约解除。从当事人上看,包括保险人的解除和被保险人的解除。

(1)保险责任开始前的解除

在保险合同成立后,保险人的保险责任开始前,被保险人可以要求解除合同,保险人应当退还保险费,被保险人应向保险人支付手续费。法律赋予被保险人在保险责任开始前可以任意解除合同的权利,但不允许保险人单方面任意解除合同。

(2)保险责任开始后的解除

对于保险责任开始后的解除,除合同另有约定外,在保险责任开始后,被保险人和保险人均不得解除合同。根据合同约定在保险责任开始后可以解除合同的,被保险人要求解除合同,保险人有权收取自保险责任开始之日起至合同解除之日止的保险费,剩余部分予以退还;保险人要求解除合同,应当将自合同解除之日时起至保险期满之日止的保险费退还被保险人。货物运输和船舶的航次保险,保险责任开始后,被保险人不得要求解除合同。

5. 保险合同的终止

保险合同的终止是指保险合同成立后因法定的或约定的事由发生,法律效力完全消

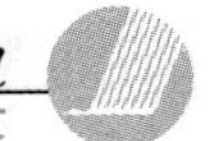

灭的法律事实。导致保险合同终止的主要原因有以下几个。

(1)自然终止

自然终止又称届期终止,有四种情形:保险合同期限届满;合同生效后承保的风险消失;保险标的因非保险事故的发生而完全灭失;合同生效后,投保人未按规定将合同转让,投保人或被保险人失去保险利益,自转让之日起合同的法律效力丧失。

(2)义务履行终止

①普通保险合同中,无论一次还是多次给付保险金,只要保险人给付保险金总额达到保险合同约定的保险金额,并且保险期限未届满,保险合同均终止。

②机动车辆保险和船舶保险合同中,保险人在保险有效期间赔付的保险金不累加,只有当某次保险事故赔偿达到保险金额时保险合同才终止。

(3)解除

解除是指在保险合同期限尚未届满前,合同一方当事人依照法律规定或约定行使解除权,提前终止合同的效力。保险合同的解除应当符合法律规定,表现在:必须在可以解除的范围内行使解除权;必须存在解除事由;必须以法律规定方式解除;必须在时效期间内行使解除权。

(4)特殊终止

特殊终止通常是指被保险人在保险合同期限内发生违背保险合同规定时,保险人可以终止合同。特殊终止包括法定解除和违约解除,保险合同可以因被保险人的欺诈行为变为无效,从而终止保险合同的效力。保险合同也可以因被保险人违反保险合同的规定而使其终止。如被保险人故意未履行告知义务,被保险人违反保证义务等。

14.2.5 保险单与保险合同的关系

1. 保险单

保险单(Marine Policy)俗称保单,是保险人与被保险人之间订立的正式的保险合同的书面凭证。主要载明保险合同双方当事人的权利义务和责任,将保险合同的全部内容详尽列明,包括双方当事人的权利义务以及保险人应承担的风险责任。保险单是双方当事人履行保险合同的依据,是被保险人向保险人索赔的主要凭证,一般由保险人签发给投保人,也是保险人向被保险人赔偿的主要依据。海上保险单需要载明的内容主要包括:保险人的名称、被保险人的名称、保险标的、保险价值、保险金额、保险责任和除外责任、保险期间和保险费等。

2. 保险单的形式

保险合同通过保险单表现出来,保险单在实务中有几种不同的表现形式。

(1)投保单

投保单又称要保单,是投保人向保险人申请订立保险合同时的书面文件。它是投保人投保的书面要约,由投保人如实填写。在投保单中列明订立保险合同所必需的条款,以供保险人决策是否承保。

(2)保险凭证

保险凭证是保险人发给被保险人以证明保险合同业已生效的文件,是简化的保险单,也称小保单,实质是一种简化了的保险单,通常背面没有条款。保险凭证与保险单具有同等法律效力和作用。未列明的内容,以正式保险单内容为准;有抵触时则以保险凭证为准。

(3)暂保单

暂保单是保险单或保险凭证未出具之前保险经纪人或保险代理人向投保人签发的临时凭证,亦称临时保险单。其作用是证明保险人已同意接受投保。暂保单具有和正式保单同等的法律效力,有效期为30天。正式保单交付时暂保单自动失效。暂保单在我国保险实践中很少使用,国外海上保险市场较常使用此单。

(4)批单

批单又称背书,是保险人应投保人或被保险人要求,修改保险单内容的证明文件。批单通常在两种情况下使用:一是对已印制好的标准保险单的部分修正,并不改变保险单的基本保险条件;二是在保险合同有效期内对某些保险项目进行调整。凡经批改的内容,以批单为准;多次批改的,以最后批改为准。批单一经签发,就自动成为保险单的一个重要组成部分,可在原保险单或保险凭证上批注,也可另外出具一张附贴便条。原则上批单必须粘贴在保险单上并加盖骑缝章。

(5)联合凭证(Combined Certificate)

联合凭证是指发票与保险单相结合的一种凭证,是更为简化的保险单证。保险公司仅将承保险别、金额、编号加注在出口发票上,即作为已保险的证据。实务中较少用,仅对港澳地区使用。

3. 保险单与保险合同的关系

保险单是保险合同的书面凭证,它证明保险合同的存在。保险单不作为合同成立的要件,保单可在合同成立之时或之后签发。保险单是保险合同的主要表现形式,保险合同通过保险单表现出来。保险单实际上起到保险合同的作用,是保险双方当事人进行理赔、索赔的主要依据。

14.3 海上货物运输保险

14.3.1 海上货物运输保险概述

1. 海上运输货物保险的概念

(1)海上运输货物保险的含义

海上运输货物保险(Marine Cargo Insurance)是指以海上运输中的各种货物为保险标的的一种海上保险类型。保险人对于货物在海上运输途中因海上风险,包括货物在陆上风险而导致的损失给予赔偿。保险人的承保责任期间不局限于海上航程,还包括与海

上航程有关的陆上行程，从发货人的仓库至收货人的仓库。我国内河和沿海运输的货物有专门的水路货物运输保险条款。

(2)货物的含义

货物的概念有其特殊的含义，一般来说，货物主要指国际贸易货物。我国《海商法》规定："货物，包括活动物和由托运人提供的用于集装货物的集装箱、货盘或者类似的装运器具。"作为海上运输货物保险标的的货物，在实务中除包括国际贸易货物外，还包括一些非国际贸易货物，如对外经济援助物资、展览品、艺术品等。另外货物的运费、保险费和货物的预期利润也一并作为货物保险标的给予承保。

2. 海上运输货物保险的险别

我国海上运输货物保险的险别主要分为三大类。

(1)基本险

基本险(Main Risks)又称主险，为我国海上运输货物保险的主要险别。这种险别可以单独承保，无须附加在某种险别项下。主险包括：平安险(FPA)、水渍险(WA)、一切险(AR)。

(2)附加险

附加险(Additional Risks)是指被保险人在投保了主险的基础上附加承保的一种险别。附加险不能单独投保，附加险又分为普通附加险、特别附加险和特殊附加险三种。普通附加险(General Additional Risks)又称一般附加险，我国海上运输货物保险承保的普通附加险共11种，投保了一切险，无须再加保普通附加险，因为一切险已将其责任包括在内。特别附加险(Special Additional Risks)，我国目前主要有6种险别，不属于一切险责任范畴，不能单独投保，必须附于主险下。特殊附加险(Specific Additional Risks)包括战争险和罢工险，同特别附加险一样，不属于一切险责任范畴，不能单独投保，必须附于主险下。

主险可以单独投保，附加险不能单独投保，必须在投保主险的情况下才能投保附加险。主险条款与附加险条款存在抵触时，以附加险条款为准。附加险条款没有规定时，适用主险条款的有关规定。

(3)特种货物保险

特种货物保险是专为运输特殊货物而设置的，目前这种专门的保险只有两种：海上运输冷藏货物保险和海上运输散装桐油保险。

3. 海上运输货物保险的险别选择

海上运输货物保险的险别有多种形式，不同的险别所获得的保险保障是不同的，被保险人交付的保险费也是不同的，被保险人获得保险保障越大，支付的保险费越高，所以对于被保险人来说，在投保时选择恰当的保险险别是非常重要的。就被保险人的利益来说，既要考虑能获得所需的保险保障，又要恰当节省保险费的支出。因此，被保险人要根据货物的种类、性质、特点、包装情况、运输工具的方式、运输路线以及港口等不同情况来选择保险险别。保障范围最广的不一定是最好的保险，投保符合实际需要的保险，才是最好的保险。

(1)货物的种类与性质

货物的种类及其性质是考虑投保险别的首要因素。例如粮油食品类货物,这类货物一般都会有水分,经长途运输,水分减少就会短量,水分增加就会发生霉烂。投保时可以选择在水渍险的基础上加保短量险和受潮受热险,也可以投保一切险。再如,轻工业品类货物的最大特点就是易破碎,因此,应在平安险或水渍险的基础上加保破碎险。

(2)包装情况

一般来说,货物的包装方式和包装材料会直接影响到货物的毁损。目前,非大宗货物都是装在集装箱内运输的,在一定情况下减少了因包装问题带来货物的损毁。即使这样,仍无法避免运输途中的损害。因此,投保人应该根据货物包装的情况来选择险别。

(3)运输距离和路线

运输方式有多种形式,包括海运、空运、陆运、多式联运等形式。在海上保险中,肯定是通过海上运输形式运输货物,所以主要考虑的是运输的距离和路线等问题,运输距离越长,风险自然就越大。不同的运输路线,被保险货物承担的风险也不同。

(4)港口情况

港口的情况对于选择保险险别也是有影响的。在世界上的某些港口,装卸效率低,野蛮装卸使得货物容易受损,需要投保一切险。有些港口偷窃现象十分严重,当货物卸离海船后堆放在码头,等待运送到其他地方仓库时,货物被偷窃机会增多,这就需要投保"偷窃提货不着险"。当货物出口到经常下雨的地区,就应加保"淡水雨淋险"。总之,根据货物起运港或卸货港的实际情况选择合适的险别投保是十分重要的。

(5)合同的规定

被保险人在选择保险险别时,不但要考虑以上因素,更重要的是要根据贸易合同的规定来投保。例如,在CIF贸易合同下,如果合同规定投保一切险加保战争险,作为卖方的被保险人不能考虑节省费用而选择较低保障的保险险别。同样,假如合同没有明确规定,根据INCOTERMS 2010的规定,被保险人可以选择最低的险别投保。

4. 我国海运进出口货物保险的基本做法

在国际贸易实务中,由于买卖双方采用的贸易术语不同,有些进出口货物是按带保险条件的CIF成交,也有些进出口货物是按不带保险条件的FOB或CFR成交,由于保险的对象不同,进出口货物保险的做法也有所不同。凡买卖合同规定由我方办理货物运输保险时,应按有关规定向中国人民财产保险公司或其他保险公司办理投保手续。我国海运进出口方也应争取进口货物采用FOB,出口货物采用CIF成交,从而在我国财产保险公司购买保险。

(1)我国海运出口货物保险的基本做法

出口货物如按FOB或CFR价格条件成交,应由买方办理投保手续,我国出口方无须办理货物运输保险。如按CIF条件成交,应由我国出口方及时向有关保险公司逐笔办理运输投保手续。其具体做法是,根据买卖合同或信用证的规定,在备妥货物后和确定装船出运时,按规定格式填制投保单。被保险人投保申报的情况必须属实,投保险别、币制和其他条件必须与信用证上所列保险条件的要求相一致,投保险别和条件要与买卖合同上所列保险条件相符合。投保后发现投保项目有错漏的,要及时向保险公司申请批改。

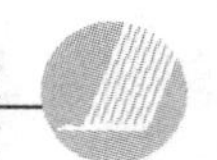

保险公司审查后如同意承保，便出立保险单（或其他保险凭证），以作为其接受保险的正式凭证。该凭证是出口方向银行议付货款所必备的单证之一，也是被保险人索赔和保险公司理赔的主要依据。在保险人出立保险单后，投保人如果需要更改险别、运输工具、航程、保险期限的扩展和保险金额等，应向保险公司或其授权的代理人提出批改申请。保险公司或其授权的代理人如接受这项申请，应立即出立批单，以作为保险单的组成部分。此后，保险公司即按批改的内容负责。参照国际保险市场的一般习惯做法，中国人民财产保险公司承保出口货物的保额一般也按CIF价再加成10%来计算，即按CIF发票金额的110%计算。这项保险加成可作为买方的期得利润和有关费用看待。由于不同货物、不同地区、不同时期的期得利润不一，因此，如买方要求保险加成超过10%，也可酌情考虑。

(2)我国海运进口货物保险的基本做法

我国进口货物如按CIF条件成交，应由卖方办理货物运输保险事宜。如按FOB或CFR条件成交，由国内各进口方负责向有关保险公司办理保险。为了简化保险手续，通常各进口方会同保险公司签订海运进口货物预约保险合同。凡不带保险条件成交且批量进口的货物，按这种预约保险合同办理保险比较有利于投保人。根据海运进口货物预约保险合同的规定，投保人在得悉每批货物起运时，应将船名、开航日期及航线、货物品名及数量、保险金额等内容，书面定期通知保险公司，即作为向保险公司办理了投保手续，保险公司就应对此负自动承保的责任，如果投保人未按预约保险合同规定办理投保手续，则货物发生损失时，保险公司不负赔偿责任。根据预约保险合同规定，我国进口货物的保险金额，原则上一般按CIF价计算。

5. 保险金额与保险费的计算

(1)保险金额

海上运输货物保险的保险金额，是保险人对被保险人承担货物损失赔偿责任的最高限额。在保险实际业务中，通常是以货物的价值、预付运费、保险费和预期利润的总和作为计算保险金额的标准，即货物的CIF价格加预期利润。预期利润一般是在货物CIF价格基础上加成10%。

保险金额＝CIF＋(CIF×10%)＝CIF×110%

(2)货物保险费率

货物保险费是由保险公司在货物的损失率和赔付率的基础上，根据不同的运输工具、不同的目的地、不同的货物和不同的险别，按进出口货物分别制定出来的费率表来确定的。

我国海上运输货物保险费率一般由基本费率（包括一般货物的基本险费率和指明货物基本险费率）、附加险费率和老船加费费率构成。

保险费率＝一般货物基本险费率＋指明货物基本险费率＋
附加险费率＋老船加费费率

1)一般货物基本险费率

一般货物费率适用于所有货物，按险别分为平安险、水渍险和一切险三种。同一种险别，因货物运抵目的地所在洲、国家和港口的不同，费率有所不同。

2)指明货物基本险费率

指明货物基本险费率仅适用于特别指明的货物,也就是因为这类货物损失率高而特别从一般货物中挑选出来,另外规定一个较高的费率。特别指明货物包括八大类货物,即粮油食品及土畜产类、轻工品类、纺织品类、五金矿产类、工艺品类、机械设备类、化工品类和危险品类。凡属于指明货物的,在计算费率时,应算出一般货物费率,然后再加上这项加费。

3)附加险费率

被保险人如需要投保附加险,则需根据具体加保的险别加费。如投保战争险、特别附加险、罢工险等均需另行加费。罢工险如和战争险一起加保,按战争险费率收取,不另加收。

4)老船加费费率

老船加费费率是针对船龄在15年以上的老船所载运的进口货物而制定的。此项加费的费率因所运货物、船龄、船旗不同而有所不同。

(3)保险费的计算

货物保险费是以保险金额为基准,乘以该批货物的保险费率计算出来的。

保险费=CIF×110%×保险费率=保险金额×保险费率

例如,出口货物的CIF价为12000美元,投保一切险,费率为0.5%,则保险费为:

保险费=12000×110%×0.5%= 66美元

6. 海运常用FOB、CIF、CFR的注意事宜

(1)FOB术语

FOB术语下,在装货港船舷转移风险,买方办理保险业务并支付保险费。值得注意的是,卖方也需要对风险转移前的货物投保。如未投保,对于货物从卖方仓库运往码头的途中因意外而致货物受损的,买卖双方均不能向保险人索赔。因为,卖方对装船前的货物有保险利益,对装船后的货物无保险利益,而买方对装船前的货物无保险利益,对装船后的货物有保险利益。

(2)CIF术语

CIF为到岸价,卖方办保险,装货港船舷转移风险,卖方支付保险费。值得注意的是,卖方办理保险业务是合同中规定的一项义务。除合同另有规定外,卖方只需按货物保险条款中最低责任的保险险别投保。最低保险金额须为CIF×110%,并以合同规定货币投保。

(3)CFR术语

在CFR术语下,买方办理保险业务,在装货港船舷转移风险,买方支付保险费。值得注意的是,卖方也需要对风险转移前的货物投保。如未投保,对于货物从卖方仓库运往码头的途中因意外而致货物受损的,买卖双方均不能向保险人索赔。因为,卖方对装船前的货物有保险利益,对装船后的货物无保险利益,而买方对装船前的货物无保险利益,对装船后的货物有保险利益。

7. UCP500对货物保险的有关规定

以信用证方式结算国际贸易,应当遵循国际商会制定的“跟单信用证统一惯例”,简

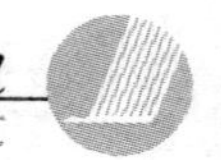

称 UCP500,到银行结汇所提交有关保险单据,要符合 UCP500 的规定。UCP500 对货物的保险单证作出了以下具体的规定。

(1)保险单证

1)出具人

保险单据从其字面上看,必须是由保险公司或承保人或他们的代理人开立并签署的。

2)份数

如保险单据上表明所出具的正本系一份以上者,除非信用证另有授权,必须提交全部正本保险单据。保险单据必须全套提交,一份也可作为全套。

3)货币

除非信用证另有规定的,否则保险单据上的货币,必须与信用证上的货币相同。

4)日期

银行不接受出单日期迟于运输单据上注明的货物装船日期的保险单据。除非信用证另有规定,或除非保险单据表明保险责任最迟于装船或发运或接受监管日起生效,否则银行对于载明签发日期迟于运输单据上注明的装船或发运或接受监管日期的保险单据,将不予接受。

5)金额

除非信用证另有规定,保险单据表示的最低投保金额应为货物的 CIF 价或 CIP 价加 10%。但这仅限于能从货运单据上确定 CIF 或 CIP 价值的情况,否则,银行将接受的最低投保金额为信用证要求付款、承兑或议付的金额的 110%,或发票毛值的 110%,两者之中取金额较大者。

6)暂保单

除非信用证有特别授权,否则银行不接受由保险经纪人签发的暂保单。

7)保险证明或声明书

银行可以接受保险证明书或声明书。除非信用证另有相反规定,否则银行将接受由保险公司或承保人或他们的代理人预签的保险证明或预保单项下的保险声明。尽管信用证特别要求提供保险证明或预保单项下的保险声明,但银行仍可接受保险单以取代保险证明或保险声明。

(2)保险类别

①信用证应规定所需投保的险别,以及应投保的附加险别。诸如"通常险别"或"惯常险别"一类意义不明确的用语不应使用。如已使用,银行当按照所提交的保险单据予以接受,但对未经投保的任何险种不予负责。

②除非信用证另有规定,银行可接受表明有相对免赔率或绝对免赔率约束的保险单据。

③信用证如无特别规定,银行将接受提交的保险单据,对未经投保的任何险别不予负责,也就是说对漏保险别不负责。

(3)一切险

当信用证规定"投保一切险"时,银行将接受含有任何"一切险"批注或条文的保险单据，不论其有无“一切险”标题，甚至表明不包括某种险别。银行对未经投保的任何险别不予负责。

14.3.2 海上货物运输保险条款

1. 海上运输货物保险基本险的承保范围

海上运输货物保险基本险分为平安险、水渍险和一切险三种。我国海上货物运输保险单没有将每一种险别单列，而是一起列在保险单背面，被保险人投保时，必须注意要注明约定的是哪一种险别，以免引起争执。

(1)平安险(Free from Particular Average，FPA)

平安险对于自然灾害造成的货物的全损负责赔偿，对于自然灾害造成的货物的部分损失不负责赔偿。对于意外事故造成货物全损或部分损失都负责赔偿。平安险的保险责任范围要比水渍险和一切险小，保费也要低，一般来说适用于投保低值、裸装的大宗货物。平安险采用列明风险的方式，保险人只对以下列明的风险造成的损失负赔偿责任。

1)自然灾害(Natural Calamities)

被保险货物在运输途中由于恶劣气候、雷电、海啸、地震、洪水等自然灾害造成整批货物全部损失或推定全损。是特指自然灾害造成的货损，而且只负责赔偿全损，部分损失不赔。整批是指同一保险单证项下的全部货物。被保险货物用驳船运往或运离海船的每一驳船所装的货物可视为一个整批。推定全损是指被保险货物的实际全损已经不可避免，或者恢复、修复受损货物以及运送货物到原定目的地的费用超过该目的地的货物价值。

2)意外事故(Fortuitous Accidents)

由于运输工具遭受搁浅、触礁、沉没、互撞、与流冰或其他物体碰撞，以及失火、爆炸等意外事故造成货物的全部或部分损失。指意外事故造成的全部损失和部分损失都赔付。失火、爆炸不需要一定发生在运输工具上。

3)自然灾害和意外事故

在运输工具已经发生搁浅、触礁、沉没、焚毁意外事故的情况下，货物在此前后又在海上遭受恶劣气候、雷电、海啸等自然灾害所造成的部分损失。如船遇大风浪，海水进入舱内货物受损，船舶又发生碰撞，船舱进水，因为无法加以区分，所以造成的部分损失也赔。解决了货物部分损失究竟是自然灾害还是意外事故造成争执的问题。保险人在有限条件的情况下，也承担海上自然灾害造成的货物部分损失。

4)装卸货物(Loading and Discharging Cargo)

在装卸或转运时由于一件或数件整件货物落海造成的全部或部分损失。货物指的是整件货物，即进行包装的、完整的一件货物。

5)施救费用(Suing and Laboring Charges)

施救费用是指被保险人对遭受承保责任内危险的货物采取抢救、防止或减少货损的措施而支付的合理费用，但以不超过该批获救货物的保险金额为限。保险人对于货物施救费用的赔偿最高不超过保险金额。

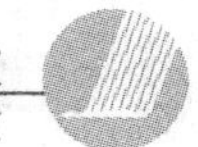

6)避难港费用(Charges in Port of Refuge)

避难港费用是指运输工具遭遇海难后,在避难港由于卸货所引起的损失,以及在中途港或避难港由于卸货、存仓以及运送货物所发生的特别费用。主要是指货物的续运费用,它必须是合理必要的。

7)共同海损(General Average)

保险人承保共同海损的牺牲、分摊和救助费用。共同海损的牺牲是指由共同海损措施所直接造成的货物在形态上的灭失或损坏;共同海损分摊是指由共同海损措施而受益的货物应予分摊的共同海损数额;救助费用是指被保险人应支付的救助报酬。货物保险人对货物共同海损分摊的赔偿责任,在货物的保险金额低于货物的共同海损分摊价值时,保险人按照保险金额同分摊价值的比例赔偿

8)船舶互碰责任(Both to Blame Collision)

运输合同订有“船舶互碰责任”条款,根据该条款规定应由货方偿还船方的损失。船舶互撞责任条款通常出现在海上运输货物合同和租船合同中,意思是要求货主补偿本船承运人原本根据运输合同对本船货损免责,但又被迫承担他船应对本船货损所负的赔偿责任的部分赔偿。本条款是针对美国保护货主利益的规定,为了保护承运人的利益加在运输合同中的,通过此条款承运人可以从货主那儿得到他间接赔偿给货主损失的金额,同时给被保险人充分保障。对于被保险人按照运输合同的规定退还给承运人的金额,保险人给被保险人以赔偿。

(2)水渍险(With Average/With Particular Average,WA/WPA)

水渍险同平安险一样,也是对列明风险造成的货损负责任。承保范围是除包括平安险的各项责任外,还承保被保险货物由于恶劣气候、雷电、海啸、地震、洪水等自然灾害所造成的部分损失。水渍险的承保范围要大于平安险的承保范围,即在平安险的范围再加上因自然灾害造成的货物部分损失。

(3)一切险(All Risks)

一切险对于前两种险别而言,承保的范围最广,保障最大。一切险看起来似乎采用一切险减除外责任的方式,但实际上还是列明风险的形式。一切险除包括上列平安险和水渍险的各项责任外,还负责被保险货物在运输途中由于外来原因所致的全部或部分损失。一切险的承保范围是平安险的承保范围、水渍险的承保范围和一般附加险的总和。对于货物保险实践中经常使用的一切险条款所指的外来原因包括的范围,保险条款并未作明确规定。正是由于不确定的词语,双方当事人对此的理解产生了争议,导致纠纷的发生。作为货物保险合同的当事人,被保险人认为一切险应是承保除保险条款列名的除外责任之外的任何外来原因所致的风险造成的损失。一切险应等于平安险加水渍险再加一切外来原因所致的风险造成的损失,且外来原因是一个广泛的含义,只要不在除外责任之内的原因造成的货损,保险人都应给予赔偿。保险人认为一切险仅承保平安险、水渍险和11种普通附加险。把外来原因框架为狭窄含义,仅指11种普通附加险,除此之外的任何外来原因所造成的损失概不负责,所以对投保一切险的货物在非11种普通附加险的原因内导致的损坏概不负责,拒绝赔偿。保险人出于保护自己利益的角度考虑对此作出有利于保险人的解释,从而形成了所谓的我国保险行业惯例。随后的司法实践

中有的法院也认定一切险承保范围包括平安险、水渍险和 11 种普通附加险,外来原因仅指 11 种普通附加险。

2. 海上运输货物保险的除外责任

海上运输货物保险的除外责任(Exclusions of Marine Cargo Insurance)是指保险人按照海上运输货物保险合同的约定,对货物损害不负赔偿责任的范围。海上保险人的除外责任取决于法律的规定和合同的具体约定。依照我国《海商法》的规定,对于被保险人故意造成的损失,保险人不负赔偿责任。另外,除非合同另有约定,保险人对于下列原因造成的损失,也不负赔偿责任:航行迟延、交货迟延或者行市变化;货物的自然损耗、本身的缺陷和自然特性;包装不当。海上保险人的除外责任在合同中都包括了法定的除外责任。下列是我国海上运输货物保险条款中除外责任的具体条款规定:

①被保险人的故意行为或过失所造成的损失。对于被保险人的故意造成的货损不赔,是一项法定的免责事宜,任何种类的保险合同都作出同样的规定。只不过这里加上一点的是由被保险人的过失造成的货损,保险人也不负责赔偿,这对被保险人是比较苛刻的。

②属于发货人责任所引起的损失。货物的损失是由于发货人没有尽到职责造成的不赔,如货物的包装不当或标志不清等。

③在保险责任开始前,被保险货物已存在的品质不良或数量短差所造成的损失。对于保险人而言,在保险责任开始前货物已经存在的损失当然是不赔偿的,如货物在装船前已经受损或者短缺的。

④被保险货物的自然损耗、本质缺陷、特性以及市价跌落、运输延迟所引起的损失和费用。

⑤战争险和罢工险条款规定的责任范围和除外责任。

3. 海上运输货物的保险期限

保险期限(Duration of Marine Cargo Insurance)是指保险人承担货损风险责任的期间,保险人只对保险责任期间内因承保风险所致的损失负担赔偿责任。

(1)正常情况下的责任起讫(仓至仓条款,Warehouse to Warehouse)

我国保险条款规定,本保险负“仓至仓”责任,自被保险货物运离保险单所载明的起运仓库或储存处所开始运输时生效,包括正常运输过程中的海上、陆上、内河和驳船运输在内,直至该项货物到达保险单所载明目的地收货人的最后仓库或储存处所或被保险人用作分配、分派或非正常运输的其他储存处所为止。如未抵达上述地点,以货物在最后卸货港全部卸离海轮后满 60 天为止。如在上述 60 天内被保险货物需转运到非保险单所载明的目的地时,则以该项货物开始转运时终止。按照条款的规定,在正常运输情况下,保险人的责任起讫以“仓至仓”为依据,对于在此期间因承保原因造成的货损,保险人负责赔偿。对于非责任期间造成的货损,保险人不负赔偿责任。因此,开始点与终止点对于保险双方当事人是非常重要的。

1)保险责任开始

海上货物保险人的责任自被保险货物运离保险单所载明的起运仓库或储存处所开始运输时生效。货物必须运离仓库,对于在仓库内的货损,如仓库装车过程中的货物损

失风险，保险人不予负责。货物一经运离上述发货人的仓库，保险责任即告开始，保险公司按照货物所保的险别规定的责任范围予以负责。货物在装运前存放在港区码头仓库待运期间，如果发生损失的，保险公司应予以负责。

2)保险责任终止

在海上货物运输实务中，不同的货物所抵达的目的地地点是不同的。正是由于被保险货物抵达地点不同，保险人对于保险责任的终止作出了不同的规定。即当货物到达保险单所载明目的地收货人的最后仓库或储存处所或被保险人用作分配、分派或非正常运输的其他储存处所为止；如未抵达上述地点，以货物在最后卸货港全部卸离海轮后满60天为止；如在上述60天内，货物转运到非保险单所载明的目的地时，则以该货物始转运时终止。尽管保险单上已对保险责任期间作出了规定，海上货物保险实践中对于如何认定收货人的最后仓库或储存处所并不容易，尤其是收货人在保险单载明的目的港没有自己的仓库，而是将货物储存在港口、码头、海关等临时性运输仓库中时，此类仓库是否可以看作收货人的最后仓库或储存处所。对此的解释应是：如果收货人在目的港没有自己的仓库，而是租用港口、码头、海关等临时性运输仓库储存货物，此类仓库应视为被保险人的最后仓库，货物一经运入这些仓库，保险责任即告终止；如果收货人并没有租用这类仓库，则不能视为最后仓库，被保险人提货后运往内地时，则保险责任终止于被保险人提货并开始转运时；如果被保险人在目的港有自己的仓库，则保险责任终止于货物运至被保险人的仓库。货物在港口、码头、海关等临时性运输仓库储存时，保险人的责任不能终止。

(2)非正常情况下的责任起讫

由于被保险人无法控制的运输迟延、绕航、被迫卸货、重新装载、转载或承运人运用运输契约赋予的权限所作的任何航海上的变更或终止运输契约，致使被保险货物运到非保险单所载明目的地时，在被保险人及时将获知的情况通知保险人，并在必要时加交保险费的情况下，本保险仍然继续有效。如有以下情况的，保险责任按规定终止：被保险货物如在非保险单所载明的目的地出售，保险责任到交货时为止，但不论任何情况，均以被保险货物在卸载港全部卸离海轮后满60天为止；被保险货物如在上述60天期限内继续运往保险单所载原目的地或其他目的地时，保险责任仍按“仓至仓”条款的规定终止。

(3)保险责任期间与保险利益的关系

被保险人对被保险货物必须具有保险利益，没有保险利益，即便是在保险人的责任期间内发生的货损，保险人也不予赔偿。因此，保险责任期间还受制于保险利益。被保险人在保险人责任期间还必须对保险标的具有保险利益。

(4)海运进口货物国内转运期间保险责任扩展条款

中国人民保险集团公司制定的该条款规定，保险货物运至海运提单载明的我国卸货港后，如需转运至国内其他地区，本公司按保险条款规定的险别(战争险除外)继续负责转运期间的保险责任，直至所保货物运至卸货港货物转运单据上载明的国内最后目的地。本公司对所有散装货物以及化肥、古巴糖、活牲畜、新鲜果菜所负的保险责任，一律按“海洋运输货物保险条款”的规定在卸货港终止，不负责国内转运期间的保险责任。

(5)进口集装箱货物运输保险特别条款

为适应集装箱货物保险的需要,中国人民保险集团公司制定了进口集装箱货物运输保险特别条款:

①进口集装箱货物运输保险责任按原运输险保单责任范围负责,但保险责任至原保险单载明的目的港收货人仓库终止。

②集装箱货物运抵目的港,原箱未经启封而转运至内地的,其保险责任至转运目的地收货人仓库终止。

③如集装箱货物运抵目的港或目的港集装箱转运站,一经启封开箱,全部或部分箱内的货物仍需继续转运内地时,被保险人或其代理人必须征得目的港保险公司同意,按原保险条件和保险金额办理加批保费手续后,保险责任可至转运单上标明的目的地收货人仓库终止。

④集装箱在目的港转运站,收货人仓库或经转运至目的地收货人仓库,被发现箱体有明显损坏或铅封被损坏或灭失,或铅封号码与提单、发票所列的号码不符时,被保险人或其代理人应保留现场,保存原铅封,并立即通知当地保险公司进行联合检验。

⑤凡集装箱箱体无明显损坏,铅封完整,经启封开箱后,发现内装货物数量规格等与合同规定不符,或因积载、配载不当所致的残损不属于保险责任。

⑥进口集装箱货物残损或短缺涉及承运人或第三人责任的,被保险人有义务先向有关承运人或第三人取证,进行索赔和保留追索权。

⑦装运货物的集装箱必须具有合格的检验证书,如因集装箱不适货而造成的货物残损或短少不属保险责任。

4. 海上保险中被保险人的义务

我国海上运输货物保险合同对于被保险人的义务(Duty of the Insured)作了如下规定:被保险人应当按照以下规定的应尽义务办理有关事项,如因未履行规定的义务而影响保险人利益时,本公司对有关的损失,有权拒绝赔偿。

(1)及时提货的义务

当被保险货物运抵保险单所载明目的地以后,被保险人应当及时提货,当发现被保险货物遭受任何损失时,应立即向保险单上所载明的检验、理赔代理人申请检验,如发现被保险货物整件短少或有明显残损痕迹,应立即向承运人、受托人或有关当局索取货损货差证明。如果货损货差是由于承运人、受托人或其他有关方面的责任所造成的,应以书面方式向他们提出索赔,必要时还需取得延长时效的认证。这里实际包括几项义务:作为被保险人要及时提货的义务;货物损失时申请报检报验的义务;如是第三方的责任,有向第三责任方追偿的义务。我国《海商法》规定,被保险人应当向保险人提供必要的文件和其所需要知道的情况,并尽力协助保险人向第三人追偿。货物及船舶保险单也都作了同样的规定。

(2)合理施救的义务

保险事故发生后,被保险人应采取必要的措施防止或减少损失。被保险人如果不履行这一义务,保险人对扩大的损失有权拒绝赔偿。保险合同规定:“对遭受承保责任内危险的货物,被保险人和本公司都可以迅速采取合理的抢救措施,防止或减少货物的损失。

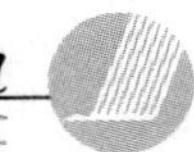

被保险人采取这项措施，不应视为放弃委付的表示，本公司采取这项措施，也不得视为接受委付的表示。”该条款不但规定了被保险人合理施救的义务，而且规定了保险人也可以采取施救措施。另外，为了达到鼓励施救目的，还规定了任何一方当事人不得将对方的施救措施视作为放弃或接受委付。

(3)通知义务

被保险人的通知义务主要指如有遗漏或风险发生变更，如航程变更、中途绕航使保险人原来承担的风险责任增加时，作为被保险人负有通知保险人的义务。保险合同规定：“如遇航程变更或发现保险单所载明的货物、船名或航程有遗漏或错误时，被保险人应在获悉后立即通知保险人并在必要时加交保险费，本保险才继续有效。”在获悉有关运输契约中“船舶互撞责任”条款的实际责任后，应及时通知保险人。

(4)提供必要单证的义务

当被保险人在货物发生损失后，根据保险合同向保险人索赔时，被保险人必须备齐必要的下列单证：保险单正本、提单、发票、装箱单、磅码单、货损货差证明、检验报告及索赔清单。如涉及第三者责任，还必须提供向责任方追偿的有关函电及其他必要单证或文件。

5. 索赔期限

我国海上运输货物保险条款的最后一条是关于索赔期限的规定，即“本保险索赔时效，从被保险货物在最后卸货港全部卸离海船后起算，最多不超过两年。”索赔期限是指被保险人在保险标的发生损失后，向保险公司提出索赔的有效期限。作为被保险人一定要在索赔时效内向保险人提出，否则极易失去获得赔偿的机会。我国《海商法》规定，根据海上保险合同向保险人要求保险赔偿的请求权，时效期间为两年，自保险事故发生之日起计算。要注意的是索赔时效不同于诉讼时效，被保险人不能认为只要在两年内向保险人提出索赔就了结，而必须在两年向法院提出诉讼，才能不丧失胜诉权。

6. 海上运输冷藏货物保险和海上运输散装桐油保险

(1)海上运输冷藏货物保险(Ocean Marine Insurance Frozen Products)

海上运输冷藏货物保险是一种专门承保冷藏货物的保险类型，分为冷藏险和一切险，可以单独保险。

(2)海上运输散装桐油保险(Ocean Marine Insurance Clauses Wood Oil Bulk)

桐油是我国的特产，它作为油漆的重要原料，是我国大宗出口商品之一。海上运输散装桐油保险是海上运输货物保险的一种专门保险，可以单独投保。

14.3.3 海上货物运输保险的附加险条款

海上运输货物保险的附加险分为普通附加险、特别附加险和特殊附加险三种类型。附加险在我国是不能单独投保的，必须在投保基本险以后才能加保。

1. 普通附加险条款(General Additional Risks)

我国海上货物运输保险普通附加险共11种。

(1)偷窃、提货不着险(Theft，Pilferage and Non-Delivery Clause)

偷窃、提货不着险主要承保被保险货物遭受下列损失：

①偷窃行为所致的损失;

②整件提货不着;

③根据运输契约规定船东和其他责任方免除赔偿的部分。

该险要求被保险人必须及时提货,对于第一项损失,必须在提货后10天之内申请检验。对于第二项损失,必须向责任方取得整件提货不着的证明,否则保险人不负赔偿责任。另外,要区分偷窃与抢劫行为,偷窃多指暗中进行的小偷小摸,而抢劫则是公开的、使用暴力手段的劫夺,本附加险是不保抢劫的。提货不着是指货物的全部或整体未能在目的地交给收货人。

(2)淡水雨淋险(Fresh Water and/or Rain Damage Clause)

保险人负责赔偿被保险货物直接遭受雨淋或淡水造成的损失。雨淋、淡水包括雨水、冰雪、船上淡水舱或水管漏水以及舱汗等。保险人对此项损失的赔偿要求货物包装外部要有雨水或淡水痕迹或有其他证明,还要求被保险人必须及时提货,提货后10天之内申请检验。

(3)短量险(Shortage Clause)

保险人对被保险货物在运输过程中,因外包装破裂或散装货物发生数量散失和实际重量短缺的损失负责赔偿。保险人仅负责货物数量短少和重量短缺的损失,对货物的正常途耗是不赔偿的。在包装货物没有破损情况下的短量,保险人是不赔的,因为这属于原来的短少。对于散装货物要扣除正常途耗,不能把正常途耗当作重量短缺。

(4)混杂、沾污险(Intermixture and Contamination Clause)

保险人对被保险货物在运输过程中,因混杂、沾污所致的损失,负责赔偿。如布匹、纸张等货物在运输途中被油类或其他物质沾污而造成的损失。

(5)渗漏险(Leakage Clause)

保险人对被保险货物在运输过程中,因容器损坏而引起的渗漏损失,或用液体储藏的货物因液体渗漏而引起的货物腐败等损失,给予赔偿。

(6)碰损、破碎险(Clash and Breakage Clause)

保险人对被保险货物在运输过程中因震动、碰撞、受压造成的破碎和碰撞损失,负责赔偿。主要是对外来因素所致碰损、破碎损失承担赔偿责任。

(7)串味险(Taint of Odour Clause)

保险人对被保险食用物品、中药材、化妆品原料等货物在运输过程中,因受其他物品的影响而引起的串味损失,负责赔偿。

(8)受潮受热险(Sweat and Heating Clause)

保险人对被保险货物在运输过程中因气温突然变化或由于船上通风设备失灵致使船舱内水汽凝结、发潮或发热所造成的损失,负责赔偿。

(9)钩损险(Hook Damage Clause)

保险人对被保险货物在装卸过程中因遭受钩损而引起的损失,以及对包装进行修补或调换所支付的费用,均负责赔偿。

(10)包装破碎险(Breakage of Packing Clause)

保险人对被保险货物在运输过程中,因搬运或装卸不慎、包装破裂所造成的损失,以

及为继续运输安全所需要对包装进行修补或调换所支付的费用，均负责赔偿。

(11)锈损险(Rust Clause)

保险人对被保险货物在运输过程中发生的锈损，负责赔偿。

2. 特别附加险(Special Additional Risks)

(1)交货不到险(Failure to Deliver Clause)

本保险自货物装上船舶时开始，不论由于任何原因，如货物不能在预定抵达目的地的日期起6个月以内交讫，保险人同意按全损予以赔付，但该货物之全部权益应转移给保险人。被保险人保证已获得一切许可证，所有运输险及战争险项下应予负责的损失，概不包括在本条款责任范围之内。

(2)进口关税险(Import Duty Clause)

如到达目的港后，因遭受本保险单责任范围以内的损失，而被保险人仍须按完好货物完税时，保险人对该项货物损失部分的进口关税负赔偿责任，有些国家(加拿大)对进口货物征收关税，不论货物进口时是否完好，一律按货物完好时的价值计征。

(3)舱面货物险(On Deck Clause)

本保险对被保险货物存放舱面时，除按本保险单所载条款负责外，还包括被抛弃或风浪冲击落水在内。实践中，一般在平安险基础上，而不是在一切险基础上加保舱面险，以防责任过大，这是个有争议的问题。

(4)拒收险(Rejection Clause)

保险人对被保险货物由于在进口港被进口国的政府或有关当局拒绝进口或没收予以负责，并按照被拒绝进口或没收货物的保险价值赔偿。在被保险货物起运后，进口国宣布实行任何禁运或禁止的，保险人仅负责赔偿运回到出口国或转口到其他目的地而增加的运费，但最多不得超过该批货物的保险价值。如果货物在起运前，进口国即已宣布禁运或禁止，保险人则不负赔偿责任。

(5)黄曲霉毒素险(Aflatoxin Clause)

黄曲霉毒素是一种致癌毒素，发霉的花生、油籽、大米等中可能含有这种毒素。本保险对被保险货物，在保险责任有效期内，若在进口港或进口地经当地卫生当局检验证明，因含有黄曲霉毒素，并且超过了进口国对该毒素的限制标准，必须拒绝进口、没收或强制改变用途时，保险人按照被拒绝进口或被没收部分货物的保险价值或改变用途所造成的损失，负责赔偿。本条款不负责由于其他原因所致的被有关当局拒绝进口或没收或强制改变用途的货物的损失。

(6)出口货物到香港或澳门存仓火险责任扩展险(Fire Risk Extension Clause for Storage of Cargo at Destination Hong Kong, including Kowloon or Macao)

专门适用于我国出口到港澳的货物并在我驻港银行办理押汇的货物存放仓库期间因火灾遭受的损失，而设计的一种特殊保险条款。两个条件，一是货物到达目的地是在港澳地区，二是在我港澳银行办理押汇的。押汇，即是卖方把运送给买方的货物装船后，将货运单证作为抵押品，开出以买方为付款人的汇票，即以此汇票向出口银行贴现，先期取得货款。

3. 特殊附加险(Specific Additional Risks)

(1)海上运输货物战争险(War-Risk Clause)

海上运输货物战争险是海上运输货物保险的一种特殊附加险，被保险人不能单独投保，只有在投保了海上运输货物保险基本险之一的基础上，经过投保人与保险人协商并经保险人同意后方可加保。本条款系海上运输货物保险条款的附加条款，本条款与海上运输货物保险条款中的任何条文有抵触时，均以本条款为准。

1）海上运输货物战争险的责任范围（Scope of Cover）

海上运输货物战争险的责任范围是直接由于战争、类似战争行为和敌对行为、武装冲突或海盗行为所致的损失；由于上款引起的捕获、拘留、扣留、禁止、扣押所造成的损失；各种常规武器，包括水雷、鱼雷、炸弹所致的损失；本条款责任范围引起的共同海损的牺牲、分摊和救助费用。

2）海上运输货物战争险的除外责任（Exclusion）

海上运输货物战争险的除外责任是由于敌对行为使用原子或热核制造的武器所致的损失和费用；根据执政者、当权者，或其他武装集团的扣押、拘留引起的承保航程的丧失和挫折而提出的任何索赔。

3）海上运输货物战争险的责任期限（Duration）

海上运输货物战争险的责任期限自被保险货物装上保险单所载起运港的海轮或驳船时开始，到卸离保险单所载明的目的港的海轮或驳船时为止。如果被保险货物不卸离海轮或驳船，本保险责任最长期限以海轮到达目的港的当日午夜起算满 15 天为限，海轮到达上述目的港是指海轮在该港区内一个泊位或地点抛锚、停泊或系缆，如果没有这种泊位或地点，则指海轮在原卸货港、地点或附近第一次抛锚、停泊或系缆。如在中途港转船，不论货物在当地卸载与否，保险责任以该海轮到达该港或卸货地点的当日午夜起满 15 天为止，在装上续运海轮时恢复有效。保险期间为“船至船”的，即承保船舶在水面的风险，自货物装上船舶时开始至目的港卸离船舶时为止；货物未卸离船舶的，延长至船到港后的 15 天为限。起算时间以海轮在该港区内一个泊位或地点抛锚、停泊或系缆，如果没有这种泊位或地点，则指海轮在原卸货港或地点或附近第一次抛锚、停泊或系缆开始计算；货物在中途港转船，货物不论卸否，也不得超过 15 天。保险人对卸于岸上等待转运的货物，只要不超过 15 天，保险人应给予负责；船舶在非目的港终止航程时，保险人的责任同前；航线改变时，被保险人要及时通知保险人，加交保费，则合同有效。

（2）海上运输货物罢工险（Strike Risk Clause）

本条款称为“货物运输罢工险条款”，是各种货物运输保险条款的附加条款。本条款与各种货物运输保险条款中的任何条文有抵触时，以本条款为准。

1）海上运输货物罢工险的责任范围（Scope of Cover）

海上运输货物罢工险的责任范围是被保险货物由于罢工者、被迫停工工人或参加工潮、暴动、民众斗争的人员的行动或任何人的恶意行为所造成的直接损失和由于上述行动或行为所引起的共同海损牺牲、分摊和救助费用。

2）海上运输货物罢工险的除外责任（Exclusion）

罢工险只负责被保险货物因罢工而造成的直接损失，而不负责间接损失。本保险对在罢工期间由于劳动力短缺或不能履行正常职责所致的保险货物的损失，包括因此而引起的动力或燃料缺乏使冷藏机停止工作所致的冷藏货物的损失不负赔偿责任。

3)海上运输货物罢工险的责任期限

货物罢工险未就保险人的责任期限作出具体的规定,因此与海上运输货物保险基本险的责任期限是一致的,即“仓至仓”责任期间,不同于战争险条款中对责任起讫仅限于水面上的规定。

(3)国际惯例

国际上的习惯做法是:如已加保了战争险,再需加保罢工险,保险人一般不再加收保费。如仅要求加保罢工险,则按战争险费率交付保费。我国保险公司有关条款也是如此规定。

14.3.4 英国海上货物运输保险条款概述

劳合社SG保险单是指劳合社标准海上保险单(Lloyd's SG Policy)。S表示船舶,G表示货物,该保险单是一种船舶保险和运输货物保险共同使用的保险单,既适用于承保货物,也适用于承保船舶。英国伦敦保险协会起草了新的保险条款和新的保险单并于1982年开始使用,保险单与条款同时使用的新方法适应了现代海上保险的需要。新保险单格式比较简单、清晰,它把SG保险单的详列式结构改变为空白式结构,可以用于任何海上保险合同,既可以用于承保货物,也可以用于承保船舶。但它又不是一个完整的保险合同,必须与协会的保险条款同时使用,方能构成一份完整的保险合同。协会新保险单主要包括以下内容:

①保险单号码(Policy Number),即保险人对其签署的保险单所编的号码,用于卷宗的检索,便于查核。

②被保险人(Name of Assured),在海上保险中通常是卖方、买方、登记船东、光船承租人、船舶管理公司等。

③船名(Vessel)这一栏填写载货的船舶或投保的船舶。

④保险航次或保险期限(Voyage or Period of Insurance)。如是船舶保险,通常为一年的定期保险;如是货物保险,通常为航次保险。

⑤保险标的(Subject-Matter Insured),填写保险的对象,即货物、船舶、运费等。

⑥约定价值[Agreed Value(if any)],保险标的的价值由双方当事人约定填写在此栏,构成定值保险单。如果双方当事人未约定保险标的的价值,此栏空项,构成不定值保险单。

⑦保险金额(Amount Insured Hereunder)同样由双方当事人约定,保险金额可以等于或低于保险价值,但不能高于保险价值。

⑧保险费(Premium),作为获得保险人在损失发生时给予赔偿的对价,被保险人应当支付保险费。

⑨条款、批单、特别条件和保证(Clauses, Endorsements, Special Conditions and Warranties),将该附加险或特别条款或批单贴在保险单上。

⑩所附条款和批单构成本保险单的一部分(The Attached Clauses and Endorsements form Dart of the Policy),明确所附条款和批单构成本保险单的一部分。

条款适用的优先顺序为首要条款、手写的文字、打印的文字、印刷条款。

协会货物保险条款的特点是:无部分损失不赔或需受免赔额的限制问题;列明承保风险和除外责任,一目了然;整个条款结构严谨、清晰;各种主险都形成独立的保险单;战争险和罢工险可作为独立险别投保;对于一些特殊的货物,比如冷冻食品、煤、黄麻、油等,协会还制定了专门的保险条款,以适用这些货物运输保险的需要。

14.4 海上船舶保险

14.4.1 船舶保险概述

1. 船舶保险的概念

(1)船舶保险的含义

船舶保险(Hull Insurance)是以各种类型的船舶为保险标的的保险。船舶种类比较繁多,分为客船、货船、油船、拖船、集装箱船等。海上保险实践中,船舶包括哪些项目取决于保险合同的具体规定,不同类型的船舶保险合同对此规定不一致。如船上燃料和物料在涉外船舶保险条款中列入船舶的范畴,而在沿海内河船舶保险条款则不属于船舶的范畴。我国船舶保险条款规定,本保险的保险标的是船舶,包括其船壳、救生艇、机器、设备、仪器、索具、燃料和物料。

(2)船舶保险的分类

船舶保险有不同的分类方法,按保险期限分为定期保险和航程保险;按保险标的分为船舶、费用、修船、停泊、建造险;按航行区域分为国际航行船舶保险和国内沿海内河船舶保险;按保险险别分为全损险和一切险及附加险;按保险条款不同分为四种类型的保险条款。

(3)船舶保险条款

针对不同船舶保险的需要,中国人民保险公司制定了不同的船舶保险条款。目前使用的船舶保险条款主要有以下四套:

①1986 年 1 月 1 日修订的“船舶保险条款”,用于从事涉外运输的船舶投保。

②1996 年 11 月修订的“沿海内河船舶保险条款”,用于从事沿海内河运输的船舶投保。

③1982 年 3 月制定的“船舶建造保险条款”,用于承保船舶建造过程中的风险。

④1999 年 12 月修订的“沿海内河渔船保险条款”,用于从事捕鱼的船舶投保。

2. 船舶的保险价值和保险金额

(1)船舶的保险价值

船舶的保险价值(Insurable Value of Ship)是指保险合同双方当事人即船东和保险人约定的船舶的价值。船舶保险价值是确定船舶保险金额的依据,约定的船舶价值订立在船舶保险合同中,构成船舶的保险价值。如果保险双方当事人对船舶的保险价值未作

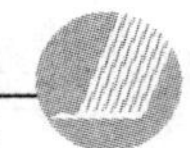

约定时，则根据我国海商法的规定。

(2)船舶的保险金额

船舶保险金额是指保险人承担赔偿责任的最高限额。船舶保险金额根据船舶保险价值确定，不能超过船舶保险价值，但可以低于船舶保险价值。对于船舶保险金额超出船舶保险价值的部分，保险人不予赔偿。船舶保险价值与船舶保险金额一致的，为足额保险或全额保险；船舶保险金额低于船舶保险价值为不足额保险，被保险人要自负一部分风险，在保险标的发生部分损失时，保险人按照船舶保险金额与船舶保险价值的比例负赔偿责任。

3. 船舶保险的主要特征

船舶保险是海上保险的主要险种，它具有以下特征：

①船舶保险主要以承保海上风险为限，为船舶在航行或停泊期间因意外事故或海上灾难造成船舶的损失提供保障。但正常风浪引起的损失以及船舶的自然耗损不在船舶保险责任范围之内。

②船舶保险所承担的风险相对集中，保险标的船舶的价值金额比较大。由于航海技术的发展，船舶自动化能力增强，高科技含量大幅度提高等特征，船舶所面临的风险也就越来越集中。一旦发生海难事故，损失巨大，乃至上亿元。

③船舶保险承保范围广泛。从船舶保险条款中可以看出，船舶保险承保的范围比海上货物保险要广泛得多，不但承保被保险船舶本身的损失，还承保与船舶有关的无形利益、费用和责任。即便是被保险人的船长和船员的故意行为造成的被保险船舶的损害，也在保险人的承保范围之内。

④船舶保险的保险单不能随船舶的转让而转让。在船舶保险中，船舶保险单不像货物运输保险单那样可以随提单的转让而转让，船舶保险单的转让必须经过保险人的同意才能转让，否则是无效的。因为，船东的经营和管理船舶的水平对于船舶的安全是非常重要的。保险人在承保时，会十分关注被保险人的信誉。

4. 船舶保险承保业务手续

作为被保险人的船东在办理船舶投保时，应当仔细阅读船舶保险条款中规定的责任范围、索赔和赔偿手续，同时要特别关注被保险人义务以及保险人除外责任部分的内容。在确定投保并与保险公司商定好有关的保险条件后，填写“船舶保险投保单”。根据船舶保险实务的有关规定，船东还应向保险公司提供所投保船舶的相关证书供保险人参考。对于国际航行船舶，相关证书包括：国际吨位证书，国际载重线证书，客船构造安全证书，货船构造安全证书，货船设备安全证书，国际防止油污染证书，国际散装运输危险化学品适装证书，国际散装运输液化气体适装证书，苏伊士运河，巴拿马运河吨位证书，船舶国籍证书，船体入级证书，轮机入级证书，冷藏装置入级证书等。对于国内航行船舶，相关证书包括：船舶吨位证书、船舶载重线证书、乘客定额证书、防止油污证书、船舶适航证书、船舶起重设备检验和试验证书、活动零部件检验和试验证书等。

根据最大诚信原则，保险双方均须履行如实告知的义务，所以船东应主动向保险公司披露有关重要信息，例如：船舶管理和经营情况、船舶和船员的实际情况、船舶是否出租抵押等。投保手续办理完毕后，保险公司为被保险人出具保险单。按保险条款的规定，全部保费应在承保时付清。如保险人同意，保费也可分期交付。收到船舶保单后，被保险人应妥为保管，以便作为续保或理赔时的凭证。

14.4.2 我国船舶保险条款

1. 我国远洋船舶保险条款

我国远洋船舶保险合同使用的是中国人民保险公司1986年1月1日修订的船舶保险条款，将船舶全损险和一切险，船舶定期保险和航程保险都并在一起罗列，使用中要加以明确承保何种险别以及保险期间。

(1)船舶全损险的承保范围

我国船舶全损险采用列明风险的形式，保险人承保由下列原因造成的被保险船舶的全损。对于部分损失，保险人是不予赔偿的。但对于施救费用，尽管保险单上未列明承保，依照我国《海商法》的规定，保险人应当给予赔偿。

1)地震、火山爆发、闪电或其他自然灾害

本项下承保各种自然灾害造成的船舶全损。所谓自然灾害，一般是指不以人类的意志为转移的自然界破坏力量所造成的灾害。除了所列出的以外，像海上航行中可能遇到的恶劣气候、海啸和洪水等皆可归于这类自然灾害。另外，这些危险并不局限于海上。

2)搁浅、碰撞、触碰任何固定或浮动物体或其他物体或其他海上灾害

搁浅是指船舶与水底发生意外的接触，而且停留在水底一段时间。搁浅不包括擦浅、坐浅和抢滩。碰撞这里显然是指船舶之间发生接触，不包括间接碰撞。触碰是指与非船舶的物体之间发生的接触，如被保险船舶与码头、浮吊、浮冰、灯标、礁石等的接触。对于物体的理解范围应是所有与船舶发生接触的物质。海上灾害又称海难，是指海上的偶然或意外事故，不包括一般风浪所致。

3)火灾或爆炸

火灾是指在时间或空间上失去控制的燃烧所造成的灾害，爆炸是指物体在瞬间发生大量能量的现象造成的损失。火灾和爆炸有时很难区分，所以并列在一起，无须区分损失到底是火灾还是爆炸引起的。

4)来自船外的暴力盗窃或海盗行为

盗窃必须是来自外界的行为，不包括内部的盗窃。盗窃还必须要有暴力行为，但它的构成不要求对人实际实施暴力，对物实施或对人相威胁已足够。因此，此处盗窃的含义比较狭窄，不包括船员的秘密行窃、小偷小摸。在英国，暴力盗窃覆盖强行闯入船舶或仓库并偷窃财产的情形以及持刀的盗贼在实际偷盗船上设备和备料时未使用暴力的情形。

5)抛弃货物

抛弃货物常常是指为了船舶和货物的安全而不得不抛弃一部分货物。中文仅指抛弃货物造成的被保险船舶的损失，而我国船舶保险英文版(Jettison)的含义，不仅指抛弃货物，而且包括抛弃船上的财产、物料、索具等。

6)核装置或核反应堆发生的故障或意外事故

核装置或核反应堆发生的故障或意外事故是指船舶航行所使用的非军用的核动力

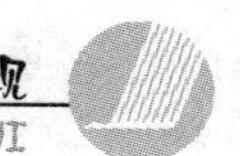

装置发生的故障或意外事故。主要是为了适应航海科学技术的发展,满足船舶对这一方面风险保险保障的需要而设计的。

7)还承保由于下列原因所造成的被保险船舶的全损

损失原因必须不是由于被保险人、船东或管理人员未恪尽职责所致的:装卸或移动货物或燃料时发生的意外事故;船舶机件或船壳的潜在缺陷;船长或船员有意损害被保险人的利益的行为;船长或船员、引航员、修船人员及租船人的疏忽行为;任何政府当局,为防止或减轻因承保风险造成被保险船舶损坏引起的污染,所采取的行动。如果遇到沿岸国为了防止或减少污染,将船炸掉,被保险人可以向保险人索取赔偿,而非依据船舶战争险赔偿。

(2)船舶一切险的承保范围

船舶保险一切险(All Risks Cover)从其冠名上看似乎是采用非列明风险的方式,但实际上和全损险一样,采用了列明风险的形式。一切险条款规定,本保险承保全损险所承保原因造成被保险船舶的全损和部分损失,以及碰撞责任,共同海损分摊、救助费用和施救费用。由此看来,一切险在承保全损险责任范围内的基础上,扩展到承保船舶部分损失、碰撞责任、共同海损分摊、救助费用和施救费用。

1)碰撞责任(Collision Liabilities)

碰撞责任是指被保险船舶与其他船舶碰撞或触碰任何固定的、浮动的物体或其他物体而引起被保险人应负的法律赔偿责任。保险人承保的是被保险船舶与他船或物体之间发生接触,依法对由此造成对方的损失所应负的赔偿责任。简而言之,由保险人替被保险人承担碰撞责任。

保险人的除外责任是在碰撞责任项下,也规定了保险人不予负责的项目:人身伤亡或疾病;被保险船舶所载的货物或财物或其所承诺的责任;清除障碍物、残骸、货物或任何其他物品;任何财产或物体的污染或沾污,但与被保险船舶发生碰撞的他船或其所载财产的污染或沾污不在此限;任何固定的、浮动的物体以及其他物体的延迟或丧失使用的间接费用。

保险人赔偿限额条款规定,保险人的责任(包括法律费用)是本保险其他条款项下责任的增加部分,但对每次碰撞所负的责任不得超过船舶的保险金额。保险人承担的碰撞责任是以船舶保险金额的数额为限,不能超过船舶的保险金额,对于超过部分,保险人不予负责。另外,保险人对碰撞责任的赔偿与对被保险船舶本身损失的赔偿是分别计算,各自单独一个保额。英国船舶保险碰撞责任仅限于船与船之间,我国船舶保险碰撞责任范围较广,并不局限于船舶之间的碰撞;英国船舶保险碰撞责任为3/4责任,我国船舶保险碰撞责任为4/4责任;碰撞责任赔偿原则条款规定,当被保险船舶与其他船舶碰撞,双方均有过失时,除一方或双方船东责任受法律限制外,本条项下的赔偿应按交叉责任的原则计算。保险人对船舶碰撞责任的赔偿有单一责任原则和交叉责任原则。单一责任原则是指碰撞双方按各自的过失比例计算出应向对方支付的赔款后进行冲抵,由多付的一方向另一方支付余额。保险人仅承担被保险人向对方支付的实际金额;交叉责任原则是指碰撞双方按各自的过失比例相互赔偿对方的损失。前者有利于保险人,后者有利于被保险人。

2）共同海损和救助（General Average and Salvage）

本保险负责赔偿被保险船舶的共同海损、救助、救助费用的分摊部分。被保险船舶发生共同海损牺牲，被保险人可获得对这种损失的全部赔偿，而无须先行使向其他各方索取分摊的权利。对于费用，待等到理算后，保险人才予赔偿被保险人的分摊部分。共同海损的理算应按有关合同规定或适用的法律或惯例理算。如运输合同无此规定，应按《北京理算规则》或其他类似规则办理。当所有分摊方均为被保险人或当被保险船舶空载航行并无其他分摊利益方时，共损理算应按《北京理算规则》或明文同意的类似规则办理，如同各分摊方不属同一人一样。根据本条的规定，船舶在空载航行时也可以向保险人主张空船共损。

3）施救（Sue and Labor）

保险人为了鼓励船舶在遭受危险时，被保险人对其进行自救或采取措施，以避免更大的损失，对由此发生的费用给予赔偿。由于承保风险造成船舶损失或船舶处于危险之中，被保险人为防止或减少根据本保险可以得到的赔偿的损失而付出的合理费用的，保险人应予以赔偿。保险人对于施救费用的赔偿责任是以被保险船舶保险金额为限，不得超过船舶的保险金额。保险人对施救费用的赔偿，不受碰撞责任的赔偿、共同海损与船舶损失的赔偿限制，应分别计算，单独按一个保额计算。

（3）船舶保险的除外责任

船舶保险人对于以下原因造成的被保险船舶的损坏不负责任：

①被保险船舶不适航，包括人员配备不当、装备或装载不妥，但以被保险人在船舶开航时，知道或应该知道此种不适航为限。我国《海商法》对于船舶适航作出了具体的规定，船东必须提供适航船舶，如果船舶不适航，其对造成的货损要负赔偿责任。海上保险对船舶适航的要求比我国《海商法》的规定要松一些，以被保险人、船东是否知道或应该知道这一事实为条件。被保险人知道船舶不适航的，保险人不赔由此造成的损失。被保险人不知道船舶不适航，保险人要赔由此造成的损失。所谓知道是指被保险人对于船舶在开航时的不适航已经知道，却处于视而不管、听而不动，或者明知故犯的行为，如录用不合格船员。应该知道是指被保险人不知道船舶不适航，但推定他应当知道，如船舶适航证书到期未换等。

②被保险人及其代表的疏忽或故意行为。被保险人一般是指船东，在航运经营活动中具有法人身份的船公司。公司中的业务主管，如航运、商务、调度、海监和船技部门的行为都可被视为被保险人的行为。代表包括船东的管理公司或者船东派出的人员。对于他们的疏忽或故意行为造成的被保险船舶的损坏，保险人不负赔偿责任。对于疏忽，应从严解释为重大过失，而不是一般过失。注意被保险人及其代表的疏忽或故意行为不能与船长、船员的疏忽或故意行为混为一谈。例如，船舶主机有问题，船长未向船公司汇报，船长为了赶时间命令船舶开航，船舶出海后发生故障，主机烧坏，船舶被拖至安全港口，花费 5 万美元，保险公司要赔偿由此引起的损失，因为船东不知道船舶不适航，这是船长的过失造成的。

③被保险人恪尽职责应对发现的正常磨损、锈蚀、腐烂或保养不周，或材料缺陷包括不良状态部件进行更换或修理。对于正常的耗损和维修费用，不属于承保范围。对潜在

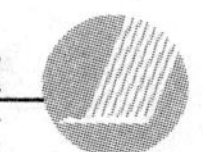

缺陷造成的其他部件的损失,保险人负责赔偿,但不包括有潜在缺陷部件本身的更换或修理费用。

④中国人民保险公司战争和罢工险条款承保和除外的责任范围。战争和罢工险条款承保范围和除外的范围,本保险不予承保。

(4)船舶保险的免赔额

为了消除小额损失索赔的麻烦,节省理赔费用,降低保险费率,促使被保险人注意对船舶的保护和防损,船舶保险合同中一般都规定一定数额的免赔额(Deductible)。保险人对于免赔额以下的损失,尽管是在保险人的承保范围,保险人根据规定也不予赔偿。免赔额分为两种形式,一种是绝对免赔额,一种是相对免赔额。绝对免赔额是指保险人仅对超过免赔额的部分给予赔偿,没有超过免赔额,保险人不赔。相对免赔额同样是指对没有超过免赔额,保险人不赔,但只要超过规定的免赔额数额,保险人则全部赔偿,不扣减。我国船舶保险条款规定的免赔额是绝对免赔额。免赔额的适用范围是保险人对承保风险所致的部分损失赔偿,每次事故要扣除保险单规定的免费额。保险人对碰撞责任、救助、共同海损和施救费用的索赔以及船舶全损的索赔,不能扣除免赔额,除非合同另有规定。船舶因搁浅而专为检查船底的费用,也不受免赔额的限制,即使检查后证实不存在搁浅损害。恶劣气候造成两个连续港口之间单独航程的损失索赔应视为一次意外事故,仅扣一次免赔额。

(5)船舶保险海运条款

船舶保险海运条款(Shipping Clause)主要是对被保险船舶的航海经营活动范围作出一定限制,避免加大保险人的承保风险责任。本条规定,除非事先征得保险人的同意并接受修改后的承保条件所需加付的保费,否则,保险人对下列情况所造成的损失和责任均不负责。

①被保险船舶从事拖带或救助服务。对于本项的理解,不能简单地认为在任何情况下,被保险船舶都不得从事拖带或救助服务,应仅适用事先安排好的拖带或救助服务。在海上航行中,对遇到遭受危险的船舶和人员都应当进行救助,这是一项国际航运界公认的行为准则。保险人无理由不允许被保险船舶从事这方面的救助。

②被保险船舶与他船在海上直接装卸货物,包括驶近、靠泊和离开船舶。通常情况下装卸货物是在码头或港内浮筒上进行的,如果是在海上装卸货物,发生事故的可能性要大于在港内装卸,给保险人加大承保风险,所以保险人作出不允许被保险船舶与其他船在海上直接装卸货物的规定,除非事先征得保险人的同意。

③被保险船舶作为拆船或以出售拆船为目的进行的航行。如果被保险船舶下一个航行的目的是为了拆船,其船东和船员都会放松对船舶技术状况的监管,船舶抵御海上风险的能力大大降低,发生的危险可能性大,保险人为此规定被保险船舶作为拆船或以出售拆船为目的进行的航行中造成的损失不负责任。

(6)船舶保险的保险期限

船舶保险期(Period of Insurance)分为定期保险和航程保险,定期保险(Time Insurance)是船舶保险期限的主要形式。定期保险的期限通常为一年,起止日期在保单上载明,一般精确到分钟。如果被保险船舶在保险期限到期时,船舶仍在海上或在海上正遭遇危险时,被保险人只要事先通知保险人并加付保费后,保险继续有效,负责到船舶抵达目的港。如果船舶在加保期间内发生全损,保险人负责给予赔偿,但被保险人要加付 6 个月的保险费。航次保险(Voyage Insurance)因被保险船舶是否载货,又分为:不载货船舶,自起运港解缆或起锚时开始至目的港抛锚或系缆完毕时终止;载货船舶,自起运港装货时开始至目的港卸货完毕时终止,但自船舶抵达目的港当日午夜零点起最多不超过 30 天。

(7)保险终止

对于船舶保险合同的终止(Termination),船舶保险条款作出以下规定:

①一旦被保险船舶按全损赔付后,本保险自动终止。

②当船舶的船级社变更,或船舶等级变动、注销或撤回,或船舶所有权、船旗改变,或转让给新的管理部门,或光租出租,或被征用,除非事先征得保险人的同意,本保险应自动终止。但船舶有货载或正在海上时,经要求,可延迟到船舶抵达下一个港口或最后卸货港或目的港。

③当货物、航程、航行区域、拖带、救助工作或开航日期方面有违背保险单条款规定时,被保险人在接到消息后,应立即通知保险人并同意接受修改后的承保条件所需加付的保险费,本保险继续有效,否则,本保险应自动终止。

(8)保险费与退费

船舶保险条款分别就保险费的支付和退费(Premium and Returns)做了规定。船舶保险条款规定,定期保险中的交费,应全部在保险承保时付清,如果保险人同意,保费也可分期付清。但被保险船舶在承保期限内发生全损时,未交付的保费要立即付清。在下列情况下可以办理退费:被保险船舶退保或保险终止时,保险费应自保险终止日起,可按净保费的日比例计算退还给被保险人;被保险船舶无论是否在船厂修理或装卸货物,在保险人同意的港口区域内停泊超过 30 天时,停泊期间的保费按净保费的日比例的 50% 计算,但本款不适用船舶发生全损。如果本款超过 30 天的停泊期分属两张同一保险人的连续保单,停泊退费应按两张保单所承保的天数分别计算。航程保险自保险责任开始一律不办理退保和退费。

(9)被保险人的义务

根据保险条款,被保险人的义务(Duty of Insured)为:通知和施救的义务,被保险人一经获悉被保险船舶发生事故或遭受损失,应在 48 小时内通知保险人,如船在国外,应立即通知最近的保险代理人;采取一切合理措施避免或减少承保标的的损失;被保险人或保险人为避免或减少承保标的的损失而采取的措施,不应视为对委付的放弃或接受或对双方任何其他权利的损害;被保险人与有关方面确定被保险船舶应负的责任和费用时,应事先征得保险人的同意;协助追偿的义务,被保险人要求赔偿损失时,如涉及第三方责任和费用,被保险人应将必要的证件移交给保险人,并协助保险人向第三方追偿。

(10)招标

招标(Tender)指的是在船舶发生事故后需要修理时,对修船厂的选择进行招标。因为保险人和被保险人所处的角度不同,所关心的问题是不一样的,所以保险条款需要对招标事宜作出规定。被保险人在船舶修理时,要像一个精打细算未投保的船东一样进行

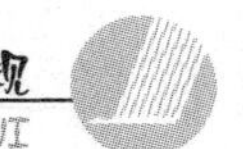

招标。由于船舶已经保了险,修理费用由保险人承担,被保险人在选择修理厂时不会考虑修理费的价格,只关心能否尽快完成修理,以减少营运损失,因为船期损失保险人是不承担的。因此,保险人要求被保险人在选择修理厂进行招标时要像一个精打细算未投保的船东一样进行招标。根据船舶保险条款的规定,保险人也可对船舶的修理进行招标或要求再次招标。保险人对被保险人按保险人的要求而发出招标通知书日起至接受投标时止所支付的燃料、物料及船长、船员的工资、给养与补偿进行赔偿。但此种赔偿不得超过船舶当年保险价值的30%。被保险人可以决定受损船舶的修理地点,如被保险人未像一个精打细算未投保的船东那样行事,保险人有权对船东决定的修理地点或修理厂商行使否决权或从赔额中扣除由此增加的任何费用。

(11)索赔与赔偿

索赔时效,保险事故发生全损或部分损失后,被保险人在两年内未向保险人提供有关索赔单证时,保险人免除赔偿责任。全损,分别规定了实际全损、船舶失踪、推定全损三种概念。保险人对于被保险船舶的全损,按船舶保险金额给予赔偿。部分损失,以新换旧不作扣减;船底的除锈或喷漆的索赔不予负责,除非与海损修理直接有关;船东为使船舶适航作必要的修理或通常进入干船坞时,被保险船舶也需就所承保的损坏进坞修理、进出船坞和船坞的使用时间费用应平均分配。如船舶仅为本保险所承保的损坏必须进坞修理时,只要被保险人于船舶在坞期间进行检验或其他修理工作不曾延长被保险船舶在坞时间或增加任何其他船坞的使用费用,保险人不得扣减其应支付的船坞使用费用;被保险人为获取和提供资料和文件所花费的时间和劳务,以及被保险人委派或以其名义行事的任何经理、代理人、管理或代理公司等的佣金或费用,本保险均不给予补偿,除非经保险人同意;凡保险金额低于约定价值或低于共同海损或救助费用的分摊金额时,保险人对本保险承保损失和费用的赔偿,按保险金额在约定价值或分摊金额所占的比例计算;被保险船舶与同一船东所有,或由同一管理机构经营的船舶之间发生碰撞或接受救助,应视为第三方船舶一样由保险人给予负责。

2. 我国船舶战争与罢工险条款

我国船舶战争和罢工险条款(Hull War & Strikes Clauses)是船舶保险的附加险,不能单独投保。只有在投保了船舶保险基本险之一的基础上,经过投保人与保险人协商并经保险人同意后方可加保。船舶保险条款也适用于船舶战争和罢工险条款,但与船舶保险条款中的任何条文有抵触时,均以船舶战争和罢工险条款为准。

(1)责任范围(Scope of Cover)

战争险承保由于下列原因造成被保险船舶的损失、碰撞责任、共同海损和救助或施救费用:战争、内战、革命、叛乱或由此引起的内乱或敌对行为;捕获、扣押、扣留、羁押、没收或封锁,从发生之日起满6个月受理;各种战争武器,包括水雷、鱼雷、炸弹;罢工、被迫停工或其他类似事件;民变、暴动或其他类似事件;任何人怀有政治动机的恶意行为。

(2)除外责任(Exclusions)

战争险承保由于下列原因造成被保险船舶的损失,保险人不负责赔偿:原子弹、氢弹或核武器的爆炸;由被保险的船舶的船籍或登记国的政府、地方当局所采取的或命令的捕获、扣押、羁押或没收;被征用或被征购;联合国安理会常任理事国之间爆发战争。

(3)保险终止(Termination)

保险人有权在任何时候发出注销通知,发出注销通知后7天期满时生效。自动终止,指的是不论是否已发出注销通知,在下列情况保险合同自动终止:任何原子弹、氢弹或核武器的敌对性爆炸发生;联合国安理会常任理事国之间爆发战争(不论宣战与否);船舶被征用或出售。

(4)承保原则(General Conditions)

本保险系附加险,船舶保险条款也适用本保险,不一致时,以本保险为准。被保险船舶如同时有其他保险,任何索赔应由其他保险负责时,本保险不负赔偿责任。如本保险由于船舶被征用或出售的原因终止时,净保费可以按日比例退还给被保险人。本保险不办理停泊退费。

3. 我国沿海内河船舶保险条款

我国沿海内河船舶保险不同于远洋运输的船舶保险,适用于1996年11月1日修订的《中国人民保险公司沿海内河船舶保险条款》以及1997年1月1日起执行的中国人民银行总行对《沿海内河船舶保险条款》的修订和《沿海内河船舶保险条款解释》。

(1)沿海内河船舶保险的保险标的

保险条款首先对保险标的作出了具体规定:"本保险的保险标的是指在中华人民共和国境内合法登记注册,从事沿海、内河航行的船舶,包括船体、机器、设备、仪器和索具。船上燃料、物料、给养、淡水等财产和渔船不属于本保险标的范围。"

①本保险的保险标的指在中华人民共和国境内水域,依照中国的法律、法规和主管部门的规章进行合法登记注册,从事合法营运或作业航行的船舶,包括海船、河船和其他可视为船舶的水上移动或浮动的装置。船舶包括船壳和按照国家及行政管理部门的有关规定应该配备的机器、设备、仪器和索具。但船上配备的燃料、物料、给养、淡水等不属于本保险标的范围。用于军事目的的船舶和渔业船舶不适用本保险条款。

②船体,是指船舶骨架的总体。包括船壳、龙骨、甲板、上层建筑等。

③机器,指用于船舶航行的动力机械。包括主机、辅机、锅炉、轴承、泵和管系等。

④设备,指船舶按照船舶建造规范或规定安装的各类装置的总称。包括用于船舶航行、通信、测量等的设备和用于装卸、消防、救生、导航等的装备,还包括舵、锚、子船。用于改善生产条件的装置,如空调、电视、冰箱等需特约承保。

⑤仪器,指用于船舶航行、通信、测量等的各类仪器、仪表。

⑥索具,指用于船舶系泊、抛锚用的缆绳、铁索、锚链。

⑦船舶所有人,指依法对船舶享有占有、使用、收益和处分权利的人。

⑧船舶经营人,是指依法对船舶享有使用、收益和管理的权利人。定期租船人和光船租赁人均视为船舶经营人。

⑨船舶管理人,是指船公司法人授权委托对船舶的航运、船技、安监、调度等享有处分权利的人。

(2)保险人的保险责任

本保险的险别分为全损险和一切险。根据保险双方约定的险别,保险人按保险单载明的内容及承保条件分别承担相应的保险责任。

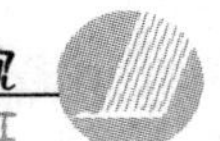

1）全损险

全损险是指被保险船舶发生保险责任范围内所列明的灾害或事故致使船舶全损时，保险人负责赔偿的一种保险。全损包括实际全损和推定全损。实际全损是指被保险船舶发生保险事故后完全灭失，或者受到严重损坏，完全失去原有形体、效用，或不能再归被保险人所拥有，包括船舶失踪。推定全损是指被保险船舶发生保险事故后，认为实际全损已经不可避免，或者为避免发生实际全损所需支付的费用将要超过船舶的保险价值。由于下列原因造成保险船舶发生的全损，本保险负责赔偿：8级及以上大风、洪水、地震、海啸、雷击、崖崩、滑坡、泥石流、冰凌；火灾、爆炸；碰撞、触碰；搁浅、触礁；由于上述承保的灾害或事故引起的船舶倾覆、沉没；船舶失踪。

2）一切险

一切险是相对于本条款中全损险而言，是在全损险的保险责任基础上，有条件地扩大保险责任范围。在保险的赔偿责任方面，将全损险只负责船舶发生全损时才赔偿扩大为船舶发生全损或部分损失时均予赔偿；在承保的风险方面，增加了被保险船舶碰撞他船或触碰他物产生对第三者依法承担责任和被保险船舶发生的共同海损、救助施救等费用损失的风险。

本保险承保全损险列举的六项原因所造成被保险船舶的全损或部分损失以及所引起的下列责任和费用：

①碰撞、触碰责任。指被保险船舶在可航水域与其他船舶、码头、港口设备、航标、钻井平台发生直接碰撞或触碰产生侵权行为而依法对它们的损失和费用应负的赔偿责任。本保险承担的碰撞、触碰责任包括下列内容：本保险对第三者应负的赔偿责任仅限于直接损失，任何间接损失和费用均不属于本保险的赔偿责任范围，因浪损产生的赔偿责任不属于本保险的赔偿责任范围；被碰撞船舶上所载货物的直接损失，属于保险责任；保险人对每次碰撞、触碰责任事故仅负责赔偿金额的3/4，即被保险人对每次碰撞、触碰责任赔偿额自负1/4，但在保险期限内一次或累计的最高赔偿额以船舶保险金额为限；对于本船舶上货的损失，本保险不负赔偿责任；碰撞、触碰责任的赔偿按照过失双方责任的比例交叉计算；非机动船舶不负碰撞、触碰责任，但被保险拖船拖带本公司承保的驳船时，可视为一个整体，本保险兼负碰撞、触碰责任。

②共同海损、救助及施救。本保险负责赔偿依照国家有关法律或规定应当由保险船舶摊负的共同海损。除合同另有约定外，共同海损的理算办法应按《北京理算规则》和我国《海商法》的规定办理。被保险船舶在发生保险事故时，被保险人为防止或减少损失而采取施救及救助措施所支付的必要的、合理的施救或救助费用、救助报酬，由本保险负责赔偿。但共同海损、救助及施救三项费用之和的累计最高赔偿额以不超过保险金额为限。

3）保险除外责任

除外责任，指本保险条款中列明的保险人不负赔偿的责任。保险人仅对条款中列明的风险所造成被保险船舶的损失负责赔偿。凡列明的风险以外的任何风险对船舶造成的任何损害或损失都属除外责任，保险人不负赔偿责任：船舶不适航、船舶不适拖，包括船舶技术状态、配员、装载等，拖船的拖带行为引起的被拖船舶的损失、责任和费用，非拖轮的拖带行为所引起的一切损失、责任和费用；船舶正常的维修、油漆，船体自然磨损、锈蚀、腐烂及机器本身发生的故障和舵、螺旋桨、桅、锚、锚链、橹及子船的单独损失;浪损、坐浅;被保险人及其代表(包括船长)的故意行为或违法犯罪行为;清理航道、污染和防止或清除污染的责任和费用,赔偿对水产养殖及设施、捕捞设施、水下设施、桥造成的损失和费用;因保险事故引起本船及第三者的间接损失和费用以及人员伤亡或由此引起的责任和费用;战争、军事行动、扣押、骚乱、罢工、哄抢和政府征用、没收;其他不属于保险责任范围内的损失。

由于本保险条款的保险责任采取列明式确定责任范围,凡未在保险责任范围内列明的原因而引起的船舶损失和费用,保险人均不负责赔偿。

4)保险期限

保险期限是指保险双方在遵守保险合同中所规定的权利和义务的情况下,明确保险人对被保险人承担的经济补偿或给付责任开始至终止的有效期限。本条规定的保险期限最长为一年。不足一年的为短期保险,具体起止时间以保单上载明的时间为准。除法律另有规定或合同另有约定外,保险责任开始后,保险双方均不得解除合同。但当被保险人在投保时没有将有关影响保险人据以确定保险费率或者确定是否同意承保的重要情况,如实告知保险人时,保险人有权解除合同。

5)保险金额

保险条款就船舶的保险金额作出了具体的规定:船龄在三年(含)以内的船舶视为新船,新船的保险价值按重置价值确定,重置价值是指市场新船购置价。船龄在三年以上的船舶视为旧船,旧船的保险价值按实际价值确定,实际价值是指船舶市场价或出险时的市场价。保险金额按保险价值确定,也可以由保险双方协商确定,但保险金额不得超过保险价值。

6)索赔和赔偿

被保险人索赔时,应及时按保险人的要求提供有效单证,如保险单、海事签证、航海(行)日志、轮机日志、海事报告、船舶法定检验证书、船舶入级证书、船舶营运证书、船员证书(副本)、运输合同载货记录、事故责任调解书、裁决书、损失清单及其他有关文件。在保险有效期内,保险船舶发生保险事故的损失或费用支出,保险人均按以下规定赔偿:

①全损险,船舶全损按照保险金额赔偿。保险金额高于保险价值属超额投保,计算赔偿时以不超过出险当时的实际价值为限。总的原则是被保险人在任何情况下不能通过保险而获得可保利益以外的额外利益。推定全损案件首先要被保险人提出委付,保险人拒绝接受委付时,不影响保险人对推定全损的赔偿义务;保险人接受委付时,船舶的所有权及附带的义务和责任将转移给保险人。

②一切险,船舶发生全损,按全损险赔偿。船舶发生部分损失:新船按实际发生的损失、费用赔偿,但保险金额低于保险价值时,按保险金额与该保险价值的比例计算赔偿;旧船按保险金额与投保时或出险时的新船重置价的比例计算赔偿,两者以价高的为准;部分损失的赔偿金额以不超过保险金额或实际价值为限,两者以低的为准。但无论一次或多次累计的赔款等于保险金额的全数时(含免赔额),则保险责任即行终止。

③免赔额,保险人对每次赔款均按保险单中的约定扣除免赔偿(全损、碰撞、触碰责任除外)。本条订明了免赔额的规定。具体金额或比例,以及扣除条件,均由保险人在保

险单上载明，本保险对全损和碰撞、触碰责任不扣免赔额。

④残值的处理，保险船舶遭受全损或部分损失后的残余部分应协商作价折归被保险人，并在赔款中扣除。本条规定对船舶发生海损事故后船体残值、机器设备残值及其他各类残值的处理办法。对于尚有价值的剩余部分（如旧钢板、机器等），保险人与被保险人应协商作价折归被保险人，并在计算赔款时扣除。如该船属未足额保险，船舶残值应按比例折归被保险人。

⑤第三方责任，被保险船舶发生保险责任范围内的损失应由第三方负责赔偿的，被保险人应当向第三方索赔。如果第三方不予支付，被保险人应提起诉讼。在被保险人提起诉讼后，保险人根据被保险人提出的书面赔偿请求，按照保险合同予以赔偿，同时被保险人必须将向第三方追偿的权利转让给保险人，并协助保险人向第三方追偿。

⑥索赔时效，被保险人从知道或应当知道保险船舶发生保险事故的当天起，两年内不向保险人提出书面索赔，不按保险人的要求提供各种有关索赔单证的，在达成结案协议时起一年内不领取应得的赔款的，即作为自愿放弃权益，本保险终止赔偿责任。

(3)被保险人的义务

被保险人不履行义务（即被保险人的保证条款），保险人有权拒绝赔偿或终止保险合同。对于已经赔偿的，保险人有权追回已付出的保险赔款，所以被保险人必须履行其义务：支付保险费、告知和申办批改的义务、施救和通知的义务、严格遵守海事部门制定的各项安全航行规则和制度。

14.4.3 我国集装箱保险条款

从广义角度上讲，集装箱保险（Container Insurance）包括集装箱货物保险、集装箱箱体保险和集装箱责任保险三种类型。这里仅讲述集装箱箱体保险，其他两种类型分别在货物保险和海运责任保险中讲到过。集装箱保险是指以集装箱箱体为保险标的的保险。适用的条款为中国人民保险公司1980年制定的集装箱保险条款。

1. 承保责任(Scope of Cover)

集装箱保险承保责任包括两种险别，即全损险和综合险。

(1)全损险

承保整个集装箱的全损，包括实际全损和推定全损。

(2)综合险

综合险实际上是一切险，承保集装箱的全部损失或部分损失与由于下列原因造成的集装箱的机器部分损失等风险：运输船舶的沉没、触礁、搁浅、碰撞引起的（包括同冰碰撞）；陆上或空中运输工具的碰撞、倾覆及其他意外事故引起的；外来的火灾、爆炸引起的。不论是承保全损险还是承保综合险，对于共同海损分摊、救助和施救费用，保险人都给予赔偿。

2. 除外责任(Exclusion)

①由于集装箱不符合国际标准或由其内在缺陷和特性或工人罢工或延迟所引起的损失和费用；

②正常的磨损及其修理费用;

③集装箱战争险条款规定的承保责任和除外责任;

④与投保集装箱经营有关的或由其引起的第三者责任和费用。

3. 保险期限(Period of Insurance)

保险期限的起止时间以保险单规定为准。保险人和被保险人均可终止保险,但要在30天前事先向对方发出通知。

4. 集装箱战争险条款(Container War Clause)

本保险是集装箱保险条款的附加险,不一致时,以本保险为准。主要内容如下。

(1)责任范围(Scope of Cover)

战争、敌对行为或武装冲突造成的损失;由于战争、敌对行为或武装冲突引起的扣押、扣留、没收或封锁,从发生之日起满3个月才能受理;各种常规武器,包括水雷、鱼雷或炸弹造成的损失。

(2)除外责任(Exclusion)

除外责任包括:凡属于本公司集装箱保险条款责任范围的事故;集装箱所有人国家的政府行使的扣押、扣留、没收或征用;由于原子弹、氢弹等核武器所造成的损失。

3. 责任终止(Termination)

保险人有权在任何时候发出注销通知,发出注销通知后14天期满时生效。

14.4.4 《英国协会船舶定期保险条款》

在船舶保险实务中,国际上最常用的是《英国协会船舶定期保险条款》(Institute Time Clauses Hulls),该条款对国际船舶保险业务产生很大影响。我国现行的船舶保险条款也是在参照和借鉴它的基础上修订的。了解其条款的内容和发展情况对于推进和改进我国船舶保险业务是有裨益的。

关于船舶定期保险合同,英国目前可以说有三套条款,它们分别是《1983年协会船舶定期保险条款》、《1995年协会船舶定期保险条款》、《2002年国际船舶定期保险条款》。目前经常使用的还是《1983年协会船舶定期保险条款》。

1.《1983年协会船舶定期保险条款》

在船舶保险实务中,国际上最常用的是英国协会《1983年协会船舶定期保险条款》(ITCH 83),于1983年10月1日正式启用。《1983年协会船舶定期保险条款》共有26个条款分别是:航行条款(Navigation)、延续条款(Continuation)、违反保证条款(Breach of Warranty)、终止条款(Termination)、转让条款(Assignment)、风险条款(Risk)、污染风险条款(Pollution Hazard)、3/4碰撞责任条款(3/4ths Collision Liability)、姐妹船条款(Sistership)、索赔通知和招标条款(Notice of Claim and Tender)、共同海损和救助条款(General Average and Salvage)、免赔额条款(Deductible)、被保险人的义务条款(Duty of Assured(Sue and Labor))、新换旧条款(New for Old)、船底处理条款(Bottom Treatment)、工资和给养条款(Wages and Maintenance)、代理佣金条款(Agency Commission)、未修理损害条款(Unrepaired Damage)、推定全损条款(Constructive Total

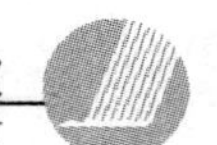

LOSS)、运费弃权条款(Freight Waiver)、船舶费用保证条款(Disbursements Warranty)、停泊和解约的退费条款(Returns for Lay-up and Cancellation)、战争险除外条款(War Exclusion)、罢工险除外条款(Strikes Exclusion)、恶意行为除外条款(Malicious Acts, Exclusion)和核除外条款(Nuclear Exclusion)。

2.《1995 年协会船舶定期保险条款》

伦敦保险人协会于 1995 年 11 月 1 日推出了《1995 年协会船舶定期保险条款》,旨在代替《1983 年协会船舶定期保险条款》。因为《1995 年协会船舶定期保险条款》加重了船东作为被保险人的责任,所以遭到船东的抵制和市场的排斥,形成两套保险条款并用的局面,后者并未取消前者。

由于国际海事法律上的变化,《1989 年国际救助公约》和新的《约克—安特卫普规则》以及《国际安全管理规则》的制订和生效,对救助法律和共同海损制度产生了重要的影响。海上保险人为适应法律的发展变化不得不调整船舶保险条款。另外,船舶在营运和管理上也发生了变化,方便旗船的大量使用,使得船舶维修保养质量不断下降,保险人实际上承担了这些风险,这对保险人是不公平的。为此,出台了《1995 年协会船舶定期保险条款》。《1995 年协会船舶定期保险条款》共有 27 个条款,比 1983 年条款多加了船级条款。《1995 年协会船舶定期保险条款》与 1983 年条款相比较而言,内容发生变化的条款有:航行条款中增加了拖带/引航条款和直升机许可条款;延续条款中可以延续的情况受到限制,规定只有在船舶处于危险中,保险人才同意展期;终止条款中增加了导致保险自动终止的情况;风险条款中删去了核装置或核反应堆发生的故障;污染风险条款中将污染损害扩展到环境损害;在共同海损条款中明确规定特别补偿和防污费用不予承保;增加了船级条款,规定被保险人必须遵守保险人认可的船级社的规则。其他条款基本上与 1983 年条款的规定没有变化。

3.《2002 年国际船舶保险条款》

2002 年英国保险业推出并于 2002 年 11 月 1 日起启用了《2002 年国际船舶保险条款》,旨在逐步取代《1983 年协会船舶定期保险条款》。《2002 年国际船舶保险条款》分为三大部分,共 53 条。第一部分为主要保险条款,这一部分涵盖了船壳保险中最常用的条款,共包括 33 个条款(1～33 条),1983 年条款中绝大多数条款包含其中。它们是:总则、危险条款、租用的设备条款、拆下船舶部件条款、污染危险条款、3/4 碰撞责任条款、姐妹船条款、共同海损和救助条款、被保险人义务条款、航行条款、违反航行保证条款、延续条款、船级和 ISM 条款、管理条款、免赔额条款、以新换旧条款、船底处理条款、工资和给养条款、代理佣金条款、未修理的损坏条款、推定全损条款、运费弃权条款、转让条款、营运费用保证条款、解约退费条款、单独保险条款、连带责任条款、附属公司条款、战争除外条款、罢工除外条款、恶意行为除外条款、核放射除外条款、化学/生物/电磁武器/攻击除外条款。第二部分为附加条款,共包括 11 个条款,分别为:航行限制、白令海通行限制、重新投入使用、使用直升机、保险费支付、1999 年合同(第三者权利)法、4/4 碰撞责任、固定和浮动物体、停泊退费、共同海损吸收、附加风险条款。第三部分为理赔方面的规定,共包括 9 个条款,分别为首席保险人、索赔通知、招标规定、被保险人义务、保险人与理赔有关的义务、提供担保、赔款支付、追偿、争议解决条款。

14.5 海运责任保险

14.5.1 海运责任保险概述

1. 海运责任保险概念

责任保险(Liability Insurance)是指以被保险人依法对第三人应承担的民事损害赔偿责任为承保对象的保险。责任保险属于广义财产保险范畴，是一种无形的财产保险。由于被保险人的疏忽、过失等行为造成他人的损害，根据法律或合同，应对他人承担经济赔偿责任的，都可以在投保有关责任保险后，由保险人给予赔偿。责任保险所包括的范围比较广泛，主要有公众责任保险、产品责任保险、雇主责任保险和职业责任保险等。海运责任保险则是指以从事海运业务的经营人即被保险人在其经营过程中依法对第三人应承担的民事损害赔偿责任为承保对象的保险。在海运业务中，除风险和危险可能造成财产损失外，海运业务经营人，像船东、租船人、国际货运代理人、船舶代理人、码头经营人、国际多式联运经营人等都可能由于其本人或工作人员或其雇佣人员的疏忽、过失等行为造成他人的人身伤害或财产损失，并且因此承担相应的民事赔偿责任。这种责任有时是非常大的，可能会造成海运业务经营人不堪重负，海运责任保险的产生，保险人承担被保险人的民事损害赔偿责任，即由保险人承担被保险人本应承担的赔偿责任。

2. 海运责任保险合同的标的

海运责任保险合同的标的是海运经营人对第三人的民事赔偿责任。正确理解责任的含义对于被保险人和保险人是非常重要的。

(1)海运责任保险的责任是一种民事法律责任

海运责任保险的责任是一种民事赔偿责任，又分为违约责任和侵权损害赔偿责任，海运责任保险的责任，一般是侵权损害赔偿责任。对于违约责任，在一般责任保险中通常是不予承保，但经过特别约定的可以承保。在海运责任保险中，也是给予承保的。如保赔协会对船东在承运货物过程中造成的损失负赔偿责任，这种责任便是违约责任。

(2)海运责任保险的责任是一种对他人的赔偿责任

海运责任保险的责任是指被保险人给他人造成损失后，他人要求被保险人进行赔偿，而按照法律或合同的规定被保险人又必须承担的责任。因此，如果被保险人自己给自己造成损失，保险人不承担赔偿责任；同时，如果被保险人虽给他人造成了损失，但他人却没有向被保险人提出赔偿请求或者对于被保险人的赔偿不予接受时，保险人也不承担赔偿责任。因为在这种情况下，被保险人没有自己的损失也就等于没有承担责任。因此，被保险人无损失，保险人自然不能给予被保险人赔偿。

(3)海运责任保险的责任是过失责任和无过错责任

在一般侵权民事赔偿责任中，通常的原则是行为人要有过错，无过错即无责任。行为人因过错而使他人受损，理应负赔偿责任。过错又分故意和过失，责任保险所承保的

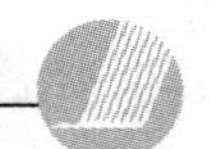

责任以被保险人的过失行为为限，而对于行为人的故意行为造成的损害不承担责任。如果第三者的损害是被保险人的故意行为所致，则不属于责任保险的范围，否则责任保险将产生助长侵权行为甚至鼓励犯罪的副作用。因此，过失责任是责任保险所承保的主要责任风险。在特殊侵权民事损害赔偿责任中，对于特定的事件，实行的是无过错责任。与过错责任不同的是行为人没有过错，根据法律规定也应对他人受到的损害负赔偿的责任，无过错责任也是责任保险承保的责任风险。在海运责任保险中，在特定的情况下，被保险人也要承担无过错责任。例如油污损害赔偿责任，即使造成油污损害的责任不在船东身上，船东依照法律的规定也要承担赔偿责任。

3. 海运责任保险的种类

海运责任保险根据被保险人经营范围不同，可以分为以下几种情况。

(1)船舶碰撞责任保险

船舶碰撞责任保险在我国是指被保险船舶与其他船舶碰撞或触碰任何固定的、浮动的物体或其他物体而引起被保险人应负的法律赔偿责任，由保险人承担的保险，保险人承保的是被保险船舶与他船或物体之间发生接触，依法对由此造成对方的损失所应负的赔偿责任。船舶碰撞责任保险虽然属于责任保险，但在海上保险实务中，既可以作为船舶保险主险之一的一切险的承保范围，也可以作为船舶保险全损险的附加险来承保，同时对于超额部分的碰撞责任又可作为船东保赔协会承保责任险的承保范围。

(2)国际货运代理责任保险

国际货运代理责任保险是指货运代理人在业务经营过程中，因为疏忽而造成货物的损坏和产生的费用，对他人承担的赔偿责任由保险人承担的一种责任保险。国际货运代理人的责任主要是针对委托人而言所负的过失赔偿责任。

(3)船东保赔保险

船东保赔保险是指由船东自己组织起来，彼此之间相互保障，共同分担由船东承担的责任的一种互助性保险。保赔保险的标的主要是船东的责任，承保商业保险公司的船舶保险责任之外的危险和风险。

(4)租船人责任保险

租船人责任保险是指作为租船人的被保险人在租船经营过程中产生的赔偿责任，由保险人在规定的承保范围内给予承担的一种责任保险。这里的租船人主要指的是定期租船人和光船租船人，他们的责任虽然不同于船东，但要承担对于货物损坏，以及对船东的责任。

(5)油污损害民事责任保险

油污损害民事责任保险是指被保险船舶在油污损害中承担的油污损害赔偿责任由保险人承保的一种责任保险。油污损害赔偿责任保险通常都由船东保赔协会在船东保赔保险中给予承保。因为油污损害赔偿责任很大，所以保险人的赔偿责任是有限额规定的。

4. 海运责任保险的特征

海运责任保险的特征(Characteristics of Marine Liability Insurance)主要表现在以下几点。

(1)海运责任保险的标的是责任

海运责任保险是以被保险人对第三者的赔偿责任为保险标的,不但包括海运侵权损害赔偿责任,而且包括违约责任。海运责任保险的责任是过失责任和无过错责任,取决于被保险人是否受到第三者的赔偿请求。保险人须在被保险人受到第三者赔偿请求时,才承担对被保险人的经济损失赔偿责任。

(2)海运责任保险合同中保险人的参与权

所谓保险人的参与权,是指当责任保险的责任发生后,保险人对于被保险人和第三人在协商赔偿时有参加的权利。在责任保险中,因被保险人的赔偿责任已转嫁到保险人身上,被保险人对于第三者就其责任的承认、和解或否定以及赔偿数额的多少均与保险人的利益密切相关,所以,保险人有权参加并干预被保险人承担民事赔偿责任的诉讼,以减轻自己应承担的赔偿责任。大多数国家或地区保险法通常都规定了保险人的参与权。我国船舶碰撞责任保险和船东保赔保险都有类似的规定。

(3)海运责任保险赔偿义务的履行对象

在责任保险合同中,由于保险人承保的是被保险人依法应对他人所承担的经济赔偿责任,因而保险人支付的保险金最终应落实到受害者手中,并归其所有。责任保险合同直接保障被保险人的利益,间接保障第三人的利益,两者同时并存。责任保险合同中,保险金的给付方式有两种形式:保险人向被保险人支付;保险人得到被保险人的通知后,直接向第三者支付保险金。保险人在支付保险金后,如果被保险人对他人有损害赔偿请求权,保险人可以在其支付赔偿金的限度内行使保险代位权。我国《保险法》规定,保险人对责任保险的被保险人给第三者造成的损害,可以依照法律的规定或者合同的约定,直接向该第三者赔偿保险金。

(4)海运责任保险合同中第三人的请求权

责任保险是以被保险人对第三者依法应负的赔偿责任为保险标的的保险,那么,第三人是否能代替被保险人的地位,直接对保险人行使赔偿的请求权呢?对此问题,有两种观点:第一种观点认为,责任保险合同仅存于保险人与被保险人之间,而保险人的责任,须至被保险人支付赔偿金后,方能发生。故第三人只可对被保险人提出请求,不得对保险人求偿,因为保险人与第三人之间并无契约关系,且在被保险人支付前,保险人之责任尚未发生。第二种观点认为,责任保险为被保险人对特定的第三人负赔偿责任时,补偿其损失的契约,保险契约上的请求原因,在于第三人的请求,故保险的赔偿责任,实质上即为对第三人的赔偿责任。因此,被保险人在第三人请求时,即对保险人成立债权,第三人自得代位行使其请求权。我国《海事诉讼特别程序法》和我国加入的《国际油污损害民事赔偿责任公约》都规定,对船舶造成油污损害的赔偿请求,受损害人可以直接向承担船舶所有人油污损害责任的保险人提出索赔。

14.5.2 国际货代责任保险

国际货物代理是为当事人办理国际货物运输及相关业务的服务性企业,在其完成委托人的运输任务过程的许多环节中,可能会由于过失而产生严重的后果和巨大的经济赔

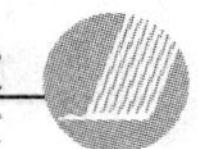

偿责任。因此,国际货物代理有必要投保责任保险。国际货运代理责任保险是指货运代理人在业务经营过程中,因为疏忽而造成货物的损坏和产生的费用,对他人承担的赔偿责任由保险人承担的一种责任保险。

1. 国际货运代理责任险承保范围

我国货运代理人的责任通常分为代理人的责任和合同当事人的责任,所以国际货运代理责任保险的承保范围是根据货运代理人的责任来确定的。一般而言,承保以下责任:

①过失或疏忽所导致的货物损失。货物是在被保险人或与其签约提供运输服务参与人的照料、保管或控制下,所遭受的物理性灭失或损坏。

②延迟或误交。被保险人在工作过程中因过失导致的延迟交付货物或者将货物交到非正确的地点而引起的赔偿责任。

③货物所分摊的共同海损、救助及救助费用。

④海关罚款或惩罚。由于货物的损坏、延迟或误交及随之带来后果损失或业务中断等原因造成的海关罚款或惩罚。

⑤未能收取运费和运输费用。货运代理人在完成其运输服务后,因种种原因可能收不到其应得的运费和为运输所花费的费用。

英国联运保赔协会(TT CLUB)为货运代理及采用多种运输方式的无船承运人、拖轮公司、铁路经营人和仓储业主而设计的运输营运险包括以下险:货物灭失或损坏险;"过失与疏忽"责任险,包括迟延及未经授权放货的责任险;第三人责任险(包括突发和意外污染);罚款与关税险;调查、抗辩、诉讼费用险;错误指示费用险;处置、检疫、消毒费用险;共同海损和救助担保与分摊险;额外运送费用险;特定险等。

2. 国际货运代理责任保险的除外责任

国际货运代理责任保险的保单中,保险人的除外条款和赔偿限制通常有:被保险人的蓄意或故意行为造成的后果;被保险人违法行为造成的后果;战争、入侵、外敌、敌对行为(不论是否宣战)、内战、反叛、革命、起义、军事或武装侵占、罢工、停业、暴动、骚乱、戒严和没收、充公、征购等造成的任何后果,以及为执行任何政府、公众或地方权威的指令而造成的任何损失或损害;任何由核燃料或核燃料爆炸所致核废料产生的辐射或放射性污染所导致、引起或可归咎于此的任何财产灭失、摧毁、毁坏或损失及费用,不论直接或间接,还是作为其后果损失;被保险人事先未征求保险人的意见,擅自赔付第三人,亦可能从保险人得不到赔偿或得不到全部赔偿。

3. 国际货运代理责任保险的方式

国际货运代理投保责任险时,主要有以下几种方式供选择,即有限责任保险、完全法律责任保险、最高责任保险、集体保险制度。国际货运代理根据自己的情况,选择适合自己的方式进行投保。

(1)国际货运代理的有限责任保险

国际货运代理仅按其本身规定的责任范围对其有限责任投保,根据国际货运代理协会标准交易条件确定的国际货运代理责任范围,有限责任保险主要分三种类型:国际货运代理可选择只对其有限责任投保;国际货运代理也可接受保险人的免赔额,这将意味着,免赔额部分的损失须由国际货运代理承担;国际货运代理还可通过缩小保险范围来降低其保险费。

(2)国际货运代理的完全法律责任保险

国际货运代理按其所从事的业务范围、应承担的法律责任进行投保。根据国际货运代理协会标准交易条件确定的国际货运代理责任范围,国际货运代理也可以选择完全责任投保。但有的国家的法院对国际货运代理协会标准交易条件中有关责任的规定不予认定。所以,国际货运代理进行完全法律责任保险是十分必要的。

(3)国际货运代理的最高责任保险

在某些欧洲国家,一项特种国际货运代理责任保险体制被广泛采用。在这种体制下,对于超过确定范围以外的责任,国际货运代理必须为客户提供"最高"保险,即向货物保险人支付一笔额外的保险费用。这种体制尽管对国际货运代理及客户都有利,但目前仅在欧洲流行。

(4)国际货运代理的集体保险制度

在某些国家,国际货运代理协会设立了集体保险制度,向其会员组织提供责任保险。这种集体保险制度的优点是:使该协会能够代表其成员协商而得到一个有利的保险费率;使该协会避免要求其成员进行一个标准的、最小限度的保险,并依此标准进行规范的文档记录。但缺点是:一旦推行一个标准的保险费率,就等于高效率的国际货运代理对其低效率的同行进行补贴,从而影响其改进风险管理、索赔控制的积极性;使其成员失去协会的内部信息,而该信息可能为竞争者所利用。

4. 中国国际货运代理协会标准交易条件关于保险的规定

为使我国货运代理业务行为规范化,明确货运代理与相关当事人之间的权利义务,从而最大限度地保护货运代理自身的合法权益,中国国际货运代理协会制定了《标准交易条件》。该《标准交易条件》,为国际货运代理责任保险的开展奠定了基础。货运代理责任保险长期以来难以开展,其中一个最重要的原因,就是货运代理的责任与风险不明确。《标准交易条件》出台后,凡选择使用《标准交易条件》的货运代理公司今后在投保货运代理责任保险时,保险公司在承接货运代理责任保险业务时就会比较容易明确保险责任范围,进而促进我国货运代理责任保险的开展。《标准交易条件》的保险规定:"除非公司接受了客户的明确指示,公司不会安排投保。所有经公司安排的保险,均须受承保的保险公司或承保人的保险单所载的免责条款和通常的限制。公司并无任何责任为每项运输安排独立投保。倘若有关承保人基于任何原因对其责任产生争议,则投保人只可向承保人作出追偿,而公司对此概不承担任何法律责任,即使有关保险单的保费与公司收取的保费或客户付给公司的保费并不相同。在公司同意安排保险的情况下,公司纯粹以客户代理人身份努力安排有关投保,但公司并不保证或承诺任何有关保险将被有关保险公司或承保人接受。"

14.5.3 船东保赔保险

1. 船东保赔保险和保赔协会概述

船东保赔保险(P&I Insurance)是指由船东自己组织起来,彼此之间相互保障,共同

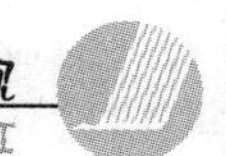

分担属于船东承担的责任的一种互助性保险。保赔保险的标的主要是船东的责任，主要承保商业保险公司的船舶保险责任之外的危险或(和)风险。船东保赔协会是船舶所有人自己组织起来，相互之间互助保障性质的组织，共同分担属于会员的责任。每个会员既是保险人又是被保险人。因此，保赔协会是一种互助合作性质的、非营利性的保险组织。其产生的原因是由于船舶保险人在船舶保险合同中仅承保被保险标的物与船舶本身的损坏和相关的费用，对船东的责任保障不够以及对船东在经营过程中一些风险未能给予承保。如保险人也不承保船方在不适航、管货过失等情况下对货损应负的责任，使得船东不得不寻求风险保障。目前国际上已有20多家船东保赔协会。另外，为了协调各保赔协会的利益和关系，借助雄厚资金和信誉，以及安排分保以分散风险的目的，国际上又专门成立了国际保赔集团。该集团已成为国际保赔业的核心组织，在国际航运业扮演着重要角色。我国船东保赔协会是在1984年1月1日成立的，我国大多数船公司都已加入该协会，中国船东保赔协会已成为我国船舶保赔保险的主要承保人。保赔协会与商业保险公司的主要区别在于：保赔协会主要承保的是船东的责任，保险公司承保的是保险标的的损坏或灭失；保赔协会中船东是保险人又是被保险人，保险公司中船东仅是被保险人；保赔协会利益与船东利益一致，保险公司与船东利益基本上是相冲突的；保赔协会为非营利性保险组织，保险公司为营利性保险组织；保赔协会的赔偿责任(油污除外)是无限的，保险公司的赔偿额是以保险金额为限。保赔协会的作用是根据保赔协会的章程，主要为入会船公司提供下列服务：帮助处理事故、提供担保、技术咨询、安全调查、培训人员等。

2. 中国船东互保协会承保风险范围

现行的中国船东互保协会保险条款是2002年修订的，主要承保以下风险。

(1)人身伤亡、疾病

协会承保入会船船员的人身伤亡、疾病，包括伤病船员的遣返费及替工的派遣费用。也承保船员伤亡病之外，因会员不可控制的依据法定义务而引起的船员遣返或派遣费用。协会也承保入会船造成的非入会船船员外的任何人人身伤亡、疾病。但对与装卸有关的人身伤亡或疾病，限于从收货到交货期间所发生者。

(2)对财产的责任

承保对入会船船员或旅客或其他任何人的物品、财产；承保会员根据本条其他各项规定不能索赔的入会船对船外其他任何财产的侵权责任；承保包括不适航或管货过失造成的货损货差、处置受损货物或收货人不提货引起的无法从他方收回的额外费用等。承保会员对入会船上不属于会员拥有的或租用的设备、货物或船员、旅客个人物品之外的财产(如货方的集装箱、租船人的燃油、垫舱物料等)的侵权责任风险。

(3)由合同产生的责任

船东互保协会原则上只愿意承保法律加之于会员或入会船的责任(侵权责任)，故对因合同而产生的责任明确予以限制，除因入会船发生海事而引起的对旅客的责任外，会员应事先将合同条款交协会经理部确认并按要求支付额外保费。协会承保为进出港或在港内移动而雇用拖轮，对于其他情况下被拖或用作拖轮的，会员须事先将拖带合同送协会经理部确认，在海上发现他船或他物遇难而救助他船或他物的，不属于依据合同的拖带。

(4)碰撞责任

本项中碰撞责任只限于入会船与他船发生碰撞的责任,不论入会船的船舶保险单是否实际上承保了碰撞责任,中船保对入会船与他船发生碰撞的责任,只限于船舶险保单中的碰撞条款所不予承保的责任,包括超额责任和除外责任。此外,也负责入会的船舶保险人未保的1/4船舶碰撞责任。本项规定中亦包括姊妹船条款和交叉责任原则条款。

(5)有关费用的责任

承保两种情况下出于人道主义改变航线而发生的额外港口费、伙食物料费、燃油、保险费及船员工资和津贴;安排偷渡与避难人员的费用;救助人命费用以及支付救助人的特殊费用;检疫费用,承担检疫、消毒费用和额外的航次费用,但不负责会员的营运损失;由船方负担的共同海损费用;各种罚款;海事调查费用;为船舶营运而产生的费用;损害防止和法律费用;执行本协会指示而开支的费用。

(6)污染风险

本项规定涵盖任何原因造成的入会船的污染责任风险,包括会员因履行"油船所有人自愿承担油污责任协议"而支付的费用,以及会员为避免或减轻污染损害采取合理措施所支付的费用,以及因此种措施造成的财产损失。对油污损害责任的赔偿最多不超过每事件10亿美元,该数额与西方主要船东互保协会的限额相同。

(7)其他方面责任

残骸处理的责任和集装箱联运责任。

3. 中国船东互保协会除外责任

船东互保协会对以下原因造成的责任不予承担责任:船舶险承保风险,战争风险,核风险,其他保险已承保的风险,走私、偷越封锁线、非法贸易,无纸贸易,会员故意或轻率地违反运输合同所产生的责任和费用。

4. 船东互保协会损害赔偿最高限额与免赔额

对油污损害责任的赔偿每次事故不超过10亿美元。免赔额,船员生病和受伤,每次挂港每人500美元;货物索赔,每航次1000美元;罚款,每次500美元;旅客伤亡病,每位旅客为500美元,每次事故最高5000美元。

14.5.4 租船人责任保险

1. 租船人责任保险的责任范围

赔偿被保险人由于承租船舶而需承担的以下法律责任:船舶的物理性灭失或损坏;被保事故引致迟延、拘禁、滞留或丧失使用所产生的责任与支出的费用;财产的物理性灭失或损坏,无论陆上或水上、固定的或移动的;对第三人造成的死亡、疾病或身体伤害;赔偿作为租船人的被保险人根据提单/货运单,或类似的运输合同(包括直运或多式联运)承运货物所承担的法律责任;赔偿被保险人法律上可能要负责的共同海损分摊、救助及救助费用。

2. 特别条款

①作为在整个保险期间的一项承保条件,在依据提单或货运单或类似承运合同下,

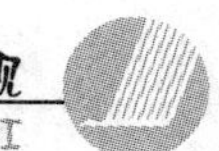

用作承运货物的被保船舶或任何被使用船舶，必须具有国际船级社协会的认可入级，且其船龄不得超过20年。

②在保险生效前，任何租约或被保险人的提单或货运单条款必须首先获得保险人的核准，与此同时该等提单/货运单或类似的运输合同都必须包括一项首要条款选自《海牙规则》或《海牙一维斯比规则》或其他同等的国家法律。

③如为同意在甲板上装运的货物，须在提单或货运单上注明将在甲板上运载，且免除承运人责任的条款。

④另一先决条件是，租约须规定船舶必须在伦敦保险人协会所公布的区域内经营，若船舶超越此范围航行，则本保险将终止，除非是因被保险人所不能控制的情况下引起。但在该情况下，应从速通知保险人以便本险能被恢复。

3. 除外责任

保险人不赔偿由下列原因引致或与之有关的损失：

①载搭乘客，不论是否付费。

②在运输合同或类似合同下，没有遵循约定的交付日期或时间。

③被保险人拥有的/租赁的货物或财产的灭失或损坏。

④在运输合同下将被认为包括但不限于下列情况的差异：因提单/货运单或类似文件提前或押后签发日期所产生的责任；对已同意装载于舱内的货物装载在甲板上的责任；由提单/货运单或类似文件上的错误资料所产生的责任；未凭提单或类似文件交付货物。

⑤除非保险人事先同意否则不对船舶进坞负责。

⑥被保船只拖带或被拖带的责任。

⑦运费或收入的损失包括未来的租金。

⑧取消或终止租约。

⑨由下列货物引致或与之相关的责任：金银条、宝石；钞票、钱币、支票、信用卡；债券、可转让的文件及证券；首饰、工艺品、古董，除非是作为家居用品的一部分或私人物品运送；牲畜及家禽。

14.6 水陆空邮包货物运输保险

14.6.1 货物运输保险概述

从运输方式的角度出发，国际贸易中的货物运输可以分为海洋运输货物、陆上运输货物、航空运输货物和邮包运输四种基本形式。为保障运输中可能发生的风险，相对应的保险也应运而生，海洋运输货物有海洋运输货物保险予以保障，陆上运输货物有陆上运输货物保险，航空运输货物有航空运输货物保险，邮包运输有邮包运输保险。由于现代的陆上、航空、邮包等运输保险业务，均不同于海上运输保险，由于运输方式的不同，又分别有各自的特点和承保范围。

1. 各类货运险险别简介

(1)海洋运输货物保险各种险别

海洋运输货物保险的险别分为平安险、水渍险、一切险、普通附加险、特别附加险、战争险和罢工险、海上运输冷藏货物保险、冷藏一切险和海洋运输散装桐油保险。

(2)陆上运输货物保险各种险别

陆上运输货物保险分为陆运险、陆运一切险、普通附加险、陆上运输冷藏货物保险、货物战争险和货物罢工险。

(3)航空运输货物保险各种险别

航空运输货物保险分为空运险、空运一切险、普通附加险、货物战争险和货物罢工险。

(4)邮包运输保险各种险别

邮包运输保险分为邮包险、一切险、普通附加险、邮包战争险和邮包罢工险。

(5)国内水路运输货物保险各种险别

国内水路运输货物保险分为基本险、综合险、普通附加险、战争险和罢工险。

各类货运险中所使用的罢工险条款的内容都是相同的,另外海运货物保险的普通附加险险别和条款也可适用于陆、空、邮运货物保险。

2. 货物运输保险的特点

货物运输保险具有以下几个特点。

(1)被保险人的多变性

由于承保的运输货物在运送保险期限内可能会经过多次转卖,因此最终保险合同保障受益人不一定是保险单注明的被保险人,而是保单的受让人即持有人(Policy Holder)。

(2)保险利益的转移性

保险标的转移时,保险利益也随之转移。

(3)保险标的的流动性

货物运输保险所承保的标的,通常是具有商品性质的动产,根据需要从一地运到另一地,货物经常处于运动状态之中,因此具有较大的流动性。

(4)承保风险的广泛性

货物运输保险承保的风险,包括海上、陆上和空中风险,自然灾害和意外事故风险,动态和静态风险等。

(5)承保保险标的价值的定值性

承保货物在各个不同地点可能出现价格有差异,因此货物的保险金额可由保险双方按约定的保险价值来确定。

(6)保险合同的可转让性

货物运输保险的保险合同通常随着保险标的、保险利益的转移而转移,无须通知保险人,也无须征得保险人的同意。保险单可以用背书或其他习惯方式加以转让。

(7)保险利益的特殊性

货物运输的特殊性决定了货运险通常采用“不论灭失与否条款”,即投保人事先不知

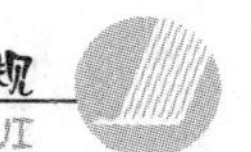

情，也没有任何隐瞒，即使在保险合同订立之前或订立之时，保险标的已经灭失，事后发现承保风险造成保险标的灭失的，保险人也同样给予赔偿。

(8)合同解除的严格性

货物运输保险属于航次保险，我国《保险法》规定，货物运输保险从保险责任开始后，合同当事人不得解除合同。对于海上货物运输保险合同，我国《海商法》特别强调了保险责任开始后，被保险人不得要求解除合同。

3. 货物运输保险业务的承保方式

货物运输保险业务的承保方式一般分为直接业务和代理业务。直接业务是指由保险公司直接接受投保人投保，并直接订立保险合同的承保方式。直接业务按保险合同的不同形式分为逐笔签单业务和预约统保业务。代理业务是指保险人委托代理机构代办保险业务。货运险的代理业务一般仅由代理机构代保险人办理业务承保，即完成签单业务。

14.6.2 国内水路货物运输保险条款

国内水路运输货物保险(Waterway Transportation Insurance)是指保险人与被保险人之间达成的，以在海上或内河航行的船只运输的货物作为保险标的，由保险人对于承保的货物因运输过程中的自然灾害或意外事故造成的损失承担保险责任的保险行为。目前，国内水路运输货物保险所适用的保险条款是中国人民保险公司于1997年7月试行的《水路货物运输保险条款》。该保险条款分为基本险和综合险，皆为承保列明风险。

1. 保险标的范围

凡在国内江、河、湖泊和沿海经水路运输的货物均可为本保险的标的。除外货物包括：蔬菜、水果、活牲畜、禽鱼类和其他活动物。特别约定货物包括：下列货物非经投保人与被保险人特别约定，并在保险单上载明。不在保险标的范围以内的包括：金银、珠宝、钻石、玉器、首饰、古币、古玩、古书、古画、邮票、艺术品、稀有金属等珍贵财物。

2. 保险责任

(1)基本险

由于下列保险事故造成保险货物的损失，保险人依照本条款约定负责赔偿：因火灾、爆炸、雷电、冰雹、暴雨、洪水、海啸、崖崩、突发性滑坡、泥石流；船舶发生碰撞、搁浅、触礁、桥梁码头坍塌；因以上两款所致船舶沉没失踪；在装货、卸货或转载时因意外事故造成的损失；按国家规定或一般惯例应承担的共同海损的牺牲、分摊和救助费用；在发生上述灾害事故时，因造成货物的散失以及因施救或保护货物所支付的直接合理费用。

(2)综合险

本保险除包括基本险外，保险人还负责赔偿：因受碰撞、挤压而造成货物破碎、弯曲、凹瘪、折断、开裂的损失；因包装破裂致使货物散失的损失；液体货物因受碰撞或挤压致使所用容器(包括封口)损坏而渗漏的损失，或用液体保藏的货物渗漏而造成该货物腐烂变质的损失；遭受盗窃的损失；符合安全运输规定而遭受雨淋所致的损失。

3. 责任免除

由于下述原因造成保险货物的损失，保险人不负赔偿责任：战争、军事行动、扣押、罢工、哄抢和暴动；船舶本身的损失；在保险责任开始前，被保险货物已存在的品质不良或数量短差所造成的损失；被保险货物的自然损耗、本质缺陷特性所引起的污染、变质、损坏；市价跌落、运输延迟所引起的损失；属于发货人责任引起的损失；投保人、被保险人的故意行为或违法犯罪行为；由于行政行为或执法行为所致的损失；其他不属于保险责任范围内的损失。

4. 投保人、被保险人的义务

被保险人如果不履行下述任何一条规定的义务，保险人有权终止保险责任或拒绝赔偿部分或全部经济损失。

(1)如实告知义务

被保险人应当履行如实告知义务，如实回答保险人就保险标的或者投保人、被保险人的有关情况提出的询问。

(2)交付保险费义务

投保人在保险人或其代理人签发保险单(凭证)的同时，应一次交清应付的保险费。

(3)通知义务

被保险人获悉或应当获悉保险货物发生保险责任范围内的损失时，应立即通知保险人或保险人在当地的保险机构，并迅速采取合理的施救和保护措施，减少货物损失。

(4)谨慎选择承运人义务

投保人、被保险人应当谨慎选择承运人，并督促其严格遵守国家及交通运输部门关于安全运输的各项规定。货物运输包装必须符合国家及主管部门规定的标准。

5. 保险责任期间

保险责任的起讫期，是自签发保险单(凭证)后，保险货物运离起运地发货人的最后一个仓库或储运处所时起，至该保险凭证上注明的目的地的收货人在当地的第一个仓库或储存处所时终止。但保险货物运抵目的地后，如果收货人未及时提货，则保险责任的终止期最多延长至保险货物卸离运输工具后的15天为限。

6. 赔偿处理

(1)索赔单证

被保险人向保险人申请索赔时，应当提供下列有关单证：

①保险凭证、运单(货票)、提货单、发票(货价证明)；

②承运部门签发的货运记录、普通记录、交接验收记录、鉴定书；

③收货单位的入库记录、检验报告、损失清单及救护货物所支付的直接费用的单据；

④其他有利于保险理赔的单证。

保险人在接到上述索赔单证后，应当根据保险责任范围，迅速核定是否赔偿。赔偿金额一经保险人与被保险人达成协议后，应在10天内赔付。

(2)损失的赔偿

保险单规定：保险货物发生保险责任范围内的损失时，按保险价值确定保险金额的，保险人应根据实际损失计算赔偿，但最高赔偿金额以保险金额为限。保险人对货物损失的赔偿金额，以及因施救或保护货物所支付的直接合理的费用，应分别计算，并以不超过保险金额为限。保险货物发生保险责任范围内的损失时，如果根据法律规定或有关约

定，应当由承运人或其他第三者负责赔偿部分或全部的，被保险人应首先向承运人或其他第三者提出书面索赔，直至诉讼。

(3)索赔时效

被保险人从获悉或应当获悉保险货物遭受损失的次日起，如果经过2年不向保险人申请赔偿，不提供必要的单证，或者不领取应得的赔款，则视为自愿放弃权益。

7. 其他事项

凡经水路与其他运输方式联合运输的保险货物，按相应的运输方式分别适用本条款及《铁路货物运输保险条款》、《公路货物运输保险条款》和《航空货物运输保险条款》。凡涉及本保险的约定均采用书面形式。

14.6.3 陆上货物运输保险

陆上运输货物保险(Overland Transportation Cargo Insurance)是指保险人与被保险人之间达成的，以在陆上运输货物作为保险标的，由保险人对于承保的货物因运输过程中的自然灾害或意外事故造成的损失承担保险责任的保险行为。由于陆上运输主要有铁路货物运输和公路货物运输两种，运输工具以火车和汽车为主体。我国现行的是《中国人民保险公司陆上运输货物保险条款》，条款明确规定承保对象以火车和汽车运输货物为限，即不论是使用火车还是汽车运输货物的保险，均采用相同的险别和条款。该条款针对我国对外贸易陆上运输的特点，将我国陆上运输货物保险划分为陆运险、陆运一切险、陆上运输冷藏货物险以及陆上运输货物战争险等。

1. 陆运险和陆运一切险的保险责任

(1)陆运险(Overland Transportation Risks)

陆运险的保险责任与海上运输货物保险中"水渍险"的责任范围相似。保险人负责赔偿：被保险货物在运输途中遭受暴风、雷电、洪水、地震等自然灾害，或由于运输工具遭受碰撞、倾覆、出轨或在使用驳船驳运过程中，因驳运工具遭受搁浅、触礁、沉没、碰撞，或由于遭受隧道倒塌、崖崩或失火、爆炸等意外事故所造成的全部或部分损失；被保险人对遭受承保风险的货物采取抢救，防止或减少货损的措施而支付的合理费用，但这种赔偿以不超过该批被救货物的保险金额为限。

(2)陆运一切险(Overland Transportation All Risks)

陆运一切险除包括上述陆运险的责任外，还负责被保险货物在运输途中由于外来原因所致的全部或部分损失。

陆运险和陆运一切险与海运货物保险基本险的不同主要在于：在陆运货物保险的承保风险中，增加了隧道倒塌、崖崩、倾覆、出轨等陆上运输中所特有的意外事故；没有共同海损牺牲、分摊以及救助费用等海上损失和费用；凡属于承保范围内的损失，不论是部分损失还是全部损失，保险人一律都给予赔偿。

2. 陆运险和陆运一切险的除外责任

保险人在承保陆上运输货物险时，对于下列损失不负赔偿责任：被保险人的故意行为或过失所造成的损失；属于发货人责任所引起的损失；在保险责任开始前，被保险货物已存在的品质不良或数量短差所造成的损失；被保险货物的自然损耗、本质缺陷、特性以及市价跌落，运输延迟所引起的损失及费用；陆上运输货物战争险及罢工险条款规定的责任范围和除外责任。

由此可见，陆运险和陆运一切险的除外责任与海洋运输货物险的除外责任是相同的。

3. 陆运险和陆运一切险的责任期间与索赔时效

陆上运输货物险的责任起讫也采用"仓至仓"条款的规定。保险公司负责自被保险货物运离保险单所载明的起运地仓库或储存处所开始运输时生效，包括正常运输过程中的陆上和与陆上有关的水上驳运在内，直至该项货物运达保险单所载明的目的地收货人的最后仓库或储存处所，或被保险人用作分配、分派的其他储存处所为止。如未运抵上述仓库或储存处所，则以被保险货物运抵最后卸载车站满 60 天为止。被保险货物损失的索赔时效，是从被保险货物在最后目的地车站全部卸离车辆后算起，最多不超过 2 年。

4. 陆上运输冷藏货物保险

陆上运输冷藏货物保险（Overland Transportation Frozen Cargo Insurance）是陆上运输货物保险中的一种专门保险。其保险责任是保险人除负责陆运险列举的自然灾害和意外事故所造成的全部损失和部分损失外，还负责赔偿由冷藏机器或隔温设备在运输途中损坏所造成的被保险货物解冻溶化而腐败的损失。该保险的除外责任除了适用于一般险别的除外责任条款外，对于下列两种损失，保险公司也不予负责：一是因战争、罢工或运输延迟而造成的被保险货物的腐败或损失；二是被保险冷藏货物在保险责任开始时未能保持良好状态，整理包扎不妥或冷冻不合规格所造成的损失。保险人的责任是从被保险货物运离保险单所载明的起运地点的冷藏仓库装入运送工具开始运输时生效，包括正常陆运和与陆运有关的水上驳运在内，直至货物到达目的地收货人仓库为止。与陆运险、陆运一切险不同的是，陆上运输冷藏货物保险的最长保险责任的有效期限是以被保险货物到达目的地车站后 10 天为限。

5. 陆上运输货物战争险

陆上运输货物战争险（Overland Transportation Cargo War Risks）是陆上运输货物险的一种附加险。只有在投保了陆运险或陆运一切险的基础上，经过投保人与保险人协商并经保险人同意后方可加保。对于陆上运输货物战争险，国外许多保险人是不予承保的，为了适应国际贸易业务的需要，我国的保险条款予以加保，但仅限于火车运输方式，并适当加收保险费。本条款系陆上运输货物保险条款的附加条款，本条款与陆上运输货物保险条款中的任何条文有抵触时，均以本条款为准。

陆上运输货物战争险的保险责任包括：火车在运输途中，直接由于战争、类似战争行为、敌对行为和武装冲突所导致的损失；各种常规武器，包括地雷、炸弹所导致的损失。

陆上运输货物战争险的除外责任：由于敌对行为中使用原子或热核武器所致的损失和费用；根据执政者、当权者或其他武装集团的扣押、拘留引起的承保运程的丧失或挫折而造成的损失。

陆上运输货物战争险的责任期限包括：保险人的保险责任以被保险货物置于运输工具上为限，即从被保险货物装上保险单所载明的起运地的火车时开始生效，直至卸离保

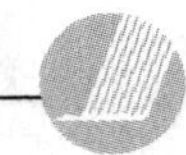

险单所载明的目的地火车时为止。如果被保险货物不卸离火车，则以火车到达目的地的当天午夜起计算，满 48 小时为止。如在运输途中转车，不论货物在当地卸载与否保险责任以火车到达该中途站的当天午夜起计算，满 10 天为止。如货物在此期间内重新装车续运，仍恢复有效。然而，如果运输合同在保险单所载明目的地以外的地点终止时，如货物卸离火车，保险责任即行终止。如不卸离火车，则以火车到达该地当天午夜起计算，满 48 小时为止。

除战争险外，陆上运输货物保险还可以加保罢工险。如在投保战争险后要求加保罢工险，其保险费率按战争险的费率计算，无须另加保险费。陆上运输货物罢工险的保险责任、除外责任等，均与海上运输货物罢工险相同。

14.6.4 航空货物运输保险

航空运输货物保险（Air Transportation Cargo Insurance）是指保险人与被保险人之间达成的，以飞机上运输的货物作为保险标的，由保险人对于承保的货物因航空运输过程中的自然灾害或意外事故造成的损失承担保险责任的保险行为。由于航空货物运输发展历史不长，与此相适应的航空运输货物保险业务也才开展不久。我国现行的航空运输货物保险条款是 1981 年 1 月 1 日修订的《中国人民保险公司航空运输货物保险条款》，参照了国际保险市场的惯例，并结合我国的实际情况实施的。

1. 航空运输货物保险的保险责任

(1)航空运输险（Risks）

根据该险别条款规定，保险人负责赔偿：被保险货物在运输途中遭受雷电、火灾、爆炸，或由于飞机遭受恶劣气候或其他灾难事故而被抛弃，或由于飞机遭受碰撞、倾覆、坠落或失踪等意外事故所造成的全部或部分损失；被保险人对遭受承保责任范围内处于危险的货物采取抢救、防止或减少货损的措施而支付的合理费用，但以不超过该批被救货物的保险金额为限。

(2)航空运输一切险（All Risks）

航空运输一切险除包括航空运输险的全部责任外，保险人还负责被保险货物由于外来原因所致的全部或部分损失。

2. 航空运输货物保险的除外责任

保险人在承保航空运输货物险时，对于下列损失不负赔偿责任：被保险人的故意行为或过失所造成的损失；属于发货人责任所引起的损失；在保险责任开始前，被保险货物已存在的品质不良或数量短差所造成的损失；被保险货物的自然损耗、本质缺陷、特性以及市价跌落，运输延迟所引起的损失及费用；航空运输货物战争险及罢工险条款规定的责任范围和除外责任。

3. 航空运输货物保险的责任起讫

航空运输货物保险的责任起讫也采用“仓至仓”条款的规定。根据航空运输货物保险的特点，其责任起讫规定为：自被保险货物运离保险单所载明的起运地仓库或储存处所运输时生效，包括正常运输过程中的运输工具在内，直至该项货物到达保险单所载明目的地收货人的最后仓库或储存处所,或被保险人用作分配、分派或作正常运输的其他储存处所为止。如未抵达上述仓库或储存处所,则以被保险货物在最后卸载地卸离飞机后满 30 天为止,如在上述 30 天内,被保险货物需转送到非保险单所载明的目的地时,则以该项货物开始转运时终止。由于被保险人无法控制的运输迟延、绕道、被迫卸货、重新装载、转载或承运人运用运输契约赋予的权限所作的任何航空上的变更或终止运输契约,致使被保险货物运到非保险单所载明目的地时,在被保险人及时将获知的情况通知保险人,并在必要时加付保险费的情况下,本保险仍然继续有效。保险责任按下列规定终止:被保险货物如在非保险单所载明的目的地出售,保险责任到交货时为止,但不论任何情况,均以被保险货物在卸载地卸离飞机后满 30 天为止;被保险货物如在上述 30 天期限内继续运往保险单所载原目的地或其他目的地时,保险责任仍按"仓至仓"条款的规定终止。

另外,航空运输货物索赔期限,从被保险货物在最后卸载地卸离飞机后起计算,最多不超过 2 年。

4. 航空运输货物战争险条款

航空运输货物战争险(Air Transportation Cargo War Risks Clauses)是航空运输货物险的一种附加险。只有在投保了空运险或空运一切险的基础上,经过投保人与保险人协商并经保险人同意后方可加保。本条款系航空运输货物保险条款的附加条款,本条款与航空运输货物保险条款中的任何条文有抵触时,均以本条款为准。

航空运输货物战争险的保险责任包括:直接由于战争、类似战争行为、敌对行为和武装冲突所导致的损失;由于上述引起的捕获、拘留、扣留、禁制、扣押所造成的损失;各种常规武器,包括炸弹所导致的损失。

航空运输货物战争险的除外责任包括:由于敌对行为中使用原子或热核武器所致的损失和费用;根据执政者、当权者或其他武装集团的扣押、拘留引起的承保运程的丧失和挫折而提出的任何索赔。

航空运输货物战争险的责任期限包括:保险人的保险责任以被保险货物置于飞机上为限,即从被保物装上保险单所载明的起运地的飞机时开始,直至卸离保险单所载明的目的地飞机为止。如果被保险货物不卸离飞机,则以飞机到达目的地的当天午夜起计算,满 15 天为止。如在运输途中转,保险责任以飞机到达转运地的当天午夜起计算,满 15 天为止。如货物在此期间内重新装上飞机续运,仍恢复有效。

除战争险外,航空运输货物保险还可以加保罢工险。如在投保战争险后要求加保罢工险,其保险费率按战争险的费率计算,无须另加保险费。航空运输货物罢工险的保险责任、除外责任等,均与海上运输货物罢工险相同。

14.6.5 邮包运输保险

邮包运输保险(Parcel Post Insurance)是指承保邮包通过不同的运输方式,可以是海运、陆运或空运运输方式,也可以是联运方式,在运输途中由于自然灾害、意外事故或外来原因所造成的包裹内物件的损失。我国参照国际保险市场的惯例,结合我国邮包业务

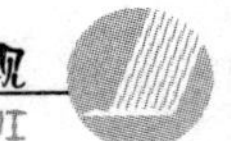

的实际情况，制定了邮包保险条款，分为邮包险和邮包一切险、邮包战争险和邮包罢工险。

1. 邮包险和邮包一切险

(1)邮包险(Parcel Post Risks)

邮包险承保范围类似于海运货物保险的水渍险，负责赔偿被保险邮包在运输途中遭遇恶劣气候、雷电、海啸、地震、洪水等自然灾害或由于运输工具遭受搁浅、触礁、沉没、碰撞、倾覆、出轨、坠落、失踪，或由于失火、爆炸等意外事故造成的全部或部分损失。此外，该保险还负责被保险人对遭受承保危险的货物采取抢救、防止或减少损失的措施而支付的合理费用，但以获救邮包货物的保险金额为限。

(2)邮包一切险(Parcel Post All Risks)

邮包一切险除包括邮包险的责任外，还负责被保险邮包在运输途中由于外来原因所致的全部或部分损失。

(3)除外责任

邮包运输保险下保险人的除外责任同海运货物保险的除外责任一致，对于下列原因造成的损失不负责任：被保险人的故意行为或过失所造成的损失；属于发货人责任所引起的损失；在保险责任开始前，被保险邮包已存在的品质不良或数量短差所造成的损失；被保险邮包的自然损耗、本质缺陷、特性以及市价跌落，运输延迟所引起的损失及费用；邮包运输货物战争险及罢工险条款规定的责任范围和除外责任。

(4)责任起讫

邮包运输保险的保险责任自被保险邮包离开保险单所载起运地点寄件人的处所开始直至保险单所载明的目的地邮局，自邮局签发到货通知书当日午夜起算满15天为止。但在此期间内邮包一经交至收件人的处所时，保险责任即行终止。

2. 邮包战争险

邮包战争险(Parcel Post War Risks)条款系邮包保险条款的附加条款，本条款与邮包保险条款中的任何条文有抵触时，均以本条款为准。

邮包战争险的保险责任包括：直接由于战争、类似战争行为、敌对行为和武装冲突所导致的损失；由于上述引起的捕获、拘留、扣留、禁制、扣押所造成的损失；各种常规武器，包括水雷、鱼雷、炸弹所导致的损失；本条款责任范围引起的共同海损的牺牲、分摊和救助费用。

邮包战争险的除外责任包括：由于敌对行为中使用原子或热核武器所致的损失和费用；根据执政者、当权者或其他武装集团的扣押、拘留引起的承保运程的丧失和挫折而提出的任何索赔。

邮包战争险的责任期限包括：邮包运输战争险的保险责任自被保险邮包经邮局收讫后自储存处所开始运送时生效，直至该项邮包运达本保险单所载明的目的地邮局送交收件人为止。

除战争险外，邮包保险还可以加保罢工险。如在投保战争险后要求加保罢工险，其保险费率按战争险的费率计算，无须另加保险费。邮包罢工险的保险责任、除外责任等，均与海上运输货物罢工险相同。

在办理国际邮包运输时,应当正确选用邮包的保价与保险。凡经过保价的邮包,一旦在途中遗失或损坏,即可向邮政机构按保价金额取得补偿。因此,对寄往办理保价业务的国家,可予保价。鉴于有些国家和地区不办保价业务,或有关邮政机构对保价邮包损失赔偿限制过严,或保价限额低于邮包实际价值,则可采取保险,也可采取既保险又保价的做法。根据中国人民保险公司规定,凡进行保价的邮包,可享受保险费减半收费的优待。我国通过邮包运输进口的货物,按邮包运输进口货物预约保险合同的规定办理投保手续。

14.7 物流保险的具体规定

14.7.1 物流保险概述

1. 物流保险的含义

物流保险是针对物流活动过程中各主要环节运作风险的控制与保障。对于中国保险市场来说,物流保险是一种新兴险种。当前物流保险存在广义与狭义之说。广义物流保险是针对物流各主要环节涉及的各类风险的保险,狭义物流保险仅指物流责任保险。物流责任保险是指将第三方物流经营人承担的运输中承运人的责任以及仓储、流通加工过程中保管人的责任等融合在一起,由保险人承担物流业务经营过程中的综合责任的保险。物流责任保险为客户提供经营第三方物流业务过程中的全面保障,是一种契合现代物流业发展潮流的新型保险产品。基于实践需要,重点介绍物流责任保险。在贸易合同、运输合同、仓储合同和承揽合同等物流活动中,通常都有涉及风险分担的内容。在《联合国国际货物销售合同公约》和《国际贸易术语通则 2010》这类适用广泛的国际商事合同立法中,也都有关于买卖双方风险划分的条款。

2. 物流风险的分类

现代物流的性质决定了运营过程中的涉险环节特别多。所有涉及货物作业、监管的操作环节都可能涉及风险,这种风险已大大超过传统货运业面对的风险。其中,只有少数风险是可以被预知、被控制的,更多的风险是无法预知、无法避免的。根据不同标准,物流风险有不同的分类:

①根据物流基本功能划分,物流风险包括:运输与搬运活动的风险、储备与库存活动的风险、配送活动的风险、其他服务活动的风险。

②根据物流活动的范围,物流风险可以分为国内物流风险和国际物流风险。国内物流风险是指在一个国家或地区内部循环的物流关系风险,国际物流风险是指在不同国家(地区)间循环的物流关系风险。

③根据物流风险的保险标的,物流风险分为物流货物风险和物流责任风险。

④根据风险的责任性质,可以分为:违约风险、侵权风险和不可抗力风险。

为了竞揽业务,在物流商与客户的磋商中,物流商迫于商业压力常常接受某些苛刻

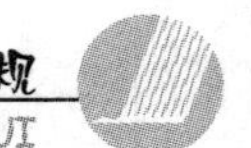

条款，有的物流商甚至将正常的豁免条款删除去迎合客户，这部分风险无疑将转嫁给物流企业。另外，现代物流对时间的要求很高，物流商需承担信息系统带来的各种风险以及赔偿经营过程中给第三方造成的损失，这些因素都使现代物流商的风险增加。因此，物流商迫切需要一种专业险种，能够针对长短途、固定区域及短途运输等不同情况提供更为细化的保险模式，分担其在物流运作过程中的责任。

14.7.2 物流保险现状

第三方物流的兴起是现代物流的特征之一。我国的第三方物流虽然处于发展期，由传统储存和运输企业转型而来的第三方物流企业是主要类型，物流产业发展壮大，但是物流风险自然也随之增大，第三方物流企业在为客户提供越来越便利的一体化服务的同时，也在承担着越来越大的风险。目前我国物流活动中普遍采用的保险险种主要是财产保险和货物运输保险两类，均是针对物流过程中的单一环节承保风险。而现代物流的保险策略是对物流风险提供综合统一的保险管理，至少应涵盖运输与搬运、储备和库存、生产活动、配送服务等其他环节。物流综合保险正是适应现代物流发展的理想险种，在欧美等物流业发达国家，物流综合保险已广为接受。鉴于此，通过对国外物流保险的运作模式以及国内物流保险市场调查研究，我国一些保险公司已开始积极探讨个性化的现代物流保险方案。这些方案将保险责任起讫期间延长为"门到门"条款，把货物运输保险和短暂仓储保险打包后低价出售。这些方案的推出，使现行保险体系逐渐与现代物流业接轨，是对现代物流保险的有益尝试。

中国人民财产保险股份有限公司深圳分公司率先与深圳市新科安达后勤保障有限公司开展了综合物流保险合作，在国内进行物流综合保险尝试，正式推出了《物流货物保险》和《物流责任保险条款》，引起了业界广泛关注，实现了由传统物流运输保险、仓储保险、承运人责任保险的保险格局进入物流货物保险和物流责任保险"双轨制"阶段的转变。标志着物流业进入了一个全新的风险管理阶段，结束了我国无专门物流保险的局面。在此基础上，其他保险公司也相继推出物流综合保险。然而，由于中国物流业起步较晚，物流行业对于保险企业而言是个全新领域，保险企业并未完全掌握和体会物流业务各环节间的逻辑关系。另外，出于商业秘密考虑，投保人难以提供客观确切的经营资料以供保险人理赔估算，其他还有高昂的保费等影响因素，使得物流界对该险种的适用难免存有疑虑。因此，物流综合保险在中国市场的推行尚待完善。

14.7.3 物流责任保险条款

一般来说，各保险公司的物流责任保险条款由总则、保险责任、责任免除、责任限额、保险费、保险期间、投保人被保险人义务、赔偿处理、争议处理、其他事项等组成。物流责任保单相比其他保单要复杂很多，下面以《物流责任保险条款》(以下称《条款》)为例，着重介绍我国物流责任保险的特色构成。

1. 保险责任

根据《条款》，在本保险期间，被保险人在经营物流业务过程中，由于下列原因造成物流货物的损失，依法应由被保险人承担赔偿责任的，保险人根据本保险合同的约定负责赔偿：

①火灾、爆炸；

②运输工具发生碰撞、出轨、倾覆、坠落、搁浅、触礁、沉没，或隧道、桥梁、码头坍塌；

③碰撞、挤压导致包装破裂或容器损坏；

④符合安全运输规定而遭受雨淋；

⑤装卸人员违反操作规程进行装卸、搬运。

上述五种原因导致作为被保险人的物流企业承担对物流货物的赔偿责任时，由保险人即保险公司负责赔偿。另外，《条款》还规定保险人对被保险人所支付的法律费用也承担赔偿责任。法律费用是指保险事故发生后，被保险人因保险事故而被提起仲裁或诉讼所支付的仲裁费用、诉讼费用以及事先经保险人书面同意支付的其他必要的合理费用。

2. 责任免除

责任免除，即除外责任。是保险人不承担保险责任的范围。当保险责任条款与责任免除条款相冲突时，责任免除条款的效力优先。除外责任分两类：一类是原因除外责任，即在合同中约定因何种原因造成保险标的损失，保险人不承担赔偿责任；另一类是损失除外责任，即在合同中约定保险人对何种损失不承担赔偿责任。

(1)原因除外责任

由于下列原因造成的损失、费用和责任，保险人不负责赔偿：自然灾害，本保险合同所称自然灾害是指雷击、暴风、暴雨、洪水、暴雪、冰雹、沙尘暴、冰凌、泥石流、崖崩、突发性滑坡、火山爆发、地面突然塌陷、地震、海啸及其他人力不可抗拒的破坏力强大的自然现象；被保险人的故意或重大过失行为；战争、外敌入侵、敌对行动（不论是否宣战）、内战、反叛、革命、起义、罢工、骚乱、暴动、恐怖活动；核辐射、核爆炸、核污染及其他放射性污染；执法行为或司法行为；公共供电、供水、供气及其他的公共能源中断；大气、土地、水污染及其他各种污染；被保险人自有的运输或装卸工具不适合运输或装载物流货物，或被保险人自有的仓库不具备存储物流货物的条件；物流货物设计错误、工艺不善，本质缺陷或特性、自然渗漏、自然损耗、自然磨损、自燃或由于自身原因造成腐烂、变质、伤病、死亡等自身变化；物流货物包装不当，或物流货物包装完好而内容损坏或不符，或物流货物标记错制、漏制、不清；发货人或收货人确定的物流货物数量、规格或内容不准确；物流货物遭受盗窃或不明原因地失踪。

(2)损失除外责任

由于下列物流货物的损失，依法应由被保险人承担赔偿责任的，保险人不负责赔偿，但由被保险人向保险人事先提出申请并经被保险人书面同意的不在此限：金银、珠宝、钻石、玉器、贵重金属；古玩、古币、古书、古画；艺术作品、邮票；枪支弹药、爆炸物品；现钞、有价证券、票据、文件、档案、账册、图纸；被保险人及其雇员的人身伤亡或所有的财产损失；储存在露天的物流货物的损失或费用；盘点时发现的损失，或其他不明原因的短量；在水路运输过程中存放在舱面上的物流货物的损失和费用，但集装箱货物不在此限；精神损害赔偿；被保险人的各种间接损失；罚款、罚金或惩罚性赔偿；发生在中华人民共和国境外的财产或费用的损失；本保险合同中载明的免赔额。

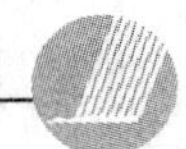

从法条构成看，免责条款对于保险责任条款，很多物流活动中可能发生的损失被排除在责任范围之外，比如舱面货、路堆货的损失，包装不当的物流货物损失，物流货物被盗的损失等。这些物流企业期待通过保险保障的事项一概予以免责处理，对物流投保企业而言是十分不利的。

3. 责任限额

《条款》规定："本保险合同的责任限额由投保人自行确定，并载于保险单明细表中。"责任保险承保的是被保险人的赔偿责任，无固定价值标的，赔偿责任由损害责任的大小决定，因此责任保险不是以其他财产保险具有相对确定的保险金额，而是经由双方当事人共同协商确定。《条款》中虽然允许投保人自行确定责任限额，但并非指投保人可以任意确定责任限额。《条款》规定："发生保险责任事故，保险人对物流货物每次事故赔偿金额不超过保险单中列明的每次事故责任限额，对被保险人在每次事故中实际发生的法律费用在每次事故责任限额之外计算赔偿，但最高不超过每次事故责任限额的30%。"

可见，《条款》采用的是每次事故责任限额与保险期内累积的责任限额同时适用的方式。法律费用在责任限额外的另计。

4. 保险费

《条款》规定："保险人以本保险期间内被保险人预计发生的物流业务营业收入为基础计收预付保险费。保险合同期满后，保险人根据被保险人申报的实际发生的物流业务营业收入作为计算实际保险费的依据。实际保险费高于预付保险费的，被保险人应补交其差额部分；实际保险费低于预付保险费的，保险人退还其差额部分，但实际保险费不得低于保险单明细表中列明的最低保险费。"

该条款引起物流界广泛质疑，因为该条款将导致昂贵的保险费用，使物流企业进入该险种的门槛太高，不利于现代物流业的发展。

5. 物流责任保险的特约条款

《条款》中确立的保险合同基本内容并非强制性的。物流企业可以根据实际需要，与保险公司协商排除基本条款的适用，或者明确基本条款中模糊不清的用语，为自己的物流业务提供更为特色的保障。一般来说，下列几项内容可以变通。

(1)"物流"的定义

根据《条款》："物流是指被保险人接受委托，将运输、储存、装卸、搬运、包装、流通加工、配送和信息处理等基本功能实施有机结合，使物品从供应地向接收地实体流动的过程。"该定义确定的是物流业务的一般范围，为防止争议，《条款》允许当事人就实践中类似的专用术语予以特别约定。实务中，物流企业从事的接提货、集疏港、订舱、报关、报检、报验、包装、标记打板拆板、单据操作和流转、信息处理等全套服务过程均可以纳入"物流"的定义。

(2)保费问题

《条款》规定，保险费是以被保险人物流业务营业收入为基础计收。基本上，如果物流业务营业收入高，说明物流业务量比较大，风险也大，保险费自然高。但我国物流行业处于基础时期，物流营业收入高未必等于利润高，高额保费致使很多物流企业望而却步。因此，物流企业可以根据自己的业务收入和利润，结合保险公司所承保的风险，与保险公司协商一个双方都能接受的保费。另外,按照保险业惯例,如果被保险人在本保险期间无保险事故,或者累计赔款很低,被保险人有权要求降低下一年度的保费。

(3)露堆货、舱面货问题

露天储存的货物和装载于舱面的货物风险相对比较大,因此《条款》将露堆货、舱面货的损失列为除外责任。根据货物特性或者行业惯例,实践中很多货物是露天堆放于舱面的,这就意味着物流企业的很多业务被排除在保险合同之外。物流企业可以要求保险公司调整保险责任,将实践允许的露堆货和舱面货扩展入保险责任范围。

(4)分包商、代理人原因发生的损失

物流商是所有供应链的组织者,其中有的环节由其自身负责,有的环节需要委托分包商具体实施。实践中,在与分包商合作以及物流运作的全过程中,当客户发生损失时,无论是由于物流商的过失还是分包商的过失,都由物流商先承担对外赔偿责任。尽管物流商在赔付后,尚可向负有责任的分包商进行追偿,但由于物流商与客户和分包商所签合同是背对背合同,因此所适用的法律往往不一样,其豁免条款、赔偿责任限额及诉讼时效也有异,致使物流商常常承担额外损失。

因而保险公司对此种损失也应负保险责任,当然,保险公司也因此会取得物流企业根据承包协议、委托代理协议向分包商、代理人求偿的权利。

(5)运输工具、仓储设施、装卸设备故障引发的损失

《条款》未明确运输工具、仓储设施和装卸设备的适用标准,也未明确保险公司在物流企业已恪尽职守情形下产生的损失是否免责。因此,物流企业在签订保险合同时,应尽量明确规定:因被保险人尽到及时检查、维护义务而未发现的机械故障或者潜在缺陷造成的保险事故,保险人不免责。

总之,物流企业可以根据自己的实际情形,与保险公司磋商更多的特约条款,弥补基本条款的弊端,维护自己的利益。

6. 物流责任保险附加险

《条款》确定的附加险主要有以下几种。

(1)附加盗窃责任保险条款

经保险合同双方特别约定,且投保人已交纳相应的保险费,被保险人在经营物流业务过程中,由于盗窃造成物流货物的损失,依法应由被保险人承担赔偿责任的,保险人按本保险合同约定负责赔偿。

本条款与物流责任保险条款相抵触之处,以本条款为准;其他未尽事项以物流责任保险条款为准。

(2)附加提货不着责任保险条款

本条款所称提货不着是指在物流运输过程中物流货物不明原因地失踪。

经保险合同双方特别约定,且投保人已交纳相应的保险费,被保险人在经营物流业务过程中,由于运输过程中提货不着造成物流货物的损失,依法应由被保险人承担赔偿责任的,保险人按本保险合同约定负责赔偿。

本条款与物流责任保险条款相抵触之处,以本条款为准;其他未尽事项以物流责任保险条款为准。

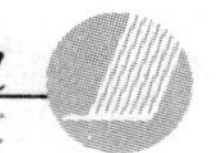

(3)附加冷藏货物责任保险条款

经保险合同双方特别约定，且投保人已交纳相应的保险费，被保险人在经营物流业务过程中，由于冷藏机器或隔温设备损坏并连续停止工作达24小时以上而致保险标的解冻融化后腐烂造成的损失，依法应由被保险人承担赔偿责任的，保险人按本保险合同约定负责赔偿。

本条款与物流责任保险条款相抵触之处，以本条款为准；其他未尽事项以物流责任保险条款为准。

(4)附加错发错运费用损失保险条款

经保险合同双方特别约定，且投保人已交纳相应的保险费，被保险人在经营物流业务过程中，由于被保险人雇员的过失或信息系统故障导致信息处理错误造成物流货物发错目的地，对于被保险人因此重新运输该物流货物所增加的合理的、必要的运输费用，保险人依照本保险合同的约定负责赔偿。发生本附加险保险责任范围内的损失，保险人对每次事故的赔偿金额不超过保险合同中列明的每次事故责任限额的10%；在本保险期间内，保险人的累计赔偿金额不超过保险合同中列明的累计责任限额的10%。

本条款与物流责任保险条款相抵触之处，以本条款为准；其他未尽事项以物流责任保险条款为准。

(5)附加流通加工、包装责任保险

1)保险责任

在本保险期间或保险单中列明的追溯期内，被保险人在保险单明细表列明的承保区域范围内对物流货物进行流通加工、包装，造成使用、消费或操作该物流货物的第三者人身伤害、疾病或死亡、财产损失的，依法应由被保险人承担的赔偿责任，由受害人在保险期间首次向被保险人提出索赔的，保险人根据本保险合同的约定负责赔偿。

2)责任免除

下列损失、费用和责任，保险人不负责赔偿：物流货物本身的损失以及被保险人退换、召回或修理物流产品所发生的费用；物流货物造成飞行物或船舶的损害；物流货物造成的大气、土地、水污染及其他各种污染；被保险人的任何合同责任，但即使没有该合同，被保险人仍应承担的责任也不在此限。

3)责任限额

发生本附加险保险责任范围内的损失，保险人对每次事故的赔偿金额不超过保险合同中列明的相应的每次事故责任限额；对于每人人身伤亡，保险人的赔偿金额不超过保险单明细表列明的相应的每人人身伤亡责任限额。在本保险期间内，保险人累计赔偿金额不超过保险合同中列明的相应的累计责任限额。

4)保险费

保险人以本保险期间内被保险人预计流通加工、包装物流货物的营业收入为基础计收预付保险费。保险合同期满后，保险人根据被保险人申报的实际流通加工、包装物流货物的营业收入作为计算实际保险费的依据。实际保险费高于预付保险费的，被保险人应补交其差额部分；实际保险费低于预付保险费的，保险人应退还其差额部分，但实际保险费不得低于保险单明细表中列明的最低保险费。

5)赔偿处理

被保险人流通加工、包装的同一批物流货物，由于相同原因造成多人的人身伤害、疾病或死亡、多人的财产损失的，应视为一次事故造成的损失。赔偿请求人首次向被保险人提出赔偿请求，视为附加流通加工、包装责任保险事故。

本条款与物流责任保险条款相抵触之处，以本条款为准；其他未尽事项以物流责任保险条款为准。注意该条款适用环节和损害对象的特殊性要求。

14.7.4 物流责任保险与物流货物保险的关系

根据保险标的不同，第三方物流保险分为物流货物保险与物流责任保险。货物保险与责任保险分属于不同的保险类型，两者独立发挥保险功能。然而，物流责任保险并非货物保险的加强版。投保物流保险后，并不意味着可以不再投保货物保险。随着综合物流服务的产生，第三方物流企业办理自身责任保险的同时，越来越多地为货物所有权人代办货物保险。从投保形式上看，其与物流责任保险极为相似。

1. 物流货物保险及其附加险

物流货物保险及其附加险是针对第一方和第二方物流方的保险产品，采取类似预约保险的业务运作方式，为客户提供全面、无缝式的保险保障，保险标的为全部物流货物。除枪支弹药、爆炸物品、现钞、有价证券、票据、文件、档案、账册、图纸外，凡以物流方式流动的货物均可作为本保险合同的保险标的。金银、珠宝、钻石、玉器、贵重金属、古玩、古币、古书、古画、艺术作品、邮票等在事先申报并经保险人认可并明确保险价值后可作为特约保险标的进行投保。它的保障范围综合了传统货运保险和财产保险的责任，承保物流货物在运输、储存、加工包装、配送过程中由于自然灾害或意外事故造成的损失和相关费用。

2. 物流责任保险

物流责任保险是针对第三方物流的兴起而开发的。第三方物流企业就委托方交来的物流货物承担着安全仓储、流通加工及运输的责任风险，此险种为专业经营第三方物流业务的物流公司提供了全面有效的保障。其责任保障范围包括在经营物流业务过程中依法应由被保险人承担赔偿责任的物流货物的损失。它将运输中承运人的责任以及仓储、流通加工过程中保管人及加工人的责任融合在一起，因此物流责任保险的风险大于其他单独的责任保险。物流责任保险可以为客户提供经营第三方物流业务过程中的全面保障，国际上普遍认为该险种是一种契合现代物流业发展潮流的新型保险产品。

目前，我国物流业广泛应用的保险险种主要是财产保险和货物运输保险。财产保险是承保机器设备、厂房、仓储材料等其他财产险的自然灾害和意外事故的风险。而货物运输保险是以运输过程中的货物作为保险标的，保险人承担因自然灾害或意外事故造成损失的一种保险。这两种险种都是针对物流过程中的单个环节进行保险的，因其不完善给物流企业带来的损失和困扰是显而易见的。对物流企业投保人来说，若要降低运营风险，应该选择更合理的险种，其中，物流货物保险、物流责任保险是最为直接和可靠的。

14.8 保险索赔与理赔

物流经营人在履行不同的作业时具备不同身份，对整个物流合同享有权利并承担合同义务。货物保险是财产险的一种，物流货物保险的标的是货物的实体财产利益，投保人和受益人都是货主。而物流责任保险属于责任险，物流责任保险的标的则是被保险人对于第三人依法应当承担的损害赔偿责任，投保人和受益人都是物流企业。因此，选择不同的风险投保，一旦发生风险，索赔的主体是不同的。一般保险索赔中最受重视的环节有仓储作业、空运、海运、陆路运输等作业阶段。

14.8.1 索赔与理赔的含义

1. 保险索赔

保险索赔通常是指被保险人在发生保险事故后，就被保险人所遭受的损失向保险人提出赔偿要求的行为。保险索赔是被保险人为了维护自身经济利益而行使的其索赔的权利过程，包括损失通知、申请检验、保险索赔、领取赔款等。

2. 保险理赔

保险理赔是指保险人处理有关保险赔偿责任的程序和工作。保险理赔通常包括保险人处理被保险人在发生保险事故后向保险人提出索赔的全部过程。被保险人遭受保险事故后，应立即亲自或通过理赔代理人对保险人提出索赔申请，根据保险单的规定提交各种单证，查明损失原因是否属于保险责任范围，估算损失程度，确定保险赔偿金额。保险人对被保险人提出的索赔案件进行处理，包括立案、保险索赔、损失确定、责任审定、赔款计算、赔款给付六个环节。

在保险实务中，一旦发生保险事故，保险赔偿程序便要开始运转。站在保险人的角度就是保险理赔，站在被保险人的角度就是保险索赔。因此，有时会出现保险索赔和保险理赔术语同时并列以及内容重复等情况。索赔权是投保人从事保险活动最基本、最核心的权利，也是保险作为经济补偿制度的最高体现。因此，保险合同所涉及的索赔与理赔法律问题，是物流关系当事人应当关注的。

14.8.2 索赔与理赔的一般程序

1. 出险通知

当保险事故发生后，投保人或被保险人、受益人应立即通知保险人，即报案。通知出险可以采用口头、书面、电话等多种形式。

2. 提交索赔申请书和单证

被保险人或受益人索赔时需要提交完整、真实的索赔单证。索赔单证包括但不限于：保险单或保险凭证正本；运输契约；发票；装箱单；向承运人等第三者责任人请求补偿的函电或其他单证，以及证明被保险人已经履行应办的追偿手续等文件；由国外保险代理人或由国外第三者公证机构出具的检验报告；海事报告，海事造成的货物损失，一般均由保险公司赔付，船方不承担责任；货损货差证明；索赔清单等等。

3. 立案检验

保险人收到被保险人的出险通知后，先立案并编号，派专门人员到现场进行调查，记录损失的实际情况等确凿信息。

4. 审查单证，审核责任

保险人通过调查和对单证的审查，确定赔偿责任。其中主要包括保险单是否有效，被保险人所提供的单证是否齐全，被保险人是否具有可保利益，是否违背了最大诚信原则（包括告知、保证），该事故是否发生在保险期限内，该事故是否是保单中承保的保险事故，是否存在第三者赔偿责任。

5. 核算损失

通过调查，确定损失的大小及赔偿额度。

6. 损余处理

这是针对财产险而言的，主要是对残余物资的利用。

7. 支付赔款

支付赔款分为正常赔付、拒赔、预付赔款三种情形。

8. 行使代位求偿权

保险代位求偿权是指财产保险和部分人身保险的重要制度。在物流保险法律关系中，物流合同一方与保险人订立保险合同，在非保险合同当事人的原因造成货损或货物灭失的情况下，保险人先向货物利益方进行赔偿，而后取得货物利益方的地位的，有权向责任人追偿。如有涉及第三者责任方，被保险人应立即向事故责任方提出索赔并保障向责任方的索赔时效完整有效，同时应协助保险人指定的检验人进行查勘。为确保理赔后权利得到充分补偿，保险人应注意几个问题：首先，事前确定货物利益方未擅自放弃有关损坏货物的任何权利。其次，保险人理赔后，应取得与代位求偿相关的一切证据，并取得货物利益方的合理配合。最后，若物流保险合同标的较大，必要时行使财产保全。

当由于第三方物流企业的责任造成货物损失时，按照保险法代位求偿理论，货物所有权人可以直接向保险人索赔，保险人赔偿货物所有权人的同时便取得了代位求偿权。基于代位求偿权，保险人可以向第三方物流企业追偿。因此，第三方物流企业为降低自身的责任风险，一般会选择投保物流责任保险。只有投保物流责任保险时，第三方物流企业才是保险关系中的被保险人，由第三方物流企业承担保险合同的法律后果。除此之外，投保物流货物险时的其他情形中，包括货物所有权人直接投保、第三方物流企业兼业代理保险以及其作为货物所有权人的受托人等，第三方物流企业均不是被保险人，保险合同的法律后果也与第三方物流企业无关。

案例分析

案例1　甲公司向中国人民财产保险公司为甲船投保一切险，保险期限为1年。船

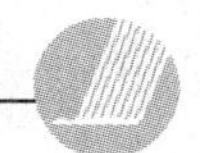

舶保险价值为200万美元，保险金额为200万美元。甲船在一次航行途中，因船员驾驶船舶过失与乙船发生碰撞，造成乙船沉没。乙船船损为200万美元，乙船上货损为300万美元，乙船船员伤亡为100万美元。在此次事故中，甲船本身也损失100万美元，甲船所载货物同时受损80万美元。甲船对此次碰撞负100%的责任。

案例问题：

1. 我国船舶保险一切险关于碰撞责任是如何规定的？
2. 我国船舶保险人的除外责任有哪些？
3. 甲船船东对哪些损失应负赔偿责任，数额共为多少？
4. 中财保对甲船船东哪些损失和责任给予赔偿，数额共为多少？

案例2 A公司为一批从日本到青岛进口袋装化肥，CFR价，向我国人保投保了一切险，采用我国人保海洋货物运输保险条款。货物化肥总共为1万袋，保险金额为50万元人民币。保险单上的装货港是神户，目的地港是青岛。货物由某船公司甲船承运，在装船后船方经查对，发现实际装船9800袋化肥，承运人应托运人的请求签发1万袋化肥的提单。另外，因舱内容积有限，承运人经托运人的同意将300袋化肥装在甲板上运输。甲船在海上运输途中遭遇特大风暴，装在甲板上的化肥被海水卷入海中遭到全损。船舶在进入我国领海后，由于船员在驾驶船舶时疏忽瞭望，与另一船发生碰撞，使甲船的二舱进水，造成100袋化肥水湿，受损程度为50%。甲船抵达目的港青岛卸货时，由于吊钩脱落，20袋化肥掉入海中全损。货物全部卸入码头仓库后，因下雨仓库漏水，造成50袋化肥被雨水浸透全损。收货人提货并将货物运到收货人在青岛的仓库内后，因仓库管理不善发生火灾，60袋化肥被烧毁。收货人依据货物保险单就上述货损向保险人索赔。

案例问题：

1. 海上运输货物保险特别附加险包括哪些险？
2. 海上运输货物保险人的除外责任有哪些？
3. 根据中国人民保险公司海上运输货物保险条款，保险人应对本案例哪些货损负责赔偿？

案例3 买卖双方签订一份FOB合同，卖方替买方向保险公司投保"仓至仓条款的一切险"。当货物在从卖方仓库运到装运码头途中，出现意外事故并出现10%货物受损。事后卖方以保险单含"仓至仓条款"，要求保险公司赔偿，但遭到保险公司的拒绝。

案例问题：

1. 若卖方请买方出面并以买方的名义向保险公司索赔又会如何？
2. 你若站在保险公司的立场叙述你拒赔的理由。
3. 什么是保险利益原则？保险利益的构成要件有哪些？

第 15 章

物流活动国家调控法律制度

本章要点

- 我国口岸管理机构及管理制度
- 海关法律制度
- 出入境商品检验、检疫法律制度
- 关税制度
- 反倾销与反补贴制度
- 物流信息网络的法律制度

15.1 我国口岸管理制度

口岸是指供人员、货物和交通工具出入国境的港口、机场、车站、通道等。我国口岸管理实行政府与地方专项管理和各边境口岸执法行政的制度。使口岸管理在整体上形成了一个多层次、多环节、多目标、多功能的综合管理系统。

15.1.1 口岸管理系统的组成

按照构成要素,系统可分为四大部分。

1. 交通运输分系统

交通运输分系统包括港口、机场、车站以及与之相联系的铁路、公路、航空、海运、管道运输等各种运输方式。其主要任务是完成进出口物资和旅客的装卸、疏导及位移工作。

2. 外贸分系统

外贸分系统其主要任务是完成外贸成交、货源组织等工作,为口岸提供货运基础。

3. 监督分系统

监督分系统代表国家对进出境的人员、行李、货物及运输工具行使管理、监督、检查职能，维护国家的权益和国际信誉。监督系统由于针对的内容不同，可进一步分为检查和检验检疫两个子系统。检查子系统，主要是指海关、边防、海事检查。检验检疫子系统，主要是指进出口商品检验，口岸卫生检疫、动植物检疫等。

4. 服务分系统

服务分系统包括为船舶等交通工具及其驾乘人员服务的供应、船舶代理、船舶引水、海员俱乐部，为进出口货物服务的货运代理、仓储、理货。口岸服务分系统不仅以各自不同的方式，为口岸各项工作及进出口岸的交通工具、旅客、货物提供服务，而且也在一定程度上维护国家的权益和国际信誉，还肩负宣传作用。

15.1.2 口岸管理机构及其职责

为保证对外开放政策的贯彻执行和加强对口岸工作的领导，以适应国民经济的发展，特别是对外贸易发展和国际交往日益增多的需要，国务院和各级地方政府都设立了口岸管理机构。

1. 国务院口岸办公室

国务院口岸办公室的主要职责是：

①研究制定口岸工作的方针、政策、任务和措施；

②研究改进口岸管理体制，会同有关部门推进口岸查验制度和管理体制的改革；

③负责编制全国水、陆、空一类口岸开放规划和审理一类口岸开放；

④会同有关部门审查查验配套设施的投资补助计划；

⑤督促检查水、陆、空口岸的检查、检验、检疫以及供应、服务等工作；

⑥协调解决口岸工作中的矛盾和问题；

⑦组织推动各地共建文明口岸的活动；

⑧负责口岸管理干部培训的组织工作；

⑨指导地方口岸领导机构的工作等。

2. 各级地方政府设立的口岸管理委员会或口岸办公室

地方口岸管理机构的主要职责是：

①负责管理和协调处理本地区水、陆、空口岸工作；

②负责贯彻执行党中央、国务院有关口岸工作的方针、政策和规定，并根据本地区口岸的具体情况制定实施细则；

③主持平衡所管辖口岸的外贸与运输计划；

④组织口岸的集疏运工作，包括组织运输部门、港口和外经贸部门的协作配合，加强车、船、货的衔接，加速车船周转和货物集散，保证口岸畅通；

⑤督促检查口岸检查检验单位按各自的职责和规定，对出入境人员、交通工具、货物和行李物品进行监督管理以及检查、检验、检疫等工作；

⑥负责协调处理口岸各单位（包括外贸运输、船舶代理、装卸理货、仓储转运、检查检

验、公正鉴定、对外索赔、供应服务、接待宣传等有关单位)之间的矛盾;

⑦检查、监督本地区的口岸规划、建设和集疏改造配套工作的组织和实施;

⑧按国家关于口岸开放的各种政策和规定,负责一、二类口岸开放的审查、报批,并负责组织落实具体事宜;

⑨开展调查研究、总结交流经验,向上级有关部门反映口岸工作出现的重大矛盾和问题,并提出解决意见。

3. 口岸检查检验机构

口岸检查检验机构是口岸检查、检验、检疫、监督单位的统称,对应海关、边检、海事、检验检疫四个行政管理机构。业务中的功能机构包括:海关、边防检查、过境卫生检疫和进口食品检验、动植物检疫、商品检验、港口国监控、船舶检验等。它们是代表国家在口岸执行监督管理、检查、检验、检疫的专门机构,依法行使验放权,扣留、没收、罚款等处罚权,同时,海关行使征收关税和缉查走私的权力,边防检查机构行使治安行政管理权和有关刑事案件侦查权。

15.2 海关法律制度

15.2.1 海关及海关法概述

海关是世界各国政府部门设立的监督管理进出关境的专门机构。海关法是指调整国家在监督管理运输工具、货物、物品进出境以及征收关税过程中发生的经济关系的法律规范的总称。《中华人民共和国海关法》(以下简称《海关法》)共九章十二条,对进出境运输工具、货物、物品、关税、海关事务担保、执法监督和法律责任等作了规定。

我国海关的法律地位与任务:根据我国《海关法》的规定,中华人民共和国海关是国家的进出关境监督管理机关。它的基本任务是:依照《海关法》和其他法律、行政法规的规定,监管进出境的运输工具、货物、行李物品、邮递物品和其他物品合法进出境;征收关税和其他法定由海关总征收的税费;查缉走私;编制海关统计和办理其他海关业务。按照《海关法》的规定,我国海关可以行使下列职权:

①检查进出境运输工具,查验进出境货物、物品;对违反其他有关法律、行政法规的,可以扣留。

②查阅进出境人员的证件;查问违反《海关法》或者其他有关法律、行政法规的嫌疑人,调查其违法行为。

③查阅、复制与进出境运输工具、货物、物品有关的合同、发票、账册、单据、记录、文件、业务函电、录音录像制品和其他资料;对其中与违反《海关法》或者其他有关法律、行政法规的进出境运输工具、货物、物品有牵连的,可以扣留。

④在海关监管区和海关附近沿海沿边规定地区,检查有走私嫌疑的运输工具和有藏匿走私货物、物品嫌疑的场所,检查走私嫌疑人的身体,对有走私嫌疑的运输工具、货物、

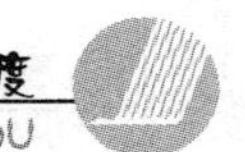

物品和走私犯罪嫌疑人，经直属海关关长或者其授权的隶属海关关长批准，可以扣留；对走私犯罪嫌疑人，扣留时间不超过24小时，在特殊情况下可以延长至48小时。

在海关监管区和海关附近沿海沿边规定地区以外，海关在调查走私案件时，对有走私嫌疑的运输工具和除公民住处以外的有藏匿走私货物、物品嫌疑的场所，经直属海关关长或者其授权的隶属海关关长批准，可以进行检查，有关当事人应当到场；当事人未到场的，在有见证人在场的情况下，可以进行检查；对其中有证据证明有走私嫌疑的运输工具、货物、物品，可以扣留。海关附近沿海沿边规定地区的范围，由海关总署和国务院公安部门会同有关省级人民政府确定。

⑤在调查走私案件时，经直属海关关长或者其授权的隶属海关关长批准，可以查询案件涉嫌单位和涉嫌人员在金融机构、邮政企业的存款、汇款。

⑥进出境运输工具或者个人违抗海关监管逃逸的，海关可以连续追至海关监管区和海关附近沿海沿边规定地区以外，将其带回处理。

⑦海关为履行职责，可以配备武器。海关工作人员佩戴和使用武器的规则，由海关总署会同国务院公安部门制定，报国务院批准。

⑧法律、行政法规规定由海关行使的其他权力。

我国海关的组织机构与设置：国务院设立海关总署，统一管理全国海关；国家在对外开放的口岸和海关监管业务集中的地点设立海关。海关的隶属关系，不受行政区划的限制；海关依法独立行使职权，并向海关总署负责。

海关执法：各地方、各部门应当支持海关依法行使职权，不得非法干预海关的执法活动。海关依法执行职务，有关单位和个人应当如实回答问题，并予以配合，任何单位和个人不得阻挠。海关执行职务受到暴力抗拒时，执行有关任务的公安机关和人民武装警察部队应当予以协助。海关建立对违反《海关法》规定逃避海关监管行为的举报制度。

海关缉私：是国家在海关总署设立专门侦查走私犯罪的公安机构，配备专职缉私警察，负责对其管辖的走私犯罪案件的侦查、拘留、执行逮捕、预审；海关侦查走私犯罪公安机构履行侦查、拘留、执行逮捕。预审职责，应当按照《中华人民共和国刑事诉讼法》关于走私罪的具体刑罚措施的规定办理；海关侦查走私犯罪公安机构根据国家有关规定，可以设立分支机构。各分支机构办理其管辖的走私犯罪案件，应当依法向有管辖权的人民检察院移送起诉。地方各级公安机关应当配合海关侦查走私犯罪公安机构依法履行职责。国家实行联合缉私、统一处理、综合治理的缉私体制，海关负责组织、协调、管理查缉走私工作。有关规定由国务院制定。各有关行政执法部门查获的走私案件，应当给予行政处罚的，移送海关依法处理；涉嫌犯罪的，应当移送海关侦查走私犯罪公安机构、地方公安机关依据案件管辖分工和法定程序办理。

15.2.2 进出境运输工具及货物

进出境运输工具、货物、物品，必须通过设立海关的地点进境或者出境。在特殊情况下需要经过未设立海关的地点临时进境或者出境的，必须经国务院或者国务院授权的机关批准，并依照《海关法》规定办理海关手续。

1. 进出境运输工具

进出境运输工具到达或者驶离设立海关的地点时，运输工具负责人应当向海关如实申报，交验单证，并接受海关监管和检查。停留在设立海关的地点的进出境运输工具，未经海关同意，不得擅自驶离。进出境运输工具从一个设立海关的地点驶往另一个设立海关地点的，应当按照海关监管要求办理海关手续；未办结海关手续的，不得改驶境外。运输工具装卸进出境货物、物品或者上下进出境旅客时，应当接受海关监管。

2. 进出境货物

进出口货物，除另有规定的外，可以由进出口货物收发货人自行办理报关纳税手续，也可以由进出口货物收发货人委托海关准予注册登记的报关企业办理报关纳税手续。

进出境物品的所有人可以自行办理报关纳税手续，也可以委托他人办理报关纳税手续。进口货物自进境起到办结海关手续止，出口货物自向海关申报日起到出境止，过境、转运和通运货物自进境起到出境止，应当接受海关监管。进口货物的收货人自运输工具申报进境之日起超过3个月未向海关申报的，其进口货物由海关提取依法变卖处理，所得价款在扣除运输、装卸、储存费用和税款后，尚有余款的，自货物依法变卖之日起一年内，经收货人申请予以发还。其中属于国家对进口有限制性规定，应当提交许可证件而不能提供的，不予发还。逾期无人申请或者不予发还的，上缴国库。

3. 进出境物品

个人携带进出境的行李物品、邮寄进出境的物品，应当以自用、合理数量为限，并接受海关监管。海关加施的封志，任何人不得擅自开启或者损毁。进出境邮袋的装卸、转运和过境，应当接受海关监管。邮政企业应当向海关递交邮件路单。邮政企业应当将开拆及封发国际邮袋的时间事先通知海关，海关应当按时派员到场监管查验。邮运进出境的物品，经海关查验放行后，有关经营单位方可投递或者交付。

15.2.3 关税与海关事务担保

准许进出口的货物、进出境物品，由海关依法征收关税。进口货物的收货人、出口货物的发货人、进出境物品的所有人，是关税的纳税义务人。进出口货物的完税价格，由海关以该货物的成交价格为基础审查确定。成交价格不能确定时，完税价格由海关依法估定。进口货物的完税价格包括货物的货价、货物运抵中华人民共和国境内输入地点起卸前的运输及其相关费用、保险费；出口货物的完税价格包括货物的货价、货物运至中华人民共和国境内输出地点装载前的运输及其相关费用、保险费，但是其中包含的出口关税税额，应当予以扣除。进出境物品的完税价格，由海关依法确定。关税的减免分为法定减免、特定减免和临时减免。关税的减免一定要依法进行，不能随意减免。进出口货物的纳税义务人，应当自海关填发税款缴款书之日起十五日内缴纳税款。逾期缴纳的，由海关征收滞纳金。纳税义务人、担保人超过三个月仍未缴纳的，经直属海关关长或者其授权的隶属海关关长批准，海关可以采取强制措施：书面通知其开户银行或者其他金融机构从其存款中扣缴税款；将应税货物依法变卖，以变卖所得抵缴税款；扣留并依法变卖其价值相当于应纳税款的货物或者其他财产，以变卖所得抵缴税款。海关采取强制措施时，对前述所列纳税义务人、担保人未缴纳的滞纳金同时强制执行。进出境物品的纳税义务人，应当在物品放行前缴纳税款。进出口货物的纳税义务人在规定的纳税期限内有明显的转移、藏匿其应税货物以及其他财产迹象的，海关可以责令纳税义务人提供担保，纳税义务人不能提供纳税担保的，经直属海关关长或者其授权的隶属海关关长批准，海关可以采取税收保全措施：书面通知纳税义务人开户银行或者其他金融机构暂停支付纳税义务人相当于应纳税款的款项或扣留纳税义务人价值相当于应纳税款的货物或者其他财产。纳税义务人在规定的纳税期限内缴纳税款的，海关必须立即解除税收保全措施；期限届满仍未缴纳税款的，经直属海关关长或者其授权的隶属海关关长批准，海关可以书面通知纳税义务人开户银行或者其他金融机构从其暂停支付的存款中扣缴税款，或者依法变卖所扣留的货物和其他财产，以变卖所得抵缴税款。采取税收保全措施不当，或者纳税义务人在规定期限内已缴纳税款，海关未立即解除税收保全措施，致使纳税义务人的合法权益受到损失的，海关应当依法承担赔偿责任。

海关事务担保是在确定货物的商品归类、估价和提供有效报关单证或者办结其他海关手续前，收发货人要求放行货物的，海关应当在其提供与其依法应当履行的法律义务相适应的担保后放行。法律、行政法规规定可以免除担保的除外。法律、行政法规对履行海关义务的担保另有规定的，从其规定。国家对进出境货物、物品有限制性规定，应当提供许可证件而不能提供的，以及法律、行政法规规定不得担保的其他情形，海关不得办理担保放行。

15.2.4 执法监督与法律责任

执法监督是海关履行职责，必须遵守法律，维护国家利益，依照法定职权和法定程序严格执法，接受监督。海关工作人员必须秉公执法，廉洁自律，忠于职守，文明服务，不得有下列行为：包庇、纵容走私或者与他人串通进行走私；非法限制他人人身自由，非法检查他人身体、住所或者场所，非法检查、扣留进出境运输工具、货物、物品；利用职权为自己或者他人谋取私利；索取、收受贿赂；泄露国家机密、商业秘密和海关工作秘密；滥用职权，故意刁难，拖延监管、查验；购买、私分、占用没收的走私货物、物品；参与或者变相参与营利性经营活动；违反法定程序或者超越权限执行职务及其他违法行为。海关及其工作人员的行政执法活动，依法接受监察机关的监督；缉私警察进行侦查活动，依法接受人民检察院的监督。审计机关依法对海关的财政收支进行审计监督，对海关办理的与国家财政收支有关的事项，有权进行专项审计调查。上级海关应当对下级海关的执法活动依法进行监督。上级海关认为下级海关作出的处理或者决定不适当的，可以依法予以变更或者撤销。海关应当依照《海关法》和其他有关法律、行政法规的规定，建立健全内部监督制度，对其工作人员执行法律、行政法规和遵守纪律的情况，进行监督检查。海关内部负责审单、查验、放行、稽查和调查等主要岗位的职责权限应当明确，并相互分离、相互制约。

任何单位和个人均有权对海关及其工作人员的违法、违纪行为进行控告、检举。收到控告、检举的机关有权处理的，应当依法按照职责分工及时查处。收到控告、检举的机关和负责查处的机关应当为控告人、检举人保密。海关工作人员在调查处理违法案件时,应遵守回避制度。

《海关法》对违反海关法律规定的行为规定了三种法律责任:①行政法律责任。对于违反海关法规及有关法律、行政法规的行为,尚未构成犯罪的,海关可依法行使行政处罚权和行政措施,对行为人给予行政处分、处以罚款、责令停止违法行为、没收违法所得等。②国家赔偿法律责任。《海关法》规定,海关在查验进出境货物、物品时,损坏被查验的货物、物品的,或违法扣留货物、物品、运输工具,致使当事人的合法权益受到损失的,应当赔偿实际损失。这种赔偿责任属于国家赔偿责任,可以依照我国《国家赔偿法》要求海关赔偿。③刑事法律责任。违反《海关法》有关规定,构成犯罪的,应依法追究刑事责任。刑事法律责任的承担方式主要为接受刑事处罚。刑事处罚分为主刑与附加刑。主刑包括管制、拘役、有期徒刑、无期徒刑、死刑等,附加刑包括罚金、剥夺政治权利、没收财产等。

15.3 出入境商品检验、检疫法律制度

15.3.1 《国境卫生检疫法》

该法包括总则、检疫、传染病监测、卫生监督、法律责任和附则六部分。

1. 总则

总则可分为立法目的、主管机构、传染病的范围,有关人员和部门的义务和紧急措施。立法目的是为了防止传染病由国外传入或者由国内传出,实施国境卫生检疫,保护人体健康。主管机构是中华人民共和国国家质量监督检验检疫总局,该机构作为国务院直属机构,负责全国范围内的出入境卫生检疫工作。在中华人民共和国国际通航的港口、机场以及陆地边境和国界江河的口岸(以下简称国境口岸),设立下属机构依照本法规定实施传染病检疫、监测和卫生监督。传染病的范围是指检疫传染病和监测传染病。检疫传染病,是指鼠疫、霍乱、黄热病以及国务院确定和公布的其他传染病。监测传染病,则由国务院卫生行政部门确定和公布。有关人员和部门的义务:入境、出境的人员、交通工具、运输设备以及可能传播检疫传染病的行李、货物、邮包等物品,都应当接受检疫,经国境卫生检疫机关许可后,方准入境或者出境。国境卫生检疫机关发现检疫传染病或者疑似检疫传染病时,除采取必要措施外,还必须立即通知当地卫生行政部门,同时用最快的方法报告国务院卫生行政部门,最迟不得超过 24 小时。邮电部门对疫情报告应当优先传送。中华人民共和国与外国之间的传染病疫情通报,由国务院卫生行政部门会同有关部门办理。紧急措施:在国外或者国内有检疫传染病大流行的时候,国务院可以下令封锁有关的国境或者采取其他紧急措施。

2. 检疫

入境的交通工具和人员,必须在最先到达的国境口岸的指定地点接受检疫。除引航员外,未经国境卫生检疫机关许可,任何人不准上下交通工具,不准装卸行李、货物、邮包

等物品；出境的交通工具和人员，必须在最后离开的国境口岸接受检疫；来自国外的船舶、航空器因故停泊、降落在中国境内非口岸地点的时候，船舶、航空器的负责人应当立即向就近的国境卫生检疫机关或者当地卫生行政部门报告。除紧急情况外，未经国境卫生检疫机关或者当地卫生行政部门许可，任何人不准上下船舶、航空器，不准装卸行李、货物、邮包等物品；在国境口岸发现检疫传染病、疑似检疫传染病，或者有人非因意外伤害而死亡并死因不明的，国境口岸有关单位和交通工具的负责人，应当立即向国境卫生检疫机关报告，并申请临时检疫；国境卫生检疫机关依据检疫医师提供的检疫结果，对未染有检疫传染病或者已实施卫生处理的交通工具，签发入境检疫证或者出境检疫证；国境卫生检疫机关对检疫传染病染疫人必须立即将其隔离，隔离期限根据医学检查结果确定；对检疫传染病染疫嫌疑人应当将其留验，留验期限根据该传染病的潜伏期确定，因患检疫传染病而死亡的尸体，必须就近火化；接受入境检疫的交通工具中有来自检疫传染病疫区的，被检疫传染病污染的，发现有与人类健康有关的啮齿动物或者病媒昆虫的，应当实施消毒、除鼠、除虫或者其他卫生处理；如果外国交通工具的负责人拒绝接受卫生处理，除有特殊情况外，准许该交通工具在国境卫生检疫机关的监督下，立即离开中华人民共和国国境；国境卫生检疫机关对来自疫区的、被检疫传染病污染的或者可能成为检疫传染病传播媒介的行李、货物、邮包等物品，应当进行卫生检查，实施消毒、除鼠、除虫或者其他卫生处理。

入境、出境的尸体、骸骨的托运人或者其代理人，必须向国境卫生检疫机关申报，经卫生检查合格后发给入境、出境许可证，方准运进或者运出。

3. 传染病监测

国境卫生检疫机关对入境、出境的人员实施传染病监测，并且采取必要的预防、控制措施。国境卫生检疫机关有权要求入境、出境的人员填写健康申明卡，出示某种传染病的预防接种证书、健康证明或者其他有关证件。对患有监测传染病的人、来自国外监测传染病流行区的人或者与监测传染病人密切接触的人，国境卫生检疫机关应当区别情况，发给就诊方便卡，实施留验或者采取其他预防、控制措施，并及时通知当地卫生行政部门。各地医疗单位对持有就诊方便卡的人员，应当优先诊治。

4. 卫生监督

国境卫生检疫机关根据国家规定的卫生标准，对国境口岸的卫生状况和停留在国境口岸的入境、出境的交通工具的卫生状况实施卫生监督，并监督和检查运输设施的垃圾、废物、污水、粪便、压舱水的处理。国境卫生检疫机关设立国境口岸卫生监督员，执行国境卫生检疫机关交给的任务。国境口岸卫生监督员在执行任务时，有权对国境口岸和入境、出境的交通工具进行卫生监督和技术指导，对卫生状况不良和可能引起传染病传播的因素提出改进意见，协同有关部门采取必要的措施，进行卫生处理。

5. 法律责任

对违反国境卫生检疫法规定，国境卫生检疫机关可以根据情节轻重，对有如下行为之一的单位或者个人，给予警告或者罚款：逃避检疫，向国境卫生检疫机关隐瞒真实情况的；未经国境卫生检疫机关许可，擅自上下交通工具，或者装卸行李、货物、邮包等物品的。当事人对国境卫生检疫机关给予的罚款决定不服的，可以在接到通知之日起十五日内，向当地人民法院起诉。逾期不起诉又不履行的，国境卫生检疫机关可以申请人民法院强制执行。违反本法规定，引起检疫传染病传播或者有引起检疫传染病传播严重危险的，依照《中华人民共和国刑法》的规定追究刑事责任。国境卫生检疫机关工作人员，应当秉公执法、忠于职守，对入境、出境的交通工具和人员，及时进行检疫；违法失职的，给予行政处分，情节严重构成犯罪的，依法追究刑事责任。

6. 附则

中华人民共和国缔结或者参加的有关卫生检疫的国际条约同本法有不同规定的，适用该国际条约的规定。但是，中华人民共和国声明保留的条款除外。中华人民共和国边防机关与邻国边防机关之间在边境地区的往来，居住在两国边境接壤地区的居民在边境指定地区的临时往来，双方的交通工具和人员的入境、出境检疫，依照双方协议办理，没有协议的，依照中国政府的有关规定办理。国境卫生检疫机关实施卫生检疫，按照国家规定收取费用。国务院卫生行政部门根据本法制定实施细则，报国务院批准后施行。

15.3.2 《进出口商品检验法》

与商品的检验检疫相关的法规主要有《中华人民共和国进出口商品检验法》、《出入境检验检疫签证管理办法》、《出入境检验检疫报检规定》等。《进出口商品检验法》包括总则、进口商品的检验、出口商品的检验、监督管理、法律责任和附则六部分。

1. 总则

主管机构是中华人民共和国国家质量监督检验检疫总局（以下简称国家商检部门），主管全国进出口商品检验工作。各省、自治区、直辖市质量监督检验检疫局及其分支机构（以下简称商检机构），依法负责对所辖地区的进出口商品检验工作。商检机构和经国家商检部门许可的检验机构，依法对进出口商品实施检验。管辖范围：进出口商品检验应当根据保护人类健康和安全、保护动物或者植物的生命和健康、保护环境、防止欺诈行为、维护国家安全的原则，由国家商检部门制定、调整必须实施检验的进出口商品目录（以下简称目录）并公布实施。列入目录的进出口商品，由商检机构实施检验。进口商品未经检验的，不准销售、使用；前款规定的出口商品未经检验合格的，不准出口。进出口商品，其中符合国家规定的免予检验条件的，由收货人或者发货人申请，经国家商检部门审查批准，可以免予检验。经国家商检部门许可的检验机构，可以接受对外贸易关系人或者外国检验机构的委托，办理进出口商品检验鉴定业务。必须实施的进出口商品检验是指确定列入目录的进出口商品是否符合国家技术规范的强制性要求的合格评定活动。合格评定程序包括：抽样、检验和检查；评估、验证和合格保证；注册、认可和批准以及各项的组合。列入目录的进出口商品，按照国家技术规范的强制性要求进行检验；尚未制定国家技术规范的强制性要求的，应当依法及时制定，未制定之前，可以参照国家商检部门指定的国外有关标准进行检验。

2. 进口商品的检验

①必须经商检机构检验的进口商品的收货人或者其代理人，应当向报关地的商检机构报检。海关凭商检机构签发的货物通关证明验放。

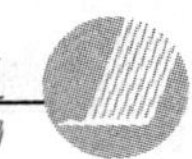

②必须经商检机构检验的进口商品的收货人或者其代理人，应当在商检机构规定的地点和期限内，接受商检机构对进口商品的检验。商检机构应当在国家商检部门统一规定的期限内检验完毕，并出具检验证单。

③按照规定必须经商检机构检验的进口商品以外的进口商品的收货人，发现进口商品质量不合格或者残损短缺，需要由商检机构出证索赔的，应当向商检机构申请检验出证。

④对重要的进口商品和大型的成套设备，收货人应当依据对外贸易合同约定在出口国装运前进行预检验、监造或者监装，主管部门应当加强监督；商检机构根据需要可以派出检验人员参加。

3. 出口商品的检验

①按照规定必须经商检机构检验的出口商品的发货人或者其代理人，应当在商检机构规定的地点和期限内，向商检机构报检。商检机构应当在国家商检部门统一规定的期限内检验完毕，并出具检验证单。对规定必须实施检验的出口商品，海关凭商检机构签发的货物通关证明验放。

②经商检机构检验合格发给检验证单的出口商品，应当在商检机构规定的期限内报关出口；超过期限的，应当重新报检。

③为出口危险货物生产包装容器的企业，必须申请商检机构进行包装容器的性能鉴定。生产出口危险货物的企业，必须申请商检机构进行包装容器的使用鉴定。使用未经鉴定合格的包装容器的危险货物，不准出口。

④对装运出口易腐烂变质食品的船舱和集装箱，承运人或者装箱单位必须在装货前申请检验。未经检验合格的，不准装运。

4. 监督管理

①商检机构对按照规定必须经商检机构检验的进出口商品以外的进出口商品，根据国家规定实施抽查检验。国家商检部门可以公布抽查检验结果或者向有关部门通报抽查检验情况。

②商检机构根据便利对外贸易的需要，可以按照国家规定对列入目录的出口商品进行出厂前的质量监督管理和检验。

③为进出口货物的收发货人办理报检手续的代理人应当在商检机构进行注册登记；办理报检手续时应当向商检机构提交授权委托书。

④国家商检部门可以按照国家有关规定，通过考核，许可符合条件的国内外检验机构承担委托的进出口商品检验鉴定业务。

⑤国家商检部门和商检机构依法对经国家商检部门许可的检验机构的进出口商品检验鉴定业务活动进行监督，可以对其检验的商品抽查检验。

⑥国家商检部门根据国家统一的认证制度，对有关的进出口商品实施认证管理。

⑦商检机构可以根据国家商检部门同外国有关机构签订的协议或者接受外国有关机构的委托进行进出口商品质量认证工作，准许在认证合格的进出口商品上使用质量认证标志。

⑧商检机构依照本法对实施许可制度的进出口商品实行验证管理，查验单证，核对

证货是否相符。

⑨商检机构根据需要,对检验合格的进出口商品,可以加施商检标志或者封识。

⑩进出口商品的报检人对商检机构作出的检验结果有异议的,可以向原商检机构或者其上级商检机构以至国家商检部门申请复验,由受理复验的商检机构或者国家商检部门及时作出复验结论。

⑪当事人对商检机构、国家商检部门作出的复验结论不服或者对商检机构作出的处罚决定不服的,可以依法申请行政复议,也可以依法向人民法院提起诉讼。

⑫国家商检部门和商检机构履行职责,必须遵守法律,维护国家利益,依照法定职权和法定程序严格执法,接受监督。国家商检部门和商检机构应当根据依法履行职责的需要,加强队伍建设,使商检工作人员具有良好的政治、业务素质。商检工作人员应当定期接受业务培训和考核,经考核合格后,方可上岗执行职务。

⑬国家商检部门和商检机构应当建立健全内部监督制度,对其工作人员的执法活动进行监督检查。商检机构内部负责受理报检、检验、出证放行等主要岗位的职责权限应当明确,并相互分离、相互制约。

⑭任何单位和个人均有权对国家商检部门、商检机构及其工作人员的违法、违纪行为进行控告、检举。收到控告、检举的机关应当依法按照职责分工及时查处,并为控告人、检举人保密。

5. 法律责任

①违反进出口商品检验法规定,将必须经商检机构检验的进口商品未报经检验而擅自销售或者使用的,或者将必须经商检机构检验的出口商品未报经检验合格而擅自出口的,由商检机构没收违法所得,并处货值金额5%以上20%以下的罚款;构成犯罪的,依法追究刑事责任。

②违反进出口商品检验法规定,未经国家商检部门许可,擅自从事进出口商品检验鉴定业务的,由商检机构责令停止非法经营,没收违法所得,并处违法所得一倍以上三倍以下的罚款。

③进口或者出口属于掺杂掺假、以假充真、以次充好的商品或者以不合格进出口商品冒充合格进出口商品的,由商检机构责令停止进口或者出口,没收违法所得,并处货值金额50%以上三倍以下的罚款;构成犯罪的,依法追究刑事责任。

④伪造、变造、买卖或者盗窃商检单证、印章、标志、封识、质量认证标志的,依法追究刑事责任;尚不够刑事处罚的,由商检机构责令改正,没收违法所得,并处货值金额等值以下的罚款。

⑤国家商检部门、商检机构的工作人员违反本法规定,泄露所知悉的商业秘密的,依法给予行政处分,有违法所得的,没收违法所得;构成犯罪的,依法追究刑事责任。

⑥国家商检部门、商检机构的工作人员滥用职权,故意刁难的,徇私舞弊,伪造检验结果的,或者玩忽职守,延误检验出证的,依法给予行政处分;构成犯罪的,依法追究刑事责任。

6. 附则

根据进出口商品检验法规定,商检机构和其他检验机构依法实施检验和办理检验鉴

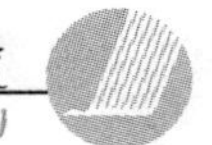

定业务,依照国家有关规定收取费用。

15.3.3 《进出境动植物检疫法》

该法包括总则,进境检疫,出境检疫,过境检疫,携带、邮寄物检疫,运输工具检疫,法律责任和附则八部分。

1. 总则

该法的立法目的,是防止动物传染病、寄生虫病和植物危险性病、虫、杂草以及其他有害生物(以下简称病虫害)传入、传出国境,保护农、林、牧、渔业生产和人体健康,促进对外经济贸易的发展。适用范围,是进出境的动植物、动植物产品和其他检疫物,装载动植物、动植物产品和其他检疫物的装载容器、包装物,以及来自动植物疫区的运输工具,依照进出境动植物检疫法规定实施检疫。主管机构,是中华人民共和国国家质量监督检验检疫总局,统一管理全国进出境动植物检疫工作。在对外开放的口岸和进出境动植物检疫业务集中的地点设立的口岸动植物检疫机关,依照本法规定实施进出境动植物检疫。口岸动植物检疫机关的职权是:依照规定登船、登车、登机实施检疫;进入港口、机场、车站、邮局以及检疫物的存放、加工、养殖、种植场所实施检疫,并依照规定采样;根据检疫需要,进入有关生产、仓库等场所,进行疫情监测、调查和检疫监督管理;查阅、复制、摘录与检疫物有关的运行日志、货运单、合同、发票及其他单证。国家禁止进境物的范围有动植物病原体(包括菌种、毒种等)、害虫及其他有害生物;动植物疫情流行的国家和地区的有关动植物、动植物产品和其他检疫物;动物尸体;土壤。如口岸动植物检疫机关发现有规定的禁止进境物的,作退回或者销毁处理。因科学研究等特殊需要引进规定的禁止进境物的,必须事先提出申请,经国家动植物检疫机关批准。应急措施:国外发生重大动植物疫情并可能传入中国时,国务院应当采取紧急预防措施,必要时可以下令禁止来自动植物疫区的运输工具进境或者封锁有关口岸;受动植物疫情威胁地区的地方人民政府和有关口岸动植物检疫机关,应当立即采取紧急措施,同时向上级人民政府和国家动植物检疫机关报告。邮电、运输部门对重大动植物疫情报告和送检材料应当优先传送。国家动植物检疫机关和口岸动植物检疫机关对进出境动植物、动植物产品的生产、加工、存放过程,实行检疫监督制度。口岸动植物检疫机关在港口、机场、车站、邮局执行检疫任务时,海关、交通、民航、铁路、邮电等有关部门应当予以配合。

2. 进境检疫

凡输入动物、动物产品、植物种子、种苗及其他繁殖材料的,必须事先提出申请,办理检疫审批手续。通过贸易、科技合作、交换、赠送、援助等方式输入动植物、动植物产品和其他检疫物的,应当在合同或者协议中订明中国法定的检疫要求,并订明必须附有输出国家或者地区政府动植物检疫机关出具的检疫证书。货主或者其代理人应当在动植物、动植物产品和其他检疫物进境前或者进境时持输出国家或者地区的检疫证书、贸易合同等单证,向进口口岸动植物检疫机关报检。装载动物的运输工具抵达口岸时,口岸动植物检疫机关应当采取现场预防措施,对上下运输工具或者接近动物的人员、装载动物的运输工具和被污染的场地做防疫消毒处理。输入动植物、动植物产品和其他检疫物的,应当在进境口岸实施检疫。未经口岸动植物检疫机关同意，不得卸离运输工具。输入动植物需隔离检疫的，在口岸动植物检疫机关指定的隔离场所检疫。因口岸条件限制等原因，可以由国家动植物检疫机关决定将动植物、动植物产品和其他检疫物运往指定地点检疫。在运输、装卸过程中，货主或者其代理人应当采取防疫措施。指定的存放、加工和隔离饲养或者隔离种植的场所，应当符合动植物检疫和防疫的规定。输入动植物、动植物产品和其他检疫物，经检疫合格的，准予进境。海关凭口岸动植物检疫机关签发的检疫单证或者在报关单上加盖的印章验放。输入动植物、动植物产品和其他检疫物，需调离海关监管区检疫的，海关凭口岸动植物检疫机关签发的《检疫调离通知单》验放。输入动植物，经检疫不合格的，由口岸动植物检疫机关签发《检疫处理通知单》，通知货主或者其代理人作如下处理：

①检出一类传染病、寄生虫病的动物，连同其同群动物全群退回或者全群扑杀并销毁尸体。

②检出二类传染病、寄生虫病的动物，退回或者扑杀，同群其他动物在隔离场或者其他指定地点隔离观察。输入动物产品和其他检疫物经检疫不合格的，由口岸动植物检疫机关签发《检疫处理通知单》，通知货主或者其代理人作除害、退回或者销毁处理。经除害处理合格的，准予进境。

③输入植物、植物产品和其他检疫物，经检疫发现有植物危险性病、虫、杂草的，由口岸动植物检疫机关签发《检疫处理通知单》，通知货主或者其代理人作除害、退回或者销毁处理。经除害处理合格的，准予进境。

3. 出境检疫

货主或者其代理人在动植物、动植物产品和其他检疫物出境前，向口岸动植物检疫机关报检。出境前需经隔离检疫的动植物，在口岸动植物检疫机关指定的隔离场所检疫。输出动植物、动植物产品和其他检疫物，由口岸动植物检疫机关实施检疫，经检疫合格或者经除害处理合格的，准予出境；海关凭口岸动植物检疫机关签发的检疫证书或者在报关单上加盖的印章验放。检疫不合格又无有效方法作除害处理的，不准出境。经检疫合格的动植物、动植物产品和其他检疫物，有下列情形之一的，货主或者其代理人应当重新报检：更改输入国家或者地区，更改好的输入国家或者地区又有不同检疫要求的；改换包装或者原未拼装后来拼装的；超过检疫规定有效期的。

4. 过境检疫

要求运输动物过境的，必须事先征得动植物检疫机关同意，并按照指定的口岸和路线过境。装载过境动物的运输工具、装载容器、饲料和铺垫材料，必须符合中国动植物检疫的规定。运输动植物、动植物产品和其他检疫物过境的，由承运人或者押运人持货运单和输出国家或者地区政府动植物检疫机关出具的检疫证书，在进境时向口岸动植物检疫机关报检，出境口岸不再检疫。过境的动物经检疫合格的，准予过境；发现有《进出境动植物检疫法》规定的名录所列的动物传染病、寄生虫病的，全群动物不准过境。过境动物的饲料受病虫害污染的，作除害、不准过境或者销毁处理。过境动物的尸体、排泄物、铺垫材料及其他废弃物，必须按照动植物检疫机关的规定处理，不得擅自抛弃。对过境动植物、动植物产品和其他检疫物，口岸动植物检疫机关检查运输工具或者包装，经检疫

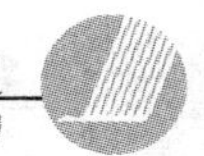

合格的，准予过境；发现有《进出境动植物检疫法》第十八条规定的名录所列的病虫害的，作除害处理或者不准过境。动植物、动植物产品和其他检疫物过境期间，未经动植物检疫机关批准，不得开拆包装或者卸离运输工具。

5. 携带、邮寄物检疫

携带、邮寄植物种子、种苗及其他繁殖材料进境的，必须事先提出申请，办理检疫审批手续。禁止携带、邮寄进境的动植物、动植物产品和其他检疫物的名录，由国务院农业行政主管部门制定并公布。携带、邮寄规定名录所列的动植物、动植物产品和其他检疫物进境的，作退回或者销毁处理。携带规定的名录以外的动植物、动植物产品和其他检疫物进境的，在进境时向海关申报并接受口岸动植物检疫机关检疫。携带动植物进境的，必须持有输出国家或者地区的检疫证书等证件。邮寄《进出境动植物检疫法》规定的名录以外的动植物、动植物产品和其他检疫物进境的，由口岸动植物检疫机关在国际邮件互换局实施检疫，必要时可以取回口岸动植物检疫机关检疫；未经检疫不得运递。邮寄进境的动植物、动植物产品和其他检疫物，经检疫或者除害处理合格后放行；经检疫不合格又无有效方法作除害处理的，作退回或者销毁处理，并签发《检疫处理通知单》。携带、邮寄出境的动植物、动植物产品和其他检疫物，物主有检疫要求的，由口岸动植物检疫机关实施检疫。

6. 运输工具检疫

来自动植物疫区的船舶、飞机、火车抵达口岸时，由口岸动植物检疫机关实施检疫。发现有《进出境动植物检疫法》规定的名录所列的病虫害的，作不准带离运输工具、除害、封存或者销毁处理。进境的车辆，由口岸动植物检疫机关作防疫消毒处理。进出境运输工具上的泔水、动植物性废弃物，依照口岸动植物检疫机关的规定处理，不得擅自抛弃。装载出境的动植物、动植物产品和其他检疫物的运输工具，应当符合动植物检疫和防疫的规定。进境供拆船用的废旧船舶，由口岸动植物检疫机关实施检疫，发现有《进出境动植物检疫法》规定的名录所列的病虫害的，作除害处理。

7. 法律责任

违反《进出境动植物检疫法》规定，有下列行为之一的，由口岸动植物检疫机关处以罚款：未报检或者未依法办理检疫审批手续的；未经口岸动植物检疫机关许可擅自将进境动植物、动植物产品或者其他检疫物卸离运输工具或者运递的；擅自调离或者处理在口岸动植物检疫机关指定的隔离场所中隔离检疫的动植物的。报检的动植物、动植物产品或者其他检疫物与实际不符的，由口岸动植物检疫机关处以罚款；已取得检疫单证的，予以吊销。违反本法规定，擅自开拆过境动植物、动植物产品或者其他检疫物的包装的，擅自将过境动植物、动植物产品或者其他检疫物卸离运输工具的，擅自抛弃过境动物的尸体、排泄物、铺垫材料或者其他废弃物的，由动植物检疫机关处以罚款。违反本法规定，引起重大动植物疫情的，伪造、变造检疫单证、印章、标志、封识的，比照刑法的规定追究刑事责任。当事人对动植物检疫机关的处罚决定不服的，可以在接到处罚通知之日起15日内向作出处罚决定的机关的上一级机关申请复议；当事人也可以在接到处罚通知之日起15日内直接向人民法院起诉。复议机关应当在接到复议申请之日起60日内作出复议决定。当事人对复议决定不服的，可以在接到复议决定之日起15日内向人民法院起诉。复议机关逾期不作出复议决定的，当事人可以在复议期满之日起15日内向人民法院起诉。当事人逾期不申请复议也不向人民法院起诉、又不履行处罚决定的，作出处罚决定的机关可以申请人民法院强制执行。动植物检疫机关检疫人员滥用职权，徇私舞弊，伪造检疫结果，或者玩忽职守，延误检疫出证，构成犯罪的，依法追究刑事责任；不构成犯罪的，给予行政处分。

8. 附则

附则中对相关概念做了专门解释："动物"是指饲养、野生的活动物，如畜、禽、兽、蛇、龟、鱼、虾、蟹、贝、蚕、蜂等；"动物产品"是指来源于动物未经加工或者虽经加工但仍有可能传播疫病的产品，如生皮张、毛类、肉类、脏器、油脂、动物水产品、奶制品、蛋类、血液、精液、胚胎、骨、蹄、角等；"植物"是指栽培植物、野生植物及其种子、种苗及其他繁殖材料等；"植物产品"是指来源于植物未经加工或者虽经加工但仍有可能传播病虫害的产品，如粮食、豆、棉花、油、麻、烟草、籽仁、干果、鲜果、蔬菜、生药材、木材、饲料等；"其他检疫物"是指动物疫苗、血清、诊断液、动植物性废弃物等。

此外，附则对相关国际条约的适用也作了说明："中华人民共和国缔结或者参加的有关动植物检疫的国际条约与本法有不同规定的，适用该国际条约的规定。但是，中华人民共和国声明保留的条款除外。"

15.4　我国关税制度

我国没有制定单行的关税法。现行有关关税方面的法律依据是《中华人民共和国海关法》中有关关税的规定；其次是《中华人民共和国进出口关税条例》和《中华人民共和国海关进出口税则》；再次是海关总署、财政部等有关部门根据国务院的决定和授权制定的有关法规，如《中华人民共和国海关征税管理办法》、《中华人民共和国海关对出口退税报告单管理办法》等。它们共同构成我国关税法的完整体系。

15.4.1　我国关税的纳税义务人

在我国，进出口关税的纳税义务人为：进出口货物的收货人、发货人或他们的代理人、接受委托办理有关手续的代理人等；入境的旅客、各种运输工具上的服务人员、馈赠物品以及以其他方式入境个人物品的所有人、进口个人邮件的收件人。

15.4.2　我国关税的种类和税率

各国征收关税主要分为进口税、出口税和过境税三种。我国只征收进口关税和出口关税。其中进口税是我国关税的主要税捐。根据我国《对外贸易法》及参照国际惯例，对于从外国违规、违法进口的商品，我国还可以征收反倾销税、反补贴税和其他进口附加税。

关税的税率分为进口税率和出口税率两种。在进口税率中，对同一货物的税率，又按不同情况规定了优惠税率和普通税率两种。对原产于与我国订有关税互惠协议的国家或地区的进口货物，按照优惠税率征税；对原产于未与我国订有关税互惠协议的国家或地区的进口货物，按照普通税率征税。随着国民经济的发展，我国将大幅度降低近年来进口很少而税率又高的商品的名义关税税率，降低原料、新产品、高科技产品的进口关税税率，调整对外国投资企业、经济特区和经济技术开发区的关税政策。我国对出口商品一般不征出口税，但对一些须限制出口的商品以及为调整盲目出口的需要，对少数出口商品也开征出口关税。

15.4.3 我国关税的计征方法

各国计征关税的方法可分为从价征税、从量征税、复合征税和选择征税四种。我国海关对进出口货物大部分按从价标准征收关税，即以商品的价格为标准计征关税。采用从价征税方法，首先应当正确审定进出口货物的完税价格。所谓完税价格是指经海关审核确定的应当征收关税的进出口货物的价格。海关审核确定进口货物完税价格的主要目的是防止进口货物脱逃关税；审核确定出口货物完税价格的主要目的是防止低价倾销出口商品扰乱国外市场。进出口货物应纳关税税额为进出口货物完税价格乘以适用税率。

1. 进口关税

根据《进出口关税条例》规定，进口货物以海关审定的成交价格为基础的到岸价格作为完税价格。所谓成交价格，是指买方就输入到进口国的有关货物的销售实际支付的或应支付的价格。到岸价格包括货价，加上货物运抵我国关境内输入地点起卸前的包装费、运费、保险费和其他劳务费等费用。进口货物的到岸价格经海关审查未能确定的，海关应当依次以下列价格为基础估定完税价格：

①从该项进口货物同一出口国或者地区购进的相同或者类似货物的成交价格；

②该项进口货物的相同或者类似货物在国际市场上的成交价格；

③该项进口货物的相同或者类似货物在国内市场上的批发价格，减去进口关税、进口环节其他税收以及进口后的运输、储存、营业费用及利润后的价格；

④海关用其他合理方法估定的价格。

2. 出口关税

出口货物应当以海关审定的货物售与境外的离岸价格，扣除出口关税后，作为完税价格。离岸价格应以该项货物远离关境前的最后一个口岸的离岸价格为准。离岸价格不能确定时，海关依次按照下列价格予以审定：

①同一时期内向同一国家或者地区销售出口的相同商品的成交价格；

②同一时期内向同一国家或者地区销售出口的类似商品的成交价格；

③根据境内生产相同或类似商品的成本、储运和保险费用、利润及其他杂费计算所得的价格；

④如果按照以上方法仍不能确定的，由海关用其他合理方法审定价格。

15.4.4 我国关税的缴纳与退补

1. 关税的缴纳

进出口货物的收发货人或其代理人，应当在海关填发税款缴纳的次日起7日内（星期日和法定节假日除外），向指定银行缴纳税款。逾期缴纳的，除依法追缴外，由海关自到期的次日起至缴清税款日止，按日加征欠缴税款1‰的滞纳金。超过3个月仍未缴纳的，海关可以责令担保人缴纳税款或者将货物变价抵缴；必要时，可以通知银行在担保人或者纳税义务人存款内扣缴。

2. 关税的退补

海关发现多征税款应予退还。纳税人要求海关退还多征税款的期限自缴纳税款之日起1年内。进出口货物完税后，如发现少征或漏征税款，海关应自缴纳税款或者货物放行之日起1年内，向收发货人或其代理人补征。因收发货人或其代理人违反规定而造成少征或漏征的，海关在3年内可以追征。

15.4.5 我国关税的减免

根据我国《海关法》和《进出口关税条例》的规定，我国的关税减免分为法定减免、特定减免、临时减免和暂免纳税四种，由国家授权的机关统一办理，任何其他地方和部门均不得越权减免关税。

1. 法定减免

法定减免是指按照关税法规定对进出口货物进行的减免。法定减免的货物包括：

①关税税额在人民币10元以下的一票货物。

②无商业价值的广告品和货样。

③外国政府、国际组织无偿赠送的物资。

④进出境运输工具装载的途中必需的燃料、物料和饮食用品。

⑤因故退还的我国出口货物，由原发货人或者他们的代理人申报进境，并提供原出口单证，经海关审查核实的，可以免征进口关税。但是，已经征收的出口关税，不予退还。

⑥因故退还的境外进口货物，由原收货人或者他们的代理人申报出境，并提供原进口单证，经海关审查核实的，可以免征出口关税。但是，已经征税的进口关税，不予退还。

⑦在境外运输途中或者在起卸时遭受破坏或者损失的进口货物；起卸后海关放行前因不可抗力遭受损坏或者损失的进口货物；海关查验时已经破漏、损坏或者腐烂、经证明不是保管不慎造成的进口货物，海关可以酌情减免关税。

⑧我国缔结或者参加的国际条约规定减征、免征关税的货物，海关按条约规定予以减免。

⑨法律规定其他免征、减征关税的情况。

2. 特定减免

特定减免是按国务院或其授权的机关规定，在某些特定条件下和范围内，进出口货

物能够全部免征或减少征收关税的情况。如对经济特区、经济技术开发区、沿海开放城市和外商投资企业的进出口货物以及对教学科研用物品、国外无偿向我国提供的技术资料和物资设备等采取特定减免关税措施。

3. 临时减免

临时减免是指法定减免和特定减免以外的临时减征或者免征关税。货物需要临时减免时，由收、发货人或其代理人向所在地海关申请，海关审查属实后转报海关总署，由海关总署会同财政部按照国务院的规定审查批准。

4. 暂免纳税

暂免纳税是指经海关批准暂时进口或者暂时出口的货物，以及特准进口的保税货物，在货物收、发货人向海关缴纳相当于税款的保证金或者提供担保后，准予暂时免纳关税。

15.5 反倾销与反补贴制度

倾销的定义是指一国的产品以低于正常价值的价格进入另一国市场的行为。补贴是指一成员国政府或任何公共机构向“某些企业”提供财政捐助以及对价格或收入的支持，以直接或间接增加从其领土输出某种产品或者减少向其领土内输入某种产品，或者对其他成员方利益形成损害的行政性措施。可见，倾销和补贴是多边国际贸易中两种扭曲竞争条件的“不公平”贸易行为。反倾销和反补贴是关贸总协定和世界贸易组织的协议所允许的保护和鼓励自由贸易、反对不公平竞争的手段。

15.5.1 我国的反倾销制度

随着我国对外贸易的不断发展，外国产品倾销中国，垄断某些高科技产业和新兴行业的问题已经出现，反倾销作为保护贸易的一种手段，已受到我国立法部门的高度重视。国务院发布了《中华人民共和国反倾销和反补贴条例》对反倾销作出了具体的规定。该条例在反倾销方面主要规定了如下内容。

1. 倾销的确定

确定一项进口产品是否存在倾销，要求将被指控倾销产品的出口价格与该产品的所谓“正常价值”作比较，如果前者低于后者，即认为存在倾销。《反倾销和反补贴条例》规定，进口产品的出口价格低于其正常价值的为倾销，而正常价值可按以下方法确定。

(1)国内销售价格

进口产品的相同或者类似产品在出口国市场上有可比价格的，以该可比价格为正常价值。即以进口产品的国内销售价格确定正常价值，这是确定正常价值最基本的方法。

(2)对第三国的出口价格

相同的进口产品或者类似产品在出口国市场没有可比价格的，以该相同或者类似产品出口到第三国的可比价格为正常价值。

(3)结构价格

在不能采用上述两种方法确定正常价值时,可以以该相同或者类似产品的生产成本加合理费用、利润为正常价值。

在确定了正常价值之后,还要确定其适当的出口价格。出口价格按照如下方法确定:进口产品有实际支付价款或者应当支付价款的价格的,以该价格为出口价格;进口产品没有实际支付价款或者应当支付价款的价格,或者其价格不能确定的,以该进口产品首次销售给独立购买人的价格或者以商务部与海关总署协商后根据合理基础所推定的价格为出口价格。在找出适当的正常价值和出口价格之后,应当按照公平合理的方式进行比较,如果后者低于前者,即认为存在倾销,据此可确定倾销幅度,亦即确定进口产品的出口价格低于其正常价值的差额。

2. 产业损害的确定

产业损害包括倾销对国内已经建立的相关产业造成的实质损害或者产生实质损害的威胁和对国内建立相关产业造成的实质阻碍。所谓国内产业是指中国境内相同或者类似产品的全部生产者,或者占国内相同或者类似产品全部总产量的大部分的生产者。产业损害主要是依据以下四个方面的情况作判断:

①倾销产品的数量(包括倾销产品的总量或者相对国内相同或者类似产品的增长量)及其可能的大增长量;

②倾销产品的价格(包括倾销产品的价格削减或者对国内相同或者类似产品价格)的影响;

③倾销产品对国内产业(包括倾销产品对国内相同或者类似产品生产商)的影响;

④倾销产品出口国的生产能力、出口能力和库存。

另外,反倾销调查涉及两个以上国家的进口产品时,可以对有关进口产品的影响进行累积评估。

3. 反倾销调查

(1)反倾销机构

我国的反倾销机构是商务部、海关总署和国务院关税税则委员会。在反倾销的立案、调查、初裁、终裁过程中,以上各机构各司其职、相互配合。

(2)反倾销申请

反倾销程序一般是由申请开始的。进口产品的相同或者类似产品的国内生产者或者有关组织为反倾销调查的申请人,其中"国内生产者"应排除那些与出口经营者或进口经营者有关联,或者其本身就是倾销产品的进口经营者。申请人可以向商务部提出反倾销调查的书面申请,书面申请应符合一定的要求,包括要有足够的证据。遇有特殊情形,商务部有充分证据认为存在倾销和损害,并且这两者之间有因果关系的,可以自行立案调查。

(3)反倾销立案调查

我国受理反倾销调查申请的机构为商务部。商务部收到申请人的书面申请后,应当对申请书及所附的有关证据进行审查;经审查后,决定立案调查或者不立案调查。商务

部应将立案调查或者不立案调查的决定予以公告，并通知申请人、已知的出口经营者和进口经营者、出口国政府等利害关系方。

决定立案调查后，商务部会同海关总署对倾销幅度进行调查，国务院有关部门对损害及损害程度进行调查。调查时可以向利害关系方发放调查问卷，进行抽样调查。在利害关系方提出请求时，应当为各有关利害关系方提供陈述意见的机会。商务部认为必要时，可以派工作人员赴有关国家进行调查，但是，有关国家提出异议的除外。进行调查时，利害关系方应当如实反映情况，提供有关资料。我国反倾销调查期限，自立案调查决定公告之日起至最终裁定公告之日止为12个月，特殊情况下可以延长至18个月。但在下列情况下应当终止调查，并由商务部予以公告：申请人撤回申请的；初步裁定不存在倾销、损害的；最终裁定存在倾销、损害的；倾销幅度或者倾销产品的进口量可以忽略不计的；倾销产品的出口经营者或者出口国政府作出拟采取有效措施的承诺，以消除倾销对国内产业造成损害的。

4. 初裁

国务院对外贸易主管部门会根据调查结果分别作出初步裁定，并由商务部予以公告。如果初裁确认了倾销和损害，就要对被指控的进口产品采取临时反倾销措施，这些措施可以为：

①按照规定程序征收临时反倾销税。征收临时反倾销税由商务部提出建议，由国务院关税税则委员会决定。其期限自临时反倾销措施决定公告之日起为4个月，遇有特殊情形的，可以延长至9个月。

②要求提供现金保证金或者其他形式的担保。要求提供现金保证金或者其他形式担保的，由国务院对外贸易主管部门决定。

临时反倾销税税额、现金保证金和其他形式担保的金额，应当与初步裁定确定的倾销幅度相适应。临时反倾销措施的决定由商务部予以公告，由海关执行。在此情况下，调查程序继续进行，直至做出最终裁决。

5. 终裁

终裁是指主管当局作出初裁之后，经过进一步对证据的收集与核实而对倾销和损害作出的最终裁决。如果最终裁定倾销存在并由此对国内产业造成损害的，可以按照规定程序征收反倾销税，并由商务部予以公告。征收反倾销税，由商务部提出建议，由国务院关税税则委员会决定，由海关执行。反倾销税的纳税人为倾销产品的进口经营者。反倾销税额不得超过最终裁定确定的倾销幅度，其期限为5年。

6. 复审

在征收反倾销税的5年期限内，反倾销机构可以自行或者应利害关系方的请求，对征收反倾销税的决定进行复审，并自复审开始之日起12个月内向国务院关税税则委员会提出对征收反倾销税的决定作出修改、取消或者保留的建议，由国务院关税税则委员会作出复审决定，并由商务部予以公告。

7. 司法审议

对于反倾销主管机构的裁决，当事人如果不服可以上诉至法院，寻求司法复议。

15.5.2 我国的反补贴制度

国务院颁布的《中华人民共和国反倾销和反补贴条例》的第五章对反补贴作了明确的规定。鉴于反倾销和反补贴两者在损害、调查、采取救济办法等方面有许多相同之处，该条例的有关规定，既适用反倾销，也适用反补贴措施，亦即有关补贴造成的损害、反补贴调查和反补贴措施的实施，可适用反倾销的相关规定。反补贴的特别规定，主要有三项：补贴的定义，外国政府或者公共机构直接或者间接地向产业、企业提供的财政资助或者利益，为补贴；国内补贴例外，进口产品存在仅用于工业研究和开发、扶持落后地区、环境保护等补贴的，不属于反补贴范围，不适用反补贴条例；补贴金额，补贴产品所接受的补贴净额为补贴金额。补贴金额应当按照公平合理的方式进行计算。

15.6 物流信息网络法律制度

15.6.1 物流信息与互联网信息管理概述

中国物流信息管理、系统、安全等领域的标准化工作由中国物流信息管理委员会负责，在物流信息管理委员会的协调下，整合目前我国物流领域分散经营带来的信息不匹配等问题。据悉，中国现仅有 2.6% 的物流公司与贸易伙伴之间保持一致的信息标准。在《关于促进我国现代物流业发展的意见》中，明确规定了物流企业必须要有信息系统。物流信息系统是把各种物流活动与某个一体化的过程联结在一起的通道，在功能上物流信息系统可以划分为四个层次，物流一体化过程建立在四个层次上，即基础信息、管理控制、决策分析以及制定战略计划系统。我国现行的物流法律法规，从法律效力角度来看，可分为三类：一是法律，二是行政法规，三是由中央各部委颁布的部门规章。从理论上看，规制上述各个层次物流行为的法律规范有网络法律和非网络法律。网络法律又可分为网络构建法律和网络应用法律。

1. 国外及有关国际组织的网络立法概述

20 世纪 90 年代以来，电子商务的发展速度是令人难以想象的。1995 年全球互联网网上销售额仅 2 亿美元，到了 1996 年就达到了 10 亿美元，1998 年达到了 500 亿美元，2002 年全球电子商务的总贸易额达到了 1 万亿美元以上。针对这种速度增长的电子商务运营势头，1996 年 9 月，联合国国际贸易法委员会通过了《电子商务示范法》。对涉及电子商务有关程序和方法在法律上都作了详细的规定。一些国际组织与国家纷纷合作，制定各种各样的地区或国家的法律规范，形成了国际上电子商务立法的高速发展期。

(1)国际商会制定电子商务指导性交易规则

国际商会已经正式制定的有 1997 年通过的《国际数字保证商务通则(GUIDEC)》和《电传交换贸易数据统一行为的守则》，目的是平衡不同法律体系，统一各国和各地区电

传交换贸易数据的行为准则，为电子商务提供指导性政策，并统一有关术语。国际商会又制定了《2010年国际贸易术语解释通则》、《电子贸易和结算规则》等交易规则，在《电子商务示范法》的基础上，对电子商务支付的安全性、数字签名、加密及数字时间签章等作出了法律规定，并成为电子商务及电子支付的指导性交易规则。

(2)WTO的三大突破性协议

WTO先后达成了著名的服务贸易三大协议，即《全球基础电信协议》主要内容是要求各成员方向外国公司开放其电信市场并结束垄断行为；《信息技术协议(ITA)》，要求所有参加方2000年1月1日前将主要的信息技术产品的关税降为零；《开放全球金融服务市场协议》，要求成员方对外开放银行、保险、证券和金融信息市场。这三项重要协议为电子商务和信息技术的稳步有序发展奠定了坚实的法律基础。

(3)制定电子商务政策的地区性组织

经济合作与发展组织(OECD)20世纪90年代制定了《OECD电子商务工作方案》、《有关国际组织和地区组织的报告：电子商务的活动和计划》和《OECD电子商务行动计划》三个重要文件，作为OECD发展电子商务的指导性文件。

欧盟则于20世纪90年代提出了《关于电子商务的欧洲建议》、《欧盟电子签字法律框架指南》、《欧盟关于处理个人数据及其自由流动中保护个人的指令》(或称《欧盟隐私保护指令》)、《数字签名统一规则草案》。欧盟通过制定电子商务政策，试图将其影响扩展到全球。

1996年世界知识产权组织(WITO)通过了《世界知识产权组织版权条约》(简称WCT)和《WTO表演与录音制品条约》(简称WPPT)，这两项条约被称为“因特网”条约。

1990年国际海事委员会制定的《国际海事委员会电子提单规则》等等。

2. 国外互联网方面立法概述

①美国制定诸多优惠政策，鼓励互联网的发展。如“Internet Tax Freedom Act of 1997”，法案确立暂免网上交易的税收，该法案还要求总统通过与WTO、经合组织和亚太经合理事会的双边及多边谈判设立和免除晚上交易的关税。

②新加坡广播管理局(SBA)1996年7月11日宣布对互联网实行管制，宣布实施分类许可证制度。1999年新加坡颁布了《1998年电子交易法》。

③2000年1月6日中华人民共和国香港行政长官董建华签署命令，颁发了《电子交易条例(香港)(Electronic Transaction Ordinance)》，条例旨在促进在商业及其他方面的电子交易的关税。

3. 我国物流信息与互联网信息立法现状

①法律：《中华人民共和国电子签名法》是我国首部专门的关于物流信息、计算机与互联网信息方面的法律，广义上的有《著作权法》、《反不正当竞争法》、《保守国家秘密法》、《全国人大常务委员会关于维护互联网安全的决定》等。

②行政法规：如《计算机软件保护条例》、《计算机信息网络国际联网管理暂行规定》、《电信条例》、《互联网信息服务管理办法》、《集成电路布图涉及保护条例》等。

③政府规章：如工业和信息化部制定的《电子认证服务管理办法》、《互联网电子公告服务管理规定》，海关总署制定的《海关舱单电子数据传输管理办法》等。

15.6.2 电子商务法规

1. 电子商务法的特性

电子商务是一个非常庞杂的法律体系，这些法律规范从总体上属于商法范畴，它既涉及传统的民法领域如合同法，又涉及新的领域如数字检字法、数字认证法等。电子商务具有两个基本特征：其一，以商人的行业惯例为其规范标准；其二，具有跨越任何世界、地域的、全球化的天然特性。

2. 电子合同的基本法律问题

(1)电子合同

电子合同是指用电、磁、光或相关技术手段生成的数据电文表达意思，以产生、变更和消灭权利义务关系的协议。通俗地说，通过电子手段订立的合同即是电子合同。电子合同的分类：从狭义上说，电子合同是指通过 EDI、电子邮件等方式借助互联网订立的合同；而从广义上说，电子合同还包括电报、电传或传真等传统电子订立方式的合同。电子合同的法律效力：第一是合同的形式，《合同法》确立了数据电文形式或电子合同的法律地位，而且认为电子合同是一种书面形式。因此，电子合同作为一种合同形式，是合法有效的。第二是证据效力，电子合同在合同形式上有效，但形式有效和证据效力不是一回事。在证据法上，一份有效的书证，必须同时具备主要两个要件：一是存在有效的签名或有其他证据表明该文书归属于某人或认可该内容；二是必须是原件或未经篡改、改动过。如果仅仅是复制件，电子合同形式的合法性还是必须有证据效力的合法性相配合，才能真正彻底解决电子合同的法律地位和效力。在数据电文证据效力方面，联合国《示范法》在分别界定了数据电文的书面、签字和原件后，就数据电文的可接受性和证据价值，作了总结性规定。总结起来，具备直接证据效力的数据电文应当具备以下条件：生成、储存或传递该数据电文的办法的可靠性，达到"可以调取以备日后查用"的条件；保持信息完整性、可靠性，达到初次形成时状态；具有安全的签字或类似鉴别发端人的办法。实际上，只要按照确定数据电文具备了纸面文书的功能、符合电子签字和原件标准，那么电文当然具有原件性的书面文件的证据效力，即这种数据电文具有直接证据效力。

(2)电子合同订立的一般规则

1)要约和承诺

合同的订立一般经过要约和承诺两个阶段，通过网络达成的电子合同也遵循这一基本规则。

2)要约的到达时间和合同成立时间

我国《合同法》专门采取数据电文形式的要约或承诺到达(或生效)的时间："采用数据电文形式订立合同，收件人指定特定系统接受数据电文的，该数据电文进入特定系统的时间，视为达到时间；未指定特定系统的，该数据电文进入收件人的任何系统的首次时间，视为到达时间。"

3)数据电文收发地和合同缔结地

合同缔结地对于法律适用和法院管辖具有重要意义。根据《合同法》规定，"承诺生

效地为合同成立地点”。由于承诺自到达要约人生效，因此，合同成立地点一般为要约人住所地(承诺到达地)。根据《合同法》的规定，“采用数据电文形式订立合同的，收件人的主营业地为合同成立的地点；没有主营业地的，其经常居住地为合同成立的地点”。联合国《示范法》对发出和收到数据电文的地点作了规范：除非发端人与收件人另有协议外，数据电文应以发端人设有营业地的地点视为其发出地点，而以收件人设有营业地的地点视为其收到地点。

然而，在网络环境下，问题可能比较复杂。因为地点与其业务活动不存在实质性的联系。所谓实质性联系，是指与支配营业活动的意志的来源或者发生营业活动的行为有着直接联系的地点。但是，有些商务活动的主体的营业活动几乎都是通过网络进行，除了注册于某处之外，与任何其他地点都无实质联系。对于这种“虚拟企业”，可考虑将信息系统的支持设备和技术的所在地，或者与上述系统联通进行查询的访问地作为营业所在地。

(3)电子合同订立的特殊法律问题

电子合同订立中的一些特殊法律问题，主要涉及电子自动交易或点击合同等问题。

1)电子自动交易及相关问题

电子自动交易，是指当事人通过事先设置的程序，根据需求状况自动发出和接收信息，并作出判断而订立合同。自动交易的应用大致有两种情况，一种是当事人双方各自拥有自己的交易系统，合同约定两公司电脑自动通过 EDI 订货、发货，无须人力干预。另一种是自动竞价系统。例如在网络证券买卖中，当事人向证券自动交易系统发出要约，由系统寻找相同报价的买方和卖方，达成交易。此自动交易系统即是当事人双方共同的电子代理人。电子自动交易的最大特点是具有智能，能完全或部分地独立进行判断，自动完成交易，不需要当事人的干预。但在实质上，它不具有自己独立的意思能力，仅仅是系统设立的一种智能化工具，它的功能类似于自动售货机，其行为即是当事人的行为。电子自动交易中所发生的数据电文应归属于对该程序的使用有最终决定权、享有相应权利、义务的设立人，信息的发出人不得以所发送信息未经自己审查为由而对之否认。从表面上看，在电子自动交易系统中，似乎只有当事人的要约而没有承诺，承诺是由系统完成的。实际上这种要约在理论上称为交叉要约，只要双方当事人互为意思表示，且意思表示内容一致即可，要约和承诺的区分意义已经不大了。

2)点击合同订立中的法律问题

点击合同与网络环境下的格式合同。当用户上网购物或申请登记电子邮箱时，网站往往要求填写有关信息，并点击“我同意”后才可以进行相关活动，这种必须点击“同意”的合同，称之为点击合同(Click-wrap Contract)。点击合同系统由商品或服务的提供人通过计算机程序预先设定合同条款的一部分或全部，以规定其与对方当事人之间的权利义务关系，对方必须点击“同意”后才能订立的合同。点击合同具有符合性，是网络环境下的格式合同。拆封合同(Shrink-wrap Contract)，是指合同提供人将其与不特定第三人之间权利义务关系的相关条款印在标的物的包装上面，并在合同中声明只要消费者在购买后拆开包装，即视为接受的格式合同。在交易电子化之后，信息类产品可以直接从网上购买，不再具有传统的包装形式，这样，拆封合同也就随之电子化了。在从网上购买并下载安装软件时，用户仍然可以看到类似于拆封合同的痕迹。

点击合同有效的原则。由于点击合同属格式合同范畴，因此，除了需符合一般合同的订立规则外，还应当符合《合同法》关于格式合同有效要件的规定。

点击合同的最主要特征是：点击表示当事人同意合同全部条款，点击完成合同即告成立。

点击合同应当受格式合同规定调整。根据《合同法》的规定，设置点击合同电子文体的这一方，应当履行如下义务：根据公平原则拟定条款；合理提醒消费者注意免责或限责条款，该提醒必须是在订约之时以合理方式作出（例如，商家在消费者订购消费品时，应将合同内容设置为消费者购物的必经环节，以保证消费者在点击确认之前，有机会和时间审查。如果某一条款只有在当事人负有付款义务或履约之后才能审查，那么，商家则未尽履行订约时的提醒义务）；按照对方要求对格式条款进行说明解释。

点选条款或格式条款的无效。点选条款或格式条款违反法律强制性规定的无效。而对于是否违反公平原则条款，需要法官根据具体情形认定其是否构成免除人身伤害和财产损失责任，或者免除其责任，加重对方责任，剥夺对方权利。

3）电子错误

《统一计算机信息交易法》（UCITA）对电子错误的定义是指在线交易过程中，交易双方因使用信息处理系统时产生的错误。从广义上说，电子错误包括当事人对网上商家发生误解而向其发出要约；狭义的电子错误仅指计算机信息处理系统产生的错误（如，商家规定的买卖有效时限已过，但消费者发出购买要约时，自动交易系统仍然与之订约等情形，也属于狭义的电子错误）。电子错误主要有两种形态：一是表示内容上的错误，如对标的物的错误，有关标的价格、数量、履行期、履行地的错误等等；二是表示行为的错误，如由于传达机关传达不实等。电子错误应符合以下构成要件：电子信息需经当事人使用或指定的计算机信息处理系统进行信息传递或信息处理；该计算机信息处理系统的程序设置正当，即当事人不得故意设置某一程序改变原始信息的内容。

电子错误的法律调整，由于错误并非当事人真实的意思表示，原则上应允许当事人撤销。在合同成立之前，当事人可以撤销错误的表示行为，在合同成立后，可以撤销合同。其主要有以下情形：

①在当事人双方约定的情形下，若当事人各方约定使用某种安全程序检测变动或错误，一方当事人遵此执行，而另一方当事人未遵守约定，且错误因未守约而发生，则遵守方可以撤销变动错误的电子信息所产生的效力，不论合同是否订立。

②在当事人双方没有约定的情况下，若一方采用某种程序检测到自己所发出的信息有变动或错误，应及时通知另一方，相对方应在合理的时间内予以确认，即使未在合理时间内确认，发出方也可以撤销变动或错误产生的效力。相对方在合理时间内予以否定的，应由发出信息方证明变动或错误的存在。

消费者可撤销与卖方的电子交易代理人交易过程中源自于其本人错误的电子信息的效力。其前提条件是：电子交易代理人未能提供避免或纠正错误的机会，或者该人在知道电子信息出现错误时，采取合理措施或及时通知另一方当事人。

电子错误或变动若未被当事人双方发现或检测到，直至合同履行或履行完毕的，原

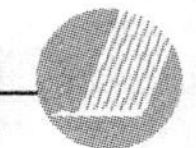

则上合同应有效，除非该错误构成有影响力的错误，动摇了合同成立的基础。

基于电子错误或变动致使合同某一条款无效或撤销的，当事人应当返还因错误或变动所带来的利益，不能返还的应给予补偿。

15.6.3 互联网域名管理法规

1. 域名管理

(1)概述

为积极推进中文网络信息资源的开发，完善我国中文域名体系，规范中文域名注册服务，促进网络应用普及和健康发展，加快中文域名的应用，维护用户权益，经批准，中国互联网络信息中心(CNNIC)已于2000年初开通中文域名试验系统并提供注册服务。

(2)专业术语

①域名，是互联网络上识别和定位计算机的层次结构式的字符标识，与该计算机的互联网协议(IP)地址相对应，是进行网络访问的重要基础。

②中文域名，是指含有中文文字的域名，是我国域名体系的重要组成部分。

③域名根服务器，是指承担域名体系中根节点功能的服务器。

④域名根服务器运行机构，是指负责运行、维护和管理域名根服务器的机构。

⑤顶级域名，是指域名体系中根结点下的第一级域的名称。

⑥中文域名注册体系结构分为三层，即注册管理机构、注册服务机构和注册代理机构。注册管理机构负责运行和管理域名系统，维护域名中央数据库。经工业和信息化部批准，中国互联网信息中心为我国中文域名注册管理机构。注册服务机构负责受理域名注册申请并完成注册。注册代理机构在注册服务机构授权范围内接受域名注册申请。

(3)域名管理机构

工业和信息化部负责中国互联网域名的管理工作。其主要职责是：制定互联网域名管理的规章及政策；制定国家(或地区)顶级域名CN和中文域名体系；管理国家(或地区)顶级域名CN和中文域名的域名注册管理机构；管理在中华人民共和国境内设置并运行域名根服务器的域名根服务器运行机构；监督管理域名注册服务；负责与域名有关的国际协调。

(4)域名管理方式

域名管理采用逐级管理方式。域名注册管理机构和各级域名持有者根据本办法及相关规定的要求，负责其下一级域名的注册管理及服务。域名注册管理机构负责运行和管理相应的域名系统，维护域名数据库，授权域名注册服务机构提供域名注册服务。在中华人民共和国境内设置域名根服务器、设立域名注册管理机构和域名根服务器运行机构需经工业与信息化部授权。

(5)域名注册服务管理

域名注册服务遵循“先申请先注册”原则。域名注册管理机构可以在设定域名注册范围时设立预注册期限，对部分保留字进行必要保护，并在其网站上提供查询。任何组织或个人注册和使用的域名，不得含有下列内容：反对宪法所确定的基本原则的；危害国家安全,泄露国家机密,颠覆国家政权,破坏国家统一的;损害国家荣誉和利益的;煽动民族仇恨、民族歧视,破坏民族团结的;破坏国家宗教政策,宣扬邪教和封建迷信的;散布谣言,扰乱社会秩序,破坏社会稳定的;散布淫秽、色情、赌博、暴力、凶杀、恐怖或者教唆犯罪的;侮辱或者诽谤他人,侵害他人合法权益的;含有法律、行政法规禁止的其他内容的。域名注册申请者应当遵守国家有关互联网络的法律、行政法规和规章,遵守域名注册管理机构制定的域名注册相关规定。域名注册完成后,域名注册申请者即成为其注册域名的持有者。因持有或使用域名而侵害他人合法权益的,责任由域名持有者承担。域名注册信息发生变更的,域名持有者应当在变更后30日内向域名注册服务机构申请变更注册信息。域名持有者可以选择和变更域名注册服务机构。域名持有者变更域名注册服务机构的,原域名注册服务机构应当承担转移域名持有者注册信息的义务。

2. 域名注册的申请

在中国互联网络信息中心(以下简称CNNIC)设立的WWW服务(http://www.cnnic.net.cn),用于发布中文域名注册及其他有关事项。申请人注册中文域名时,必须已经拥有了属于申请人自己的英文域名,申请人应当通过WWW等方式提交《中文域名注册申请表》。申请人应当对自己选择的中文域名负责,不得使用对国家、社会或者公共利益有损害的名称。申请人在填写、提交中文域名注册申请表时,应当保证其内容的真实性,并且保证所选定的中文域名的注册不侵害第三方的权益。申请人必须保证其中文域名的注册不是为了任何非法目的。中文域名不许买卖等行为,如违反,由CNNIC撤销该中文域名。暂定同一中文域名注册申请人最多可以注册50个中文域名,同一天只能注册5个中文域名,超出5个的中文域名申请无效。

3. 域名注册的变更和注销

申请变更注册中文域名或者其他注册事项的,申请人应当提交《中文域名注册申请表》,并且交回原《中文域名注册证》,经CNNIC核准后,将原《中文域名注册证》加注发还,并且予以开通运行。申请注销已注册的中文域名,申请人应当提交《中文域名注册申请表》,并交回原《中文域名注册证》,经CNNIC核准后,停止该中文域名的运行,并且收回《中文域名注册证》。

4. 域名争议解决

域名注册管理机构可以制定中立的域名争议解决域名争议。任何人就已经注册或使用的域名向域名争议解决机构提出投诉,并且在符合域名争议解决办法规定的条件时,域名持有者应当参与域名争议解决程序。域名争议解决机构作出的裁决只涉及争议域名持有者信息的变更。域名争议解决机构作出的裁决与人民法院或者仲裁机构已经发生法律效力的裁判不一致的,域名争议解决机构的裁决服从于人民法院或者仲裁机构发生法律效力的裁判。域名争议在人民法院、仲裁机构或域名争议解决机构处理的期间,域名持有者不得转让有争议的域名,但域名受让方以书面形式同意接受人民法院裁判、仲裁裁决或争议解决机构裁决约束的除外。为了解决中文域名注册和使用过程中发生的争议,中国互联网信息中心制定了《中文域名争议解决办法(试行)》。

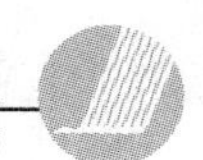

15.6.4 互联网信息服务管理法规

1. 互联网信息服务管理办法

互联网信息服务，是指通过互联网向上网用户提供信息的服务活动互联网信息服务分为经营性和非经营性两类：经营性互联网信息服务，是指通过互联网向上网用户有偿提供信息或者网页制作等服务活动；非经营性互联网信息服务，是指通过互联网向上网用户无偿提供具有公开性、共享性信息的服务活动。国家对经营性互联网信息服务试行许可制度，对非经营性互联网信息服务试行备案制度。未取得许可或者未履行备案手续的，不得从事互联网信息服务。

从事新闻、出版、教育、医疗保健、药品和医疗器械等互联网信息服务，依照法律、行政法规以及国家有关规定需经有关主管部门审核同意的，在申请经营许可或者履行备案手续前，应当依法经有关主管部门审核同意。

从事经营性互联网信息服务，除应当符合《中华人民共和国电信条例》规定的要求外，还应具备下列条件：有业务发展计划及相关技术方案；有健全的网络与信息安全保障措施，包括网络安全保障措施、信息安全保密管理制度、用户信息安全管理制度；服务项目属于本办法规定范围的，已取得有关主管部门同意的文件。

从事非经营性互联网信息服务，应当向其所在省、自治区、直辖市电信管理机构或者国务院信息产业主管部门办理备案手续。

互联网信息服务提供者应当按照经许可或者备案的项目提供服务，不得超出经许可或者备案的项目提供服务。非经营性互联网信息服务提供者不得从事有偿服务。互联网信息服务提供者变更服务项目、网站网址等事项的，应当提前30日向原审核、发证或者备案机关办理变更手续。

互联网信息服务提供者应当在其网站主页的显著位置表明其经营许可证编号或者备案编号。

2. 互联网电子公告服务管理规定

根据《互联网信息服务管理办法》的规定，凡在中华人民共和国境内开展电子公告服务和利用电子公告发布信息的，必须遵守工业和信息化部制定的《互联网电子公告服务管理规定》。电子公告服务，是指在互联网上的电子布告牌、电子白板、电子论坛、网络聊天室、留言板等交互形式为上网用户提供信息发布条件的行为。

从事互联网信息服务，拟开展电子公告服务的，应当在向省、自治区、直辖市电信管理机构或者信息产业部申请经营性互联网信息服务许可或者办理非经营性互联网信息服务备案时，提出专项申请或者专项备案。电子公告服务，除应当符合《互联网信息服务管理办法》规定的条件外，还应当具备下列条件：有确定的电子公告服务类别和栏目；有完善的电子公告服务规则；有电子公告服务安全保障措施，包括上网用户等级程序、上网用户信息安全管理制度、技术保障设施；有相应的专业管理人员和技术人员，能够对电子公告服务实施有效管理。已取得经营许可或者已履行备案手续的互联网信息服务提供者，拟开展电子公告服务的，应当向原许可或者备案机关提出专项申请或者专项备案。

未经专项批准或者专项备案手续，任何单位或者个人不得擅自开展电子公告服务。

3. 境内计算机信息网络进行国际联网管理暂行规定

中华人民共和国境内的计算机信息网络进行国际联网，应当依照国务院颁布的《中华人民共和国计算机信息网络国际联网管理暂行规定》（以下简称《暂行规定》）进行办理。

①国际联网，是指中华人民共和国境内的计算机互联网络、专业计算机信息网络、企业计算机信息网络，以及其他通过专线进行国际联网的计算机信息网络同外国的计算机信息网络相连接。

②互联网络，是指直接进行国际联网的计算机信息网络。互联单位是指负责互联网络运行的单位。

③接入网络，是指通过接入互联网络进行国际联网的计算机信息网络。接入单位是指负责接入网络运行的单位。

④国际出入口信道，是指国际联网所使用的物理信道。

⑤用户，是指通过接入网络进行国际联网的个人、法人和其他组织。个人用户是指具有联网账号的个人。

⑥专业计算机信息网络，是指为行业服务的专用计算机信息网络。

⑦企业计算机信息网络，是指企业内部自用的计算机信息网络。

（1）一般规定

国家对国际联网实行统筹规划、统一标准、分级管理、促进发展的原则。接入网络必须通过互联网络进行国际联网。计算机信息网络直接进行国际联网，必须使用邮电部国家公用电信网提供的国际出入口信道。任何单位和个人不得自行建立或者使用其他信道进行国际联网。

（2）建立互联网络的申请与审批

接入网络必须通过互联网络进行国际联网，不得以其他方式进行国际联网。接入单位必须具备《暂行规定》规定的条件，并向互联单位主管部门或者主管单位提交接入单位申请书和接入网络可行性报告。经部（委）级行政主管部门批准后，向国务院信息化工作领导小组提交互联单位申请书和互联网络可行性报告，由工作领导小组审议提出意见并报国务院批准。

（3）跨省（区）、市经营活动的申请、审批与吊销

接入单位拟跨省（区）、市经营的，应当向经营性互联单位主管部门社区领取国际联网经营许可证。在本省（区）、市内经营的接入单位应当向经营性互联主管部门或者经其授权的省级主管部门申请领取国际联网经营许可证。提供电信服务的企业应当在30个工作日内为接入单位提供通信线路和相关服务。

（4）国际联网经营活动申请、审批与吊销

接入单位拟从事国际互联网经营活动的，应当向有权受理从事国际联网经营活动申请的互联单位主管部门或者主管单位申请领取国际联网经营许可证。未取得国际联网经营许可证的，不得从事国际联网经营业务。接入单位从事国际联网经营活动的，必须具备法律法规的条件和为用户长期服务的能力。

(5)国际联网非经营活动的申请、审批与取消

接入单位拟从事国际联网非经营活动的,应当报有权受理从事非经营活动申请的互联单位主管部门或者主管单位审批。未经批准的,不得接入互联网络进行国际联网。从事非经营活动的接入单位的情况发生编号,不再符合本条第1款规定"依法设立的企业法人或事业法人"条件的,其国际联网资格由审批机构予以取消。

(6)个人、法人和其他组织(以下统称用户)国际联网的规定

用户使用的计算机或者计算机信息网络,需要进行国际联网的,必须通过接入网络进行国际联网。在接入网络前,应当征得接入单位的同意,并办理登记手续。用户向接入单位申请国际联网时,应当提供有效身份证明或者其他证明文件,并填写用户登记表。

案例分析

案例1 目前,大多数电子商务网站把配送业务交给第三方配送公司,这种合作是符合现代社会分工原则的。一方面是由于网站本身的经济实力、业务规模和配送成本等方面不允许电子商务公司分散更多的财力和物力在物流配送方面;同时也是由于绝大多数商务网站的定位仅仅是做信息的发布,不涉及物流甚至商流。这种将信息流和物流分开模式的好处是显而易见的。它可以发挥各自的优势,做好自己熟悉的业务,分散经营风险,降低经营成本。这种模式基本能满足目前多数商业网站配送的基本需求。试分析这种模式下的几个法律问题。

案例问题:

1. 电子商务网站与第三方配送公司订立的是什么类型的合同?该合同应包括哪些主要内容?

2. 消费者作为合同一方当事人时,另一方当事人是电子商务网站还是第三方配送公司?为什么?

3. 在这种模式下,货款的支付方式有哪些?

4. 如果由于配送公司的原因造成了货物损害,消费者可以向谁索赔?

5. 如果消费者要求退货,谁负责回收该货物?

6. 电子商务网站在从事B2B与B2C两种业务时,其法律责任有何区别?

案例2 乙方向甲方发出要求购买办公家具的电子邮件一份,电子邮件中明确了办公家具的数量、种类、价款和履行方式。同时,电子邮件还对办公桌椅的尺寸、式样、颜色作了说明,并附了样图。甲方在收到电子邮件后,即刻回复乙方,对其要求全部认可。第二天,甲方依约将办公家具送至乙方。由于乙方已经于当日以较低的价格购买了另一家公司生产的办公家具,就以双方没有订立书面合同为由拒收甲方送达的办公家具,双方协商不成,甲方起诉至法院。

案例问题：

1. 甲方和乙方使用电子邮件达成的合同在我国是否被认可为书面形式？是否合法有效？

2. 如果乙方否认发过电子邮件或认为有人冒充乙方名义发送，那么，该电子邮件是否具有直接的证据效力？

3. 你认为电子邮件作为具有直接的证据效力，法规应如何完善？

第16章

物流争议解决法律制度

本章要点

- 物流争议的非诉讼解决方法和程序
- 仲裁法律制度及程序
- 民事诉讼法律制度及涉外民事诉讼程序
- 相互承认、执行外国法院判决和外国仲裁裁决
- 海事诉讼特别程序

16.1 非诉讼解决方式

物流争议属于民事争议的一种，其解决方式有多种，如双方协商解决（谈判）、调解、仲裁、诉讼。各种解决方式各有利弊，关键是针对具体争议的特点采取相应的争议解决方式。和解谈判、调解属于非诉讼解决方式。

16.1.1 和解谈判

和解谈判是最常用的争议解决方式，无须借助第三者或专门机关。在我国，通常把当事人双方协商解决争议称为"和解"，和解一般被理解为当事人合意的结果，而谈判则主要是指达成合意的方式与活动过程。因此，在当今的争议解决过程中，被当事人频繁使用。在我国的解决争议实践和习惯中，当事人之间的谈判属于"私了"。通过谈判寻找双方都能接受的解决方案，是当事人的正常本能和最合理的选择。

1. 和解谈判的概念

和解谈判是一种旨在相互说服的交流或对话过程，其实质是一种双方的交易活动。谈判的目的是达成解决争议的协议，就是双方当事人为了达成和解的协商或活动。纯粹

由当事人自行谈判所达成的协议，性质相当于契约或对原有契约的变更，对当事人具有契约上的约束力。

2. 和解谈判的特征

和解谈判最重要的特征在于：它不是一种特定的制度，而属于一种手段，具有较大的灵活性；在形式和程序上比较随意，具有通俗性和民间性。它通常是以民间习惯或当事人自行约定的方式进行；它通常不需第三者的介入，因而具有最高的自治性。谈判区别于其他争议解决方式的最重要的特征在于：它不是一种特定的制度，而属于一种手段，在其他争议解决方式中也可以使用，具有较大的灵活性。谈判具有对话和协商功能、交易功能、自主判断功能、自治功能、争议解决功能及程序利益。

3. 和解谈判的必要条件

和解谈判的必要条件包括：

①当事人解决争议的愿望或诚意，是谈判的最基本条件，如果发现对方毫无诚意，又无法改变其态度时，应果断退出谈判，以免徒劳无益地浪费时间。在争议发生后双方能否走到或坐在一起谈判，是有无愿望和诚意的第一表示。同时，愿望和诚意还表现在：耐心听取对方的理由和主张；尊重对方的权利和尊严；对对方抱有最起码的信任；遵守谈判的规则，不恶意滥用谈判程序；遵守协议和承诺。

②当事人具有进行判断和权衡的理性或能力，是谈判的另一个重要的主观条件。当事人的理性并不一定与其文化教养或精明程度成正比，更多的是需要有一种实事求是的权衡能力。

③当事人作出一定的妥协的现实可能性，如果权利人考虑到其他物质利益以外的因素，如诉讼程序的复杂性、时间精力的耗费和今后关系的维持等，接受可能实现的最低限度的补偿或分期履行方案，也是一种合理的抉择。

4. 谈判的原则和局限性

(1)合法原则

谈判的内容、范围、程序和方式都必须合法，法律实际上已经对可以通过谈判“私了”处理争议的范围作出了明确的限定，除了刑法所列举的必须提起公诉的犯罪行为，一般的民事争议和属于自诉范畴的刑事争议都可以通过当事人自行谈判协商解决。属于私权范围的民事经济争议都允许当事人自行谈判和解。合法性作为一般原则制约着谈判，使其不致脱离法律的基本轨道，从而保障“私了”的公平。

(2)公平与自治的原则

谈判与和解在运作中必须注意公平与自治的协调。一方面允许当事人充分行使自主权与处分权，对实体权利和诉讼权利作出各种处分、让步与妥协；另一方面，必须注意防止因当事人之间实力的显著不平等导致强迫、欺诈、显失公平和重大误解。一旦出现这种情况，必要时可以根据民事行为的公平原则，由法院作出和解协议无效或撤销的判决。现代法制特别注意保护弱者的权益不受侵害，这是行使自治的前提之一。

(3)公序良俗原则

谈判所达成的和解协议不得违反公序良俗原则。与前两个原则同样，谈判虽然以自治为基本原则，可以使用各种通行的社会规范或惯例作为基准，也可以由当事人自行约

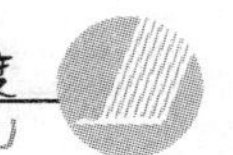

定规则，但协议的内容和形式，以及谈判与履行的方式都不得违反公序良俗，否则国家和社会都可以进行干预。需要注意的是，谈判中往往较多地遵循当事人所在的共同体的惯例和规则，否则就可能破坏共同体的秩序和伤害其他成员的感情。

(4)诚信、自律准则

谈判与和解归根结底是当事人之间的个人行为，保证协议、约定公正达成和切实履行的真正条件除了当事人的理性之外，更重要的是必须依赖他们的诚实信用和自律。当事人的自利心理是合理和正常的，利益的权衡是达成和解的基本要素。因此，诚实和自律是谈判的最基本的道德准则和必要条件。

(5)局限性

谈判的优势也恰好是其局限性所在，完全依靠当事人自主和自律达成并履行的和解，往往由于没有第三方的参与和制约，运作中可能在履行的不同阶段会出现障碍。因此，谈判只能视条件是否具备，针对特定的争议，根据特定的时间和地点，适用于特定的当事人。

16.1.2 调解

调解是一种传统的非诉讼程序，作为现代非诉讼争议解决的一种基本形式，在世界各国都被广泛应用，然而，其具体的形式和运作方式又因地因时存在着不同程度的差异。如有些国家通过立法建立了较系统的调解组织，使其成为司法体系的一个重要组成部分；有些国家的调解则只是作为非正式的民间性活动而存在；有些国家的调解是一种区别于其他争议解决方式的特定制度；有些国家则把调解作为一系列非诉讼程序的总称；有些国家调解应用广泛，并区分为诸如民间调解、行政调解、律师调解、法院调解等不同形式；有些国家的调解在形式和范围上则比较单纯和狭窄。所以各国的调解从传统到现代的发展中也往往不断出新，各有特色。

1. 调解的概念

通常把调解定义为：在第三方主持下，以国家法律、法规、规章和政策以及社会公德为依据，对争议双方进行斡旋、劝说，促使他们互相谅解、进行协商，自愿达成协议，消除纠纷的活动。

2. 调解的主要特征

调解的主要特征包括：

①调解是在中立第三方的参与下进行的争议解决活动。担任调解人的可以是国家机关、社会组织、专门机构的成员或公民个人。

②调解以当事人的自愿为前提。是一种在当事人自主协商基础上进行的争议解决活动，其本质是促成合意的形成。是非强制性的争议解决程序，都应该以当事人完全的自愿为基本原则。

③调解协议的达成和生效不具有国家强制性。但其效力能够得到法律的保证，调解是促成当事人达成和解的非诉讼程序，所达成的调解协议或和解协议属于当事人的自治性权利处分行为，其本质上属于一种契约，是基于当事人双方的承认和自愿接受。

④调解具有程序的便利性和处理的灵活性与合理性。与审判程序相比,调解无须严格的程序,调解一般是不公开的,当事人无须顾忌暴露商业秘密和个人隐私。调解程序是非正式化的,即使当事人本人行为能力较弱也不致影响调解的结果,这样有利于当事人本人参与争议解决。

3. 调解的种类

调解的种类包括:

①在一般第三人参与下进行调解。是指在法院、仲裁机构以外的第三人主持下进行调解。可以是组织,也可以是个人。经调解双方当事人就争议达成协议的,制作调解协议书,由双方当事人签字。

②在仲裁机构参与下进行调解,即调解与仲裁结合。世界上许多仲裁机构都受理调解,主要做法有以下几种:一种是把调解程序与仲裁程序分开,分别订有调解和仲裁规则;另一种做法是把调解归入仲裁程序,在仲裁程序开始前后,由仲裁庭主持调解,如调解成功,就撤销案件,如果调解不成,则进行仲裁。在仲裁机构主持下调解达成协议,制作的调解书经双方当事人签署,即对双方产生约束力。

③在法院参与下进行调解。是指当事人向法院起诉后,由法院召集有关当事人进行调解。诉讼中的调解是我国法院处理涉外经济贸易纠纷所经常采用的方法。如果双方在法院的主持下达成调解协议,法院制作调解书,一经送达双方当事人,即具有法律效力。如果未达成调解协议或是在调解书送达前一方反悔,法院继续进行审判程序。

4. 调解的作用

用调解方式解决争议,可以使双方当事人充分协商,不伤和气,友好地解决纠纷,而且程序灵活、费用低;由于调解的成功与否完全依赖于双方当事人的意愿,且当争议涉及重大利益,双方分歧严重时,就很难达成一致。

16.2 仲裁法律制度

16.2.1 仲裁的概念和特征

1. 仲裁的概念

仲裁是指争议当事人在自愿基础上达成协议,将争议提交非司法机构的第三者审理,由第三者作出对争议各方均有约束力的裁决的一种解决争议的制度和方式。仲裁在性质上是兼具契约性、自治性、民间性和准司法性的一种争议解决方式。

2. 仲裁的特征

仲裁具有以下特征。

(1)自愿性

当事人的自愿性是仲裁最突出的特点。仲裁以双方当事人的自愿为前提,即当事人之间的争议是否提交仲裁、交与谁仲裁、仲裁庭如何组成、由谁组成以及仲裁的审理方

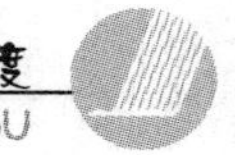

式、开庭形式等都是在当事人自愿的基础上，由双方当事人协商确定的。因此，仲裁是最能充分体现当事人意思自治原则的争议解决方式。

(2)专业性

物流争议往往涉及特殊的知识领域，会遇到许多复杂的法律、经济贸易和有关的技术性问题，故专家裁判更能体现专业权威性。因此，由具有一定专业水平和能力的专家担任仲裁员对当事人之间的争议进行裁决是仲裁公正性的重要保障。根据我国《仲裁法》的规定，仲裁机构都备有分专业的、由专家组成的仲裁员名册供当事人进行选择，专家仲裁由此成为民商事仲裁的重要特点之一。

(3)灵活性

由于仲裁充分体现当事人的意思自治，仲裁中的诸多具体程序都是由当事人协商确定与选择的，因此，与诉讼相比，仲裁程序更加灵活。

(4)保密性

仲裁以不公开审理为原则。有关的仲裁法律和仲裁规则也同时规定了仲裁员的保密义务。因此当事人的商业秘密和贸易活动不会因仲裁活动而泄露。

(5)快捷性

仲裁实行一裁终局制，仲裁裁决一经仲裁庭作出即发生法律效力。这使得当事人之间的争议能够迅速得以解决。

(6)经济性

经济性主要表现在：仲裁无须多审级收费，使得仲裁费往往低于诉讼费，且商业秘密不必公之于世，对当事人之间今后的商业机会影响较小。

(7)独立性

仲裁机构独立于行政机构，仲裁机构之间也无隶属关系。在仲裁过程中，仲裁庭独立进行仲裁，不受任何机关、社会团体和个人的干涉，亦不受仲裁机构的干涉，显示出最大的独立性。

16.2.2 仲裁法概述

1. 仲裁法的概念和适用范围

仲裁法是指由国家制定或确认的，规范仲裁法律关系的主体的行为和调整仲裁法律关系的法律规范的总称。狭义的仲裁法，又称形式意义上的仲裁法，专指仲裁法典，例如《中华人民共和国仲裁法》即是。广义的仲裁法，又称实质意义上的仲裁法，是指国家制定或认可的关于仲裁的一切法律规定。我国仲裁法的适用范围包括：对人的适用范围，凡在中华人民共和国领域内的仲裁机构进行仲裁活动的双方当事人，都必须遵守我国仲裁法的规定。对事的适用范围：平等主体的自然人、法人和其他组织之间发生的合同争议和其他财产权益争议；婚姻、收养、监护、抚养、继承不适用仲裁；依法应当由行政机关处理的行政争议，不允许仲裁；劳动争议和农业集体经济组织内部的农业承包合同争议不适用仲裁。

2. 仲裁法的基本原则和基本制度

仲裁法的基本原则是指在仲裁活动中，仲裁机构、双方当事人及其他仲裁参与人必须遵循的基本行为准则，主要有以下几条。

(1)自愿原则

自愿原则是指当事人达成仲裁协议申请仲裁，选择仲裁机构及仲裁员，达成仲裁调解或和解协议等都必须出自其真实意愿，任何机关、组织和个人都不得强迫当事人仲裁，任何一方也不得将自己的意志强加于对方。它主要体现在以下几个方面：

①以仲裁方式解决争议，应以双方当事人自愿为前提；

②仲裁机构和仲裁地点，由双方当事人协商选定；

③仲裁庭组成形式及仲裁员，由当事人选定；

④提交仲裁的争议事项，由当事人双方约定；

⑤当事人可以约定开庭形式，审理方式等有关程序事项。

(2)公平合理仲裁原则

公平合理仲裁原则是指仲裁庭在仲裁活动中必须保持中立，平等对待双方当事人，依据事实公平合理地作出裁决。其包括两方面含义：一是仲裁庭对待双方当事人应一律平等，二是仲裁庭应公平合理地作出裁决。

(3)遵守国际惯例原则

如当事人约定了所采用的国际惯例，仲裁庭应当尊重当事人的约定，并在案件裁决时给予适用。当事人如果没有约定国际惯例的，仲裁庭可以根据案件具体情况适用与该争议有关的国际惯例，若在同一问题上有几个国际惯例可供适用的，仲裁庭可以按下列顺序予以适用：当事人之间有习惯做法的，适用其习惯做法；适用国际上同类合同与当事人广泛了解并经常遵循的惯例；国际上被广泛承认的惯例。

(4)独立仲裁原则

独立仲裁原则包括以下三个方面内容：仲裁独立于行政，在国际上，绝大多数国家的仲裁机构，是设在商会、行业协会之内，或者作为一个社会团体独立设立，属非官方的民间性组织；仲裁组织体系中的仲裁协会、仲裁委员会和仲裁庭三者之间相互独立；仲裁不受团体和个人干涉。

(5)仲裁法的基本制度

1)协议仲裁制度

协议仲裁制度是指当事人向仲裁机构申请仲裁，必须以当事人双方达成的仲裁协议为依据，没有仲裁协议仲裁机构不予受理的制度。我国《仲裁法》规定："当事人采用仲裁方式解决争议，应当双方自愿，达成仲裁协议。没有仲裁协议一方申请仲裁的，仲裁委员会不予受理。"其含义：仲裁协议是协议仲裁制度的核心；仲裁机构受理案件，必须是基于双方当事人的共同授权。

2)或裁或审制度

或裁或审制度是指争议发生前或发生后，当事人有权选择，解决争议的途径，或者双方达成仲裁协议，将争议提交仲裁解决，或者争议发生后向人民法院提起诉讼。其含义是指：当事人达成仲裁协议的，应当向仲裁机构申请仲裁，不能向法院起诉；人民法院受理当事人之间有仲裁协议的起诉；对于没有仲裁协议的争议案件，当事人既可以于争议发生后签订仲裁协议而选择仲裁解决，也可以直接向人民法院提起诉讼。

3)一裁终局制度

一裁终局制度是指仲裁机构受理并经仲裁庭审理的争议,一经仲裁庭裁决,该裁决即发生终局的法律效力,当事人不能就同一争议向人民法院起诉,也不能向其他仲裁机构再申请仲裁。

4)回避制度

回避制度是指承办案件的仲裁员遇有法律规定的情形,可能影响公正裁决时,不参加该案的仲裁而更换仲裁员的制度。

5)不公开审理制度

不公开审理制度具体包括三个方面内容:仲裁审理以不公开为原则;当事人协议公开的,可以公开仲裁;涉及国家秘密的案件,无论协议与否,都绝对不允许公开。仲裁不公开进行,是要求仲裁庭在审理案件时和对争议作出裁决时都不能公开。

6)开庭审理与书面审理相结合的制度

仲裁应当开庭进行,当事人协议不开庭的,仲裁庭可以根据仲裁申请书、答辩书以及其他材料作出裁决。

3. 仲裁机构

仲裁机构是指依法有权根据当事人达成的仲裁协议,受理一定范围内的民商、经济争议并作出强制性裁决的组织。一般的特征可归纳为:一般仲裁机构行使仲裁权的前提是双方当事人自愿达成的仲裁协议;仲裁机构仅能对法定范围内的争议进行仲裁。根据我国《仲裁法》的规定,仅限于平等民事、商事主体间的合同争议和财产争议;仲裁机构本身没有决定和采取强制性措施的权力;仲裁机构的裁决对当事人有强制性;仲裁机构是具备名称、住所、财产、组成人员等法定条件的组织体。仲裁机构在我国被称为仲裁委员会。仲裁委员会可以在省、自治区、直辖市人民政府所在地的市设立,也可以根据需要在其他设区的市设立,不按行政区划层层设立。涉外仲裁委员会可以由中国国际商会组织设立。设立仲裁委员会应当经省、自治区、直辖市的司法行政部门登记。设立仲裁委员会应为民间性的组织。

4. 仲裁员

仲裁员是指符合仲裁员任职资格,为仲裁委员会依法选聘的并列入仲裁员名册的人。仲裁员资格的取得必须符合法定的条件,我国《仲裁法》对此作出了明确规定,仲裁员应符合下列条件之一:从事仲裁工作满8年的;或者从事律师工作满8年的;或者曾任审判员满8年的;或者从事法律研究、教学工作并具有高级职称的;或者具有法律知识、从事经济贸易等专业工作并具有高级职称或者具有同等专业水平的。我国对仲裁员采用聘任制,《仲裁法》规定,发生下列情况的,仲裁员应承担法律责任,同时还要接受仲裁委员会的除名处分:私自会见当事人、代理人或者接受当事人、代理人的请客送礼且情节严重的;仲裁员在仲裁该案时有索贿受贿、徇私舞弊,枉法裁决行为构成犯罪的。有以上两种法定情形的仲裁员,既要接受被仲裁委员会除名的内部纪律处分,又要承担相应的民事、刑事法律责任。

5. 仲裁规则

仲裁规则又称为仲裁程序规则,是适用于所属仲裁机构的,规定仲裁的具体程序,调整在仲裁程序中各主体之间权利义务关系的规范总和。仲裁规则和仲裁法从内容上看有相同之处,都对仲裁程序和仲裁法律关系作出了规定,但两者在性质上又有区别。一般的仲裁规则大体包含下列内容:仲裁管辖、仲裁机构组织、仲裁申请和答辩、反请求程序、仲裁庭组成程序、普通审理程序和简易审理程序、裁决程序以及在各个程序中各法律关系主体的权利义务关系、期间和送达、仲裁费用等。仲裁规则的作用,可分为四方面:为当事人提供了一套严整、完备的用仲裁解决争议的程序方法;为仲裁机构进行仲裁提供行为规范和标准;通过为当事人、仲裁机构等主体设置仲裁权利和义务,构筑了多种仲裁法律关系;为当事人、法院对仲裁进行监督提供了依据。

中国仲裁协会依照《仲裁法》和《民事诉讼法》的有关规定制定仲裁规则。至于涉外仲裁规则依照《仲裁法》的规定,可以由中国国际商会依照本法和《民事诉讼法》的有关规定制定。我国有两个涉外仲裁机构,即中国国际经济贸易仲裁委员会和中国海事仲裁委员会,它们各自的仲裁规则分别称为《中国国际经济贸易仲裁委员会仲裁规则》和《中国海事仲裁委员会仲裁规则》。

6. 仲裁协议

仲裁协议是指当事人双方自愿将已经发生的或将来可能发生的争议提交仲裁机构进行裁决的共同意思表示。

(1)仲裁协议的特征

仲裁协议有如下特征:

①仲裁协议的主体涉及两个方面。一方面是协议双方当事人,即已经发生或将来可能发生争议的双方当事人。仲裁协议约束双方当事人只能通过仲裁程序解决争议。另一方面是仲裁人,当事人协议选择仲裁这一解决争议的方式和具体仲裁机构,实际上是赋予仲裁人对其争议进行裁决的权力。

②仲裁协议的客体和内容有同一性。仲裁协议的客体是一种行为,即将争议提交仲裁人裁决,并受仲裁裁决的约束。这种约束有双向同一性,即在仲裁协议中,双方当事人的权利往往同时又是义务。

③仲裁协议是一种附停止条件的协议。

④仲裁协议的效力范围具有广泛性。仲裁协议的效力不仅基于订立该协议的双方当事人,而且基于仲裁人和法院。

⑤仲裁协议效力的性质具有复杂性。即仲裁协议生效,有些是基于实体法,而有些则是源于诉讼法。如当事人在约定争议发生后,将其提交仲裁,这是基于实体法而产生的约束力,而仲裁协议对当事人诉权和法院管辖的约束则是诉讼法上的效力。

(2)仲裁协议的形式

仲裁协议是包括合同中订立的仲裁条款和以其他书面方式在争议发生前或者争议发生后达成的请求仲裁的协议。因此,仲裁协议分为两种形式:一为包含在主合同中的仲裁条款;二为其他书面方式的仲裁协议。我国《仲裁法》规定:仲裁协议应当具有请求仲裁的意思表示、仲裁事项、选定的仲裁委员会等内容。

(3)仲裁协议的效力

仲裁协议的效力主要包括以下方面:一是对当事人的效力,仲裁协议是双方当事人

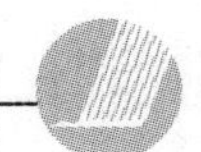

的合意，所以，它首先对双方当事人产生约束力；二是对仲裁机构的效力，仲裁机构受理仲裁案件的前提和依据是当事人之间的仲裁协议，仲裁协议对仲裁机构也能产生约束力。有效的仲裁协议授予了约定仲裁机构对仲裁事项的管辖权。同时，仲裁机构只能对有效仲裁协议中约定的仲裁事项享有仲裁权，而对于超出约定仲裁事项范围的争议，根据仲裁自愿的原则，仲裁机构无管辖权，从而不得受理和仲裁；三是对人民法院的效力，仲裁协议对人民法院的效力表现为两个方面：一方面，排除人民法院对仲裁协议的争议案件的管辖权，另一方面，对仲裁机构基于有效仲裁协议所作出的有效裁决，法院负有执行责任。

(4)仲裁条款的独立性

仲裁条款的独立性是指仲裁条款虽然作为主合同的一部分，但其在性质上、效力上均独立于主合同，其效力有独立的确定性，不受主合同变更、解除、终止、无效等情形的影响。

(5)仲裁协议无效的情形

在我国《仲裁法》中规定，有下列情形之一的，仲裁协议无效：约定的仲裁事项超出法律规定的仲裁范围的；无民事行为能力人订立的仲裁协议；一方采用胁迫手段，迫使对方订立仲裁协议的。当事人对仲裁协议的效力有异议的，可以请求仲裁委员会作出决定或者请求人民法院作出裁定。一方请求仲裁委员会作出决定，另一方请求人民法院作出裁定的，由人民法院裁定。

16.2.3 仲裁程序

1. 申请和受理

当事人申请仲裁应当符合的条件：有仲裁协议；有具体的仲裁请求和事实、理由；属于仲裁委员会的受理范围。申请人应当向仲裁委员会递交仲裁协议、仲裁申请书及副本。仲裁申请书应当载明下列事项：当事人的姓名、性别、年龄、职业、工作单位和住所，法人或者其他组织的名称、住所和法定代表人或者主要负责人的姓名、职务；仲裁请求和所根据的事实、理由；证据和证据来源、证人姓名和住所。

仲裁委员会在收到仲裁申请书之日起5日内，认为符合受理条件的，应当受理，并通知当事人；认为不符合受理条件的，应当书面通知当事人不予受理，并说明理由。仲裁委员会受理仲裁申请后，应当在仲裁规则规定的期限内将仲裁规则和仲裁员名册送达申请人，并将仲裁申请书副本和仲裁规则、仲裁员名册送达被申请人。被申请人收到仲裁申请书副本后，应当在仲裁规则规定的期限内向仲裁委员会提交答辩书。仲裁委员会收到答辩书后，应当在仲裁规则规定的期限内将答辩书副本送达申请人。被申请人未提交答辩书的，不影响仲裁程序的进行。当事人达成仲裁协议，一方向人民法院起诉未声明有仲裁协议，人民法院受理后，另一方在首次开庭前提交仲裁协议的，人民法院应当驳回起诉，但仲裁协议无效的除外；另一方在首次开庭前未对人民法院受理该案提出异议的，视为放弃仲裁协议，人民法院应当继续审理。申请人可以放弃或者变更仲裁请求。被申请人可以承认或者反驳仲裁请求，有权提出反请求。一方当事人因另一方当事人的行为或者其他原因，可能使裁决不能执行或者难以执行的，可以申请财产保全。当事人申请财产保全的，仲裁委员会应当将当事人的申请依照《民事诉讼法》的有关规定提交人民法院。申请有错误的，申请人应当赔偿被申请人因财产保全所遭受的损失。当事人、法定代理人可以委托律师和其他代理人进行仲裁活动。委托律师和其他代理人进行仲裁活动的，应当向仲裁委员会提交授权委托书。

2. 仲裁庭的组成

仲裁庭可以由三名仲裁员或者一名仲裁员组成。由三名仲裁员组成的，设首席仲裁员。当事人约定由三名仲裁员组成仲裁庭的，应当各自选定或者各自委托仲裁委员会主任指定一名仲裁员，第三名仲裁员便由当事人共同选定或者共同委托仲裁委员会主任指定。第三名仲裁员即首席仲裁员。当事人约定由一名仲裁员成立仲裁庭的，应当由当事人共同选定或者共同委托仲裁委员会主任指定仲裁员。当事人没有在仲裁规则规定的期限内约定仲裁庭的组成方式或者选定仲裁员的，由仲裁委员会主任指定。仲裁庭组成后，仲裁委员会应当将仲裁庭的组成情况书面通知当事人。

仲裁员有下列情形之一的，必须回避，当事人也有权提出回避申请：是本案当事人或者当事人、代理人的近亲属的；与本案有利害关系的；与本案当事人、代理人有其他关系，可能影响公正仲裁的；私自会见当事人、代理人，或者接受当事人、代理人的请客送礼的。当事人提出回避申请时，应当说明理由，并在首次开庭前提出。回避事由在首次开庭后知道的，可以在最后一次开庭终结前提出。仲裁员是否回避，由仲裁委员会主任决定；仲裁委员会主任担任仲裁员时，由仲裁委员会集体决定。仲裁员因回避或者其他原因不能履行职责的，应当依照《仲裁法》规定重新选定或者指定仲裁员。因回避而重新选定或者指定仲裁员后，当事人可以请求已进行的仲裁程序重新进行，是否准许，由仲裁庭决定；仲裁庭也可以自行决定已进行的仲裁程序是否重新进行。

3. 开庭

仲裁应当开庭进行。当事人协议不开庭的，仲裁庭可以根据仲裁申请书、答辩书以及其他材料作出裁决，仲裁不公开进行。当事人协议公开的，可以公开进行，但涉及国家秘密的除外。仲裁委员会应当在仲裁规则规定的期限内将开庭日期通知双方当事人。当事人有正当理由的，可以在仲裁规则规定的期限内请求延期开庭。是否延期，由仲裁庭决定。申请人经书面通知，无正当理由不到庭或者未经仲裁庭许可中途退庭的，可以视为撤回仲裁申请。被申请人经书面通知，无正当理由不到庭或者未经仲裁庭许可中途退庭的，可以作缺席裁决。当事人应当对自己的主张提供证据时，仲裁庭认为有必要收集的证据，可以自行收集。仲裁庭对专门性问题认为需要鉴定的，可以交由当事人约定的鉴定部门鉴定，也可以由仲裁庭指定的鉴定部门鉴定。根据当事人的请求或者仲裁庭的要求，鉴定部门应当派鉴定人参加开庭。当事人经仲裁庭许可，可以向鉴定人提问。证据应当在开庭时出示，当事人可以质证。在证据可能灭失或者以后难以取得的情况下，当事人可以申请证据保全。当事人申请证据保全的，仲裁委员会应当将当事人的申请提交证据所在地的基层人民法院。当事人在仲裁过程中有权进行辩论。辩论终结时，首席仲裁员或者独任仲裁员应当征询当事人的最后意见。仲裁庭应当将开庭情况记入笔录。当事人和其他仲裁参与人认为对自己陈述的记录有遗漏或者差错的，有权申请补

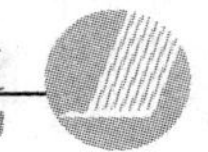

正。如果不予补正,应当记录该申请。笔录由仲裁员、记录人员、当事人和其他仲裁参与人签名或者盖章。

当事人申请仲裁后,可以自行和解。达成和解协议的,可以请求仲裁庭根据和解协议作出裁决书,也可以撤回仲裁申请。当事人达成和解协议,撤回仲裁申请后反悔的,可以根据仲裁协议申请仲裁。

4. 裁决

仲裁庭在作出裁决前,可以先行调解。当事人自愿调解的,仲裁庭应当调解。调解不成的,应当及时作出裁决。调解达成协议的,仲裁庭应当制作调解书或者根据协议的结果制作裁决书。调解书与裁决书具有同等法律效力。调解书应当写明仲裁请求和当事人协议的结果。调解书由仲裁员签名,加盖仲裁委员会印章,送达双方当事人。调解书经双方当事人签收后,即发生法律效力。在调解书签收前当事人反悔的,仲裁庭应当及时作出裁决。裁决应当按照多数仲裁员的意见作出,少数仲裁员的不同意见可以记入笔录。仲裁庭不能形成多数意见时,裁决应当按照首席仲裁员的意见作出。裁决书应当写明仲裁请求、争议事实、裁决理由、裁决结果、仲裁费用的负担和裁决日期。当事人协议不愿写明争议事实和裁决理由的,可以不写。裁决书由仲裁员签名,加盖仲裁委员会印章。对裁决持不同意见的仲裁员,可以签名,也可以不签名。仲裁庭仲裁争议时,其中一部分事实已经清楚的,可以就该部分先行裁决。对裁决书中的文字、计算错误或者仲裁庭已经裁决但在裁决书中遗漏的事项,仲裁庭应当补正;当事人自收到裁决书之日起30日内,可以请求仲裁庭补正。裁决书自作出之日起发生法律效力。

5. 申请撤销裁决

当事人提出证据证明裁决有下列情形之一的,可以向仲裁委员会所在地的中级人民法院申请撤销裁决:没有仲裁协议的;裁决的事项不属于仲裁协议的范围或者仲裁委员会无权仲裁的;仲裁庭的组成或者仲裁的程序违反法定程序的;裁决所根据的证据是伪造的;对方当事人隐瞒了足以影响公正裁决的证据的;仲裁员在仲裁该案时有索贿受贿、徇私舞弊、枉法裁决行为的。人民法院经组成合议庭审查核实裁决有上述规定情形之一的,应当裁定撤销。人民法院认定该裁决违背社会公共利益的,应当裁定撤销。当事人申请撤销裁决的,应当在自收到裁决书之日起的6个月内提出。人民法院应当在受理撤销裁决申请之日起两个月内作出撤销裁决或者驳回申请的裁定。人民法院受理撤销裁决的申请后,认为可以由仲裁庭重新仲裁的,通知仲裁庭在一定期限内重新仲裁,并裁定中止撤销程序。仲裁庭拒绝重新仲裁的,人民法院应当裁定恢复撤销程序。

6. 执行

当事人应当履行裁决。一方当事人不履行的,另一方当事人可以依照《民事诉讼法》的有关规定向人民法院申请执行。受申请的人民法院应当执行。一方当事人申请执行裁决,另一方当事人申请撤销裁决的,人民法院应当裁定中止执行。人民法院裁定撤销裁决的,应当裁定终结执行;撤销裁决的申请被裁定驳回的,人民法院应当裁定恢复执行。

16.2.4 涉外仲裁

1. 涉外仲裁的概念

涉外仲裁是指当事人依据仲裁协议将涉外经济贸易、运输和海事中发生的纠纷提交仲裁机构进行审理并作出裁决的制度。这种纠纷的特点是具有涉外因素,因而这类纠纷案件属于涉外纠纷案件。涉外仲裁是以仲裁的方式解决具有涉外因素的纠纷案件的一种方式。在仲裁实践中,中国仲裁机构对涉及中国香港、澳门或台湾地区法人或自然人之间,或者其同外国法人或自然人之间产生于契约性或非契约性的经济贸易等产生的争议中的仲裁案件,比照涉外仲裁案件处理。

2. 涉外仲裁机构

中国国际经济贸易仲裁委员会和海事仲裁委员会是我国的常设涉外仲裁机构,也是受理涉外仲裁案件的具有典型性、代表性的仲裁机构。目前,我国除了中国国际经济贸易仲裁委员会和海事仲裁委员会受理涉外仲裁案件,按照有关规定,依据《仲裁法》设立或重新组建的仲裁机构也有权受理涉外仲裁案件。

(1)中国国际经济贸易仲裁委员会

中国国际经济贸易仲裁委员会是 1956 年 4 月正式成立的,它是以仲裁的方式,独立、公正地解决契约性或非契约性的经济贸易等争议的常设仲裁机构。中国国际经济贸易仲裁委员会设在北京,在深圳设有仲裁委员会深圳分会,在上海设有仲裁委员会上海分会。仲裁委员会分会是仲裁委员会的组成部分。当事人在签订仲裁协议时,可以约定将其争议提交仲裁委员会在北京进行仲裁,或者约定在深圳或在上海进行仲裁;如无此约定,则由申请人选择,在北京或在深圳或者在上海进行仲裁。作此选择时,以首先提出选择的为准;如有争议,应由仲裁委员会作出决定。根据《仲裁法》规定,涉外仲裁规则可以由中国国际商会依照本法和《民事诉讼法》的有关规定制定。中国国际经济贸易仲裁委员会现行的仲裁规则是 2014 年 11 月 4 日由中国国际贸易促进委员会、中国国际商会修订并通过的《中国国际经济贸易仲裁委员会仲裁规则》(2015 版)(简称“新贸仲规则”),新规则自 2015 年 1 月 1 日起施行。

(2)中国海事仲裁委员会

中国海事仲裁委员会成立于 1959 年 1 月,是以仲裁方式,独立、公正地解决产生于远洋、近洋、沿海和与海相通的可航水域的运输、生产和航行等有关过程中所发生的契约性或非契约性的海事争议的常设仲裁机构。海事仲裁委员会设在北京。其现行的仲裁规则是《中国海事仲裁委员会仲裁规则》,2014 年 11 月 4 日经中国国际贸易促进委员会/中国国际商会修订并通过。该《规则》分总则、仲裁程序、裁决、简易程序、香港仲裁的特别规定、附则等 6 章 80 条,自 2015 年 1 月 1 日起施行。本规则施行前仲裁委员会及其分会/仲裁中心管理的案件,仍适用受理案件时适用的仲裁规则;双方当事人同意的,也可以适用本规则。

(3)其他受理涉外仲裁案件的仲裁机构

长期以来,我国受理涉外仲裁案件的仲裁机构只有中国国际经济贸易仲裁委员会和

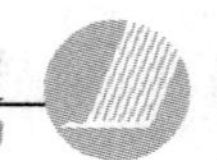

海事仲裁委员会，中国国际经济贸易仲裁委员会和海事仲裁委员会也因此成为专门受理涉外纠纷案件的常设仲裁机构。但是自从我国《仲裁法》颁布实施以来，依照《仲裁法》的规定在直辖市、省、自治区人民政府所在地的市和其他设区的市又设立或重新组建了一批常设仲裁机构，新组建的仲裁委员会的主要职责是受理国内仲裁案件，但涉外仲裁案件的当事人自愿选择新组建的仲裁委员会仲裁的，新组建的仲裁委员会也可以受理。据此，依照《仲裁法》设立或重新组建的仲裁机构，如北京仲裁委员会、上海仲裁委员会等在涉外仲裁案件的当事人自愿选择其进行仲裁时，对该涉外仲裁案件具有管辖权。

3. 涉外仲裁程序

涉外仲裁纠纷案件的当事人将其争议提交仲裁后，仲裁机构即应按照一定的程序进行审理，并作出终局裁决。我国的涉外仲裁程序制度是由《民事诉讼法》关于涉外仲裁的规定和《仲裁法》涉外仲裁的特别规定以及各受理涉外纠纷案件的仲裁委员会的仲裁规则的相关规定构成的。

4. 对涉外仲裁裁决的撤销和不予执行

根据《仲裁法》和《民事诉讼法》人民法院裁定撤销仲裁裁决和裁定不予执行仲裁裁决的法定事由：

①当事人在合同中没有订有仲裁条款或者事后没有达成书面仲裁协议的；

②被申请人没有收到指定仲裁员或者进行仲裁程序的通知，或者由于其他不属于被申请人负责的原因未能陈述意见的；

③仲裁庭的组成或者仲裁的程序与仲裁规则不符的；

④裁决的事项不属于仲裁协议的范围或者仲裁机构无权仲裁的。

另外，人民法院认定涉外仲裁裁决违背社会公共利益的，也应裁定撤销。

5. 对涉外仲裁裁决的执行

对涉外仲裁机构作出的仲裁裁决，当事人应当自动履行。否则，人民法院经一方当事人的申请可以强制执行。对涉外仲裁裁决的执行有两种情形，即涉外仲裁裁决在中国的执行和涉外仲裁裁决在外国的执行。

16.3 民事诉讼法律制度

16.3.1 民事诉讼

1. 民事诉讼的概念

物流争议一般属于民事争议，它适用民事诉讼的程序。民事诉讼，是指人民法院在诉讼当事人参与下，审理和解决民事案件的活动，以及由这些活动所发生的诉讼关系。民事诉讼就其本质而言，是国家强制解决民事纠纷的一种方式，是权利主体凭借国家力量维护其民事权益的司法程序。民事诉讼法，就是国家制定或者认可的，用以调整法院与诉讼参与人的诉讼活动和诉讼关系的法律规范的总称。民事诉讼法对人的效力，是指民事诉讼法对人的适用。根据《民事诉讼法》关于"凡在中华人民共和国领域内进行民事诉讼，必须遵守本法"的规定，我国民事诉讼法适用于下列人员和组织：中国公民、法人和其他组织；居住在我国领域内的外国人、无国籍人以及在我国登记的外国企业和组织；申请在我国人民法院进行民事诉讼的外国人、无国籍人以及外国的企业和组织。民事诉讼法对事的效力，是指人民法院审理案件应当适用《民事诉讼法》的规定。根据《民事诉讼法》的规定和其他有关法律的规定，人民法院适用民事诉讼法审理的案件包括：由民法调整的平等权利主体之间因财产关系和人身关系发生纠纷而引起的案件；由经济法调整的平等权利主体之间因经济关系发生纠纷而引起的案件；由其他法律调整的社会关系发生争议，法律明确规定依照民事诉讼程序审理的案件；由海商法调整的海上运输关系和船舶关系发生纠纷而引起的海事案件和适用民事诉讼法中特别程序、督促程序、公示催告程序和企业法人破产还债程序争议案件。民事诉讼法对地域的效力，是指适用《民事诉讼法》的地域范围。民事诉讼法的时间效力，是指民事诉讼法的有效期间，也即民事诉讼法生效和终止效力的时间。

2. 民事诉讼的特有原则

依据《宪法》、《民事诉讼法》规定，参照人民法院组织法有关规定，民事诉讼法的特有原则有以下几条。

（1）当事人诉讼权利平等原则

当事人诉讼权利平等原则，是指在民事诉讼中，当事人平等地享有和行使诉讼权利。一方面，民事诉讼当事人平等地享有诉讼权利；另一方面，人民法院应当为当事人平等地行使法律规定的诉讼权利提供保障和方便。

（2）诉讼权利义务同等原则和对等原则

所谓诉讼权利义务同等原则，是指一国公民、企业和组织在他国进行民事诉讼，同他国公民、法人和其他组织同等地享有该国法律所规定的诉讼权利，并同等地承担该国法律所规定的诉讼义务。所谓诉讼权利义务对等原则，是指一国司法机关如果对他国公民、企业和组织的诉讼权利加以限制的，他国司法机关可以对该国公民、企业和组织的诉讼权利同样加以限制。诉讼中的同等原则与对等原则是紧密联系，不可分割的。它们是同一个问题的两个方面，前者是手段，后者是目的。

（3）调解优先原则

法院调解是指人民法院审理民事案件，应当根据自愿和合法的进行先调解，只要有调解可能的，应当尽量用调解方式结案。调解不成的应当及时判决。

（4）辩论原则

民事诉讼中的辩论原则，是指在人民法院主持下，当事人有权就案件事实和争议的问题，各自陈述其主张和根据，互相进行反驳和答辩。

（5）当事人处分原则

民事诉讼中的处分原则，是指当事人有权在法律许可的范围内自由支配自己的民事权利和诉讼权利。处分权的享有者只限于民事诉讼当事人，其他诉讼参与人不享有处分权；当事人行使处分权的对象包括处分自己依法享有的民事权利和诉讼权利。

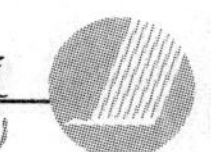

(6)支持起诉原则

支持起诉原则是指机关、社会团体、企业事业单位对损害国家、集体或者个人民事权益的行为,可以支持受损害的单位或者个人向人民法院起诉。

3. 民事审判的基本制度

民事审判的基本制度,是指人民法院审判民事案件所必须遵循的基本操作规程。根据《民事诉讼法》,我国民事审判的基本制度包括以下几种。

(1)合议制度

合议制度是指由3名及以上单数的审判人员组成审判集体,代表人民法院行使审判权,对案件进行审理并作出裁判的制度。合议制度的组织形式为合议庭。合议庭的职能是代表人民法院行使审判权,对具体案件进行审理并作出裁判。但合议庭应当接受审判委员会的指导和监督,并执行审判委员会的决定。合议庭成员地位平等,享有同等的权利;陪审员在执行陪审职务时,与审判员有同等的权利义务。合议庭评议案件,实行少数服从多数的原则。评议应当制作笔录,由合议庭成员签名。评议中的不同意见,必须如实记笔录。

(2)回避制度

回避制度是指审判人员和其他有关人员遇有法律规定不宜参加案件审理的情形时,而退出案件审理活动的制度。

我国《民事诉讼法》的规定,审判人员及书记员、翻译人员、鉴定人、勘验人等有下列情形之一的,必须回避,当事人有权用口头或者书面方式申请他们回避:

①是本案当事人或者当事人、诉讼代理人的近亲属;

②与本案有利害关系;

③与本案当事人有其他关系,可能影响对案件公正审理的。

人民法院对当事人提出的回避申请,应当在申请提出的3日内,以口头或者书面形式向申请人作出决定。申请人对决定不服的,可以在接到决定时申请复议一次。复议期间,被申请回避的人员,不停止参与本案的工作。人民法院对复议申请,应当在3日内作出复议决定,并通知复议申请人。

(3)公开审判制度

公开审判制度是指人民法院的审判活动除合议庭评议案件外,向群众和社会公开的制度。公开审判制度包括三项内容:开庭前公告当事人姓名、案由和开庭的时间、地点;开庭时允许群众旁听和允许新闻记者采访报道;公开宣告判决。但公开审判制度不是绝对的,也有不公开审理的例外情况。我国《民事诉讼法》规定:"人民法院审理民事案件,除涉及国家机密、个人隐私或者法律另有规定的以外,应当公开进行。离婚案件,涉及商业机密的案件,当事人申请不公开审理的,可以不公开审理。"人民法院对公开审理或者不公开审理的案件,一律公开宣告判决。

(4)两审终审制度

两审终审制度,是指一个民事案件经过两级法院的审判,案件的审判即宣告终结的制度。

4. 民事案件管辖

(1)民事案件管辖的概念

民事案件的管辖是指确定各级人民法院之间和同级人民法院之间受理第一审民事案件的分工和权限。我国《民事诉讼法》规定的民事案件的管辖，包括级别管辖、地域管辖、移送管辖、指定管辖和管辖权的转移等。

(2)级别管辖

级别管辖是指上、下级人民法院之间受理第一审民事案件的分工和权限。我国四级人民法院由于职能分工不同，受理第一审民事案件的权限范围也不同。确定不同级别的人民法院管辖第一审民事案件的主要依据是：案件的性质、案件影响的大小、诉讼标的的金额大小等。

1)基层人民法院管辖的第一审民事案件

《民事诉讼法》规定："基层人民法院管辖第一审民事案件，但本法另有规定的除外。"所以，第一审民事案件原则上由基层人民法院管辖。

2)中级人民法院管辖的第一审民事案件

根据《民事诉讼法》的规定，中级人民法院管辖下列第一审民事案件：重大涉外案件、在本辖区有重大影响的案件、最高人民法院确定由中级人民法院管辖的案件。

3)高级人民法院管辖的第一审民事案件

高级人民法院管辖在本辖区有重大影响的第一审民事案件。

4)最高人民法院管辖的第一审民事案件

最高人民法院受理以下第一审民事案件：在全国有重大影响的案件和认为应当由本院审理的案件。

(3)地域管辖

地域管辖是指同级人民法院之间受理第一审民事案件的分工和权限。根据《民事诉讼法》的规定，地域管辖分为一般地域管辖和特殊地域管辖。

一般地域管辖，又称普通管辖，是指以当事人住所地与法院辖区的关系来确定管辖法院。一般地域管辖的原则是"原告就被告"，《民事诉讼法》规定，对公民提起的民事诉讼，由被告住所人民法院管辖；被告住所地与经常居住地不一致的，由经常居住地人民法院管辖。这里所说的住所地，是指公民的户籍所在地；经常居住地，是指公民离开住所地至起诉时连续居住 1 年以上的地方，但公民住院就医的地方除外。在司法实践中，公民在其户籍迁出后，迁入异地之前，如果没有经常居住地的，仍然以其原户籍所在地为其住所地。对法人或者其他组织提起的民事诉讼，由被告住所地人民法院管辖。这里所说的法人或者其他组织的住所地，是指其主要营业地或者主要办事机构所在地。如果被告是不具有法人资格的其他组织形式，又没有办事机构，则应由被告注册登记地人民法院管辖。

特殊地域管辖，又称特别地域管辖，是指以诉讼标的所在地或者引起民事法律关系发生、变更、消灭的法律事实所在地为标准确定的管辖。《民事诉讼法》规定了特殊地域管辖的 9 种情形：

①因合同纠纷提起的诉讼，由被告住所地或者合同履行地人民法院管辖；

②因保险合同纠纷提起的诉讼，由被告住所地或者保险标的物所在地人民法院管辖；

③因票据纠纷提起的诉讼，由票据支付地或者被告住所地人民法院管辖；

④因铁路、公路、水上、航空运输和联合运输合同纠纷提起的诉讼由运输始发地、目的地或者被告住所地人民法院管辖；

⑤因侵权行为提起的诉讼，由侵权行为地或者被告住所地人民法院管辖；

⑥因铁路、公路、水上和航空事故请求损害赔偿提起的诉讼，由事故发生地或者车辆船舶最先到达地、航空器最先降落地或者被告住所地人民法院管辖；

⑦因船舶碰撞或者其他海事损害事故请求损害赔偿提起的诉讼，由碰撞发生地、碰撞船舶最先到达地、加害船舶被扣留地或者被告住所地人民法院管辖；

⑧因海难救助费用提起的诉讼，由救助地或者被救助船舶最先到达地人民法院管辖；

⑨因共同海损提起的诉讼，由船舶最先到达地、共同海损理算地或者航程终止地人民法院管辖。

(4)专属管辖

专属管辖是指对某些特定类型的案件，法律强制规定只能由特定的人民法院行使管辖权。凡是专属管辖的案件，只能由法律明文规定的人民法院管辖，其他人民法院均无管辖权。根据《民事诉讼法》的规定，因不动产纠纷提起的诉讼，由不动产所在地人民法院管辖。因港口作业中发生纠纷提起的诉讼，由港口所在地人民法院管辖。港口作业中发生的纠纷主要有两类：一是在港口进行货物装卸、驳运、保管等作业中发生的纠纷；二是船舶在港口作业中，由于违章操作造成他人人身或财产损害的侵权纠纷。因此类纠纷提起的诉讼，由港口所在地人民法院管辖。港口作业纠纷属于海事海商案件，应由该港口所在地的海事法院管辖。因继承遗产纠纷提起的诉讼，由被继承人死亡时住所地或者其主要遗产所在地人民法院管辖。

(5)共同管辖

共同管辖是指依照法律规定两个或两个以上的人民法院对同一诉讼案件都有管辖权。在几个人民法院对同一案件都有管辖权的情况下，就形成了管辖权的积极冲突。解决管辖权冲突的最主要的办法，是赋予原告选择权，原告可以向其中任一法院起诉。如果原告向两个以上有管辖权的人民法院起诉，由最先立案的人民法院管辖。

(6)协议管辖

协议管辖是指双方当事人在纠纷发生之前或发生之后，以协议方式约定解决他们之间纠纷的管辖法院。《民事诉讼法》规定："合同的双方当事人可以在书面合同中协议选择被告住所地、合同履行地、合同签订地、原告住所地、标的物所在地人民法院管辖，但不得违反本法对级别管辖和专属管辖的规定。"

(7)移送管辖

移送管辖是指已经受理案件的人民法院，因发现本法院对该案件没有管辖权，而将案件移送给有管辖权的人民法院审理。移送管辖是案件从无管辖权的法院向有管辖权法院的移送。

(8)指定管辖

指定管辖是指上级人民法院根据法律规定，以裁定的方式，指定其辖区内的下级人民法院对某一民事案件行使管辖权。根据我国《民事诉讼法》的规定，下列两种情况需要上级人民法院指定管辖：有管辖权的人民法院由于特殊原因，不能行使管辖权的，由上级人民法院指定管辖；人民法院之间因管辖权发生争议，由争议双方协商解决；协商解决不了的，报请它们的共同上级人民法院指定管辖。

(9)管辖权的转移

管辖权的转移是指经上级人民法院的决定或者同意，将某一案件的诉讼管辖权由下级人民法院转移给上级人民法院，或者由上级人民法院转移给下级人民法院。管辖权的转移，是对级别管辖的补充和变通。

(10)管辖权异议

管辖权异议是指法院受理民事案件以后，当事人向受诉法院提出的不服该法院对本案行使管辖权的意见或者主张。

5. 诉讼当事人

民事诉讼中的当事人，是指因民事权利义务发生争议而进行诉讼，并受人民法院裁判约束的利害关系人。它可以是公民、法人，也可以是其他组织。当事人包括原告和被告、共同诉讼人、第三人，诉讼参加人不同于诉讼参与人，诉讼参与人除包括诉讼参加人以外，还包括证人、鉴定人和翻译人员等。

(1)原告和被告

原告是因民事权益发生争议或受到侵害，向人民法院起诉要求保护其合法权益的公民、法人或者其他组织。被告是因民事权益发生争议或被指控侵害他人民事权益，而被人民法院通知应诉的公民、法人或者其他组织。原告可以放弃或变更诉讼请求。被告可以承认或者反驳诉讼请求，有权提起反诉。

(2)共同诉讼人

当事人一方或双方为两人以上，其诉讼标的是共同的，或者诉讼标的是同一种类、人民法院认为可以合并审理并经当事人同意的，为共同诉讼。共同诉讼中的当事人统称为共同诉讼人。当事人一方人数众多的共同诉讼，可以由当事人推选代表人进行诉讼。

(3)第三人

第三人是指在民事诉讼中，对他人之间的诉讼标的有独立的请求权，或者与诉讼结果有法律上的利害关系，因而参加诉讼的人。第三人分为有独立请求权的第三人和无独立请求权的第三人。人民法院判决承担民事责任的第三人，有当事人的诉讼权利义务。

当事人有委托代理人，申请回避，收集、提供证据，进行辩论，请求调解，提起上诉，申请执行等诉讼权利。同时，有遵守诉讼秩序，履行发生法律效力的判决、裁定和调解协议的义务。双方当事人可以自行和解。

(4)诉讼代理人

诉讼代理人是指为了被代理人的利益，以被代理人的名义，在法定的、指定的或者委托的权限范围内，进行诉讼活动的人。诉讼代理权基于法律规定、法院指定、当事人委托而产生，诉讼代理人可相应地分为法定代理人、指定代理人和委托代理人。

6. 民事诉讼证据与举证

(1)证据的种类

民事诉讼证据是指能够证明民事案件真实情况的一切事实，具有客观性、关联性和合法性三个特征。它是当事人证明其诉讼主张正确合法的根据，也是人民法院查明案件事实、正确处理案件的基础。民事诉讼证据分为：

①书证。书证是指用文字、符号或图画所表达的一定思想内容来证明案件真实情况的物品。

②物证。物证是指以物品的外形、特征、质量、重量等来证明案件事实的物品。广义的物证包括书证。

③视听资料。视听资料是指利用录音、录像反映的图像、音响，或以电子计算机储存的资料来证明案件事实的证据。

④证人证言。证人证言是指证人向法院所作的有关案件事实的叙述。

⑤当事人的陈述。当事人的陈述是指当事人在诉讼中就案件事实向法院所作的叙述。

⑥鉴定结论。鉴定结论是由鉴定人根据人民法院的要求，对案件涉及的专门性问题进行分析、鉴别后作出的结论。民事诉讼中的鉴定结论，主要包括医学鉴定结论、书证鉴定结论、会计鉴定结论、物理鉴定结论和化学鉴定结论等。

⑦勘验笔录。勘验笔录是人民法院勘验人员对与案件有关的物品、现场进行勘验所作的笔录。

(2)举证责任

举证责任是指在民事诉讼中，当事人对自己提出的主张，有提供证据证明其真实、合法的责任。当事人有权为自己的主张收集、提供证据，以证明其合法性、真实性；同时，为使自己的诉讼主张取得法律上的确认和保障，应履行提供证据进行证明的义务，否则自己就有败诉的危险。所以举证责任作为一种权利，任何人不得随意剥夺、限制和阻碍；作为一种义务，当事人必须提供证据，供人民法院审查核实，作裁判的依据。《民事诉讼法》规定："当事人对自己提出的主张，有责任提供证据。"这一规定表明民事诉讼当事人都有举证责任。一般地说，原告应负责提供证据来证明自己的诉讼请求；被告应负责提供证据来反驳原告的诉讼请求，以及证明自己的反诉。同时还规定："当事人及其诉讼代理人因客观原因不能自行收集的证据，或者人民法院认为审理案件需要的证据，人民法院应当调查收集。"当事人在诉讼中负有举证的责任，但当事人因客观原因不能收集证据时，有权向法院提供证据线索，申请法院调查取证。

(3)证据保全

证据保全是指在证据可能灭失或者以后难以取得的情况下，人民法院根据诉讼参加人的申请或依职权而采取措施收集和保存证据的制度。

在诉讼开始前，因为证据易于灭失或重要证人病危，当事人可申请公证机构，以公证形式保全证据。在诉讼过程中，诉讼参加人可申请人民法院保全证据，人民法院也可以主动采取证据保全措施。

7. 财产保全和先予执行

(1)财产保全的概念和种类

财产保全，是指人民法院根据利害关系人或当事人的申请，或者依职权对当事人的财产采取限制性措施，以保证将来生效判决执行的一种制度。财产保全分为诉前财产保全和诉中财产保全两种。

诉前财产保全是指利害关系人因情况紧急，不立即申请财产保全将会使合法权益受到难以弥补的损失，在起诉前向人民法院申请财产保全，人民法院根据其申请对财产所采取的一种限制性措施。

诉中财产保全是指人民法院受理案件后，对于可能因为当事人一方的行为或者其他原因，使判决不能执行或者难以执行的案件，根据对方当事人的申请或者依职权裁定，对当事人的财产或争议的标的物所采取的一种限制性措施。

(2)财产保全的范围与程序

财产保全仅限于请求的范围，或者与本案有关的财物。限于请求的范围是指被保全的财产价额，应在利害关系人的权利请求或当事人的诉讼请求的财产范围之内，不应超出，两者在数额上大致相等。与本案有关的财物是指保全的财产应是利害关系人间发生争议，即将起诉的标的物，或是诉讼当事人发生争议的标的物及与案件的标的物有牵连的物品。财产保全的措施有查封、扣押、冻结或法律规定的其他方法。采取财产保全措施，申请人必须提出申请并提供担保。但诉中财产保全，当事人没有申请的，人民法院根据情况，可以依职权采取，当事人是否需要提供担保，由人民法院根据情况决定。对当事人的财产保全申请，人民法院应作出是否采取财产保全措施的裁定。申请人在法定起诉期内不起诉或被申请人提供担保的，应裁定解除财产保全。申请错误的，申请人应赔偿被申请人因财产保全所遭受的损失。

(3)先予执行的概念和适用范围

先予执行，是指人民法院在诉讼过程中，根据当事人的申请裁定一方当事人预先付给另一方当事人一定数额的金钱或其他财物的一种制度。它发生在判决生效前，具有未决先执行的性质。先予执行必须由当事人提出申请，法院裁定先予执行，可以责令申请人提供担保。案件审理终结，申请人败诉的，应赔偿被申请人因先予执行所遭受的损失。

(4)先予执行的条件

人民法院裁定先予执行的，应符合下列两个条件：当事人之间的权利义务关系明确，不先予执行将严重影响申请人的生活或者生产经营的；被申请人有履行能力。

8. 民事诉讼强制措施

民事诉讼强制措施，是在民事诉讼过程中，人民法院为维护诉讼秩序、保障民事诉讼顺利进行，依法对有妨碍民事诉讼行为的人所采取的排除妨害行为的一种强制手段。民事诉讼强制措施的特点是，它以排除对民事诉讼的妨害、保障诉讼活动的正常进行为目的；它只适用于妨害民事诉讼的行为，不适用于其他违法行为；它是人民法院依法采取的强制措施。

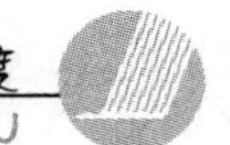

16.3.2 审判程序

民事诉讼审判程序可以分为第一审普通程序、简易程序、第二审程序、特别程序(在16.3.6海事诉讼特别程序中讲述)、审判监督程序、督促程序、公示催告程序和企业法人破产还债程序。

1. 第一审普通程序

第一审普通程序是人民法院审理民事案件时通常适用的最基本的程序。

(1)起诉和受理

起诉是指公民、法人或其他组织在其民事权益受到侵害或与他人发生争议时,向人民法院提起诉讼,请求人民法院通过审判予以司法保护的行为。

起诉必须具备的条件:原告必须是与本案有直接利害关系的公民、法人或其他组织;有明确的被告;有具体的诉讼请求和事实、理由;属于人民法院受理民事诉讼的范围和受诉人民法院管辖。起诉应当向人民法院递交起诉状,并按照被告人数提出副本。起诉状应当记明下列事项:当事人的有关情况;诉讼请求和所根据的事实与理由;证据和证据来源,证人姓名和住所;受诉法院名称、起诉的时间、起诉人签名或盖章。

受理是指人民法院通过对当事人的起诉进行审查,对符合法律规定条件的,决定立案审理的行为。人民法院收到起诉状或者口头起诉,经审查,认为符合起诉条件的,应当在7日内立案,并通知当事人;认为不符合起诉条件的,应当在7日内裁定不予受理;原告对裁定不服的,可以提起上诉。

(2)审理前的准备

人民法院受理案件后进入开庭审理之前所进行的一系列的诉讼活动就是审理前的准备。审理前的准备工作是按时、保质进行开庭审理的前提。主要内容有:在法定期间内及时送达诉讼文书;告知当事人有关的诉讼权利和义务以及合议庭的组成人员。审判人员认真审核诉讼材料,调查收集必要的证据。

(3)开庭审理

开庭审理,是指人民法院在当事人和所有诉讼参与人的参加下,全面审查认定案件事实,并依法作出裁判的活动。开庭审理主要包括以下几个环节。庭审准备,应当在开庭3日前通知当事人和其他诉讼参与人。公开审理的,应当公告当事人姓名、案由和开庭的时间、地点。宣布开庭,开庭前书记员应当查明当事人和其他诉讼参与人是否到庭,宣布法庭纪律。开庭审理时,由审判长核对当事人,宣布案由,宣布审判人员、书记员名单,告知当事人有关的诉讼权利义务,询问当事人是否提出回避申请。法庭调查,一般按照顺序进行:当事人陈述;告知证人的权利义务,证人作证,宣读未到庭的证人证言;出示书证、物证和视听资料;宣读鉴定结论;宣读勘验笔录等。法庭辩论,按照下列顺序进行:原告及其诉讼代理人发言;被告及其诉讼代理人答辩;第三人及其诉讼代理人发言或者答辩;互相辩论。法庭辩论终结,审判长按照原告、被告、第三人的先后顺序征询各方最后意见。法庭辩论终结,依法作出判决前,审判长可以询问当事人是否愿意调解。当事人同意的,可以依法进行调解,调解不成的,应当及时判决。

评议和宣判，法庭辩论终结后，由审判长宣布休庭，合议庭组成人员退入评议室对案件进行评议。合议庭评议实行少数服从多数的原则，评议的情况应如实记入笔录。评议完毕，由审判长宣布继续开庭，宣告判决结果。也可定期宣判。不论案件是否公开审理，宣告判决结果一律公开进行。

适用普通程序审理的案件，人民法院应当在立案之日起6个月内审结；有特殊情况需要延长的，报请院长批准，批准延长的期限，最长不超过6个月；在上述期限内还未审结，需要延长的，则由受诉法院报请上级法院批准，延长的期限，由上级法院决定。

2. 简易程序

(1)简易程序的概念和适用范围

简易程序，是指基层人民法院及其派出法庭审理简单民事案件和简单经济纠纷案件所适用的程序。只有基层人民法院及其派出法庭可以适用简易程序审理第一审案件。中级人民法院、高级人民法院、最高人民法院审理第一审民事、经济案件均不得适用简易程序。适用简易程序审理的案件只能是事实清楚、权利义务关系明确、争议不大的简单民事案件和简单经济纠纷案件。

(2)简易程序的特点

①起诉方式简便。对简单的民事、经济案件，原告可以口头起诉。

②受理案件的程序简便。当事人双方可以同时到基层人民法院及其派出的法庭，请求解决纠纷。基层人民法院及其派出的法庭可以当即审理，也可以另定日期审理。

③传唤或通知当事人、证人的方式简便。基层人民法院及其派出的法庭审理简单的民事案件时，可以用简便方式随时传唤当事人、证人。

④实行独任制。简单的民事、经济案件可由审判员一人独任审理。

⑤开庭审理的程序简便。简单的民事、经济案件可以随到随审，并且在开庭时，对法庭调查、法庭辩论两大步骤不必严格划分，也不受法庭调查、法庭辩论先后顺序的限制。

⑥审理期限较短。人民法院适用简易程序审理案件，应当在立案之日起3个月内审结。

3. 第二审程序

第二审程序，是指上一级人民法院根据当事人的上诉，就下级人民法院的一审判决和裁定，在其发生法律效力前，对案件进行重新审理的程序。第二审程序是因当事人提起上诉而开始的，所以第二审程序又称为上诉审程序。第二审程序具有重要意义。首先，上级人民法院通过对上诉案件的审理，审查一审判决、裁定是否有错误，保证人民法院裁判的正确性和合法性，使人民法院正确地行使国家审判权；其次，对当事人来说，有利于当事人维护自己的合法权益。当事人不服地方人民法院第一审判决的，有权在判决书送达之日起15日内向上一级人民法院提起上诉。当事人不服地方人民法院第一审裁定的，有权在裁定书送达之日起10日内向上一级人民法院提起上诉。上诉状应当通过原审人民法院提出，并按照对方当事人或者代表人的人数提出副本。原审人民法院收到上诉状，应当在5日内将上诉状副本送达对方当事人，对方当事人在收到之日起15日内提出答辩状。人民法院应当在收到答辩状之日起5日内将副本送达上诉人。对方当事人不提出答辩状的，不影响人民法院审理。原审人民法院收到上诉状、答辩状的，应当在

5日内连同全部案卷和证据，报送第二审人民法院。

第二审人民法院对上诉案件，应当组成合议庭，开庭审理。经过阅卷和调查，询问当事人，在事实核对清楚后，合议庭认为不需要开庭审理的，也可以径行判决、裁定。第二审人民法院对上诉案件，经过审理后，按照情形，应分别处理：原判决认定事实清楚，适用法律正确的，判决驳回上诉，维持原判决；原判决适用法律错误的，依法改判；原判决认定事实错误，或者原判决认定事实不清，证据不足，裁定撤销原判决，发回原审人民法院重审，或者查清事实后改判；原判决违反法定程序，可能影响案件正确判决的，裁定撤销原判决，发回原审人民法院重审。人民法院审理对判决的上诉案件，应当在第二审立案之日起3个月内审结。有特殊情况需要延长的，由本院院长批准。对裁定的上诉案件，应当在第二审立案之日起30日内作出终审裁定。

4. 审判监督程序

审判监督程序，是指人民法院对已经发生法律效力的判决、裁定，依照法律规定由法定机关提起，对案件进行再审的程序。它又称为再审程序。根据《民事诉讼法》的规定，审判监督程序的发生有以下两个原因。

(1)基于人民法院行使审判监督权而引起的再审

各级人民法院院长对已经发生法律效力的判决、裁定，发现确有错误，认为需要再审的，应当提交审判委员会讨论决定。最高人民法院对地方各级人民法院已经发生法律效力的判决、裁定，上级人民法院对下级人民法院已经发生法律效力的判决、裁定，发现确有错误的，有权提审或者指令下级人民法院再审。

(2)基于当事人申请的再审

当事人申请再审应当具备法定的事由：有新的证据，足以推翻原判决、裁定的；原判决、裁定认定事实的主要证据不足的；原判决、裁定适用法律确有错误的；人民法院违反法定程序，可能影响案件正确判决、裁定的；审判人员在审理该案件时有贪污受贿、徇私舞弊、枉法裁判行为的；当事人对已经发生法律效力的调解书，提出证据证明调解违反自愿原则或者调解协议的内容违反法律的，可以申请再审。当事人申请再审，应当在判决、裁定发生法律效力后2年内提出。

5. 督促程序

督促程序，是指对于以给付一定金钱或有价证券为内容的债务，人民法院根据债权人的申请，向债务人发出支付令，催促债务人限期履行义务的特殊程序。

债权人申请支付令应具备的条件：请求给付的必须是金钱或有价证券；请求给付的金钱或者有价证券已到偿付期且数额确定；债权人与债务人没有其他债务纠纷的；支付令能够送达债务人。

申请支付令必须采用申请书方式。申请书应当写明请求给付金钱或者有价证券的数量和所根据的事实、证据。债权人提出申请后，人民法院应当在5日内通知债权人是否受理。人民法院受理申请后，经审查债权人提供的事实、证据，对债权、债务关系明确、合法的，应当在受理之日起15日内向债务人发出支付令；债务人应当自收到支付令之日起15日内清偿债务，或者向人民法院提出书面异议。债务人在法定期间内提出书面异议的，人民法院应当裁定终结督促程序，支付令自行失效，债权人可以起诉。若债务人在法定期间内既不提出异议又不履行支付令的，债权人可以向人民法院申请执行。

6. 公示催告程序

公示催告程序，是指人民法院根据可以背书转让的票据的持有人因票据被盗、遗失或者灭失而提出的申请，以公示方式，催告不明确的利害关系人在法定期间申报权利，逾期无人申报，经申请人的申请，作出除权判决的程序。

申请公示催告的条件是：申请主体必须是依法享有票据权利的最后持票人；申请原因必须是可以背书转让的票据被盗、遗失或者灭失；必须是利害关系人处于不明状态；必须向票据支付地的基层人民法院申请；申请人应当向人民法院递交申请书，写明票面金额、发票人、持票人、背书人等票据主要内容和申请的理由、事实。

人民法院决定受理申请，应当同时通知支付人停止支付，并在3日内发出公告，催促利害关系人申报权利。公示催告的期间，由人民法院根据情况决定，但不得少于60日。公示催告期间，转让票据权利的行为无效。利害关系人应当在公示催告期间内向人民法院申报权利，人民法院收到利害关系人的申报后，应当裁定终结公示催告程序，并通知申请人和支付人。申请人或者申报人可以向人民法院起诉。若逾期无人申报，人民法院根据申请人的申请，可以作出除权判决，宣告票据无效。判决应当公告，并通知支付人。自判决公告之日起，申请人可依据除权判决向支付人请求支付。

7. 企业法人破产还债程序

企业法人破产还债程序，是指企业法人因严重亏损，无力清偿到期债务，人民法院根据债权人或债务人的申请，宣告债务人破产，并将债务人的破产财产依法在全体债权人中按比例进行分配的特定程序。不具备法人资格的企业、个体工商户、农村承包经营户、个人合伙，不适用企业法人破产还债程序。全民所有制企业的破产还债程序适用《企业破产法》的规定。

破产财产优先拨付破产费用后，按照下列顺序清偿：破产企业所欠职工工资和劳动保险费用；破产企业所欠税款；破产债权。破产财产不足清偿同一顺序清偿要求的，按照比例分配。

16.3.3 执行程序

1. 执行的概念和原则

执行，就是人民法院按照执行根据，运用国家司法执行权，依照执行程序迫使被执行人实现已生效法律文书确定的内容的行为。执行程序是指人民法院执行组织进行执行活动和申请执行人、被执行人以及协助执行人进行执行活动所必须遵守的法律规范。其执行的原则为：强制执行与说服教育相结合的原则，强制是执行工作的根本点，说服教育是强制执行工作不可缺少的内容，两者互为补充，相辅相成；人民法院执行与有关单位协助执行相结合的原则，生效的法律文书主要由法院执行组织进行执行，必要时应由有关单位和个人协助法院执行；保护当事人合法权益原则，在执行中，既要通过被执行人履行义务保障法律文书所确定的债权人的合法权益得以实现，又要对被执行人的利益依法给予应有的保护；执行标的有限原则，在执行中，只能执行被执行人的财产和特定行为，而

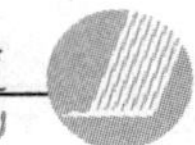

不是被执行人的人身，同时应当保留被执行人及其所抚养家属的必要生活费用。

2. 执行的申请和移送

申请执行是指生效法律文书中的实体权利人，在对方当事人不履行义务时，向人民法院申请强制执行的行为。申请人必须依据生效的法律文书，在执行时效内，向有管辖权的人民法院递交申请执行书。仲裁机构的裁决，一方当事人也不履行时，当事人也可以向人民法院申请执行。

移送执行是指人民法院审判员根据案情依法主动将生效的判决、裁定、支付令交付执行组织执行，从而引起执行程序发生变化的行为。移送执行适用于给付赡养费、扶养费、抚育费、抚恤金、医疗费和劳动报酬的法律文书；刑事法律文书中含有财产执行内容的法律文书以及审判人员认为其他确应移送执行的法律文书。其他一般案件由当事人申请执行，不适用移送执行。

3. 执行措施

执行措施，是指人民法院根据《民事诉讼法》的规定，强制实现作为执行根据的法律文书的具体方法和手段。由于执行标的不同，执行的具体措施也各不相同。

(1)对动产的执行措施

1)对被执行人存款的执行

对被执行人在银行等金融单位的存款，可采取查询、冻结、划拨存款的方法执行。人民法院采取这些措施时，需得到银行等有关单位的协助。对冻结、划拨存款的，人民法院应当作出裁定，发出协助执行通知书，银行等有关业务单位必须办理。

2)对被执行人收入的执行

对被执行人收入的执行可采取扣留、提取的方法执行。人民法院作出裁定，发出协助执行通知书，有关单位必须按通知要求扣留或提取被执行人的收入，交权利人或由法院转交，不得以任何理由和方式拒绝。人民法院在采取这项措施时，应给被执行人及其所扶养的家属保留必要的生活费用。

3)对被执行人财产的执行

对被执行的财产、物品、债权的执行，可根据不同情况，分别采取查封、扣押、冻结、拍卖、变卖等措施。人民法院在决定采取这些措施时，应当作出裁定，根据案件的需要和财产的情况，分别采用不同的方法。在执行时应以被执行人应当履行义务部分的财产为限，并保留被执行人及其扶养家属的生活必需品。

4)搜查被执行人隐匿的财产

搜查是指在执行中，执行人员对不履行法律文书的义务，并对隐匿财产的被执行人的人身及其住所地或财产隐匿地进行搜索、查找的措施。这是民事执行程序中最严厉的强制手段之一，必须严格按照法定程序进行。

(2)对不动产的执行措施

对不动产的执行措施主要是指强制迁出房屋和强制退出土地的执行措施。它是指人民法院的执行组织搬迁被执行人在房屋内或特定土地上的财物，并将腾出的房屋和土地交给权利人的一种执行措施。

(3)对指定交付的财物、票证、行为的执行措施

1)对指定交付的财物、票证的执行

交付财物、票证的执行，由执行人员传唤双方当事人当面交付或由执行人员转交。有关单位持有该财物或票证的，应按法院协助执行通知书转交，公民持有该财产或票证的，应按法院通知交出，拒不交出的，强制执行。

2)对法律文书指定行为的执行

法律文书指定的行为包括作为和不作为。人民法院可以直接强制执行或委托有关单位和他人完成该行为，费用由被执行人负担。

3)办理产权证照转移手续

产权证照是表示具有财产内容的各种证明文书和执照。执行这类案件时，人民法院应通知被执行人交出权利证书，拒不交出的，发出协助执行通知书，要求有关单位协助办理证照转移手续。

(4)执行的保障措施

1)责令支付延期利息、迟延履行金

被执行人未按期履行给付金钱义务的，应当加倍支付迟延部分的债务利息。未按期履行给付金钱以外的义务的，应当支付迟延履行金。

2)保留权利人的请求执行权

人民法院采取执行措施后，被执行人仍不能履行义务的，应当继续履行，债权人不因此丧失权利，在被执行人具备履行能力时，债权人可以随时请求法院执行。

3)申请参与分配和执行第三人的财产

执行程序开始后，已经取得执行依据或已经起诉的债权人发现被执行人的财产不能清偿所有债权的，可以申请参与分配。被执行人不能清偿债务，但对第三人享有到期债权的，人民法院可依申请执行人的申请，通知该第三人向申请执行人履行债务。

4. 执行中止和终结

执行中止是指在执行过程中，由于出现了某种特殊情况而使执行程序暂时停止的情况，待情况消失后，执行程序再继续进行。根据《民事诉讼法》的规定，人民法院应裁定中止执行的情形有：申请人表示可以延期执行；案外人对执行标的提出确有理由的异议；作为一方当事人的公民死亡，需要等待确定权利或义务的承受人；作为一方当事人的法人或其他组织终止存在，尚未确定权利义务承受人；人民法院认为应当中止执行的其他情形。

执行终结是指在执行过程中，由于出现了某种特殊情况，使执行程序无法或无须继续进行，从而结束执行程序，以后也不再恢复。根据《民事诉讼法》的规定，人民法院裁定终结执行的情形有：申请人撤销申请的；据以执行的法律文书被撤销的；作为被执行人的公民死亡，无遗产可供执行，又无义务承担人的；追索赡养费、扶养费、抚育费案件的权利人死亡的；作为被执行人的公民因生活困难，无力偿还借款，无收入来源，又丧失劳动能力的；人民法院认为应当终结执行的其他情形。

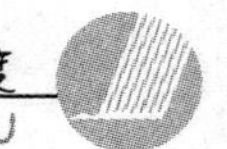

16.3.4 涉外民事诉讼程序

1. 涉外民事诉讼程序的概念

一般认为,涉外民事诉讼是指具有涉外因素的民事诉讼。涉外民事诉讼程序,是指人民法院受理、审判及执行具有涉外因素的民事案件所适用的程序。所谓涉外因素,是指具有诉讼主体涉外,即诉讼一方或者双方当事人是外国人、无国籍人或者外国企业和组织。人民法院在审理国内民商事案件过程中,因追加当事人或者第三人而使得案件具有涉外因素的,也属于涉外民商事案件。或作为诉讼标的的法律事实涉外,即当事人之间的民事法律关系发生、变更、消灭的事实发生在国外。或诉讼标的物涉外,即当事人之间争议的标的物在国外。具备上述三个因素之一的民事诉讼就属于涉外民事诉讼。

2. 涉外民事诉讼的一般原则

涉外民事诉讼的一般原则,既是人民法院审理涉外民事案件的基本准则,也是涉外民事案件当事人以及诉讼参加人必须遵循的基本准则。

(1)适用我国《民事诉讼法》原则

审理涉外民事案件在适用程序方面,按照国际上公认的属地主义原则,应当适用法院所在地国家的程序法。我国《民事诉讼法》明确规定:"在中华人民共和国领域内进行涉外民事诉讼,适用本编规定。本编没有规定的,适用本法其他有关规定。"因此,我国法院审理涉外民事案件,必须适用我国《民事诉讼法》。

对当事人申请或者外国法院请求我国人民法院承认和执行的外国法院判决或者仲裁裁决,我国人民法院应当依照我国法律,或者根据我国缔结或者参加的国际条约的规定进行审查,裁定予以承认后,才具有效力;需要执行的,可依照我国《民事诉讼法》的规定予以执行。

(2)优先适用我国缔结或者参加的国际条约原则

我国《民事诉讼法》规定:"中华人民共和国缔结或者参加的国际条约同本法有不同规定的,适用该国际条约的规定,但中华人民共和国声明保留的条款除外。"国际条约是国家之间、国家和地区之间,规定相互间在一定国际事务中的权利和义务的协定。凡是参加条约的国家和地区,都有信守该国际条约的义务。

(3)司法豁免原则

司法豁免权是外交特权的一种,是指一个国家根据本国法律或者参加、缔结的国际条约,对在本国的外国代表和组织赋予的免受司法管辖或者司法审判的权利。司法豁免原则是主权国家平等原则在司法领域的具体体现,它是建立在国与国对等原则基础之上的,有利于各国外交代表和国际组织在驻在国顺利履行职务。

(4)委托中国律师代理诉讼原则

我国《民事诉讼法》规定:"外国人、无国籍人、外国企业和组织在我国人民法院起诉、应诉,需要委托律师代理诉讼,必须委托中国律师。"律师制度是国家司法制度的重要组成部分,一国的司法制度只能适用于本国,而不能延伸于国外。任何一个主权国家都不允许外国司法制度干涉其本国的司法事务,这是国际上公认的一条原则。

(5)使用我国通用的语言、文字原则

审理涉外民事案件使用本国通用的语言、文字,是国家主权原则的具体体现,也是世界各国通用的准则。我国《民事诉讼法》规定:“人民法院审理涉外民事案件,应当使用中华人民共和国通用的语言、文字。当事人要求提供翻译的,可以提供,费用由当事人承担。”

此外,同等与对等原则也是涉外民事诉讼的一项原则,是民事诉讼法的一项基本原则。

3. 审理涉外民事案件的法律适用

由于各国民事立法的差异,对同一涉外民事案件适用不同国家的法律,往往会导致不同的结果,此属国际私法上的法律冲突问题。法院审理涉外民事案件时,需要运用冲突规范来确定各类涉外民事关系应适用的法律,从而达到解决法律冲突的目的。我国《民法通则》等法律法规就此作了相应的规定。具体而言:

①关于人的行为能力,适用其本国法,即国籍国法。但是,外国人在我国境内进行民事活动,依其本国法无行为能力,而依我国法为有行为能力的,则应认定为有行为能力;我国公民定居国外,并在定居国进行民事活动的,可以适用定居国法律。

②关于合同关系,适用当事人协议选择的法律;如果没有选择,则适用与合同有最密切联系的国家的法律。但是,在中国境内履行中外合资经营企业合同、中外合作经营企业合同和中外合作勘探开发自然资源合同时,应适用中国法律。

③关于侵权行为的损害赔偿,适用侵权行为地法。不过,对于发生在中国境外的行为,如依中国法律不属于侵权行为,则人民法院不以侵权行为处理。

④关于不动产关系,适用不动产所在地法。

⑤关于婚姻关系,结婚适用婚姻缔结地法,离婚适用受理案件的法院所在地法。

⑥关于遗产继承,动产适用被继承人死亡时住所地法。

⑦关于抚养关系,适用与被抚养人有最密切联系的国家的法律。

根据“信守国际条约”的国际法原则,如果我国缔结或者参加的国际条约与我国法律有不同规定,则应适用国际条约的规定,但我国声明保留的条款除外。如果我国法律和我国缔结或者参加的国际条约都没有规定,则可以适用国际惯例。

根据国际私法上的“公共秩序保留制度”,在应适用的法律为外国法时,如果适用该外国法违反我国法律的基本原则和社会公共利益,则不予适用,而应当适用我国相应的法律。

4. 涉外民事诉讼管辖

(1)涉外民事诉讼管辖的概念和意义

涉外民事诉讼管辖权,是指一国法院处理涉外民商事案件的权限或者资格,是一种国际民事管辖权。与国内民事管辖权不同,涉外民事管辖权中的有些依据如国籍,是国内管辖权所没有的;同时,涉外管辖权意味着一国法院可能适用外国法。

涉外民事诉讼的管辖问题,是人民法院受理涉外民事案件、行使审判权的前提。它往往与维护国家主权相关。由于对同一涉外民事案件由不同的国家法院管辖和审理,所适用的法律不同,判决结果也有很大的出入。当事人为了获得有利于自己的判决,往往

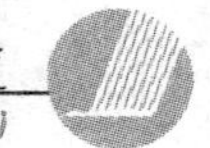

都愿意选择对自己有利的国家的法院管辖，各国往往也希望扩大自己的管辖权。

(2)确定涉外民事诉讼管辖的原则

确定涉外民事诉讼管辖的原则要考虑到维护国家主权、以减少冲突为目的的管辖权国际协调、便利管辖法院审理和当事人意思自治等因素。

1)属地原则

属地原则主张以案件的事实和当事人双方与有关国家的地域联系作为确定法院涉外司法管辖权的标准，强调一国法院基于领土主权的原则，对其所属领域内的一切人和物以及法律事件和行为具有管辖权限。诉讼中的案件事实和双方当事人与法院国的地域上的联系包括：当事人的住所、诉讼标的所在地、被告财产所在地等作为对法院管辖权具有决定意义的连接点。我国《民事诉讼法》也确认了属地管辖原则。因合同纠纷或者其他财产权益纠纷引起的诉讼，凡该诉讼与我国法院所在地存在一定实际联系的，我国人民法院均有管辖权。

2)属人原则

属人原则主张以当事人双方与有关国家的法律联系作为确定法院涉外司法管辖权的标准，强调一国法院对本国国民有管辖权限。属人原则侧重于以当事人的国籍作为确定管辖权的标准。

3)专属管辖原则

专属管辖原则主张一国法院对与其本国利益有密切联系的特定涉外民事案件具有管辖权，排除其他国家对该涉外案件的管辖权。我国《民事诉讼法》对特定的涉外民事案件行使专属管辖权，是维护国家主权原则的突出表现。

4)协议管辖原则

协议管辖原则是指允许当事人合意选择确定国内或者国外的管辖法院，是当事人意思自治原则在涉外民事诉讼中的具体体现。协议管辖原则是目前国际民事诉讼中普遍采用的一项原则。我国《民事诉讼法》也确认了协议管辖原则。

5. 涉外民事诉讼程序的特殊规定

(1)涉外民事诉讼中的送达

涉外民事诉讼中的送达是指人民法院在涉外民事诉讼中，依照法定方式，将诉讼文书送交当事人或者其他诉讼参与人的行为。涉外民事诉讼的送达，包括涉外民事诉讼文书的域内送达和域外送达。当事人在我国领域内有住所地或者经常居住地的，按国内民事诉讼送达方式送达。当事人在我国领域内无住所地或者经常居住地的，应根据我国《民事诉讼法》的规定，分为不同情况，采用的送达方式有：根据受送达人所在国与我国缔结或者共同参加的国际条约规定的方式送达；委托我国驻外使、领馆代为送达；通过外交途径送达；向受送达人的诉讼代理人送达；向受送达人在我国领域内设立的代表机构或者有权接受送达的分支机构、业务代办人送达；邮寄送达；公告送达。

(2)域外调查取证和涉外民事诉讼证据的特殊规定

1)域外调查取证的特殊规定

我国涉外民事诉讼域外调查取证主要通过三种途径进行：依照我国缔结或者所参加的国际条约所规定的途径进行；没有条约关系的通过外交途径进行；对居住在国外的我

国公民进行调查取证,可以通过使领馆进行。人民法院在请求外国法院进行调查取证时,应该调查我国与被请求国之间有无司法协助协议,是否共同参加共同的国际公约,以及各自保留的内容和要求。

2)涉外民事诉讼证据的特殊规定

由于实行涉外案件集中管辖,当事人在提起涉外诉讼时就应当提交有关证据:起诉时要证明案件为涉外案件;在域外形成的证据要经过公证;证据必须附中文译本;举证责任的分配应当适用法院地法;外国法院判决认定的事实不能直接作为我国法院认定事实的依据。

(3)涉外民事诉讼中财产保全的特殊规定

1)涉外民事诉讼中财产保全的措施

涉外财产保全措施,主要是发布扣押令,扣押被申请人的财产,也不排除采取查封、冻结等措施。被保全的财产,主要是指船舶、航空器、车辆等。

对在我国境内的财产实行财产保全,涉及在中国的合资企业时,一般只能对其在合资企业中分得的利润进行冻结,以免影响合资企业的正常运作。但是,如果外籍当事人在诉讼期间,转让其在合资企业股权的,法院可以应他方当事人的申请冻结其股权。

2)涉外民事诉讼中财产保全的解除

涉外民事诉讼中财产保全是一种临时性的强制措施,在采取保全措施的法定原因消失后,人民法院无须再对被申请人的财产进行保全,应当及时解除保全措施。人民法院在下列情形下,应当解除财产保全:利害关系人起诉前向人民法院申请财产保全后,30日内不起诉的;被申请人提供担保的;受诉法院在审理中认为实施的原因已消失,或者审理后申请人败诉的。

3)对被申请人的救济

我国《民事诉讼法》规定:"申请有错误的,申请人应当赔偿被申请人因财产保全所遭受的损失。"申请人申请财产保全,是为了维护自己的正当权益。如果申请人申请错误,致使财产保全措施给被申请人造成了实际损失,损害了被申请人的合法权益,申请人应当赔偿被申请人因财产保全所遭受的损失。申请人赔偿的范围仅限于因财产保全所遭受的损失。

16.3.5 相互承认、执行外国法院判决和外国仲裁裁决

1. 相互承认、执行外国法院裁判和外国仲裁裁决概述

一国法院在审理涉外民事案件时,常常需要把某些诉讼文书送达给居住在国外的当事人,或者询问在国外的当事人或收集在国外的证据;判决生效后,也可能需要在外国得到承认甚至要求外国法院执行。但由于一国诉讼程序具有严格的地域性,判决只能在其领域内发生法律效力,而不能将其效力延伸到国外,所以一国法院不能在外国进行上述诉讼行为或者执行行为时,只能通过法院之间的司法协助来完成。所谓司法协助,是指不同国家的法院之间,根据本国缔结或者参加的国际条约,或者按照互惠原则,彼此之间相互协助,为对方代为一定诉讼行为或者相互承认、执行判决和仲裁裁决的行为。司法协助分为两类:一般司法协助,即代为送达文书、调查取证和提供法律资料等行为,前述

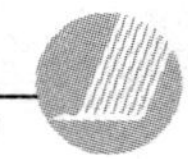

涉外民事诉讼程序中的域外送达和取证就是一般司法协助；特殊的司法协助，是指两国法院相互承认并执行对方法院的裁判和涉外仲裁机构的裁决。也有学者把司法协助分成广义的司法协助和狭义的司法协助。广义的司法协助指诉讼程序方面所有的合作事项，既包括代为送达文书和调查取证等，也包括对外国法院裁判和仲裁裁决的承认和执行；狭义的司法协助仅包括代为送达文书和调查取证等行为。

2. 相互承认、执行外国法院裁判和外国仲裁裁决的前提条件

我国《民事诉讼法》规定，司法协助都应当具备下列前提条件之一。

(1)国家间缔结或者参加有关双边或者多边司法协助条约

我国已与几十个国家订立的包含民商事司法协助内容的双边条约，大都包括了相互承认和执行对方国家的法院判决的内容。我国1980年参加了《承认和执行外国仲裁裁决公约》(《纽约公约》)，公约规定，每一个缔约国应该承认其他缔约国的仲裁裁决有约束力，并且依本国法律承认或者执行其他缔约国的仲裁裁决。

(2)两国间存在互惠关系

互惠是指两国间在互利互惠基础上对某种特许或者特权的相互交换，给予对方以方便的条件。如果国家与国家之间没有司法协助协议，但在事实上存在司法互惠关系，两国法院可以根据互惠原则，互惠对方为一定的诉讼行为。我国与许多国家一样，将互惠关系作为承认和执行外国法院判决的根据和条件之一。

3. 相互承认和执行外国法院裁判

(1)各国相互承认和执行外国法院裁判的一般条件

在国际民事诉讼的实践中，承认和执行的外国法院裁判，应当符合如下条件：作出裁判的外国法院有管辖权；诉讼程序公正；外国法院裁判是确定的裁判；外国法院裁判是合法的裁判；外国法院裁判不能与其他有关的法院裁判相抵触；外国法院适用了适当的准据法；一般需要存在条约或者互惠关系；不能与国内法院所在地的公共政策相抵触。

(2)我国承认和执行外国法院裁判的制度

1)裁定承认外国法院裁判和发出执行令

我国《民事诉讼法》规定，承认外国判决需要进行形式审查，在存在条约或者互惠关系的前提下，外国判决不违反我国法律的基本原则和国家主权、安全和社会公共利益的，裁定承认其效力。需要执行的，发出执行令。

2)管辖法院和有关程序

承认和执行外国法院裁判的法院是被执行人住所地或者财产所在地的有关中级人民法院。申请承认和强制执行外国法院民商事判决、裁定的案件应当是最高人民法院指定的、具有集中管辖涉外案件权限的有关中级人民法院。

3)不予承认和执行外国法院裁判的情形

不予承认和执行外国法院裁判的情形包括：无条约或互惠关系的；违反我国公共秩序的；与我国有管辖权冲突或者违反了我国专属管辖规定的以及其他满足相互承认和执行外国法院裁判的一般条件。人民法院对当事人或者外国法院提出的请求进行审查，认为请求不符合条件的，应当裁定驳回申请，不予执行外国裁判。

4. 相互承认和执行外国仲裁裁决

(1)相互承认和执行外国仲裁裁决概述

《纽约公约》与各国仲裁立法和实践，都认为外国仲裁裁决，是以裁决地在国外为标准，由国外的仲裁机构作出的仲裁裁决。因此，外国仲裁与国内仲裁是对应的概念。对于中国法院而言，中国国际贸易仲裁裁决委员会或者海事仲裁委员会的仲裁裁决，是涉外仲裁，属于国内仲裁组成部分，不是外国仲裁。申请撤销、承认和强制执行国际仲裁裁决的案件，属于最高人民法院指定的中级人民法院集中管辖的范围。这里的“国际仲裁案件”应当包括中国涉外仲裁案件和外国仲裁裁决案件，但是对外国仲裁裁决不能予以撤销，只能裁定不予以执行。

对外国仲裁裁决的承认与执行是两个不同的问题。仲裁裁决中的胜诉方，可以以外国仲裁裁决为依据，排除被请求国法院审判管辖，并要求外国法院承认其既判力。这并不涉及被请求国的执行程序。所以，对外国仲裁的承认是指这一国法院对外国仲裁机构所作出的具有约束力的裁决予以认可，并赋予其强制执行力的司法行为。不过，在《纽约公约》中，有关外国仲裁裁决的“承认和执行”是作为同一组概念出现的，并不把承认外国仲裁裁决和执行外国仲裁裁决分开处理。因为可仲裁的事项一般不包括人身关系的案件，实践中主要是就合同纠纷和财产权益纠纷提交仲裁，所以，请求有关国家承认仲裁裁决和执行仲裁裁决确实是联系在一起的。

(2)相互承认和执行外国仲裁裁决的条件

1)相互承认和执行外国仲裁裁决的一般条件

《纽约公约》已有 150 多个国家加入，是一项最具有普遍性和代表性的公约，我国已经于 1986 年 12 月 2 日加入该公约。根据该公约，我国涉外仲裁机构以及各地组建的仲裁委员会作出的涉外仲裁裁决，被执行人或者其财产不在我国境内的，当事人可直接向对另一缔约国领土有管辖权的外国法院申请承认和执行请求。我国法院也有义务对另一缔约国领土内作出的仲裁裁决予以承认和执行。我国《民事诉讼法》规定：“国外仲裁机构的裁决，需要中华人民共和国人民法院承认和执行的，应当由当事人直接向被执行人住所地或者其财产所在地的中级人民法院申请，人民法院应当依照中华人民共和国缔结或者参加的国际条约，或者按照互惠原则办理。”人民法院决定承认和执行外国仲裁裁决的，应当在受理申请之日起 2 个月内作出裁定；决定不予承认和执行的，在受理申请之日起 2 个月内上报最高人民法院。人民法院审查我国涉外仲裁裁决的期限，也应参照上述规定办理。国外仲裁机构的仲裁裁决，需要由我国法院承认与执行的，按情况进行处理：其所在国是《纽约公约》的成员国的，应当按照该公约的规定办理；若不是《纽约公约》的成员国，但与我国订有双边司法协助条约的，按条约规定办理；既不是《纽约公约》成员国，又与我国没有司法协助条约关系的，则按互惠原则处理。《纽约公约》规定，当事人申请承认和执行外国仲裁裁决，应当提供以下材料：经正式认证的裁决正本或者经正式证明的副本；有效仲裁协议的正本或者经正式证明的副本；如果仲裁裁决或者仲裁协议不是用被请求国的正式语言作成，当事人应该提供用被请求国语言作出的译本。译本应该由官方的或者宣过誓的译员一名，或者外交或者领事代理人证明。

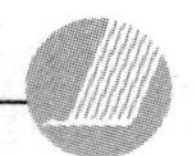

2)不予承认和执行外国仲裁裁决的理由

根据《纽约公约》,拒绝承认和执行外国仲裁裁决的理由有:根据对仲裁协议的当事人应当适用的法律,当事人当时处于某种无行为能力的情况;根据双方当事人选定适用的法律,或者在没有这种选定的时候,根据作出裁决的国家的法律,其仲裁协议是无效的;作为裁决执行对象的当事人,没有被给予指定仲裁员或者进行仲裁程序的适当通知,或者由于其他情况而不能对案件提出意见;裁决涉及仲裁协议所没有提到的,或者不包括仲裁协议规定之内的争执;裁决内含有对仲裁协议范围以外事项的决定;仲裁庭的组成或者仲裁程序同当事人之间的协议不符,或者当事人之间没有这种协议时,同进行仲裁的国家的法律不符;裁决对当事人还没有约束力,或者裁决已经由作出裁决的国家根据其法律撤销或者停止执行;争执的事项,依照被请求国的法律,不可以用仲裁方式解决;承认或者执行该项裁决将和被请求国的公共秩序相抵触。

与承认执行外国法院裁判和外国仲裁裁决相对应,根据《纽约公约》以及其他国际条约的规定,或者根据互惠原则,我国法院的判决和涉外仲裁裁决应当在国外得到承认和执行,有关程序应当根据条约规定和被请求国的诉讼法律规定办理。我国《民事诉讼法》规定:"根据中华人民共和国涉外仲裁机构作出的发生法律效力的仲裁裁决,当事人请求执行的,如果被执行人或者其财产不在中华人民共和国领域内,应当由当事人直接向有管辖权的外国法院申请承认和执行。"

16.3.6 海事诉讼特别程序

1. 海事诉讼概述

(1)海事纠纷

何为"海事纠纷"? 其概念很难界定。我国《海事诉讼特别程序法》把海事纠纷概括为"海事侵权纠纷"、"海商合同纠纷"以及法律规定的"其他海事纠纷"三类。

(2)海事案件

所谓海事案件,是指在海上或者通海水域中发生的,与船舶或者船舶运输、生产、作业相关的海事侵权纠纷、海商合同纠纷和其他海事纠纷,起诉到人民法院,依照《民事诉讼法》和《海事诉讼特别程序法》审理的案件。

海事案件应当包括海事侵权纠纷案件、海商合同纠纷案件和法律规定的其他海事案件三种。

(3)我国的海事法院

为了适应对外开放的需要,有效地行使我国的海事司法管辖权,最高人民法院决定在广州、上海、青岛、天津、大连、武汉、海口、厦门、宁波和北海等10个沿海、沿江城市分别设立了海事法院,从而形成了一个布局比较合理、结构比较完整的海事司法管辖体系。海事法院与其所在城市的中级人民法院同级。海事法院内设海事审判庭、海商审判庭、执行庭等办案机构。海事法院不设基层法院,其直接受理国内和涉外的第一审海事案件、海商案件、其他海事海商案件和海事执行案件等,不受理刑事案件和其他民事案件。各海事法院所在地的高级人民法院为该海事法院的上诉审法院,并对该海事法院的审判业务工作实行监督。

(4)海事诉讼的概念和特点

海事诉讼是指海事审判机关在海事纠纷当事人和其他诉讼参与人的参加下,依法审理和裁判海事纠纷案件的全部诉讼活动。在我国,海事诉讼具体是指当事人就海事侵权纠纷、海商合同纠纷以及法律规定的其他海事纠纷诉至海事法院,海事法院依法审理并作出裁判的诉讼活动。海事诉讼并不是附属于民事诉讼而发展起来的。海事诉讼与民事诉讼相比较,海事诉讼的特点主要是:海事诉讼的对物诉讼性;海事诉讼的国际性,即海事诉讼所要解决的纠纷具有很强的国际性;海事诉讼适用法律的国际性,海事诉讼规则的特殊性。

(5)我国的《海事诉讼特别程序法》

该法是一部符合我国海事审判实际需要,又与国际海事纠纷处理规则相适应的海事诉讼特别程序法,有利于及时解决海事纠纷,促进海运和对外经贸事业的发展,维护国家利益,体现我国海洋大国的地位。《海事诉讼特别程序法》在管辖、保全和证据制度等方面补充和发展了我国民事诉讼法的一般理论。该法的设立是保障我国海商法实施和履行国际公约义务的客观需要。海事诉讼属于民事诉讼的范畴,《民事诉讼法》是基本法,《海事诉讼特别程序法》是对《民事诉讼法》的必要补充,是《民事诉讼法》的特别法。

2. 我国海事法院的受案范围和海事诉讼管辖

(1)我国海事法院的受案范围

海事法院的受案范围是指海事法院受理海事案件的规模和程度。我国《海事诉讼特别程序法》对海事法院的受案范围作了明确规定:海事法院受理当事人因海事侵权纠纷、海商合同纠纷以及法律规定的其他海事纠纷提起的诉讼。海事法院不审理行政案件、行政赔偿案件,亦不审查和执行行政机关申请执行其具体行政行为的案件。故海事行政案件不属于海事法院的受案范围。

(2)海事诉讼管辖

海事诉讼管辖,是指海事法院与上级人民法院之间,以及各海事法院相互之间,受理第一审海事案件的分工和权限,也即确定哪些第一审海事案件由海事法院或者上级人民法院受理,哪些第一审海事案件由哪个地方的海事法院受理。海事诉讼管辖具有以下特点:海事诉讼管辖具有专门性;海事诉讼管辖具有涉外性;海事诉讼管辖不以行政区划分为依据。

(3)《海事诉讼特别程序法》对海事诉讼管辖的规定

为了避免与民事诉讼的规定重复,《海事诉讼特别程序法》在"管辖"中,只用了六个条文对海事诉讼的管辖作了原则性规定。未作规定的,可以参照适用《民事诉讼法》的相关规定。同时,最高人民法院还用司法解释的形式对《海事诉讼特别程序法》中的管辖规定作了细化。

(4)我国的海事诉讼级别管辖

海事诉讼级别管辖,是指海事法院与上级法院之间受理第一审海事案件的分工和权限。它解决的是法院内部受理第一审海事案件的纵向分工。与一般民事案件的"四级两审终审制"不同,海事案件的审级则为"三级两审终审制",即各海事法院、海事法院所在

地高级人民法院和最高人民法院。根据海事案件的性质、标的以及社会影响程度等方面的不同，海事法院所在地的高级人民法院和最高人民法院可以受理第一审海事案件。为方便当事人诉讼和解决海事纠纷，各海事法院陆续在沿海各大港口设立派出机构——派出法庭。海事法院由内设的海事庭、海商庭和派出庭审理第一审海事案件。

(5)我国的海事诉讼地域管辖

海事诉讼地域管辖，是指各海事法院之间受理第一审海事案件的分工和权限。它解决的是各海事法院之间受理第一审海事案件的横向分工。海事诉讼地域管辖包括一般地域管辖和特殊地域管辖。我国《海事诉讼特别程序法》规定，海事诉讼的地域管辖，依照《民事诉讼法》的如下规定：

①因海事侵权行为提起的诉讼，除依照《中华人民共和国民事诉讼法》第二十九条至第三十一条的规定以外，还可以由船籍港所在地海事法院管辖；

②因海上运输合同纠纷提起的诉讼，除依照《中华人民共和国民事诉讼法》第二十八条的规定以外，还可以由转运港所在地海事法院管辖；

③因海船租用合同纠纷提起的诉讼，由交船港、还船港、船籍港所在地、被告住所地海事法院管辖；

④因海上保赔合同纠纷提起的诉讼，由保赔标的物所在地、事故发生地、被告住所地海事法院管辖；

⑤因海船的船员劳务合同纠纷提起的诉讼，由原告住所地、合同签订地、船员登船港或者离船港所在地、被告住所地海事法院管辖；

⑥因海事担保纠纷提起的诉讼，由担保物所在地、被告住所地海事法院管辖；因船舶抵押纠纷提起的诉讼，还可以由船籍港所在地海事法院管辖；

⑦因海船的船舶所有权、占有权、使用权、优先权纠纷提起的诉讼，由船舶所在地、船籍港所在地、被告住所地海事法院管辖。

(6)海事诉讼专属管辖

海事诉讼专属管辖是指法律规定特定的海事案件只能由特定的海事法院管辖。我国《海事诉讼特别程序法》规定，下列海事诉讼，由本条规定的海事法院专属管辖：

①因沿海港口作业纠纷提起的诉讼，由港口所在地海事法院管辖；

②因船舶排放、泄漏、倾倒油类或者其他有害物质，海上生产、作业或者拆船、修船作业造成海域污染损害提起的诉讼，由污染发生地、损害结果地或者采取预防污染措施地海事法院管辖；

③因在中华人民共和国领域和有管辖权的海域履行的海洋勘探开发合同纠纷提起的诉讼，由合同履行地海事法院管辖。

(7)海事诉讼协议管辖

海事诉讼协议管辖是指当事人在法律规定的范围内自行约定由某一法院对其争议案件进行审判，从而达到排除其他法院管辖且方便诉讼的目的。我国《海事诉讼特别程序法》规定：海事纠纷的当事人都是外国人、无国籍人、外国企业或者组织，当事人书面协议选择中华人民共和国海事法院管辖的，即使与纠纷有实际联系的地点不在中华人民共和国领域内，中华人民共和国海事法院对该纠纷也具有管辖权。

3. 海事请求保全

(1)海事请求保全的概念和分类

海事请求保全,是指海事法院根据海事请求人的申请,为保障其海事请求的实现,对被请求人的财产所采取的强制措施。海事请求保全在司法实践中,根据不同的标准可以作以下两种分类:第一,根据海事请求保全措施所指向的对象不同,海事请求保全可以分为扣押船舶;扣押船载货物;扣押与海事请求有关的船用燃油、船用物料;冻结承租人可以收取的运费或租金;对其他财产采取保全措施等五种。第二,根据海事法院或者仲裁机构是否受理案件的不同,海事请求保全又可以分为诉前(裁前)保全和诉中(裁中)保全两种。

(2)海事请求保全管辖的原则

属地管辖原则,当事人在起诉前申请海事请求保全的,应当向被保全的财产所在地海事法院提出;不受诉讼管辖或仲裁协议约束原则,海事请求保全不受当事人之间关于该海事请求的诉讼管辖协议或者仲裁协议的约束;海事法院专门管辖原则。

(3)海事请求保全的程序

海事请求保全的程序包括:

①海事请求保全的申请。海事请求人申请海事请求保全,应当向海事法院提交书面申请。申请书应当载明海事请求事项、申请理由、保全的标的物以及要求提供担保的数额,并附有关证据。

②海事请求保全的担保。海事法院受理海事请求保全申请,可以责令海事请求人提供担保。海事请求人不提供的,驳回其申请。

③对海事请求保全申请的审查。

④对海事请求保全申请的裁定。海事法院接受申请后,应当在48小时内作出裁定。裁定采取海事请求保全措施的,应当立即执行:对不符合海事请求保全条件的,裁定驳回其申请。当事人对裁定不服的,可以在收到裁定书之日起5日内申请复议一次。海事法院应当在收到复议申请之日起5日内作出复议决定。复议期间不停止裁定的执行。利害关系人对海事请求保全提出异议,海事法院经审查,认为理由成立的,应当解除对其财产的保全。

⑤海事请求保全措施的执行。

⑥海事请求保全措施的解除。被请求人提供担保,或者当事人有正当理由申请解除海事请求保全的,海事法院应当及时解除保全。

⑦海事请求保全与诉讼。海事请求人在《海事诉讼特别程序法》规定的期间内,未提起诉讼或者未按照仲裁协议申请仲裁的,海事法院应当及时解除保全或者返还担保。

⑧申请海事请求保全错误及其责任。海事请求人申请海事请求保全错误的,应当赔偿被请求人或者利害关系人因此所遭受的损失。

(4)海事证据保全

海事证据保全是指海事法院根据海事请求人的申请,对有关海事请求的证据予以提取、保存或者封存的强制措施。当事人在起诉前申请海事证据保全,应当向被保全的证据所在地海事法院提出。海事证据保全不受当事人之间关于该海事请求的诉讼管辖协

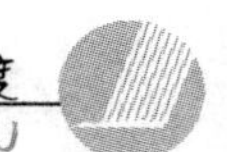

议或者仲裁协议的约束。海事请求人申请海事证据保全的，应当向海事法院提交书面申请。申请书应当载明请求保全的证据、该证据与海事请求的联系、申请理由。海事法院受理海事证据保全申请，可以责令海事请求人提供担保。海事请求人不提供的，驳回其申请。采取海事证据保全，应当具备下列条件：请求人是海事请求的当事人；请求保全的证据对该海事请求具有证明作用；被请求人是与请求保全的证据有关的人；情况紧急，不立即采取证据保全就会使该海事请求的证据灭失或者难以取得。

海事法院接受申请后，应当在48小时内作出裁定。裁定采取海事证据保全措施的，应当立即执行；对不符合海事证据保全条件的，裁定驳回其申请。当事人对裁定不服的，可以在收到裁定书之日起5日内申请复议一次。海事法院应当在收到复议申请之日起5日内作出复议决定。复议期间不停止裁定的执行。被请求人申请复议的理由成立的，应当将保全的证据返还被请求人。利害关系人对海事证据保全提出异议，海事法院经审查，认为理由成立的，应当裁定撤销海事证据保全；已经执行的，应当将与利害关系人有关的证据返还利害关系人。海事法院进行海事证据保全，根据具体情况，可以对证据予以封存，也可以提取复制件、副本，或者进行拍照、录像，制作节录本、调查笔录等。确有必要的，也可以提取证据原件。

海事请求人申请海事证据保全错误的，应当赔偿被请求人或者利害关系人因此所遭受的损失。海事证据保全后，有关海事纠纷未进入诉讼或者仲裁程序的，当事人就该海事请求，可以向采取证据保全的海事法院或者其他有管辖权的海事法院提起诉讼，但当事人之间订有诉讼管辖协议或者仲裁协议的除外。

4. 船舶的扣押与拍卖

(1)申请扣押船舶的条件

我国《海事诉讼特别程序法》规定，有下列海事请求者，可以申请扣押船舶：

①船舶营运造成的财产灭失或者损坏；

②与船舶营运直接有关的人身伤亡；

③海难救助；

④船舶对环境、海岸或者有关利益方造成的损害或者损害威胁；为预防、减少或者消除此种损害而采取的措施；为此种损害而支付的赔偿；为恢复环境而实际采取或者准备采取的合理措施的费用；第三方因此种损害而蒙受或者可能蒙受的损失以及与本项所指的性质类似的损害、费用或者损失；

⑤与起浮、清除、回收或者摧毁沉船、残骸、搁浅船、被弃船或者使其无害有关的费用，包括与起浮、清除、回收或者摧毁仍在或者曾在该船上的物件或者使其无害的费用，以及与维护放弃的船舶和维持其船员有关的费用；

⑥船舶的使用或者租用的协议；

⑦货物运输或者旅客运输的协议；

⑧船载货物(包括行李)或者与其有关的灭失或者损坏；

⑨共同海损；

⑩拖航；

⑪引航；

⑫为船舶营运、管理、维护、维修提供物资或者服务;

⑬船舶的建造、改建、修理、改装或者装备;

⑭港口、运河、码头、港湾以及其他水道规费和费用;

⑮船员的工资和其他款项,包括应当为船员支付的遣返费和社会保险费;

⑯为船舶或者船舶所有人支付的费用;

⑰船舶所有人或者光船承租人应当支付或者他人为其支付的船舶保险费(包括互保会费);

⑱船舶所有人或者光船承租人应当支付的或者他人为其支付的与船舶有关的佣金、经纪费或者代理费;

⑲有关船舶所有权或者占有的纠纷;

⑳船舶共有人之间有关船舶的使用或者收益的纠纷;

㉑船舶抵押权或者同样性质的权利;

㉒因船舶买卖合同产生的纠纷。

(2)扣押船舶的范围

我国《海事诉讼特别程序法》规定,有下列情形之一的,海事法院可以扣押当事船舶:

①船舶所有人对海事请求负有责任,并且在实施扣押时是该船的所有人;

②船舶的光船承租人对海事请求负有责任,并且在实施扣押时是该船的光船承租人或者所有人;

③具有船舶抵押权或者同样性质的权利的海事请求;

④有关船舶所有权或者占有的海事请求;

⑤具有船舶优先权的海事请求。

海事法院可以扣押对海事请求负有责任的船舶所有人、光船承租人、定期租船人或者航次租船人在实施扣押时所有的其他船舶,但与船舶所有权或者占有有关的请求除外。从事军事、政府公务的船舶不得被扣押。海事请求人不得因同一海事请求申请扣押已被扣押过的船舶,但有下列情形之一的除外:被请求人未提供充分的担保;担保人有可能不能全部或者部分履行担保义务;海事请求人因合理的原因同意释放被扣押的船舶或者返还已提供的担保;不能通过合理措施阻止释放被扣押的船舶或者返还已提供的担保。

(3)扣押船舶的方式和期限

海事请求人申请扣押当事船舶,不能立即查明被请求人名称的,不影响申请的提出。海事法院在发布或者解除扣押船舶命令的同时,可以向有关部门发出协助执行通知书,通知书应当载明协助执行的范围和内容,有关部门有义务协助执行。海事法院认为必要的,可以直接派员登轮监护。海事法院裁定对船舶实施保全后,经海事请求人同意,可以采取限制船舶处分或者抵押等方式允许该船舶继续营运。海事请求保全扣押船舶的期限为30日。海事请求人在30日内提起诉讼或者申请仲裁以及在诉讼或者仲裁过程中申请扣押船舶的,扣押船舶不受前款规定期限的限制。

(4)船舶的拍卖

船舶扣押期间届满,被请求人不提供担保,而且船舶不宜继续扣押的,海事请求人可

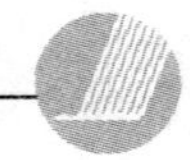

以在提起诉讼或者申请仲裁后，向扣押船舶的海事法院申请拍卖船舶。海事法院收到拍卖船舶的申请后，应当进行审查，作出准予或者不准予拍卖船舶的裁定。当事人对裁定不服的，可以在收到裁定书之日起5日内申请复议一次。海事法院应当在收到复议申请之日起5日内作出复议决定。复议期间停止裁定的执行。海事请求人提交拍卖船舶申请后，又申请终止拍卖的，是否准许由海事法院裁定。海事法院裁定终止拍卖船舶的，为准备拍卖船舶所发生的费用由海事请求人承担。海事法院裁定拍卖船舶的，应当通过报纸或者其他新闻媒体发布公告。拍卖外籍船舶的，应当通过对外发行的报纸或者其他新闻媒体发布公告。公告包括以下内容：被拍卖船舶的名称和国籍；拍卖船舶的理由和依据；拍卖船舶委员会的组成；拍卖船舶的时间和地点；被拍卖船舶的展示时间和地点；参加竞买应当办理的手续；办理债权登记事项；需要公告的其他事项。拍卖船舶的公告期间不少于30日。海事法院应当在拍卖船舶30日前，向被拍卖船舶登记国的登记机关和已知的船舶优先权人、抵押权人和船舶所有人发出通知。通知内容包括被拍卖船舶的名称、拍卖船舶的时间和地点、拍卖船舶的理由和依据以及债权登记等。通知方式包括书面方式和能够确认熟悉的其他适当方式。

拍卖船舶由拍卖船舶委员会实施。拍卖船舶委员会由海事法院指定的本院执行人员和聘请的拍卖师、验船师3人或者5人组成。拍卖船舶委员会组织对船舶鉴定、估价，组织和主持拍卖，与竞买人签订拍卖成交确认书，办理船舶移交手续。拍卖船舶委员会对海事法院负责，受海事法院监督。竞买人应当在规定的期限内向拍卖船舶委员会登记。登记时应当交验本人、企业法定代表人或者其他组织负责人身份证明和委托代理人的授权委托书，并缴纳一定数额的买船保证金。拍卖船舶委员会应当在拍卖船舶前，展示被拍卖船舶，并提供查看被拍卖船舶的条件和有关资料。买受人在签署拍卖成交确认书后，应当立即交付不低于20%的船舶价款，其余价款在成交之日起7日内付清，但拍卖船舶委员会与买受人另有约定的除外。买受人付清全部价款后，原船舶所有人应当在指定的期限内于船舶停泊地以船舶现状向买受人移交船舶。拍卖船舶委员会组织和监督船舶的移交，并在船舶移交后与买受人签署船舶移交完毕确认书。移交船舶完毕，海事法院发布解除扣押船舶命令。船舶移交后，海事法院应当通过报纸或者其他新闻媒体发布公告，公布船舶已经公开拍卖并移交给买受人。买受人接收船舶后，应当持拍卖成交确认书和有关资料，向船舶登记机关办理船舶所有权登记手续。原船舶所有人应当向原船舶登记机关办理船舶所有权注销登记。原船舶所有人不办理船舶所有权注销登记的，不影响船舶所有权的转让。

5. 船载货物的扣押与拍卖

(1)扣押船载货物的概念

扣押船载货物是指海事法院依据海事请求人的申请，为了保全海事请求人的海事请求，扣押船舶运载货物的强制措施。海事请求人为保障其海事请求的实现，可以申请扣押船载货物。

(2)扣押船载货物的数量

申请扣押的船载货物，应当属于被请求人所有。海事请求人申请扣押船载货物的价值，应当与其债权数额相当。

（3）扣押船载货物的期限和后果

海事请求保全扣押船载货物的期限为15日。海事请求人在15日内提起诉讼或者申请仲裁以及在诉讼或者仲裁过程中申请扣押船载货物的，扣押船载货物不受15日期限的限制。船载货物扣押期间届满，被请求人不提供担保，而且货物不宜继续扣押的，海事请求人可以在提起诉讼或者申请仲裁后，向扣押船载货物的海事法院申请拍卖货物。

（4）船载货物的拍卖

对无法保管、不易保管或者保管费用可能超过其价值的物品，海事请求人可以申请提前拍卖。海事法院收到拍卖船载货物的申请后，应当进行审查，在7日内作出准予或者不准予拍卖船载货物的裁定。当事人对裁定不服的，可以在收到裁定书之日起5日内申请复议一次。海事法院应当在收到复议申请之日起5日内作出复议决定。复议期间停止裁定的执行。

拍卖船载货物由海事法院指定的本院执行人员和聘请的拍卖师组成的拍卖组织实施，或者由海事法院委托的机构实施。

6. 海事强制令

（1）海事强制令的概念

海事强制令是指海事法院根据海事请求人的申请，为使其合法权益免受侵害，责令被请求人作为或者不作为的强制措施。

（2）海事强制令的申请

当事人在起诉前申请海事强制令，应当向海事纠纷发生地的海事法院提出。海事强制令不受当事人之间关于该海事请求的诉讼管辖协议或者仲裁协议的约束。海事请求人申请海事强制令，应当向海事法院提交书面申请。申请书应当载明申请理由，并附有关证据。海事法院受理海事强制令申请，可以责令海事请求人提供担保，海事请求人不提供的，驳回其申请。

（3）海事强制令的条件

作出海事强制令，应当具备下列条件：请求人有具体的海事请求；需要纠正被请求人违反法律规定或者合同约定的行为；情况紧急，不立即作出海事强制令将造成损害或者使损害扩大。

（4）海事强制令的实施程序

海事法院接受申请后，应当在48小时内作出裁定。裁定作出海事强制令的，应当立即执行；对不符合海事强制令条件的，裁定驳回其申请。当事人对裁定不服的，可以在收到裁定书之日起5日内申请复议一次。海事法院应当在收到复议申请之日起5日内作出复议决定。复议期间不停止裁定的执行。利害关系人对海事强制令提出异议，海事法院经审查，认为理由成立的，应当裁定撤销海事强制令。被请求人拒不执行海事强制令的，海事法院可以根据情节轻重处以罚款、拘留；构成犯罪的，依法追究刑事责任。对个人的罚款金额，为1千元以上3万元以下。对单位的罚款金额，为3万元以上10万元以下。拘留的期限，为15日以下。海事请求人申请海事强制令错误的，应当赔偿被请求人或者利害关系人因此所遭受的损失。

海事强制令执行后，有关海事纠纷未进入诉讼或者仲裁程序的，当事人就该海事请

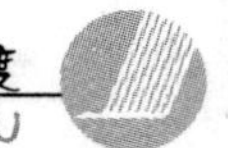

求，可以向作出海事强制令的海事法院或者其他有管辖权的海事法院提起诉讼，但当事人之间订有诉讼管辖协议或者仲裁协议的除外。

7. 海事担保

海事担保包括海事请求保全、海事强制令、海事证据保全等程序中所涉及的担保。担保的方式为提供现金或者保证、设置抵押或者质押。海事请求人的担保应当提交给海事法院；被请求人的担保可以提交给海事法院，也可以提供给海事请求人。海事请求人提供的担保，其方式、数额由海事法院决定。被请求人提供的担保，其方式、数额由海事请求人和被请求人协商；协商不成的，由海事法院决定。海事请求人要求被请求人就海事请求保全提供担保的数额，应当与其债权数额相当，但不得超过被保全的财产价值。海事请求人提供担保的数额，应当相当于因其申请可能给被请求人造成的损失。具体数额由海事法院决定。担保提供后，提供担保的人有正当理由的，可以向海事法院申请减少、变更或者取消该担保。海事请求人请求担保的数额过高，造成被请求人损失的，应当承担赔偿责任。

8. 送达

海事诉讼法律文书的送达，适用《中华人民共和国民事诉讼法》的有关规定，还可以采用下列方式：向受送达人委托的诉讼代理人送达；向受送达人在中华人民共和国领域内设立的代表机构、分支机构或者业务代办人送达；通过能够确认收悉的其他适当方式送达。有关扣押船舶的法律文书也可以向当事船舶的船长送达。有义务接受法律文书的人拒绝签收的，送达人在送达回证上记明情况，经送达人、见证人签名或者盖章，将法律文书留在其住所或者办公处所的，视为送达。

9. 审判程序

(1)审理船舶碰撞案件

审理船舶碰撞案件的程序包括：

①原告在起诉时、被告在答辩时，应当如实填写《海事事故调查表》。

②海事法院向当事人送达起诉状或者答辩状时，不附送有关证据材料。

③当事人应当在开庭审理前完成举证。当事人完成举证并向海事法院出具完成举证说明书后，可以申请查阅有关船舶碰撞的事实证据材料。当事人不能推翻其在《海事事故调查表》中的陈述和已经完成的举证；但有新的证据，并有充分的理由说明该证据不能在举证期间内提交的除外。

④船舶检验、估价应当由国家授权或者其他具有专业资格的机构或者个人承担。非经国家授权或者未取得专业资格的机构或者个人所作的检验或者估价结论，海事法院不予采纳。

⑤海事法院审理船舶碰撞案件，应当在立案后1年内审结。有特殊情况需要延长的，由本院院长批准。

(2)审理共同海损案件

审理共同海损案件的程序包括：

①当事人就共同海损的纠纷，可以协议委托理算机构理算，也可以直接向海事法院提起诉讼。海事法院受理未经理算的共同海损纠纷，可以委托理算机构理算。

②理算机构作出的共同海损理算报告，当事人没有提出异议的，可以作为分摊责任的依据；当事人提出异议的，由海事法院决定是否采纳。

③当事人可以不受因同一海损事故提起的共同海损诉讼程序的影响，就非共同海损损失向责任人提起诉讼。

④当事人就同一海损事故向受理共同海损案件的海事法院提起非共同海损的诉讼，以及对共同海损分摊向责任人提起追偿诉讼的，海事法院可以合并审理。

⑤海事法院审理共同海损案件，应当在立案后1年内审结。有特殊情况需要延长的，由本院院长批准。

(3)海上保险人行使代位请求赔偿权利的规定

海上保险人行使代位请求赔偿权利的规定包括：

①因第三人造成保险事故，保险人向被保险人支付保险赔偿后，在保险赔偿范围内可以代位行使被保险人对第三人请求赔偿的权利。

②保险人行使代位请求赔偿权利时，被保险人未向造成保险事故的第三人提起诉讼的，保险人应当以自己的名义向该第三人提起诉讼。

③保险人行使代位请求赔偿权利时，被保险人已经向造成保险事故的第三人提起诉讼的，保险人可以向受理该案的法院提出变更当事人的请求，代位行使被保险人对第三人请求赔偿的权利。

④被保险人取得的保险赔偿不能弥补第三人造成的全部损失的，保险人和被保险人可以作为共同原告向第三人请求赔偿。

⑤保险人依照《海事诉讼特别程序法》第九十四条、第九十五条的规定提起诉讼或者申请参加诉讼的，应当向受理该案的海事法院提交保险人支付保险赔偿的凭证，以及参加诉讼应当提交的其他文件。

⑥对船舶造成油污损害的赔偿请求，受损害人可以向造成油污损害的船舶所有人提出，也可以直接向承担船舶所有人油污损害责任的保险人或者提供财务保证的其他人提出。油污损害责任的保险人或者提供财务保证的其他人被起诉的，有权要求造成油污损害的船舶所有人参加诉讼。

(4)简易程序、督促程序和公示催告程序

海事法院审理事实清楚、权利义务关系明确、争议不大的简单的海事案件，可以适用《中华人民共和国民事诉讼法》简易程序的规定。债权人基于海事事由请求债务人给付金钱或者有价证券，符合《中华人民共和国民事诉讼法》有关规定的，可以向有管辖权的海事法院申请支付令。债务人是外国人、无国籍人、外国企业或者组织，但在中华人民共和国领域内有住所、代表机构或者分支机构并能够送达支付令的，债权人可以向有管辖权的海事法院申请支付令。提单等提货凭证持有人，提货凭证失踪或者灭失的，可以向货物所在地海事法院申请公示催告。

10. 设立海事赔偿责任限制基金程序

(1)设立基金的申请

申请设立基金包括以下情形：

①船舶所有人、承租人、经营人、救助人、保险人在发生海事事故后，依法申请责任限

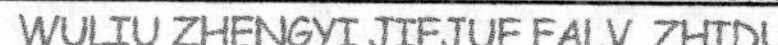
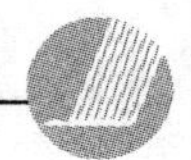

制的,可以向海事法院申请设立海事赔偿责任限制基金。

②船舶造成油污损害的,船舶所有人及其责任保险人或者提供财务保证的其他人为取得法律规定的责任限制的权利,应当向海事法院申请设立油污损害的海事赔偿责任限制基金。

③设立责任限制基金的申请可以在起诉前或者诉讼中提出,但最迟应当在一审判决作出前提出。当事人在起诉前申请设立海事赔偿责任限制基金的,应当向事故发生地、合同履行地或者船舶扣押地海事法院提出。

④设立海事赔偿责任限制基金,不受当事人之间关于诉讼管辖协议或者仲裁协议的约束。

⑤申请人向海事法院申请设立海事赔偿责任限制基金,应当提交书面申请。申请书应当载明申请设立海事赔偿责任限制基金的数额、理由,以及已知的利害关系人的名称、地址和通信方法,并附有关证据。

(2)发出通知和发布公告

海事法院受理设立海事赔偿责任限制基金申请后,应当在7日内向已知的利害关系人发出通知,同时通过报纸或者其他新闻媒体发布公告。通知和公告包括的内容:申请人的名称;申请的事实和理由;设立海事赔偿责任限制基金事项;办理债权登记事项;需要告知的其他事项。

(3)利害关系人异议的提出及审查

利害关系人对申请人设立海事赔偿责任限制基金有异议的,应当在收到通知之日起7日内或者未收到通知的在公告之日起30日内,以书面形式向海事法院提出。海事法院收到利害关系人提出的书面异议后,应当进行审查,在15日内作出裁定。异议成立的,裁定驳回申请人的申请;异议不成立的,裁定准予申请人设立海事赔偿责任限制基金。当事人对裁定不服的,可以在收到裁定书之日起7日内提起上诉。第二审人民法院应当在收到上诉状之日起15日内作出裁定。

利害关系人在规定的期间内没有提出异议的,海事法院裁定准予申请人设立海事赔偿责任限制基金。

(4)基金的设立及法律后果

基金的设立及法律后果包括:

①准予申请人设立海事赔偿责任限制基金的裁定生效后,申请人应当在海事法院设立海事赔偿责任限制基金。设立海事赔偿责任限制基金可以提供现金,也可以提供经海事法院认可的担保。

②海事赔偿责任限制基金的数额,为海事赔偿责任限额和自事故发生之日起至基金设立之日止的利息。以担保方式设立基金的,担保数额为基金数额及其在基金设立期间的利息。以现金设立基金的,基金到达海事法院指定账户之日为基金设立之日。以担保设立基金的,海事法院接受担保之日为基金设立之日。

③设立海事赔偿责任限制基金以后,当事人应当就有关海事纠纷向设立海事赔偿责任限制基金的海事法院提起诉讼,但当事人之间订有诉讼管辖协议或者仲裁协议的除外。申请人申请设立海事赔偿责任限制基金错误的,应当赔偿利害关系人因此所遭受的

损失。

11. 债权登记与受偿程序

(1)债权登记

债权登记包括以下内容：

①海事法院裁定强制拍卖船舶的公告发布后，债权人应当在公告期间，就与被拍卖船舶有关的债权申请登记。公告期间届满不登记的，视为放弃在本次拍卖船舶价款中受偿的权利。

②海事法院受理设立海事赔偿责任限制基金的公告发布后，债权人应当在公告期间就与特定场合发生的海事事故有关的债权申请登记。公告期间届满不登记的，视为放弃债权。

③债权人向海事法院申请登记债权的，应当提交书面申请，并提供有关债权证据。债权证据，包括证明债权的具有法律效力的判决书、裁定书、调解书、仲裁裁决书和公证债权文书，以及其他证明具有海事请求权的证据材料。

(2)债权审查和确认

债权审查和确认包括以下内容：

①海事法院应当对债权人的申请进行审查，对提供债权证据的，裁定准予登记；对不提供债权证据的，裁定驳回申请。

②债权人提供证明债权的判决书、裁定书、调解书、仲裁裁决书或者公证债权文书的，海事法院经审查认定上述文书真实合法的，裁定予以确认。

③债权人提供其他海事请求证据的，应当在办理债权登记以后，在受理债权登记的海事法院提起确权诉讼。当事人之间有仲裁协议的，应当及时申请仲裁。海事法院对确权诉讼作出的判决、裁定具有法律效力，当事人不得提起上诉。

(3)债权受偿程序

债权受偿程序包括：

①海事法院审理并确认债权后，应当向债权人发出债权人会议通知书，组织召开债权人会议。债权人会议可以协商提出船舶价款或者海事赔偿责任限制基金的分配方案，签订受偿协议。受偿协议经海事法院裁定认可，具有法律效力。债权人会议协商不成的，由海事法院依照《中华人民共和国海商法》以及其他有关法律规定的受偿顺序，裁定船舶价款或者海事赔偿责任限制基金的分配方案。

②拍卖船舶所得价款及其利息，或者海事赔偿责任限制基金及其利息，应当一并予以分配。

③分配船舶价款时，应当由责任人承担的诉讼费用，为保存、拍卖船舶和分配船舶价款产生的费用，以及为债权人的共同利益支付的其他费用，应当从船舶价款中先行拨付。清偿债务后的余款，应当退还船舶原所有人或者海事赔偿责任限制基金设立人。

12. 船舶优先权催告程序

(1)申请

①船舶转让时，受让人可以向海事法院申请船舶优先权催告，催促船舶优先权人及时主张权利，消灭该船舶附有的船舶优先权。

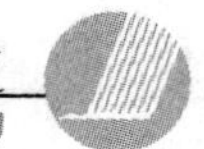

②受让人申请船舶优先权催告的，应当向转让船舶交付地或者受让人住所地海事法院提出。

③申请船舶优先权催告，应当向海事法院提交申请书、船舶转让合同、船舶技术资料等文件。申请书应当载明船舶的名称、申请船舶优先权催告的事实和理由。

(2)审查和复议

海事法院在收到申请书以及有关文件后，应当进行审查，在7日内作出准予或者不准予申请的裁定。受让人对裁定不服的，可以申请复议一次。

(3)公告和登记

海事法院在准予申请的裁定生效后，应当通过报纸或者其他新闻媒体发布。

船舶优先权催告期间为60日。船舶优先权催告期间，船舶优先权人主张权利的，应当在海事法院办理登记；不主张权利的，视为放弃船舶优先权。

(4)判决

船舶优先权催告期间届满，无人主张船舶优先权的，海事法院应当根据当事人的申请作出判决，宣告该转让船舶不附有船舶优先权。判决内容应当公告。

案例分析

案例1 中国某公司曾与美国某商人签订一项买卖机械设备用铁钉的合同，合同背面载有仲裁条款。后在履约过程中，双方发生争议，美国商人遂向美国法院起诉中方公司。该法院受理此案后，即向中方公司发出传票，中方公司即以合同背面载明的仲裁条款为证，提出抗辩，要求美国法院不予受理。

案例问题：

1. 美国法院能否受理该争议案？对本案有无管辖权？
2. 合同中规定仲裁条款具有哪些重要的法律和实践意义？
3. 仲裁与审判有何异同点？

案例2 某外贸公司曾在广州秋交会上，按CIF条件和信用证付款方式同某外商签订一项出口童装兔毛衫的合同。签约后，买方依约开来了信用证，卖方也按约定期限交付了货物。在货物装船前，卖方还应买方要求航寄装船样品9件，买方收到装船样品后，未提出任何异议。在翌年秋交会上，买方向卖方提出异议，认为卖方未能按约定的规格交货，提出退货要求，其所持理由是，该批童装兔毛衫的款式，由原设计的反面做成了正面，显然是由于生产设计中的错误造成。而卖方则拒绝买方的退货要求，其理由是，童装的款式是应买方的要求特地制作的，实际交货与合同规定完全相符，根本不存在制作错误问题。而且，买方收到卖方装船样品后，也未就童装款式与规格提出任何异议。双方各持己见，争议悬而未决。在第三年秋交会上，双方又就原先存在的争议再次进行协商，在协商过程中，卖方表示，愿在来年秋交会交易中给予适当优惠，以照顾买方困难。买方回国后，于翌年8月13日向中国仲裁机构提请仲裁。要求退回该批童装中的150打，并赔偿其全部进口关税费用。仲裁委员会受理本案后，组成仲裁庭，一方面对案情进行调查研究，另一方面进行调解，推动争议双方继续进行友好协商。最后，双方终于达成了调解协议，作为申请人的买方遂主动撤回仲裁申请，了结此案。

案例问题：

1. 该案为何不能和解处理？
2. 仲裁能否与调解相结合处理该案？
3. 调解书和裁决书、判决书的法律效力有何异同点？

参考文献

[1] 侯作前,乔宝杰. 运输合同实务. 北京:知识产权出版社,2005.
[2] 胡美芬. 物流相关法规与国际公约. 成都:四川人民出版社,2002.
[3] 卢永真. 运输合同. 北京:中国民主法制出版社,2003.
[4] 司玉琢,等. 新编海商法学. 大连:大连海事大学出版社,2006.
[5] 苏同江. 海上保险实务与法律. 大连:大连海事大学出版社,2005.
[6] 王峰. 物流法律法规知识. 北京:北京理工大学出版社,2007.
[7] 王芸. 物流法律法规与实务. 北京:电子工业出版社,2007.
[8] 吴百福. 进出口贸易实务教程. 上海:上海人民出版社,2001.
[9] 邢海宝. 海事诉讼特别程序研究. 北京:法律出版社,2002.
[10] [美]约翰·科伊尔(John J. Coyle)等. 运输管理. 张剑飞,袁宇,朱梓齐,等,译. 北京:机械工业出版社,2004.
[11] 张代恩. 运输合同·保管合同·仓储合同. 北京:中国法制出版社,1999.
[12] 周艳军. 物流法律法规知识. 北京:中国物资出版社,2006.